Gabi Brede

Horst-Dieter Radke

iWork '09

Das Praxisbuch – Pages, Keynote, Numbers

iWork '09 Das Praxisbuch – Pages, Keynote, Numbers

Bibliografische Information der Deutschen Bibliothek
Die Deutsche Bibliothek verzeichnet diese Publikation in der Deutschen Nationalbibliografie; detaillierte bibliografische Daten sind im Internet über http://dnb.ddb.de abrufbar.

ISBN: 978-3-908497-92-9
1. Auflage 2009

Lektorat:	Christoph Schroeder
Korrektorat:	Dr. Anja Stiller-Reimpell
Layout und Satz:	Peter Murr
Covergestaltung:	Johanna Voss
Coverfoto:	iStockphoto
Illustrationen:	Fotolia, iStockphoto
Druck und Bindung:	Stürtz GmbH, Würzburg

Umwelthinweis:
Dieses Buch wurde auf chlorfrei gebleichtem Papier gedruckt. Die Einschrumpffolie – zum Schutz vor Verschmutzung – ist aus umweltverträglichem und recyclingfähigem PE-Material.

Trotz sorgfältigem Lektorat schleichen sich manchmal Fehler ein. Autoren und Verlag sind Ihnen dankbar für Anregungen und Hinweise!

Smart Books Publishing AG	Sonnenhof 3, CH-8808 Pfäffikon SZ			
http://www.smartbooks.ch	E-Mail: info@smartbooks.ch			
Aus der Schweiz:	Tel.	055 420 11 29,	Fax	055 420 11 31
Aus Deutschland und Österreich:	Tel.	0041 55 420 11 29,	Fax	0041 55 420 11 31

Übersicht

Inhaltsverzeichnis

Pages 61

Numbers 491

Kapitel 18 Numbers - der Einstieg 491

Kapitel 19 Numbers - der Überblick 503

Kapitel 22 Numbers – Diagramme 561

Kapitel 23 Numbers - Formeln und Funktionen 575

Vorwort

Vorwort

Die iWork-Suite macht sich: Binnen weniger Jahre hat Apple aus den anfangs recht übersichtlichen Programmen Keynote, Pages und Numbers eine ernstzunehmende Konkurrenz zum Office-Paket von Microsoft entwickelt. Die Exportmöglichkeiten in die Formate von PowerPoint, Word und Excel tun ihr Übriges, um auf iWork '09 umzusatteln.

Die Möglichkeiten, aber auch die Grenzen der drei Anwendungen beschreiben wir ausführlich in den folgenden Kapiteln. Wir erläutern die Programmfunktionen anhand von Beispielen, die bei der täglichen Arbeit nützlich sind und die Sie mit wenig Aufwand selbst ausprobieren können.

Wenn Sie trotz der umfassenden Erläuterungen noch Fragen haben, so scheuen Sie sich bitte nicht, uns eine E-Mail zu schreiben.

Fragen und Anregungen zu Pages und Keynote gehen an Gabi Brede:
gbrede@dreineun.de

Fragen und Anregungen zu Numbers gehen an Horst-Dieter Radke:
iwork09@gmx.de

Kapitel

Programmstart

Bevor der Vorhang aufgeht für die drei Programme Pages, Keynote und Numbers, müssen sie zunächst einmal installiert werden. Glücklicherweise strapaziert der Installationsprozess Nerven und Geduld nicht allzu sehr, so dass Sie sich schon recht bald nach dem Herunterladen des Programmpakets aus dem Internet oder nach dem Einlegen der DVD mit den Anwendungen vertraut machen können. Fürs Ausprobieren wünschen wir Ihnen viel Spaß, für das Erstellen und Bearbeiten Ihrer Dokumente viel Erfolg.

Inhalt des Programmpakets

iWork '09 umfasst das Textverarbeitungsprogramm Pages in der Version 4, das Präsentationsprogramm Keynote in der Version 5 sowie seit iWork '08 nun das Tabellenkalkulationsprogramm Numbers in der Version 2. Alle drei Programme unterstützen eine ganze Reihe gängiger Dateiformate. So lassen sich mit Pages Word- und Apple Works-Dokumente sowie Dateien im Format .rtf und .txt öffnen und weiter bearbeiten. Keynote importiert PowerPoint- und Apple Works-Dateien. Tabellen aus Excel können mit Numbers geöffnet und weiter bearbeitet werden.

Die Programme Pages, Keynote und Numbers erlauben jedoch keinen Datenaustausch untereinander. So kann ein Pages-Dokument nicht nach Keynote exportiert werden, um beispielsweise aus den Texten Folien zu erstellen. Umgekehrt ist es genauso wenig möglich, eine Keynote-Datei an Pages zu senden. Für die weitere Bearbeitung der Daten in einem dieser Programme hilft daher nur die Methode Copy & Paste.

TIPP

Immerhin lassen sich Diagramme, die mit Numbers erstellt wurden, mit einer Pages- oder Keynote-Datei verknüpfen. Erweiterte oder korrigierte Diagrammdaten werden dank dieser Verknüpfung automatisch aktualisiert.

Systemvoraussetzungen

Wie immer bei Programminstallationen, so ist es auch bei iWork eine leichte Übung, die Anwendungen zum Laufen zu bringen – vorausgesetzt, die Systemanforderungen sind erfüllt:

- Das Betriebssystem MAC OS 10.4.11 (Version Tiger) oder MAC OS 10.5.6 (Version Leopard) oder neuer.
- Mac Computer mit einem Intel-, PowerPC G5- oder PowerPC G4- (500 MHz oder schneller)Prozessor.
- Mindestens 512 MB Arbeitsspeicher, 1 GB empfohlen. Je mehr Arbeitsspeicher Sie haben, desto besser. Die Programme laufen bei 512 MB sehr träge, was gerade bei umfangreichen Layouts die Nerven enorm strapaziert.
- Mindestens 1,2 GB verfügbarer Festplattenspeicher. Diesen Speicher brauchen Sie für die Installation der Programme. Wer viel mit den Programmen arbeitet und in die Dateien hoch auflösende Bilder integriert, braucht natürlich entsprechende Speicherkapazität.

- 32 MB Videospeicher.
- QuickTime 7.5.5 oder neuer.
- Für die Installation ist ein DVD-Laufwerk erforderlich.
- Um eine Keynote-Präsentation mit dem Programm iDVD weiterzubearbeiten, wird mindestens iLife '08 benötigt. Die iLife-Anbindung für die reibungslose Integration von Bild-, Musik- und Filmdateien klappt jedoch auch mit früheren iLife-Versionen.

GRUNDLAGEN

Um iWork '09 zu installieren, sind die iLife-Programme keine Voraussetzung. Allerdings ist das Einfügen von Mediendateien wie Musikstücke, Bilder oder Filme sehr viel unkomplizierter, wenn die iLife-Programme auf Ihrem Rechner installiert sind. Die Anwendungen sorgen dafür, dass Sie in iWork über die integrierte iLife-Medienübersicht Zugriff auf Ihre Musik-, Film- und Bildersammlung haben. Befinden sich die iLife-Programme nicht auf Ihrem Rechner, lassen sich Mediendateien auch per Drag & Drop in eine Datei ziehen.

iWork installieren

Sie können iWork '09 für 30 Tage kostenlos testen und in vollem Umfang nutzen. Nach Ablauf dieser 30 Tage können Sie die Programme zwar weiterhin nutzen. Ihre Dokumente lassen sich allerdings nicht mehr sichern oder ausdrucken. Wenn Sie weiterhin Interesse an den Programmen haben, kaufen Sie entweder eine Seriennummer im Internet oder die Produktpackung mit der Installations-DVD.

TIPP

Wer die Produktpackung kauft und dem Rat folgen möchte, während oder spätestens nach der Testphase die Seriennummer einzugeben, die sich angeblich in der Installationsbroschüre befindet, wird ohne Erfolg nach einer solchen Nummer suchen. Denn für iWork '09 wird keine Seriennummer benötigt. Ohne Eingabe einer Seriennummer lässt sich die Testversion aber wiederum nicht zu einer Vollversion umwandeln. Dieser Seltsamkeit und Unlogik können Sie ein Schnippchen schlagen, indem Sie das Programmpaket von der DVD noch einmal installieren. Die Programme lassen sich nach dem Installationsprozess einwandfrei und ohne weitere Aufforderung, eine Nummer einzugeben, öffnen.

Sie starten die Installation mit einem Doppelklick auf das Symbol *Install iWork '09.*

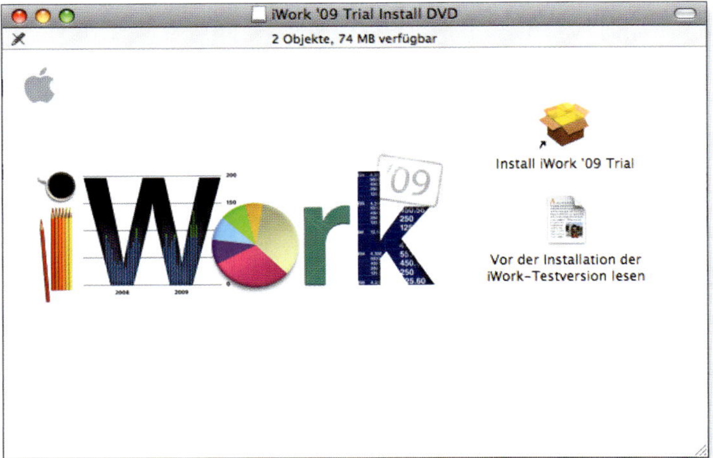

Die Testversion von iWork '09 installieren

Als Erstes werden Sie bei *iWork '09* willkommen geheißen. Sobald Sie auf *Fortfahren* klicken, erhalten Sie einen Überblick über Funktionen von Numbers, Pages und Keynote sowie über die Systemanforderungen. Diese Informationen finden Sie auch in der Datei *Vor der Installation von iWork lesen*, die sich auf der DVD befindet.

Nachdem Sie den Softwarelizenzvertrag akzeptiert und auf *Fortfahren* geklickt haben, werden Sie aufgefordert, das Kennwort einzugeben, mit dem Sie am System angemeldet sind. Nur wenn Ihre Festplatte partitioniert ist, geht es im nächsten Schritt um die Wahl des Zielvolumes. Mit »Zielvolume« ist ein Laufwerk gemeint, in diesem Fall die interne Festplatte. iWork muss auf dem Startvolume installiert werden. Das Startvolume ist die Partition Ihrer Festplatte, die einen Systemordner für Mac OS X 10.4.11 oder Mac OS X 10.5.6 und neuer enthält.

Die drei Programme finden Sie nach erfolgreicher Installation im Ordner *iWork '09*, der im Programmordner abgelegt wird.

Beim erstmaligen Programmstart von Numbers, Pages oder Keynote bittet man Sie, *iWork '09* zu registrieren. Dies ist eine freiwillige Leistung. Der Vorteil ist, dass Sie zukünftig automatisch über kostenlose Software-Aktualisierungen informiert werden. Dieser Schritt kann zu jeder Zeit nachgeholt werden. Die Option *[Programmname] registrieren* finden Sie im Programmmenü der jeweiligen Anwendung.

AUFGEPASST

Das Tool Softwareaktualisierung im -Menü informiert Sie über Programmupdates und stellt diese zum Herunterladen zur Verfügung. Die Aktualisierung klappt aber nur, wenn der Ordner *iWork '09* im Programmverzeichnis liegt. Deshalb an dieser Stelle der Tipp, den Ordner im Programmverzeichnis zu belassen und ihn nicht in einen anderen Unterordner zu verschieben.

Die Benutzerhandbücher zu Numbers, Pages und Keynote sind nicht mehr Bestandteil der Installations-DVD, wie noch in den früheren Paketversionen. Sie können die Handbücher nun entweder online lesen oder sie von der Apple-Website als einzelne PDF-Dateien herunterladen. Die Website öffnet sich, sobald Sie in den Programmen im Menü *Hilfe* auf *[Name des Programms]-Benutzerhandbuch* klicken.

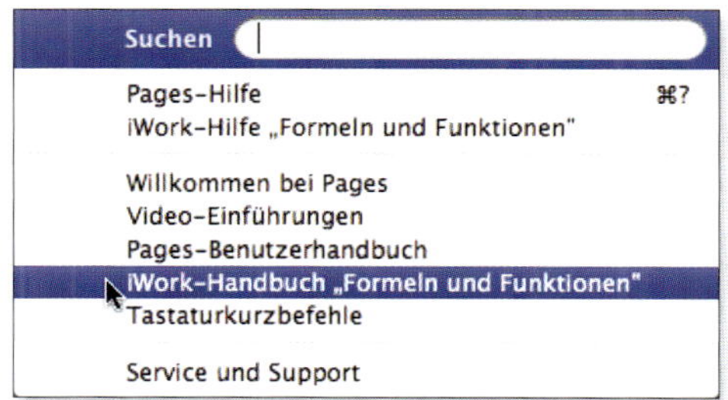

Direkt im jeweiligen Programm: Zugriff auf Benutzerhandbuch und Einführung

Unterschiedliche Programmversionen

Wer bereits mit iWork '08 gearbeitet hat, findet nach der Installation der aktuellen iWork-Version die Ordner *iWork '08* und *iWork '09* im Programmordner. Frühere Programmversionen werden von der aktuellen Installation des Programmpakets nicht verändert oder gar überschrieben.

Pages-, Keynote- oder Numbers-Dokumente, die Sie mit einer früheren Programmversion erstellt haben, werden fortan mit den jeweiligen Programmen in iWork '09 geöffnet. Sobald Sie die Dokumente mit Pages, Keynote oder Numbers in iWork '09 sichern, lassen sie sich **nicht** mehr mit älteren Programmversionen bzw. iWork '08 öffnen. Damit das Dokument jedoch auch abwärts kompatibel ist, kann eine Kopie des Dokuments im iWork '08-Format gesichert werden. Diese Funktion steht Ihnen in allen drei Programmen in den Dialogfenstern *Sichern unter …* zur Verfügung.

POWER USER

Falls Sie Dokumente, die Sie mit den Programmversionen aus iWork '08 erstellt haben, nach wie vor mit diesen Programmen öffnen wollen, öffnen Sie das Fenster *Informationen* dieser Dateien mit der Tastenkombination ⌘ – I auf das Dateisymbol. Blenden Sie die Rubrik *Öffnen mit* ein und wählen Sie im Einblendmenü die Version *Pages 3.03* oder *Pages 2.0.2* respektive *Keynote 4.0.4* oder *Keynote 3.0.2* bzw. *Numbers 1.0.3*. Die Dokumente werden fortan mit der ausgewählten Version gestartet.

Das Informationsfenster einer Keynote-, Pages- und Numbers-Datei für den Fall, dass Sie ein Dokument weiterhin mit einer älteren Programmversion öffnen möchten.

Wenn Sie absehen, dass Sie die früheren iWork-Pakete nicht mehr benötigen, brauchen Sie den jeweiligen Ordner nur in den Papierkorb zu ziehen. Das Speichern einer Datei im iWork '08-Format ist natürlich dennoch möglich für den Fall, dass derjenige, dem Sie die Datei zukommen lassen, noch nicht über iWork '09 verfügt.

Kapitel 2

Das Handwerkszeug für die Programme

Wer sich zum Beispiel in Pages eingearbeitet hat, findet sich auch in den beiden anderen Anwendungen Keynote und Numbers schnell zurecht. Die Programmoberflächen haben einen hohen Wiedererkennungswert, was den Umgang mit den drei Programmen enorm erleichtert. Auf die programmspezifischen Eigenheiten gehen wir in den Kapiteln zu den jeweiligen Anwendungen ausführlich ein.

Einige Funktionen, wie zum Beispiel das Schriftenfenster, die Farbpalette oder die Verwendung der Dienste im Programmmenü, sind für alle drei Anwendungen identisch. Auch die Rechtschreibhilfe oder die iLife-Anbindung funktionieren in den drei Programmen auf die gleiche Weise. Die folgenden Kapitel beleuchten diese Werkzeuge und beschreiben den Umgang mit ihnen.

Die Tastaturbelegung

¶, ®, [], {}, ™, «»: Ihre Tastatur ist mit einer Fülle an Buchstaben und Zeichen belegt. Hinter jeder Taste liegen weitere Zeichen, die sich in Ihre Dokumente einfügen lassen. Mit Hilfe der Alttaste ⌥, die häufig auch als »Optionstaste« oder »Wahltaste« bezeichnet wird, locken Sie aus der Tastatur weitere Zeichen und Buchstaben hervor.

Tastenkombination	Funktion
⌥ + 1	¡
⌥ + ^	„
⌥ + 2	“
⌥ + 5	[
⌥ + 6	]
⌥ + 7	|
⌥ + 8	{
⌥ + 9	}
⌥ + q	«
⌥ + ⇧ + Q	»
⌥ + ü	•
⌥ + r	®
⌥ + g	©
⌥ + n	~
⌥ + .	…
⌥ + ⇧ + 3	#
⌥ + ⇧ + 4	£

Die Suche nach bestimmten Sonderzeichen ist oft zeitintensiver und vor allem nervenaufreibender als das Schreiben eines Textes. Damit Sie immer schnell zum gewünschten Sonderzeichen kommen, brauchen Sie die sogenannte *Tastaturübersicht*. Sie öffnen dieses Feature in den *Systemeinstellungen…* | *Landeseinstellungen* und aktivieren es im Register *Tastaturmenü* per Klick in das Kästchen *Tastaturübersicht*. Sobald Sie die Funktion einschalten, ist auch die Option *Tastaturmenü in der Menüleiste anzeigen* aktiviert. Das bedeutet, dass die Menüleiste des Finders jetzt ergänzt ist um das Fähnchen Ihrer Landeseinstellung. Klicken Sie auf dieses Fähnchen und anschließend auf *Tastaturübersicht einblenden*. Voilà: Da ist sie, die Tastatur.

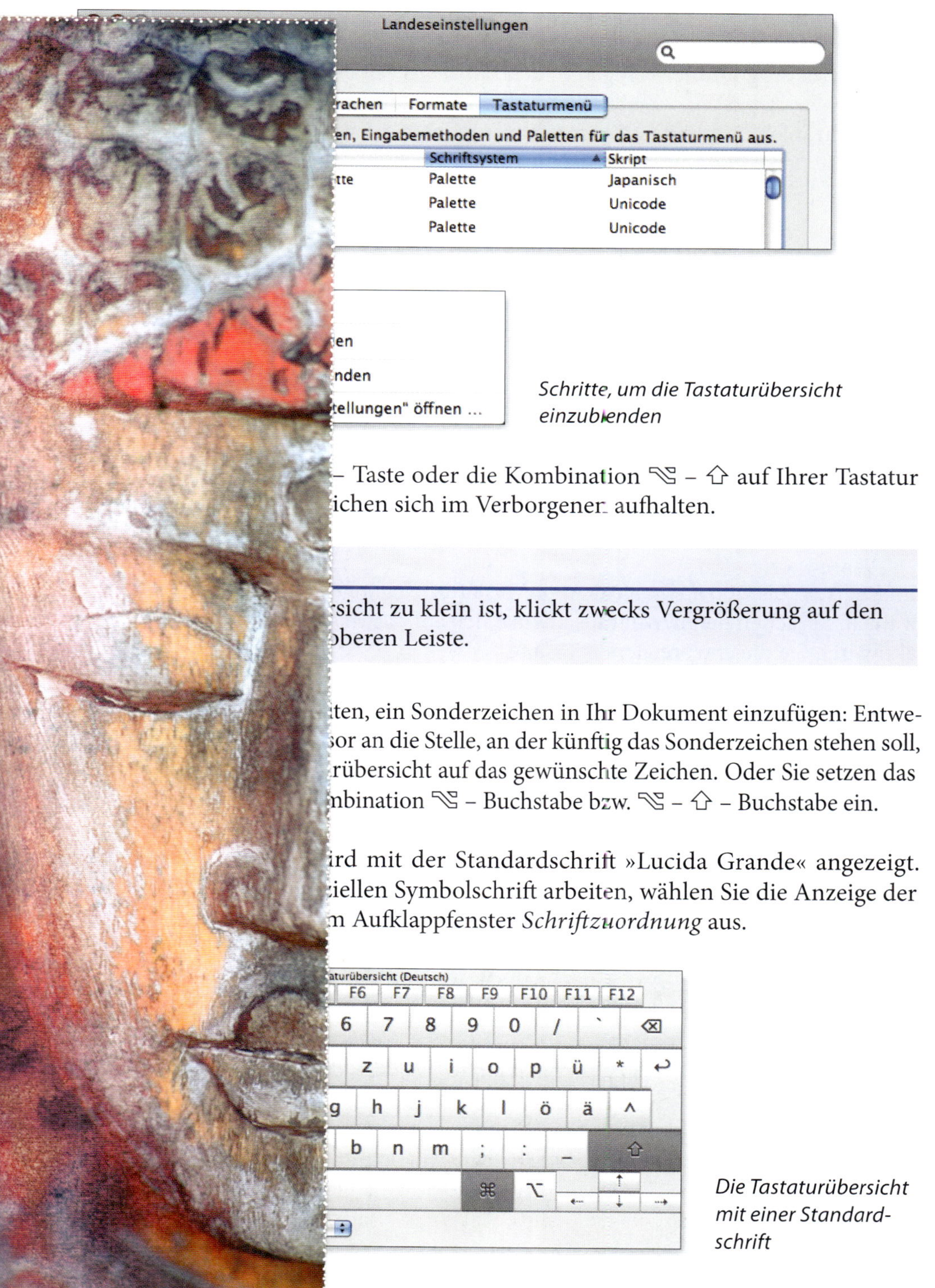

Schritte, um die Tastaturübersicht einzublenden

– Taste oder die Kombination ⌥ – ⇧ auf Ihrer Tastatur ichen sich im Verborgenen aufhalten.

rsicht zu klein ist, klickt zwecks Vergrößerung auf den beren Leiste.

ten, ein Sonderzeichen in Ihr Dokument einzufügen: Entwesor an die Stelle, an der künftig das Sonderzeichen stehen soll, rübersicht auf das gewünschte Zeichen. Oder Sie setzen das nbination ⌥ – Buchstabe bzw. ⌥ – ⇧ – Buchstabe ein.

ird mit der Standardschrift »Lucida Grande« angezeigt. iellen Symbolschrift arbeiten, wählen Sie die Anzeige der n Aufklappfenster *Schriftzuordnung* aus.

Die Tastaturübersicht mit einer Standardschrift

POWER USER

Alle drei Programme verfügen in den *Einstellungen* über die Funktion *Automatische Korrektur*. Zeichenkombinationen für das Copyright-Zeichen, Bruchzahlen und weitere Zeichen Ihrer Wahl werden bei aktivierter *Symbol- und Textersetzung* automatisch umgewandelt.

Fremdsprachige Tastatur

Schreiben Sie häufig Texte in anderen Sprachen, beispielsweise in Französisch oder Spanisch? Mit einer deutschen Tastatur ist das ein aussichtsloses Unterfangen, da die Tasten nicht mit den sprachtypischen Zeichen und Buchstaben belegt sind. Ohne eingeblendete Tastatur, die Ihnen zeigt, wo Sie die für eine Schrift typischen Buchstaben finden, wäre das Tippen eines spanischen oder französischen Textes mit langwieriger Sucherei nach den Zeichen ¿ oder è und ç verbunden. Dies ist auch der Grund dafür, warum die Tastaturübersicht in den Systemeinstellungen *Landeseinstellungen* zu finden ist.

Im Register *Tastaturmenü* stellt Apple Tastaturbelegungen für eine reichliche Auswahl an Sprachen bereit. Mit nur einem Klick auf das Kästchen neben der Sprache aktivieren Sie die entsprechende Tastatur.

Sobald Sie mehr als eine Sprache auswählen, erscheint in der Menüleiste ein Flaggen-Symbol. Diese Länderflagge steht jeweils für die Sprache, die Sie aktuell für die Tastenbelegung ausgewählt haben. Mithilfe dieses Symbols können Sie nun zwischen den jeweiligen Tastaturbelegungen hin- und herspringen.

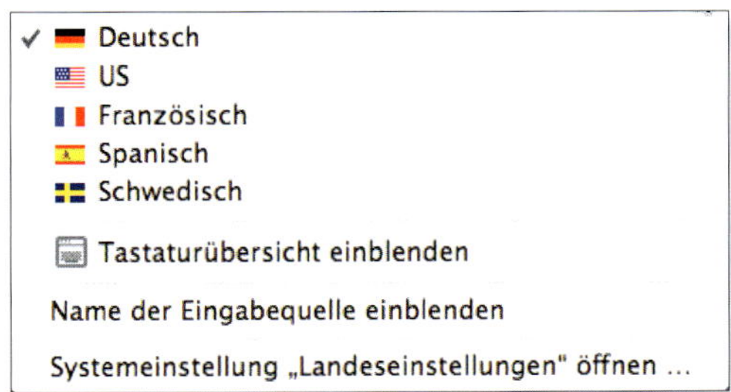

In der Menüleiste Zugriff auf die Tastaturbelegung

Haben Sie die Tastaturübersicht eingeblendet, brauchen Sie im Übrigen nur auf die Taste in der Tastatur zu klicken, um den Buchstaben in Ihr Textdokument einzufügen.

HILFE

Auf einer fremdsprachigen Tastatur weicht die Buchstabenfolge unter Umständen von der deutschen Belegung ab. So liegt beispielsweise auf der englischen, französischen und schwedischen Tastatur der Buchstabe Z auf der Taste Y und umgekehrt. Wundern Sie sich also nicht über kryptische Wörter, wenn Sie Ihren Text in Deutsch fortsetzen. Womöglich haben Sie in diesem Fall die Tastatur noch nicht umgeschaltet auf die deutsche Belegung.

Die Zeichenpalette

Wer naturwissenschaftliche Formeln, Währungssymbole oder Bruchzahlen in Dokumente integriert, weiß, dass es mehr Zeichen gibt, als die Tastatur darstellen kann. Für diese Zwecke gibt es die Zeichenpalette, über die Sie Zugriff haben auf wissenschaftliche Zeichen, umrahmte Buchstaben, auf Pfeile und jede Menge andere grafische Symbole. Sie öffnen die Zeichenpalette in Numbers, Pages und Keynote im Menü *Bearbeiten* | *Sonderzeichen…* .

In der Zeichenpalette wählen Sie den von Ihnen gewünschten Zeichentyp im Einblendmenü *Darstellung* aus und klicken anschließend auf eine der Kategorien in der linken Spalte, um im Vorschaufenster einen Blick auf die enthaltenen Zeichen zu werfen.

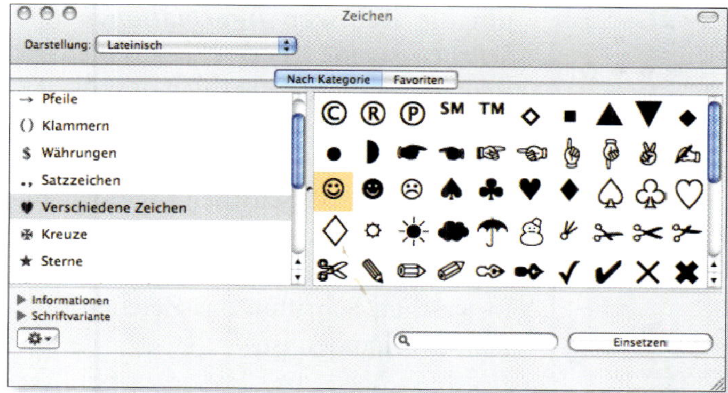

Eine breite Palette an Zeichen und Symbolen

Es liegt in der Natur von Sonderzeichen, dass man sie nicht andauernd braucht. Wenn aber doch, möchte man möglichst unkompliziert auf sie zugreifen können. Für diesen Zweck ist es ratsam, sich eine Sammlung mit Symbolen und Zeichen anzulegen, die man beim Verfassen von Texten ab und an benötigt. Markieren Sie hierfür das Zeichen Ihrer Wahl und klicken Sie im Menü *Aktion* (erkennbar am

Zahnradsymbol am linken Fensterrand) auf *Als Favorit sichern*. Per Klick auf den Reiter *Favoriten* sehen Sie Ihre Sammlung.

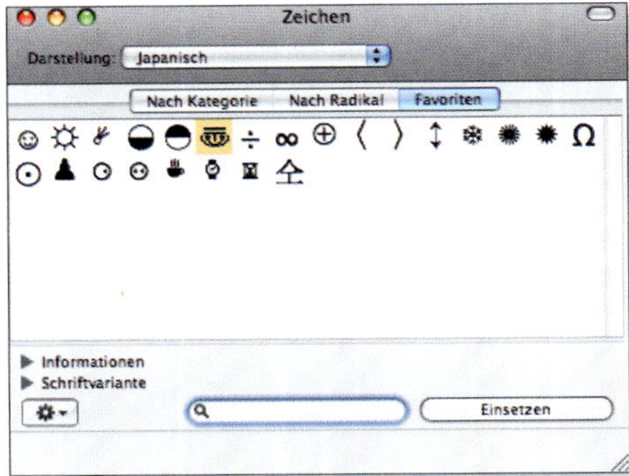

Häufig benutzte Zeichen lassen sich als Favorit sichern, um sie immer griffbereit zu haben.

POWER USER

Nehmen Sie sich ein bisschen Zeit und schauen Sie sich auch in den Kategorien der chinesischen und koreanischen Zeichensätze um. Hier ist so manches Juwel zu entdecken, das sich für grafische Zwecke verwenden lässt.

Sie fügen ein ausgewähltes Zeichen mit einem Doppelklick in ein Dokument ein. Alternativ markieren Sie das Zeichen und klicken auf den Button *Einsetzen*.

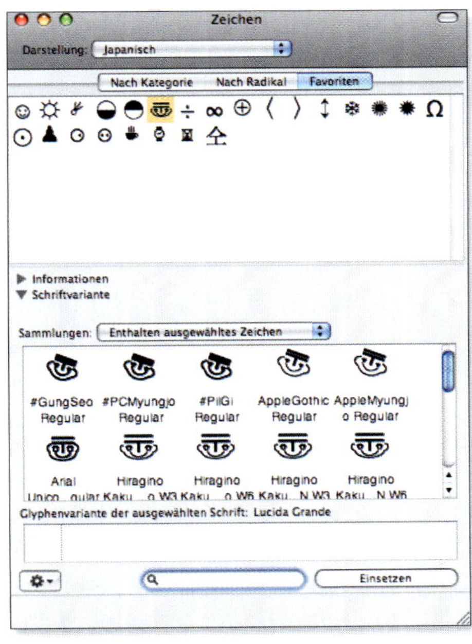

Die Zeichenpalette lässt sich erweitern um die Rubriken *Informationen* und *Schriftvariante*. Klicken Sie auf die Dreiecke neben diesen Begriffen, um die Ansichten zu öffnen. Im Fenster *Schriftvariante* wird das markierte Zeichen in den Variationen jener Schriften angezeigt, die in der jeweils ausgewählten Sammlung liegen. Sehr nützlich auch, um zu sehen, in welchen Schriften das Zeichen überhaupt vorhanden ist.

Es lässt sich ein Überblick über die Sprachen, in denen das Zeichen enthalten ist, zuschalten.

TIPP

Das Tückische an der Palette *Sonderzeichen* ist, dass sie stets im Vordergrund bleibt und sich nicht wie andere Fenster hinter das gerade aktuelle legt. Sie brauchen die Palette deshalb nicht zu schließen oder sie an den äußersten Bildschirmrand zu ziehen. Klicken Sie einfach auf den grünen Knopf. Die Palette schrumpft dadurch auf die Größe eines Gucklochs. Oder machen Sie Folgendes: Wählen Sie im Aktionsmenü den Eintrag *Palette beim Programmwechsel minimieren*. Sobald Sie nun ein anderes Programm wählen, verkleinert sich die Palette automatisch.

Das Schriftenfenster

In den iWork-Programmen wählen Sie eine Schrift mitsamt ihrem Stil, ihrer Größe und Farbe entweder in der Formatierungsleiste oder im Schriftenfenster aus. Im Schriftenfenster legen Sie die Attribute für Ihre ausgewählte Schrift fest oder gruppieren die angezeigten Schriften nach Ihren persönlichen Kriterien. Sie öffnen dieses Fenster in den Programmen mit einem Klick auf das Icon *Schriften* in der Symbolleiste oder mit der Tastenkombination ⌘ – T.

TIPP

Der Vorteil des Schriftenfensters gegenüber der Formatierungsleiste: Im Schriftenfenster werden die Schriften in dem kleinen Vorschaufenster in ihrem jeweiligen Stil angezeigt. Das erleichtert die Entscheidung für eine Schrift oder einen Stil. Im Ordner *Favoriten* liegen Ihre Lieblingsschriften. Auf diesen Ordner haben Sie in allen drei Programmen Zugriff.

Unter der Rubrik *Sammlung* verschaffen Sie sich mit einem Klick auf *Alle Schriften* einen Überblick über die gesamte Auswahl. *Alle Schriften* ist die Bibliothek für sämtliche Schriften, die auf Ihrem Rechner installiert sind.

Apple hat Schriften, die durch ihre Anmutung einen ähnlichen Charakter haben, sortiert und für sie die Sammlungen wie *Moderne*, *Feste Laufweite* oder *Spaß* geschaffen. Die Sammlung *Favoriten* ist das Sammelbecken für Ihre bevorzugten Schriften und Schriftstile.

Sobald Sie auf eine Sammlung klicken, sehen Sie in der Rubrik *Familie* die Schriften, die der Gruppe zugeordnet sind. Mit einem Klick auf eine Schrift wiederum erscheinen in der Spalte *Stil* ihre Schriftschnitte.

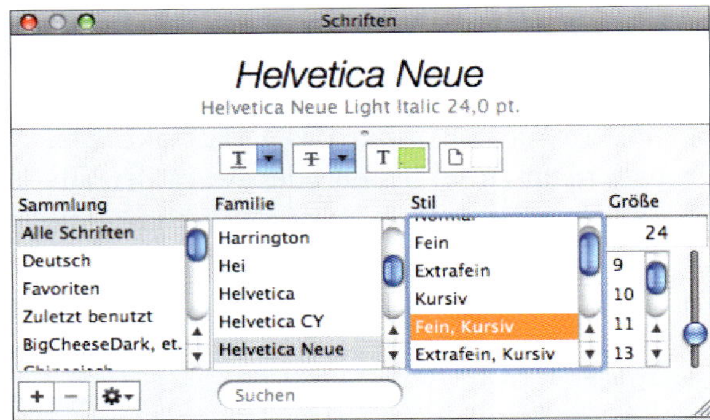

Im Schriftfenster lassen sich bequem Schriften begutachten und auswählen.

GRUNDLAGEN

Als »Schriftschnitt« werden die unterschiedlichen Stile einer Schrift bezeichnet wie *Kursiv* (Italic), *Fett* (Bold) oder *Halbfett* (Semi Bold). Die einzelnen Schriften umfassen unterschiedlich viele Stile.

Das Sahnehäubchen im Schriftenfenster ist das Vorschaufeld, das Ihnen einen Eindruck von der Anmutung einer Schrift und ihren Stilen vermittelt. Klicken Sie hierfür in das Zahnradsymbol am unteren Rand des Fensters und wählen Sie *Vorschau einblenden*. Alternativ dazu ziehen Sie das Vorschaufenster an dem kleinen Kreis unterhalb des Wortes *Schriften* in der Titelleiste auf.

Favorisierte Schriften und Schriftstile

Für Ihre bevorzugten Schriften ist der Ordner *Favoriten* vorgesehen. In diesen Ordner legen Sie sowohl die Schriften ab, auf die Sie einen schnellen Zugriff haben möchten, als auch bereits in Größe und Stil formatierte Zeichensätze. Benutzen Sie zum Beispiel für ausgewählte Wörter stets eine bestimmte Schrift in *24 Punkt, Halbfett*, können Sie diesen Stil mit in die Sammlung aufnehmen und fortan in den drei Programmen einem markierten Text zuweisen.

Nehmen Sie dafür in einem Numbers-, Pages- oder Keynote-Dokument die Formatierungen in Größe und Stil vor und klicken Sie anschließend im Schriftenfenster auf das Zahnradsymbol am unteren Fensterrand. Wählen Sie hier den Eintrag *Als Favorit sichern*. Die festgelegte Schriftgröße sowie der Stil werden mit angezeigt. Fortan brauchen Sie nur den Text, der diese Formatierungen erhalten soll, zu markieren und auf den entsprechenden Eintrag im Ordner *Favoriten* zu klicken.

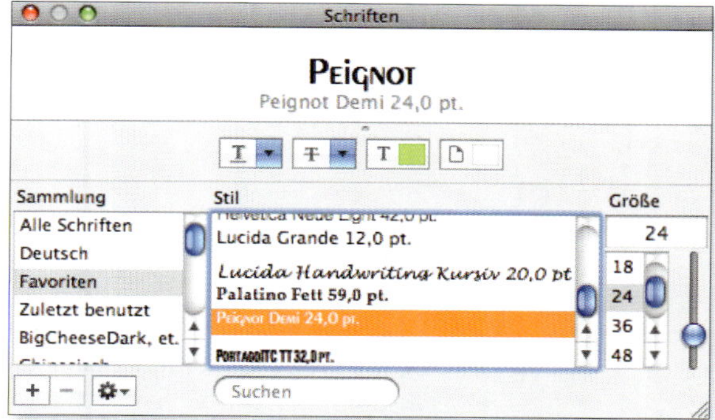

Formatierungen als Favorit sichern

Textformatierung im Schriftenfenster

Das Schriftenfenster ist einerseits Auswahlkatalog für eine geeignete Schrift und andererseits Werkzeugkasten für verschiedene Schriftformatierungen.

Schriftgröße

Das Maß, welches die iWork-Programme wie auch andere Textverarbeitungsprogramme für die Schriftgröße verwendet, kommt aus dem Druckerei- und Verlagswesen. Die typografische Maßeinheit ist »Punkt«, wobei 72 Punkte einem Zoll entsprechen.

Die Schriftgröße lässt sich auf dreierlei Weise einstellen:

- Sie klicken auf eine der angegebenen Größen.
- Sie geben die bevorzugte Schriftgröße in das kleine Feld ein.
- Sie bewegen mit gedrückter Maustaste den Schieberegler am rechten Rand des Fensters, bis Ihre Schrift die gewünschte Größe erreicht hat.

Die letzte ist die smartere Variante. Denn sowohl im Vorschaufenster als auch auf der Folie, in einem Datenblatt oder im Textdokument lässt sich das Schauspiel der Vergrößerung bzw. Verkleinerung beobachten.

Apropos Auswahl der Schriftgröße: Wer häufig mit einer 15 oder 20 Punkt großen Schrift arbeitet, sucht diese Schriftgrößen vergeblich und muss daher die gewünschte Größe ständig in das Feld des Schriftenfensters oder der Formatierungsleiste eingeben. Doch diese etwas umständliche Herangehensweise lässt sich vereinfachen, indem Sie die Größen in die Auswahlliste des Schriftenfensters und der Formatierungsleiste integrieren. Klicken Sie dazu im Schriftenfenster auf das Aktionsmenü und wählen Sie *Größen bearbeiten…* . Geben Sie die gewünschte Größe ein und klicken Sie anschließend auf das Pluszeichen.

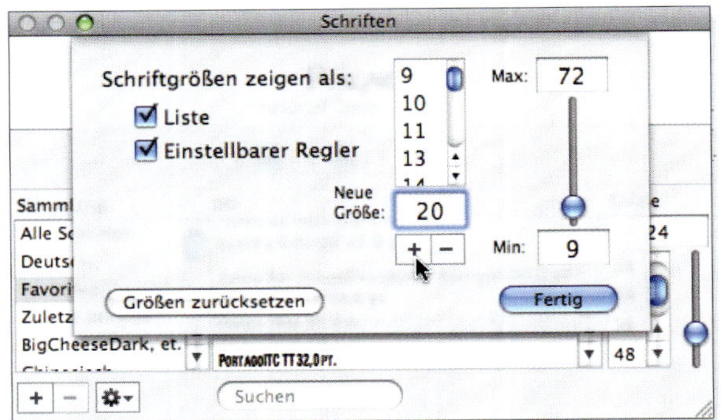

Mit der Anzeige der Funktion »Schriftgröße« sind individuelle Einstellungen möglich.

Weitere Formatierungen nehmen Sie über die Symbolleiste des Schriftenfensters vor.

Text unterstreichen: Im Einblendmenü am linken Fensterrand wählen Sie aus, ob ein markierter Text einfach oder doppelt und, wenn ja, farbig unterstrichen werden soll.

Text durchstreichen: Für Korrekturen oder Vergleiche gibt es die Möglichkeit, Text einfach oder doppelt durchzustreichen.

Textfarbe: Um die Farbe eines Textes zu ändern, klicken Sie zunächst in das kleine Farbfenster und wählen anschließend den Farbton in der Farbpalette aus.

Hintergrund: Klicken Sie auf das Icon, um eine markierte Überschrift oder einen markierten Textblock farbig zu hinterlegen. Wählen Sie in der Farbpalette den Farbton aus. Die farbige Markierung gilt stets für einen Absatz und geht über die gesamte Breite des Textrahmens oder Textfeldes.

Schatten: Sie können einzelne Wörter oder ganze Abschnitte mit einem Schatten versehen. Markieren Sie hierfür den gewünschten Text und klicken Sie anschließend auf das Icon. Mit den Schiebereglern und der Drehscheibe variieren Sie das Aussehen des Schattens:

reduziert die Deckkraft des Schattens.

zeichnet den Schatten scharf oder weich.

reguliert den Abstand zwischen Objekt und Schatten.

stellt den Winkel des Schattens ein.

Textschatten

Das Programm »Schriftsammlung«

Eng verzahnt mit dem Schriftenfenster ist das Programm Schriftsammlung. Die Sammlungen sind, bis auf die *Favoriten* und *Zuletzt benutzt*, sowohl im Programm als auch im Schriftenfenster identisch. Neue Sammlungen werden von der jeweils anderen Anwendung direkt übernommen. Und falls Sie sich entscheiden, die Sammlungen umzubenennen, erscheinen die neuen Namen auch im Schriftenfenster bzw. in der Schriftsammlung.

Die Sammlung *Alle Schriften* beherbergt als Bibliothek sämtliche Schriften, die auf dem Rechner installiert sind. Im Ordner *Deutsch* finden Sie alle lateinischen Schriften. Der Ordner *Benutzer* ist beim erstmaligen Öffnen des Programms vermutlich noch leer. In diese Sammlung werden die von Ihnen installierten Schriften abgelegt. Und im Ordner *Computer* schließlich befinden sich sämtliche Schriften, auf die alle am System angemeldeten Benutzer zugreifen können.

Mit einem Klick auf eine der Sammlungen werden die entsprechenden Schriften in der mittleren Spalte eingeblendet. Markieren Sie eine Schrift, um sie im Vorschaufenster zu begutachten. Mit dem Schieberegler am rechten Rand lässt sich die Schriftgröße variieren.

Die Schriftstile, über die eine Schriftfamilie verfügt, finden Sie mit einem Klick auf das Dreiecksymbol neben dem Namen der Schrift heraus.

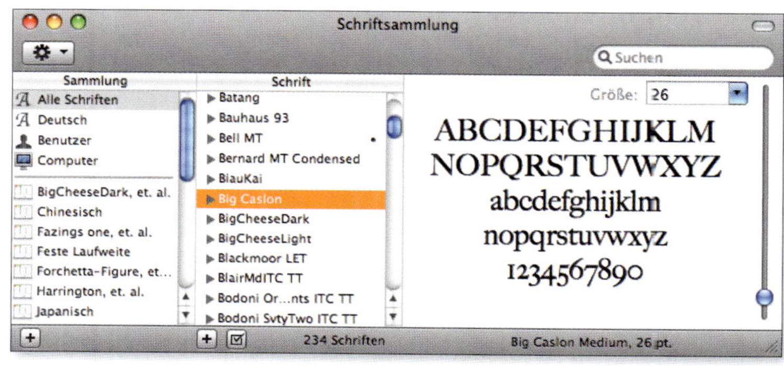

Auswahl und Vorschau in »Schriftsammlung«

Das Vorschaufenster

Das Vorschaufenster ist die Perle des Programms Schriftsammlung. Auf der Suche nach einer passenden Schrift erhalten Sie in diesem Fenster einen Überblick über das Schriftdesign, sobald Sie auf eine Schrift klicken.

Wollen Sie alle zur Verfügung stehenden Zeichen einer ausgewählten Schrift angezeigt bekommen, entscheiden Sie sich im Menü *Vorschau* für *Repertoire*. Die Vorschauvariante *Repertoire* verlangt ebenso wie *Beispiel* ein hohes Abstraktionsvermögen, um sich einen Text in der ausgewählten Schrift vorzustellen. Für genau diesen Zweck wartet das Programm mit der genialen Funktion *Eigene* auf (Menü *Vorschau* | *Eigene*), die es Ihnen erlaubt, einen Mustertext in das Fenster zu tippen und die Schriften an einem Mustertext zu begutachten.

Beim ersten Klick auf *Eigene* sind sämtliche Buchstaben und Ziffern der Schrift markiert. Überschreiben Sie die Zeichen mit Ihrem Text und nehmen Sie die verschiedenen Schriften in Augenschein. Ihr Mustertext bleibt solange erhalten, bis Sie ihn mit einem neuen überschreiben. Sie können natürlich auch einen bereits geschriebenen Text per Copy & Paste in das Fenster einfügen.

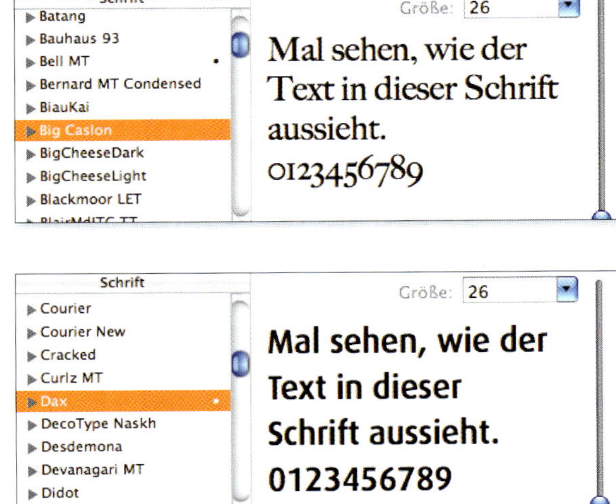

Ihr Blindtext, um Schriften zu begutachten

Um weitere Informationen über die Schrift zu erhalten wie Art, Speicherort und Copyright, klicken Sie im Menü *Vorschau* auf *Schriftinformationen einblenden*.

Übrigens lässt sich das Vorschaufenster an der linken senkrechten Leiste weiter aufziehen oder enger zuziehen.

Schriften verwalten

Apple hat mit sechs unterschiedlichen Sammlungen den Anfang gemacht, die Schriften zu kategorisieren. Diese Sammlungen mit Namen wie *Feste Laufweite* oder *Traditionell* beherbergen jeweils Schriften mit ähnlicher Anmutung. Nun ist es an Ihnen, die Sammlungen zu erweitern oder neue anzulegen. Wollen Sie eine eigene Sammlung zum Beispiel für ein aktuelles Projekt anlegen, klicken Sie auf das Pluszeichen am linken Rand des Fensters. Überschreiben Sie den Platzhalternamen mit einem Namen Ihrer Wahl und bestätigen Sie die Eingabe mit der Return-Taste. Nun lassen sich aus den Sammlungen *Alle Schriften, Benutzer* und *Computer* Schriften per Drag & Drop in die neue oder in eine der bereits vorhandenen Sammlungen ziehen. Wählen Sie dazu die Schriften mit gedrückter ⌘ – Taste aus und ziehen Sie die Riege anschließend in die entsprechende Sammlung.

GRUNDLAGEN

In den Sammlungen liegen lediglich Verweise auf die jeweilige Schrift. Daher lässt sich ein und dieselbe Schrift beliebig vielen Sammlungen hinzufügen.

Schriften ausblenden

Die installierten Schriften erscheinen allesamt in den Schriftenmenüs Numbers, Pages und Keynote. Dies kann schnell unübersichtlich werden und darüber hinaus nervig sein, da man sich ständig durch die gesamte Liste kämpfen muss, bis man die gewünschte Schrift endlich ausfindig gemacht hat.

Damit die Schriftenauswahl reibungsloser verläuft, lassen sich in Schriftsammlung beliebig viele Schriften deaktivieren. Klicken Sie hierfür auf die Sammlung *Alle Schriften* und wählen Sie in der Spalte *Schrift* aus, welche der Schriften zukünftig nicht mehr verfügbar sein sollen. Auch hier haben Sie die Möglichkeit, mit gedrückter ⌘ – Taste mehrere Schriften gleichzeitig auszuwählen. Sobald Sie Ihre Auswahl abgeschlossen haben, klicken Sie auf den Button mit dem Okay-Häkchen unterhalb der Liste. Eine deaktivierte Schrift wird unmittelbar nach der Aktion nicht mehr in der Auswahlliste oder im Schriftenfenster angezeigt.

Die anschließend eingeblendete Warnmeldung macht Sie auf einen interessanten Umstand aufmerksam: Sollten Sie zum Beispiel eine recht gebräuchliche Schrift wie »Times« deaktivieren, würden alle Dokumente, die mit dieser Schrift geschrieben sind, mit anderen Schriften angezeigt. Deshalb ist Vorsicht geraten beim Deaktivieren von gängigen und beliebten Schriften. Doch deaktivierte Schriften sind ja nicht verschwunden. Sollte ein solcher Fall tatsächlich mal eintreten, aktivieren Sie die Schrift einfach wieder. Dazu markieren Sie den Namen und klicken erneut auf den Okay-Button, der nun mit einem Quadrat versehen ist.

Alternativ lässt sich auch eine komplette Sammlung deaktivieren. Dies eignet sich zum Beispiel hervorragend für eine Sammlung, die Sie mit eher außergewöhnlichen Schriften für besondere Projekte bestückt haben. Markieren Sie dazu die Sammlung und wählen Sie per Klick auf das Zahnradsymbol den Eintrag *[Name der Sammlung] deaktivieren*. Um die Sammlung wieder nutzbar zu machen, gehen Sie den gleichen Weg und klicken nun auf den Eintrag *[Name der Sammlung] aktivieren*.

Duplikate auflösen

In der Spalte *Schrift* kann es passieren, dass neben dem Namen einer Schrift ein Punkt auftaucht. Dieser Punkt signalisiert: Version befindet sich an mehreren übergeordneten Plätzen gleichzeitig, also sowohl in der Sammlung *Alle Schriften* als auch in der Sammlung *Benutzer*. Damit sind die Schriften in zwei Ordnern installiert: Im übergeordneten Ordner *Library* und in Ihrem privaten Ordner *Library/Fonts*.

Da das ja nicht sein muss, wählen Sie im Menü *Bearbeiten | Duplikate auflösen*. Die doppelten Versionen werden mit diesem Befehl deaktiviert und der Punkt verschwindet.

Nach Schriften suchen

Je mehr Schriften installiert sind, desto wichtiger ist es, sich schnell einen Überblick über die Schätze zu verschaffen. Nutzen Sie dafür am besten die Suche am oberen rechten Fensterrand. Geben Sie beispielsweise »schmal« ein, um alle Schriften suchen zu lassen, die über diesen Schriftschnitt verfügen.

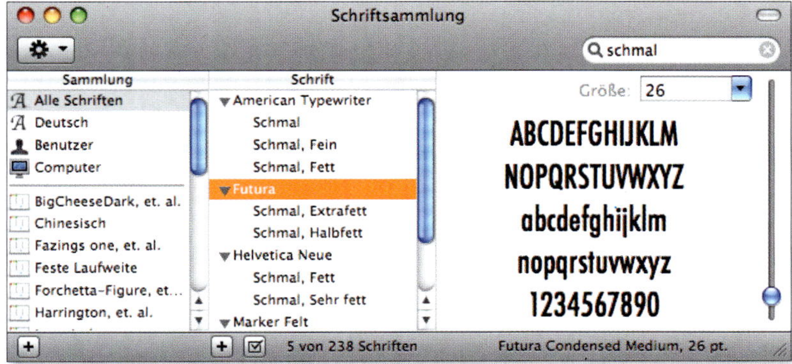

Gezielt nach Schriften suchen

Sollten Sie sich über ein mageres Suchergebnis wundern, schauen Sie nach, welche Sammlung momentan markiert ist. Klicken Sie auf *Alle Schriften*, damit sich die Suche lohnt.

Natürlich sollen Sie auch wissen, in welchen Ordnern sich die installierten Schriften befinden. Dazu muss man sich noch einmal vergegenwärtigen, dass es sich bei Mac OS X um ein Mehrbenutzersystem handelt. Schriften, die allen Anwendern zur Verfügung stehen, beherbergt auf der Systemebene der Ordner *Library/Fonts*. Schriften, die Sie installieren, befinden sich in Ihrem privaten Ordner *Library/Fonts*.

Schriften ausdrucken

Sie können markierte Schriften auch ausdrucken. Öffnen Sie mit der Tastenkombination ⌘ – P den Druckdialog und wählen Sie im Menü *Berichtstyp* aus den Mustern aus. Bei der Option *Katalog* wird für jede ausgewählte Schrift eine Zeile Mustertext ausgedruckt. Einen Überblick über alle Zeichen einer Schrift verschafft Ihnen die Alternative *Repertoire*. Das Muster *Wasserfall* druckt eine Zeile Mustertext in verschiedenen Punktgrößen.

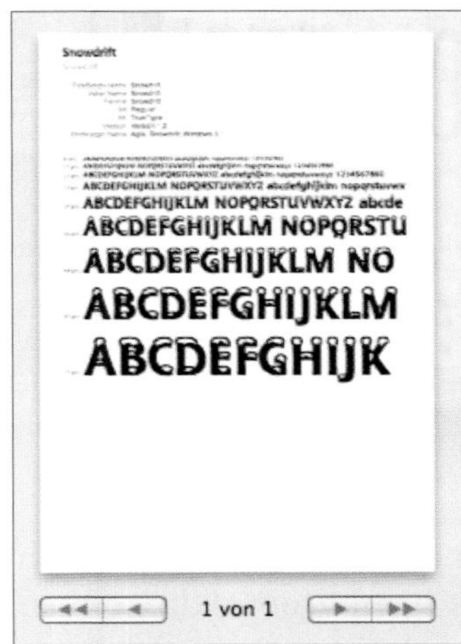

Die Schrift »Snowdrift« mit der Option »Wasserfall« ausdrucken

Schriften zusammenstellen und exportieren

Eine hervorragende Funktion im Programm Schriftsammlung ist die Möglichkeit, alle in einem Dokument verwendeten Schriften bequem zusammenzustellen und zu exportieren. Dies ist interessant, falls Sie ein Dokument an jemanden weitergeben, auf dessen Rechner die benutzten Schriften nicht installiert sind.

Markieren Sie die entsprechenden Schriften in der Spalte *Schrift* mit gedrückter ⌘ – Taste. Wählen Sie anschließend im Menü *Ablage* den Befehl *Schriften exportieren...*. Nun öffnet sich das bekannte Fenster *Sichern unter*, in dem Sie dem Ordner einen Namen geben und den Speicherort wählen. Mit einem Klick auf *Sichern* bestätigen – und schon haben Sie die Schriften an einem Ort versammelt und können den Ordner samt Dokument zum Drucken oder zur weiteren Bearbeitung weiterreichen.

Das Gleiche können Sie mit einer Sammlung an Schriften machen. Markieren Sie die Sammlung und wählen Sie im Menü *Ablage* den Befehl *Sammlung exportieren…* .

GRUNDLAGEN

Der Export von Schriften ist immer dann interessant, wenn Sie befürchten, dass der Empfänger des Dokuments nicht über die von Ihnen verwendeten Schriften verfügt.

POWER USER

Eine andere, noch einfachere Variante, eine Sammlung für den Export zu erstellen, ist der Weg über die *Dienste*. Markieren Sie Ihr gesamtes Numbers-, Pages- oder Keynote-Dokument und wählen Sie im Menü *Numbers / Pages / Keynote | Dienste |Schriftsammlung | Schriftbibliothek aus Text erstellen*. Damit wird im Programm Schriftsammlung eine neue Bibliothek angelegt, die Sie nun nur noch zu exportieren oder auf einen Datenträger zu ziehen brauchen. Mit dem Befehl *Sammlung aus Text erstellen* wird in Schriftsammlung eine neue Sammlung erstellt, die genau die Schriften beinhaltet, die Sie für das aktuelle Dokument ausgewählt haben.

Schriften installieren

Einen neuen Schriftsatz erhalten Sie entweder auf einer CD oder Sie laden ihn sich aus dem Internet herunter. Sobald Sie den Font mit einem Doppelklick öffnen, startet das Programm Schriftsammlung und zeigt Ihnen das Design des Schriftsatzes in einem kleinen Fenster an. Wenn Ihnen der Schriftsatz zusagt, klicken Sie auf den Button *Installieren*. Der Font wird in Ihrem Ordner *Library | Fonts* abgelegt und erscheint im Programm Schriftsammlung in der Sammlung *Benutzer*.

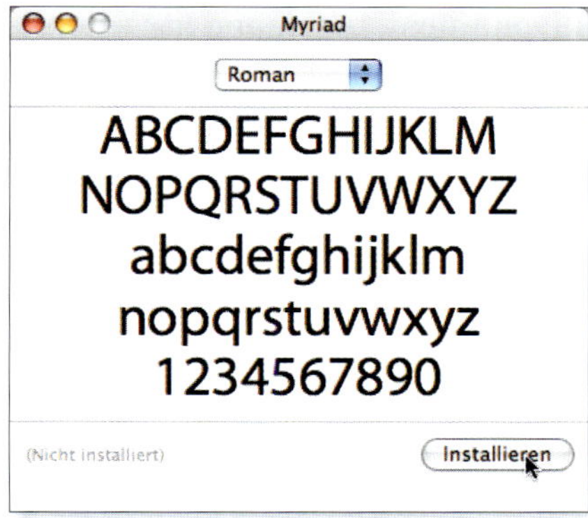

Mit einem Klick auf eine neue Schrift startet das Programm und zeigt die Schrift an.

Die Farbpalette

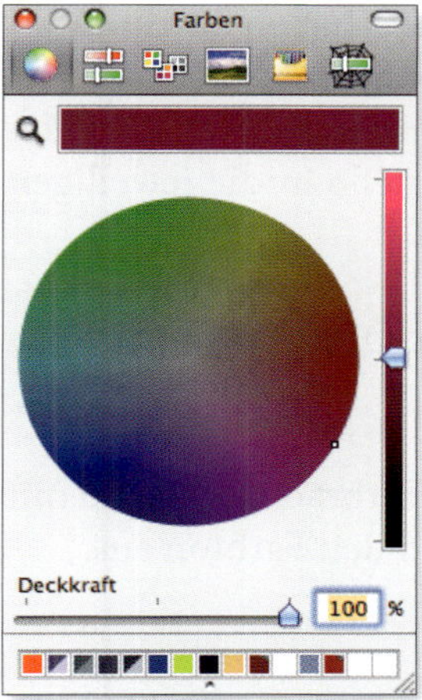

Die Farbe für eingefügte Objekte, Hintergründe, Tabellenrahmen, Diagrammreihen, Schatten und Text wählen Sie in einem separaten Farbfenster. Dieses Fenster wird automatisch eingeblendet, sobald Sie in ein Farbfeld klicken, das in den Informationsfenstern zum jeweiligen Objekt angezeigt wird.

Die Farbpalette

Die Farbpalette öffnet mit einem Farbrad, in dem Sie mit gedrücktem Mauszeiger herumspazieren können, bis der gewünschte Farbton gefunden ist. Die Farben sind jeweils im Vorschaufeld in etwas größerer Fläche sichtbar. Falls Sie einen Text mit schwarzer Schriftfarbe markiert haben, ist der Kreis eine einzige schwarze Masse. Sobald Sie den Schieberegler jedoch nach oben bewegen, werden die Farben sichtbar. Die Farbe, auf die Sie klicken, wird sofort von dem markierten Element übernommen.

Befindet sich in Ihrem Dokument bereits ein Objekt, dessen Farbton auf das markierte übertragen werden soll, klicken Sie in die Lupe neben dem Vorschaufeld. Fahren Sie mit der Maus über das Objekt, bis die Wunschfarbe innerhalb der Lupe sichtbar ist. Mit einem Mausklick wird der Farbton auf das markierte Objekt übertragen.

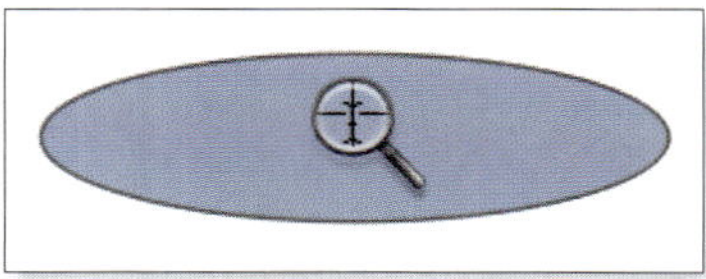

Die Lupe als Farbpicker

Mit dem Schieberegler stellen Sie hellere oder dunklere Farbtöne ein. Am unteren Rand des Fensters befindet sich ein weiterer Schiebregler. Mit diesem regulieren Sie die Deckkraft. Je reduzierter die Deckkraft ist, desto transparenter, durchschimmernder wird die Farbe. Ihr Text wird mit diesem Effekt heller. Bei verringerter Deckkraft werden im oberen Vorschaufeld zwei Farben angezeigt, die das Spektrum der Reduktion sichtbar machen.

Alternativ zum Farbrad stehen Ihnen für die Auswahl Ihrer Wunschfarbe weitere Möglichkeiten zur Verfügung:

Farbregler: Im Einblendmenü unterhalb des Vorschaufensters haben Sie die Wahl aus den Farbmodellen Graustufen, RGB (Rot, Grün, Blau), CMYK (Cyan, Magenta, Yellow, Black) und HSV (Hue, Saturation, Value). Ziehen Sie die Schieberegler jeweils an die gewünschte Stelle oder geben Sie die Farbanteile in die jeweiligen Felder ein.

Farbpalette: Musterpaletten für die Standardfarben von Mac OS X. Hierauf greifen vor allem Programmierer zu.

Bildpalette: Zeigt die Regenbogenfarben. Ähnlich wie im Farbrad fahren Sie mit gedrückter Maustaste über das Farbspektrum und wählen so den Farbton aus.

HILFE

Die Bildpalette bietet Ihnen einen weiteren nützlichen Service: Angenommen, Sie wollen die Farben Ihres Dokuments eng an die Farben eines Logos oder Bildes anlehnen. Für diesen Zweck lässt sich die Abbildung in die Farbpalette integrieren, so dass Sie die Farben noch genauer als mit der Lupe herauskristallisieren können. Klicken Sie dazu im Aufklappmenü *Palette* auf den Eintrag *Neu aus Datei…* und wählen Sie die gewünschte Bilddatei per Klick auf *Öffnen* aus. Wenn Sie nun mit der Maus über das Bild fahren, wird jede noch so geringe Farbnuance im Vorschaubalken angezeigt. Die einzelnen Farbabstufungen speichern Sie, indem Sie den Farbton aus dem Vorschaufenster mit gedrückter Maustaste in eines der unteren Rechtecke ziehen.

Farbnuancen anzeigen lassen und für spätere Zwecke sichern

Buntstifte: Eine Auswahl an Farben mit Bezeichnungen wie Meeresgrün und Kaugummi.

RCWeb: Zeigt die Farbwerte (Hexadezimalcode) für websichere Farben.

Die Farbmodelle RGB, CMYK und HSV

Die Basis des RGB-Farbmodells sind die Farben Rot, Grün und Blau. Aus der Kombination dieser Farben werden alle weiteren Farben gebildet. Die Einstellung der drei Farben wird in 256 (von 0 bis 255) Farbtönen vorgenommen. Ist der Wert aller drei Farben 0, entsteht Schwarz. Grau erhält man, wenn alle 3 Werte gleich sind, und Weiß ergibt sich bei einer Intensität von 100 Prozent aller drei Farben. Das RGB Farbmodell wird zur Darstellung von Farben auf einem Monitor verwendet. Durch das additive Farbmischverfahren sind die Farben von hoher Leuchtkraft.

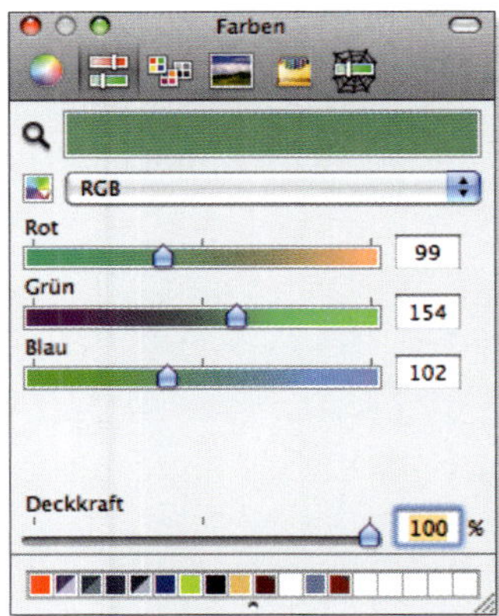

Farbe im RGB-Farbmodell definieren

Das HSV-Farbmodell basiert auf der menschlichen Wahrnehmung von Farben und entspricht den intuitiven Mischungsmethoden eines Malers. Man wählt zuerst die Farbe und entscheidet dann, wie gesättigt und wie hell oder dunkel diese sein soll.

Grundlage für den Profidruck: CMYK

CMYK entspricht den drei Grundfarben Cyan, Magenta, Yellow (Gelb) aus denen sich (fast) alle Farben mischen lassen. Für mehr Tiefe und Kontrast ist das Schwarz hinzugekommen. Das CMYK-Farbmodell ist die Grundlage für den Vierfarbdruck. Es wird als »subtraktives Farbmischverfahren« bezeichnet. Aufgrund dieses Mischverfahrens kommt es nicht an die Leuchtkraft der RGB-Farben heran. Und da Monitore nach dem RGB-Prinzip arbeiten, ist die Darstellung von Farben im CMYK-Modus nicht verbindlich und kann vom späteren Druck erheblich abweichen.

Für einen professionellen Ausdruck das Farbmodell CMYK wählen

Zwingend notwendig ist das CMYK-Farbmodell, wenn Sie Ihr Dokument an eine Druckerei weitergeben. Da CMYK das Standardfarbmodell der Drucktechnik ist, müssen die Farben Ihres Dokuments in diesem Modus definiert sein. Das gilt für die Schriftfarbe ebenso wie für die Farbe eingefügter Objekte. Damit tatsächlich alle Farben Ihrer Datei in CMYK angelegt sind, definieren Sie die Farben am besten, bevor Sie mit der Gestaltung beginnen. Dafür brauchen Sie das Fenster *Farbregler* in der Farbpalette. Um auf die Farben anschließend rasch und ohne zusätzlichen Aufwand zugreifen zu können, ziehen Sie den Farbton aus dem Vorschaufeld in eines der kleinen Rechtecke am unteren Palettenrand.

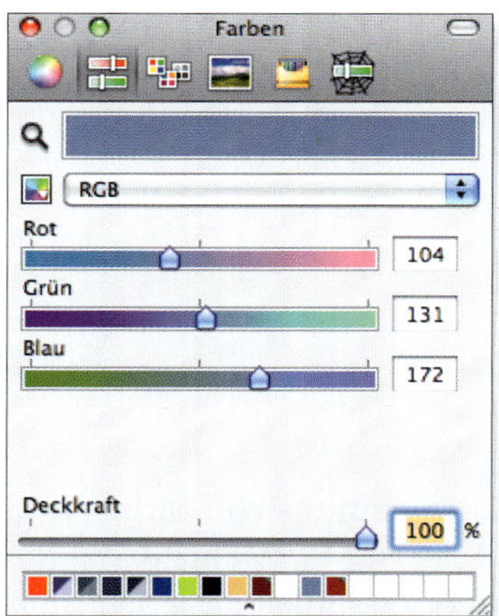

Die Regler für das Farbmodell »CMYK«

TIPP

Die individuellen Farbtöne bleiben Ihnen in allen Programmen erhalten, was sehr praktisch ist, wenn Sie zum Beispiel in Keynote eine Präsentation mit den Farben Ihres Corporate Designs anlegen und anschließend in Pages Ihr Briefpapier entwerfen. Sie haben in beiden Fällen die gleichen Farbtöne dank der Farbpalette rasch zur Hand.

Die iLife-Anbindung

In den iWork-Programmen haben Sie über ein Fenster namens *Medien* direkten Zugriff auf Ihre Fotos in Ihrem iPhoto-Archiv, auf Ihre Musik in Ihrer iTunes-Mediathek und die Filme in Ihrem Ordner *Filme*. Sie ziehen das gewünschte Bild, das Musikstück oder den Film einfach aus dem Fenster in Ihr Dokument.

Das Fenster »Medien«

Das Fenster lässt sich an der schraffierten Fläche am rechten unteren Rand breiter aufziehen, um zum Beispiel die Bilder besser in Augenschein zu nehmen, bevor sie in das Dokument bewegt werden. An der kleinen Einkerbung zwischen Auswahlmenü und Liste ziehen Sie die Liste nach unten auf und rücken damit die Wiedergabelisten oder Alben ins Blickfeld.

Die Suchfunktion im unteren Bereich des Fensters hilft, die gewünschte Datei schnell aufzuspüren. Schon nach Eingabe des ersten Buchstabens startet die Suche. Um in ein ausgewähltes Musikstück hineinzuhören oder um sich einen Film vorab anzuschauen, gibt es den Vorführbutton.

AUFGEPASST

Bilder in iPhoto haben für gewöhnlich eine hohe Auflösung, da sie direkt von der Digitalkamera importiert werden. Mit genau dieser Auflösung erscheinen die Bilder auch in einem Pages-Dokument oder in einer Keynote-Präsentation, wodurch die Dateien unnötig aufgebläht werden. Die Dateigröße von maskierten und verkleinerten Bildern lässt sich in den iWork-Programmen erfreulicherweise verringern. Ansonsten hilft das kostenpflichtige Programm GraphikConverter von Lemke Software weiter. Mit diesem Programm können Sie die Auflösung eines Bildes definieren und Bilder in das CMYK-Farbmodell konvertieren. Für einen professionellen Ausdruck des Dokuments müssen die Bilder eine Auflösung von mindestens 300 dpi aufweisen und im CMYK-Farbmodus angelegt sein.

Die Dienste

Die Dienste, die Sie im Anwendungsmenü der Programme Numbers, Pages und Keynote finden, sind Funktionen, die Sie für unterschiedliche Zwecke nutzen können, um zum Beispiel ein Datum einzufügen, im Internet nach weiteren Informationen zu fahnden oder eine E-Mail mit ausgewähltem Text zu versenden. Die Dienste ersparen Ihnen den Weg über Programme wie Safari oder Schriftsammlung.

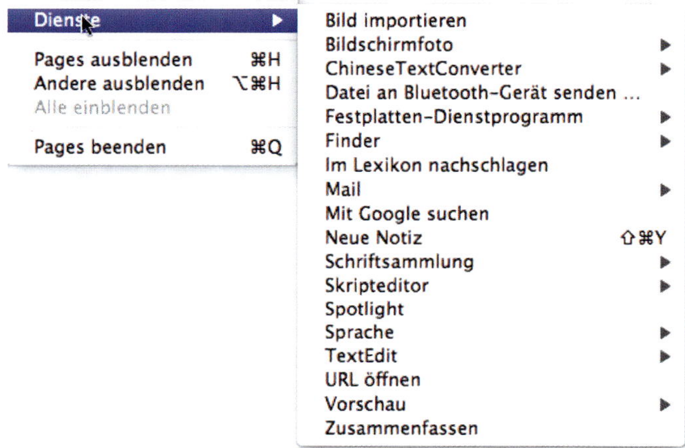

Interessante Befehle unter »Dienste«

Ein paar der Dienste möchten wir Ihnen vorstellen:

Angenommen, Sie fügen Fachinformationen in Ihr Dokument ein und wollen noch ein wenig zu einem bestimmten Begriff recherchieren: Markieren Sie den Begriff und klicken Sie in den Diensten auf *Mit Google suchen*.

Wollen Sie einen Abschnitt eines Textes schon mal vorab an einen Kollegen schicken, markieren Sie den Text und wählen *Mail | Auswahl senden*. Das Programm Mail startet und setzt den Textauszug in eine neue E-Mail ein. Sie sparen sich damit alles umständliche Kopieren und Einsetzen über Tastenkürzel oder Menübefehle.

Wie schon im Abschnitt zum Programm Schriftsammlung erwähnt, stellen Sie mit dem Dienst *Schriftsammlung* die Schriften zusammen, die Sie im aktuellen Dokument verwendet haben. Markieren Sie dazu den Inhalt mit der Tastenkombination ⌘ – A und entscheiden Sie, ob Sie eine Sammlung oder eine Bibliothek anlegen wollen.

Vielleicht möchten Sie eine Textpassage als Notiz auf den Schreibtisch legen. Dann markieren Sie den Text und wählen *Neue Notiz*.

Das Helferteam

Hat man erst einmal den Text verfasst, kann die Nachbearbeitung zu einer strapaziösen Angelegenheit werden. Tippfehler wollen erkannt und ausgemerzt sein oder es schleppt sich womöglich ein falsch geschriebener Name durch den ganzen Text und muss ersetzt werden. Damit Tippfehler in den Dokumenten und auf den Folien nicht für unnötige Irritation sorgen, erledigt iWork mit der integrierten Rechtschreibprüfung notwendige Korrekturen innerhalb von Sekunden. Außerdem lassen sich mit der Option *Suchen & Ersetzen* bestimmte Wörter aufspüren und gegen andere austauschen.

Die Rechtschreibprüfung

Die Mac OS X-Rechtschreibprüfung ist standardmäßig in den iWork-Programmen aktiviert. Diese Rechtschreibprüfung finden Sie auch in Programmen wie TextEdit und Mail. Bereits während der Texteingabe wird der Text von den Programmen auf mögliche Fehler überprüft und fragliche Wörter werden mit einer gestrichelten Linie hervorgehoben. Sollte die Rechtschreibprüfung bei Ihnen nicht eingeschaltet sein, wählen Sie im Menü *Bearbeiten | Rechtschreibung* den Eintrag *Während der Texteingabe prüfen.*

Um das fragliche Wort zu korrigieren, markieren Sie es und öffnen das Kontextmenü per ctrl-Klick oder indem Sie die rechte Maustaste drücken. Im Kontextmenü werden Ihnen, sofern vorhanden, alternative Schreibweisen zu dem Wort angeboten. Klicken Sie auf das richtige Wort, damit es gegen das falsch geschriebene ausgetauscht wird.

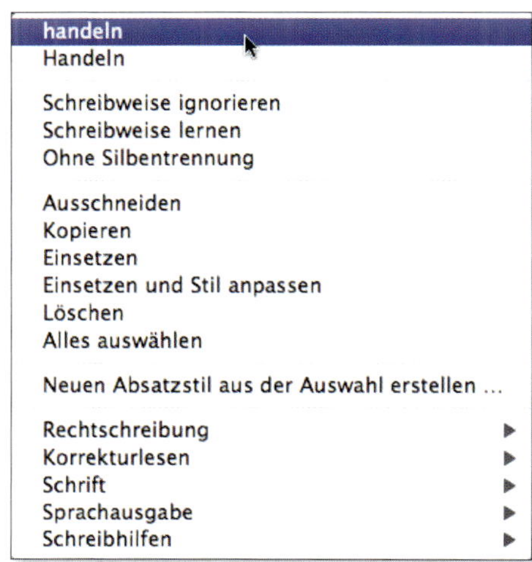

Alternative Schreibweisen im Kontextmenü

Nicht immer bietet das Kontextmenü Vorschläge zur Schreibweise an. Das ist vor allem bei Namen, Fremdwörtern, ungewöhnlichen Schreibweisen oder selten benutzten Begriffen der Fall. Diese Wörter werden dann immer wieder gekennzeichnet, was natürlich überhaupt keine Lösung des Problems ist. Deshalb haben Sie im Kontextmenü die Wahl aus zwei Vorgehensweisen für den Umgang mit den markierten Wörtern:

Schreibweise lernen: Damit fügen Sie das Wort dem Rechtschreibwörterbuch von Mac OS X hinzu.

AUFGEPASST

Die Wörter, die Sie dem Wörterbuch hinzufügen, bleiben nicht erhalten, wenn Sie das aktuelle iWork-Paket installieren. Wer also bereits mit einer Vorgängerversion von iWork gearbeitet hat, sieht sich nun wieder damit konfrontiert, dem Wörterbuch die Schreibweise von Begriffen beizubringen.

Schreibweise ignorieren: Wählen Sie diese Option, wenn das markierte Wort nicht länger als falsch markiert werden soll, Sie es jedoch nicht dem Rechtschreibwörterbuch hinzufügen wollen. Falls Sie also in einem Dokument zum Beispiel ein Substantiv durchgängig klein schreiben, weil es Teil eines Firmen- oder Produktnamens ist, wählen Sie diesen Eintrag, damit in anderen Dokumenten nicht die falsche Schreibweise als richtige akzeptiert wird.

Sobald Sie das Wort berichtigt haben und es mit dem Cursor verlassen, verschwindet die Linie.

Wenn man gerade vor Ideen sprudelt und im Schreibfluss ist, mag man ein markiertes Wort möglicherweise nicht sofort korrigieren. iWork bietet zwei Alternativen, mit denen Sie Ihr Dokument auf Wörter mit fraglicher Schreibung durchforsten:

Mit der Tastenkombination ⌘ – ⇧ – ; durchkämmen Sie das Dokument ausgehend von der Stelle, an der der Cursor platziert ist. Die fraglichen Wörter werden nacheinander farbig hervorgehoben. Führen Sie die Korrektur mit Hilfe des Kontextmenüs durch oder korrigieren Sie das Wort manuell.

Sie öffnen mit der Tastenkombination ⌘ – ⇧ – : das Fenster *Rechtschreibung*, in dem eine Liste mit Rechtschreibvorschlägen angezeigt wird. Wählen Sie einen Vorschlag aus und klicken Sie auf *Ändern*. Falls Sie die als falsch markierte Schreibung beibehalten wollen, entscheiden Sie sich für *Ignorieren* oder *Lernen*. Per Klick auf den Button *Lernen* wird das Wort dem Wörterbuch hinzugefügt. Falls keine

Vorschläge angezeigt werden, Sie jedoch das Wort korrigieren wollen, klicken Sie in das Eingabefeld, überschreiben das Wort und bestätigen mit *Ändern*. Mit einem Klick auf *Weitersuchen* wird die Suche fortgesetzt.

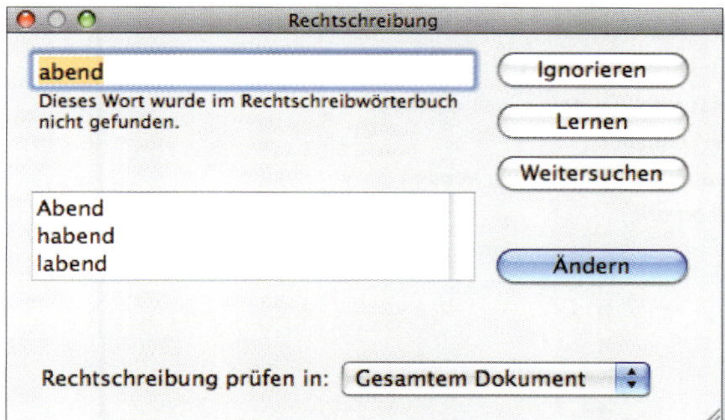

Die Rechtschreibung prüfen

Automatisch Symbole und Text ersetzen

Vielleicht haben Sie bestimmte Wörter, die Sie ständig verdreht eingeben wie zum Beispiel »nihct« statt »nicht«. Dann ist es sinnvoll, für dieses Wort die richtige Schreibweise in die Liste der automatischen Symbol- und Textersetzung mit aufzunehmen, so dass das verdreht geschriebene Wort beim nächsten Mal automatisch durch die richtige Schreibweise ersetzt wird.

Sie öffnen und aktivieren diese Funktion in allen drei Programmen in den *Einstellungen…* (im Menü *Pages*, *Numbers* bzw. *Keynote*) im Register *Automatische Korrektur*. Einige Sonderzeichen und Bruchzahlen sind bereits in der Liste vorhanden. Jedes Zeichen lässt sich mit einem Klick auf das jeweils linke Kästchen ein- oder ausschalten. Weitere Wörter fügen Sie mit einem Klick auf das Pluszeichen hinzu. Geben Sie das betreffende Wort in das Feld *Ersetzen* ein und die gewünschte Schreibweise in das Feld *Durch*.

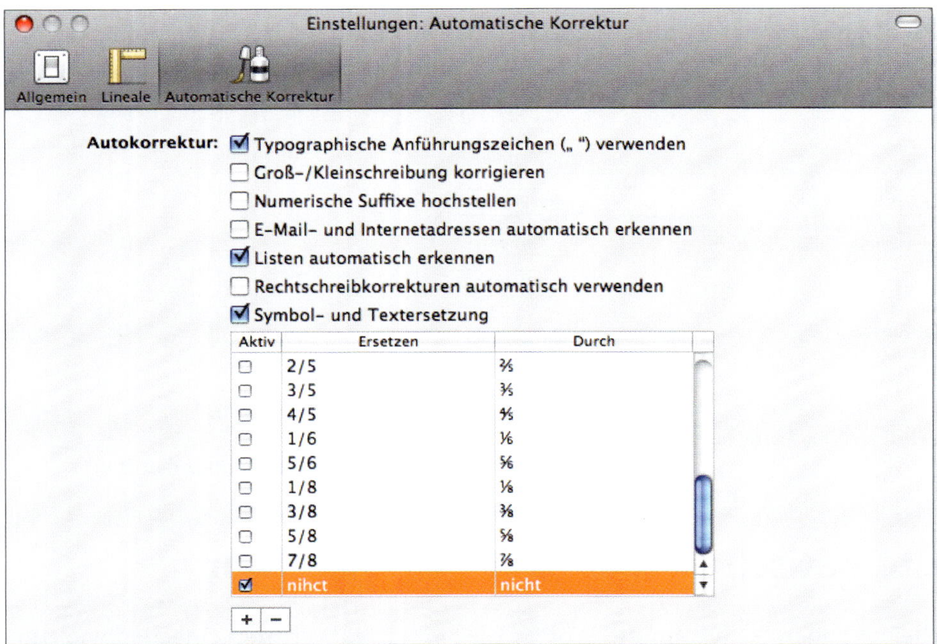

Automatische Wortkorrektur

Leider werden die Einträge, die Sie beispielsweise in Pages machen, nicht von den anderen Programmen übernommen.

Suchen und Ersetzen

Stellen Sie sich folgende Situationen vor: Sie bemerken, dass Sie in einem Dokument das Wort »Ergebnis« extrem häufig benutzt haben und wollen dieses Wort nun an einigen Stelle gegen »Resultat« austauschen. Oder Sie haben den Namen »Schulz« konsequent »Schultz« geschrieben und wollen diesen Fehler ausmerzen. Mit dem Fenster *Suchen & Ersetzen* lassen sich solche Unannehmlichkeiten des Alltags schnell ausbessern. Sie öffnen das Fenster im Menü *Bearbeiten | Suchen | Suchen …* oder mit der Tastenkombination ⌘ – F. Das Fenster gibt es in einer Schmalspurversion (Register *Einfach*) und in einer erweiterten Fassung. Die einfache Variante reicht für Suchaufträge, die Sie für das gesamte Dokument starten. Falls Sie die Suche jedoch eingrenzen wollen auf zum Beispiel nur die Fußnoten, ist die Version *Erweitert* die richtige.

GRUNDLAGEN

In beiden Varianten lassen sich sowohl einzelne Wörter als auch Satzanfänge oder ganze Sätze suchen und ersetzen.

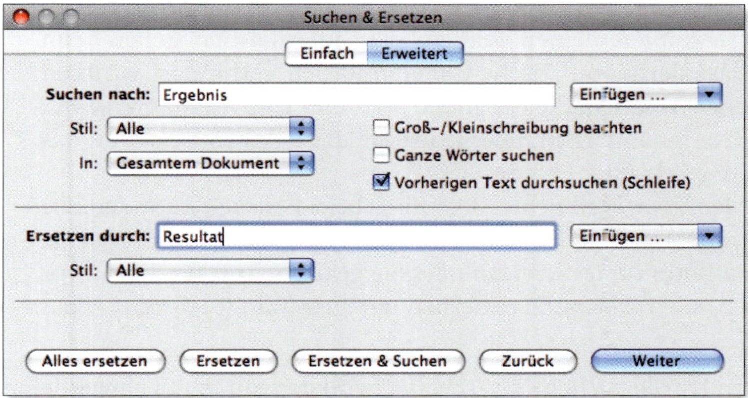

Ein Wort suchen und ersetzen

Fürs Ersetzen stehen Ihnen unterschiedliche Funktionen zur Verfügung:

Alles ersetzen: Die eingegebenen Wörter werden im gesamten Dokument gegeneinander ausgetauscht.

Ersetzen: Die einzelnen Stellen, an denen das gesuchte Wort gefunden wird, werden hervorgehoben. Mit dieser Methode haben Sie Gelegenheit, bei jeder einzelnen Textstelle zu entscheiden, ob das Wort ersetzt werden soll oder nicht. Klicken Sie auf *Weiter* oder *Zurück*, um zum nächsten Wort zu gelangen.

Ersetzen & Suchen: Das markierte Wort wird ersetzt und das nächste gesucht.

Mit den erweiterten Funktionen lässt sich für Pages die Suche auf einen ausgewählten Stil wie Haupttitel oder Fußnote einschränken und in Keynote auf die Notizen. Geben Sie auch hier das gesuchte Wort oder den gesuchten Satz in das Feld *Suchen* und den gewünschten Text in das Feld *Ersetzen* ein. Wählen Sie in Pages den Stil aus, in dem gesucht werden soll, oder entscheiden Sie sich für *Gesamtes Dokument*, um einschließlich in Kopfzeilen, Fußzeilen und Textfeldern zu fahnden.

Der Such- und Austauschmöglichkeiten sind im Fenster *Suchen & Ersetzen* fast keine Grenzen gesetzt. Als besonders raffiniert zeigt sich das Fenster in Pages mit der Möglichkeit, nach nicht druckbaren Zeichen wie Absatzumbruch und

Zeilenumbruch zu suchen und diese durch ein anderes Zeichen zu ersetzen. Diese Funktion ist vor allem dann sehr hilfreich, wenn Sie viele weiche Absätze eingefügt haben und diese gegen harte Absätze austauschen wollen.

POWER USER

Angenommen, Sie kopieren einen Text aus dem Internet und stellen beim Einfügen fest, dass der automatische Zeilenumbruch verhindert wird, da jede Zeile mit einer Absatzmarke (¶) endet. Statt nun jede Absatzmarke manuell aus dem Text zu entfernen, übergeben Sie diese Arbeit besser an das Fenster *Suchen & ersetzen*:
Wählen Sie im Menü *Einfügen* neben dem Eingabefeld *Suchen nach* den Eintrag *Absatzumbruch*. Das Feld *Ersetzen durch* lassen Sie leer. Nun klicken Sie entweder auf den Button *Alles ersetzen* oder Sie gehen Schritt für Schritt vor, klicken auf *Ersetzen & suchen* und entfernen nur ausgewählte Absatzmarken.

Ist die Option *Ganze Wörter suchen* eingeschaltet, wird der von Ihnen eingegebene Begriff als einzeln stehendes Wort interpretiert. Wenn Sie hier kein Häkchen setzen, wird etwa »Bild« auch in »Bilder«, »Bildung« oder »gebildet« gefunden. Letzteres jedoch nur, sofern *Groß-/ Kleinschreibung beachten* ausgeschaltet ist.

Dokumente über iWork.com bereitstellen

An manchen Präsentationen feilen mehrere Personen – und das auch noch abteilungs- oder gar grenzüberschreitend. Ähnlich ist es mit Geschäftszahlen, Prognosen oder Kosten-Nutzen-Rechnungen. Und wer eine Broschüre erstellt oder Texte verfasst, möchte vielleicht andere zu Kommentaren oder Anregungen einladen.

Für all diese Szenarien könnte man das entsprechende Dokument per E-Mail versenden. Doch was ist, wenn die Empfänger gar nicht über die iWork-Programme verfügen? Bei der Konvertierung in ein Word-, Excel- oder PowerPoint-Format gehen viele Besonderheiten von Pages, Numbers und Keynote verloren. Und das PDF-Format bietet sich kaum für Kommentare und Ergänzungen an.

Apple bietet mit dem Onlinedienst iWork.com eine einfache Möglichkeit, Texte, Präsentationen und andere Dokumente anderen Nutzern im Internet zugänglich zu machen. Interessierte Leser können eingeladen und ermuntert werden, das jeweilige Dokument im Browser zu öffnen, es zu kommentieren und mit weiteren Anregungen zu versehen.

Um Dateien auf Apples Online-Plattform bereitstellen zu können, ist lediglich eine Benutzerkennung und ein Passwort erforderlich. Wenn Sie bereits einen Account für den iTunes Store oder Mobile Me haben, wird auch dieser akzeptiert.

iWork.com befindet sich zum Zeitpunkt der Drucklegung dieses Buches (März 2009) noch in der kostenlosen Betaphase. Es ist nicht auszuschließen, dass der Dienst später kostenpflichtig wird.

Andere einladen

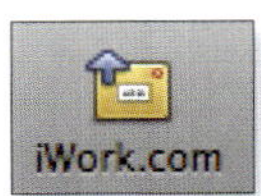

Wer auf Ihr Dokument zugreifen darf, regeln Sie über Einladungen, die per E-Mail verschickt werden. Klicken Sie dazu auf die Schaltfläche *iWork.com* in der Symbolleiste oder wählen Sie im Menü *Bereitstellen* den entsprechenden Eintrag.

Nach der Anmeldung öffnet sich ein Fenster, das sozusagen die Einladungskarte für alle ist, mit denen Sie sich über das Dokument austauschen möchten. Die iWork-Anwendungen sind mit dem Programm Adressbuch verzahnt, so dass die Eingabe weniger Buchstaben reicht, um die jeweiligen E-Mail-Adressen eingeblendet zu bekommen. Der Betreff wird automatisch und mit dem Titel des Dokuments eingetragen.

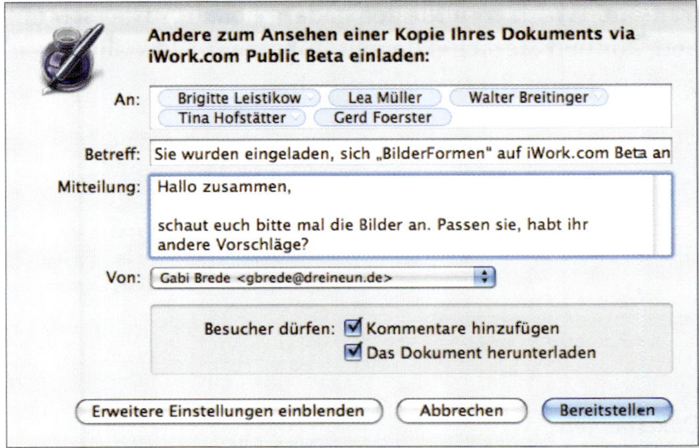

Alle einladen, die Zugriff auf die Datei bekommen sollen

In diesem Fenster legen Sie außerdem fest, ob Sie es Ihren Besuchern erlauben, das Dokument herunterzuladen oder es mit Kommentaren zu versehen. Um sicherzustellen, dass die Nutzer ein heruntergeladenes Dokument auch öffnen und bearbeiten können, sind die erweiterten Einstellungen interessant. Denn hier definieren Sie die Download-Optionen für das Format der Datei.

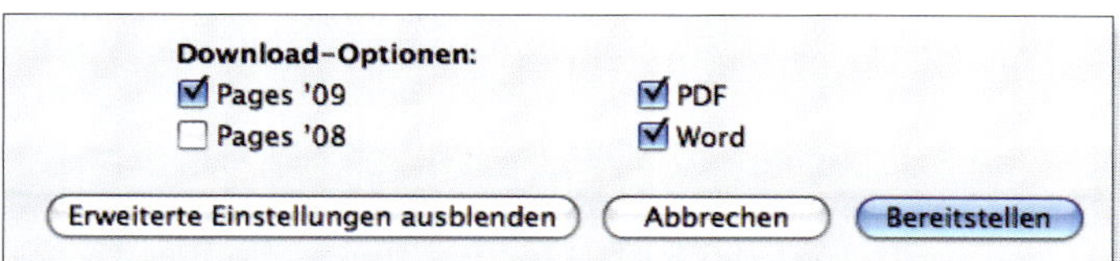

Sicherstellen, dass die Datei auch geöffnet werden kann

Sobald Sie auf *Bereitstellen* klicken, wird die Datei auf den Server übertragen. Danach bekommen alle eingeladenen Nutzer eine E-Mail, in der die Internet-Adresse des Speicherortes angegeben ist. Die von Ihnen eingeladenen Nutzer brauchen kein Passwort, um die Datei begutachten zu können.

Die Einladung wurde erfolgreich verschickt.

Welche Dokumente Sie bereits auf iWork.com für den gedanklichen Austausch mit anderen veröffentlicht haben, können Sie sich jederzeit mit einem Klick auf *Bereitgestellte Dokumente anzeigen* im Menü *Bereitstellen* ansehen.

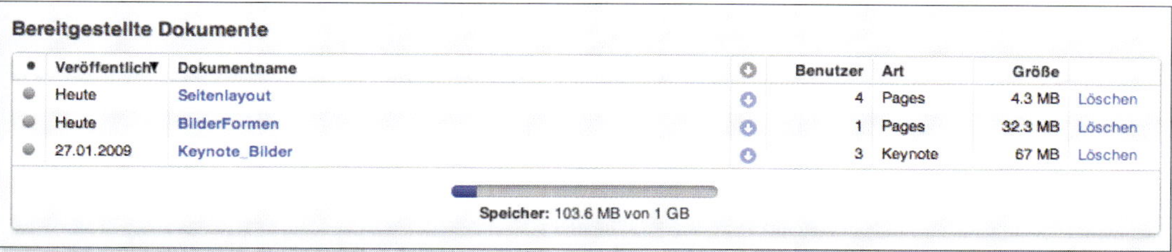

Bereitgestellte Dokumente

•	Veröffentlicht	Dokumentname		Benutzer	Art	Größe	
	Heute	Seitenlayout		4	Pages	4.3 MB	Löschen
	Heute	BilderFormen		1	Pages	32.3 MB	Löschen
	27.01.2009	Keynote_Bilder		3	Keynote	67 MB	Löschen

Speicher: 103.6 MB von 1 GB

Die Liste mit bereitgestellten Dokumenten

AUFGEPASST

Vertrauliche Dokumente sollten Sie übrigens nicht auf dem Server veröffentlichen. Denn jeder, der die Internetadresse hat, kann sich die Datei ansehen – auch ohne ausdrückliche Einladung.

Inhalte kommentieren

Die auf iWork.com bereitgestellten Dateien werden im Fenster eines Internetbrowsers geöffnet und können mit Kommentaren versehen werden. Änderungen sind nur möglich, wenn die Nutzer die Datei auf ihren Rechner laden und dort mit iWork, Microsoft Office oder einem kompatiblen Programm bearbeiten.

Um in einer bereitgestellten Pages-Datei einen Kommentar hinzuzufügen, müssen Sie zunächst Text oder eine Tabellenzelle markieren. Bilder oder grafische Elemente können nicht mit einem Kommentar versehen werden. In bereitgestellten Keynote- oder Numbers-Dateien wiederum lassen sich keine Begriffe markieren und kommentieren.

Jeder Kommentar bietet die Möglichkeit zu einer Antwort, so dass sich ein regelrechter Kommentar-Dialog zwischen den Nutzern entwickeln kann. Alternativ können Notizen eingegeben und mit einem Klick auf *Veröffentlichen* in die Leiste *Dokumentnotizen* integriert werden.

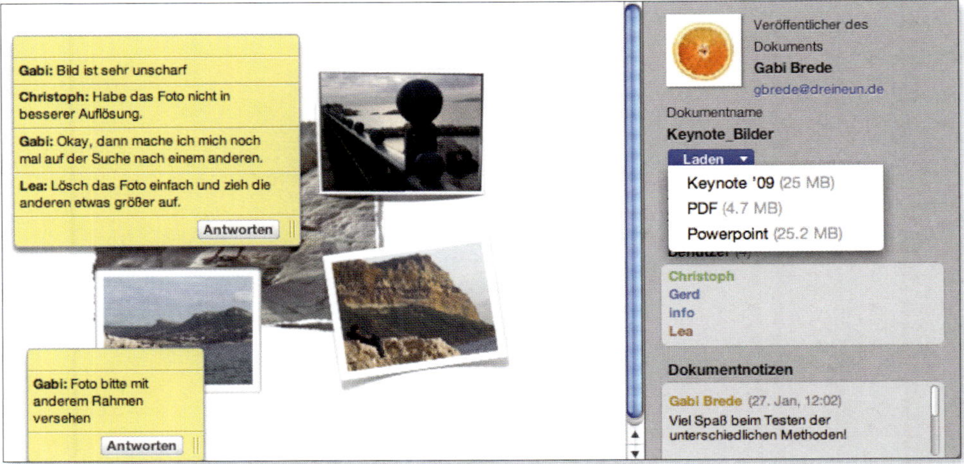

Kommunikation mit Hilfe der Kommentarfunktion

TIPP

Wer weitere Personen einladen möchte, sich die Datei auf iWork.com anzuschauen, klickt auf *Hinzufügen* und gibt den Namen und die E-Mail-Adresse ein. Danach wird ein Link eingeblendet, der sich mit dem Tastenkürzel ⌘ – C kopieren und mit ⌘ – V in eine Mail einfügen lässt.

Kapitel 3

Pages

Pages – der Einstieg

Die einen sind Existenzgründer und wollen einen Flyer erstellen. Andere sind als Vereinsvorsitzende zuständig für das halbjährliche Vereinsrundschreiben. Wieder andere feilen am Design ihres Lebenslaufs, entwerfen gern Poster für die nächste Konzertankündigung oder kreieren Kataloge mit Produktbeschreibungen und Produktankündigungen. Diese verschiedenen Szenarien sind nur ein Ausschnitt aus dem Spektrum an Möglichkeiten, die Ihnen das Programm Pages mit seiner reichhaltigen Auswahl an thematischen Layoutvorschlägen bietet.

Dabei ist der Name der Anwendung Programm: In Pages geht es um das Gestalten und das Design von Seiten in einem Textdokument. Dafür braucht man Handwerkszeug. Und man muss wissen, wo das Handwerkszeug zu finden ist. Was Ihnen das Programm an Mitteln bietet, um schöpferisch tätig zu sein, zeigen die nächsten Seiten.

Auftakt

Das wirklich Angenehme an Pages ist, dass Sie als Anwender nur in einem Fall mit einem leeren Blatt – berüchtigt als Verursacher von Schreibblockaden – konfrontiert sind. Und zwar, wenn Sie mit der Vorlage *Leer* starten. Für alle anderen der zahlreichen Vorlagen ist ein Grundlayout definiert, das mit Platzhaltern für Text und Bilder ausgestattet ist. Sobald Sie Pages starten, wird ein Fenster mit den Muster-Vorlagen eingeblendet. Das Fenster lässt sich an der kleinen schraffierten Fläche am rechten unteren Rand weiter aufziehen. Oder Sie vergrößern die Abbildungen mit dem Schieber in der Mitte der unteren Leiste. Alles, was Sie auf den Miniaturen sehen, sind Platzhalter für Ihre zukünftigen Texte und Fotos.

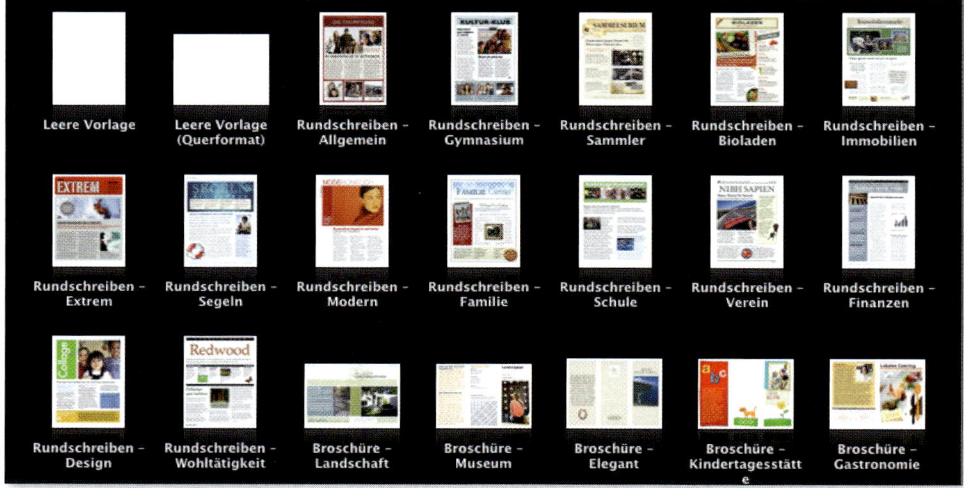

Ausschnitt aus dem Startfenster von Pages

Einige der Vorlagen wie die Berichte, Rundschreiben und Broschüren sind mehrseitig angelegt. Einen Eindruck über das Design der weiteren Seiten erhalten Sie bereits im Startfenster – und zwar wenn Sie mit dem Mauszeiger auf eine der Miniaturen fahren. Mit jeder geringfügigen Bewegung der Maus werden die weiteren Seiten eingeblendet. Dieser nette Service erspart es Ihnen, die Layouts einzeln zu öffnen, um auch die weiteren Seiten in Augenschein zu nehmen.

Die Vorlagen sind thematisch in die Rubriken *Textverarbeitung* und *Seitenlayout* gegliedert, die wiederum in unterschiedliche Themenbereiche unterteilt sind. Mit einem Klick auf einen Themenbereich in der linken Fensterleiste werden die dazugehörigen Alternativen eingeblendet. Darüber hinaus und um einen Text ohne bereits definierte Seitenlayouts einzugeben, gibt es in beiden Rubriken die Variante *Leer*.

Sie öffnen eine Vorlage mit einem Doppelklick auf eines der Themen oder indem Sie auf ein Thema zusteuern und anschließend auf *Auswählen* klicken. Das Miniaturbild aus dem Auswahlfenster erscheint vor Ihnen nun in seiner ganzen Größe und Pracht.

Bereits im Auswahlfenster haben Sie über den Button *Vorhandene Datei öffnen* Gelegenheit, rasch und ohne Umständlichkeiten auf eine bereits bestehende Pages-Datei, ein Word-Dokument, auf Textdateien, die mit der Endung .rtf abgespeichert worden sind, und Apple Works-Dokumente zuzugreifen. Dabei dreht sich das Fenster um 180 Grad und verwandelt sich in ein Finder-Fenster. Mit einem Klick auf *Abbrechen* landen Sie wieder im Auswahlkatalog von Pages. Zugriff auf Ihre zehn zuletzt geöffneten Dokumente haben Sie über den Button *Benutzte Dokumente*.

POWER USER

Haben Sie eine favorisierte Vorlage und würden das Programm gern mit dieser Vorlage starten? Dann brauchen Sie nur im Menü *Pages* die *Einstellungen* zu öffnen und im Bereich *Neue Dokumente* auf *Vorlage verwenden* zu klicken. Nachdem Sie Ihr Lieblingsdesign ausgewählt haben, erscheint der Name dieser Vorlage in den Einstellungen.

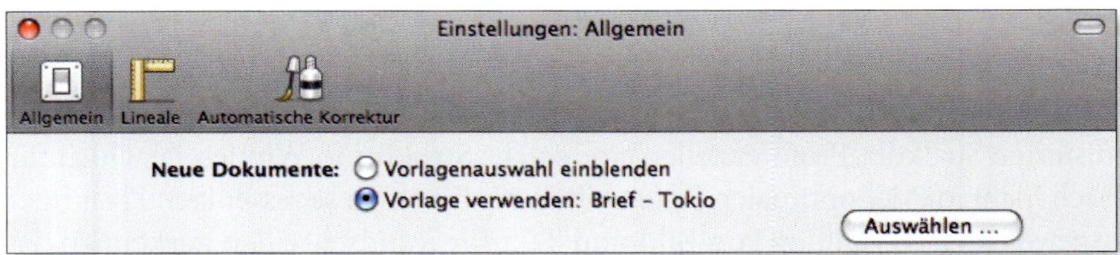

Mit der favorisierten Vorlage starten

Import von Dateien

Das Öffnen einer Word-Datei bereitet erfreulicherweise überhaupt keine Schwierigkeiten. Die Formatierungen werden nahtlos übernommen, Texte in Kopf- und Fußzeilen finden sich auch in Pages als Kopf- und Fußzeilen wieder, und auch Tabellen werden einwandfrei dargestellt. Falls beim Import Probleme auftreten, wird ein Infofenster eingeblendet, das Sie auf Schwierigkeiten aufmerksam macht und in dem detailliert beschrieben ist, wie mit diesen Schwierigkeiten umgegangen wurde.

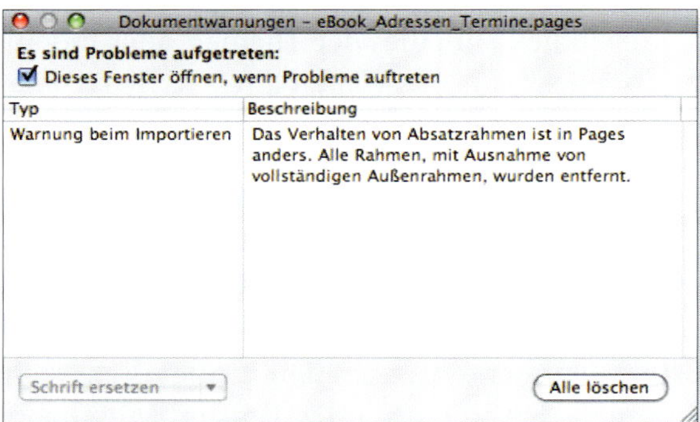

Nur sehr selten treten Schwierigkeiten beim Öffnen einer Word-Datei auf.

Vorlage, Platzhalter, Stil: Begriffe und was sie bedeuten

Bei der Arbeit mit Pages und beim Lesen der folgenden Kapitel werden Sie immer wieder auf Begriffe stoßen wie *Vorlage*, *Platzhalter* und *Stile*. Was diese Begriffe bedeuten, erklären wir im Folgenden.

Vorlage

Flyer, Rundschreiben, Briefe oder Poster folgen meistens einer für diese Textformen standardisierten Struktur. Profis erstellen eine solche Struktur in Windeseile. Doch für alle, die sich nicht mit der optimalen Seitenaufteilung für einen sechsseitigen Flyer oder einer ausgewogenen Verteilung von Bild und Text für Rundschreiben auskennen, ist es mühsam und zeitraubend, ein Gerüst für das Layout anzulegen. Und da mit Pages genau diese Personengruppe in den Genuss einwandfreier Broschüren und Geschäftspapieren kommen soll, ist der Grundaufbau einer Seite erfreulicherweise mit den Vorlagen geleistet. Diese Seitenlayouts beinhalten ein Setting an Vorgaben für die Platzierung von Überschriften, Textblöcken und Bildern. Dabei ist die Auswahl an Schriften ebenso definiert wie das Aussehen von Tabellen und grafischen Elementen. Wer mit Vorlagen arbeitet, braucht sich also um den Seitenaufbau und das harmonische Zusammenspiel gestalterischer Aspekte nicht zu kümmern. So die Theorie – dass man es in der Praxis dann doch tut, verringert nicht den Nutzen, den die Vorlagen bieten.

Pages unterscheidet zwischen Vorlagen für Textverarbeitung und Seitenlayout. Die Vorlagen für Textverarbeitung eignen sich für klassische Textdokumente wie Berichte, Briefe oder Examensarbeiten. Selbstverständlich lassen sich in diese Dokumente auch Grafiken und Bilder einfügen.

Die Vorlagen mit Seitenlayout beinhalten vordefinierte Platzhalter und Textfelder, die sich zwar allesamt verschieben lassen, die jedoch die Seiten strukturieren. Die Eingabe von Text ist nur in separat erstellten Textfeldern möglich. Einfach den Cursor auf die Seite zu platzieren und mit dem Schreiben loszulegen, ist in den Seitenlayouts nicht möglich. In den Vorlagen für die Textverarbeitung brauchen Sie wiederum keine Textfelder. In diesen Vorlagen können Sie direkt mit der Texteingabe beginnen.

GRUNDLAGEN

Um immer genau zu wissen, ob Sie im Modus *Textverarbeitung* oder *Seitenlayout* arbeiten, wird der Typus in der Titelleiste eines Dokuments angezeigt.

Viele Vorlagen aus der Rubrik *Seitenlayout* umfassen ein ganzes Arsenal an komplett durchgestalteten Mustern für die Seitenlayouts. Bereits im Auswahlkatalog können Sie einen Blick auf diese Seiten werfen, indem Sie mit der Maus auf eine Miniaturabbildung fahren und die Maus dann minimal bewegen. Wer das Programm bereits mit einer der Vorlagen geöffnet hat, klickt auf das Symbol *Seiten* in der Symbolleiste des Programms, um die Vorschläge einzublenden.

Seitenlayouts der Vorlage »Rundschreiben – Allgemein«

Seitenlayouts der Vorlage »Broschüre – Landschaft«

Die Seitenmuster richten sich zum Teil nach der thematischen Ausrichtung der Vorlage. Die Vorlage *Rundschreiben - Bioladen* umfasst zum Beispiel viele kleine Platzhalter für Produktabbildungen. Die Vorlage *Rundschreiben - Gymnasium* ist angelegt wie eine Zeitschrift mit Rubriken und Inhaltsverzeichnis und eignet sich daher gut als Layout für eine Schülerzeitung.

Bei den Vorlagen in der Rubrik *Broschüren* schlagen wahrscheinlich die Herzen all jener höher, die nicht über professionelle DTP-Programme wie QuarkXPress oder Adobe Indesign verfügen, aber dennoch eigene Werbebroschüren erstellen wollen. Und egal, ob Sie ein Restaurant betreiben und eine Speisekarte entwerfen oder Keramikschalen töpfern und beabsichtigen, einen Katalog zu erstellen, in dieser Rubrik finden Sie genau die Vorlage, die Sie brauchen.

Vorlagen für Ihr Marketing

In der Rubrik *Karten & Einladungen* bestehen die Vorlagen für Einladungen und Bekanntgaben aus Vorder- und Rückseite mit bis zu vier Karten für die optimale Seitennutzung.

Wer etwas zu verkaufen oder zu vermieten hat, wer Nachhilfeunterricht geben oder bekanntmachen will, dass ihm ein Tier zugelaufen ist, findet in der Auswahl *Flugblätter* Vorlagen für ganzseitige Aushänge. Das ausgesprochen Praktische an einigen dieser Muster sind die Platzhalter für Telefonnummern zum Abreißen.

Die Vorlagen »Flugblatt« …

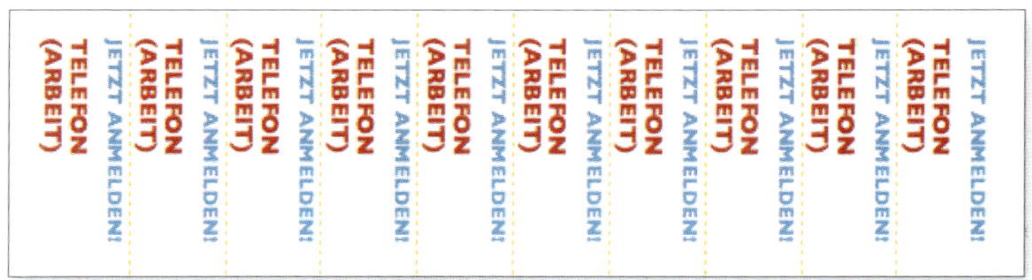

… mit Zettelchen zum Abreißen

In der Abteilung *Textverarbeitung* enthalten die Vorlagen *Briefe* unterschiedliche Briefstile für den privaten und beruflichen Zweck mit jeweils passendem Briefumschlag in der Rubrik *Briefe*. Rechnungsformulare mit bereits integrierten Rechenfunktionen und Faxvordrucke finden Sie in den Vorlagen *Formulare*.

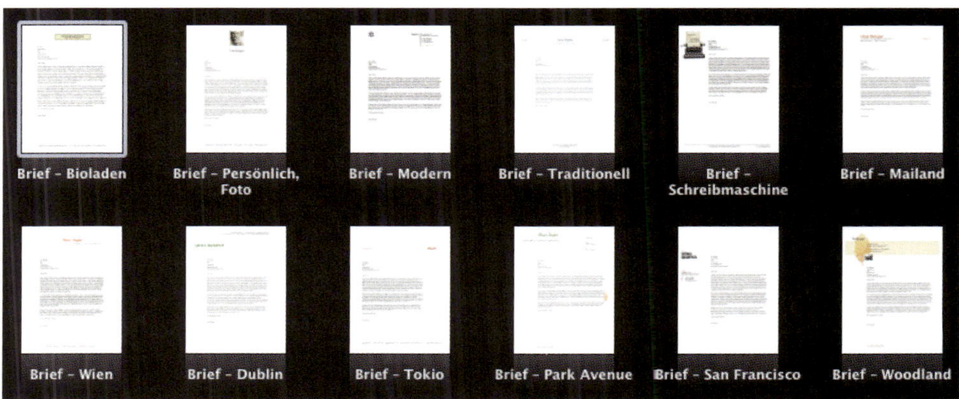

Vorlagen für Ihre Geschäftskorrespondenz

Ob Berichte oder Projektvorschlag – in der Rubrik *Berichte* stecken die Vorlagen für den beruflichen oder studentischen Alltag. Die Vorlagen *Bericht – Schule* und *Semesterarbeit* leisten für Referate und Hausarbeiten hervorragende Dienste. Beide Vorlagen liefern Seitenlayouts sowohl für ein Inhaltsverzeichnis als auch für ein Quellenverzeichnis. Das Quellenverzeichnis zeigt auch, wie eine richtige Quellenangabe auszusehen hat, damit es hier für die Studenten zu keinem Punktabzug mehr kommt.

Für alle, die stark gegliederte Texte verfassen und schon vor Eingabe des ersten Buchstabens auf eine Gliederungsstruktur zugreifen wollen, sind die Vorlagen in der Rubrik *Gliederung* bestens geeignet.

Wer je ein Arbeitsblatt mit Multiple-Choice-Aufgaben erstellt hat, weiß, wie viel Arbeit allein im Design solcher Blätter steckt. Mit der Vorlage *Test* in den Vorlagen für *Verschiedenes* ist das nun gar kein Problem mehr. Hier haben Sie eine Seite mit Fragen und dem entsprechenden Raum für die Antwort und eine Seite als Vorlage für Multiple-Choice-Fragen. Auch die Vorlage *Beurteilung*, die für die Benotung von Schülern vorgesehen ist, eignet sich für andere berufliche Zwecke wie zum Beispiel für die Analyse und Auswertung eines Produkts. Aufgrund des vorgefertigten Rasters sind alle Möglichkeiten denkbar, die mit einer Auswertung von Daten zu tun haben.

AUFGEPASST

Dieser Pool an Möglichkeiten für die Gestaltung ist das Rohmaterial für Sie als Seitenschaffender. Denn ob die endgültigen Seiten eines Dokuments so aussehen wie die Muster, hängt von Ihnen ab. Die einzelnen Elemente, die Sie auf den Seiten sehen, sind lediglich Platzhalter für Ihren zukünftigen Text bzw. Ihre zukünftigen Bilder.

Platzhalter

Sämtliche Elemente einer Vorlage sind lediglich Platzhalter für Bilder oder Text. Platzhalter dienen dazu, dem Anwender einen Eindruck von der Gestaltung einer fertigen Seite zu geben. Die Bildplatzhalter zeigen Ihnen Größe und Position der eingefügten Bilder an. Diese Platzhalter lassen sich verschieben, vergrößern, verkleinern oder sogar löschen. Wollen Sie das Platzhalterbild gegen ein eigenes ersetzen, ziehen Sie Ihr Bild einfach auf den Platzhalter. Ihr Bild passt sich dabei automatisch dem Format des Platzhalterbildes an.

Für den Text, den Sie auf einer Vorlage sehen, sind mehrere separate Platzhalter definiert: für die Überschrift, Untertitel, Fließtext, Bildlegenden usw. Was zu einem

Platzhalter gehört, sehen Sie, sobald Sie auf einen Textblock klicken. Der markierte Text ist jeweils ein Platzhalter.

Die Blindtexte zeigen Ihnen die für eine Vorlage ausgewählten Schriftattribute für die unterschiedlichen Textblöcke. Sobald Sie in einen Platzhalter klicken und mit der Eingabe Ihres Textes beginnen, verschwindet der Blindtext. Die verschiedenen Formatierungen, die sich stets auf einen gesamten Platzhalter auswirken, nennt man »Stile«.

Stile

Wer längere Dokumente erstellt und Überschriften oder Bildlegenden ständig manuell formatiert, wird schnell die Vorteile von Stilen zu schätzen lernen. Stile sind definierte Textattribute wie zum Beispiel Schriftgröße, Schriftfarbe, Erstzeileneinzug usw. Sie sind immer dann von großem Nutzen, wenn gleiche Formatierungen, wie beispielsweise die Überschriften in diesem Buch, mehrfach angewendet werden oder das Aussehen von Text einheitlich geändert werden soll. Um einen bereits zugewiesenen Stil zu ändern, brauchen Sie nur den betreffenden Stil zu modifizieren. Der Text wird automatisch aktualisiert.

POWER USER

Für alle Wechsler von Word auf Pages: Das Pendant zu den Stilen in Pages sind die Formatvorlagen in Word.

Das Handwerkszeug

Bevor Sie sich nun ans Erstellen eines eigenen Dokuments machen, schauen Sie sich zunächst das Handwerkszeug von Pages an – und zwar die Fenster-, Menü- und Symbolleiste sowie das Fenster *Informationen* und die Paletten.

Die Fensterleiste

In der Mitte der oberen Fensterleiste eines Dokuments sehen Sie das Pages-Symbol mit dem Namen der Datei eingeblendet. Um den Speicherort der Datei herauszufinden, brauchen Sie nur mit gedrückter ⌘ – Taste auf das Symbol oder den Namen zu klicken. Der gesamte Pfad wird angezeigt.

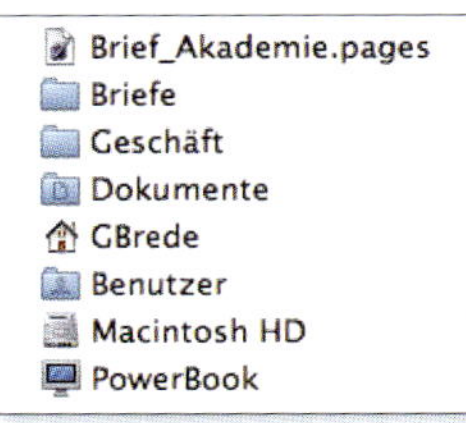

Die Spur der Datei

In der unteren Fensterleiste ist links ein Auswahlmenü angeordnet, in dem Ihnen Pages eine Reihe vordefinierter Vergrößerungsstufen für die Anzeige Ihres Dokuments anbietet. Die standardmäßige Größe ist mit 125 Prozent definiert. Dieser Wert lässt sich in den Programmeinstellungen im Menü *Pages* (Rubrik *Lineale*) jederzeit an Ihre Bedürfnisse anpassen.

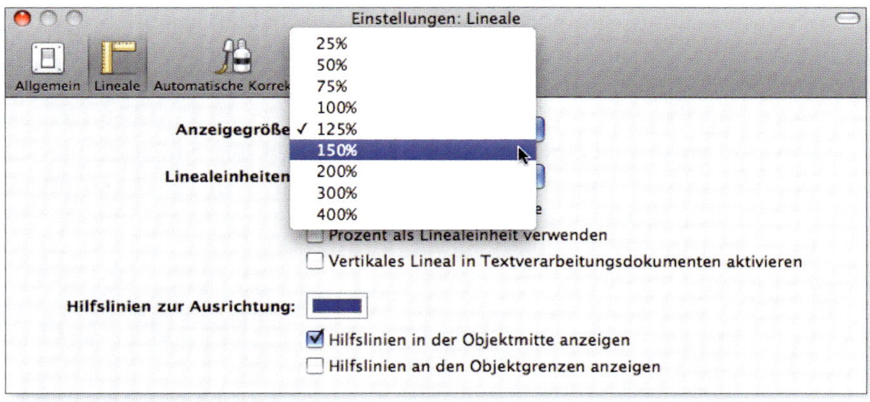

Die voreingestellte Anzeigengröße dauerhaft ändern

In der Auswahlliste innerhalb des Dokumentenfensters finden sich zwei pfiffige Optionen für die Anzeigengröße – nämlich *An Fensterbreite anpassen* und *An Fenstergröße anpassen*. Diese Einstellungen gewährleisten die Ansicht einer kompletten Seite unabhängig davon, wie groß oder klein Sie das Programm-Fenster aufgezogen haben.

Alternativ zum Listenfeld erreichen Sie eine Vergrößerung oder Verkleinerung der Ansicht mit den Tastenkombinationen ⌘ – ⌥ – - (verkleinern) und ⌘ – ⌥ – + (vergrößern).

Rechts neben der eingeblendeten Fenstergröße sehen Sie die Anzahl an Wörtern. Beachten Sie, dass Blindtexte mit in die Zählung aufgenommen werden. In der Fußleiste sehen Sie auch, auf welcher Seite Sie sich aktuell befinden und wie viele Seiten

Ihr Dokument insgesamt umfasst. Die Pfeiltasten dienen zum Blättern innerhalb des Dokuments.

TIPP

Sobald Sie in die Beschriftung *Seite ... von ...* klicken, verändert sich der Text zu *Gehe zu Seite* mit einem Eingabefeld für die Seitenzahl. Um auf eine gewünschte Seite zu gelangen, brauchen Sie nur die Seitenzahl einzutippen und die Eingabe mit der Returntaste zu bestätigen.

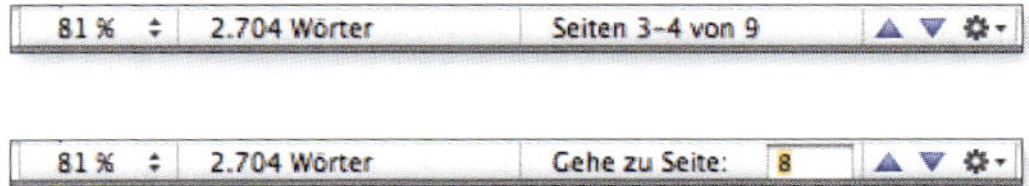

Information über die Anzahl an Seiten und der schnelle Sprung auf die gewünschte Seite

Eine sehr pfiffige Möglichkeit, durch ein Dokument zu blättern, ist die Navigationsauswahl neben den Pfeiltasten. Wer zum Beispiel gar nicht von Seite zu Seite blättern möchte, sondern gezielt von einer Fußnote zur anderen, markiert den entsprechenden Eintrag im Auswahlmenü und wandert dann mit jedem Klick auf die Pfeile zur gewünschten Textart.

Die Menüleiste

Die Menüleiste bietet Ihnen einen thematisch geordneten Zugriff auf Programmfunktionen. Die meisten dieser Funktionen finden Sie alternativ in den einzelnen Bereichen des Informationsfensters, in der Formatierungsleiste oder in den Kontextmenüs. Hinter vielen Menüeinträgen stehen Tastenkombinationen, mit denen die betreffende Funktion schnell aufgerufen werden kann. Eine Übersicht der Tastenkombinationen finden Sie im Anhang dieses Buches.

Das Kontextmenü

Eine Reihe der in den Menüs *Bearbeiten* und *Anordnen* versammelten Funktionen finden Sie alternativ auch im Kontextmenü. Mit dieser Auswahl an Befehlen umgehen Sie die Umständlichkeit der Menüs, da Sie erstens wissen müssen, hinter welchem Eintrag sich der aktuell gewünschte Befehl verbirgt, und es zweitens eventuell notwendig ist, für die Bearbeitung zwischen den Menüs hin- und herzuwechseln. Im Kontextmenü greifen Sie übersichtlich auf alle Befehle zu, die für das aktuell

markierte Objekt relevant sind. Sie öffnen das Menü per Klick auf die ctrl-Taste oder per rechtem Mausklick.

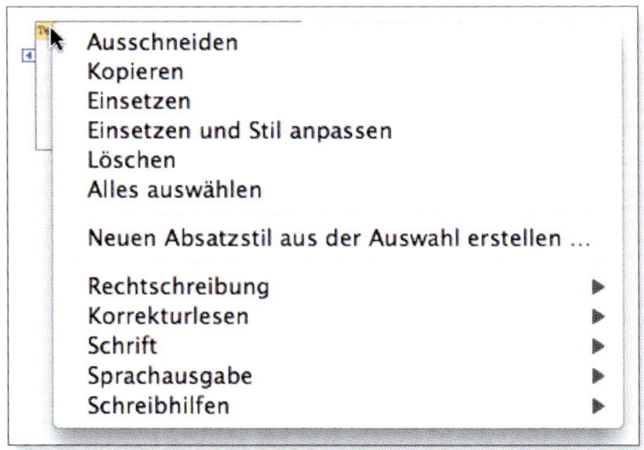

Das Kontextmenü für markierten Text

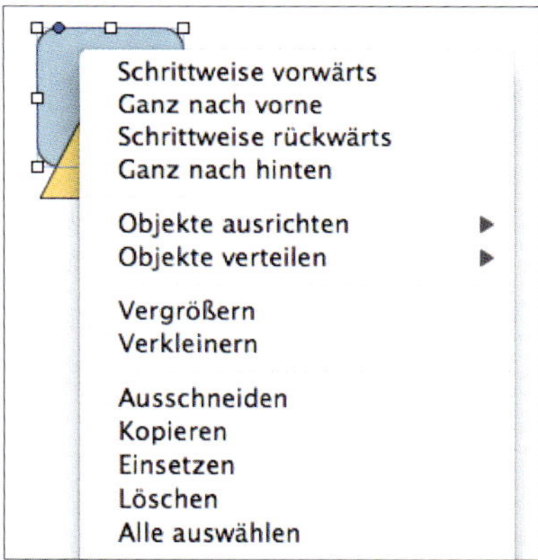

Das Kontextmenü für eine Form

Die Symbolleiste

Die Symbole in der Symbolleiste haben alle mehr oder minder mit dem Einfügen von Elementen bzw. Einblenden weiterer Fenster zu tun. Wenn Sie ein Dokument über das Auswahlfenster öffnen, sehen Sie nichts weiter als eine gestaltete Seite mit Blindtext. Das ist natürlich schon eine ganze Menge, doch ist zum Beispiel von den Steuerzeichen erst einmal keine Spur zu sehen. Diese und weitere wichtige Hilfsmittel wie die Miniaturen und Lineale blenden Sie über die entsprechenden Einträge im Auswahlmenü *Darstellung* ein. Sobald Sie auf den Eintrag *Stile einblenden* klicken, fährt je nach Platz links oder rechts des Hauptfensters eine Seitenleiste mit den Absatz- und Zeichenstilen aus.

Hilfsmittel einblenden

Wer Texte schreibt, kann Ablenkungen nicht brauchen. Daher haben Sie die Möglichkeit, alles auszublenden, was Sie vom Texten ablenkt. Mit einem Klick auf *Vollbild* verschwinden alle Leisten, zurück bleibt einzig das Blatt, das mit Gedanken, Ideen und Geschichten gefüllt werden möchte. Tastenkürzel funktionieren auch in dieser Ansicht. Ebenso lässt sich mit der Tastenkombination ⌘ – ⌥ – I ein Informationsfenster ein- oder ausblenden. Die Steuerzeichen bringen Sie mit ⌘ – ⇧ – I zur Ansicht und zum Verschwinden.

Hinter dem Symbol *Seiten* bzw. *Abschnitte* verbergen sich die Miniaturansichten der Seitenlayouts für Ihre ausgewählte Vorlage. Für einige Vorlagen, wie beispielsweise für Briefe und Einladungen, ist dieses Symbol nicht aktiviert, da diese Vorlagen nur aus einem Abschnitt bestehen.

GRUNDLAGEN

Für die Vorlagen aus der Rubrik *Textverarbeitung* sehen Sie das Symbol *Abschnitte*, für die Vorlagen aus der Rubrik *Seitenlayout* wird das Symbol *Seiten* eingeblendet.

Wörter und Objekte lassen sich per Klick auf das Symbol *Kommentar* sprichwörtlich mit einer Randbemerkung versehen. Am linken Fensterrand erscheint eine Leiste mit gelbem Textfeld, in der Ihr Benutzername eingefügt ist sowie das Datum und die Uhrzeit. Hier haben Sie Gelegenheit, alles zu notieren, was es zu einem Begriff noch zu recherchieren oder was es zu einem Bild weiteres zu sagen gibt. Die dünne Linie führt vom Kommentar direkt auf das Objekt – ideal für die direkte Zuordnung der Kommentare.

Kommentare, um nichts zu vergessen

Die vier Symbole *Informationen*, *Medien*, *Farben* und *Schriften* öffnen allesamt ein kleines Palettenfenster, das weitere Befehle für die Arbeit an Ihrem Dokument bereithält. Das dabei wichtigste Fenster sind die *Informationen*, in denen sich je nach markiertem Objekt schalten und walten lässt.

Die Symbolleiste anpassen

Die Symbole, die Sie per Voreinstellung in der Leiste sehen, sind nur eine kleine Auswahl aller zur Verfügung stehenden Symbole. Das komplette Sortiment an Symbolen, mit denen sich die Symbolleiste gänzlich nach Ihren Vorstellungen bestücken lässt, finden Sie im Menü *Darstellung | Symbolleiste anpassen*. Die Funktion einzelner Icons wie zum Beispiel *Stil einsetzen*, *Maskieren*, *Transparenz* oder *Vorwärts* und *Rückwärts* werden wir in den weiteren Kapiteln besprechen. Wenn Sie dann Gefallen an den Symbolen finden und diese immer griffbereit haben möchten, passen Sie die Symbolleiste entsprechend an. Dazu ziehen Sie das Symbol mit gedrückter Maustaste in die Leiste. Wollen Sie in der Leiste die Position eines Symbols verrücken, ziehen Sie es mit gedrückter Maustaste an die gewünschte Stelle. Und wollen Sie ein Symbol wieder loswerden, ziehen Sie es einfach aus der Symbolleiste heraus, worauf es sich mit einem Zischlaut verabschiedet.

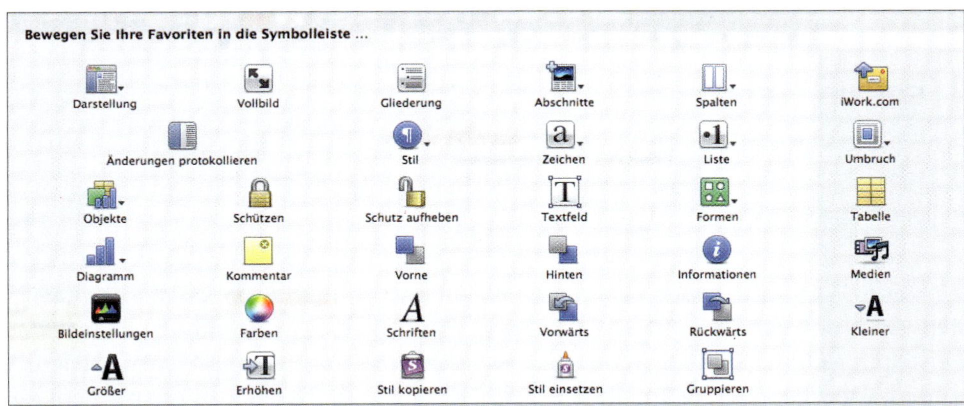

Ausschnitt aus dem Angebot an weiteren Symbolen für die Symbolleiste

Im unteren Bereich des Fensters wählen Sie, was in der Leiste angezeigt wird. Sie haben die Auswahl aus *Symbol & Text*, *Nur Symbol* und *Nur Text*. Ist alles so, wie Sie sich das vorstellen, klicken Sie auf *Fertig*.

TIPP

Alternativ lässt sich die Darstellung der Symbole über das Kontextmenü anpassen. Klicken Sie hierfür mit der rechten Maustaste auf einen freien Bereich in der Leiste und wählen Sie die Option aus. Möchten Sie die Position eines Icons verändern, halten Sie die ⌘ – Taste gedrückt, klicken auf das Icon und verschieben es.

Die Formatierungsleiste

Erfreulicherweise ist in den iWork-Programmen eine Formatierungsleiste integriert, die es Ihnen erspart, für die einzelnen Arbeitsschritte entweder die Palette *Informationen* oder das Schriftenfenster zu öffnen. Je nachdem, was Sie markiert haben – Text, ein Objekt oder eine Tabelle –, stehen entsprechende Funktionen zur Verfügung. Dies sind jeweils die wichtigsten Befehle, die für das Modifizieren von Text und Objekten benötigt werden, wie beispielsweise die Schriftenauswahl, das Einstellen der Schriftgröße, das Verändern der Textrichtung oder das Hinzufügen von Linien für grafische Objekte. Für die Feinarbeit und für weitere Befehle ist das Fenster *Informationen* notwendig.

Die Formatierungsleiste mit notwendigen Funktionen für das Bearbeiten eines Objekts

Die Schaltzentrale: die Informationen

Sowohl die Menü- als auch die Symbolleiste und die Formatierungsleiste beinhalten wichtige Befehle für die Arbeit an einem Dokument. Alles Weitere, was Sie für das Grob- und Feinlayout Ihrer Dokumente benötigen, finden Sie in der Palette *Informationen*. Hier haben Sie Zugriff auf den Zollstock, um eingefügte Objekte zu vermessen, hier definieren Sie Tabulatoren, setzen Hyperlinks und legen das Startbild eines eingefügten Films fest.

Die Kommandozentrale *Informationen* öffnen Sie entweder mit einem Klick auf das Symbol in der Symbolleiste des Programms oder mit der Tastenkombination ⌥ – ⌘ – I. Wollen Sie mehr als ein Informationsfenster öffnen, um die Befehle ohne Hin- und Herklickerei zwischen den verschiedenen Ansichten parat zu haben, klicken Sie hierfür bitte auf den Befehl *Weiteres Fenster »Informationen«* im Menü *Darstellung*. Mit der eben erwähnten Tastenkombination lässt sich jeweils nur ein Fenster öffnen bzw. schließen.

Die Palette umfasst insgesamt 10 Menüs, die ihrerseits wieder aufgeteilt sind in verschiedene Bereiche. Sobald Sie mit der Maus auf eines der Symbole fahren, wird in einem kleinen gelben Textfenster eingeblendet, was sich jeweils hinter dem Symbol verbirgt.

GRUNDLAGEN

Der Begriff *Informationen* ist ein wenig irreführend. Sie bekommen in diesem Fenster keine Informationen zu einem markierten Objekt. Vielmehr handelt es sich bei den *Informationen* um eine Palette an Modalitäten, die sich auf ein Objekt oder einen Text anwenden lassen.

Die Fensterinhalte von links nach rechts:

Dokument: Die Modifikationen, die Sie in den drei Bereichen dieses Fensters eingeben, wirken sich auf das gesamte Dokument aus. Im Fenster *Dokument* geben Sie die Breite der Dokumentenränder ein und aktivieren die Doppelseitenfunktion, falls Sie Ihr Dokument doppelseitig drucken lassen wollen. Unter *IHV*, das für Inhaltsverzeichnis steht, legen Sie den Text fest, der im Inhaltsverzeichnis Ihres Dokuments erscheinen soll. In diesem Fenster sind alle Absatzstile aufgelistet, die im aktuellen Dokument verwendet werden. Einige davon sind womöglich hellgrau dargestellt, was bedeutet, dass Sie diese Absatzstile noch nicht verwendet haben.

Für alle, die journalistisch tätig sind und den Auftrag erhalten, einen Text mit genau 4000 Zeichen zu verfassen, ist die Statistik im Fenster *Informationen* Gold wert. In dieser Übersicht sehen Sie genau, ob das Limit bereits erreicht ist oder ob Sie weiter brüten müssen. Sie können wählen, die Statistik für einen markierten Ausschnitt oder für das gesamte Dokument abzurufen.

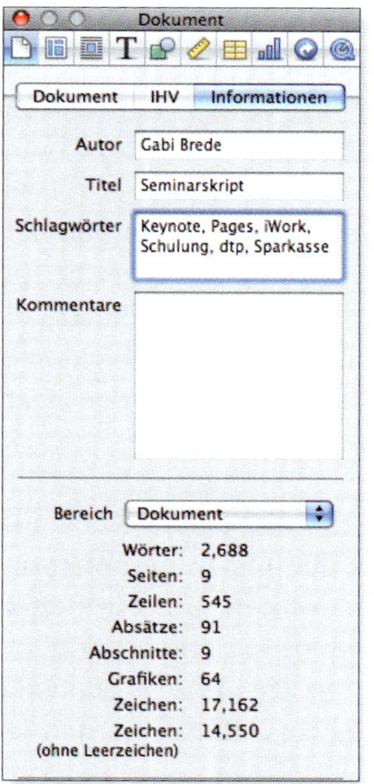

Detaillierte Informationen über Ihr Dokument

Layout: Dies ist der Ort, an dem Sie die Breite der linken und rechten Ränder des Dokuments sowie die Spaltenbreite definieren. Die Seitenzahlen werden fortlaufend durchnummeriert. Falls Sie Ihr Dokument in mehrere Teile gliedern und für die Teile eine neue Seitennummerierung wünschen, sind Sie im Fenster *Abschnitt* richtig. Außerdem konfigurieren Sie in dieser Rubrik die Kopf- und Fußzeilen.

Umbruch: Damit die Einträge im Fenster *Umbruch* aktiviert sind, müssen Sie zunächst ein Bild oder eine Grafik in einem Dokument im Modus *Textverarbeitung* markieren. Dieses markierte Objekt lässt sich nun auf zweierlei Weise bewegen: Unabhängig vom Text (*Fixiert*) oder mit dem Text. Wenn Sie ein Objekt in einen fortlaufenden Text ziehen, muss ja der Text irgendwo hin. Im Abschnitt *Objekt bewirkt Umbruch* definieren Sie, wie der Text das Objekt umfließt.

Text: Für die Arbeit im Fenster *Text* markieren Sie bitte einen Textabschnitt, damit die Optionen aktiviert sind. Dieses Fenster hält mit vier weiteren Untermenüs, die eine wahre Fundgrube von Befehlen und Variationen für die Textgestaltung sind, den Rekord in Pages.

In der Rubrik *Text* definieren Sie die Ausrichtung des Textes (linksbündig, rechtsbündig, zentriert, Blocksatz) und den Abstand der Zeichen und Zeilen. Im Bereich *Liste* finden Sie das Handwerkszeug, mit dem Sie Aufzählungen zu einem schicken Aussehen verhelfen. Die Absatz-Einzüge definieren Sie unter *Tabulator*.

Alles, was Sie in diesen drei Unterfenstern vermissen, finden Sie wahrscheinlich in der Rubrik *Mehr*. Auf dieses Sammelbecken an außerordentlich interessanten Optionen gehen wir ausführlich im Kapitel *Stile anwenden* ein. Als Vorgeschmack sei hier schon erwähnt, dass Sie zum Beispiel einen Absatzstil definieren können, der automatisch auf den aktuellen Stil folgen soll. Wann das interessant ist? Wenn Sie zum Beispiel nach einer Überschrift gleich mit dem Haupttext weitermachen wollen.

Grafiken: Dieses Fenster kommt zur Anwendung, sobald Sie eine der geometrischen Formen auf eine Seite platzieren und ein Bild oder einen Textrahmen mit einer Linie umranden wollen. Hier finden Sie mit den Optionen *Schattenwurf* und *Deckkraft* auch schicke Designmöglichkeiten für die Objekte.

Maße: Im Fenster *Maße* geben Sie Breite und Höhe eines Objekts ein, sofern Sie es nicht an den Anfasspunkten direkt im Dokument aufziehen. Sie haben in diesem Fenster auch Gelegenheit, den Winkel eines Objekts zu verschieben und das Objekt vertikal oder horizontal zu spiegeln. Eine weitere wichtige Funktion halten die *Maße* bereit – und zwar die Anzeige von Dateiinformationen wie dem Dateiname eines eingefügten Fotos oder dem Titel eines integrierten Musikstücks.

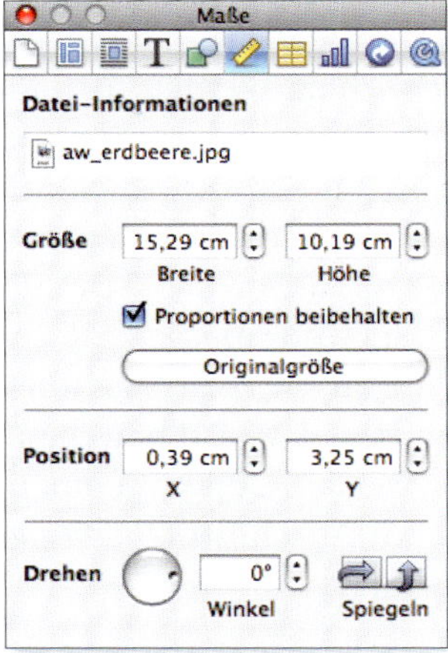

Damit Sie wissen, welches Bild Sie eingefügt haben: Dateiname im Fenster »Maße«.

Tabelle: Die Optionen sind aktiviert, sobald Sie Ihrem Dokument eine Tabelle hinzufügen. Für die Anzeige von zum Beispiel Währungszeichen, Prozentzeichen oder Bruchzahlen ist die Rubrik *Format* entscheidend. In diesem Bereich greifen Sie auch auf bereits definierte Formeln zurück oder aktivieren den Formel-Editor für eigene Berechnungen.

Diagramm: Auch die Optionen im Fenster *Diagramm* sind erst aktiviert, wenn Sie ein Diagramm erstellt haben. Dann finden Sie in diesem Fenster eine beachtliche Auswahl an Möglichkeiten, die Datenreihen oder den Diagrammtyp zu bearbeiten.

Verknüpfung: Angenommen, Sie erstellen mit Pages Broschüren, Rundschreiben oder einen Produktkatalog und versenden diese Medien auf elektronischem Weg. Dann ist es pfiffig, Ihr Dokument mit einem Link zu versehen, sodass der Leser mit einem Klick auf Ihrer Website landet. Oder Sie verlinken Ihre E-Mail-Adresse mit der Möglichkeit, dass sich das E-Mail-Programm auf dem Rechner Ihres Kunden öffnet, damit der Kunde Ihnen sofort einen Großauftrag erteilen kann. Für diese Optionen klicken Sie in das Fenster *Verknüpfung* und definieren einen ausgewählten Begriff als interaktive Schaltfläche zu Ihrer Website, einer E-Mail-Nachricht oder, als dritte Variante, zu einem Lesezeichen innerhalb Ihres Dokuments. Mit diesen sogenannten Sprungmarken verknüpfen Sie Abschnitte miteinander, zu denen der Leser dann ohne weiteres Scrollen oder langwieriges Suchen hingeführt wird. Dieses Fenster wird auch benötigt, um Felder für die Serienbrieffunktion zu definieren.

QuickTime: Sollten Sie einen Film in Ihr Dokument integrieren, legen Sie in diesem Fenster das Bild fest, mit dem Ihr Film startet. Außerdem definieren Sie, ob der Film ein Mal oder in einer Endlosschleife abgespielt werden soll.

Die Arbeitsumgebung optimieren

Sie haben sich für eine Vorlage entschieden oder für die Variante *Leer* – und verfügen jetzt entweder über eine durchgestaltete Seite auf Ihrem Monitor oder Sie starren auf ein leeres Blatt mit blinkendem Mauszeiger. Diese auf das Notwendigste beschränkte Ansicht lässt sich mit den Optionen im Auswahlmenü *Darstellung* (Symbolleiste) erweitern und an Ihre Bedürfnisse anpassen.

Steuerzeichen einblenden

Die Vorlagen für Textverarbeitung und Seitenlayout werden standardmäßig ohne Steuerzeichen eingeblendet. Diese zaubern Sie auf die Seite, indem Sie im Auswahlmenü *Darstellung* auf den Eintrag *Steuerzeichen einblenden* ⌘ – ⇧ – I klicken. Unter den Steuerzeichen entdecken Sie außer dem vertrauten Zeichen ¶ nun vermutlich Zeichen, die Sie bislang noch nicht kennen:

Symbol »Umbruch im Abschnitt«

Symbol »Seitenumbruch«

Symbol »Umbruch im Layout«

Symbol »Spaltenumbruch«

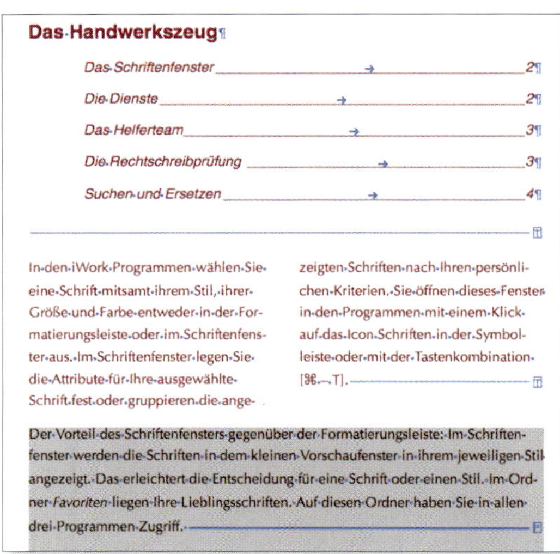

Das Handwerkszeug¶

Das Schriftenfenster → 2¶
Die Dienste → 2¶
Das Helferteam → 3¶
Die Rechtschreibprüfung → 3¶
Suchen und Ersetzen → 4¶

In den iWork Programmen wählen Sie eine Schrift mitsamt ihrem Stil, ihrer Größe und Farbe entweder in der Formatierungsleiste oder im Schriftenfenster aus. Im Schriftenfenster legen Sie die Attribute für Ihre ausgewählte Schrift fest oder gruppieren die angezeigten Schriften nach Ihren persönlichen Kriterien. Sie öffnen dieses Fenster in den Programmen mit einem Klick auf das Icon Schriften in der Symbolleiste oder mit der Tastenkombination [⌘ – T].

Der Vorteil des Schriftenfensters gegenüber der Formatierungsleiste: Im Schriftenfenster werden die Schriften in dem kleinen Vorschaufenster in ihrem jeweiligen Stil angezeigt. Das erleichtert die Entscheidung für eine Schrift oder einen Stil. Im Ordner *Favoriten* liegen Ihre Lieblingsschriften. Auf diesen Ordner haben Sie in allen drei Programmen Zugriff.

Diese Zeichen kommen vor allem in Vorlagen aus der Rubrik *Textverarbeitung* zum Einsatz. Sobald Sie zum Beispiel von einem Einspaltensatz in einen Mehrspaltensatz wechseln, brauchen Sie einen Umbruch im Layout. Wo diese Umbrüche innerhalb des Dokuments stecken, zeigt das entsprechende Symbol an den jeweiligen Stellen an. Das Beispiel zeigt Layoutwechsel zwischen ein- und zweispaltigem Satz sowie einen Umbruch im Abschnitt.

Zwei Layoutwechsel und ein Abschnittswechsel

Sollte Ihnen das standardmäßige Blau für die Steuerzeichen zu unscheinbar sein, ändern Sie die Farbe in den Programmeinstellungen zu Pages. Die Einstellungen finden Sie im Menü *Pages*. Klicken Sie in das Farbfeld *Steuerzeichen* (Rubrik *Allgemein*) und wählen Sie anschließend in der Farbpalette Ihren bevorzugten Farbton aus.

GRUNDLAGEN

Pages sichert die Einstellungen für die Anzeige der Steuerzeichen und Lineale, so dass Sie beim nächsten Öffnen des Dokuments die Arbeitsumgebung wieder genau so vorfinden, wie Sie diese verlassen haben.

Das Layout einblenden

Da es in den meisten Fällen nicht erwünscht ist, eine Seite vom obersten bis zum untersten Millimeter zu bedrucken, müssen Seitenränder, Platz für Kopf- und Fußzeilen und Bundstege bedacht werden. Den Bereich, in dem der Text eingegeben wird, nennt man »Satzspiegel«. Die Seiten eines neuen Dokuments sind bereits mit Standardeinstellungen für den Satzspiegel versehen.

Mit eingeblendetem Layout werden der Satzspiegel sowie die Textrahmen für Kopf- und Fußzeilen sichtbar, was für mehr Orientierung bei der Seitengestaltung sorgt. Ganz unentbehrlich ist der eingeblendete Satzspiegel, sobald Sie im Informationsfenster *Layout* die Ränder für Ihr Dokument definieren. Sind unterschiedliche Layouts innerhalb eines Dokuments festgelegt, verdeutlichen Hilfslinien, wo welches Layout anfängt, wo es endet und wo wiederum ein anderes beginnt.

Sie blenden das Layout ein unter dem Symbol *Darstellung* oder mit der Tastenkombination ⌘ – ⇧ – L.

Stile einblenden

Bei den Vorlagen aus den Rubriken *Rundschreiben*, *Broschüren* oder *Berichte* sehen Sie unterschiedliche Überschriftenhierarchien, Text in Seitenleisten oder farbige Querbalken, kursive Schrift für die Einleitung oder Fettschrift für eine Bildunterschrift. Arbeiten Sie nun an einer solchen Vorlage und wollen einem Text eine bestimmte Überschriftenhierarchie zuweisen, brauchen Sie nichts anderes zu tun, als auf eben diesen Stil im Auswahlmenü *Absatzstil* zu klicken. Dieses Auswahlmenü ist glücklicherweise in die Formatierungsleiste integriert, so dass die Zuweisung eines Stils ganz rasant zu bewerkstelligen ist. Alternativ haben Sie die Möglichkeit, eine Seitenlade mit allen für eine Vorlage definierten Stilen einzublenden, die sich, je nach Platz, entweder rechts oder links ans Arbeitsfenster hängt.

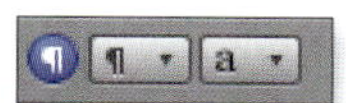

Über diese Symbole öffnen Sie die Liste an Absatz- oder Zeichenstilen oder blenden die Seitenlade mit den Stilen ein.

Objekte vermessen, akkurat arbeiten: Lineale und Hilfslinien

Mit den Linealen lassen sich Abstände und Größen definieren und messen. Sie werden mit der Option *Lineale einblenden* in der Auswahl im Symbol *Darstellung* eingeschaltet oder mit der Tastenkombination ⌘ – R. Kleine Striche im horizontalen bzw. vertikalen Lineal repräsentieren die Position beim Verschieben eines Objekts. Die Maßeinheiten ändern Sie im Menü *Pages | Einstellungen ... | Lineale.*

AUFGEPASST

In der Vorlage *Textverarbeitung* lässt sich nur ein horizontales Lineal einblenden. Allerdings: Ohne Objekt keine Hilfslinie. Die Voraussetzung für Hilfslinien ist ein eingefügtes Objekt wie beispielsweise eine der geometrischen Formen. Sie brauchen nur eine Form in das Dokument zu integrieren und es anschließend wieder zu löschen – schon funktioniert es mit dem Herausziehen von Hilfslinien.

Und so bekommen Sie Hilfslinien in Ihr Dokument: Ziehen Sie die Linie mit gedrückter Maustaste aus dem horizontalen wie vertikalen Lineal ins Dokument. Mit gedrückter Maustaste lassen sich die Linien anschließend beliebig verschieben. Da die Hilfslinien mit den Linealen zusammenhängen, können Sie sie gemeinsam mit diesen vorübergehend ausschalten. Wählen Sie dazu im Auswahlmenü *Darstellung* den Eintrag *Lineal ausblenden*. Um eine Hilfslinie endgültig wieder loszuwerden, ziehen Sie diese mit gedrückter Maustaste zurück ins Lineal, worauf sie sich in einer Wolke auflöst.

Die Farbe der Hilfslinien ändern Sie im Menü *Pages | Einstellungen*.

Seiten als Miniaturen einblenden

Wenn Sie eine Vorlage aus der Rubrik *Seitenlayout* öffnen, werden automatisch die einzelnen Seiten als Miniatur in der linken Fensterleiste angezeigt. Die Miniaturen sind die überaus praktikable Lösung für eine unkomplizierte Seitenverwaltung. In der Seitenleiste sortieren oder löschen Sie die Seiten des Dokuments.

Für die Vorlagen aus der Rubrik *Textverarbeitung* sind die Miniaturen standardmäßig ausgeblendet. Das hat damit zu tun, dass reine Textdokumente weniger häufig einen Abschnittswechsel beinhalten als durchgestaltete Broschüren oder Rundschreiben. Ein Textdokument ohne Abschnittswechsel ist für Pages ein zusammenhängendes Dokument, in dem das Löschen einzelner Seiten nicht möglich ist. Der Hauptzweck der Miniaturen – das Verwalten der Seiten – spielt demnach für die Vorlage *Textverarbeitung* nur eine untergeordnete Rolle. Wer trotzdem nicht auf sie verzichten möchte, blendet sie mit einem Klick auf den entsprechenden Befehl im Auswahlmenü *Darstellung* ein.

Konzentration aufs Wesentliche

Wer sich nicht von all dem hier beschriebenen Handwerkszeug ablenken lassen, sondern sich voll auf den Text konzentrieren möchte, schaltet um auf Vollbild, und zwar per Klick auf das entsprechende Symbol in der Symbolleiste oder mit der Tastenkombination ⌘ – ⌥ – U. Damit ist zunächst einmal nur das Wesentliche zu sehen, nämlich das Dokument, die Anzahl an bereits eingegebenen Wörtern und die Seitenanzahl. Sobald Sie mit der Maus an den oberen Bildschirmrand fahren, stehen Ihnen die Menü- und Formatierungsleiste zur Verfügung. Die Symbolleiste lässt sich nicht einblenden. Wer für den einen oder anderen Arbeitsschritt die Informationen benötigt, blendet diese mit der Tastenkombination ⌘ – ⌥ – I ein und wieder aus.

GRUNDLAGEN

Der Vollbildmodus ist sehr gut für Textdokumente geeignet, jedoch so gut wie gar nicht für Dokumente mit Seitenlayout. Denn da die Symbolleiste nicht eingeblendet werden kann, müssten Sie alle Elemente über die Menüleiste in das Dokument einfügen, was äußerst umständlich und zeitraubend ist.

Die Standardeinstellung sieht einen schwarzen Hintergrund vor, was unter Umständen eher zu Depressionen als zu kreativen Texteinfällen führt. Per Klick auf das kleine Farbfeld am rechten Rand der Formatierungsleiste lässt sich eine für Sie angenehme Hintergrundfarbe definieren.

Kapitel 4

Pages

Ein Dokument erstellen

Nun geht es los: Pages ist geöffnet, der Cursor blinkt und das Blatt will gefüllt werden. Ob Sie eine Einladung schreiben oder einen Flyer erstellen wollen – Pages bietet Ihnen Muster, an denen Sie sich orientieren können, so dass es mit dem Erstellen des Dokuments zügig voran geht. Das Programm unterstützt Sie auch, wenn es um Büroaufgaben wie Serienbriefe geht.

Was Sie – außer Ihrem Text – brauchen, um ein Dokument in seiner Rohform zu erstellen, erfahren Sie auf den folgenden Seiten.

Text oder Broschüre? Unterschiedliche Arbeitsumgebungen

Bevor Sie mit der Texteingabe starten, sei auf die zwei unterschiedlichen Arbeitsumgebungen von Pages hingewiesen: Wie im Auswahlfenster zu sehen ist, verfügt Pages über die Bereiche *Textverarbeitung* und *Seitenlayout*. Die textorientierten Vorlagen eignen sich für Dokumente wie Berichte, Protokolle, Briefe oder Seminararbeiten. Die Vorlagen aus dem Bereich *Seitenlayout* sind gedacht für grafikorientierte Dokumente, deren Design von Bildern, Textfeldern und illustrativen Objekten bestimmt wird, wie dies für Broschüren, Newsletter oder Flyer der Fall ist.

Beide Bereiche verfügen über die Vorlage *Leer*. Die Vorlage *Leer* aus dem Bereich *Textverarbeitung* funktioniert genauso wie eine leere Seite aus anderen Textverarbeitungsprogrammen, wie zum Beispiel in Word. Sie brauchen nur noch mit dem Schreiben des Textes loszulegen. Natürlich können Sie auch Objekte aller Art in diese Vorlage einfügen.

Die Vorlage *Leer* aus der Arbeitsumgebung *Seitenlayout* ist gedacht für die freie Gestaltung eines Layouts. In dieser Vorlage sind Sie weder an Satzspiegel noch an sonstige Seitenbegrenzungen gebunden. Alles, was Sie in dieses Layout integrieren, sind separate Objekte – so auch der Text. Denn um überhaupt Text eingeben zu können, müssen Sie zunächst ein Textfeld erstellen.

Pages bietet eine Reihe von Möglichkeiten für die Eingabe von Text:

- Sie öffnen die Vorlage *Leer* im Bereich Textverarbeitung und legen mit dem Schreiben los.
- **Platzhalter:** Sie öffnen eine der Vorlagen und geben den Text in die vorgesehenen Platzhalter ein. Die Platzhalter sind quasi die Aufforderung an Sie, diese Räume mit eigenem Text zu füllen bzw. mit eigenen Bildvorlagen zu bestücken. Wenn Sie sich für eine der Vorlagen entscheiden, ist Ihnen eine Menge Arbeit abgenommen. Die Stile für Überschriften, Fließtext, Tabellen und Aufzählungen sind ebenso definiert wie der Text- und Seitenumbruch.
- **Textfelder:** Sie öffnen die Vorlage *Leer* aus dem Bereich *Seitenlayout* und ziehen neue Textfelder auf, die miteinander verkettet werden können.
- **Text aus anderen Dokumenten kopieren und einsetzen:** Mit den Befehlen *Kopieren* (⌘ – C) und *Einsetzen* (⌘ – V) bzw. *Einsetzen und Stil anpassen* (⌘ – ⇧ – ⌥ – V) können Sie Textpassagen aus unterschiedlichen Programmen in ein Pages-Dokument einfügen. Mit dem Befehl *Einsetzen und Stil anpassen* wird der kopierte Text dem Layout des aktuellen Dokuments angepasst.
- **Textdateien importieren:** Textdateien, die mit anderen Anwendungen wie Word-, AppleWorks- oder WordPerfect erstellt wurden, lassen sich problemlos

importieren. Die Formatierungen bleiben erhalten und vorhandene Stilvorlagen werden von Pages übernommen.

POWER USER

Markierter Text lässt sich aus einer Word-, AppleWorks- oder WordPerfect-Datei auch per Drag & Drop in ein Pages-Dokument ziehen. Bei den Vorlagen aus dem Bereich *Seitenlayout* wird bei dieser Methode ein Textfeld erstellt.

Ein Dokument neu anlegen

Falls Sie gar nicht vorhaben, ein Dokument ähnlich einer der Vorlagen zu erstellen, sondern Ihren Text individuell gestalten wollen, öffnen Sie im Bereich *Textverarbeitung* die Vorlage *Leer*, auf der sich nur der blinkende Cursor befindet. Um mehr Orientierung für die Aufteilung der Seite zu bekommen, empfiehlt es sich, das Layout unter dem Symbol *Darstellung* einzublenden. Nun sehen Sie einen leeren Textrahmen, dessen Größe dem Satzspiegel entspricht, sowie die Rahmen für die Kopf- und die Fußzeile.

TIPP

Auch wenn Sie das Layout nicht einblenden, erscheinen die Bereiche für die Kopf- und Fußzeile, sobald Sie mit der Maus an den oberen bzw. unteren Seitenrand fahren. Mit einem Klick in den Rahmen lässt sich dann Kopf- oder Fußzeilentext eingeben.

Breiter linker Rand für separates Textfeld in der Vorlage »Brief – Modern, Fotograf«

Planen Sie, neben dem Fließtext am linken oder rechten Seitenrand noch weitere separate Textfelder einzufügen? Dann legen Sie im Informationsfenster *Layout* die Abstände zu den Layouträndern fest. Wie solche Textfelder aussehen können, sehen Sie zum Beispiel in den Brief-Vorlagen *San Francisco*, *Modern Fotograf* oder *Geschäftlich*. Die Adressdaten sind in jeweils separaten Textfeldern untergebracht.

AUFGEPASST

Die Vorlage *Leer* aus dem Bereich *Seitenlayout* ist bestens geeignet für Designs mit grafischen Elementen, aber überhaupt nicht für die Eingabe von Fließtext. Wer ein Dokument mit vornehmlich grafischen Objekten erstellen möchte, braucht natürlich keine definierten Layoutränder. Aus diesem Grund werden in dieser Vorlage auch nur die Kopf- und Fußzeilen angezeigt, nicht aber ein imaginärer Textrahmen, sobald Sie im Auswahlmenü *Darstellung* auf *Layout einblenden* klicken.

Texttransfer aus anderen Dokumenten

Textabschnitte aus anderen Pages-Dokumenten oder aus Dateien, die mit anderen Anwendungen wie MS Word, Apple Works oder Word Perfect erstellt wurden, lassen sich mit den Funktionen *Kopieren* und *Einsetzen* bzw. *Einsetzen und Stil anpassen* wunderbar in Ihr aktuelles Pages-Dokument einfügen. Kopieren (⌘ – C) Sie dafür die entsprechende Passage und setzen Sie den Text in einen Textrahmen oder ein Textfeld eines Pages-Dokuments ein (⌘ – V).

Kopierter oder ausgeschnittener Text, den Sie in Ihr aktuelles Dokument einsetzen, behält alle Auszeichnungen wie Schriftart, Schriftgröße oder Farbe bei. In den meisten Fällen ist dies allerdings gar nicht erwünscht. Im Gegenteil, man möchte, dass der Text an das bestehende Layout angepasst wird und der gesamte Text ohne langwierige Umformatierungen wie aus einem Guss aussieht. In Pages bekommen Sie dies mit dem Befehl *Einsetzen und Stil anpassen* in Nullkommanichts hin. Sie finden den Befehl im Menü *Bearbeiten*. Außerordentlich praktisch und zeitsparend!

BEISPIEL

Angenommen, Sie wollen einen Textauszug von Ihrer Website in ein Pages-Dokument kopieren, so kopieren Sie den Text zunächst und setzen ihn dann mit dem Befehl *Einsetzen und Stil anpassen* (⌘ – ⌥ – ⇧ – V) in das Dokument ein.

Fallbeispiele - aktuell aus der Welt des Präsentierens

Burn, Baby, burn!
Wer andere überzeugen will, dem wird gern ein Ausspruch von Aurelius Augustinus mit auf den Weg gegeben: "In dir muss brennen, was du in anderen entzünden willst."
Nichts gegen das Zitat. Doch was ist, wenn Sie von Ihrer Führungskraft dazu verdonnert werden, eine Präsentation zu halten? Brennt es in Ihnen? Oder zermatern Sie sich den Kopf, bis Ihnen eine zündende Idee einfällt, wie Sie aus der Nummer wieder herauskommen? Letzteres ist Zeitverschwendung. Denn wahrscheinlich kommen Sie sowieso nicht daran vorbei, die Präsentation zu halten.

Den kopierten Text von der Website …

Fallbeispiele - aktuell aus der Welt des Präsentierens
Burn, Baby, burn!

Wer andere überzeugen will, dem wird gern ein Ausspruch von Aurelius Augustinus mit auf den Weg gegeben: "In dir muss brennen, was du in anderen entzünden willst." Nichts gegen das Zitat. Doch was ist, wenn Sie von Ihrer Führungskraft dazu verdonnert werden, eine Präsentation zu halten? Brennt es in Ihnen? Oder zermartern Sie sich den Kopf, bis Ihnen eine zündende Idee einfällt, wie Sie aus der Nummer wieder herauskommen? Letzteres ist Zeitverschwendung. Denn wahrscheinlich kommen Sie sowieso nicht daran vorbei, die Präsentation zu halten.

... mit angepassten Stilen eingesetzt

POWER USER

Textdateien mit der Endung .rtf lassen sich bequem direkt aus dem Finder in ein Pages-Dokument integrieren. Ziehen Sie dazu das Dateisymbol auf eine Seite in Pages. Nach einem kurzen Ladevorgang wird der Text komplett eingefügt.

Papierformat einstellen

Die meisten Vorlagen sind im DIN A4 Hoch- oder Querformat angelegt – so auch die Vorlage *Leer*. Sollten Sie ein kleineres Format für Ihr Dokument wählen wollen, öffnen Sie das Informationsfenster *Dokument* und klicken auf *Papierformat ...* . Die über dem Button eingeblendeten Maße entsprechen der Größe eines DIN A4 Blattes.

Im Auswahlmenü *Papierformat ...* werden Ihnen einige DIN-Formate angeboten sowie Standardgrößen für US-amerikanisches Papier. Die umgerechnete Größe in Zentimeter ist zu Ihrer Information jeweils direkt unter dem Auswahlfeld angezeigt. Wer in der Auswahl nicht fündig wird, klickt auf *Eigene Papierformate...* und gibt in die entsprechenden Felder individuelle Werte ein. Mit einem Klick auf das Pluszeichen können Sie Ihrem Format einen Namen geben, was sehr praktisch ist. Denn dieses Format steht Ihnen künftig im Auswahlmenü zur Verfügung, so dass Sie die Maße nicht jedes Mal wieder aufs Neue einzugeben haben. In der Abbildung sehen Sie das Format für eine DIN A6-Karteikarte.

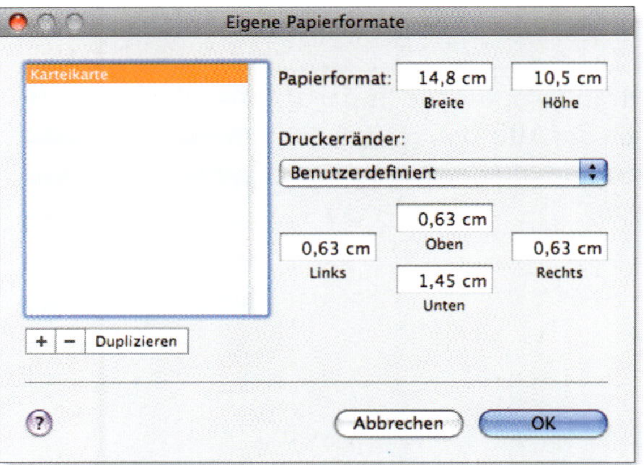

Ein eigenes Format definieren

Ränder festlegen, Satzspiegel verändern

Zu den wesentlichen Aspekten der Seitengestaltung gehört die Definition der Ränder. Stellen Sie sich Ihren Text auf einem weißen Blatt Papier vor und überlegen Sie, wie groß die weißen Ränder oben, unten, rechts und links sein sollen. Dies kann je nach Dokument ganz unterschiedlich sein.

Öffnen Sie das Informationsfenster *Dokument*. Hier können Sie für jeden einzelnen Rand einen Wert eingeben. In der Vorlage *Leer* (*Textverarbeitung*) beträgt der Abstand zwischen Textrahmen und linkem sowie rechtem Rand 2 Zentimeter. Die oberen und unteren Ränder sind standardmäßig der Kopf- und Fußzeile vorbehalten. Wenn Sie diese Felder nicht benötigen, entfernen Sie einfach die Häkchen an den Einträgen *Kopfzeilen* und *Fußzeilen*. Je größer die Abstände zwischen Kopfzeile und oberem Seitenrand bzw. Fußzeile und unterem Seitenrand eingestellt sind, desto kleiner ist der Textrahmen.

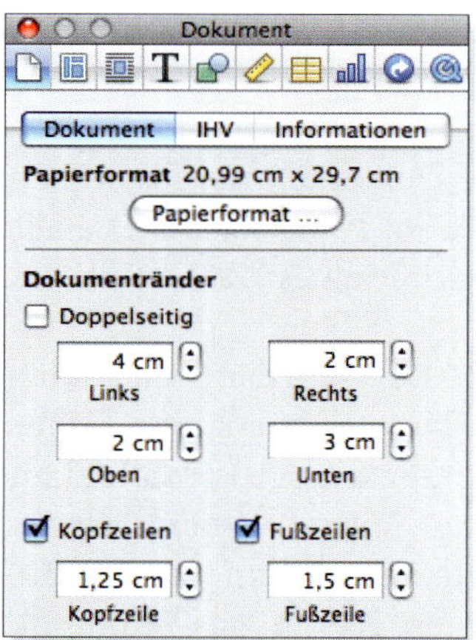

Mit jedem Klick auf die Pfeiltasten werden die Abstände um jeweils einen Zentimeter erhöht oder verringert. Bei manueller Eingabe sind Sie flexibler, da auch krumme Werte wie 2,5 akzeptiert werden. Die Eingaben sind sofort im Dokument sichtbar.

Die Dokumentränder einstellen

AUFGEPASST

Änderungen an den Dokumenträndern, die Sie in das Informationsfenster *Dokument* eingeben, wirken sich auf **alle** Seiten Ihres Dokuments aus. Das Layout für einzelne Abschnitte innerhalb des Gesamtdokuments definieren Sie im Informationsfenster *Layout*.

Gespiegelte Ränder: Doppelseite

Wenn Sie ein gebundenes Dokument, Broschüren oder Kataloge erstellen, ist das Format *Doppelseite* bestens geeignet. Da eine Doppelseite gespiegelte Ränder hat, empfiehlt sich dieses Prinzip auch für Dokumente, in denen Sie Sachverhalte auf gegenüberliegenden Seiten veranschaulichen wollen.

GRUNDLAGEN

Beim Doppelseitenformat erscheint die erste Seite des Dokuments als Einzelseite. Diese Seite ist quasi die Auftaktseite wie in einem Buch. Alle weiteren Seiten werden im Doppelseitenformat angelegt.

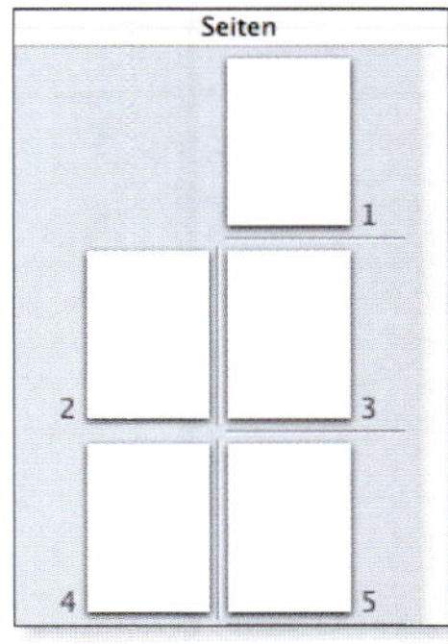

Ein Dokument mit Doppelseiten

Die Option *Doppelseitig* finden Sie im Informationsfenster *Dokument*. Sobald Sie die Funktion eingeschaltet haben, springen die Einträge für die linken und rechten Layoutränder um in *Innen* und *Außen*. *Innen* meint den Abstand zur Innenfalz, Heftung oder Bindung. Definieren Sie hier gegebenenfalls einen größeren Abstand als bei den Einzelseiten, damit der Text nicht zu dicht an der Falz oder Bindung steht. Beachten Sie hierbei, dass ein Klick auf die Pfeiltasten den Rand um jeweils einen Zentimeter vergrößert oder verringert. Die manuelle Eingabe erlaubt auch Millimeterwerte.

AUFGEPASST

Damit der Effekt des Doppelseitenprinzips auch wirksam werden kann, muss das Dokument auf einem Drucker ausgedruckt werden, der beidseitig drucken kann. Die normalen Drucker verfügen nicht über diese Möglichkeit.

Um auf einen Blick zu sehen, wie die gegenüberliegenden Seiten aussehen und ob sie miteinander harmonieren, ist die Doppelseitenansicht recht praktisch. Diese erhalten Sie mit einem Klick auf *Doppelseite* im Auswahlmenü am linken

Bildschirmrand. Sollte Ihnen dies zu unübersichtlich sein, schalten Sie im Auswahlmenü in der unteren Fensterleiste um auf *Einzelne Seite*.

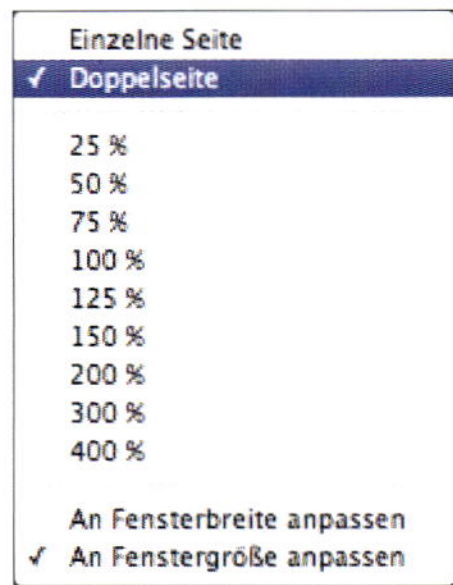

Doppelseiten anzeigen lassen

TIPP

Die im wahrsten Sinne kleine Alternative zur doppelseitigen Bildschirmansicht sind die Miniaturen in der linken Fensterleiste. Diese bringen Sie mit einem Klick auf *Miniaturen* im Auswahlmenü *Darstellung* auf den Bildschirm.

Spaltensatz

Sie können in Pages natürlich nicht nur langweilig geradeaus nach unten schreiben, sondern wie in einer Zeitung den Text auch in Form von Spalten anordnen. Sowohl für Fließtext als auch für Text in Textfeldern ist es völlig unkompliziert, einen Mehrspaltensatz zu definieren.

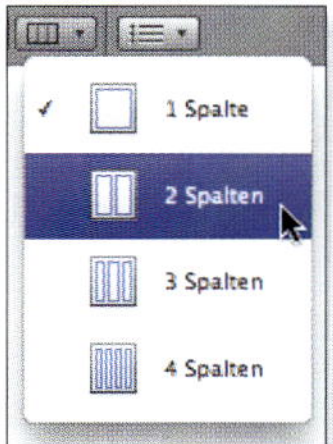

In der Formatierungsleiste haben Sie über das Symbol *Spalten* direkten Zugriff auf die Möglichkeit, einen Text in maximal vier Spalten laufen zu lassen. Im Informationsfenster *Layout* lässt sich die Anzahl auf acht erhöhen. Die Spaltenbreite ist dabei immer identisch.

Spaltensatz in der Formatierungsleiste definieren

Um aus einem Fließtext einen Spaltensatz zu machen, klicken Sie an eine beliebige Stelle innerhalb des Textes und wählen die Anzahl der Spalten aus. Sofern Sie noch keinen Umbruch im Abschnitt oder im Layout eingefügt haben, wird der komplette Text in einen Spaltensatz umgewandelt (siehe den folgenden Abschnitt *Das Textlayout ändern*).

Die Breite der einzelnen Spalte variieren Sie im Informationsfenster *Layout*. Falls Sie unterschiedlich breite Spalten erstellen wollen, deaktivieren Sie im Fenster *Layout* zunächst die Option *Gleiche Spaltenbreite*. In der Tabelle sehen Sie die Breite der Spalten sowie die Breite der Stege, das heißt der Zwischenräume eingeblendet. Mit einem Doppelklick in die Zentimeterangaben markieren Sie die Beschriftung, die Sie anschließend mit Ihrem gewünschten Maß überschreiben können. Dabei ist allerdings ein wenig Mathematik vonnöten. Denn die individuellen Maße werden stets auf die eingestellte Dokumentenbreite umgerechnet, so dass – entgegen Ihrer Absicht – durchaus krumme Werte entstehen können.

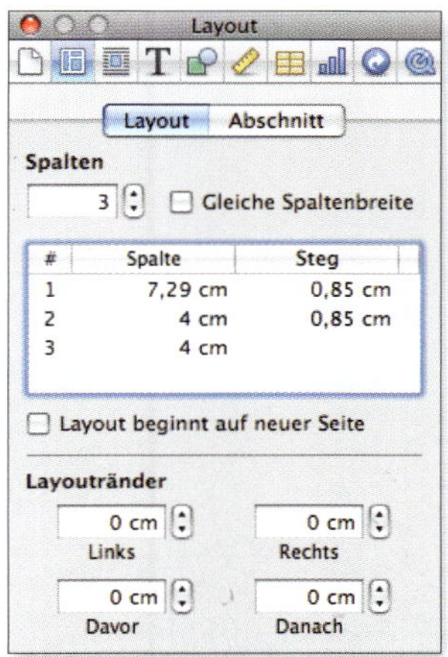

Die Spaltenzahl erhöhen und die Breite manuell eingeben

TIPP

Die Breite der Spalten lässt sich auch bequem über das Lineal ⌘ – R einstellen. Die weißen Bereiche markieren den Spaltenbereich, die grauen die Zwischenräume. Setzen Sie den Mauszeiger in eines der gepunkteten Vierecke innerhalb der grauen Bereiche und ziehen Sie die Spalte nach rechts weiter auf oder nach links weiter zu.

Auch in den freien Textfeldern, in Formen und Tabellenzellen lässt sich der Text mehrspaltig anordnen. In vielen Vorlagen aus dem Bereich Seitenlayout sind die Textfelder mehrspaltig angelegt, wie in der Abbildung zu sehen ist.

Spaltensatz in einem Textfeld (Vorlage »Rundschreiben – Allgemein«)

Die Vorgehensweise ist identisch mit der für Fließtext in Textrahmen. Wählen Sie über das Symbol *Spalten* in der Formatierungsleiste die Anzahl der Spalten aus. Die Breite der einzelnen Spalten regulieren Sie, indem Sie im Lineal ⌘ – R den Mauszeiger an die kleinen Punkte in den grau hinterlegten Stegen platzieren und diese weiter auf- oder zuziehen.

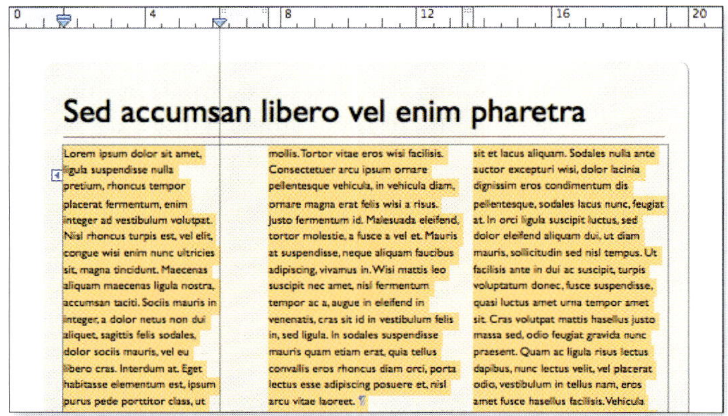

Die Breite der einzelnen Textspalten im Lineal einstellen

Textfelder

Textfelder sind im Vergleich zu den Textrahmen die durchaus flexiblere Variante. Denn Textfelder lassen sich in ihrer Größe beliebig verändern, und sich samt Inhalt verschieben sowie grafisch bearbeiten. Sie eignen sich für Überschriften, Seitenleisten oder dafür, spezielle Rubriken prominent hervorzuheben.

AUFGEPASST

In den Vorlagen aus dem Bereich *Textverarbeitung* brauchen Sie Textfelder, um zum Beispiel in Briefen und Lebensläufen die Absenderadresse außerhalb des Fließtextes zu positionieren. In den Vorlagen aus dem Bereich *Seitenlayout* benötigen Sie Textfelder, um überhaupt Text eingeben zu können. Die Texte in den Vorlagen dieses Bereiches stehen allesamt in separaten Textfeldern.

Die Seitenleisten, die Sie zum Beispiel in den Vorlagen *Rundschreiben – Familie*, *Rundschreiben – Verein*, *Rundschreiben – Finanzen* und *Rundschreiben – Design* sehen, sind aus Textfeldern und grafischen Elementen entstanden. In der Vorlage *Rundschreiben – Extrem* ist für die Titelleiste ein abgerundetes Rechteck mit Textfeldern kombiniert worden; in den Vorlagen *Flugblätter* sind die Abrissmarken aus einzelnen Textfeldern entstanden.

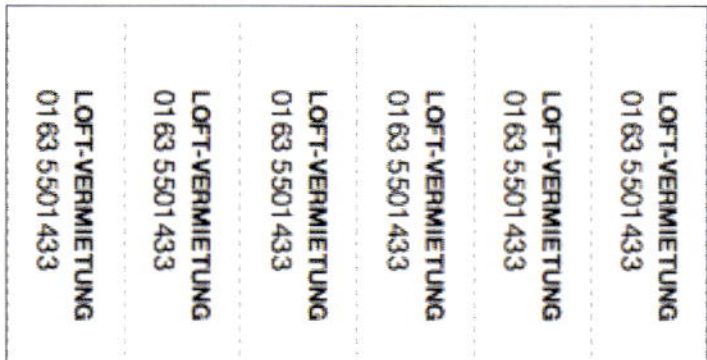

Ansehnliche Beispiele für Textfelder

TIPP

Übrigens: Auch die geometrischen Formen wie *Rechteck*, *Abgerundetes Rechteck* oder *Sprechblase* lassen sich hervorragend als Textfeld verwenden.

Textfelder hinzufügen

Ein Textfeld fügen Sie mit einem Klick auf das Symbol in der Formatierungsleiste in das Dokument ein. Soll es eine geometrische Form sein, die Sie als Textfeld verwenden wollen, wählen Sie es über das Aufklappmenü *Formen* aus. In jede der mitgelieferten Formen (mit Ausnahme der Linien) lässt sich Text eingeben, der sich damit sehr variantenreich hervorheben lässt. So ist der Kreis in der Vorlage *Rundschreiben – Extrem* aus einer Form entstanden. Eine andere beliebte Form, um die Aufmerksamkeit zu lenken, ist das abgerundete Rechteck.

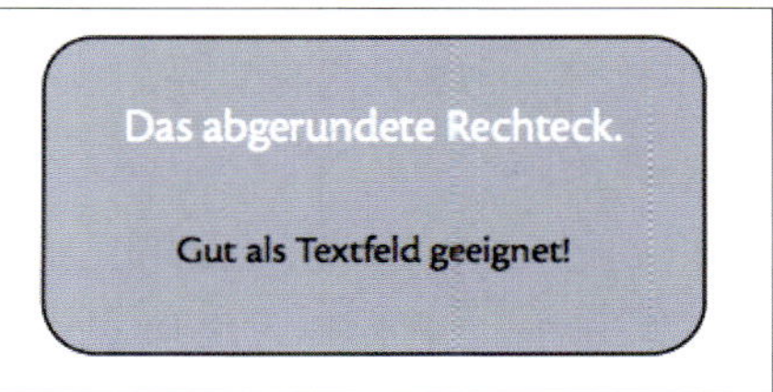

Die geometrischen Formen als Textfeld

Textfelder und Formen können in den Vorlagen aus dem Bereich *Textverarbeitung* sowohl in Text eingebunden als auch auf der Seite fixiert sein. Mehr zur Unterscheidung zwischen fixierten und in Text eingebundenen Objekten lesen Sie im Kapitel »Mit Bildern und Objekten arbeiten«.

Links oben im Textfeld sehen Sie den Cursor blinken. Doch vielleicht wollen Sie das Feld zunächst umplatzieren, bevor Sie Text eingeben. Markieren Sie deshalb das Feld mit der Tastenkombination ⌘ – ↩ und schieben Sie es an die gewünschte Stelle. Über die Markierungspunkte lässt sich die Größe des Textfeldes anpassen. Denn die Größe von Textfeldern und Formen nimmt nicht automatisch zu, je mehr Text Sie eingeben! Hat die Menge an Text den Rahmen überschritten, wird am unteren Rand ein Kreuz eingeblendet, das auf den abgeschnittenen Text aufmerksam macht. Der Text, der in diesem Feld nicht mehr angezeigt wird, geht natürlich nicht verloren. Doch kann er weder gelesen noch ausgedruckt werden. Markieren Sie deshalb das Textfeld oder die Form wiederum mit der Kombination ⌘ – ↩ und ziehen Sie das Objekt weiter auf.

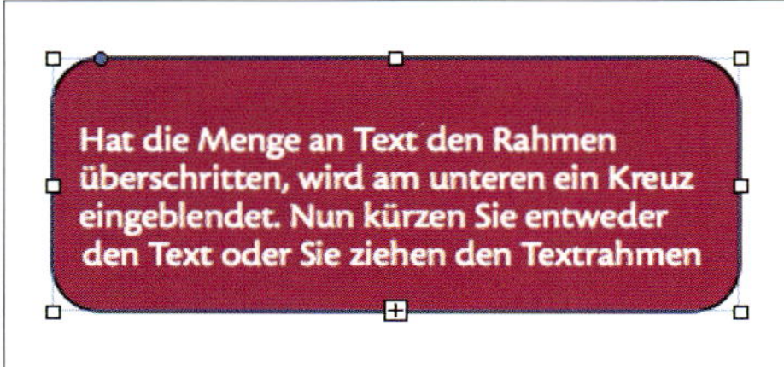

Erkennbar am Kreuz-Icon: zu viel Text

Textfelder verknüpfen

Wenn Sie, wie im vorherigen Abschnitt beschrieben, eine größere Textmenge in ein Textfeld einsetzen, passt dieser Text womöglich nicht vollständig in das Feld. Ist der Text länger, als das Feld Platz bietet, erscheint am unteren Rahmenrand ein Kreuz. Sie können das Feld größer aufziehen oder weitere Textfelder erstellen und diese miteinander verketten, so dass der Text von Textfeld zu Textfeld weiterläuft. Der Vorteil einer solchen Verkettung ist, dass Sie die Felder frei und über mehrere Seiten positionieren können. Im Falle späterer Änderungen oder Ergänzungen wird der Text innerhalb der Rahmen korrekt umbrochen – ein weiterer Gewinn eines solchen Textflusses.

Jeder Rahmen kann in seiner Größe individuell angepasst werden, ohne dass der Text im Nichts verschwindet wie bei einem nicht verketteten Textfeld. Machen Sie die Probe aufs Exempel: Ziehen Sie einen Rahmen nach oben zu. Der Text, der im nun verkleinerten Rahmen keinen Platz mehr findet, fließt automatisch in den nachfolgenden Rahmen.

AUFGEPASST

Geometrische Formen, die Sie als Textfeld verwenden, können nicht verkettet werden.

Den Textfluss starten

Markieren Sie das Textfeld mit der Tastenkombination ⌘ – ↩, wodurch an den linken Layouträndern ein kleines blau umrandetes Rechteck mit Dreieck eingeblendet wird. Sobald Sie auf dieses Rechteck klicken, sehen Sie unterhalb des Mauszeigers ein Pluszeichen. Mit Mauszeiger und Pluszeichen beschreiben Sie nun den Weg, den die Verkettung nimmt. Denn mit einem weiteren Klick erstellen Sie an genau der Stelle, an die Sie den Mauszeiger bewegen, ein neues Textfeld. Dieser Platz für das neue verkettete Textfeld kann auf derselben Seite oder auf einer Seite sehr viel später im Dokument sein.

Sobald ein neues Textfeld erstellt ist, fließt der überschüssige Text in dieses Feld. Auf diese Weise lassen sich so viele Textfelder erstellen, wie Sie für die Textmenge benötigen.

Sie beenden den Verkettungsmodus, indem Sie die Esc-Taste drücken.

POWER USER

Der Modus *Verkettung* (erkennbar am Kreuz unterhalb des Mauszeigers) erlaubt es, durch das Dokument zu scrollen. Doch aufgepasst: Sobald Sie auf eine der Miniaturen in der Seitenleiste klicken, wird der Modus beendet.

Alternativ markieren Sie das Textfeld, klicken auf das Dreieck-Symbol für die Verkettung, wählen im Menü *Format* den Eintrag *Textfeld* und klicken auf *Verknüpftes Textfeld hinzufügen*. Damit wird ein Textfeld akkurat unter dem markierten Feld erstellt. Selbstverständlich lässt sich dieses Textfeld anschließend beliebig umplatzieren. Der Vorteil dieser Methode: Das neue Textfeld nimmt stets dieselbe Größe an wie das vorherige, weshalb diese Herangehensweise unter Umständen weniger arbeitsintensiv ist als das individuelle Aufziehen von Feldern.

BEISPIEL

Angenommen, Sie schreiben einen Newsletter. Auf der ersten Seite dieses Dokuments möchten Sie mit einem Teasertext neugierig auf einen Artikel machen, der erst auf den Folgeseiten fortgesetzt wird. Dazu erstellen Sie ein Textfeld auf der ersten Seite, geben den Text ein und erstellen anschließend auf einer der Folgeseiten ein weiteres Textfeld. Nun markieren Sie diese beiden Felder mit gedrückter ⌘ – Taste und klicken anschließend im Menü *Format | Textfeld* auf den Eintrag *Ausgewählte Textfelder verknüpfen*. Je nachdem, auf welche Größe Sie das erste Textfeld zurechtstutzen, fließt entsprechend viel oder wenig Text in das zweite Textfeld. Über die Anfasspunkte lässt sich die Größe der Felder ganz bequem variieren. Es lassen sich immer nur zwei Textfelder miteinander verknüpfen.

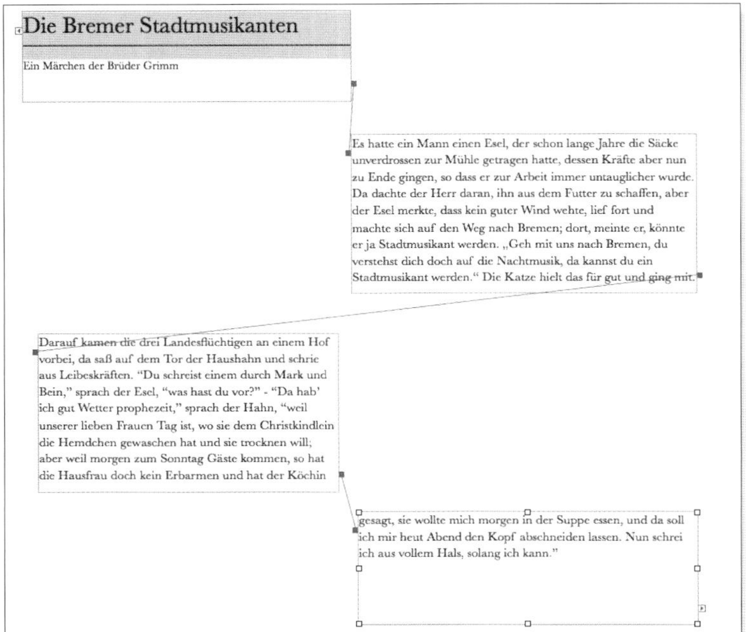

Eine Kette von Textfeldern

Solange die kleinen Rechtecke innen weiß sind, zeigen sie an, dass noch keine Verkettung stattgefunden hat. Danach signalisiert das linke blaue Rechteck, dass das Textfeld mit einem vorausgehenden Textfeld verkettet ist. Das rechte weist darauf hin, dass das Feld mit einem nachfolgenden Textfeld verknüpft ist.

Wollen Sie eventuell ein Textfeld wieder loswerden? Dann brauchen Sie es nur anzuklicken und die Entf-Taste zu drücken. Pages verteilt den Text auf die verbliebenen Rahmen. Somit geht beim Entfernen einzelner Kettenglieder nicht ein Buchstabe verloren.

Den Inhalt von verketteten Textfeldern formatieren

Das Schöne an verketteten Textfeldern ist, dass sich alle Änderungen auf alle Textfelder auswirken – egal, wie viele Felder miteinander verkettet sind oder wie weit die Felder innerhalb des Dokuments voneinander entfernt liegen. Voraussetzung ist lediglich, dass Sie den Mauszeiger in ein beliebiges Textfeld der Kette setzen und die Tastenkombination ⌘ – A drücken. Damit wird der gesamte Text der Verkettung markiert. Nun lassen sich bequem der Zeilenabstand, die Schriftart, Schriftgröße oder Schriftfarbe modifizieren. Für verknüpfte Textfelder ist natürlich ebenso wie für alle anderen Textfelder Spaltensatz erlaubt. Sollte dies interessant für Sie sein, legen Sie in der Formatierungsleiste die Anzahl fest.

Ist der Text markiert, können Sie auch den Feldern ein eigenes Aussehen verleihen. Öffnen Sie hierfür das Informationsfenster *Grafiken* und entscheiden Sie sich in der Rubrik *Füllen* für eine der Optionen.

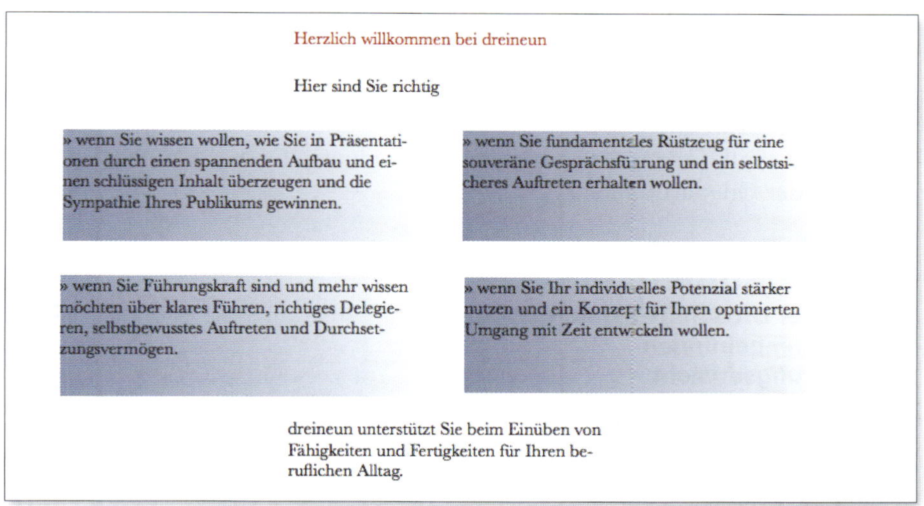

Eine Verkettung mit Verlauf

Mit langen Dokumenten arbeiten: die Gliederungsfunktion

Je umfangreicher Ihr Dokument ist, desto größer ist die Gefahr, die Übersicht zu verlieren. Doch nicht, wenn Sie die Gliederungsansicht eingeschaltet haben! Diese Ansicht verschafft Ihnen einen Überblick über die Struktur Ihres Dokuments. Lange Textpassagen lassen sich wunderbar und komfortabel umschichten, Überschriften höher- oder tieferstufen. Die ganze Struktur des Dokuments lässt sich also noch einmal überdenken und überarbeiten. Je umfangreicher Ihr Dokument ist, desto mehr Nutzen ziehen Sie aus der Gliederungsfunktion. Aber auch in der Startphase eines neuen Dokuments ist die Ansicht äußerst hilfreich.

Es gibt zwei Möglichkeiten, sich die Gliederungsfunktion zunutze zu machen: Sie wählen aus dem Vorlagenkatalog eine Gliederung aus und entwerfen zunächst Ihr Manuskript, indem Sie Überschriften und Stichpunkte eingeben. Auf diese Weise lässt sich mit Hilfe der Gliederungsansicht eine Art Brainstorming durchführen. Die geplanten Kapitel und Unterkapitel brauchen Sie nur hintereinander

einzugeben – so wie Sie Ihnen gerade in den Sinn kommen. Diese Methode hat den Vorteil, dass Sie bereits in der Entwurfsphase die flexiblen Funktionen von Pages verwenden können. Stellen Sie zum Beispiel fest, dass ein Abschnitt weiter oben besser positioniert wäre, so lässt sich der Text schnell umplatzieren. Gleiches gilt für Zuordnung von über- oder untergeordneten Überschriftsebenen.

Die zweite Einsatzmöglichkeit der Gliederung besteht darin, ein bereits strukturiertes Dokument mit allen Ebenen darzustellen und zu bearbeiten. Mit Hilfe der Techniken und Funktionen, die in beiden Fällen identisch sind, können Sie ganz entspannt an der Gliederung feilen.

- **Ein Dokument erstellen**
- **Text oder Broschüre? Unterschiedliche Arbeitsumgebungen**
- **Gliederungsansicht**
- **Ein Dokument neu anlegen**
  - **Ränder festlegen, Satzspiegel verändern**
  - **Spaltensatz**
  - **Textfelder erstellen**
    - **Textfelder verknüpfen**
    - **Eine Kette von Textfeldern**
- **Einen Serienbrief erstellen**
  - **Ein Dokument für eine Adressgruppe**
  - **Das Zusammenspiel mit Daten aus Numbers**
  - **Eigene Adressfelder erstellen**
- **Sicher ist sicher**
- **Tipps, um sich die Arbeit zu erleichtern**

Die Gliederung zeigt die Struktur des Dokuments.

Grundlage, um die Funktionen in ihrem gesamten Umfang zu nutzen, sind Überschriften mit definierten Absatzstilen. Diese Stile können den Überschriften bereits in der Normalansicht oder praktischerweise in der Gliederung zugewiesen werden. Denn die vordefinierten oder von Ihnen hinzugefügten Stile entsprechen automatisch auch den Gliederungsebenen. In der Gliederungsansicht lassen sich bis zu 9 Gliederungsebenen erstellen und anzeigen.

In der Gliederungsansicht arbeiten

Sobald Sie in der Symbolleiste auf *Darstellung | Gliederung* klicken, wird die Struktur Ihres Dokuments angezeigt. Das bedeutet, dass neben den Überschriftebenen eine Raute und neben den Textabsätzen eine kurze horizontale Linie erscheint. Außerdem werden in der Formatierungsliste verschiedene Funktionen für die Darstellung des Textes angezeigt:

Werte: 3+ Klicken Sie im Aufklappmenü *Werte* auf einen Eintrag, um nur die ausgewählte Anzahl aller darüber liegenden Ebenen anzuzeigen. Textpassagen werden dabei ebenfalls ausgeblendet. Mit einem Klick auf *Alle* kehren Sie zur Darstellung des gesamten Dokuments zurück.

Wenn Sie auf *Alle* umstellen, ist der Nutzen der übersichtlichen Anzeige des Dokuments eventuell gar nicht mehr erkennbar. Deshalb haben Sie per Klick auf das Symbol *Erste Zeile* die Möglichkeit, die Anzeige längerer Textpassagen auf die erste Zeile zu reduzieren.

Soll ein Absatz schnell um eine Ebene höher oder tiefer gestuft werden, reicht ein Klick auf das rechte oder linke Symbol. Auch mit der Tabulatortaste lässt sich eine Überschrift flink um eine Ebene tiefer stufen Mit der Tabulator- und Umschalttaste ⇧ rücken Sie einen Absatz um eine Ebene höher.

Per Klick auf das Symbol *In Text konvertieren* integrieren Sie eine Überschrift in den Fließtext des Dokuments.

POWER USER

Wenn Sie viel mit Gliederungen arbeiten, statten Sie am besten die Symbolleiste mit dem Symbol *Gliederung* aus. Wählen Sie dazu im Menü *Darstellung | Symbolleiste anpassen…* und ziehen Sie das Symbol in die Leiste.

Per Doppelklick auf die Raute vor einer Überschriftsebene blenden Sie die darunter liegenden Ebenen für diese Überschrift aus bzw. ein.

GRUNDLAGEN

Bei der Höher- oder Herabstufung einer Überschrift bzw. bei der Konvertierung einer Überschrift in Fließtext werden automatisch die für diese Absätze definierten Stile übernommen.

Eine weitere Kernfunktion der Gliederung besteht darin, bestimmte Textabschnitte komplett und mühelos an eine andere Position zu versetzen. Mit einem Klick auf die Raute vor einer Überschrift werden grundsätzlich alle darunter liegenden Ebenen markiert. Wenn Sie die ⇧ – Taste gedrückt halten, können Sie mehrere aufeinander folgende Abschnitte markieren. Nun platzieren Sie den Mauszeiger auf die Raute vor der ersten Überschrift und ziehen die Auswahl an die gewünschte Stelle. Bei diesem Verfahren erscheint sowohl eine durchgezogene waagerechte Linie als Positionierungshilfe als auch eine senkrechte feine Linie, die den Ebeneneinzug markiert.

AUFGEPASST

Außer Tabellen sind keine eingefügten Objekte wie Bilder, Diagramme oder grafische Elemente in der Gliederung sichtbar. Wenn Sie einen Abschnitt umpositionieren, wandern aber natürlich alle Elemente dieses Abschnittes mit. Zwar werden keine in der Normalansicht eingefügten Objekte angezeigt, doch lassen sich in der Gliederung Bilder und grafische Elemente dem Dokument hinzufügen. Objekte, die Sie in der Gliederung in das Dokument integrieren, können Sie sich in dieser Ansicht entweder in Originalgröße oder als Miniatur darstellen lassen. Das Bearbeiten eines Objekts funktioniert nur, wenn Sie auf Originalgröße umschalten.

Serienbriefe erstellen

Vielleicht ist Ihnen beim Herumstöbern in den Vorlagen aufgefallen, dass einige Dokumente bereits nach dem ersten Öffnen Ihre persönlichen Kontaktdaten beinhalten. Dies ist bei fast allen Vorlagen aus der Rubrik *Textverarbeitung* der Fall. Die eingefügten Daten sind identisch mit den Angaben auf Ihrer persönlichen Visitenkarte im Programm Adressbuch.

GRUNDLAGEN

Auch wenn Sie noch nie mit dem Programm Adressbuch für die Verwaltung von Kontaktdaten gearbeitet haben, beinhaltet es zumindest zwei Visitenkarten – nämlich die von Apple und Ihre eigene. Das System legt automatisch eine Karte mit zumindest Ihrem Namen an. Weitere Angaben sind davon abhängig, welche Daten Sie bei der Installation eingegeben haben. Die Karte ist aber selbstverständlich jederzeit erweiterbar.

Ohne Ihre personalisierten Daten kommen Lebensläufe, Briefe oder Umschläge nicht aus. Deshalb übernimmt Pages die Einträge für Sie, was dank der Verknüpfung mit dem Programm Adressbuch eine routinierte Angelegenheit ist.

Briefe und Umschläge brauchen freilich auch ein Empfängerfeld. Auch dieses lässt sich mit Hilfe der Visitenkarten in Adressbuch erstaunlich einfach füllen.

POWER USER

Mit den Daten aus Adressbuch lässt sich ein identischer Brief an beliebig viele Empfänger adressieren. Wenn es jedoch darum geht, auch den Inhalt eines Briefes an die jeweiligen Empfänger anzupassen, können Sie das Pages-Dokument mit einer Tabelle aus Numbers verknüpfen. Dieser Weg ist immer dann interessant, wenn Sie zum Beispiel Serienrechnungen versenden. Der Inhalt des Briefes bleibt für alle Empfänger gleich, nur die individuell zu zahlenden Beträge werden automatisch aus der verknüpften Numbers-Tabelle gezogen.

In Pages haben Sie die Wahl aus zwei Serienbriefquellen: Adressbuch und Numbers. Wer einen identischen Brieftext an zig Empfänger versenden möchte, greift auf Adressbuch zurück. Wer auch den Inhalt der Briefe an den jeweiligen Empfänger anpassen möchte, wählt als Quelle das entsprechende Numbers-Dokument.

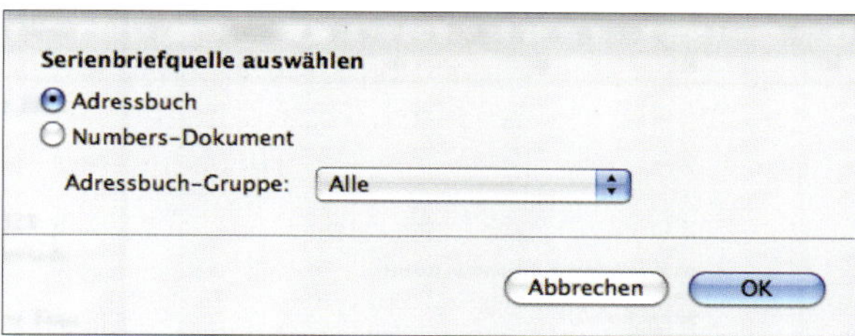

Zwei Quellen für die Seriendaten: Adressbuch oder eine Numbers-Tabelle

Da der Trick bei Serienbriefen ja der automatisierte Eintrag von Empfänger- oder geschäftlichen Daten ist, müssen diese Daten natürlich zunächst einmal eingegeben oder überarbeitet werden. All dies wird entweder im Programm Adressbuch oder in Numbers vorgenommen. In Pages haben Sie mit der Eingabe der Seriendaten anschließend quasi nichts mehr zu tun. Damit die Verknüpfung zwischen den Programmen Pages und Adressbuch bzw. Pages und Numbers reibungslos klappt, sind in einem Pages-Dokument Serienbrieffelder notwendig. In den Vorlagen *Briefe, Umschläge* und *Formulare* sind bereits Adressbuchfelder für die Absender- und Empfängerdaten definiert.

Das Zusammenspiel mit Adressbuch

Um eine Adresse in ein Empfängerfeld zu integrieren, brauchen Sie nur die Kontaktdaten des Empfängers aus dem Programm Adressbuch in das Empfängerfeld Ihres Pages-Dokuments zu ziehen. Dafür setzen Sie den Mauszeiger in das Symbol *Visitenkarte* links neben dem Namenseintrag und ziehen es mit gedrückter Maustaste in das Feld. Wenn Sie Ihr Ziel erreicht haben, lassen Sie die Maustaste los. Die Adressdaten werden jetzt automatisch in die Felder verteilt.

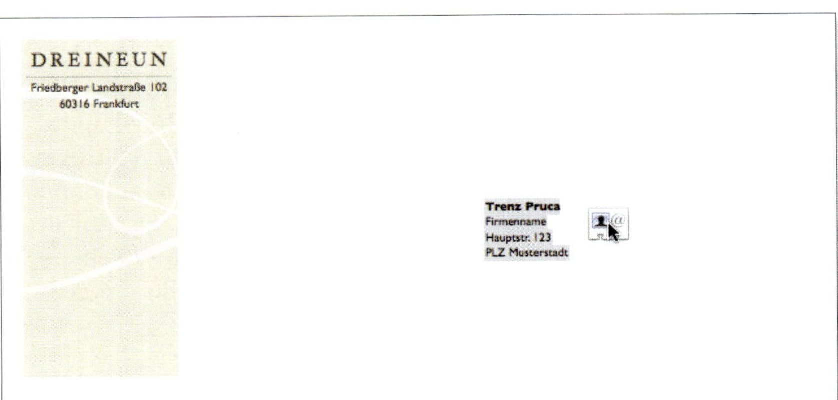

Das Symbol aus Adressbuch auf das Adressfeld ziehen …

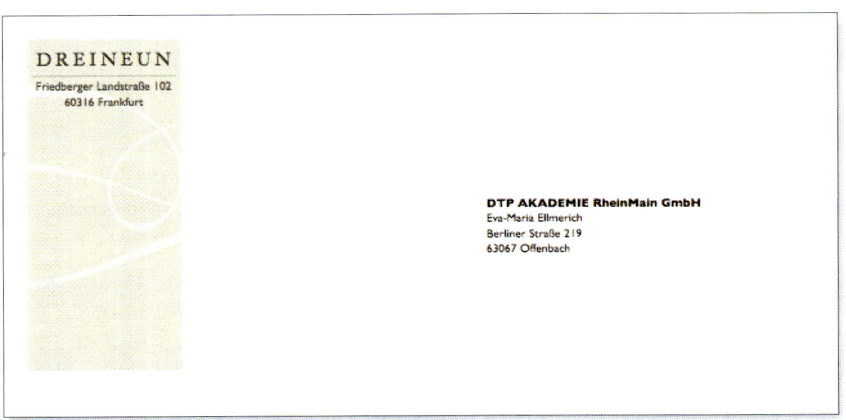

… und dann die Maus loslassen.

Vielleicht wundern Sie sich darüber, dass in manchen Briefen Ihre komplette Adresse eingetragen ist, in anderen aber nur Ihr Name im Absenderfeld der Briefe oder Umschläge erscheint. Dies hängt damit zusammen, dass die Einträge in Adressbuch entweder dem Attribut *Privat* oder *Geschäftlich* folgen. Sind die Einträge mit dem Attribut *Privat* versehen, werden die Adressdaten in Vorlagen wie *Woodland*, *Elegant* und *Geschäftlich* nicht übernommen. Geschäftliche Einträge wiederum bleiben in Vorlagen wie *Mailand*, *Wien*, *Dublin* oder *Park Avenue* außen vor. Die Visitenkarte ist aber natürlich erweiterbar. So könnten Sie Ihre Adressdaten kopieren und die Dublette mit den Attributen *Privat* bzw. *Geschäftlich* versehen.

Die gleichen Einträge – mal geschäftlich, mal privat

Ein Dokument – mehrere Empfänger

Ist es schon eine feine Sache, ab sofort keine Adressdaten mehr manuell eingeben und richtig positionieren zu müssen, wird es mit der Funktion, für eine beliebig große Anzahl an Empfängern ein personalisiertes Dokument zu erstellen, erst so richtig spannend. Das Prinzip ist vergleichbar mit dem Einfügen einer einzelnen Adresse. Nur dass Sie jetzt mehrere Visitenkarten gleichzeitig in das Empfängerfeld ziehen oder sogar die Karten einer ganzen Gruppe.

Sollen es mehrere Adressen sein, markieren Sie diese mit gedrückter ⌘ – Taste in der Spalte *Name*. Anschließend ziehen Sie die Adressen mit gedrückter Maustaste in das betreffende Adressfeld.

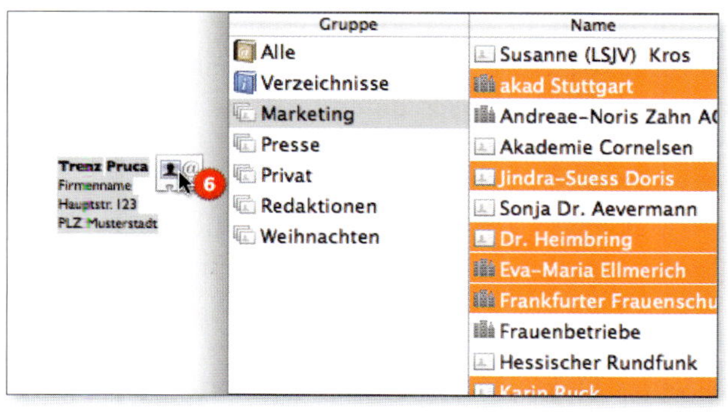

Eine Anzahl von Visitenkarten auf das Empfängerfeld ziehen

Bei dieser Aktion wird ein Dokument mit so vielen Seiten erstellt, wie es die Anzahl an ausgewählten Adressen erfordert. In der Fachsprache von Pages wird dies als *Erzeugen von Visitenkarten* bezeichnet. Im Dialogfenster, das eingeblendet wird, sobald Sie mehr als eine Adresse einfügen, legen Sie das Ziel dieser Aktion fest. Zur Auswahl stehen ein neues Dokument mit den für jede Adresse separaten Seiten oder der Drucker. Mit der Option *An Drucker senden* öffnet sich das Dialogfenster *Drucken*, in dem Sie die Einstellungen für den Druckauftrag vornehmen.

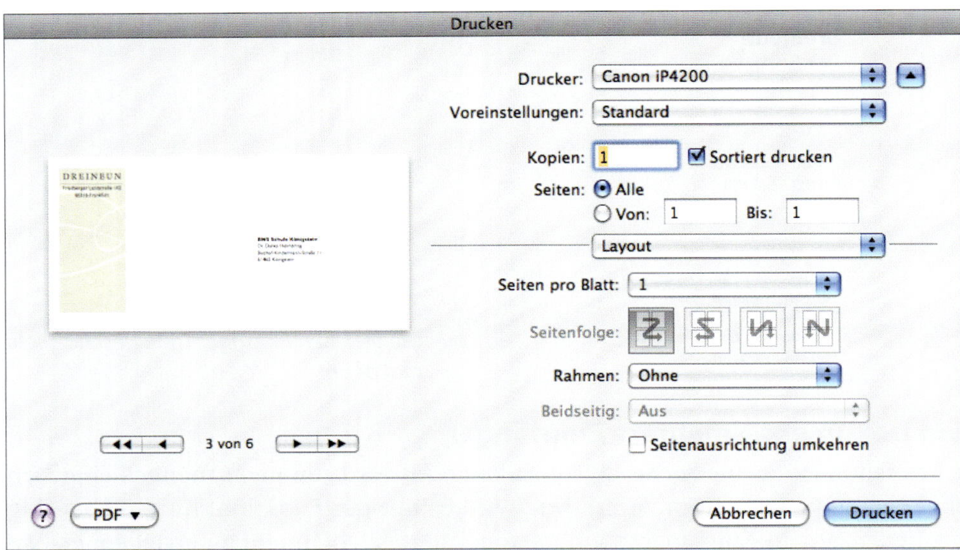

Serienbriefe direkt an den Drucker senden

AUFGEPASST

Das Dokument kann beim Senden an den Drucker nicht gesichert werden.

Wichtig ist auch die standardmäßig eingeschaltete Option, dass – wenn keine Geschäftsadresse vorhanden ist – automatisch die Privatadresse eingetragen wird. Das Programm Adressbuch unterscheidet zwischen privaten und geschäftlichen Adressen. Entsprechend sind die Platzhalter für die Adressdaten in Pages in *Privat* oder *Geschäftlich* definiert. Möglicherweise haben Sie für einige Kontakte lediglich eine Privat- oder eine Geschäftsadresse eingetragen. Damit diese Personen mit in den Versand einbezogen werden, schaltet Pages automatisch um auf die eingegebene Adresse. Falls Sie diese automatische Zuweisung unterbinden wollen, brauchen Sie die Option nur auszuschalten.

Haben Sie sich für die Option *Neues Dokument* entschieden, werden die Briefe oder Umschläge separat und nacheinander in einem Dokument zusammengeführt. Um die einzelnen Seiten sichtbar zu machen, blenden Sie am besten die Miniaturen ein (Symbolleiste *Darstellung | Miniaturen)*. Wenn Sie sich nun entscheiden, einige der Empfänger doch nicht mit Post beglücken zu wollen, klicken Sie auf das entsprechende Miniaturbild und drücken die Entf-Taste.

Da alle Briefe zu einem Dokument zusammengeführt sind, können sie bequem in einer Datei gesichert werden.

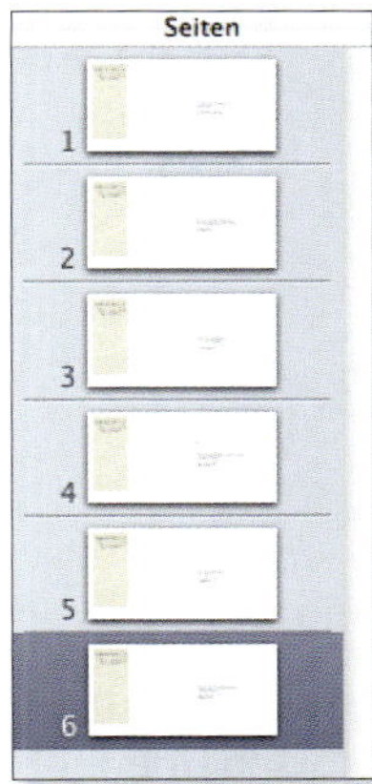

Ein Überblick über eine Serie von Briefen

Die ursprüngliche Vorlage bleibt bei diesen Aktionen unangetastet, so dass sie für weitere Adresseinträge verwendet werden kann. In das Empfängerfeld des zusammengeführten Dokuments lässt sich keine andere Visitenkarte ziehen, da für das Einfügen von Adressen stets eine Vorlage benötigt wird. Manuelle Korrekturen sind aber selbstverständlich möglich.

Ein Dokument für eine Adressgruppe

Wer viel mit dem Programm Adressbuch arbeitet, hat sicherlich schon die Vorteile der Gruppenbildung zu schätzen gelernt. Denn je mehr Visitenkarten im Ordner *Alle* liegen, desto unübersichtlicher wird das Ganze.

GRUNDLAGEN

Die Sammlung *Alle* ist der Hauptkarteikasten, in dem sämtliche Visitenkarten liegen. In den Gruppen liegen jeweils nur Kopien, so dass Sie eine Gruppe löschen können, ohne die Originale zu verlieren.

Die Gruppen spielen auch für die Zusammenarbeit mit Pages eine wichtige Rolle. Denn es lässt sich eine Gruppe mit beliebig vielen Karten in ein Adressfeld ziehen, so dass für jeden Kontakt eine Seite mit den entsprechenden Empfängerdaten erstellt wird. Falls Sie eine Marketingaktion starten oder eine Einladung für Ihr Firmenjubiläum versenden wollen, legen Sie am besten eine Gruppe für die jeweiligen Empfänger an. Dazu klicken Sie im Programm Adressbuch auf das Pluszeichen unterhalb der Spalte *Gruppe* und geben dem Ordner einen für die baldige Versandaktion typischen Namen.

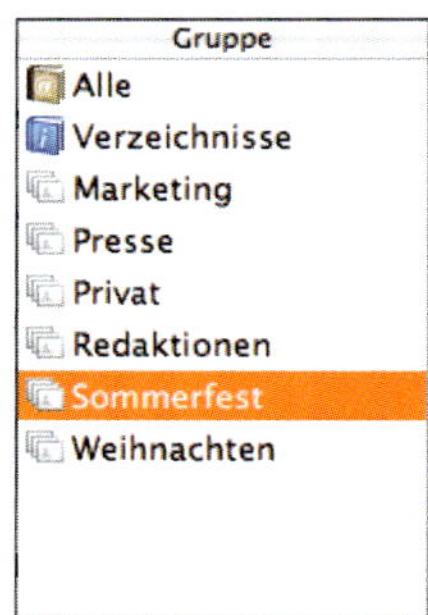

Gruppen bilden in »Adressbuch«

Nun brauchen Sie nur das Symbol links neben dem Gruppennamen in ein Adressfeld zu ziehen. Wieder erscheint das Dialogfenster, in dem Sie sich entscheiden, ob für jede Adresse eine Seite innerhalb eines Dokuments erstellt oder der Auftrag direkt an den Drucker gesendet wird. Öffnen Sie anschließend die Seitenleiste in der Symbolleiste *Darstellung* | *Miniaturen*, um das Ergebnis in Augenschein zu nehmen. Falls Sie es sich mit einigen Empfängern anders überlegen und diesen keine Nachricht zukommen lassen wollen, löschen Sie die betreffenden Seiten mit der Entf – Taste.

TIPP

Die Gruppen stehen Ihnen auch im Auswahlfenster *Serienbriefquelle* zur Verfügung. Sie öffnen das Fenster, indem Sie im Menü *Bearbeiten* den Eintrag *Serienbrief* ansteuern. Nun brauchen Sie sich nur noch für eine der Gruppen zu entscheiden, und schon wird aus dem Ausgangsbrief eine Serie mit personalisierten Adressdaten erstellt.

Ihr Ausgangsbrief wird bei dieser Aktion nicht verändert und lässt sich für weitere Versandaktionen verwenden. Sichern Sie ihn dazu als Dokument oder als Vorlage ab.

Adressfelder bearbeiten

Bei den zuvor beschriebenen Aktionen haben Sie vielleicht festgestellt, dass Platzhalternamen wie *Position* oder *Firma* im Adressfeld stehen bleiben. Das ist genauso wenig schön wie die Positionierung des Firmennamens und der Kontaktperson. Denn die meisten Vorlagen sind so definiert, dass zunächst der Name der Kontaktperson eingetragen wird und dann der Firmenname folgt.

Dies alles hat mit den Definitionen für die einzelnen Adressfelder zu tun. Welche Daten für die einzelnen Felder gelten, sehen Sie, sobald Sie das Informationsfenster *Hyperlink* | *Serienbrief* öffnen.

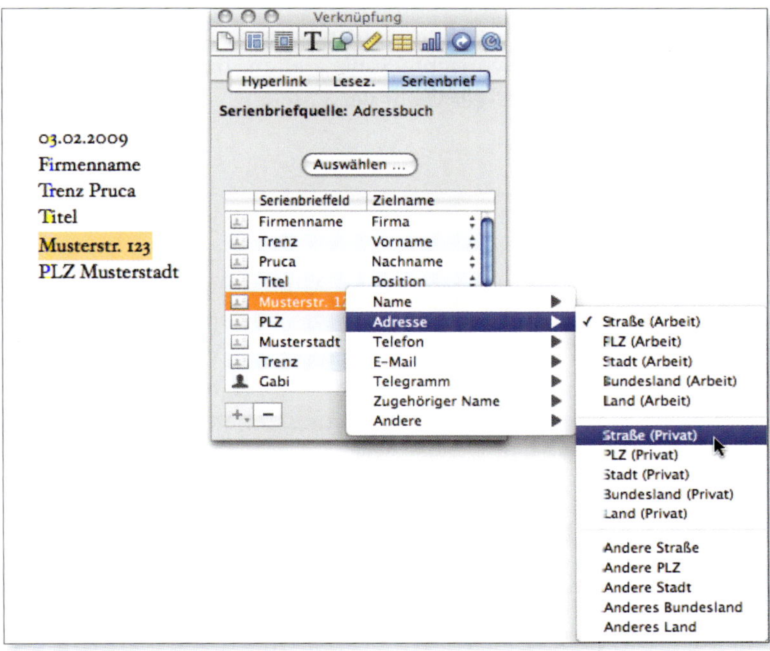

Definierte Einträge für die Adressfelder

Hinter den sichtbaren Begriffen verbergen sich Menüs, aus denen Sie andere Daten wählen können, wie zum Beispiel bei der *Adresse Arbeit* statt *Privat*. Platzhalter können auch mit anderen Daten belegt oder gänzlich gelöscht werden.

Für den Fall, dass die vorhandenen Platzhalter nicht ausreichen, haben Sie im Informationsfenster Gelegenheit, weitere Serienbrieffelder zu definieren. Platzieren Sie dafür zunächst den Mauszeiger an die Stelle, an der das Feld eingefügt werden soll. Klicken Sie nun auf das Pluszeichen unterhalb der Liste und wählen Sie *Serienbrieffeld hinzufügen*. Anschließend geht es um den Feldtyp. Wenn Sie zum Beispiel planen, einen Platzhalter für Titelbezeichnungen zu erstellen, so wählen Sie als Feldtyp die Bezeichnung *Suffix*.

03.02.2009
Trenz Pruca
Titel
Firmenname
Musterstr. 123
PLZ Musterstadt

Die Originalbrieffelder

03.02.2009
Firmenname
Titel Trenz Pruca
Musterstr. 123
PLZ Musterstadt

Überarbeitet und ergänzt

03.02.2009
Bischof-Neumann-Schule
Dr. Darko Heimbring
Bischof-Kindermann-Straße 11
61462 Königstein

Mit einer Adresse gefüllt

Die Reihenfolge der Einträge ändern Sie am einfachsten, indem Sie den jeweiligen Platzhalter per Drag & Drop an die gewünschte Stelle ziehen. Innerhalb des Informationsfensters lassen sich die Felder leider nicht verschieben.

POWER USER

Die Änderungen gelten lediglich für das aktuelle Dokument. Wollen Sie die Änderungen dauerhaft sichern, empfiehlt es sich, die Version mit den Platzhaltern (nicht die mit einer bereits eingetragenen Adresse!) als Vorlage abzuspeichern. Wählen Sie dazu im Menü *Ablage | Als Vorlage sichern*. Die Endung einer solchen Datei ist *template* (Vorlage). Auf diese Vorlage können Sie nun bequem im *Auswahlfenster | Meine Vorlagen* zugreifen. Die Rubrik *Meine Vorlagen* wird eigens für individuelle Layoutmuster angelegt.

Das Zusammenspiel mit Numbers

Angenommen, Sie vermieten mehrere Wohnungen und schicken an Ihre Mieter die alljährliche Nebenkostenabrechnung. Der Brieftext ist für alle identisch, die Beträge aber sind unterschiedlich. Oder Sie planen eine Aktion, zu der sich unterschiedlich viele Personen aus verschiedenen Unternehmen anmelden. Auch hier ist der Brieftext für alle gleich. Doch die Anzahl der Personen sowie der zu zahlende Betrag variieren. Damit Sie nicht jeden dieser Briefe eigenhändig anpassen müssen, können Sie die jeweils abweichenden Werte mit der Serienbrieffunktion von Pages automatisch eintragen lassen. Die Voraussetzung dafür ist eine Numbers-Tabelle, in der nicht nur die Werte eingegeben sind, sondern auch die Empfängeradressen.

GRUNDLAGEN

Ein Mix aus den beiden Serienbriefquellen Adressbuch und Numbers ist nicht möglich. Wenn Sie Briefe mit unterschiedlichen Inhalten an eine Reihe von Personen schicken wollen, brauchen Sie auch in Numbers die kompletten Adressdaten.

Nun geht es an die Definition der Serienbrieffelder für die automatisch einzutragenden Werte: Öffnen Sie dazu das Informationsfenster *Verknüpfung*. Per Klick auf *Serienbrief | Auswählen …* wird das Fenster *Serienbriefquelle* eingeblendet. Wenn Sie sich für *Numbers-Dokument* entscheiden, öffnet sich ein Finder-Fenster, in dem Sie nach der gewünschten Datei stöbern können. Danach wird Ihnen eine weitere Entscheidung abverlangt, nämlich die, die für den geplanten Serienbrief relevante Tabelle auszuwählen.

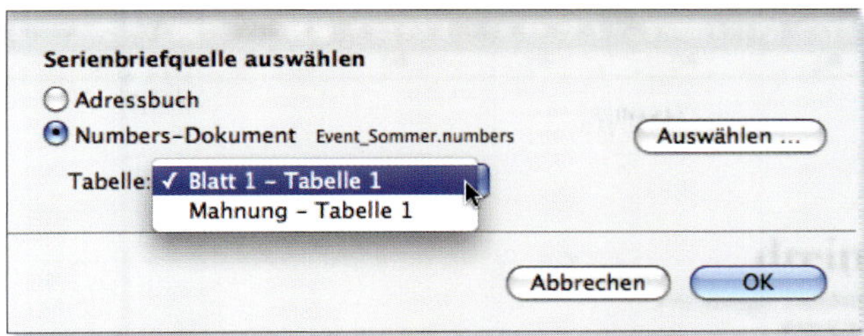

Die Tabelle für den geplanten Serienbrief …

… jetzt verknüpft mit dem Pages Dokument

Um nun die Serienbrieffelder in Ihrem Pages-Dokument zu erstellen, markieren Sie einen Begriff und wählen im Informationsfenster *Verknüpfung | Serienbrief* per Klick auf das Pluszeichen am unteren Fensterrand den Eintrag *Serienbrieffeld hinzufügen*. Hinter den Dreiecken am rechten Listenrand verbirgt sich eine Auswahl mit den sogenannten Feldtypen. Diese Feldtypen sind identisch mit den Spaltenüberschriften Ihrer Numbers-Tabelle. Nun brauchen Sie nur noch den Feldtyp für den gerade erstellten Platzhalter auszuwählen. Die hier beschriebenen Schritte sind für alle geplanten Serienbrieffelder notwendig.

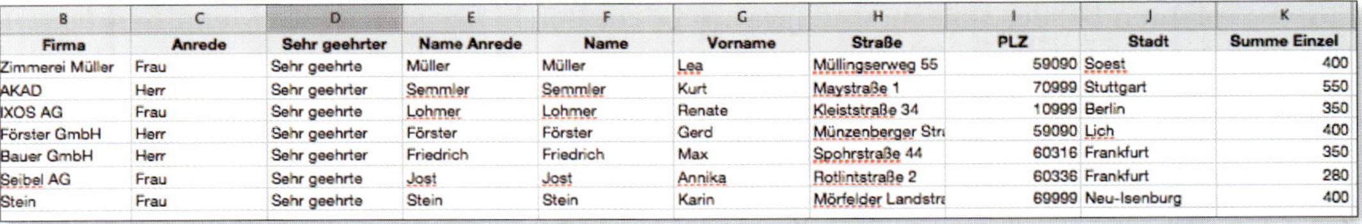

B	C	D	E	F	G	H	I	J	K
Firma	**Anrede**	**Sehr geehrter**	**Name Anrede**	**Name**	**Vorname**	**Straße**	**PLZ**	**Stadt**	**Summe Einzel**
Zimmerei Müller	Frau	Sehr geehrte	Müller	Müller	Lea	Müllingserweg 55	59090	Soest	400
AKAD	Herr	Sehr geehrter	Semmler	Semmler	Kurt	Maystraße 1	70999	Stuttgart	550
IXOS AG	Frau	Sehr geehrte	Lohmer	Lohmer	Renate	Kleiststraße 34	10999	Berlin	350
Förster GmbH	Herr	Sehr geehrter	Förster	Förster	Gerd	Münzenberger Str	59090	Lich	400
Bauer GmbH	Herr	Sehr geehrter	Friedrich	Friedrich	Max	Spohrstraße 44	60316	Frankfurt	350
Seibel AG	Frau	Sehr geehrte	Jost	Jost	Annika	Rotlintstraße 2	60336	Frankfurt	280
Stein	Frau	Sehr geehrte	Stein	Stein	Karin	Mörfelder Landstr	69999	Neu-Isenburg	400

Auszug aus den Spaltenüberschriften der Numbers-Tabelle

Die Überschriften sind verknüpft mit den Feldtypen in Pages.

POWER USER

Alternativ brauchen Sie nur den Cursor an die Stelle zu platzieren, an der das Serienbrieffeld angezeigt werden soll. Sie brauchen hierfür keinen Text zu markieren. Im Informationsfenster *Verknüpfung* | *Serienbrief* entscheiden Sie sich für *Serienbrieffeld hinzufügen*. Die Bezeichnung für den Platzhalter ist zunächst die des zuletzt gewählten Feldtyps. Sobald Sie aber Ihre Entscheidung für einen Feldtyp treffen, wird die Bezeichnung ausgetauscht. Ist der erste Platzhalter definiert, drücken Sie die Leertaste, um anschließend zum Beispiel ein Feld für den Nachnamen zu definieren. Bei jedem weiteren Platzhalter müssen Sie sich zunächst entscheiden, ob Sie ein Serienbrief- oder Absenderfeld erstellen möchten.

Ist diese Vorarbeit geleistet, können Sie die automatische Vervielfältigung des geplanten Briefes starten, und zwar mit dem Befehl *Serienbrief* im Menü *Bearbeiten*. Das jetzt geöffnete Fenster *Serienbriefquelle* ist etwas umfangreicher als das bereits bekannte. In diesem Fenster können Sie sich zum einen noch einmal einen Überblick über die definierten Serienbrieffelder machen. Zum anderen wird Ihnen die Entscheidung abverlangt, ob Sie für den Serienbrief ein neues Dokument erstellen oder ihn direkt an den Drucker senden möchten. Bei der Option *Neues Dokument* werden die Briefe separat und nacheinander in einem Dokument zusammengeführt. Um die einzelnen Seiten sichtbar zu machen, empfiehlt es sich, die Miniaturen einzublenden (Symbolleiste *Darstellung* | *Miniaturen)*.

Firma
Vorname Nachname
Musterstr. 123
PLZ Musterstadt

Sehr geehrter Firma Name Anrede

vielen Dank für Ihre Anmeldung zu unserer Sommerakademie Jahr. Aus Ihrem Unternehmen haben sich xx Personen angemeldet. Unser Vorzugspreis für Sie beträgt pro Person Euro Summe Einzel. Bitte überweisen Sie den Gesamtbetrag in Höhe von Euro Gesamt auf unser unten angegebenes Konto.

Wir freuen uns sehr auf Ihr Kommen. Viele Grüße und eine gute Zeit

Die Vorlage mit definierten Serienbrieffeldern …

Zimmerei Müller
Lea Müller
Müllingserweg 55
59090 Soest

Sehr geehrte Frau Müller

vielen Dank für Ihre Anmeldung zu unserer Sommerakademie 2009. Aus Ihrem Unternehmen haben sich 4 Personen angemeldet. Unser Vorzugspreis für Sie beträgt pro Person Euro 400. Bitte überweisen Sie den Gesamtbetrag in Höhe von Euro 1.600 auf unser unten angegebenes Konto.

Wir freuen uns sehr auf Ihr Kommen. Viele Grüße und eine gute Zeit

… und der Brief mit den verknüpften Werten aus der Numbers-Tabelle

AUFGEPASST

In den Briefvorlagen von Pages gilt die Anrede »Hallo … « – eine im geschäftlichen Umfeld eher ungeeignete Begrüßung des Empfängers. Pages drückt sich damit vor der personalisierten und geschlechtsspezifischen Anrede wie »Sehr geehrte Frau …« oder »Sehr geehrter Herr …«. Für diese Form der Anrede lässt sich in Adressbuch kein Feld definieren. In einer mit Numbers verknüpften Datei hingegen können Sie für die Anrede ein Serienbrieffeld definieren, das dann auf Ihre Einträge in der Numbers-Tabelle zurückgreift.

Anrede	Sehr geehrter	Name Anrede
Frau	Sehr geehrte	Müller
Herr	Sehr geehrter	Semmler
Frau	Sehr geehrte	Lohmer
Herr	Sehr geehrter	Förster
Herr	Sehr geehrter	Friedrich
Frau	Sehr geehrte	Jost
Frau	Sehr geehrte	Stein

Die Einträge für die Anrede …

Sehr geehrter Herr Semmler

Sehr geehrte Frau Müller

… werden mit der Serienbrieffunktion von Pages übernommen.

Adress-Etiketten

In Pages gibt es keine Funktion für den Druck von Etiketten. Zwar lassen sich Umschläge als Serie drucken. Doch falls Sie Etiketten bevorzugen, hilft nur der Wechsel ins Programm Adressbuch. Markieren Sie hier die Visitenkarten aller Personen, für die ein Brief erstellt ist. Haben Sie ein personalisiertes Dokument für eine Gruppe angelegt, brauchen Sie nur auf die Gruppe zu klicken. Anschließend öffnen Sie mit der Tastenkombination ⌘ – P das Dialogfenster *Drucken*. Dies sieht in Adressbuch ganz speziell aus, da es hier um spezielle Druckaufträge geht, wie um die für *Etiketten*, *Listen* oder *Taschen-Adressbuch*.

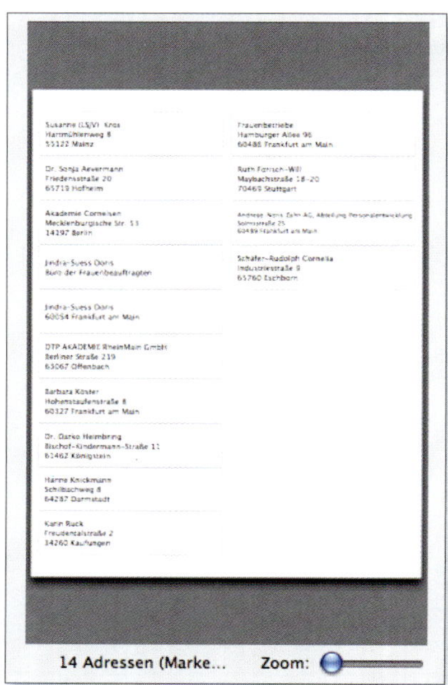

Etiketten drucken im Programm »Adressbuch«

Falls das Fenster noch nicht eingestellt ist auf Etiketten, wählen Sie im Menü *Stil* den Eintrag *Adressetiketten*. Im Feld, das sich direkt unter diesem Menü befindet, sehen Sie zwei Buttons: *Layout* und *Etikett*. Wählen Sie *Layout*, damit Sie den Etikettentyp in den Menüs bei *Seite* festlegen können. Haben Sie diese Einstellungen getroffen, brauchen Sie nur noch auf *Drucken* zu klicken.

AUFGEPASST

Allerdings: Ganz so unbeschwert, wie sich die Anleitung zum Drucken von Etiketten liest, ist die Arbeit nicht. Bei Visitenkarten, die als Firma gekennzeichnet sind, werden die Ansprechpersonen nicht mit ausgedruckt – auch wenn sie namentlich im Adressfeld des Briefes genannt werden. Im Druckdialog kann der Name des Unternehmens für alle Visitenkarten, die nicht als Firma gekennzeichnet sind, optional hinzugefügt werden. Der Firmenname folgt dabei grundsätzlich an zweiter Position, was auch nicht im Sinne des Absenders ist.

Sicher ist sicher

Um Ihr Pages-Dokument mit einem neuen oder anderen Namen abzuspeichern, brauchen Sie das Dialogfenster *Sichern*. Sie öffnen dieses Fenster entweder mit der Tastenkombination ⌘ – ⇧ – S oder indem Sie im Menü *Ablage* auf *Sichern unter …* klicken. Falls Sie nur die abgespeckte Version des Fensters sehen, klicken Sie auf das Dreieck neben dem Eingabefeld.

Das Dialogfenster »Sichern unter«

Um zu ermöglichen, dass Ihre Textdateien auch mit der Vorgängerversion iWork '08 geöffnet werden können, muss die Option *Kopie sichern als iWork '08* aktiviert sein. Beinhaltet Ihr Dokument Funktionen, die von iWork '08 nicht unterstützt werden wie zum Beispiel die Verbindungslinie oder den erweiterten Verlauf, ist nach dem Sicherungsprozess ein Fenster sichtbar, das auf aufgetretene Schwierigkeiten hinweist. Die Warnmeldung gibt detailliert Auskunft darüber, welche Funktionen entfernt, nicht unterstützt oder umgewandelt wurden.

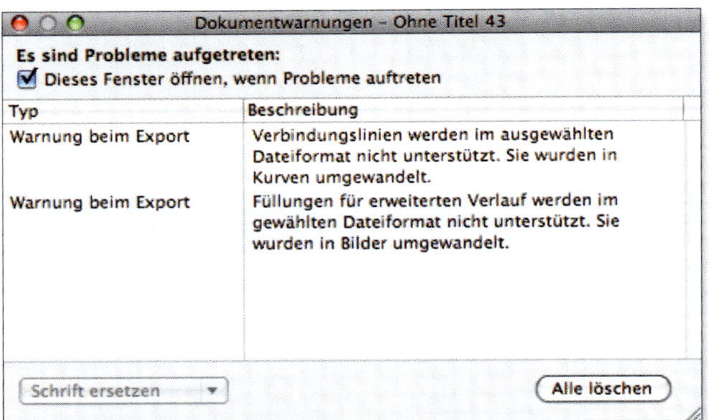

Neue Funktionen werden entfernt oder umgewandelt.

TIPP

Haben Sie ein Dokument angelegt, das über sehr viele Bilddateien verfügt? Dann wird die Datei unter Umständen enorm groß. Die Dateigröße lässt sich allerdings vor dem Sicherungsprozess reduzieren, und zwar im Menü *Ablage*. Bei diesem Prozess werden die für das Dokument nicht benötigten Bildanteile herausgekickt. Bilder, deren Originalgröße beispielsweise 10 x 15 beträgt und die im Dokument auf ein viel kleineres Maß zurechtgestutzt wurden, sind nach Ausführung dieses Befehls entsprechend minimiert. Aus diesem Grund lässt sich die Originalgröße der Bilder danach nicht mehr herstellen.

Alle, die bislang wegen der fehlenden Kompatibilität mit Word davor zurückgeschreckt sind, mit Pages zu arbeiten, können jetzt aufatmen! Ein Pages-Dokument lässt sich im Fenster *Sichern unter* als Word-Dokument abspeichern. Allerdings: Wer ein Dokument mit einer Vorlage aus dem Bereich *Seitenlayout* verfasst hat, wird an der Alternative, es als Word-Datei abzuspeichern, keine Freude haben. Zu viele Funktionen wie Reflexion, Bilderrahmen, der erweiterte Verlauf oder Text in eingebundenen Textfeldern werden umgewandelt oder bleiben ganz und gar auf der Strecke.

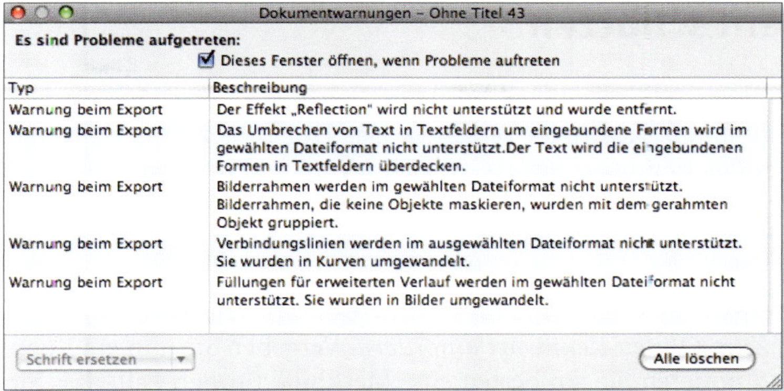

Vieles, was in Pages hübsch anzusehen ist, bleibt in einem Word-Dokument auf der Strecke.

Textlastige Dokumente dagegen zeigen passable Ergebnisse beim Export in eine Word-Datei. Mehrspaltiger Satz wird problemlos unterstützt, Tabellen sowie Texte in Kopf- und Fußzeilen werden einwandfrei angezeigt.

AUFGEPASST

Beachten Sie, dass Ihre Pages-Datei beim Sichern in das Word-Format nicht gespeichert wird. Da die Word-Datei lediglich eine Kopie der Originaldatei ist, wird das Original bei diesem Speicherprozess nicht berücksichtigt. Versäumen Sie es deshalb bitte nicht, auch das Pages-Dokument zu sichern.

Pages bietet Ihnen auch die Möglichkeit, eine Sicherungskopie von der vorherigen Version Ihres Dokuments anzulegen. Öffnen Sie dazu die Einstellungen im Menü *Pages* und aktivieren Sie im Bereich *Sichern* die Option *Sicherungskopie der vorherigen Version anlegen*. In dem Ordner, den Sie als Speicherort für Ihr Dokument bestimmt haben, wird die Version unter dem Namen *Sicherungskopie von [Dateiname]* abgelegt.

TIPP

Für alle, die bislang mit Word gearbeitet haben und die Funktionen *Schnellspeicherung* und / oder *Autowiederherstellen* aktiviert haben: Beide Funktionen suchen Sie in Pages vergeblich. Sollte das Programm mal abstürzen und Sie das Dokument möglicherweise noch gar nicht gesichert haben, war die ganze Arbeit umsonst. Widerhergestellte Dateien, die den Schaden eingrenzen, stellt Pages nicht zur Verfügung. Daher an dieser Stelle der Tipp: Versäumen Sie es nicht, das Dokument in kurzen Abständen zwischenzuspeichern. Machen Sie viel Gebrauch von der Tastenkombination ⌘ – S.

Das Dokument schützen

Wenn Sie Ihr Dokument vor einem unerwünschten Zugriff Dritter schützen möchten, sollten Sie es mit einem Kennwort versehen. Das Dokument kann dann nur derjenige öffnen, der das Kennwort besitzt. Allerdings sollten Sie es sich notieren, denn falls Sie es vergessen, ist es auch für Sie selbst unmöglich, das Dokument zu öffnen.

Für die Kennwortvergabe aktivieren Sie im Informationsfenster *Dokument | Dokument* die Option *Zum Öffnen Kennwort anfordern*. Vergeben Sie nun ein Kennwort Ihrer Wahl und notieren Sie am besten eine Merkhilfe für den Fall, dass Sie sich partout nicht mehr an das Kennwort erinnern können.

Sobald Sie das Dokument schließen und es dann wieder öffnen möchten, wird nach dem Kennwort verlangt. Das Dokument lässt sich nun, unabhängig davon, auf welchem Rechner es sich befindet, nur noch mit diesem Kennwort öffnen.

Wer das Kennwort zu einem späteren Zeitpunkt wieder entfernen will, deaktiviert den Eintrag *Zum Öffnen Kennwort anfordern*. Auch dafür ist allerdings die Eingabe des Kennwortes erforderlich.

Das Dateisymbol wird mit einem Schloss versehen als Zeichen für den Kennwortschutz.

Tipps, um sich die Arbeit zu erleichtern

- Konzentrieren Sie sich voll auf den Text, den Sie schreiben wollen, und blenden Sie alles andere aus: Klicken Sie auf das Icon *Vollbild* in der Symbolleiste.
- Die Gliederungsansicht bietet eine schnelle und bequeme Möglichkeit, Dokumente zu organisieren und umzustellen. Sie können in dieser Ansicht die Abschnitte Ihres Dokuments neu positionieren und Überschriften höher oder tiefer stufen.

- Die Gliederungsfunktion eignet sich auch, um einen Text zu entwerfen. Geben Sie zunächst nur die Überschriften mit Stichpunkten ein. Die Textabschnitte lassen sich später hinzufügen.
- Wählen Sie für reine Textdokumente eine Vorlage aus dem Bereich *Textverarbeitung*. Für die Orientierung ist es hilfreich, den Textrahmen einzublenden (*Darstellung | Layout einblenden*).
- Die Vorlagen aus der Rubrik *Seitenlayout* akzeptieren nur separate Textfelder für die Texteingabe.
- Mit dem Befehl *Einsetzen und Stil anpassen* ⌘ – ⇧ – ⌥ – V lässt sich kopierter Text aus unterschiedlichen Programmen an das Layout des aktuellen Dokuments anpassen.
- Im Informationsfenster *Dokument* legen Sie die Seitenränder für Ihr Dokument fest.
- Um Abstände für Dokumentränder einzugeben, brauchen Sie nur auf die jeweiligen Pfeiltasten im Informationsfenster *Dokument* zu klicken. Doch bei dieser Methode werden die Abstände um jeweils einen Zentimeter erhöht oder verringert. Bei manueller Eingabe werden auch Werte wie 2,8 oder 3,2 akzeptiert.
- Die Breite von Textspalten stellen Sie ganz unkompliziert im eingeblendeten Lineal ⌘ – R ein. Setzen Sie den Mauszeiger in eines der gepunkteten Vierecke innerhalb der grauen Bereiche und ziehen Sie die Spalte nach rechts weiter auf oder nach links weiter zu.
- Auch in den freien Textfeldern, in Formen und Tabellenzellen lässt sich Text als Spaltensatz anordnen.
- Solange der Cursor in einem Textfeld blinkt, markieren Sie es am besten mit der Tastenkombination ⌘ – ⇧. Ansonsten müssen Sie erst auf eine Stelle außerhalb klicken und dann wieder in das Textfeld, damit es markiert ist. Dieser Weg ist genauso umständlich, wie er sich anhört.
- Textfelder lassen sich miteinander verknüpfen, so dass eingefügter Text automatisch von einem Textfeld ins nächste fließt. Markieren Sie hierfür ein Textfeld und klicken Sie in das kleine Rechteck am rechten äußeren Rahmen. Damit wird ein weiteres Textfeld erstellt, in das der Text weiterläuft.
- Auch die geometrischen Formen lassen sich als Textfeld verwenden. Sie platzieren den Cursor mit einem Doppelklick in das Feld.
- In einigen Vorlagen sind bereits personalisierte Adressfelder für Empfänger- und Absenderdaten sowie für die Anrede definiert. In diese Felder lassen sich Visitenkarten aus dem Programm *Adressbuch* ziehen.

- Für Serienbriefe können Sie auch die Visitenkarten einer ganzen Gruppe von Personen in ein Adressfeld ziehen. Die einzelnen Briefe sind als Miniaturen in der Leiste *Seiten* (Symbol *Darstellung* | *Miniaturen*) sichtbar.
- Wer nicht nur einen identischen Brieftext an eine beliebige Zahl von Empfängern schicken, sondern auch Textpassagen personalisieren möchte, wählt als Serienbriefquelle ein Numbers-Dokument.

Kapitel 5

Pages

Ein Dokument bearbeiten

Ein bisschen an der Schrift feilen, Überschriften positionieren und eventuell mal einen Spaltensatz ausprobieren: So denkt man sich vielleicht die Möglichkeiten, dem Text ein anderes Aussehen zu verleihen. Die Devise von Pages könnte lauten: Mutiger werden! Das Programm bietet Ihnen mit der Formatierungsleiste und dem Informationsfenster vielfältige Möglichkeiten, das Layout eines Textes ansprechend, zweckvoll und professionell zu gestalten. Probieren Sie es aus. Sie finden auf den folgenden Seiten viele Tipps und Tricks, mit denen Sie Ihren Text designen können.

Spalten-, Abschnitts-, Seiten- und Layoutumbrüche

Pages unterscheidet in den Vorlagen *Textverarbeitung* zwischen vier unterschiedlichen Umbruch-Varianten: Abschnittsumbruch, Seitenumbruch und Layoutumbruch und Spaltenumbruch. Mit dem Abschnittsumbruch, Seitenumbruch, Layoutumbruch lassen sich die Seiten unterschiedlich gestalten bzw. ein Seitenumbruch erzwingen, um beispielsweise das Inhaltsverzeichnis separat auf einer Seite zu platzieren oder um die Kapitel eines Textes per Seitenumbruch stärker voneinander zu trennen. Jeder Umbruch wird durch ein eigenes Sonderzeichen im Dokument angezeigt. Die Befehle für das Erstellen eines Umbruchs sind im Menü *Einfügen* versammelt. Zum Löschen eines Umbruchs klicken Sie in den Anfang der Zeile, die dem Umbruch folgt, und drücken die Rückschritttaste.

GRUNDLAGEN

Da in den Vorlagen *Seitenlayout* jede Seite separat gestaltet wird, stehen die Optionen *Abschnittsumbruch*, *Seitenumbruch* und *Layoutumbruch* nicht zur Verfügung. Einzig der Spaltenumbruch lässt sich für Textfelder verwenden.

Seitenumbruch

Ein Seitenumbruch kann an jeder beliebigen Stelle erfolgen, also auch direkt nach einer Überschrift. Der Text, der nach dem Umbruch folgt, läuft automatisch auf die neue Seite. Falls Sie weiteren Text oberhalb des Seitenumbruchs eingeben, hat dies keinen Einfluss auf den Umbruch. Denn das Symbol rückt mit zunehmendem Text automatisch weiter nach unten.

Spaltenumbruch

Bei einem Spaltenumbruch wird der Textfluss in der aktuellen Spalte unterbrochen und in der nächsten Spalte fortgesetzt. Platzieren Sie dafür den Cursor hinter das Wort, an dem der Umbruch erfolgen soll, und wählen Sie im Menü *Einfügen* den Eintrag *Spaltenumbruch*. In der Abbildung sehen Sie in zwei der insgesamt drei Spalten das Symbol für den Spaltenumbruch. Das Raffinierte daran: Jede Spalte kann mit einer neuen Überschrift beginnen. In der oberen Zeile sehen Sie das Symbol für den Layoutumbruch, der notwendig ist, da der nachfolgende Text dreispaltig gesetzt ist.

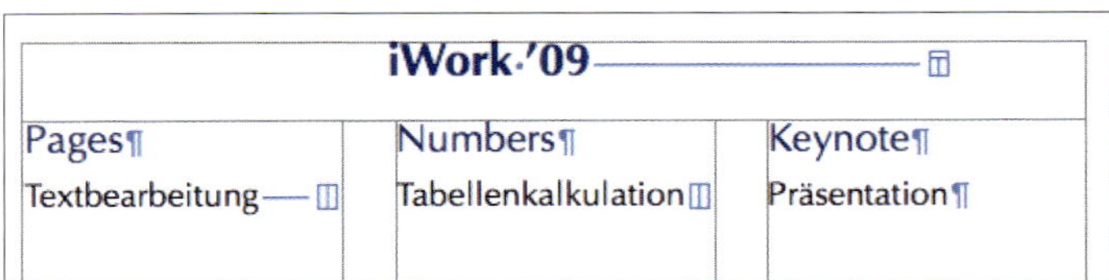

Spaltenumbruch

Umbruch im Layout

In den vorangegangenen Abschnitten ging es um den Seiten- und Spaltenumbruch. Diese Art Umbrüche bewirken keinerlei Änderungen am Design des Gesamtlayouts. Um das Aussehen eines Dokuments zu variieren und einen Wechsel in der Gestaltung des Textes zu ermöglichen, bedarf es deswegen eines Layoutumbruchs. Mit diesem Umbruch lässt sich ein neues Textdesign mit veränderten Zwischenräumen, einer anderen Textausrichtung oder einer veränderten Breite der Ränder bewerkstelligen.

Um ein anderes Layout zu erstellen, platzieren Sie den Cursor an das Ende des Wortes, nach dem der Umbruch erfolgen soll. Wählen Sie dann im Menü *Einfügen* die Option *Layoutumbruch*.

In der Abbildung ist ein Umbruch im Layout hinter der Überschrift erstellt worden. Der Grund: Die Überschrift soll mittig über den beiden Spalten stehen. Das heißt im Klartext, dass für die Überschrift der Zweispaltensatz in einen Einspaltensatz umgewandelt wird. Um dies zu bewerkstelligen, haben wir den Cursor in die Überschrift gesetzt und im Informationsfenster *Layout* in das Feld *Spalten* die Ziffer »1« eingegeben. In der Formatierungsleiste haben wir die Überschrift mittig gesetzt.

Mit Blicken Brücken bauen

Der Blickkontakt ist die Brücke zu Ihren Zuhören. Es gibt Redner, die während der einleitenden Worte des Organisators auf den Boden, aus dem Fenster oder über die Köpfe der Zuschauer hinweg einen fixen Punkt anstarren. Ein nach unten gesenkter Blick kann schnell einen verhuschten, eingeschüchterten Eindruck hinterlassen, der Blick über alle hinweg einen arroganten, desinteressierten.

Solange Sie Blickkontakt zu Ihren Zuhörern halten, solange halten Sie auch eine direkte Verbindung zu ihnen. Wenn Ihr Blick abschweift, wandern die Blicke Ihrer Zuhörer mit. Vielleicht kennen Sie das Phänomen, wenn jemand in die Luft guckt und alle anderen impulsiv ihren Blick ebenfalls nach oben richten. Während eines Vortrags kann das Mitgleiten der Blicke allerdings zur Folge haben, dass die Zuhörer noch anderes Interessantes entdecken und sich vom Vortragenden abwenden. Damit ist die Verbindung zum Publikum unterbrochen und die Aufmerksamkeit lässt nach.

Jeder Augenkontakt ist Kommunikation und Verständigung. Ob wir jemanden als glaubwürdig, überzeugend und integer empfinden, hängt eng mit dem Blickkontakt dieser Person zusammen.

Schritt 1: Layoutumbruch – Überschrift separat vom Spaltensatz

Mit Blicken Brücken bauen

Der Blickkontakt ist die Brücke zu Ihren Zuhörern. Es gibt Redner, die während der einleitenden Worte des Organisators auf den Boden, aus dem Fenster oder über die Köpfe der Zuschauer hinweg einen fixen Punkt anstarren. Ein nach unten gesenkter Blick kann schnell einen verhuschten, eingeschüchterten Eindruck hinterlassen, der Blick über alle hinweg einen arroganten, desinteressierten. ¶

Solange Sie Blickkontakt zu Ihren Zuhörern halten, solange halten Sie auch eine direkte Verbindung zu ihnen. Wenn Ihr Blick abschweift, wandern die Blicke Ihrer Zuhörer mit. Vielleicht kennen Sie das Phänomen, wenn jemand in die Luft guckt und alle anderen impulsiv ihren Blick ebenfalls nach oben richten. Während eines Vortrags kann das Mitgleiten der Blicke allerdings zur Folge haben, dass die Zuhörer noch anderes Interessantes entdecken und sich vom Vortragenden abwenden. Damit ist die Verbindung zum Publikum unterbrochen und die Aufmerksamkeit lässt nach. ¶

Jeder Augenkontakt ist Kommunikation und Verständigung. Ob wir jemanden als glaubwürdig, überzeugend und integer empfinden, hängt eng mit dem Blickkontakt dieser Person zusammen. ¶

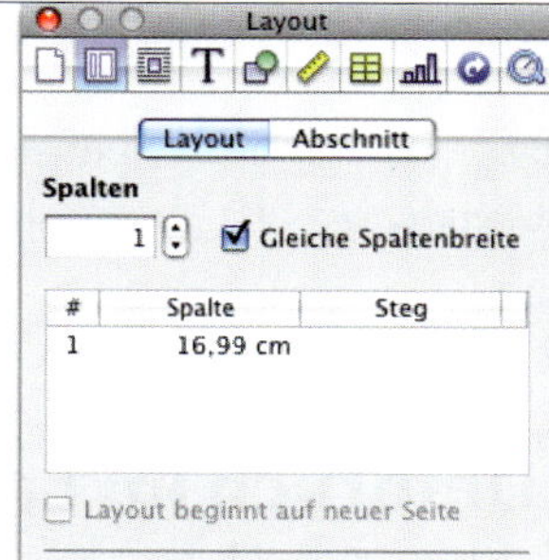

Schritt 2: Aus mehreren Spalten wird eine für die Überschrift.

Mit Blicken Brücken bauen

Der Blickkontakt ist die Brücke zu Ihren Zuhörern. Es gibt Redner, die während der einleitenden Worte des Organisators auf den Boden, aus dem Fenster oder über die Köpfe der Zuschauer hinweg einen fixen Punkt anstarren. Ein nach unten gesenkter Blick kann schnell einen verhuschten, eingeschüchterten Eindruck hinterlassen, der Blick über alle hinweg einen arroganten, desinteressierten. ¶

Solange Sie Blickkontakt zu Ihren Zuhörern halten, solange halten Sie auch eine direkte Verbindung zu ihnen. Wenn Ihr Blick abschweift, wandern die Blicke Ihrer Zuhörer mit. Vielleicht kennen Sie das Phänomen, wenn jemand in die Luft guckt und alle anderen impulsiv ihren Blick ebenfalls nach oben richten. Während eines Vortrags kann das Mitgleiten der Blicke allerdings zur Folge haben, dass die Zuhörer noch anderes Interessantes entdecken und sich vom Vortragenden abwenden. Damit ist die Verbindung zum Publikum unterbrochen und die Aufmerksamkeit lässt nach. ¶

Jeder Augenkontakt ist Kommunikation und Verständigung. Ob wir jemanden als glaubwürdig, überzeugend und integer empfinden, hängt eng mit dem Blickkontakt dieser Person zusammen. ¶

Schritt 3: Die Überschrift mittig setzen

Die Layoutränder legen Sie im Informationsfenster *Layout* in den Eingabefeldern oder durch Klicken auf die Pfeiltasten fest. In den Feldern *Links* und *Rechts* werden die Abstände zu den Seitenrändern definiert und im Feld *Davor* der Abstand zum vorherigen Layout. In der Beispielabbildung ist dies der Abstand zur Überschrift. Im Feld *Danach* legt man den Abstand zwischen dem unteren Layoutrand und dem folgenden Layout fest.

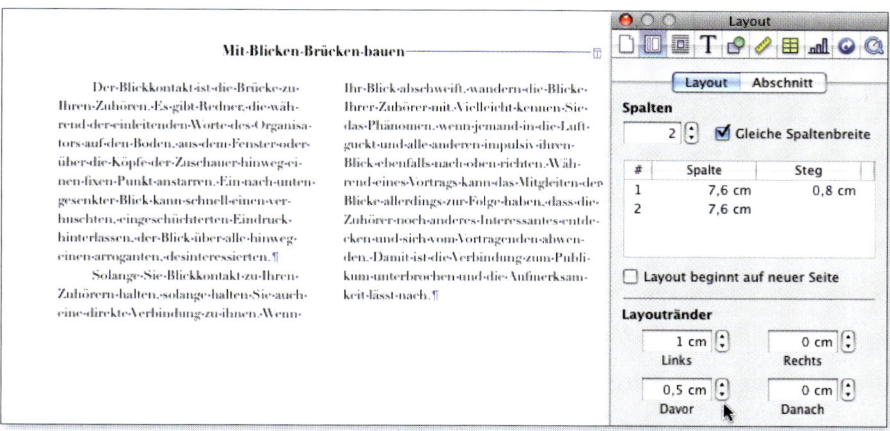

Die Ränder für das Layout festlegen

Soll der Umbruch gleichzeitig durch eine neue Seite markiert werden, aktivieren Sie die Option *Layout beginnt auf neuer Seite.*

TIPP

Sie können im gleichen Dokument beliebig häufig zwischen unterschiedlichen Textlayouts wechseln.

Umbruch im Abschnitt

Je umfangreicher das Dokument, desto stärker ist es meistens strukturiert. So sind wissenschaftliche Arbeiten, Dokumentationen oder umfassende Berichte häufig in unterschiedliche Abschnitte mit separaten Auftaktseiten, unterschiedlichen Informationen in den Kopf- und Fußzeilen gegliedert und beinhalten unter Umständen sogar mehrere Inhaltsverzeichnisse.

Für die Leser ist es ausgesprochen angenehm, möglichst genau zu wissen, in welchem Kapitel sie sich gerade befinden und worum es in dem Kapitel geht. In diesem Buch zum Beispiel sehen Sie in der Kopfzeile auf der linken Seite den Namen des Programms und auf der rechten Seite die Überschrift des Großkapitels. Für solche Glanzstücke der Textstrukturierung benötigen Sie nichts anderes als einen Umbruch im Abschnitt. Und für diesen Umbruch wiederum brauchen Sie nichts weiter als einen einzigen Klick.

Setzen Sie den Cursor an die Stelle, an der der Umbruch erfolgen soll. Klicken Sie danach im Menü *Einfügen* auf den Eintrag *Abschnittsumbruch*. Der neue Abschnitt beginnt stets auf einer neuen Seite.

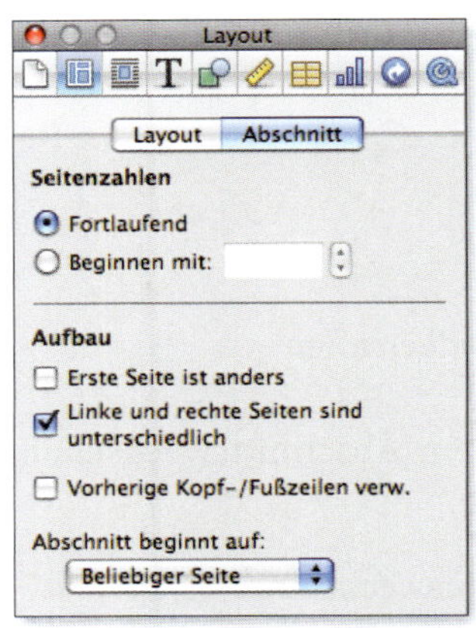

Alles, was Sie für die Formatierung des neuen Abschnitts benötigen, finden Sie im Informationsfenster *Layout | Abschnitt*. Hier wird der Grundstein für strukturelle Änderungen wie eine neue Paginierung oder andere Kopf- und Fußzeilen gelegt.

Optionen für den neuen Abschnitt

Jetzt beginnt die Feinarbeit, denn die Formatierungen und Inhalte für die Kopf- und Fußzeilen sind im nachfolgenden Text natürlich noch identisch mit denen im vorangegangenen Abschnitt. Deshalb muss im Bereich *Aufbau* zunächst der Eintrag *Vorherige Kopf- & Fußzeilen verw.* deaktiviert werden. Nun überschreiben Sie die Texte in den Kopf- und Fußzeilen – und schon ist die Arbeit getan.

Wenn Sie die Option *Linke und rechte Seite sind unterschiedlich* eingeschaltet haben und ähnlich wie in diesem Buch links und rechts unterschiedliche Informationen unterbringen möchten, brauchen Sie unter Umständen nur den Text in der rechten Kopfzeile zu bearbeiten.

In der Rubrik *Seitenzahlen* haben Sie die Wahl, ob die Seitennummerierung mit der des letzten Abschnittes fortgesetzt werden soll oder ob mit dem neuen Abschnitt eine neue Paginierung beginnt. Wenn Sie Letzteres wünschen, geben Sie in das Feld *Beginnen mit* die Seitenzahl ein, mit der es im neuen Abschnitt weitergehen soll.

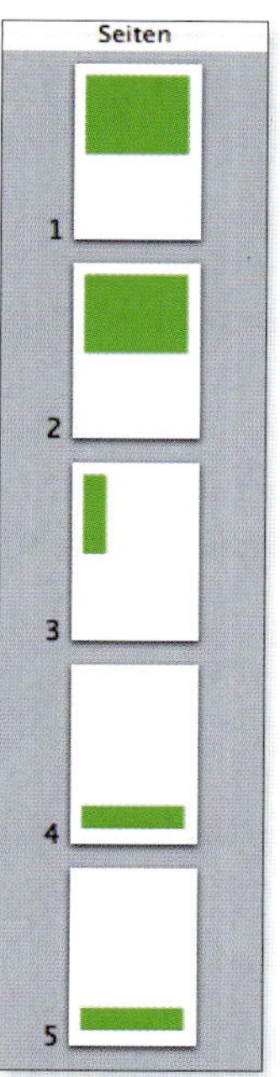

Neben Kopf- und Fußzeilen und neuer Paginierung lässt sich in einem neuen Abschnitt auch der Hintergrund modifizieren, um zum Beispiel die separaten Teile eines Dokuments deutlich voreinander abzuheben. Die Abbildung zeigt drei Abschnittswechsel in einem Dokument. Die farbigen Hintergrundbereiche sind für jeden Abschnitt separat definiert worden.

Abschnittswechsel verdeutlicht an Hintergrundbereichen

Hier noch einmal zusammengefasst, was sich nach einem Abschnittswechsel abweichend von den vorherigen Seiten neu definieren lässt:

- Die Inhalte für die Kopf- und Fußzeilen lassen sich auswechseln.
- Die Nummerierung der Fußnoten kann wieder von vorn beginnen.

- Endnoten lassen sich am Ende eines Abschnitts anzeigen, statt erst am Ende des gesamten Dokuments.
- Die Seitennummerierung kann wieder bei 1 starten.
- Der Hintergrund lässt sich passend zum Inhalt des Abschnitts verändern.
- Für jeden Abschnitt kann ein eigenes Inhaltsverzeichnis eingefügt werden.

Schrift und Zeichen formatieren

In den folgenden Abschnitten geht es um die Schrift, die Schriftgröße, den Zeichenabstand und verschiedene Schmuckelemente für Zeichen und Textfragmente. Wir zeigen die verschiedenen Formatierungen an einem Fließtext, den wir in der Vorlage *Leer* aus dem Bereich *Textverarbeitung* eingegeben haben. Wenn Sie noch keinen Text in Pages erstellt haben, die einzelnen Schritte jedoch selbst ausprobieren wollen, empfehlen wir Ihnen, eine Textdatei aus einem anderen Programm wie Word oder AppleWorks zu öffnen.

Mit der Formatierungsleiste, dem Schriftenfenster und dem Auswahlmenü *Schrift* im Menü *Format* haben Sie gleich mehrere Tools, mit deren Werkzeugen sich wichtige Textpassagen hervorheben lassen. Voraussetzung dafür ist zunächst einmal ein formatierter Absatz oder ein formatiertes Wort. Mit einem Doppelklick markieren Sie ein einzelnes Wort, mit dreifachem Klick wählen Sie einen ganzen Absatz aus. Mit der Tastenkombination ⌘ – ⇧ – ➔ kann eine einzelne Zeile markiert werden.

AUFGEPASST

Sollten nach dem Markieren von Text weder die Schriftfamilie noch der Stil oder die Größe eingeblendet sein, haben Sie Text markiert, der unterschiedliche Schriftgrößen enthält. Die Auswahl eines neuen Schriftstils oder einer neuen Größe bezieht sich dann auf den gesamten markierten Bereich.

Im Schriftenmenü der Formatierungsleiste oder im Schriftenfenster entscheiden Sie sich für die Schriftart und den Schriftstil. In beiden Bereichen vermittelt die Schriftenvorschau einen ersten Eindruck über die Anmutung eines ausgewählten Fonts. Im Schriftenfenster haben Sie darüber hinaus Zugriff auf Ihre Favoriten sowie die zuletzt benutzten Schriften, was Ihnen das ständige Scrollen durch die Liste an Schriften in der Formatierungsleiste erspart.

POWER USER

Wer die Schriftenvorschau im Schriftenmenü nicht benötigt, drückt zuerst die ⌥ – Taste und klickt dann erst mit der Maus auf das Menü. Nun werden die Schriften nüchtern und sachlich nur namentlich aufgelistet. Diese Anzeige lässt sich auch dauerhaft einrichten: Öffnen Sie die Einstellungen des Programms (Menü *Pages*) und deaktivieren Sie in der Rubrik *Schriftvorschau* die entsprechende Funktion.

Eine geeignete Schrift auswählen

Die geeignete Schriftauswahl ist der Grundstein für den konzeptionellen Aufbau eines Textdokuments. Ob auf Briefbögen und Visitenkarten, in Prospekten oder Newslettern – die Typografie ist eines der entscheidenden Kriterien für die Außendarstellung, für das Image eines Unternehmens. Abgesehen von Schreibschriften, dekorativen Schriften und Symbolschriften lassen sich die Schriftfamilien in zwei Bereiche einteilen – und zwar in Serifenschriften und serifenlosen Schriften.

Serifenschriften (auch »Antiqua« genannt)

Serifen sind die kleinen Füßchen am Kopf- und Fußansatz eines Buchstabens. Die Serifen führen das Auge in der Schriftlinie und kommen deshalb vor allem bei langen, fortlaufenden Texten zum Einsatz, wie zum Beispiel in Zeitungen, Büchern und Berichten. Bekannte Serifenschriften sind »Times New Roman«, »Palatino«, »Baskerville«, »Hoefler Text«, »Cochin«, »Garamond« und »Georgia«. Die harmonische »Palatino« mit ihren offen-luftig gestalteten Zeichen wird in der Briefvorlage *Woodland* verwendet. Die Briefvorlage *Klassisch* ist durch die technisch perfekte, etwas kühl wirkende Schrift »Didot« charakterisiert. Die edle und beständig wirkende »Baskerville« wird in Vorlagen wie *Rundschreiben – Segeln* und *Rundschreiben – Familien* verwendet. In der Vorlage *Rundschreiben – Modern* ist die »Baskerville« für den Fließtext und die serifenlose Schrift »Helvetica Neue« für Überschriften und Textfelder definiert. Passend zur unkonventionellen Vorlage *Rundschreiben – Gymnasium* ist für den Fließtext die sehr markante Schrift »Amarican Typewriter« gewählt. Die robuste »Times New Roman« finden Sie zum Beispiel in der Vorlage *Schulrundschreiben*. Grafik-Ästheten finden an der »Times« wenig Gefallen, da die Schrift ein wenig altmodisch wirkt und zu oft verwendet wird.

Beispiel für eine Serifenschrift

Serifenlose Schriften (auch »Grotesk« genannt)

Wie die Bezeichnung sagt, ist das Charakteristische dieser Schriften das Fehlen der Serifen. Ein anderes Merkmal ist die fast immer gleich bleibende Strichstärke der Buchstaben. Wegen dieser nahezu konstanten Strichstärke sind die Schriften auch aus größeren Entfernungen gut lesbar, weshalb sie häufig auf Plakaten und Folien eingesetzt werden. Serifenlose Schriften gelten als sachlicher und moderner. Für längere Lesetexte sind sie nicht die allererste Wahl.

Die serifenlosen Schriften »Helvetica«, »Futura« und »Gill Sans« zählen zu den Klassikern des 20. Jahrhunderts. »Helvetica« und »Futura« gehören immer noch zu den am meisten verwendeten Schriften. Eine andere prägnant-unverwechselbare Schrift ist die »Lucida Grande«. In den Vorlagen von Pages ist die »Helvetica Neue« die am häufigsten benutzte serifenlose Schrift.

Typografie
Gesetzt aus der Helvetica Neue.

Beispiel für eine serifenlose Schrift

Das Mischen von Schriftfamilien

Um Textpassagen wie Überschriften hervorzuheben, kommt man meist nicht drum herum, in einem Dokument mehr als eine Schriftart zu verwenden. Grundsätzlich sollte zwischen den gewählten Schriften ein klarer Kontrast bestehen, da geringe Unterschiede bei dem Betrachter eine störende Unausgeglichenheit erzeugen. Serifenschriften und serifenlose Schriften bilden einen deutlichen Unterschied. Wenn in einer Vorlage von Pages zwei Schriften definiert sind, so sind dies stets eine serifenlose Schrift wie die »Helvetica Neue« und eine Serifenschrift wie die »Baskerville«. In der Vorlage *Rundschreiben – Gymnasium* wird die »Gill Sans« als serifenlose Schrift für die Überschriften kombiniert mit der »American Typewriter« für den Fließtext.

Schriftgröße

In Pages haben Sie verschiedene Möglichkeiten, die Schriftgröße von markiertem Text zu ändern: Entweder legen Sie die Größe in der Formatierungsleiste oder im Schriftenfenster fest oder Sie geben sie manuell ein. Im Schriftenfenster lässt sich die Größe auch mit Hilfe des Schiebereglers einstellen, was den Vorteil hat, dass der Effekt einer anderen Größe sofort im Dokument sichtbar ist.

POWER USER

Sollte Ihre bevorzugte Schriftgröße nicht dabei sein, lässt sich diese ganz einfach ergänzen: Klicken Sie auf das Zahnradsymbol am unteren linken Rand des Fensters und wählen Sie *Größen bearbeiten …* . Hier geben Sie in das Feld *Neue Größe* Ihre gewünschte Größe ein und klicken anschließend auf das Pluszeichen. Schon ist die Auswahlliste sowohl im Schriftenfenster als auch in der Formatierungsleiste um Ihren Eintrag ergänzt.

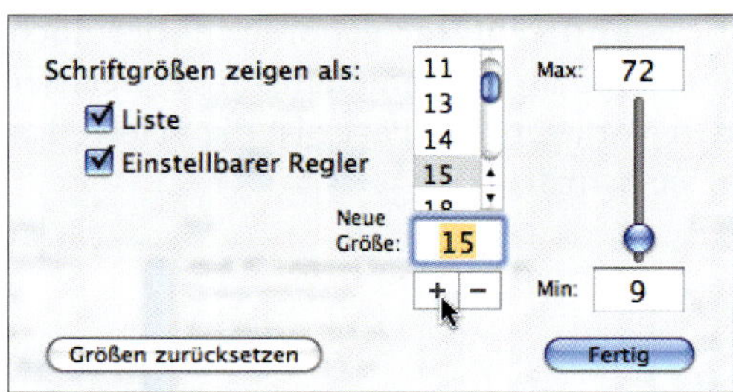

Die Liste um eine Größe erweitern

Eine andere Variante, die Größe der Schrift schnell stufenweise zu vergrößern oder zu verkleinern, sind Tastenkürzel:

Mit ⌘ – + vergrößern Sie die Schrift um einen Punkt.

Mit ⌘ – - verringern Sie die Schrift um einen Punkt.

Gestaltungseffekte zuweisen

Eine Schrift enthält in der Regel mehrere Schriftschnitte wie Halbfett, Kursiv oder Fett. Diese Schnitte bzw. Stile, wie sie im Schriftenfenster bezeichnet werden, variieren je nach Schriftfamilie.

Stile der Schrift *Helvetica Neue*	
Regular	Helvetica Neue
Condensed Bold	**Schriftstil: schmal fett**
Condensed Black	**Schriftstil: schmal schwarz**
UltraLight	Schriftstil: ultra mager
UltraLight Italic	*Schriftstil: ultra mager kursiv*
Light	Schriftstil: mager
Light Italic	*Schriftstil: mager kursiv*
Italic	*Schriftstil: kursiv*
Bold	**Schriftstil: fett**
Bold Italic	***Schriftstil: fett kursiv***

Stile der Schrift *Baskerville*	
Regular	Baskerville
Italic	*Schriftschnitt: kursiv*
Semi Bold	**Schriftschnitt: halbfett**
Semi Bold Italic	***Schriftstil: halbfett kursiv***
Bold	**Schriftstil: fett**
Bold Italic	***Schriftstil: fett kursiv***

Schriftstile der »Helvetica Neue« und »Baskerville«

Der Zeichenabstand

Der Zeichenabstand, auch »Laufweite« genannt, wird zum Beispiel beim Blocksatz verwendet, um den Text innerhalb eines Bereichs gleichmäßig zu verteilen. Ein umfangreiches Dokument wiederum lässt sich durch eine schmale Laufweite erheblich reduzieren. Allerdings beeinträchtigen kleine Laufweiten die Lesbarkeit des Textes. Aber auch für typografische Effekte kann ein veränderter Zeichenabstand sehr schön eingesetzt werden. Öffnen Sie dazu das Informationsfenster *Text | Text*. Mit dem Schieberegler *Zeichen* vergrößern oder verringern Sie den Abstand zwischen den Zeichen.

Die Laufweite einer Schrift führt zu Effekten im Satzbild.

Die Laufweite einer Schrift führt zu Effekten im Satzbild.

Die Laufweite einer Schrift führt zu Effekten im Satzbild.

Die Laufweite zwischen den Zeichen erhöhen

Schriftschatten

Mit Schatten lassen sich charmante Texteffekte erzielen. Sie benötigen für den Schattenwurf das Informationsfenster *Grafiken*. Zwar finden Sie auch im Schriftenfenster alle notwendigen Optionen für das Erstellen eines Schriftschattens. Doch ist die Handhabung dieser Werkzeuge weitaus umständlicher als die im Informationsfenster *Grafiken*.

Markieren Sie zunächst den gewünschten Text und aktivieren Sie im Informationsfenster *Grafiken* die Funktion *Schattenwurf*. Experimentieren Sie anschließend mit den Optionen *Abstand*, *Weichzeichnen* und *Deckkraft*. In unserem ersten Beispiel beträgt der Abstand zum Schatten 5 Punkt. Je höher Sie beim Wert für das Weichzeichnen gehen, umso verschwommener ist der Schatten. Eine verringerte Deckkraft lässt die Schattenfarbe gedämpfter und weniger aufdringlich erscheinen. Außerdem haben wir für den Schatten einen anderen Farbton gewählt, was die Schrift noch plastischer macht.

Keynote, Pages, Numbers

Der Schatten auf Abstand

Text farbig gestalten

Das Spiel mit Farben für Ihren Text ist in Broschüren, Briefen oder Visitenkarten sehr wichtig. Angenommen, auf Ihrem Briefkopf prangt ein Logo mit einem ganz speziellen Farbton. Sie möchten nun den Text ebenfalls farblich hervorheben. Dazu bietet es sich förmlich an, den Farbton aus dem Logo zu verwenden. Um den Farbton genau zu treffen, markieren Sie zunächst den Text und fahren dann mit der Lupe aus der Farbpalette über das Logo. Per Mausklick wird die Farbe, die in der Lupe zu sehen ist, auf den Text übertragen.

Alternativ lässt sich Text auch mit einer Hintergrundfarbe versehen. Dies ist oft der Fall, um einzelne Begriffe oder Absätze besonders hervorzuheben. Markieren Sie dazu ein Zeichen, ein Wort oder einen Absatz und klicken Sie in der

Formatierungsleiste auf das Farbfeld mit dem durchgestrichenen a. Nun noch einen Farbton auswählen und die Textpassage sieht aus wie mit einem Farbmarker gekennzeichnet.

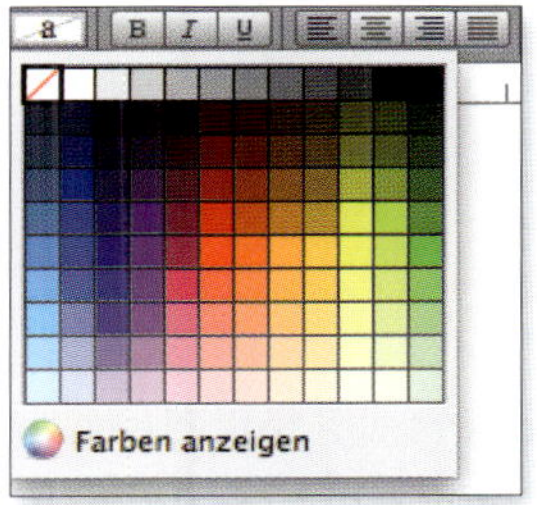

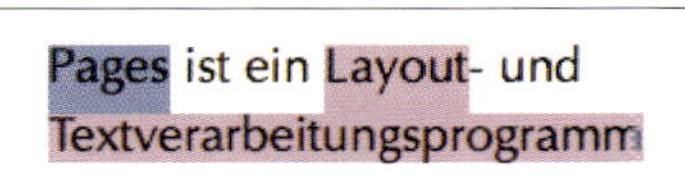

Die Auswahl für die Hintergrundfarbe von Zeichen oder Wörtern

Texte drehen und kippen

Um Begriffe oder Textfragmente anders als in der herkömmlichen Richtung anzuzeigen, müssen sie zunächst einmal in einem Textfeld oder in einer der geometrischen Formen stehen. Fließtext in den Vorlagen aus dem Bereich *Textverarbeitung* lässt sich nicht kippen.

»Rundschreiben – Sammler« und »Rundschreiben – Design« – Gekippter Text in Textfeldern

Die Richtung der Textfelder und Formen mitsamt Text ändern Sie im Informationsfenster *Maße*. Geben Sie in das Feld im Bereich *Drehen* den gewünschten Winkel ein. Um nachträgliche Änderungen vorzunehmen, müssen die Elemente in ihre Ausgangsposition zurückgebracht werden. Dafür reicht ein Doppelklick auf das Textfeld oder die Form. Sobald Sie nach der Texteingabe oder -korrektur auf eine Fläche außerhalb der Felder klicken, springen diese automatisch zurück in die gekippte Position. Falls Sie der geänderten Textrichtung überdrüssig sind, geben Sie den Wert »0« in das Eingabefeld *Winkel* ein.

Ein Textfeld mit gekipptem Text innerhalb eines Fotos

Konturschrift

Bei der Konturschrift wird nur die Umrandung eines Zeichens dargestellt. Je nach Schriftart ist es sinnvoll, einen halbfetten oder fetten Stil zu wählen, damit die Kontur deutlicher zu sehen ist. Die Option für die Konturschrift finden Sie im Menü *Format | Schrift*.

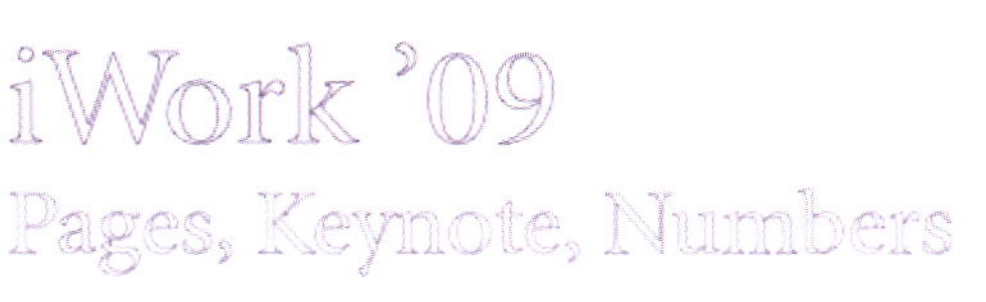

So verleihen Sie der Schrift Kontur.

Im gleichen Menü finden Sie die Möglichkeit, einen ausgewählten Text in Großschreibung umzuwandeln. Die Umwandlung in nur Kleinschreibung ist hingegen nicht möglich. Um die Großschreibung wieder auszuschalten und zur gewohnten Groß-/Kleinschreibung zurückzukehren, klicken Sie auf den Eintrag *Ohne*.

Klein und doch groß: Kapitälchen

Kapitälchen sind eine Buchstabenart, in der die Kleinbuchstaben die Form verkleinerter, in der Schriftstärke angepasster Großbuchstaben haben. Benutzt werden Kapitälchen meistens, um dem Text eine besonders edle Note zu verleihen. Kapitälchen lesen sich angenehmer als reine Großbuchstaben. Im Menü *Format | Schrift | Groß-/Kleinschreibung* haben Sie Gelegenheit, einzelne Wörter oder Absätze in Kapitälchen umzuwandeln.

KAPITÄLCHEN FÜR ÜBERSCHRIFTEN
UND
AUSGEWÄHLTE TEXTPASSAGEN

Kapitälchen wirken bedeutender.

Buchstabenkombinationen verschmelzen: Ligaturen

Eine Ligatur ist ein Zeichen, das zwei Textzeichen zu einem verbindet. In vielen Schriftsätzen sind Ligaturen bereits enthalten, wie zum Beispiel in den Schriftfamilien »Baskerville« und »Futura«. In diesen Schriftsätzen sind Buchstabenkombinationen wie »ﬁ« und »ﬂ« miteinander verschmolzen.

ﬂach, ﬂiegen, ﬁnden, ﬁebern

Wörter mit Ligatur

flach, fliegen, finden, fiebern

Wörter ohne Ligatur

Im Menü *Format* | *Schrift* | *Ligatur* haben Sie drei Varianten für die Verwendung von Ligaturen:

Standard verwenden: Wenn im verwendeten Schriftsatz standardmäßig Ligaturen enthalten sind, werden bestimmte Buchstabenkombinationen durch Ligaturen ersetzt.

Nicht verwenden: Buchstabenkombinationen werden nicht durch Ligaturen ersetzt.

Alle verwenden: Aktiviert zusätzliche Ligaturen für den aktuellen Text.

TIPP

Im Informationsfenster *Dokument* | *Dokument* lässt sich ganz bequem für das gesamte Dokument definieren, ob Ligaturen verwendet werden sollen. Deaktivieren Sie die Option *Ligaturen*, wenn Sie auf diese Buchstabenkombinationen verzichten wollen.

qm^2: Buchstaben höher oder tiefer stellen

In Abkürzungen und chemischen oder physikalischen Formeln werden häufig einzelne Buchstaben höher gesetzt als der sie umgebende Rest. Um dies zu bewerkstelligen, brauchen Sie die Optionen *Hochgestellt* bzw. *Tiefgestellt* im Menü *Format* | *Schriftlinie*. Bei diesen Befehlen nimmt die Schriftgröße der versetzten Buchstaben ab.

$E = mc^2$

Einen Buchstaben höher stellen

Wenn Sie die Verringerung der Schriftgröße bei höher oder tiefer gestellten Zeichen umgehen wollen, wählen Sie die Optionen *Höher* bzw. *Tiefer*. Pro Klick auf die jeweilige Option wird der Buchstabe um einen Punkt höher bzw. tiefer gerückt. Weniger umständlich geht das Verändern des Schriftlinienversatzes im Informationsfenster *Text | Mehr*.

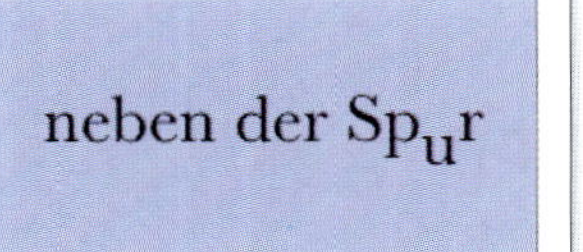

Ein tiefer gestellter Buchstabe in gleicher Größe wie die anderen

TIPP

Wer häufig hoch- oder tief gestellten Text verwendet, ist gut beraten, die Symbole für diese Optionen der Symbolleiste hinzuzufügen. Öffnen Sie die Symbolauswahl im Menü *Darstellung | Symbolleiste anpassen* und ziehen Sie die entsprechenden Icons in die Leiste.

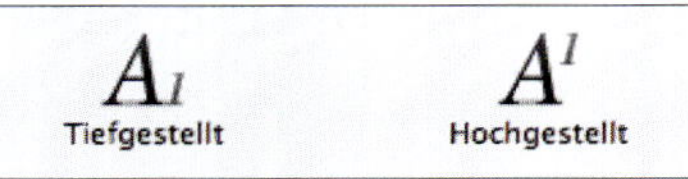

Nützliche Symbole für Formelschreiber

Textattribute übertragen

Wer ein einzelnes Wort oder eine Textpassage formatiert, springt zwischen den Informationsfenstern, dem Schriftenfenster und der Farbpalette ständig hin und her. Deshalb erheitert der Gedanke, einen weiteren Text zu formatieren, sicherlich nicht gerade. Jedoch gibt es die Möglichkeit, die von Ihnen definierten Textattribute einfach zu kopieren und anschließend bequem auf andere Textstellen anzuwenden.

- Markieren Sie dafür den Text, dessen Formatierungen Sie auf einen anderen Text übertragen wollen.
- Entscheiden Sie im Menü *Format*, ob Sie die Formatierungen auf ein einzelnes Wort oder auf einen kompletten Absatz übertragen wollen: Möchten Sie die Attribute auf ein Wort innerhalb eines Absatzes einsetzen, wählen Sie *Zeichenstil kopieren*. Sollen die Attribute für einen kompletten Absatz gelten, ist der Befehl *Absatzstil* kopieren der richtige.

- Um einen Zeichenstil einzusetzen, platzieren Sie den Cursor in das betreffende Wort und wählen im Menü *Format* den Befehl *Zeichenstil einsetzen*. Für das Übertragen des Absatzstiles positionieren Sie den Cursor an eine beliebige Stelle des Absatzes und entscheiden sich für *Absatzstil einsetzen*.

Mit dieser Methode werden sämtliche Formatierungen übernommen – sei es eine veränderte Laufweite, ein Schattenwurf, eine andere Schriftfarbe oder Kapitälchen.

TIPP

Diese zwei interessanten Befehle können Sie der Symbolleiste hinzufügen, so dass Sie sie immer parat haben. Öffnen Sie dazu das Symbolfenster im Menü *Darstellung | Symbolleiste anpassen ...* und ziehen Sie die Symbole in die Symbolleiste.

Nützliche Werkzeuge – griffbereit in der Symbolleiste

Für alle, die bislang mit Word gearbeitet haben: Diese Funktion ist identisch mit dem Befehl *Format übertragen*, der in der Symbolleiste von Word durch den Pinsel symbolisiert wird.

Absätze formatieren

Mit Absätzen gliedern Sie den Text in inhaltlich sinnvolle Abschnitte. Darüber hinaus erhöhen Absätze die Lesefreundlichkeit, da sie dem Auge Orientierungspunkte auf der Seite verschaffen. Einen neuen Absatz erstellen Sie mit einem Klick auf die Return-Taste.

Möchten Sie während des Schreibens den Überblick darüber behalten, wo sich in Ihrem Text Absatzgrenzen befinden, blenden Sie am besten die Steuerzeichen mit dem Symbol für die Absatzanzeige (¶) ein. Klicken Sie hierfür im Symbol *Darstellung* auf den Eintrag *Steuerzeichen einblenden*.

Im Informationsfenster *Text | Text* regeln Sie mit den Schiebereglern *Vor dem Absatz* und *Nach dem Absatz* den Abstand eines Absatzes zu seinem Vorgänger oder Nachfolger. In der Vorlage *Leer* ist gar kein Abstand zwischen zwei aufeinander folgenden Absätzen definiert. Sinnvoll ist ein Zwischenraum von 6 pt.

HILFE

Um einen Abstand zu definieren brauchen Sie, anders als bei Zeichenformaten, den Text nicht extra zu markieren. Die gewählten Einstellungen gelten für den gesamten Absatz, in dem der Cursor positioniert ist. Wollen Sie die Abstände zwischen allen Absätzen eines separaten Textfeldes verändern, markieren Sie lediglich den Textrahmen. Die Einstellungen werden auf alle Absätze übertragen.

Um den Abstand zum vorigen Abstand zu verändern, setzen Sie den Cursor an eine beliebige Stelle im Absatz und passen den Abstand mit Hilfe des Schiebereglers *Vor dem Absatz* an. Den Abstand zum nachfolgenden Absatz regulieren Sie auf die gleiche Weise, nur dass Sie nun den Schieberegler *Nach dem Absatz* bewegen.

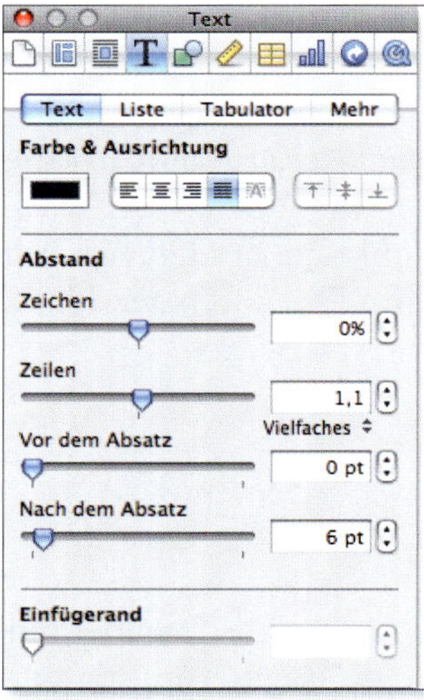

Die Abstände für die Absätze einstellen

Die Ausrichtung des Textes

Zeilen oder ganze Abschnitte lassen sich in Pages mit einem Mausklick auf das entsprechende Symbol in der Formatierungsleiste kurzerhand am rechten oder linken Rand, mittig oder blockförmig ausrichten.

Die Texte in Pages werden standardmäßig links ausgerichtet. Dabei wird die Textspalte von links mit Text gefüllt. Stoßen die Wörter an den rechten Spaltenrand, werden sie in die nächste Zeile umbrochen. Die Zeilenlängen fallen dadurch sehr unterschiedlich aus, sie »flattern«. Deshalb wird diese Ausrichtung auch »Flattersatz« genannt.

Beim rechtsbündigen Zeilenfall sind die Zeilenenden rechts untereinander angeordnet, während die Zeilenanfänge links flattern. Diese Textausrichtung sieht man relativ selten. In großen Textmengen ist sie schwer lesbar.

Im Blocksatz, wie er beispielsweise für das vorliegende Buch verwendet wurde, füllt der Text die gesamte Länge der Zeile aus. Dabei wird der Text rechts- und linksbündig in die Zeile eingefügt, wobei weite und unregelmäßige Wortzwischenräume oder unschöne Zeichenabstände entstehen können. In unserem Beispiel hat Pages die Zeichenabstände für den Blocksatz verändert, um den Text gleichmäßig innerhalb der Zeile zu verteilen. Dennoch machen die Lücken keinen so professionellen Eindruck. Und damit sind wir auch schon beim Nachteil dieser Textausrichtung: Unter Umständen muss Zeile für Zeile sorgfältig ausgeglichen werden.

TIPP

Wenn Sie sich für den Blocksatz entscheiden, denken Sie auf jeden Fall an die Silbentrennung, die ein wenig Abhilfe schafft, was unschöne Lücken angeht. Sie aktivieren die Silbentrennung im Informationsfenster *Dokument | Dokument.*

John Hoyer Updike (* 18. März 1932 in Reading, Pennsylvania; † 27. Januar 2009 in Beverly, Massachusetts), US-amerikanischer Schriftsteller. Updike hat mehr als 20 bedeutende Romane veröffentlicht, daneben mehrere Sammlungen von Kurzgeschichten, Essays und Gedichtbänden. Er hat zahlreiche amerikanische Literaturpreise und -auszeichnungen erhalten und zählte viele Jahre lang zu den Anwärtern auf den Literatur-Nobelpreis.

John Hoyer Updike (* 18. März 1932 in Reading, Pennsylvania; † 27. Januar 2009 in Beverly, Massachusetts), US-amerikanischer Schriftsteller. Updike hat mehr als 20 bedeutende Romane veröffentlicht, daneben mehrere Sammlungen von Kurzgeschichten, Essays und Gedichtbänden. Er hat zahlreiche amerikanische Literaturpreise und -auszeichnungen erhalten und zählte viele Jahre lang zu den Anwärtern auf den Literatur-Nobelpreis.

Linksbündige Textausrichtung und Blocksatz

Bleibt schließlich noch die zentrierte Textausrichtung, deren Zeilenmitte exakt an der Mittelachse eines Textfeldes ausgerichtet ist. Eine zentrierte Textausrichtung findet man auf Urkunden, im Innentitel eines Buches oder in Bildunterschriften wie in diesem Buch.

Der Zeilenabstand

Nicht nur die ausgewählte Schrift bestimmt das Erscheinungsbild eines Dokuments, sondern auch der eingestellte Zeilenabstand. Der Zeilenabstand ist wesentlich für die Lesbarkeit eines Textes, da sowohl ein zu geringer als auch ein zu großer Abstand den Wechsel von einer Zeile zur nächsten erschwert.

In der Formatierungsleiste können Sie einen Abstand von bis zu zwei Zeilen einstellen. Noch mehr Möglichkeiten bietet Ihnen das Informationsfenster *Text*, in dem Sie den Abstand entweder mit dem Schieberegler *Zeilen* oder durch manuelle Eingabe des Wertes regulieren.

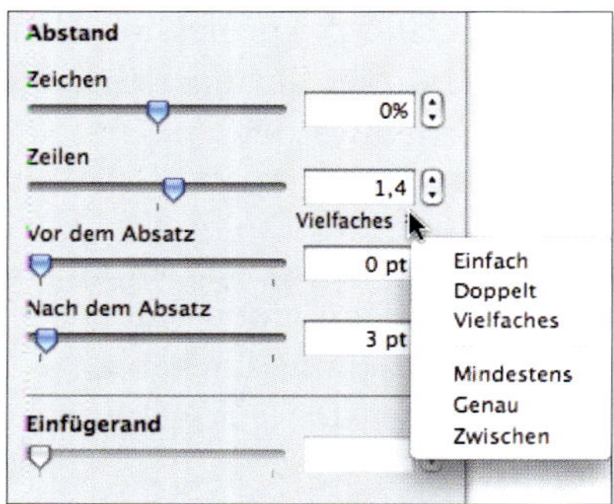

Mögliche Eingaben für Zeilenabstände

Pages stellt Ihnen eine Liste mit verschiedenen Maßeinheiten für den Zeilenabstand zur Verfügung:

Einfach: Zur Schriftgröße und zur Schriftart passend der geringste und optisch günstige Abstand zwischen zwei Zeilen.

Doppelt: 2-zeiliger Abstand.

Vielfaches: Der Eintrag springt automatisch auf *Mehrere* um, sobald Sie andere Abstände als *Einfach* oder *Doppelt* eingeben. Wenn Sie im Auswahlmenü auf *Mehrere* klicken, bevor Sie einen anderen Wert als *Einfach* eingeben, erhalten Sie einen 1,5-zeiligen Abstand.

Mindestens: Der Mindestabstand, der benötigt wird, damit die Oberlängen und Unterlängen von Buchstaben wie »f« und »g« ausreichend Platz haben.

Genau: Die Angaben werden standardmäßig in Zeilen angezeigt. Mit der Option *Genau* wird der Abstand in pt (Punkt) umgerechnet.

Zwischen: Reguliert den Abstand zwischen Oberlängen und Unterlängen. Dieser definierte Abstand wird auch beibehalten, wenn Sie die Schrift ändern. Sollte der Abstand dann zu gering sein, klicken Sie auf die Optionen *Einfach* oder *Mindestens.*

GRUNDLAGEN

Mit der »Oberlänge« ist die sichtbare Strichhöhe der Buchstaben b, h, k, oder l gemeint. Die »Unterlänge« meint die Länge von Buchstaben wie g, j, p, q, oder y.

Absätze kenntlich machen: Einzüge

Eine andere optische Abgrenzung als der zusätzliche Freiraum zwischen den Absätzen sind Einzüge, bei denen die erste Zeile eines Absatzes etwas weiter rechts beginnt als die folgenden. Ein solcher Erstzeileneinzug wird gern in Büchern oder im Spaltensatz für Tageszeitungen oder Zeitschriften verwendet. Sie finden diese Einzüge auch in einigen Vorlagen in Pages wie beispielsweise in *Rundschreiben – Finanzen* oder *Rundschreiben – Design.*

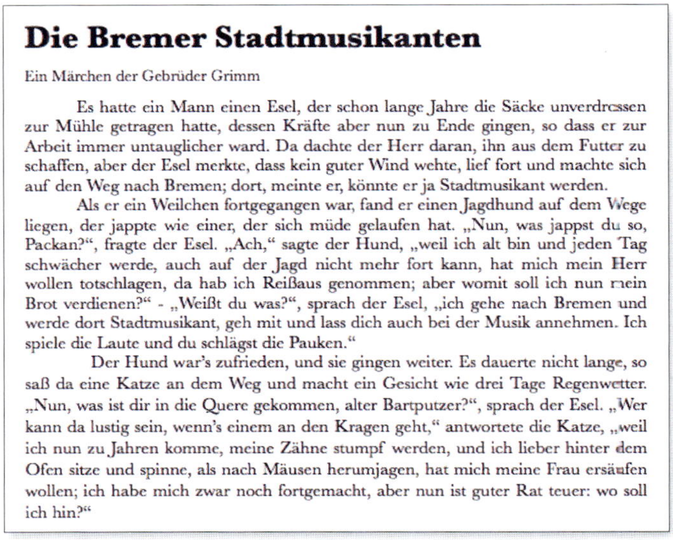

Die Bremer Stadtmusikanten

Ein Märchen der Gebrüder Grimm

Es hatte ein Mann einen Esel, der schon lange Jahre die Säcke unverdrossen zur Mühle getragen hatte, dessen Kräfte aber nun zu Ende gingen, so dass er zur Arbeit immer untauglicher ward. Da dachte der Herr daran, ihn aus dem Futter zu schaffen, aber der Esel merkte, dass kein guter Wind wehte, lief fort und machte sich auf den Weg nach Bremen; dort, meinte er, könnte er ja Stadtmusikant werden.

Als er ein Weilchen fortgegangen war, fand er einen Jagdhund auf dem Wege liegen, der jappte wie einer, der sich müde gelaufen hat. „Nun, was jappst du so, Packan?", fragte der Esel. „Ach," sagte der Hund, „weil ich alt bin und jeden Tag schwächer werde, auch auf der Jagd nicht mehr fort kann, hat mich mein Herr wollen totschlagen, da hab ich Reißaus genommen; aber womit soll ich nun mein Brot verdienen?" - „Weißt du was?", sprach der Esel, „ich gehe nach Bremen und werde dort Stadtmusikant, geh mit und lass dich auch bei der Musik annehmen. Ich spiele die Laute und du schlägst die Pauken."

Der Hund war's zufrieden, und sie gingen weiter. Es dauerte nicht lange, so saß da eine Katze an dem Weg und macht ein Gesicht wie drei Tage Regenwetter. „Nun, was ist dir in die Quere gekommen, alter Bartputzer?", sprach der Esel. „Wer kann da lustig sein, wenn's einem an den Kragen geht," antwortete die Katze, „weil ich nun zu Jahren komme, meine Zähne stumpf werden, und ich lieber hinter dem Ofen sitze und spinne, als nach Mäusen herumjagen, hat mich meine Frau ersäufen wollen; ich habe mich zwar noch fortgemacht, aber nun ist guter Rat teuer: wo soll ich hin?"

Erstlinieneinzug, um Absätze kenntlich zu machen

Die Absatz-Einzüge stellen Sie im Informationsfenster *Text | Tabulator* ein. Hier sehen Sie drei Eingabefelder für den Erstlinieneinzug. Im Feld *Erste Zeile* geben Sie den Wert ein, um den die erste Zeile eingerückt werden soll. Jeder weitere Absatz erhält nun automatisch einen Erstlinieneinzug.

Das mittlere Feld mit dem Namen *Links* benutzen Sie, um einen sogenannten hängenden Einzug zu erstellen. Bei dieser Einzugsart steht die erste Zeile eines Absatzes linksbündig am Rand, während alle nachfolgenden Textzeilen den gleichen Einzug haben. Hängende Einzüge eignen sich für Texte mit strukturiertem, aufzählendem Charakter.

John Hoyer Updike (* 18. März 1932 in Reading, Pennsylvania; † 27. Januar 2009 in Beverly, Massachusetts), US-amerikanischer Schriftsteller. Updike hat mehr als 20 bedeutende Romane veröffentlicht, daneben mehrere Sammlungen von Kurzgeschichten, Essays und Gedichtbänden. Er hat zahlreiche amerikanische Literaturpreise und -auszeichnungen erhalten und zählte viele Jahre lang zu den Anwärtern auf den Literatur-Nobelpreis.

Für Lexikoneinträge geeignet: der hängende Einzug

Sowohl der Erstlinieneinzug als auch der hängende Einzug lassen sich auch direkt im Lineal vornehmen. Blenden Sie dazu das Lineal mit der Tastenkombination ⌘ – R ein und klicken Sie in den Absatz, für den Sie einen Erstzeileneinzug definieren wollen. Im horizontalen Lineal sehen Sie nun ein rechteckiges und ein dreieckiges Zeichen. Halten Sie die ⌥ – Taste gedrückt und bewegen Sie das rechteckige Icon, das sich oberhalb des Dreiecks befindet. Ziehen Sie es so weit nach rechts, wie der Einzug breit sein soll.

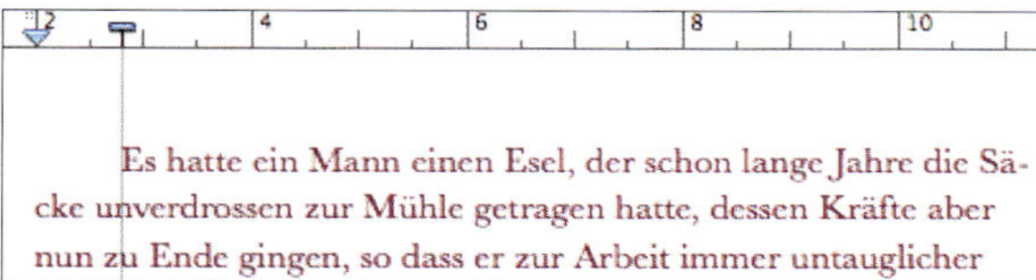

Erstzeileneinzug per Lineal

Um den hängenden Einzug über das Lineal einzustellen, positionieren Sie den Mauszeiger in das nach unten zeigende Dreieck und ziehen es mit gedrückter ⌥ – Taste nach rechts.

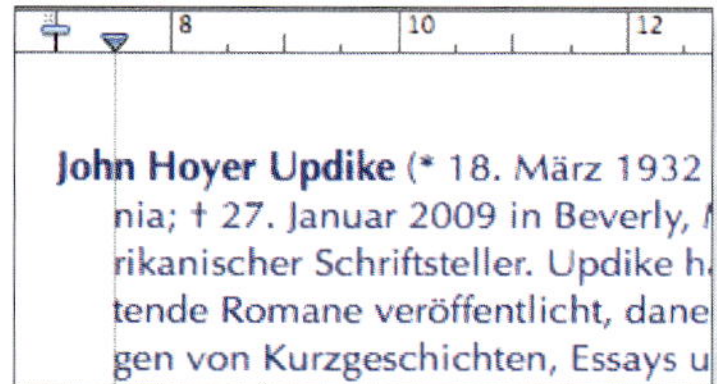

Hängender Einzug per Lineal

Einen ganzen Absatz ziehen Sie ein, indem Sie das nach unten zeigende Dreieck nach rechts ziehen. Mit dem Dreieck, das Sie rechts im Lineal sehen, erhöhen Sie den rechten Einzug.

Schmuckelemente für Absätze

Um Absätze stärker voneinander abzuheben, finden Sie im Informationsfenster *Text | Mehr* die Funktion *Rahmen & Linien*. Eine Linie kann oberhalb, unterhalb oder als Rahmen um den Absatz eingefügt werden. Die mit 1 pt recht dominant wirkende Linie lässt sich mit dem geringsten Wert von 0,25 zu einer feinen Haarlinie verändern. Die Länge der Linien ist abhängig von der Breite des Textrahmens.

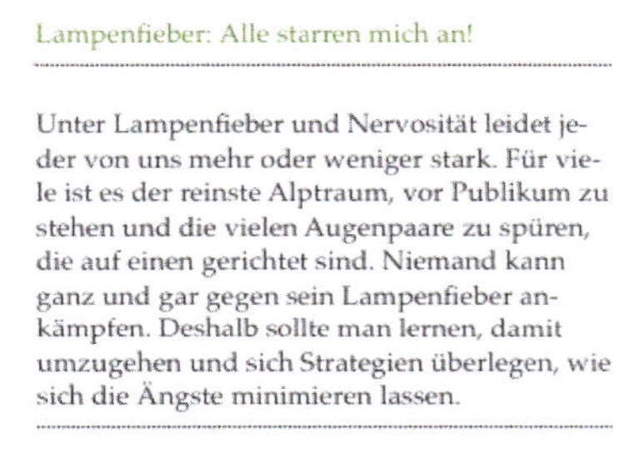

Lampenfieber: Alle starren mich an!

Unter Lampenfieber und Nervosität leidet jeder von uns mehr oder weniger stark. Für viele ist es der reinste Alptraum, vor Publikum zu stehen und die vielen Augenpaare zu spüren, die auf einen gerichtet sind. Niemand kann ganz und gar gegen sein Lampenfieber ankämpfen. Deshalb sollte man lernen, damit umzugehen und sich Strategien überlegen, wie sich die Ängste minimieren lassen.

Absätze mit Linien voneinander abheben

Das Feld *Versatz* erlaubt auch negative Werte, so dass Sie die Linie bis direkt unter den Text verschieben können. Die Linie zieht automatisch mit, auch wenn Sie nachträglich die Seitenränder verändern. Nach jeder Absatzschaltung wird nun eine Linie eingefügt. Die Rahmen für Absätze sind übrigens eine vortreffliche Alternative zu einer Tabelle. Nach jedem Absatz wird automatisch die ausgewählte Linie eingefügt. Wollen Sie diesen Automatismus stoppen, schalten Sie im Auswahlmenü um auf *Ohne*.

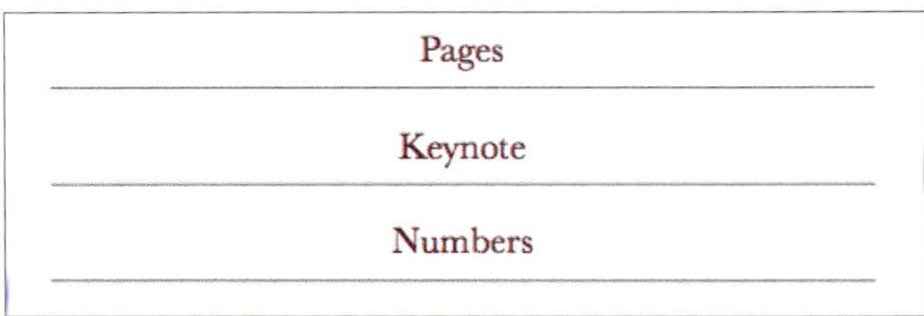

Absatzmarkierungen als Alternative für eine Tabelle

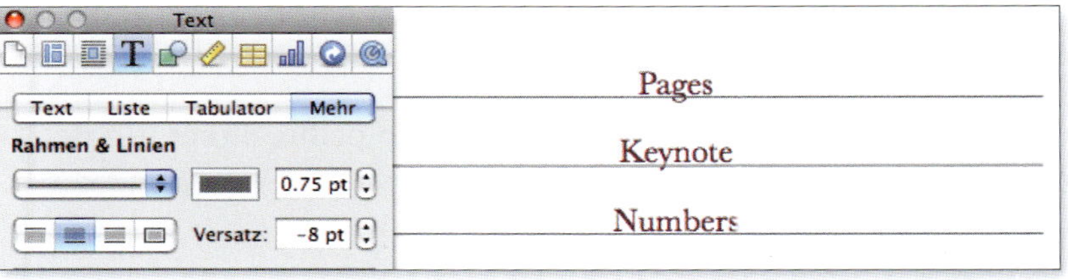

Das gleiche Beispiel mit Negativversatz

Aufzählungen und Listen

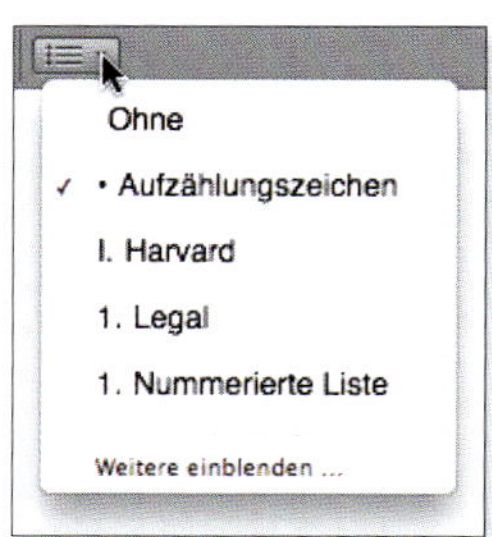

Pages bietet über das Symbol *Liste* in der Formatierungsleiste einen schnellen Zugriff auf die Aufzählungszeichen und Nummerierungen.

In der Formatierungsleiste Zugriff auf die Aufzählungszeichen.

Entweder wählen Sie einen Stil aus, bevor Sie den Text eingeben, oder Sie schreiben munter Ihre Liste, markieren sie anschließend und entscheiden sich dann für ein Aufzählungszeichen. Für Aufzählungen, die keine Reihenfolge beinhalten, eignet sich der Aufzählungspunkt. Für Listen mit chronologischer Abfolge eignet sich der Stil *Nummerierte Liste*.

Textverarbeitungsprogramme:

- Pages
- MS Word
- Latex
- TextEdit

Liste mit Aufzählungssymbolen

Listenstile im Fach «Stile»:

1. Blenden Sie die Seitenleiste Stile mit dem gleichnamigen Befehl unter *Menü | Darstellung* ein.
2. Sollten die Listenstile nicht gleich zu sehen sein, klicken Sie auf das das Listensymbol an der unteren Seitenleiste.
3. Wählen Sie nun den gewünschten Listenstil aus.

Liste mit Nummern

Sobald Sie die Return-Taste drücken, wird ein weiterer Absatz mit Aufzählungszeichen eingefügt. Einen sogenannten weichen Absatz, d.h. einen Zeilenumbruch ohne Aufzählungszeichen, erzielen Sie, indem Sie beim Drücken der Return-Taste die Umschalttaste (⇧) gedrückt halten. Nun wieder auf die Return-Taste geklickt und Sie haben einen neuen Absatz samt Aufzählungszeichen. Ist Ihre Liste abgeschlossen, beenden Sie die automatische Listenerkennung mit einem Doppelklick oder indem Sie in der Formatierungsleiste den Eintrag *Ohne* wählen.

POWER USER

Wer die automatische Listenerkennung ausschalten möchte, öffnet mit der Tastenkombination ⌘ – , die Einstellungen und schaltet die Option im Fenster *Automatische Korrektur* aus.

Individuelle Aufzählungszeichen

Der Zugriff auf die Aufzählungszeichen über das Aufklappmenü geht zwar schnell, die Liste bietet jedoch nur eine sehr übersichtliche Auswahl an Zeichen. Der Punkt ist typografisch alles andere als eine elegante Lösung. In einigen Vorlagen aus dem Bereich *Seitenlayout* ist die Liste ergänzt um ein zusätzliches Aufzählungssymbol passend zum Grundlayout. In der Vorlage *Rundschreiben – Finanzen* ist dies eine rote Raute. Wenn auch Sie für Ihren Text ein anderes Aufzählungssymbol als den schwarzen Punkt wünschen, markieren Sie Ihre Liste und wählen im Informationsfenster *Text* | *Liste* ein anderes Zeichen.

Pages liefert außerdem eine Reihe von kleinen Bildern für die Aufzählungszeichen mit. Sie finden sie im Auswahlmenü unter *Bild.* Im Feld *Einzug für Aufzählung* legen Sie den Wert zwischen Aufzählungszeichen und linkem Seitenrand fest. Den Abstand zwischen Aufzählungszeichen und Text variieren Sie im Feld *Texteinzug.*

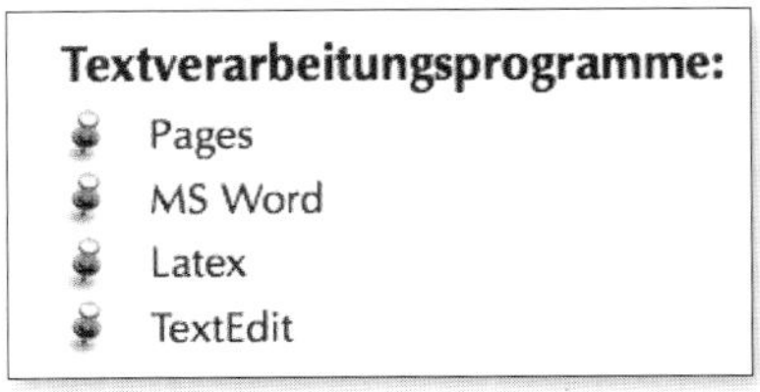

Textverarbeitungsprogramme:

- Pages
- MS Word
- Latex
- TextEdit

Ein Bild als Aufführungszeichen

Wie Sie Ihre favorisierten Aufzählungszeichen als einen formatierten Stil definieren, erfahren Sie im Kapitel »Mit Stilen arbeiten«.

Weitere entzückende, ungewöhnliche oder kuriose Zeichen finden Sie in der Zeichenpalette, die Sie mit einem Klick auf *Sonderzeichen* im Menü *Bearbeiten* einblenden. Um die Aufzählung mit einem Zeichen aus der Palette zu schmücken, wählen Sie im Einblendmenü *Aufzählung & Nummerierung* den Eintrag *Zeichen.* Markieren Sie ein Zeichen mit einem Doppelklick. Anschließend wechseln Sie in die Zeichenpalette und fügen Ihr favorisiertes Zeichen mit einem Doppelklick in das Fenster ein. Das Zeichen wird nun in der Liste angezeigt.

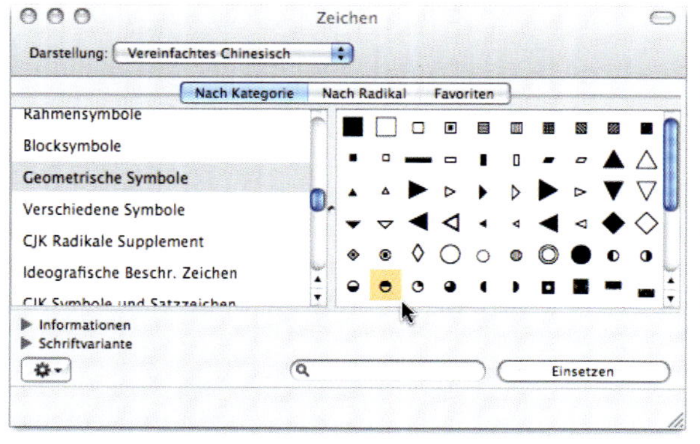

Das Zeichen mit einem Doppelklick einsetzen

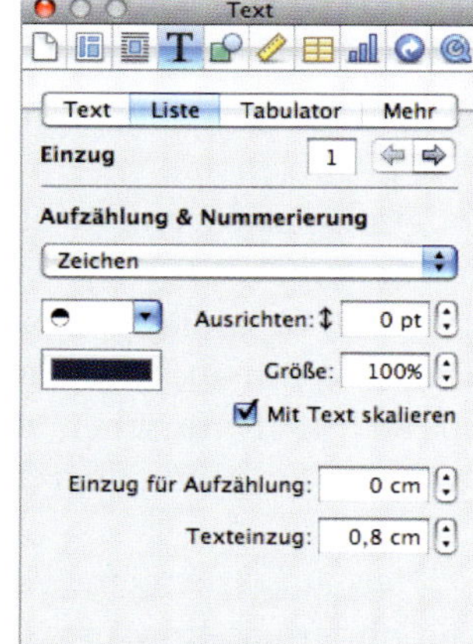

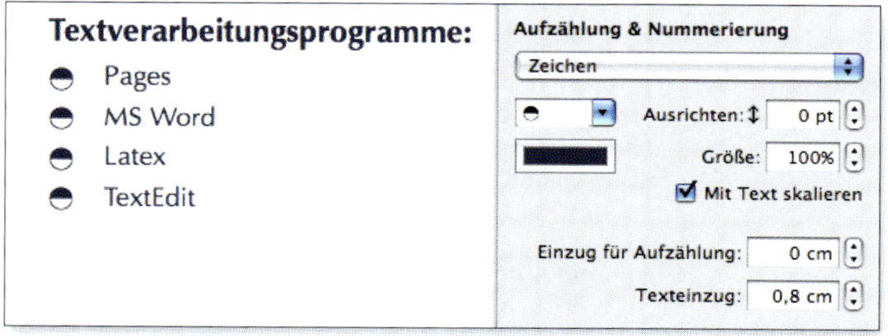

Das Einsetzen ist gelungen.

Geordnete Listen

In Fachtexten oder wissenschaftlichen Arbeiten finden sich häufig Listen mit unterschiedlichen Gliederungsebenen. Durch die eingerückte Anordnung werden Abhängigkeiten und Hierarchien verdeutlicht. Solche geordneten Listen erstellen Sie mit den Listenstilen *Harvard* und *Legal*.

Geordnete Listen:

1. Geordnete Listen beinhalten unterschiedliche Hierarchieebenen.
   1.1. Als Aufzählungsstile eignen sich *Harvard* und *Legal*.
      1.1.1. Beide Varianten bieten für jede Einzug-Ebene eine unterschiedliche Nummerierung.

Eine geordnete Liste

Im Informationsfenster *Text | Liste* geben Sie über die beiden Pfeile die Einzug-Ebene ein. Ein bisschen flotter mit dem Verrücken eines Textes auf eine nächst höhere oder niedrigere Ebene sind Sie mit folgenden Tastenkombinationen:

⌘ – ⇧ – Ä oder Tabulator: Einzug auf die nächst untere Ebene

⌘ – ⇧ – Ö: Einzug auf die nächst höhere Ebene

AUFGEPASST

Eine abgestufte Nummerierung wird stets mit einem Punkt abgeschlossen. Dieser Punkt lässt sich nicht entfernen. Wenn Sie eine Nummerierung ohne Punkt wünschen, bleibt Ihnen leider nichts anderes übrig, als die Nummerierung händisch einzugeben.

Sobald Sie mit Ihrer Liste fertig sind, klicken Sie im Auswahlmenü in der Formatierungsleiste auf *Ohne*. Sollte sich der Cursor bei dieser Aktion auf einer der eingerückten Ebenen befinden, rücken Sie ihn mit der Tastenkombination ⌘ – ⇧ – Ö zurück an den Seitenrand.

Aufzählung fortsetzen

Einen ausgezeichneten Service bietet Pages mit der Option, mit der Liste fortzufahren, auch wenn man zwischen den Aufzählungen normalen Fließtext eingegeben hat. Die Zählung beginnt dann nicht wieder vorn, sondern an dem Punkt, an dem man mit der Liste aufgehört hat. Gehen Sie dafür folgendermaßen vor:

Geben Sie den Fließtext ein und anschließend die weiteren Aufzählungs- oder Gliederungspunkte. Lassen Sie sich nicht davon irritieren, dass die Zählung wieder bei 1 startet, sondern markieren Sie die neuen Punkte und aktivieren Sie im Informationsfenster *Text | Liste* den Eintrag *Bei Vorheriger fortfahren*. Die Nummerierung wird nun nahtlos weitergeführt.

Mit dem Eintrag *Beginnen mit* haben Sie Gelegenheit, die Ziffer, bei der die Nummerierung fortsetzen soll, selbst festzulegen.

Geordnete Listen:

1. Geordnete Listen beinhalten unterschiedliche Hierarchieebenen.
   1.1. Als Aufzählungsstile eignen sich *Harvard* und *Legal*.
      1.1.1. Beide Varianten bieten für jede Einzug-Ebene eine unterschiedliche Nummerierung.

Einen ganz famosen und ausgezeichneten Service bietet Pages mit der Option, mit der Liste fortfahren zu können, auch wenn zwischendurch normaler Fließtext eingegeben worden ist.

2. Mit der Nummerierung fortsetzen.
   2.1. Das ist in Pages ganz einfach.

Trotz Zwischentext mit der Nummerierung fortsetzen

Tabulatoren

Tabulatoren sind einfache Hilfsmittel, um Texte übersichtlich und in schematischer Form anzuordnen. Ferner sind sie unerlässlich zum Gestalten von Stichwortverzeichnissen, Formularen und Listen. Die Vorlage *Beurteilung* zum Beispiel ist mit Tabulatoren in das tabellarisch anmutende Layout gebracht worden.

Alles, was mit Tabulatoren zu tun hat, lässt sich entweder im Informationsfenster *Text | Tabulator* erledigen oder direkt im horizontalen Lineal, das Sie mit dem Tastenkürzel ⌘ – R einblenden. Der Tabulator in Pages ist in 1,25 cm Schritten voreingestellt. Doch dieser Standardtabulator lässt sich natürlich an Ihre Bedürfnisse anpassen.

- Markieren Sie dazu den Text, dessen Tabulatoreinstellung Sie ändern möchten. Klicken Sie anschließend in das horizontale Lineal. Mit diesem Klick wird der Tabulator im Lineal eingeblendet. Mit gedrückter Maustaste lässt sich der Tabulator jetzt auf den gewünschten Abstand ziehen. Falls Sie bei dieser Aktion den Tabulator versehentlich aus dem Lineal herausziehen und ihn sich damit in Luft auflösen lassen, klicken Sie einfach ins Lineal und erstellen einen neuen.

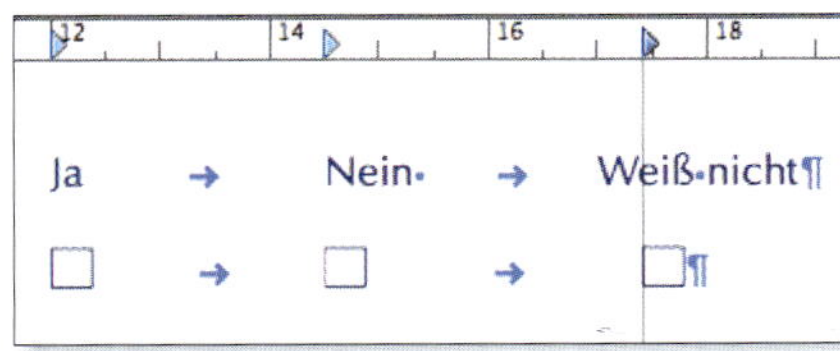

Einen Tabulator verrücken

- Fügen Sie einen neuen Tabulator ein, indem Sie im Lineal an die gewünschte Position klicken. Platzieren Sie anschließend den Mauszeiger vor den Text und drücken Sie die Tabulatortaste. Der Text springt nun an die Position des Tabulators.

- Per Klick mit rechter Maustaste in einen Tabulator öffnen Sie eine Liste, die Ihnen die Wahl aus vier unterschiedlichen Tabulatorstilen bietet.

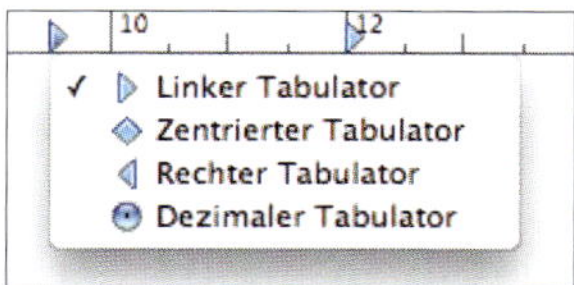

Verschiedene Tabulatoren

Die Tabulatoren im Überblick:

Linker Tabulator: Der Text wird linksbündig ausgerichtet.

Zentrierter Tabulator: Der Text wird zentriert ausgerichtet.

Rechter Tabulator: Der Text wird rechtsbündig ausgerichtet.

Dezimaler Tabulator: Der Text wird am Komma ausgerichtet.

	Rechtsbündig	linksbündig	zentriert	Dezimal
Produkt	**Menge**	**Material**	**Farbton**	**Preis**
Lotus	123	Ton	orange-blau	245,17
Kasba	25	Glas	violett	1045,55

Die Ausrichtung von Tabulatoren

Die Einstellungen lassen sich auch allesamt im Informationsfenster *Text* | *Tabulator* bewerkstelligen. Um einen neuen Tabulator zu erstellen, klicken Sie auf das Pluszeichen. Falls Sie einen Tabulatorwert bearbeiten wollen, markieren Sie die Zentimeterangabe mit einem Doppelklick und überschreiben diese. Bei Bedarf wählen Sie im Aufklappmenü *Füllzeichen* ein vorausgehendes Zeichen, um den Freiraum zwischen zwei Tabulatoren mit Füllzeichen zu versehen. Dies ist vor allem in Inhaltsverzeichnissen eine beliebte Variante:

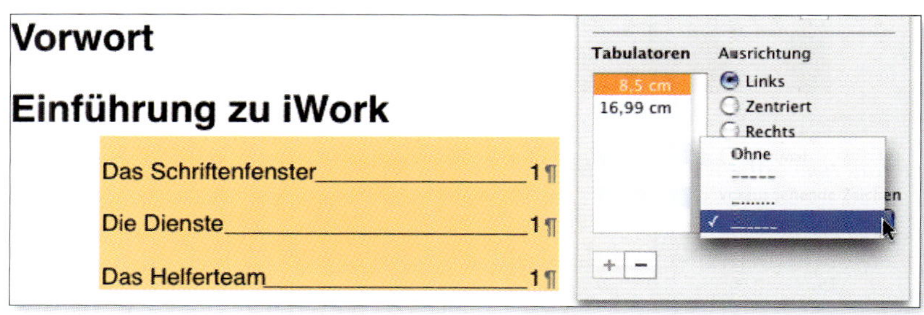

Vorausgehende Zeichen

Merkhilfen: Kommentar

Als Erinnerungsstütze für weitere Bearbeitungsschritte eignet sich die Funktion *Kommentar*. Fast alles, was sich in Ihrem Dokument befindet – Bilder, grafische Elemente oder einzelne Wörter –, lässt sich mit einem Kommentar versehen. Ausgenommen sind die Einträge in den Kopf- und Fußzeilen. Sie öffnen ein Kommentarfeld mit einem Klick auf das Symbol *Kommentar* in der Symbolleiste. Damit wird links neben dem Arbeitsfenster eine Leiste eingeblendet, in der ein farbiges Textfeld darauf wartet, mit einem Kommentar gefüllt zu werden.

GRUNDLAGEN

Ein Kommentar ist immer auf ein Objekt oder markierten Text bezogen, was die feine Linie zwischen Kommentarfeld und Objekt verdeutlicht. Ist nichts markiert, lässt sich auch kein Kommentar einfügen.

In dem Feld sind Ihr Name (das ist der Name, mit dem Sie am System angemeldet sind), das Datum und die Uhrzeit eingefügt. Diese Informationen sind vor allem dann nützlich, wenn Sie das Dokument zum Bearbeiten weitergeben. So ist zum einen erkennbar, wer zu welchem Zeitpunkt Verbesserungsvorschläge oder kritische Anmerkungen gemacht hat. Zum anderen kann bei ausgetauschten Bildern oder Texten das Datum auf die Aktualität dieser Änderungen aufmerksam machen.

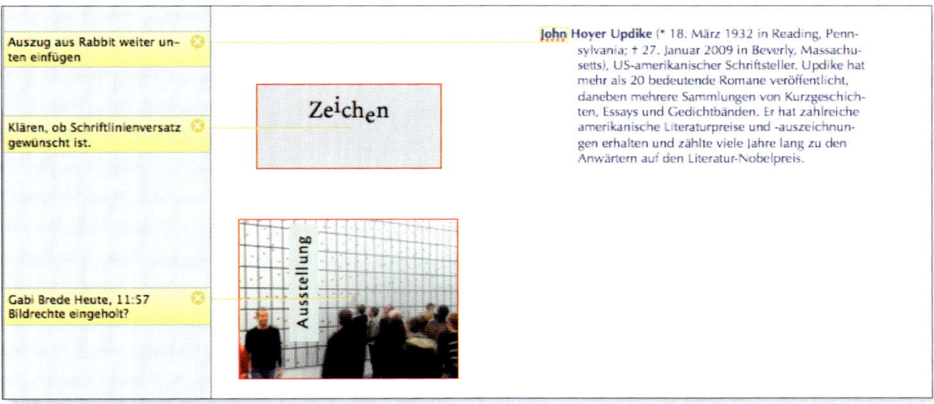

Kommentare mal mit, mal ohne Name und Datum

Sind für Sie die Metainformationen Name und Datum uninteressant, überschreiben Sie sie einfach. Denn sobald ein Kommentar eingefügt wird, sind die Infos markiert, so dass Sie nichts weiter tun müssen, als mit Ihrem Kommentar loszulegen.

Mit einem Klick auf das x-Symbol am rechten Rand des Zettels schließen Sie das Eingabefeld. Doch Vorsicht: Die Inhalte sind damit unwiederbringlich futsch! Wenn Sie die Leiste vorübergehend nicht gebrauchen, blenden Sie sie mit dem entsprechenden Eintrag in der Symbolleiste *Darstellung* aus. Sobald Sie erneut auf das Symbol *Kommentar* oder in der Symbolleiste auf *Kommentare einblenden* klicken, ist die Leiste mit allen bereits eingegebenen Notizen wieder da.

TIPP

Ein Pages-Dokument wird stets mit den Darstellungsoptionen geöffnet, die Sie zuletzt gesichert haben. Damit Sie oder die Person, die das Dokument weiterbearbeitet, auch nach dem nächsten Öffnen an die Kommentare denkt, speichern Sie das Dokument am besten mit eingeblendeter Kommentarleiste ab.

Schnell zum gewünschten Begriff: Das Suchfeld

Wo und in welchem Kontext wird ein bestimmter Begriff verwendet? An welchen Stellen im Dokument taucht der Begriff auf? Wer sich mit solchen Fragen beschäftigt, freut sich sicherlich über das Suchfeld. Denn mit dieser Funktion lassen sich Begriffe aufspüren, die dann übersichtlich in der Ergebnisanzeige aufgelistet sind. Mit einem Klick auf einen Eintrag wird sofort die entsprechende Stelle im Text angezeigt.

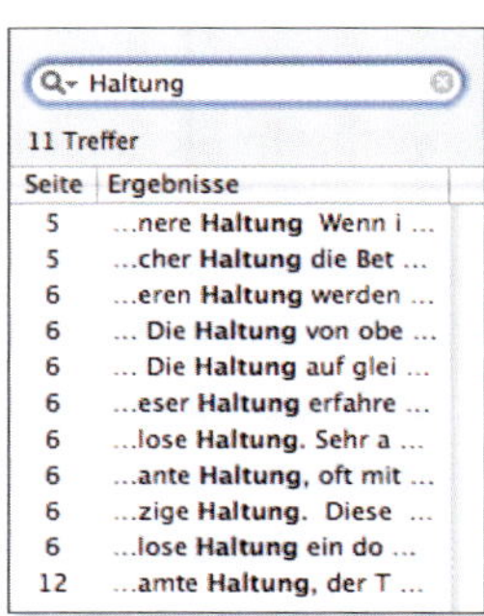

Die Suche nach einem Begriff mit Ergebnisliste

Sie öffnen ein Suchfeld in der Symbolleiste *Darstellung | Suchfeld einblenden*. Geben Sie in das Feld den Begriff ein, nach dem gefahndet werden soll. In Windeseile werden die Ergebnisse angezeigt, die allesamt mit den entsprechenden Textstellen verlinkt sind.

Für eine weitere Suche klicken Sie auf das x-Symbol im Eingabefeld, damit der vorhandene Begriff den Platz räumt. Mit einem Klick auf das Lupensymbol werden die letzten Suchabfragen eingeblendet.

Den Text prüfen

Pages verwendet für die automatische Silbentrennung sowie für die Rechtschreibprüfung Wörterbücher für unterschiedliche Sprachen. Im Informationsfenster *Text | Mehr* entscheiden Sie, welches der Wörterbücher für den gesamten Text oder für ausgewählte Textabschnitte verwendet werden soll. Selbstverständlich lassen sich auch nur einzelnen Wörtern innerhalb eines Absatzes unterschiedliche Sprachen zuweisen. Die Rechtschreibprüfung passt sich unmittelbar nach der Entscheidung für eine Sprache an, was bedeutet, dass die Markierung als Hinweis für eine fehlerhafte Schreibung verschwindet. Ausführliche Erläuterungen zur Rechtschreibprüfung finden Sie im Kapitel »Programmstart«.

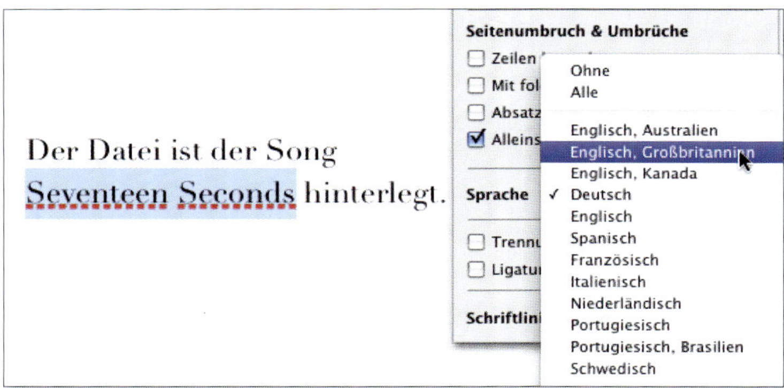

Eine Sprache markiertem Text zuweisen

Falls Sie die automatische Silbentrennung einschalten wollen, wechseln Sie ins Informationsfenster *Dokument | Dokument* und aktivieren die Option. Dieser Eintrag greift auf das komplette Dokument zu, also auch auf separat erstellte Textfelder, Texte in Tabellen und geometrische Formen.

TIPP

Um nur in ausgewählten Textabschnitten die Silbentrennung ein- oder auszuschalten, hilft die Funktion *Keine Silbentrennung* im Informationsfenster *Text | Mehr*. Für ein einzelnes Wort deaktivieren Sie die Silbentrennung ganz schnell mit Hilfe des Kontextmenüs und einem Klick auf *Ohne Silbentrennung*.

Ist die Rechtschreibprüfung schon eine feine Sache, so ist das Fenster *Korrekturlesen* wirklich großartig. Man fühlt sich wie in einem Zwiegespräch mit einem Lektor, der die Wortwahl kommentiert oder Hinweise zur Schreibweise gibt. Sie öffnen das Fenster im Menü *Bearbeiten* mit einem Klick auf *Korrekturlesen | Korrekturleser*.

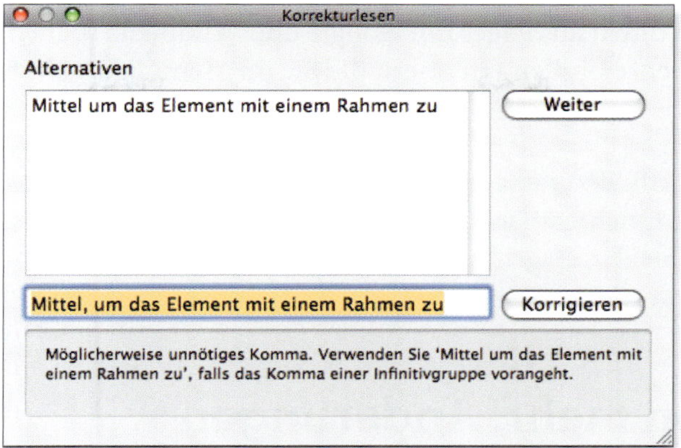

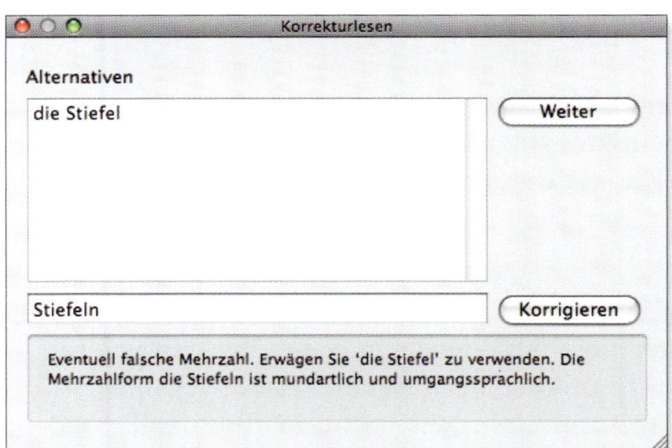

Wie ein Lektor schaut die Funktion »Korrekturlesen« über Ihren Text.

Die Funktion macht Sie auf Rechtschreibfehler, zu viele Leerzeichen, falsche Satzzeichen und grammatikalische Fehler aufmerksam. Bei sehr häufig benutzten, umgangssprachlichen und ungewöhnlichen Wörtern erhalten Sie Alternativvorschläge. Wer die fraglichen Begriffe ohne Kommentar markiert haben möchte, entscheidet sich für die Funktion *Korrekturlesen*.

Nach Synonymen fahnden, Suchfunktionen starten

Für die meisten Wörter gibt es sinnverwandte Begriffe. Wie schön wäre es, in Pages Zugriff auf diese Alternativen zu haben. Pages ist zwar mit dem Befehl *Bearbeiten | Schreibhilfen | Im Wörterbuch und Thesaurus nachschlagen* mit dem Programm Lexikon verknüpft, das die Funktion Thesaurus beinhaltet. Doch leider bietet das Lexikon nur Hilfe für englischsprachige Begriffe. Für deutsche Wörter ist sowohl der Thesaurus als auch das Dictionary unbrauchbar. Wer online nach Synonymen fahnden möchte, wird auf der Website www.wie-sagt-man-noch.de fündig.

Ein markierter Begriff lässt sich direkt aus Pages mit Google und Wikipedia suchen. Diese Funktionen sind in den Schreibhilfen integriert, die Sie im Menü *Bearbeiten* finden.

Wer zu einem bestimmten Begriff Textpassagen aus anderen Dokumenten in das aktuelle Dokument integrieren möchte, macht sich am besten mit Hilfe von Spotlight auf die Suche. Markieren Sie den Begriff und starten Sie die Suchfunktion im Menü *Bearbeiten | Schreibhilfen*.

Viele Augen sehen mehr: Änderungen verfolgen

Pages stellt Ihnen mit der Funktion *Änderungsprotokoll* im Menü *Bearbeiten* viele Funktionen bereit, die das gemeinsame Redigieren eines Textes vereinfachen und Verbesserungsvorschläge bzw. Korrekturen unterschiedlicher Leser nachvollziehbar machen.

GRUNDLAGEN

Änderungen an bereits eingefügten und eingebundenen Objekten wie Bilder oder Tabellen werden nicht protokolliert. Neue Objekte – egal, ob sie anschließend eingebunden werden oder nicht – sind ins Protokoll eingeschlossen.

Sobald das Protokollieren eingeschaltet ist, wird alles, was Sie am Text verändern, optisch hervorgehoben. Zudem lassen sich in einer Leiste links neben dem Dokument, dem sogenannten Änderungsbereich, Protokollierungsblasen einblenden, die Hinweise auf die Modifikationen beinhalten, wie auf gelöschten Text, hinzugefügten Text oder Formatänderungen. Klicken Sie dazu auf das Symbol neben dem Auswahlmenü *Protokollierungsblasen*.

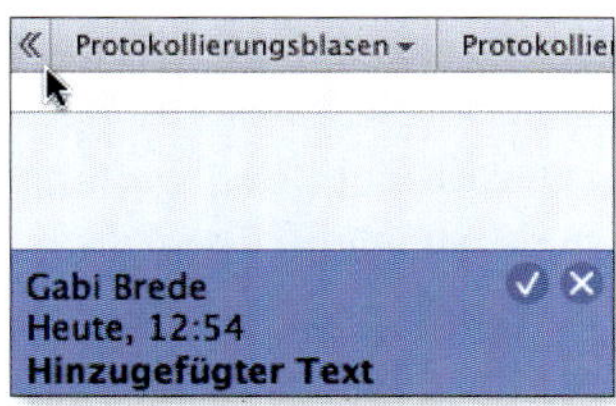

Das Protokoll ein- oder ausblenden

TIPP

Je mehr Änderungen protokolliert sind, desto unübersichtlicher wird die Anzeige aller Änderungen und Modifikationen. Daher können Sie auch die Alternative wählen, nur Änderungen an Objekten und Textabschnitten angezeigt zu bekommen, die Sie aktuell bearbeiten. Wer das interessant findet, wählt im Aufklappmenü *Protokollierungsblasen* den Eintrag *Nur für Auswahl anzeigen*.

Sie beenden den Bearbeitungsmodus mit einem Klick auf *Stopp der Protokollierung* im Menü *Bearbeiten* oder im Auswahlmenü hinter dem Zahnradsymbol ganz rechts in der Bearbeitungsleiste. Alle bis zu diesem Zeitpunkt gemachten Änderungen bleiben erhalten, neue werden ab sofort nicht mehr angezeigt. Doch vorm Beenden der Aufzeichnung wird Ihnen zunächst die Entscheidung abverlangt, ob Sie die Änderungen annehmen oder ablehnen. Mit einem Klick auf *Alle Änderungen annehmen* sichern Sie den aktuellen Status des Manuskripts. Die Änderungen lassen sich danach allerdings nicht mehr aufrufen und kenntlich machen. Sollten Sie sich für *Alle Änderungen ablehnen* entscheiden, sind alle Modifikationen, die Sie seit der Protokollierung vorgenommen haben, futsch.

Alternativ erlaubt Pages es auch, eine Pause einzulegen und die Protokollierung zu unterbrechen. Das ist immer dann interessant, wenn die Änderungen für die weiteren Leser des Dokuments unerheblich sind oder die Änderungen das gesamte Manuskript betreffen, wie zum Beispiel neue Dokumentenränder, eine andere Textfarbe oder ein vergrößerter Zeilenabstand. Klicken Sie dazu einfach auf *Pause* in der eingeblendeten Leiste oberhalb des Dokuments.

Im Aufklappmenü, das Sie mit einem Klick auf *Markierungen / keine Löschg.* rechts in der Bearbeitungsleiste öffnen, finden sich ein Sortiment an interessanten Anzeigeoptionen für die protokollierten Änderungen:

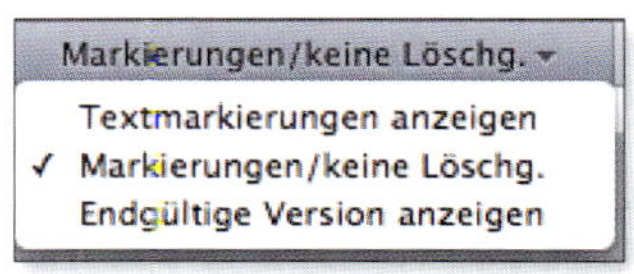

Welche protokollierten Änderungen möchten Sie sehen?

Textmarkierung anzeigen: Alles, was Sie innerhalb eines Textabschnittes machen, wird gekennzeichnet. Unterstrichener Text beispielsweise wird unterstrichen markiert.

Markierungen / keine Löschg.: Hervorragend geeignet, wenn Sie im Bearbeitungsmodus viel Text löschen. Der durchgestrichene Text wird dann nicht mehr angezeigt, was das Ganze übersichtlicher macht.

TIPP

Gelöschter Text lässt sich auch mit einem Klick in das Dreieck des Kommentarfeldes ein- oder ausblenden.

Endgültige Version anzeigen: Diese Option eignet sich prima für einen Testlauf, da das Dokument so angezeigt wird, als hätten Sie die Änderungen angenommen.

TIPP

Übrigens: In den Miniaturen, die Sie schnell mit der Tastenkombination ⌘ – ⌥ – P einblenden, werden die Korrekturen rot gekennzeichnet. Diese nette Funktion ist vor allem für das schnelle Auffinden von hinzugefügten Inhalten, Seiten, Abschnitts- und Layoutumbrüchen hilfreich. In umfangreichen Dokumenten verschaffen Sie sich über die Kennzeichnung auch einen schnellen Überblick über die Seiten, auf denen die anderen Bearbeiter des Textes Änderungen vorgenommen haben.

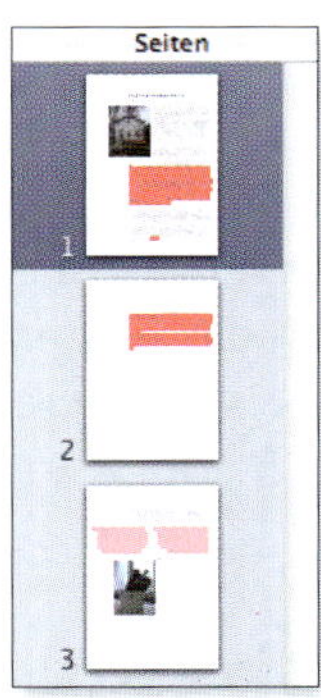

Die Änderungen werden auch in den Miniaturen hervorgehoben.

Änderungen annehmen oder ablehnen

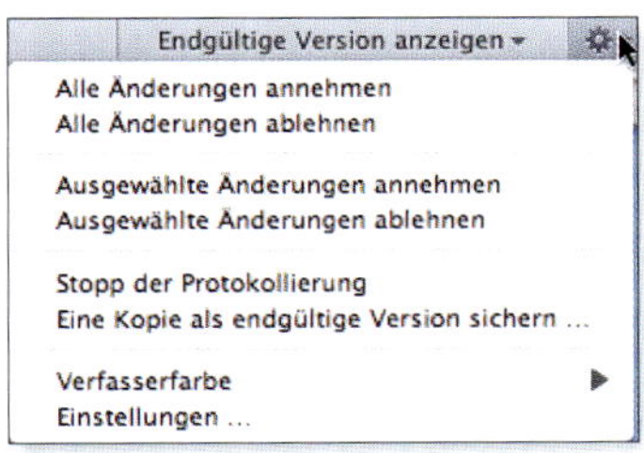

Im Aufklappmenü, das Sie mit einem Klick auf das Zahnradsymbol ganz rechts in der Bearbeitungsleiste öffnen, entscheiden Sie, was mit den Änderungen passieren soll:

Wie wollen Sie mit den Änderungen verfahren?

Sie können alle Änderungen auf einen Schlag annehmen bzw. ablehnen oder jede einzelne prüfen.

TIPP

Noch bequemer als über das Auswahlmenü prüfen Sie eine Änderung nach der anderen mit Hilfe der Schalter *Akzeptieren* und *Ablehnen* in der Bearbeitungsleiste. Mit jedem Klick auf einen Pfeil spazieren Sie zu den einzelnen Änderungen und können dann in Ruhe entscheiden, ob Sie die Änderung zu einer Verbesserung geführt hat.

Damit die einzelnen Leser des Dokuments mit einem Blick wissen, wer welche Änderung vorgenommen hat, lässt sich jedem Bearbeiter eine Farbe zuteilen. Außerdem wird in den Kommentaren der Name des Bearbeiters hinzugefügt. Welcher Name in diesen Feldern angezeigt wird, legen Sie in den Einstellungen fest.

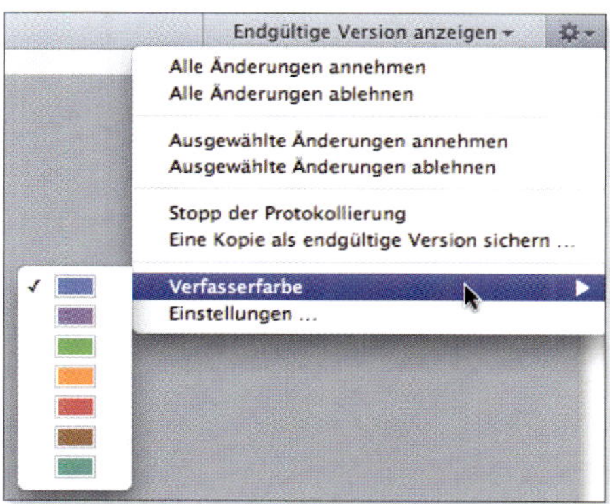

Für jeden Bearbeiter eine separate Farbe

POWER USER

Wollen Sie eventuell das Dokument im Bearbeitungsmodus behalten, aber dennoch eine von allen Änderungsaufzeichnungen bereinigte Version haben? Dann wählen Sie die Option *Eine Kopie als endgültige Version sichern* im Zahnradmenü. Nun haben Sie zwei Versionen: das Original, in dem nach wie vor die Änderungen angezeigt werden und das Sie als Arbeitsdokument verwenden können, und die Kopie, die ganz ohne Markierungen auskommt.

Tipps, um sich die Arbeit zu erleichtern

- Wer mehr als ein Dokument geöffnet hat, springt mit der Tastenkombination ⌘ – < bequem von einem Dokument zum nächsten.
- Die Voraussetzung fürs Bearbeiten von Text ist natürlich, dass dieser markiert ist. Mit einem Doppelklick markieren Sie ein einzelnes Wort, mit dreifachem Klick wählen Sie einen ganzen Absatz aus. Mit der Tastenkombination ⌘ – ⇧ – → lassen sich einzelne Zeilen markieren.

- Die Schriftgröße lässt sich stufenweise vergrößern oder verkleinern:
  Mit ⌘ – + vergrößern Sie die Schrift um einen Punkt.
  Mit ⌘ – - verringern Sie die Schrift um einen Punkt.
- Mit einem Layoutumbruch wechseln Sie zwischen Ein- und Mehrspaltensatz. Die Layoutränder legen Sie im Informationsfenster *Layout* fest.
- Um jede Spalte mit einer neuen Überschrift beginnen zu lassen, ist ein Spaltenumbruch erforderlich. Sie finden die Option im Menü *Einfügen*.
- Mit einem Umbruch im Abschnitt haben Sie die Möglichkeit, Ihr Dokument in verschiedene und voneinander unabhängige Abschnitte zu gliedern. Jeder Abschnitt kann mit einer neuen Seitennummerierung beginnen oder mit anderen Texten in den Kopf- und Fußzeilen.
- Mit den Befehlen *Stil kopieren* und *Stil einsetzen* im Menü *Format* übertragen Sie Textformatierungen schnell und bequem auf andere Textpassagen.
- Textfelder und die geometrischen Formen wie Rechteck und Kreis eignen sich hervorragend, um Text hervorzuheben.
- Bei geordneten Listen rücken Sie die Ebenen mit diesen Tastenkombinationen ein:
  ⌘ – ⌥ – ↓: Einzug auf die nächst untere Ebene.
  ⌘ – ⌥ – ↑: Einzug auf die nächst höhere Ebene.
- Tabulatoren erstellen Sie am einfachsten mit einem Klick ins Lineal.
- Mit der automatischen Textkorrektur lässt sich die Schreibung von Bruchzahlen oder Sonderzeichen wie dem Copyright-Zeichen automatisieren. Auch wird mit dieser Funktion Buchstabendrehern der Garaus gemacht. Mit welchen automatischen Textkorrekturen Sie arbeiten wollen, entscheiden Sie in den *Einstellungen ...* (Menü *Pages*).
- Um nichts zu vergessen oder um Notizen zu erstellen für Personen, die das Dokument weiterbearbeiten, eignet sich die Funktion *Kommentar*. Die Kommentarleiste mit Notizfeld blenden Sie mit einem Klick auf das Symbol *Kommentar* in der Symbolleiste ein.
- Ein Pages-Dokument wird stets mit den Darstellungsoptionen geöffnet, die Sie zuletzt gesichert haben. Damit Sie oder die Person, die das Dokument weiterbearbeitet, auch nach dem nächsten Öffnen an die Kommentare denkt, speichern Sie das Dokument am besten mit eingeblendeter Kommentarleiste ab.
- Mit der Funktion *Korrekturleser* (Menü *Bearbeiten*) durchforsten Sie Ihr Dokument wie mit den kritischen Augen eines Lektors. Ungewöhnliche Wörter werden ebenso aufgespürt wie Kommafehler oder zu häufig verwendete Wörter.

Pages

Mit Stilen arbeiten

Kapitel 6

Wollen Sie Ihre Arbeit an einem Dokument so effektiv wie möglich gestalten? Dann arbeiten Sie am besten mit Stilen. Stile weisen Überschriften, Absätzen und Wörtern bestimmte Formate zu. Mit einem Klick lässt sich zum Beispiel eine Überschrift in eine andere Schrift mit größerem Schriftgrad und anderer Farbe verwandeln. Die Arbeit mit Stilen spart Zeit und Nerven. Deshalb finden Sie auf den folgenden Seiten Ausführliches zu dieser überaus praktischen Funktion.

Stile für die einheitliche typografische Gestaltung von Texten

Für viele, die ihre mehrseitige Dokumentation abgeschlossen, ihr Referat fertiggestellt oder das Protokoll erledigt haben, beginnt danach die zeitaufwendige Arbeit der manuellen Textgestaltung: Auf jeder einzelnen Seite werden die Überschriften fetter gesetzt als der Fließtext, die Bildunterschriften werden kursiv und wichtige Begriffe halbfett hervorgehoben. Tatsache ist, dass Sie verschiedene Formatierungen benötigen, wenn Sie Textdokumente erstellen. Sie wählen Schriften, Schriftgrößen, Farben und andere typografische Merkmale aus und ordnen diese bestimmten markierten Textpassagen zu. Die Passagen erhalten ein spezielles Format, einen Stil.

Nun lässt sich natürlich jede Überschrift und jeder Absatz einzeln ansteuern, um für diesen Text die Schrift festzulegen, danach die Schriftgröße zu bestimmen und im dritten Schritt die Farbe festzulegen – und womöglich benötigt man einen vierten Schritt, um die Ausrichtung des Textes zu definieren. Erscheinen dann die Überschriften zu wuchtig oder die Farben zu grell, beginnt die Formatierung von vorn.

Doch diese Umständlichkeiten müssen nicht sein. In Pages können Sie jede gelungene Formatierung als Stil definieren und diesen Stil beliebig häufig wieder verwenden. Pages unterscheidet zwischen Absatzstilen, Zeichenstilen und Listenstilen. Ein solcher Stil ist nichts anderes als eine Sammlung von typografischen Entscheidungen bezüglich Schrift, Schriftgröße, Laufweite, Ausrichtung, Zeilenabstand, oder Farbe. Ein Stil lässt sich mit einem Klick allen Textteilen zuweisen, die entsprechend aussehen sollen. Der Ausbund an Arbeitserleichterung und Zeitersparnis ist freilich, dass Sie eine nachträgliche Änderung zum Beispiel an einer Überschrift schnell und unkompliziert allen weiteren Überschriften zuweisen können, die derselben Hierarchiestufe zugeordnet sind.

Absatzstile umfassen typografische Entscheidungen, die immer einen ganzen Absatz betreffen, also einen zusammenhängenden, nicht durch Zeilenschaltung getrennten Textblock. Ein solcher Textblock kann durchaus aus nur einem Wort bestehen wie zum Beispiel eine Überschrift. Wesentliche typografische Entscheidungen, die den Absatz betreffen, sind Zeilenabstand, Abstände vor und nach dem Absatz, Einrückungen am Zeilenbeginn usw. Wie unterschiedlich die Stile für die einzelnen Vorlagen definiert sind, zeigen die beiden Beispiele:

Absatzstile der Vorlage »Broschüre – Landschaft«

Absatzstile der Vorlage »Rundschreiben – Allgemein«

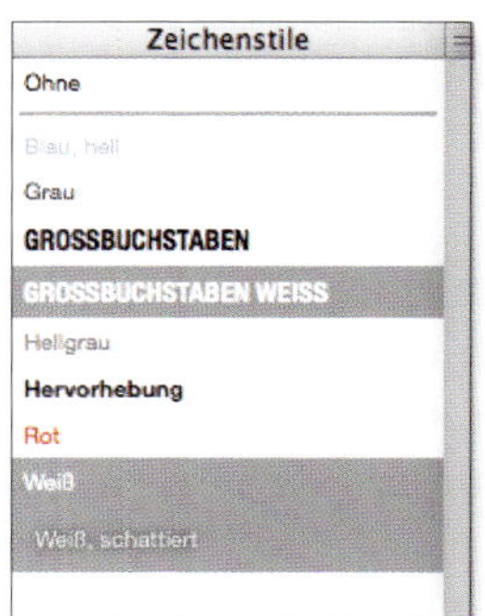

Zeichenstile umfassen die Festlegungen bezüglich der Schrift, der Schriftgröße und der Farbe von Zeichen. In den Zeichenstilen ist auch bereits die Laufweite sowie der Schriftschnitt (wie beispielsweise kursiv, halbfett oder fett) definiert. Zeichenstile können auch auf nur einzelne Buchstaben angewendet werden.

Zeichenstile der Vorlage »Rundschreiben – Extrem«

Zeichenstile der Vorlage »Broschüre – Gastronomie«

Listenstile werden für Aufzählungen oder Gliederungen verwendet. Das Aufzählungszeichen, die Art der Nummerierung sowie der Abstand zwischen Aufzählungszeichen und Text sind wesentliche Beispiele für Listenstile. Mit diesem Stil weisen Sie einem Text automatisch Aufzählungszeichen oder Nummerierungen zu.

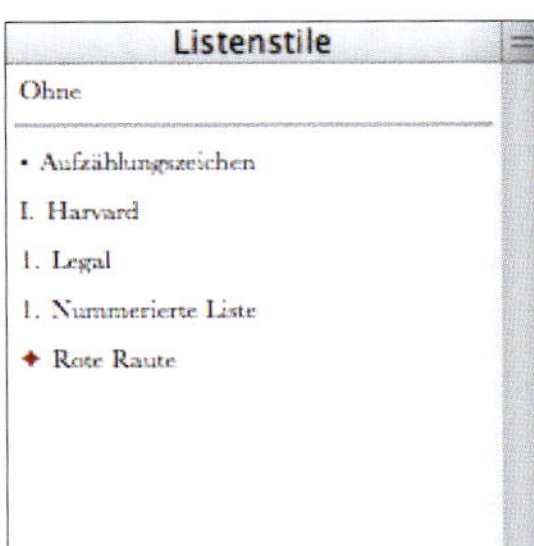

Listenstile der Vorlage »Rundschreiben – Finanzen«

Kurzum, Stilvorlagen sorgen dafür, dass die Gestaltung eines Dokuments einheitlich in der Gesamtanmutung wird.

GRUNDLAGEN

Für Wechsler von Word auf Pages: Die Stile werden in Word als Formatvorlagen bezeichnet.

Einen Stil auswählen

Für jede Vorlage von Pages sind bereits Absatzstile, Zeichenstile und Listenstile definiert. Die Anwendung von Stilen auf Absätze oder Zeichen nehmen Sie am einfachsten mit der Seitenleiste *Stile* vor. Diese Leiste erscheint mit einem Klick auf das blaue Symbol eines Absatzendes ganz links in der Formatierungsleiste. Je nachdem, an welcher Seite mehr Platz zum Bildschirmrand besteht, heftet sich das Fach entweder an die linke oder rechte Seite des Hauptfensters. Mit der Tastenkombination ⌘ – ⇧ – T geht das Ein- oder Ausblenden noch etwas schneller.

Diese Leiste stellt eine Art Vorratsbehälter für Stile dar. Im oberen Teil enthält es die Absatzstile, in der Mitte die Zeichenstile und im unteren Teil die Listenstile. Die Zeichen- und Listenstile lassen sich separat ein- bzw. ausblenden. Klicken Sie dafür auf die Symbole *Zeichenstile* und *Listenstile* am rechten unteren Rand des Fachs. Die einzelnen Stilbereiche lassen sich an den beiden waagerechten Strichen rechts neben den Überschriften *Zeichenstile* und *Listenstile* mit gedrückter Maustaste auf- oder zuziehen.

Alternativ blenden Sie die Absatz- und Zeichenstile mit einem Klick auf das jeweilige Symbol in der Formatierungsleiste ein.

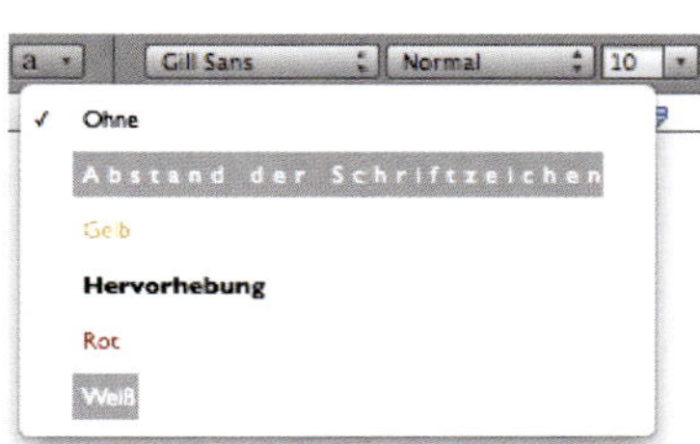

Zugriff auf die Stile über die Formatierungsleiste

Die Absatz- und Zeichenstile werden jeweils in der definierten Schrift, der Schriftgröße und der Schriftfarbe angezeigt. Durch diese originalgetreue Abbildung bekommen Sie stets einen genauen und anschaulichen Überblick über die in einer Vorlage verwendeten Stile. Klicken Sie mit der Maus in verschiedene Absätze oder Textfelder und beobachten Sie, was im Fach *Stile* passiert. Die Markierung zeigt an, welcher Stil dem aktuell markierten Wort oder Abschnitt zugewiesen ist.

Einen Absatzstil anwenden

Um einem Absatz einen anderen Stil zuzuweisen, brauchen Sie den Cursor nur an eine beliebige Stelle innerhalb des Absatzes zu setzen. Nun werden die für diesen Absatz festgelegten Absatz- und Zeichenstile im Seitenfach blau hervorgehoben. Anschließend klicken Sie in der Auswahl *Absatzstile* auf den von Ihnen bevorzugten Stil.

Wollen Sie mehreren Absätzen gleichzeitig einen anderen Stil zuweisen, klicken Sie in das Dreieck rechts neben der Stilbezeichnung und wählen den Eintrag *Alle Verwendungen von [Stilbezeichnung] auswählen*. Damit werden alle Absätze, für die der Stil verwendet wird, hervorgehoben. Jetzt brauchen Sie nur noch auf eine andere Stilbezeichnung zu klicken, und die Absätze nehmen die neue Formatierung an.

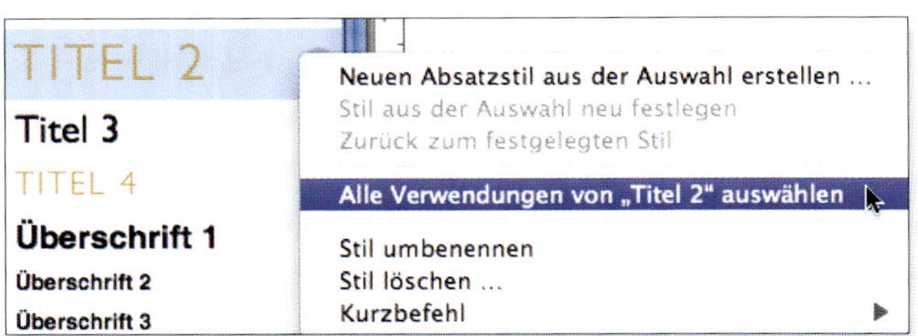

Alle Absätze mit gleichem Stil markieren

Einen Zeichenstil anwenden

Einen Zeichenstil können Sie auf einen Textblock, ein einzelnes Wort oder ein Zeichen anwenden. Um den Stil eines einzelnen Wortes zu verändern, brauchen Sie es nicht gänzlich zu markieren. Es reicht, wenn Sie den Cursor in das Wort setzen. Danach wählen Sie aus dem Fach *Zeichenstile* den Stil aus, in dem das Wort erscheinen soll.

In längeren Textpassagen kann es durchaus sein, dass Sie mehrere Wörter zum Beispiel kursiv oder fett hervorheben, den Wörtern also einen anderen Stil zuweisen möchten. Halten Sie dafür die ⌘ – Taste gedrückt und markieren Sie die Wörter mit einem Doppelklick. Wählen Sie anschließend den gewünschten Zeichenstil aus.

Einen Listenstil anwenden

Markieren Sie die Absätze, die Sie als Liste mit Aufzählungszeichen oder Nummerierungen gliedern wollen, und entscheiden Sie sich für einen Listenstil. Sie können auch bereits am Anfang eines Absatzes einen Listenstil definieren, so dass jeder neue Absatz, den Sie mit dem Zeilenschalter generieren, automatisch mit einem Aufzählungszeichen beginnt. Haben Sie die Liste fertig gestellt, klicken Sie im Seitenfach auf den Eintrag *Ohne*. Es werden danach keine weiteren Aufzählungszeichen erstellt.

Stile per Kurzbefehl zuweisen

Angenommen, Sie haben einen umfangreichen Text geschrieben und sich dabei zunächst noch keine Gedanken über Überschriften oder Zeichenstile wie fett oder kursiv gemacht. Der Text ist fertig, mit dem Zuweisen von Stilen für die Überschriften und Zeichenstilen für einzelne Begriffe stehen Sie allerdings noch am Anfang. Damit Ihnen das Zuweisen flink von der Hand geht, legen Sie für die einzelnen Stile am besten Kurzbefehle fest. Ein Tastendruck – und der Stil wird auf den Absatz oder das Zeichen übertragen. Sie können immerhin acht Stile mit einem Kurzbefehl für die Tasten F1 bis F8 belegen. Dafür brauchen Sie nichts anderes zu tun, als im Fach *Stile* einen Stil auszuwählen, auf das Dreieck zu klicken und im Auswahlmenü *Kurzbefehl* eine F-Taste auszuwählen. Praktischerweise wird die F-Taste, die Sie einem Stil zugewiesen haben, anschließend sowohl in der Leiste als auch in den Aufklappmenüs für die Absatz- und Zeichenstile angezeigt, so dass Sie sich keine Eselsbrücken für die Kurzbefehle merken müssen.

AUFGEPASST

Arbeiten Sie mit einer Tastatur, auf der die F-Tasten bereits mit Funktionen wie Helligkeit oder Dashboard belegt sind, drücken Sie zur F-Taste zusätzlich die fn-Taste, um den Stil zuzuweisen.

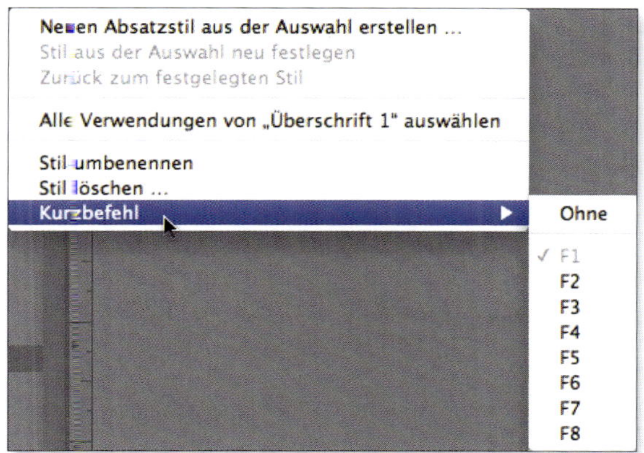

Einem Stil einen Kurzbefehl zuweisen

GRUNDLAGEN

Da jedem Dokument andere Stilvorlagen zugrunde liegen, gelten die Kurzbefehle immer nur für das aktuelle Dokument.

Stile ersetzen

Nun kann es passieren, dass Sie sich am Ende eines umfassenden Dokuments entscheiden, alle Überschriften, denen Sie den Stil *Überschrift 4* zugewiesen haben, mit dem Stil *Überschrift 3* auszuzeichnen. Für einen solchen Fall brauchen Sie den zugewiesenen Stil nur vom Programm suchen zu lassen und ihn durch den neuen auszutauschen. Den entsprechenden Befehl finden Sie, indem Sie im Fach *Stile* in das Dreieck neben den Stil klicken, den Sie ersetzen wollen. Wählen Sie hier den Eintrag *Alle Anwendungen von [Name des Stils] auswählen.* Sämtliche Textpassagen, denen dieser Stil zugewiesen ist, werden nun hervorgehoben. Anschließend klicken Sie auf den Namen des Stils, der den markierten ersetzen soll.

POWER USER

Beachten Sie, dass das Hervorheben von Textpassagen mit gleicher Stilzuweisung nur in den Vorlagen aus der Rubrik *Textverarbeitung* klappt. Der Grund: In diesen Vorlagen wird mit Fließtext und weniger mit Textfeldern gearbeitet. In den Vorlagen aus der Rubrik *Seitenlayout* stehen die Texte in separaten Textfeldern. Das Auswählen von Textpassagen mit gleichen Stilen greift jedoch nicht auf andere Textfelder zu. In Dokumenten mit vielen Textfeldern definieren Sie am besten Kurzbefehle für Stile, die Sie am häufigsten benutzen (siehe vorhergehender Abschnitt »Stile per Kurzbefehl zuweisen«).

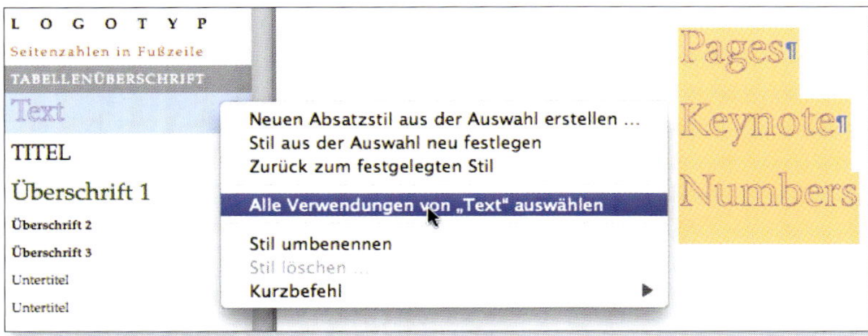

Einen ausgewählten Stil …

… durch einen anderen ersetzen

Stile importieren

Die Vorlagen von Pages sind eine wahre Fundgrube an unterschiedlichen Absatz- und Zeichenstilen. Wenn Sie in einer der Vorlagen Stile entdecken, die Sie in Ihrem Dokument verwenden möchten, so können Sie diese Stile einfach in Ihr aktuelles Dokument importieren. Besonders erfreulich ist diese Funktion bei der Arbeit mit der Vorlage *Leer*. Hier können Sie ganz unkompliziert die spartanische Auswahl an Stilen mit Absatz-, Zeichen- und Listenstilen aus anderen Vorlagen anreichern.

AUFGEPASST

Stile lassen sich nur aus einem bereits abgespeicherten Pages-Dokument importieren. Das bedeutet, dass die Stile nicht direkt aus einer Vorlage importiert werden können, sondern nur aus einem Dokument, das auf dieser Vorlage beruht. Unter Umständen müssen Sie deshalb zunächst eine Datei sichern, um danach die Stile, die in diesem Dokument verwendet werden, zu importieren.

Klicken Sie im Menü *Format* auf den Eintrag *Stile importieren …* . Wählen Sie die *Pages*-Datei, die die Stile beinhaltet, an denen Sie interessiert sind. Im Fenster, das sich nun öffnet, sehen Sie die Stile aufgelistet, die dem Dokument zugrunde liegen. Halten Sie die ⌘ – Taste gedrückt und klicken Sie auf die Stile, die Sie übernehmen wollen. Bestätigen Sie die Auswahl mit der Taste *OK*, und die Stile werden im gleichen Moment im Fach *Stile* Ihres aktuellen Dokuments angezeigt.

Ihre Importliste

TIPP

Falls Sie alle Stile importieren wollen, aktivieren Sie besser das Kästchen *Duplikate ersetzen*. Sonst werden die aufkommenden Dubletten mit einer *2* versehen, was das Ganze etwas unübersichtlich macht.

AUFGEPASST

Wenn Sie ein Word-Dokument mit Pages öffnen, werden alle Formatvorlagen in das Pages-Dokument importiert. Für diese Stile gelten selbstverständlich genau die gleichen Verwendungsmöglichkeiten wie für die Stile der Pages-Vorlagen.

Absatzstile ändern oder neu erstellen

Wahrscheinlich entspricht nicht jeder Stil Ihren Vorstellungen. Die Schriftgröße ist Ihnen vielleicht zu klein und der Zeilenabstand zu gering.

Um einen Stil zu ändern, geben Sie zunächst Text ein und formatieren ihn so, wie Sie ihn haben wollen. Sobald die Formatierung abgeschlossen ist, können Sie Ihren neuen Absatzstil gegen den alten austauschen. Alternativ definieren Sie Ihre Formatierungen als neuen Absatzstil. Mit dieser Methode bleibt Ihnen der ursprüngliche Stil erhalten, so dass Sie ihn theoretisch wieder gegen den neuen austauschen könnten.

Im Folgenden beschreiben wir das Maximalangebot an Möglichkeiten, um einen Absatz zu formatieren. Voraussetzung für die Formatierungen ist, dass der Absatz **markiert** ist.

- In der Formatierungsleiste oder im Schriftenfenster legen Sie eine andere Schriftgröße fest. Falls es eine ganz andere Schrift sein soll, treffen Sie hier die Auswahl.
- Legen Sie die Ausrichtung für den Text fest. Zur Wahl stehen die linksbündige, rechtsbündige und zentrierte Ausrichtung sowie der Blocksatz.
- Klicken Sie in das Farbfeld und entscheiden Sie sich in der Farbpalette für eine andere Schriftfarbe.
- In der Rubrik *Abstand* im Informationsfenster *Text* definieren Sie den Zeilenabstand innerhalb des Absatzes sowie die Abstände vor und nach einem Absatz.
- Mit dem Schieberegler *Zeichen* verringern oder vergrößern Sie den Abstand zwischen den Zeichen.
- Im Informationsfenster *Text* | *Mehr* lassen sich eine Absatzlinie sowie eine Hintergrundfüllung definieren.

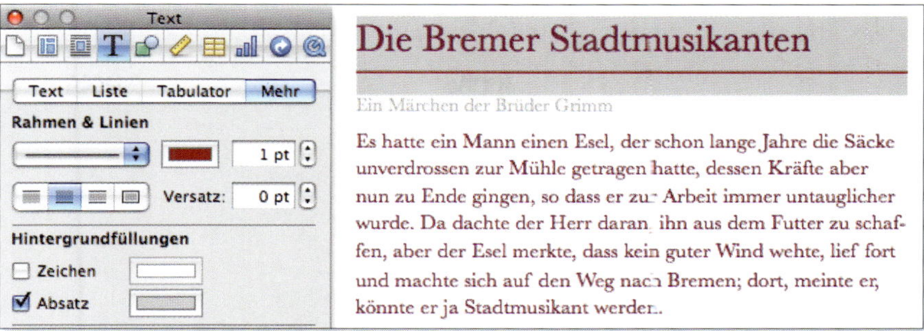

Überschrift mit Absatzlinie und grauer Hintergrundfüllung

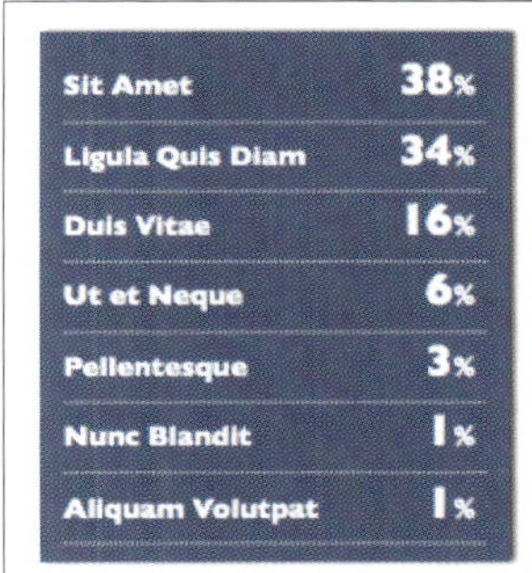

Ein anderes Beispiel für ein Absatzformat aus der Vorlage »Rundschreiben – Gymnasium«

Um die erste Zeile eines Absatzes einzurücken oder einen hängenden Einzug zu definieren, wechseln Sie in die Registerkarte *Tabulator*. Die erste Zeile eines Absatzes rücken Sie mit dem Feld *Erste Zeile* ein.

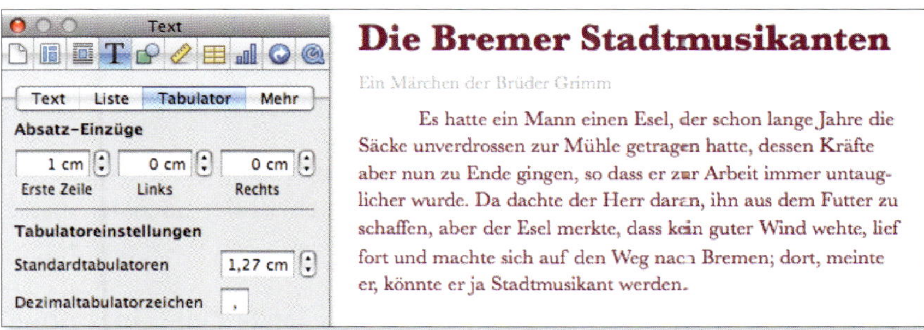

Absatz mit Einzug

In mehrseitigen Texten kommt es häufiger vor, dass am Ende der Seite die erste Zeile eines neuen Absatzes allein steht. Dieser sogenannte Schusterjunge verstößt massiv gegen die Regeln einer professionellen Satzgestaltung. Auch die letzte Zeile

eines Absatzes, die allein auf der nächsten Seite steht und als »Hurenkind« bezeichnet wird, ist ein unverzeihlicher Satzfehler.

Der König staunte über die schönen, fetten Rebhühner, wusste sich vor Freude nicht zu lassen und befahl, dem Kater so viel Gold aus der Schatzkammer in den Sack zu tun, als er tragen könne. „Das bring deinem Herrn und dank ihm noch viermal für sein Geschenk." Der arme Hans aber saß zu Hause am Fenster, stützte den Kopf in die Hand und dachte, dass er nun sein letztes Geld für die Stiefel des Katers weggegeben und was werde der ihm großes dafür bringen können.

Da trat der Kater herein, warf den Sack vom Rücken, schnürte ihn auf und schüttete das Gold vor den Müllerssohn hin: „Da hast du was für die Stiefel, der König lässt dich auch grüßen und dir viel Dank sagen." Hans war froh über den Reichtum, ohne dass er noch recht begreifen konnte, wie es zugegangen war.

Der Kater aber, während er sich die Stiefel auszog, erzählte ihm alles, dann sagte er: „Du hast zwar jetzt Geld genug, aber dabei soll es nicht bleiben. Morgen ziehe ich meine Stiefel wieder an, du sollst noch reicher werden Dem König habe ich gesagt, dass du ein Graf bist."

In der Mitte »Hurenkind« und »Schusterjunge«

Pages hat glücklicherweise für alle Vorlagen Standards definiert, mit denen sich das unschöne Trennen von Absätzen vermeiden lässt. Im Informationsfenster *Text | Mehr* finden Sie in der Rubrik *Seitenumbruch & Umbrüche* eine Fülle an Optionen, um zusammenzuhalten, was zusammengehört.

Zeilen koppeln: Die Zeilen eines Absatzes bleiben auf derselben Seite. Das bedeutet, dass ein Absatz stets komplett bleibt und geschlossen auf die nächste Seite oder in die nächste Spalte rückt, wenn der Platz in der bisherigen zu eng wird.

Mit folgendem Absatz koppeln: Der aktuelle Absatz – zum Beispiel eine Überschrift – und der darauf folgende Absatz bleiben auf derselben Seite. Pages hält die beiden Absätze streng auf einer Seite zusammen. Diese Option eignet sich zum Beispiel für Flyer oder Dokumente, die strikt im Doppelseitenprinzip erstellt werden.

Absatz beginnt auf der neuen Seite: Diese Option ist sinnvoll, wenn beispielsweise nach einem Inhaltsverzeichnis oder einer Kapitelüberschrift der nächste Absatz mit einer neuen Seite starten soll.

Alleinstehende Zeilen verhindern: Verhindert, dass die letzte Zeile eines Absatzes am Anfang einer Seite oder eine vereinsamte erste Zeile am Ende einer Seite steht.

In der Rubrik *Stil des folgenden Absatzes* wählen Sie einen Absatzstil aus, der automatisch auf den vorangegangenen folgen soll. Wenn Sie zum Beispiel festlegen wollen, dass nach einer Überschrift mit dem Absatzstil *Text* fortgesetzt wird, wählen

Sie den Eintrag *Text*. Die Option *Gleich* bedeutet, dass auch nach dem Drücken des Zeilenschalters im gerade verwendeten Stil weitergeschrieben wird. Die Auswahl an Absatzstilen ist abhängig von der Vorlage, auf deren Basis Sie das aktuelle Dokument erstellen.

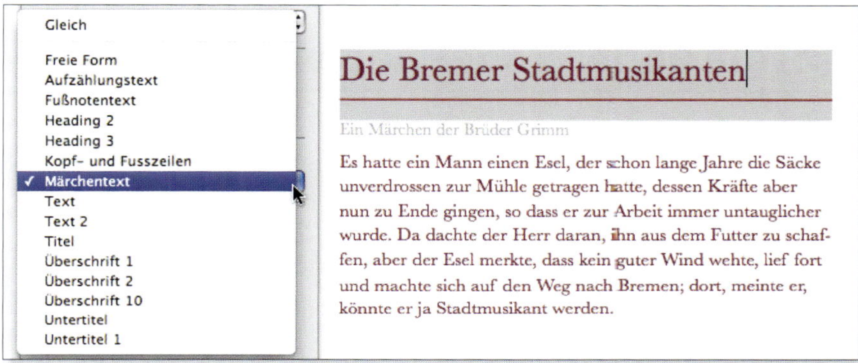

Nach der Überschrift wird mit dem selbst definierten Stil »Märchentext« fortgesetzt.

Den neuen Absatzstil sichern

Sobald Sie mit der Formatierung des Absatzes fertig sind, klicken Sie in das kleine Dreieck neben dem Namen für den Absatzstil. Jetzt haben Sie die Wahl:

Stil aus der Auswahl neu festlegen: Mit der Entscheidung für diesen Eintrag werden die bisherigen Formatierungen überschrieben und sind nicht mehr zugänglich.

Neuen Absatzstil aus der Auswahl erstellen: Diese Option empfiehlt sich, wenn Sie die ursprünglichen Formatierungen beibehalten wollen. Ihre aktuellen Formatierungen werden mit einer eigenen Bezeichnung gesichert. Geben Sie dazu einen Namen in das Dialogfenster ein und speichern Sie diesen mit einem Klick auf *OK*.

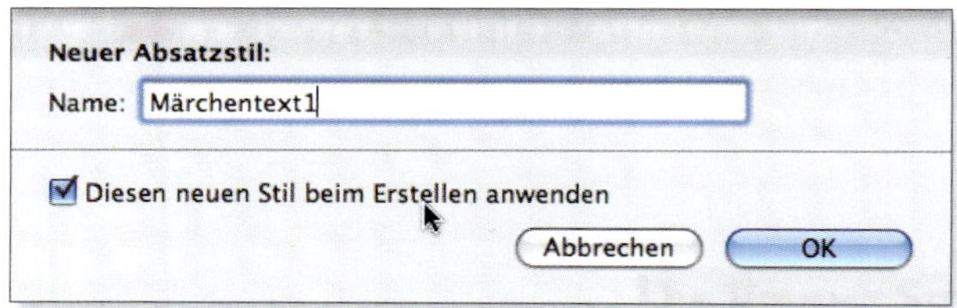

Der neue Absatzstil mit eigenem Namen

TIPP

Um die Formatierungen als neuen Absatzstil zu definieren, können Sie auch auf das Pluszeichen unten in der Leiste *Stile* klicken.

Zeichenstile ändern oder neu erstellen

Ein Zeichenstil kann verschiedene Zeichenattribute umfassen wie Schriftart, Schriftgröße, Schriftfarbe und weitere Auszeichnungen. Einen Zeichenstil wenden Sie auf einzelne Wörter oder gar nur auf einzelne Buchstaben an. Eine schnelle Zuweisung der Schrift, wie für dieses Buch die Darstellung der Tastenkombinationen, ist über Zeichenstile einfach zu realisieren.

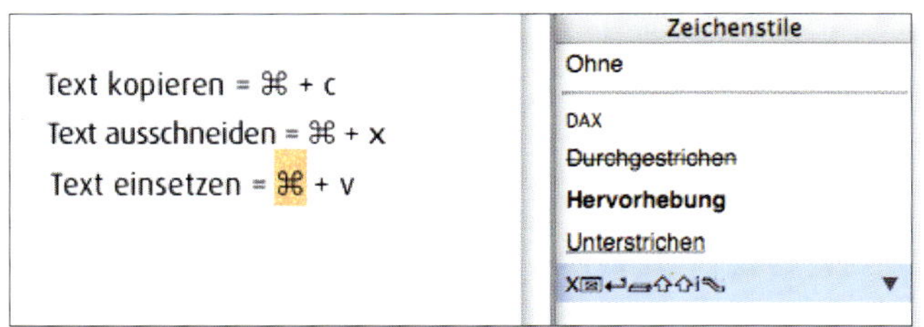

Zeichenstile mit Symbolschrift für die schnelle Zuweisung

Ein anderes Beispiel ist die Hintergrundfüllung als Markierung für einzelne Zeichen oder Wörter.

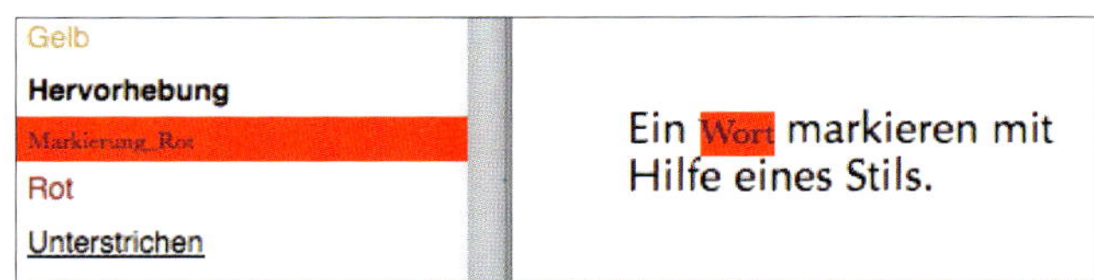

Ein Zeichenstil, um Wörter farbig hervorzuheben

Wählen Sie im Fach *Zeichenstile* den Stil aus, dem Sie weitere Attribute hinzufügen wollen, oder wählen Sie den Stil *Ohne*. Anschließend geben Sie Text ein und legen im Schriftenfenster die Schriftart, den Schriftstil (z.B. kursiv oder halbfett) und die Schriftgröße fest. Wechseln Sie danach ins Informationsfenster *Text*. Im Bereich *Text* stellen Sie mit dem Schieberegler *Zeichen* den Abstand zwischen den Zeichen ein.

Den neuen Zeichenstil sichern

Ist die Formatierung abgeschlossen, klicken Sie in der Leiste *Stile* auf das nach unten weisende Dreieck und wählen aus den Angeboten aus:

Stil aus der Auswahl neu festlegen: Damit verwerfen Sie die bisherigen Attribute und legen den neuen Zeichenstil für das Dokument fest. Alle Wörter, für die bislang der vorherige Zeichenstil galt, erscheinen nun im Kleid der neu festgelegten Attribute.

Neuen Zeichenstil aus der Auswahl erstellen: Der Originalstil bleibt erhalten. Sie legen für die neuen Formatierungen einen neuen Zeichenstil mit eigenem Namen an.

Zeichenattribute anzeigen lassen

Wenn Sie einen Zeichenstil mit eigenem Namen abspeichern, sehen Sie im Dialogfenster die Option *Inklusive aller Zeichenattribute*. Dahinter verbirgt sich der besondere Service, dass alle Attribute, die für ein Zeichen festgelegt werden können, übersichtlich dargestellt sind. Außerdem ist das Fenster gut geeignet, um sich noch einmal einen Überblick über die vorgenommen Formatierungen zu verschaffen und einzelne Attribute wieder zu deaktivieren. Klicken Sie dazu auf den Button *Prioritäten auswählen*. Sie sehen nun, welche Formatierungen Sie festgelegt haben.

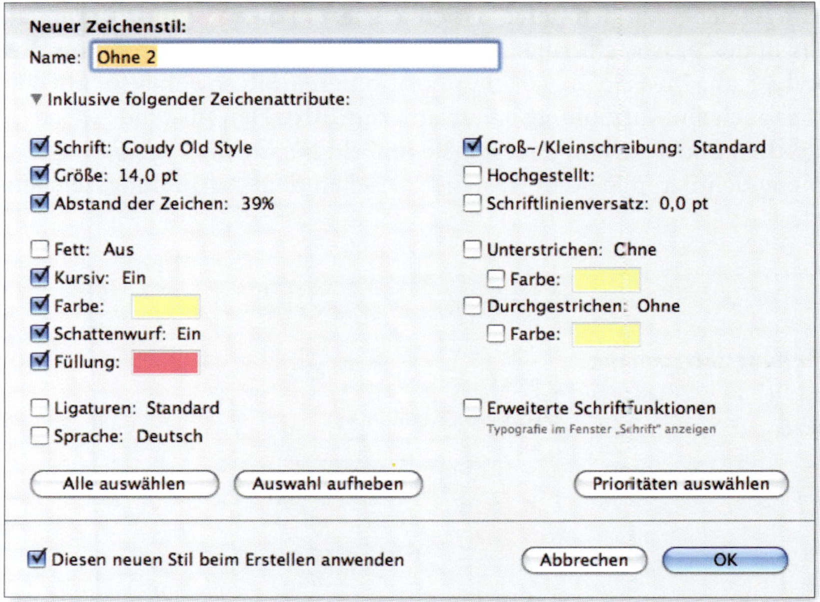

Die definierten Zeichenattribute

Listenstile ändern oder neu erstellen

Klicken Sie im Fach *Stile* auf das Symbol *Listenstile*, damit die unterschiedlichen Stile, die für eine Vorlage definiert sind, eingeblendet werden. In den meisten Vorlagen umfasst die Auswahl lediglich die Standards, als da wären *Aufzählungszeichen*, *Harvard, Legal* und *Nummerierte Liste*. Falls Ihnen die Variante *Aufzählungszeichen* zu fade und die anderen Varianten zu akademisch sind und Sie weder Lust noch Zeit haben, die Symbole für jede neue Aufzählung manuell zu ändern, erstellen Sie einen neuen Listenstil. Öffnen Sie hierfür das Informationsfenster *Text | Liste*. Im Aufklappmenü unter der Rubrik *Aufzählung & Nummerierung* finden Sie eine breite Auswahl an Alternativen.

TIPP

Denken Sie bei der Option *Zeichen* auch an die Palette *Sonderzeichen*, in der Sie viele Anregungen für Aufzählungszeichen auf der Skala von interessant bis außergewöhnlich finden. Mehr dazu lesen Sie im Kapitel »Ein Dokument bearbeiten«, Abschnitt »Individuelle Aufzählungszeichen«.

Zum Lieferumfang von iWork gehört eine Vielzahl an Bildern für Aufzählungen, die im Aufklappmenü *Bild* versammelt sind. Eine weitere Möglichkeit, ein attraktives Aufzählungszeichen zu definieren, ist diejenige, ein eigenes Bild zu wählen. Die Größe des Bildes passt sich dabei automatisch der definierten Größe für die Aufzählungsbilder an. Im Feld *Ausrichten* positionieren Sie sowohl ein Aufzählungszeichen als auch ein Aufzählungsbild relativ zum Text. Den Abstand zwischen Aufzählungszeichen und Textrahmen legen Sie im Feld *Einzug für Aufzählung* fest. Unter *Texteinzug* definieren Sie den Abstand zwischen dem Aufzählungszeichen und dem Text.

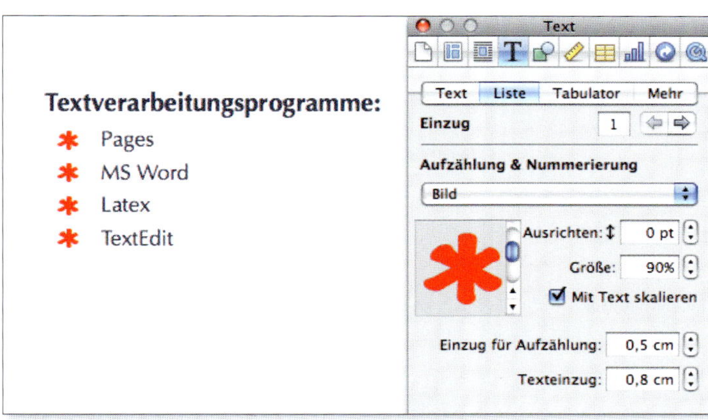

Ein Aufzählungszeichen als Stil definieren

Für die Listenstile *Harvard*, *Legal* und *Nummerierte Liste* wählen Sie den Eintrag *Nummerierung*. Passen Sie auch hier den Abstand zum linken Seitenrand an (*Einzug für Nummerierung*).

Sobald Sie Ihre Formatierungen abgeschlossen haben, klicken Sie in der Leiste *Listenstile* auf das Dreieck rechts neben dem hervorgehobenen Stil. Die rote Markierung zeigt an, dass Sie für diesen Listenstil neue Attribute festgelegt haben.

Wie auch bei den Absatz- und Zeichenstilen haben Sie nun die Wahl, die neuen Formatierungen für das gesamte Dokument festzulegen und damit den Originalstil zu überschreiben. Rufen Sie dazu den Eintrag *Stil aus der Auswahl neu festlegen* auf.

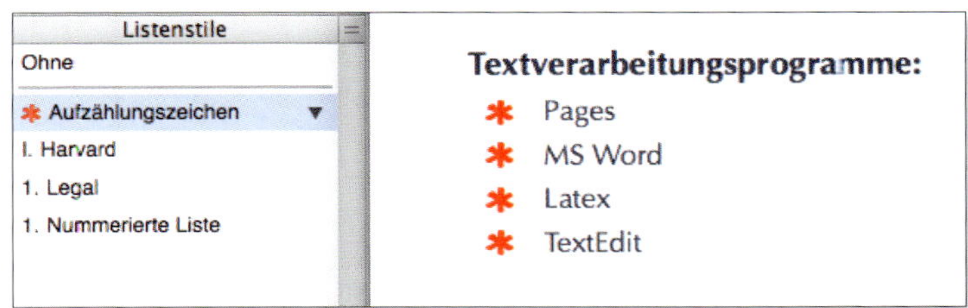

Der Originalstil wurde ausgewechselt.

Wollen Sie jedoch die Formatierung als neuen Listenstil definieren, wählen Sie den Eintrag *Neuen Listenstil aus der Auswahl erstellen*. Geben Sie dem neuen Stil einen Namen und klicken Sie auf *OK*.

Änderungen am Stil rückgängig machen

Sie können einem Absatz oder auch einem einzelnen Wort jederzeit ein anderes Aussehen verleihen, ohne gleich einen neuen Stil auszuwählen oder zu definieren. Vielleicht wollen Sie die Schriftgröße eines Absatzes vergrößern, eine Überschrift farbig herausstellen oder ein Wort innerhalb eines Abschnittes unterstreichen. Bei diesen Änderungen an Textattributen kommt es zu einer Stilüberlagerung. Das heißt, dass der Originalstil mit einer Schicht weiterer Formatierungen überzogen wird, wobei die Überlagerungen den Stil nicht ersetzen, sondern sich vielmehr wie eine Decke über die Stilattribute legen. Und so, wie Sie eine Decke zurückziehen können, um das, was sich darunter verbirgt, wieder zum Vorschein zu bringen, so lässt sich auch der Originalstil wieder an die Oberfläche bringen.

Ob Sie in einem Text eigene Formatierungen vorgenommen haben, macht ein kleiner roter Pfeil rechts neben der Stilbezeichnung deutlich. Dieser Pfeil steht als

Symbol für Stilüberlagerungen. In diesen Pfeil klicken Sie, wenn Sie die Überlagerungen zugunsten des Originalstils rückgängig machen wollen. Wählen Sie den Eintrag *Zurück zum festgelegten Stil*. Nun werden für den ausgewählten Text die Attribute angewendet, die ursprünglich als Stil definiert worden sind.

Ein neuer Stil überlagert die ursprüngliche Formatierung.

Eigene Vorlagen erstellen

Sie kennen sicherlich die Geschichte vom Holzfäller, der unter großen Mühen einen Baum nach dem anderen fällt. Als ein Spaziergänger ihn fragt, was seine Arbeit so anstrengend mache, weist er auf die stumpfe Axt hin. Der Spaziergänger rät ihm, die Axt zu schleifen, doch der Holzfäller antwortet: »Dazu habe ich keine Zeit.«

So ähnlich ist es mit dem Erstellen neuer Vorlagen. Da fängt man lieber immer wieder mit der Vorlage *Leer* an und legt die Formatierungen aufs Neue fest. Warum dann nicht gleich eigene Vorlagen erstellen? Eine selbst kreierte Vorlage wird mit ins Auswahlfenster aufgenommen, so dass Sie auf Ihr Layout stets direkt zugreifen und ohne Umweg mit der Arbeit loslegen können.

Falls eine der mitgelieferten Vorlagen Ihren Vorstellungen ganz gut entspricht, gestalten Sie auf der Grundlage dieses Designs Ihre neue Vorlage. Wenn Sie Ihre Vorlage jedoch lieber aus dem Nichts entwerfen, öffnen Sie für eher textlastige Dokumente die Vorlage *Leer* aus dem Bereich *Textverarbeitung* und für gestylte Flyer oder Broschüren die Vorlage *Leer* aus dem Bereich *Seitenlayout*.

Wichtige Funktionen für das Erstellen von Vorlagen sind im Menü *Format | Erweitert* versammelt. Wenn Sie zum Beispiel eine Seitenleiste gestalten, die auf jeder Seite erscheinen soll, markieren Sie die Form und wählen im Menü *Format | Erweitert* den Eintrag *Objekt in die Seite bewegen*.

Für das Gestalten unterschiedlicher Abschnitte innerhalb der Vorlage gelten die gleichen Regeln wie für ein Dokument. Das heißt, dass Sie Layoutwechsel für verschiedene Textdesigns wie ein- oder mehrspaltigen Satz brauchen und Abschnittswechsel für unterschiedliche Bereiche wie Einstiegsseite oder Kapitelauftaktseiten.

Um ein Dokument als Vorlage zu sichern, brauchen Sie bereits geschriebenen Text nicht zu löschen. Markieren Sie den Text und definieren Sie ihn im Menü *Format* | *Erweitert* als Platzhalter. Dieser Platzhalter funktioniert genauso wie die Platzhalter, die Sie aus den bereits vorhandenen Vorlagen kennen.

AUFGEPASST

Wer eine Vorlage nach seinen Wünschen abändert und diese dann als neue Vorlage sichert, sei auf folgende vertrackte Angelegenheit hingewiesen: Nur wenn eine neue Seite über den automatischen Seitenumbruch oder mit dem Befehl *Seitenumbruch* im Menü *Einfügen* hinzugefügt wird, wird das neue Layout auf die Seite übertragen. Sollten Sie das Dokument mit einer neuen Seite über das Auswahlmenü *Abschnitte* ergänzen, bleiben die individuellen Stile außen vor. Diese Seiten folgen eigenen Stilen.

Die eigene Vorlage sichern

Bevor Sie Ihre Vorlage speichern, überlegen Sie, was Sie beim nächsten Öffnen der Vorlage alles parat haben wollen. Die Vorlage wird nämlich so gesichert, wie Sie das Feld verlassen – sprich mit oder ohne eingeblendete Hilfsmittel wie Layout, Lineale und Stile.

Damit Ihre Vorlage mit in das Auswahlfenster aufgenommen wird, speichern Sie sie im Menü *Ablage* mit dem Befehl *Als Vorlage sichern*. Die Vorlage wird mit der Endung .template im Ordner *Meine Vorlagen* abgelegt.

Der Pfad für den Ordner *Meine Vorlagen* ist *Benutzer/Library/Application Support/iWork/Pages/Vorlagen/Meine Vorlagen*. Diesen Pfad beschreiten Sie, falls Sie eine Ihrer Vorlagen löschen wollen. Ziehen Sie in diesem Fall die Vorlage einfach in den Papierkorb.

Tipps, um sich die Arbeit zu erleichtern

- Stilvorlagen erleichtern die Arbeit ungemein. Denn allen Textteilen, die dem gleichen Stil folgen, lässt sich so ruckzuck ein anderer Stil zuweisen.
- Sie können einen Absatz oder ein einzelnes Wort beliebig formatieren. Anschließend haben Sie die Wahl, mit den neuen Formatierungen die alten zu überschreiben (*Stil aus der Auswahl neu festlegen*), einen neuen Stil zu definieren (*Neuen Absatzstil aus der Auswahl erstellen*) oder zum Originalstil zurückzukehren (*Zurück zum festgelegten Stil*).
- Warum immer alles selbst machen? Stile können auch aus anderen Dokumenten importiert werden. Falls Sie also in irgendeiner Vorlage hübsche Stile entdecken, so speichern Sie ein Dokument ab und importieren anschließend die gewünschten Stile in Ihr aktuelles Dokument.
- Mit dem Befehl *Einsetzen und Stil anpassen* im Menü *Bearbeiten* fügen Sie einen zuvor kopierten Text mit dem Layout des aktuellen Dokuments ein. So ersparen Sie sich das Umformatieren von eingesetzten Textpassagen.
- Im Informationsfenster *Text | Mehr* lässt sich eine Hintergrundfüllung für eine Überschrift oder ein Zeichen festlegen und anschließend als Stil definieren.
- Mit Absatzrahmen und -linien lässt sich ein Text in Abschnitte gliedern. Wer einen Text mit Hilfe dieser Elemente strukturieren möchte, fügt sie am besten in einen Absatzstil ein und speichert diesen unter einem neuen Namen ab.
- Wer für eine neue Vorlage mit Absatz- oder Zeichenstilen experimentiert, kann im Menü *Format | Erweitert* den Blindtext als Platzhaltertext definieren.

Kapitel
7

Pages
Mit Bildern und Objekten arbeiten

Bilder und Objekte lockern ein Dokument auf, machen aber auch viel Arbeit – so die landläufige Meinung, wenn es um die Integration von Objekten in ein Textdokument geht. Mit Pages ist das alles ganz anders, nämlich sehr einfach und unkompliziert. Pages ist mit zahlreichen Funktionen ausgestattet, die das Modellieren von Objekten vereinfachen und die Arbeit am Design des Dokuments erheblich erleichtern.

Eingebunden oder fixiert: zwei Prinzipien

Die Prinzipien für das Einfügen von Bildern und Objekten sind für die Vorlagen aus den Bereichen *Textverarbeitung* und *Seitenlayout* nahezu identisch – mit Ausnahme eines entscheidenden Unterschiedes: In den Vorlagen *Textverarbeitung* werden Texte in einen definierten Textrahmen eingeben. Dieser Textrahmen wird sichtbar, sobald Sie das Layout über das Auswahlmenü *Darstellung* einblenden.

Die Vorlagen für die Seitenlayouts sind im Grunde völlig leere Blätter, deren Design der Anwender frei gestaltet. Rahmen als Orientierung für die Eingabe von Text existieren nicht. Um dies zu verdeutlichen, hilft es, die jeweils leeren Vorlagen aus diesen beiden Bereichen zu öffnen. Öffnen Sie die Vorlage *Leer* aus dem Bereich *Textverarbeitung* und blenden Sie das Layout ein. Sie sehen einen feinen Rahmen, der den Satzspiegel kennzeichnet. Die Vorlage *Leer* der Seitenlayouts besitzt keinen Satzspiegelrahmen. Die Eingabe von Text erfolgt ausschließlich über separate Textfelder.

Natürlich lassen sich in alle Vorlagen Objekte integrieren. Allerdings werden Bilder und Objekte auf zwei verschiedene Weisen in ein Dokument eingefügt: In den Vorlagen aus dem Bereich *Textverarbeitung* binden Sie ein Objekt entweder in den Textfluss ein oder Sie fixieren es auf einer Seite. Eingebundene Objekte rücken automatisch mit, je mehr Text Sie eingeben. Fixierte Objekte wiederum sind fest auf einer Seite verankert. Sie behalten ihre Position – egal, wie viel Text um sie herum eingegeben wird. Ein fixiertes Objekt bleibt solange unverändert und unverrückbar an der Stelle, an die Sie es platziert haben, bis Sie es umpositionieren oder an den Anfasspunkten weiter auf- oder zuziehen.

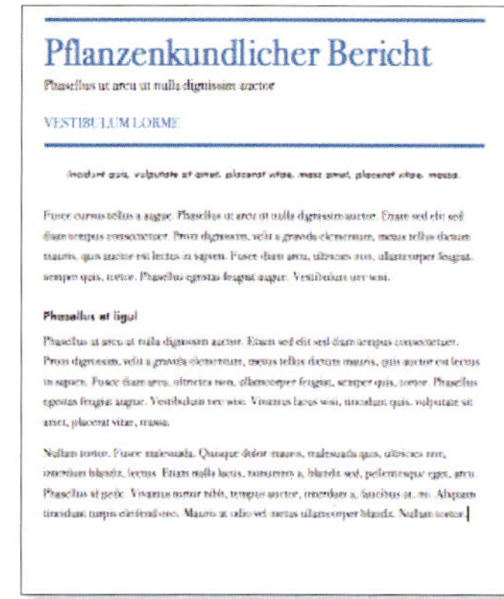

Wird ein eingebundenes Objekt gelöscht, rückt der Text nach.

Tabellen und Diagramme, die Sie in die Vorlage *Textgestaltung* einfügen, werden standardmäßig in das Dokument eingebunden. Bei einem markierten, eingebundenen Objekt erkennen Sie am oberen Rand und, je nach Positionierung auf der Seite, auch am linken oder rechten Rand blaue Anfasspunkte. Diese Anfasspunkte sind deaktiviert, so dass Sie das Objekt nicht nach oben oder seitwärts aufziehen können. Denn ein eingebundenes Objekt kann nie breiter sein als der Textrahmen, in dem es sich befindet. Deshalb sind die aktiven Anfasspunkte auch immer nur auf der Seite zu sehen, an der noch Raum bis zur Rahmenbegrenzung ist. Am unteren Rand eines eingebundenen Objekts erkennen Sie weiße Anfasspunkte, über die Sie die Größe des Objekts verändern.

Darüber hinaus wird ein im Text verankertes Objekt immer mit einem Symbol versehen, das auch dann angezeigt wird, wenn Layout- und Steuerzeichen ausgeblendet sind.

Das Symbol für ein eingebundenes Objekt

HILFE

Da die Vorlagen *Seitenlayout* eine völlig flexible Seitengestaltung zulassen, keine Satzspiegelbegrenzung kennen und damit auch keinen Rahmen für Fließtext, lässt sich in diesen Vorlagen ein Objekt nur fixieren. Denn wo kein Fließtext ist, kann auch kein Objekt mit dem Text mitwandern. Die Entscheidung, ob Sie ein Objekt einbinden oder fixieren, müssen Sie demnach nur in den Vorlagen *Textgestaltung* treffen. In den Vorlagen *Seitenlayout* ist jedes Objekt fixiert. Zur Verdeutlichung: In dem Seitenauszug sehen Sie einen Segler und eine Collage aus Sextant und Bordbuch. Auch wenn Sie das Textfeld löschen, rücken die Bilder keinen Millimeter von der Stelle. Die Fotos bleiben an ihrem angestammten Platz.

Die fixierten Abbildungen rücken nicht von der Stelle.

Objekte einfügen

Wie beschrieben, haben Sie in den Vorlagen *Textverarbeitung* die Wahl aus fixierten und eingebundenen Objekten. Tabellen und Diagramme werden automatisch eingebunden. Alle anderen Objekte, die eher schmückenden Charakter haben wie Bilder und geometrische Formen, werden standardmäßig fixiert. In der Formatierungsleiste lassen sich fixierte Elemente wie Formen, Bilder und Textfelder rasch mit einem Klick auf *Einbinden* in den Textfluss integrieren. Das Objekt springt dabei sozusagen in das Textbett innerhalb des Textrahmens. An den blauen Anfasspunkten am oberen Rand erkennen Sie, dass Sie aus einem fixierten ein eingebundenes Objekt gemacht haben.

Umgekehrt können Sie eingebundene Objekte mit einem Klick auf *Fixieren* unkompliziert auf der Seite verankern. Nun sind alle Anfasspunkte aktiviert – ein sicheres Zeichen dafür, dass Sie ein eingebundenes Objekt in ein fixiertes umgewandelt haben.

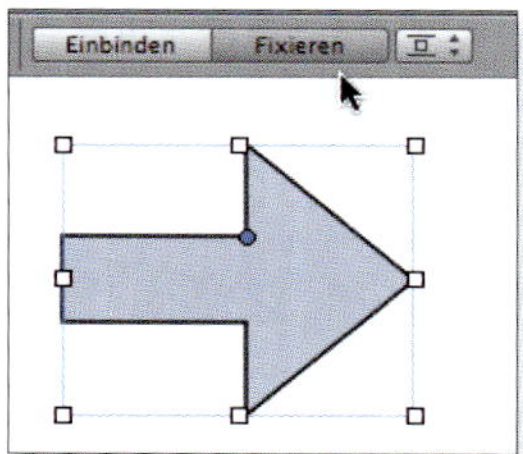

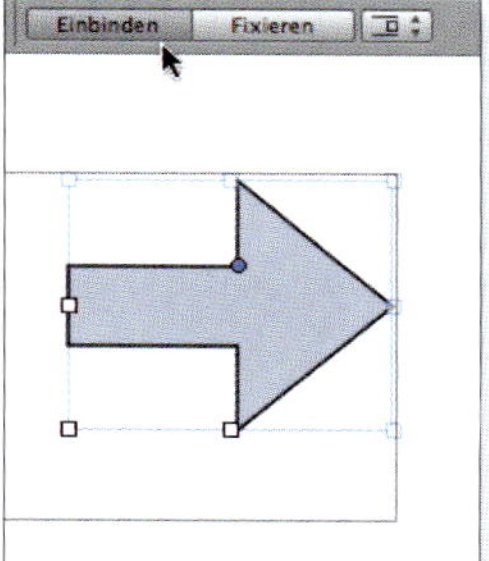

Ein fixiertes und ein eingebundenes Objekt

AUFGEPASST

Für Tabellen und Diagramme suchen Sie diesen Button vergeblich. Für diese Objekte lässt sich nur im Informationsfenster *Umbruch* eine andere Platzierung definieren.

Textfluss um ein Objekt

Sowohl für fixierte als auch für eingebettete Bilder, Formen und Diagramme ist standardmäßig definiert, wie der Text, der die Objekte umgibt, umbrochen wird. An den stilisierten Symbolen im Aufklappmenü *Textumbruch* in der Formatierungsleiste sehen Sie, welche Möglichkeiten Pages bietet, Text zu umbrechen. Alternativ wählen Sie eine Variante im Informationsfenster *Umbruch*.

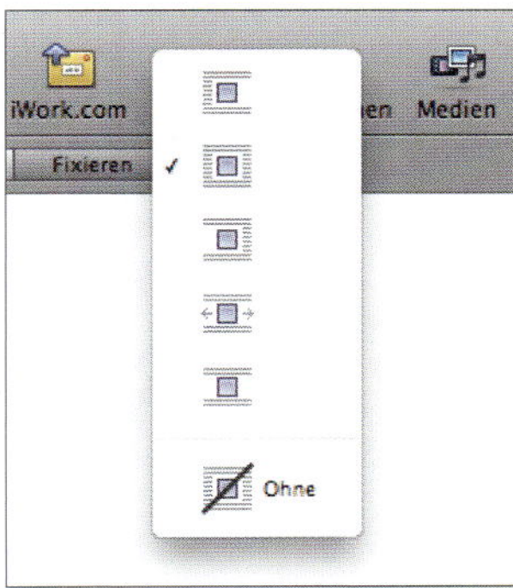

Umbruchvarianten für fixierte Objekte

Die Varianten unterscheiden sich für eingebettete und fixierte Objekte. Für fixierte Objekte stehen Ihnen fünf Optionen zur Verfügung. Für eingebettete Objekte haben Sie sechs Tasten zur Auswahl. Der Unterschied besteht darin, dass eingebettete Objekte auch am äußerst linken bzw. äußerst rechten Rahmenrand platziert werden können.

Testen Sie selbst mit einem Objekt, das Sie in Ihr Dckument einfügen, welcher Umbruch der geeignete ist.

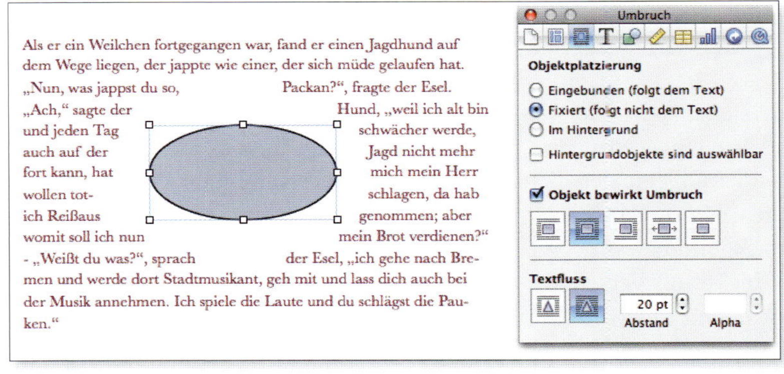

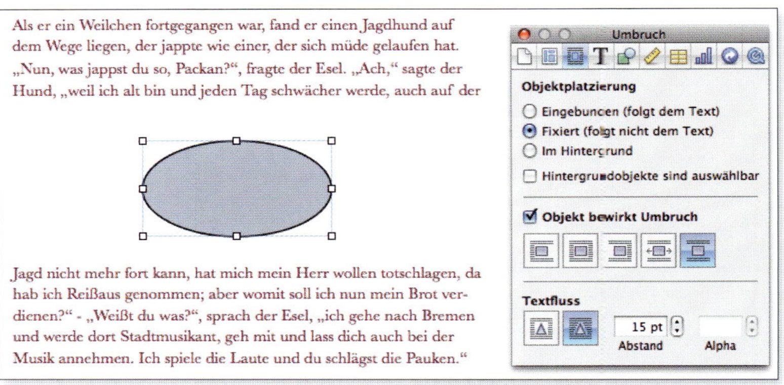

Verschiedene Möglichkeiten für einen Textumbruch

In der Rubrik *Textfluss* entscheiden Sie, wie nah der Textfluss an das Objekt heranreicht. Mit dem linken Symbol legen Sie einen eher kantigen Leerraum zwischen Objekt und Text fest, mit dem rechten Symbol schmiegt sich der Text an das Objekt an. Mit dem Eingabefeld *Abstand* haben Sie Gelegenheit, den Raum zwischen Text und Objekt zu vergrößern oder zu verringern.

Falls Sie ein Objekt in Ihr Dokument eingefügt haben, das über einen transparenten Bereich, einen sogenannten Alpha-Kanal verfügt, geben Sie in das Feld *Alpha* einen Wert ein, bei dem der Text durch den transparenten Bereich durchscheinen soll.

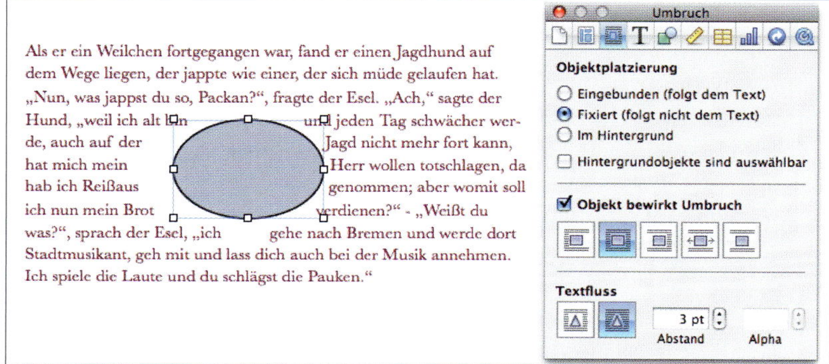

Text und Objekt auf Kuschelkurs

Objekte und Texte stehen normalerweise gleichberechtigt nebeneinander. Ein Objekt macht Platz, sobald Text eingegeben wird und umgekehrt. Nun kann es aber auch den Fall geben, dass Bilder oder Objekte den Text schmücken und deshalb hinter dem Text angeordnet werden sollen. Für diesen Zweck müssen sie in den Hintergrund gerückt werden. Das geht ganz einfach – und zwar per Klick in die Option *Im Hintergrund*. Um zu vermeiden, dass die Objekte aus Versehen verschoben werden, ist es geschickt, den Eintrag *Hintergrundobjekte sind auswählbar* zu deaktivieren. Wollen Sie die Objekte wieder loswerden, verschieben oder modifizieren, schalten Sie die Funktion wieder ein.

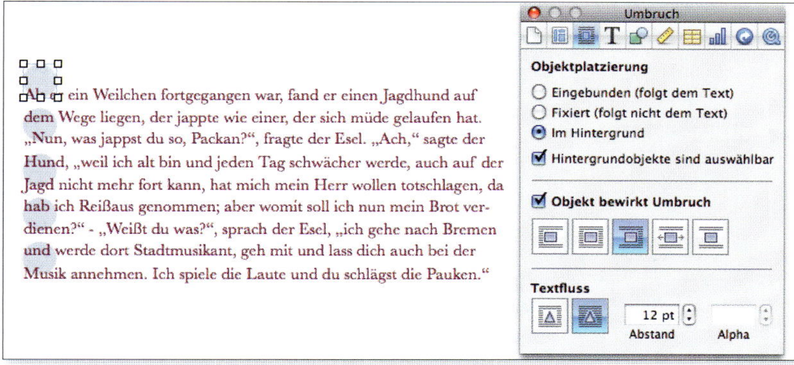

Schmuckelemente hinter dem Text

AUFGEPASST

Im Hintergrund angeordnete Objekte lassen sich nicht einbinden, so dass sie nicht mit dem Text mitrücken.

Bilder einfügen und bearbeiten

Bilder lassen sich im Handumdrehen in Ihr Dokument einfügen und mit Text und anderen grafischen Elementen zu eindrucksvollen und farbenprächtigen Arrangements kombinieren. Mit der im Programm integrierten Funktion der Bildbearbeitung kann die Qualität eines Bildes bequem optimiert werden. Und mit den geometrischen Formen, den mitgelieferten Rahmen oder selbst erstellten Linien bekommen Ihre Bilder ein unverwechselbares Aussehen.

Darüber hinaus bietet Pages eine Reihe von Schablonen für Grafikobjekte wie Rechtecke, Pfeile, Sprechblasen und Rauten an.

Die Palette an Grafikformaten, die Pages akzeptiert, ist groß genug, um nahezu jedes Bild in ein Dokument integrieren zu können:

- TIFF
- JPEG
- GIF
- PDF
- PICT
- EPS

HILFE

Bilder lassen sich direkt aus dem Fenster *Medien* in das Dokument integrieren. Das Fenster *Medien* ist wiederum mit iPhoto verknüpft. Bilder in iPhoto haben für gewöhnlich eine hohe Auflösung, da sie direkt von der Digitalkamera importiert werden. Mit genau dieser Auflösung erscheinen die Bilder auch im Pages-Dokument, wodurch die Datei unnötig aufgebläht wird. Die Auflösung eines Bildes lässt sich in Pages im Menü *Format | Bild | Mediendateigröße reduzieren*. Wollen Sie die Bildgröße vorab verkleinern, hilft das kostenpflichtige Programm GraphikConverter von Lemke Software weiter. Mit diesem Programm lassen sich die Bilder auch in das CMYK-Farbmodell konvertieren. Für professionelle Ausdrucke des Dokuments müssen die Bilder eine Auflösung von mindestens 300 dpi aufweisen und im CMYK-Farbmodus eingestellt sein.

Ein Bild fügen Sie ganz bequem über das Fenster *Medien* ein. Falls Sie nicht mit dem Programm iPhoto arbeiten und Ihre Bilder aus diesem Grund nicht in den Medien erscheinen, ziehen Sie das Foto einfach aus dem Finder auf einen Platzhalter. Alternativ klicken Sie im Menü *Einfügen* auf *Auswählen* und importieren das Bild über das jetzt geöffnete Fenster.

Platzhalter nutzen

Die Bilder in den Vorlagen sind als Platzhalter für Ihre Fotos gedacht. Sobald Sie mit der Maus über einen solchen Platzhalter fahren, wird der Hinweis eingeblendet, dass eine neue Mediendatei den Platzhalter ersetzt. Falls Sie das Bild weder ersetzen noch Ihr Dokument mit dem Platzhalterbild weitergeben möchten, klicken Sie auf den Platzhalter und löschen ihn mit der Entf-Taste.

Die Position eines Bildes lässt sich mit gedrückter Maustaste kreuz und quer umplatzieren, wobei der Text in Vorlagen aus dem Bereich *Textverarbeitung* automatisch mitfließt und immer neu umbrochen wird. In den Vorlagen aus dem Bereich Seitenlayout ist dies nicht der Fall!

Mit Platzhalterbildern ist das Positionieren und Ausrichten von Bildern erheblich vereinfacht. Denn statt die Größe ständig anpassen zu müssen, wird das Bild, das Sie per Drag & Drop auf den Platzhalter ziehen, an die Größe des Platzhalters angelehnt.

Platzhalter sind für alle Dokumente prima geeignet, die Sie häufiger aktualisieren oder die Sie als Vorlage sichern wollen. Ein Platzhalterbild können Sie gegen ein anderes austauschen, Sie müssen es aber nicht. Gerade das macht die Arbeit mit Platzhaltern interessant. Sie brauchen nur ein einziges Mal die Größe festzulegen und einen Rahmen zu definieren. Um einem Bild den Status eines Platzhalters zu verleihen, wählen Sie im Menü *Format* | *Erweitert* den Eintrag *Als Medienplatzhalter definieren.*

Bilder optimieren

Ein eingefügtes Foto hat häufig noch Verbesserungspotential hinsichtlich der Kontraste, der Helligkeit oder der Schärfe. Mit Pages lässt sich ein Bild direkt im Dokument optimieren. Die Palette *Bildeinstellungen* ist eine sehr nützliche Ergänzung des Programms und erleichtert die Arbeit mit den Fotos, da das Hin- und Herspringen zwischen Bildbearbeitungsprogramm und Pages entfällt. Sie öffnen die Palette im Menü *Darstellung.*

GRUNDLAGEN

Das Originalbild in Ihrem iPhoto-Archiv oder einem anderen Ordner bleibt bei allen Änderungen unangetastet. Die Änderungen beziehen sich immer nur auf das Bild im aktuellen Dokument.

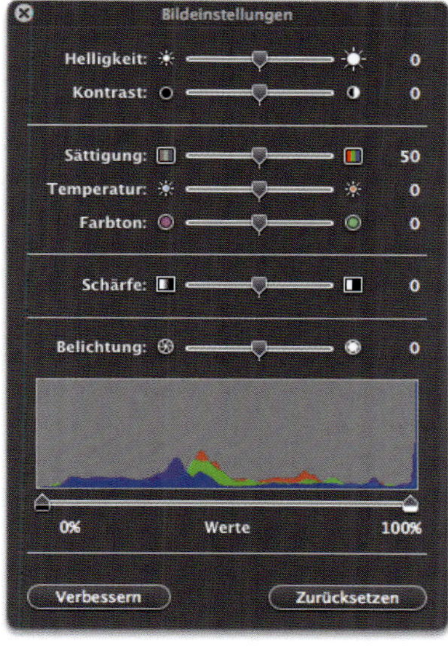

Mit Hilfe der Steuerelemente in der Palette sind Helligkeit, Kontrast, Schärfe und vieles andere mehr bequem einzustellen und zu verbessern.

Die Palette »Bildeinstellungen«

Ein Klick auf das Symbol *Verbessern* bewirkt die automatische Optimierung von Farbe und Kontrast. Sollten mit dieser Methode die Kontraste zu stark und die Farben zu kräftig ausfallen, widerrufen Sie den Befehl mit einem Klick auf den Button *Zurücksetzen*.

GRUNDLAGEN

Mit dem Button *Zurücksetzen* werden die ursprünglichen Bildeinstellungen wieder hergestellt. Dieser Button eignet sich also nicht, um lediglich den letzten Schritt rückgängig zu machen. Hierfür gilt die Tastenkombination ⌘ – Z.

Weitere Möglichkeiten, das Foto Ihren Ansprüchen gemäß zu bearbeiten, bieten die Schieberegler. Da wäre zunächst einmal der Schieberegler *Kontrast*. Als Kontrast bezeichnet man das Verhältnis zwischen den hellen und dunklen Bildteilen. Mit einem hohen Kontrastwert lassen sich daher Schattierungen dunkler und Kanten schärfer zeichnen. Die Farben treten stärker hervor.

Kommen wir zum Schieberegler *Sättigung*: Sättigung nennt man den Grad der Buntheit, der Intensität der einzelnen Farben in einem Foto. Wenn Sie die Sättigung auf Null reduzieren, bleibt ein Schwarzweiß-Bild übrig.

Jede Farbe hat eine symbolische Bedeutung und eine psychologische Wirkung auf die Stimmung. Die Farbe Blau symbolisiert Kälte, Wasser oder Sehnsucht. Die Farbe Orange steht für Licht, Energie und Wärme. Der Schieberegler *Temperatur* sorgt für mehr Blau- bzw. Orange-Anteile. Mit diesem Steuerelement verleihen Sie dem Bild also entweder mehr Kühle und Sachlichkeit (Blau) oder mehr Wärme und Energie (Orange).

Die Menge an Rot- und Grüntönen beeinflussen Sie mit dem Schieberegler *Farbton*.

Eingescannte Fotos und Fotos von der Digitalkamera haben oftmals keine ideale Schärfe. Mit dem Schieberegler *Schärfe* werden Details und Konturen stärker betont. Nicht immer ist jedoch ein scharfes Bild erwünscht. Je nachdem, welche Stimmung das Foto erzeugen soll, kann die Weichzeichnung überaus reizvoll sein. Das Weichzeichnen erreichen Sie, wenn Sie den Schieberegler nach links bewegen.

Mit dem Schieberegler *Belichtung* sorgen Sie entweder für mehr Schatten (Regler nach links) oder für mehr helle Stellen.

Sobald Sie Ihr Dokument sichern, werden auch die Änderungen an den Fotos gespeichert. Nach der Sicherung können die Anpassungen nicht mehr rückgängig gemacht werden. Von dem Originalfoto lassen sich aber selbstverständlich jederzeit weitere Kopien machen, die Sie in andere Dokumente einsetzen und wiederum bearbeiten können.

Bilder maskieren

Oft ist es nur ein Ausschnitt, der ein Foto interessant macht. Alle anderen Details möchte man am liebsten wegschnipseln. Oder der Himmel ist in Relation zum Rest so gewaltig, dass das komplette Foto für den vorgesehenen Platz nicht in Frage kommt. Diese vertraute und nicht immer erfreuliche Situation bei der Suche nach einem geeigneten Foto lässt sich mit Pages wunderbar vermeiden. Denn das Programm bietet Ihnen die Möglichkeit, ein Bild mit ein paar Handgriffen auf den gewünschten Ausschnitt zurechtzustutzen.

Einen Fotoausschnitt maskieren

- Ziehen Sie das Bild, für das Sie einen Ausschnitt festlegen wollen, in das Dokument. Öffnen Sie im Menü *Format* den Befehl *Maskieren*. Damit wird ein Ausschnitt des Bildes hervorgehoben. Dieser Ausschnitt ist der maskierte Bereich, also der Bereich, der von dem Gesamtfoto weiterhin sichtbar ist.

- Ziehen Sie das Fenster mit gedrückter Maustaste auf den von Ihnen gewünschten Ausschnitt. Auch das Foto lässt sich innerhalb des grauen Bereiches bewegen. Klicken Sie dazu auf die Umrandung, so dass der Mauszeiger wieder als Pfeil und nicht mehr als Hand angezeigt wird. Sollte dabei der blasse Teil verschwinden, bringen Sie ihn mit einem Klick auf den Button *Maske bearbeiten* wieder zum Vorschein. Bei in Text eingebundenen Bildern lässt sich der Bildausschnitt allerdings **nicht** verschieben. Um ein anderes Detail des Bildes in den Ausschnitt zu rücken, setzen Sie den Mauszeiger in den blassen Teil des Bildes und verschieben es.

- Mit dem Schieberegler im kleinen Arbeitsfenster, das stets mit auf dem Bildschirm erscheint, sobald Sie ein Bild maskieren, zoomen Sie in das Bild hinein. Eine sehr brauchbare Funktion, um ein Detail auf dem Foto stärker in den Vordergrund zu rücken.

- Mit einem Doppelklick auf das Bild verschwinden die blassen Bildteile, und zurück bleibt der gewählte Ausschnitt.

Der Ausschnitt bleibt stehen.

Wollen Sie das bereits maskierte Foto ein weiteres Mal maskieren, um beispielsweise einen anderen Ausschnitt zu zeigen, markieren Sie das Bild mit einem Doppelklick. Die verblassten Teile werden so wieder sichtbar. Anschließend entscheiden Sie sich auf die bekannte Weise für einen anderen Fokus und bestätigen die Wahl entweder mit einem Doppelklick oder mit einem einfachen Klick auf eine Stelle außerhalb des Bildbereichs. Das Schöne daran: Alle Einstellungen – wie eine verringerte Deckkraft oder ein Linieneffekt – bleiben erhalten.

Mit dem Befehl *Maske entfernen* im Menü *Format* heben Sie eine Maskierung wieder auf.

Bildern eine Form geben

Beim herkömmlichen Maskieren, wie im Abschnitt zuvor beschrieben, stellen Sie einen Bildausschnitt mit Hilfe eines Rechtecks frei. Dies ist der Standard. Einen eindrucksvolleren Hingucker für einen aussagekräftigen Bildausschnitt fabrizieren Sie jedoch mit den geometrischen Formen wie zum Beispiel *Oval* oder *Abgerundetes Rechteck*. Bei dieser Art des Maskierens nimmt der Ausschnitt die Geometrie der Form an.

Das Originalfoto …

… und die Ausschnittsvariante »Abgerundetes Rechteck«

Und so geht's:

Ziehen Sie zunächst ein Foto in das Dokument. Welche geometrische Form passt zum Ausschnitt, den Sie hervorheben wollen? Entscheiden Sie sich für die Form im Menü *Format | Mit Form maskieren*. Die Form erscheint anschließend auf dem Foto. Nun gilt es, die Form auf den gewünschten Ausschnitt zu ziehen. Am einfachsten geht dies, wenn Sie den Mauszeiger auf die blasse Linie der Form setzen und sie dann auf das Detail ziehen, das Sie mit der Form maskieren wollen.

- Die Größe der Form stellen Sie über die Anfasspunkte ein. Wenn Ihre Form ein Kreis oder Quadrat bleiben soll, halten Sie beim Aufziehen die ⇧ – Taste gedrückt, denn ansonsten bekommen Sie ein Oval bzw. ein Rechteck.
- Ist die Form positioniert, bringen Sie die transparenten Teile des Bildes mit einem Doppelklick zum Verschwinden.

Alternativ wählen Sie die Form im Aufklappmenü *Formen* in der Symbolleiste, platzieren sie an die gewünschte Stelle, markieren Bild und Form mit gedrückter ⌘ – Taste und entscheiden sich im Menü *Format* für den Befehl *Mit ausgewählter Form maskieren*. Und schon ist der mit der Form versehene Ausschnitt hervorgehoben, und alle anderen Teile sind verblasst. Mit einem Doppelklick auf eine beliebige Stelle des Bildes werden die blassen Anteile gänzlich unsichtbar gemacht. Vorteil dieser Variante: Das Positionieren der Form ist weniger kompliziert. Nachteil: Die Formen erscheinen mit farbiger Füllung auf dem Foto. Theoretisch brauchen Sie daran nichts zu ändern, da das Maskieren die Füllung automatisch gegen den Bildausschnitt ersetzt. Doch für die praktische Arbeit kann die Füllfarbe lästig sein, da sie das Bild verdeckt.

Collage: mit 5-eckigem Polygon maskierte Bilder

TIPP

Wenn Sie die Form zuerst auswählen und sie erst dann mit dem Bild maskieren, haben Sie bei den Formen *Stern* und *Polygon* Gelegenheit, mehr Zacken bzw. Seiten zu definieren. Mit beiden Objekten erscheint ein Schieberegler, mit dem sich die Anzahl an Armen bzw. Seiten erhöhen lässt.

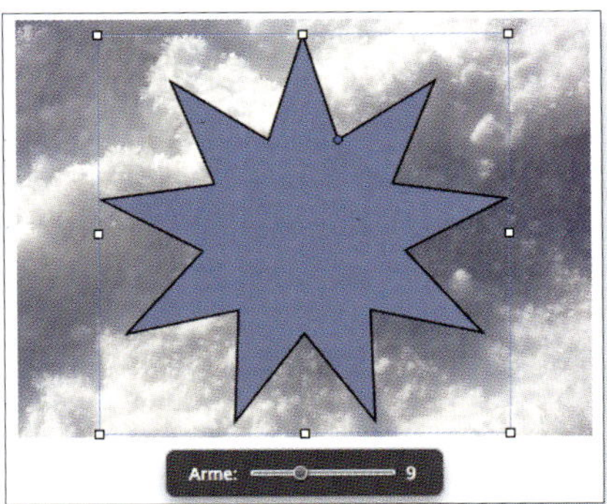

Zuerst die Form, danach die Maske

Um eine Maskierung wieder aufzuheben, markieren Sie das Bild mit einem Doppelklick und wählen im Menü *Format | Maske entfernen*.

GRUNDLAGEN

Die Bild-Maske lässt sich jederzeit, also auch nach dem Sichern des Dokuments oder beim erneuten Öffnen, wieder entfernen oder für einen anderen Ausschnitt definieren.

Ein Bildmotiv freistellen

Um ein einzelnes Detail eines Bildes von allem Drumherum zu befreien, muss das Detail freigestellt werden. Dieses Freistellen lässt sich mit dem Werkzeug *Instant-Transparenz* bewerkstelligen. Sie finden dieses Werkzeug im Menü *Format*. Mit diesem Werkzeug wird die Deckkraft aller unerwünschten Bildanteile auf Null heruntergefahren, so dass diese Teile nicht weg, sondern einfach nur nicht mehr sichtbar sind.

Die Originalfotos mit unerwünschtem Hintergrund

Sobald Sie den Befehl *Instant-Transparenz* gewählt haben, verwandelt sich der Mauszeiger in ein Kreuz. Mit diesem Kreuz legen Sie den Auswahlbereich für die Bildanteile fest, die Sie unsichtbar machen wollen. Das Prinzip ist, dass mit dem Werkzeug Bildanteile mit ähnlichen Farben markiert werden. Je detailreicher und farbenfroher der Hintergrund ist, der transparent erscheinen soll, desto kniffeliger ist das Verfahren. Achten Sie darauf, dass Sie den Mauszeiger nur mit kleinen Schritten bewegen, da ansonsten auch Teile des gewünschten Ausschnittes markiert und unsichtbar werden. Bei flächigen Hintergründen dürfen Sie sich größere Mausbewegungen erlauben. Sie beenden den Modus und stellen das Bilddetail frei, indem Sie die Return-Taste drücken.

Die freigestellten Motive

Apart: Bilder spiegeln

Eine ungewöhnliche und edle Beigabe zu einem Bild ist die Spiegelung. Mit diesem Effekt wird der untere Teil des Bildes reflektiert, was – je nach Bildmotiv – von anmutig über elegant bis geheimnisvoll wirkt. Wenn Sie ein Bild ästhetisch stärker hervorheben möchten, aktivieren Sie die Funktion *Spiegelung* im Informationsfenster *Grafiken*. Mit dem Schieberegler lässt sich die Intensität verstärken oder verringern.

Ein Bild mit Spiegelung

Modifikationen auf andere Bilder übertragen

Rahmen, Spiegelung und Deckkraft – wenn Sie die Bilder Ihres Dokuments bearbeiten und dabei immer wieder ähnliche Modifikationen anwenden, brauchen Sie erfreulicherweise nicht bei jedem Bild bei Null zu starten. Markieren Sie einfach das Bild, dessen Bearbeitungen wie Rahmen, Spiegelung und Deckkraft Sie auch auf andere Bilder übertragen wollen, und wählen Sie im Menü *Format* den Eintrag *Grafikstil kopieren*. Nun das Zielfoto markieren und auf den Befehl *Grafikstil einsetzen* klicken – und die Arbeit ist getan.

Änderungen, die Sie über die Palette *Bildeinstellungen* vorgenommen haben, werden allerdings ebenso wenig übertragen wie Änderungen am Format.

Grafikobjekte modellieren

Pages bietet eine Reihe von Schablonen für häufig benötigte Grafikobjekte an. Zu diesen sogenannten Formen gehören Linien, Pfeile, Rechtecke, Dreiecke, ein Kreis, eine Raute, ein Stern, ein Polygon, eine Sprechblase sowie die Feder für das Freihandzeichnen. Die Formen sind im Auswahlmenü der Symbolleiste als Miniaturbild aufgelistet. Im Menü *Einfügen | Form* werden die einzelnen Elemente namentlich aufgeführt. Mit einem Klick auf eines der Symbole integrieren Sie ein solch grafisches Objekt in Ihr Dokument.

Die Auswahl an »Formen«

Formen und Objekte einfügen

Die Formen werden stets als fixiertes Element in das Dokument eingefügt. Das Objekt lässt sich anschließend mit gedrückter Maustaste beliebig umplatzieren. Wenn Sie eine Form in den Textfluss integrieren wollen, brauchen Sie in der Formatierungsleiste nur auf den Button *Einbinden* zu klicken. Es ist dann nicht mehr mit der Maustaste zu bewegen, sondern rückt automatisch mit dem eingegebenen Text mit. Den Umbruch legen Sie im Auswahlmenü *Textumbruch* in der Formatierungsleiste fest.

Benötigen Sie für Ihr Vorhaben gleich mehrere Objekte von einer Sorte, ziehen Sie aus dem entsprechenden Objekt einfach mit gedrückter ⌥ – Taste weitere Elemente. So sparen Sie sich den Weg über die Symbolleiste. Auf die gleiche Weise duplizieren Sie zwei oder mehr Objekte, die Sie vorher mit gedrückter ⌘ – Taste markiert haben.

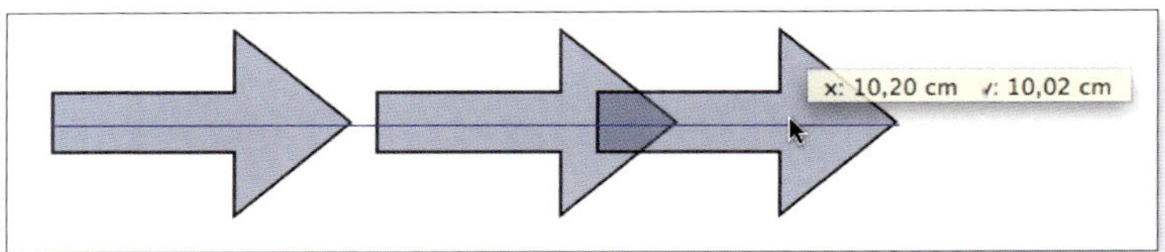

Eine Form duplizieren

Die Größe einer Form lässt sich mit zwei unterschiedlichen Tastenkombinationen fix verändern. Voraussetzung für jede Veränderung ist freilich, dass die Form markiert und der Cursor an einem der Anfasspunkte positioniert ist.

- ⇧ + Ziehen = Objekt wird vom Rand aus aufgezogen. Die Proportionen bleiben erhalten.
- ⇧ – ⌥ + Ziehen = Objekt wird proportional von der Mitte aus aufgezogen.

Beim einfachen Aufziehen an den Anfasspunkten werden die Proportionen einer Form verschoben. So wird beispielsweise aus einem Kreis ein Oval und aus einem Quadrat ein Rechteck.

Der Kreis und das abgerundete Rechteck wurden mit gedrückter ⇧ – Taste aufgezogen. Die anderen Formen sind durch freies Ziehen entstanden.

Bei den Formen *Stern* und *Polygon* erscheinen kleine Schieberegler mit auf der Seite, über die Sie die voreingestellte Anzahl an Armen bzw. Seiten erhöhen oder verringern. Die ursprünglich fünf Zacken des Sterns sind auf immerhin 20 erweiterbar. Für das Polygon sind maximal elf Seiten möglich.

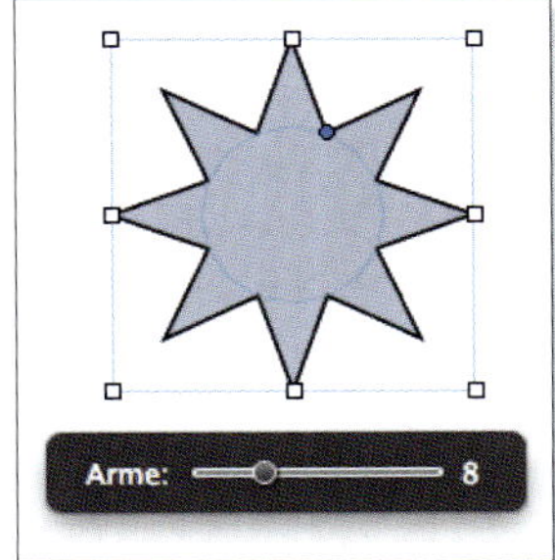

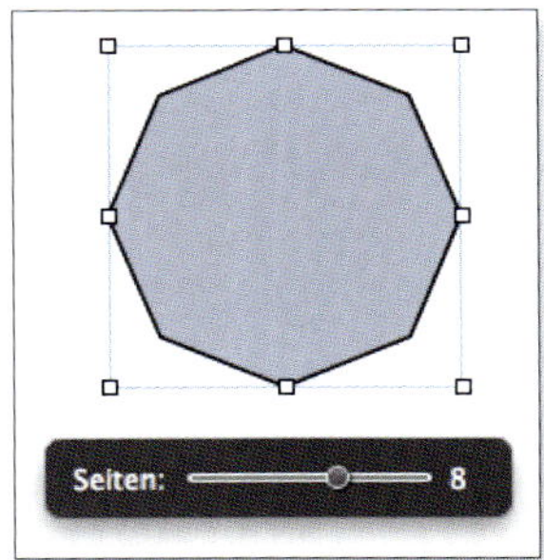

Die Formen »Stern« und »Polygon« mit Schieberegler

Die Linienführung bearbeiten

Bei den Formen wie *Abgerundetes Rechteck, Pfeil, Doppelpfeil, Sprechblase* und *Beschreibung* erscheint im markierten Zustand zusätzlich ein blauer Kreis an der Rahmenlinie. Hierüber lässt sich das abgerundete Rechteck runder oder eckiger gestalten und der Stern enger zu- oder zu einem 10-eckigen Polygon aufziehen. Bei den Pfeilen verursacht das Ziehen am runden Anfasspunkt breitere oder schmalere Pfeilspitzen.

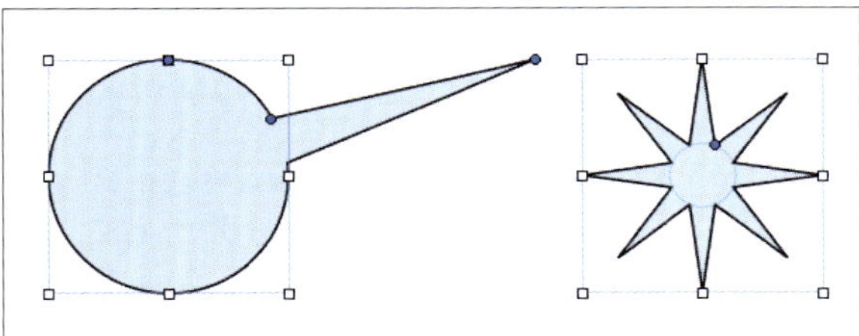

Über die Anfasspunkte veränderte Formen

POWER USER

Mit dem Befehl *Bearbeitbar machen* im Menü *Format | Form* erhält eine Form zusätzliche Anfasspunkte. Weitere Punkte lassen sich jederzeit mit gedrückter ⌥ – Taste hinzufügen. Ist für eine Form der Modus *Bearbeitbar machen* gewählt, lassen sich gerade und geschwungene Pfade erstellen. Sie finden diese Optionen unter den gleichnamigen Befehlen im Menü *Format | Form*.

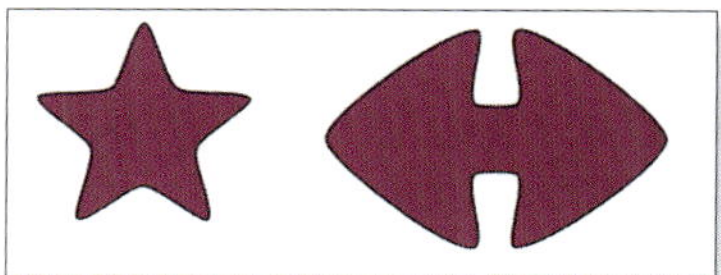

Stern und Doppelpfeil mit geschwungenen Pfadabschnitten

Die Farben für Füllung und Linien richten sich nach dem Layout der Vorlage. Der Werkzeugkoffer, mit dem Sie die Formen nach Ihren Vorstellungen anpassen und verändern, ist die Formatierungsleiste sowie das Informationsfenster *Grafiken*. Im Informationsfenster *Maße* geben Sie exakte Werte für die Höhe und Breite Ihrer Objekte ein.

BEISPIEL

Welche hübschen Effekte sich mit bearbeitbaren Linien erzielen lassen, möchten wir Ihnen am Beispiel der Vorlage *Broschüre – Gastronomie* zeigen. So sind der Kasten, in dem die Tabelle platziert ist, und die Schmuckelemente zwischen den Absätzen aus einem Rechteck entstanden. Die etwas krummen Linien, die den Charakter dieser Objekte ausmachen, sind mit Hilfe zusätzlicher Anfasspunkte entstanden. Die Punkte sind nur mit minimalen Abständen erstellt worden, so dass die unkonventionelle Linienführung nicht zu kantig wirkt.

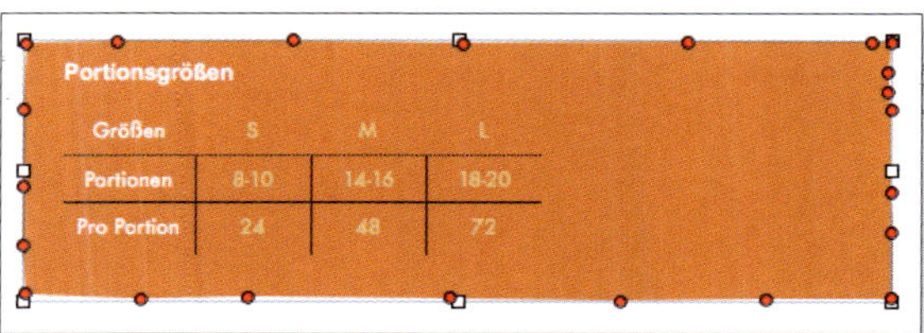

Mit Hilfe von Anfasspunkten die Linienführung minimal verändern

Und so sehen die beiden Elemente ohne die roten Punkte aus:

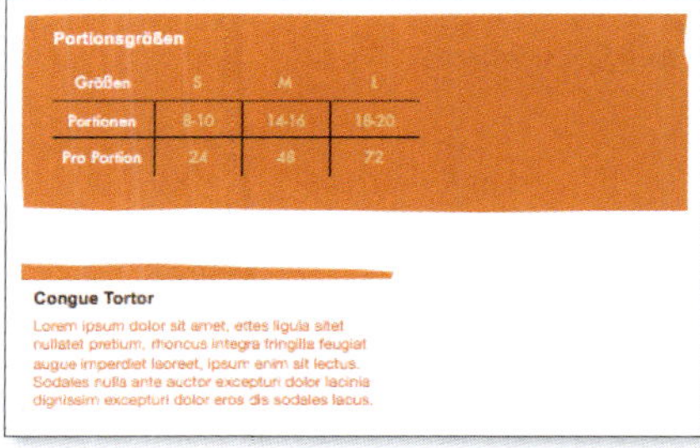

Objekte drehen und kippen

Für das Drehen von Objekten bietet Pages zwei Methoden: Im Informationsfenster *Maße* befindet sich die Drehscheibe fürs Drehen und Kippen von Objekten. Setzen Sie den Mauszeiger in die Scheibe und drehen Sie das Objekt in die gewünschte Richtung. Falls das Objekt mit dieser Methode zu heftige Kippbewegungen macht, verändern Sie den Winkel besser über die Pfeiltasten.

Die zweite Methode ist im Vergleich zur Drehscheibe und den Pfeiltasten die noch schlauere. Probieren Sie Folgendes aus: Platzieren Sie den Mauszeiger mit gedrückter ⌘ – Taste an einen der Anfasspunkte. Achten Sie bei eingebetteten Objekten darauf, dass Sie einen der aktiven Punkte erwischen. Der Mauszeiger verwandelt sich dabei in eine halbrunde Linie mit kleinen Pfeilspitzen. Mit gedrückter Maustaste und ⌘ – Taste lässt sich das Bild nun ganz unkompliziert drehen und kippen.

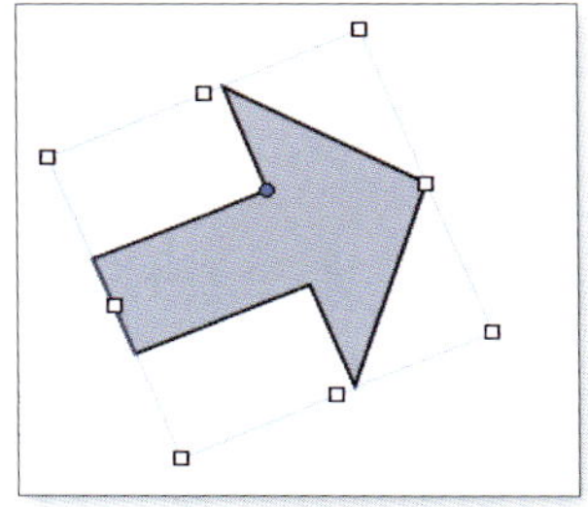

Gekippte Formen

Gedrehtes Objekt mit Spiegelung

Objekte spiegeln

Alle Objekte, die Sie in Ihr Dokument einfügen, lassen sich selbstverständlich auch spiegeln. Die Funktion *Spiegeln* finden Sie im Informationsfenster *Maße*. Mit den zwei Schaltknöpfen spiegeln Sie das Objekt entweder horizontal oder vertikal.

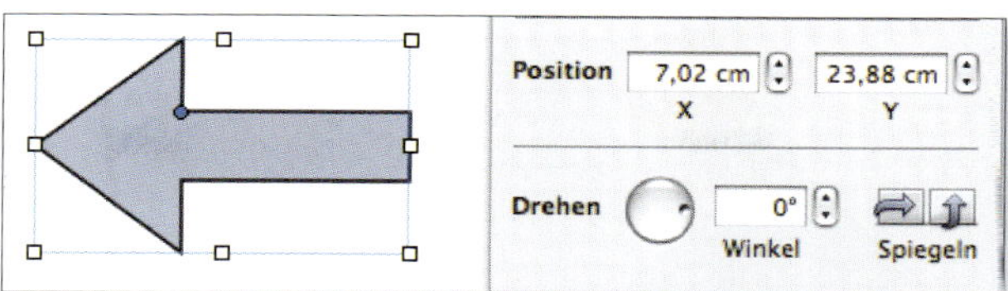

Einen Pfeil horizontal spiegeln

Spiegelbild

Objekte anordnen

Objekte lassen sich horizontal und vertikal entweder relativ zum Seitenrand oder in Bezug zu den Rändern anderer Objekte ausrichten. Dies ist jedoch abhängig davon, wie viele Objekte Sie markiert haben. Ist es nur ein einzelnes Objekt, lässt sich dies mit den Befehlen im Menü *Anordnen* | *Ausrichten* fix an die gewünschte Stelle auf der Seite bringen. Entscheiden Sie sich zum Beispiel für die Ausrichtung *Links*, findet sich das Objekt am äußersten linken Seitenrand wieder. Je nach Drucker werden die Objekte unter Umständen nicht mitgedruckt, da sie sich außerhalb des druckbaren Bereichs befinden.

AUFGEPASST

Beachten Sie, dass nur fixierte Objekte angeordnet und ausgerichtet werden können.

Sobald Sie mehr als ein Objekt markieren, werden die Objekte zueinander positioniert. Die Ausrichtung *Links* basiert auf dem Objekt, das in der Gruppe der markierten Objekte am weitesten links liegt. Analog basiert die Ausrichtung *Rechts* auf dem Objekt, das am weitesten rechts platziert ist. Bei der Ausrichtung an der Objektmitte werden Objekte an einer gedachten vertikalen Linie mittig ausgerichtet.

Objekte lassen sich auch vertikal an ihrer Ober- und Unterkante ausrichten. Auch hier ist das am weitesten oben bzw. unten platzierte Objekt ausschlaggebend für das Ergebnis.

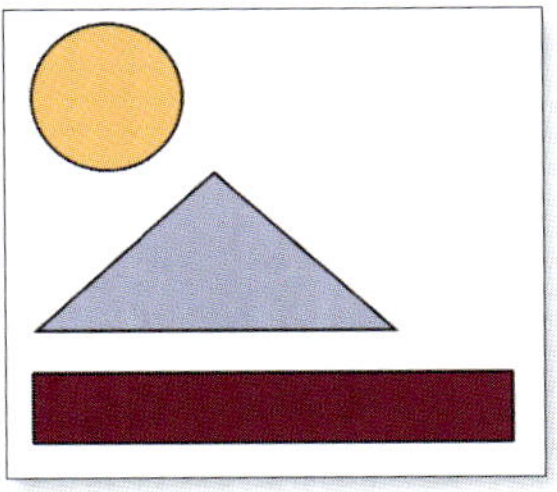

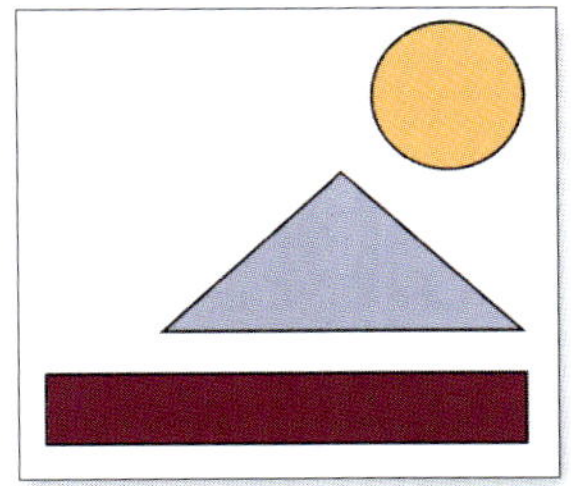

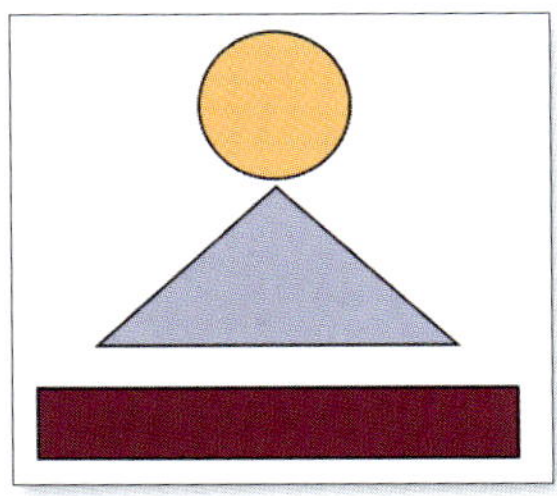

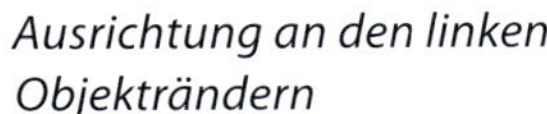

Ausrichtung an den linken Objekträndern

Ausrichtung an den rechten Objekträndern

Zentrierte Ausrichtung

Objekte verschachteln

Fixierte Objekte können Sie vor oder hinter anderen Objekten, ja sogar hinter Text platzieren. Markieren Sie das Objekt, das Sie weiter in den Hintergrund oder stärker in den Vordergrund rücken wollen. Im Menü *Anordnen* haben Sie jetzt die Möglichkeit, das Objekt schrittweise nach vorn oder hinten zu bewegen. Wiederholen Sie die Schritte so oft, bis sich das Objekt auf der gewünschten Ebene befindet. Mit dem Befehl *Ganz nach vorne* bringen Sie das Objekt auf die oberste Ebene; vice versa rückt es mit dem Befehl *Ganz nach hinten* auf die unterste Ebene.

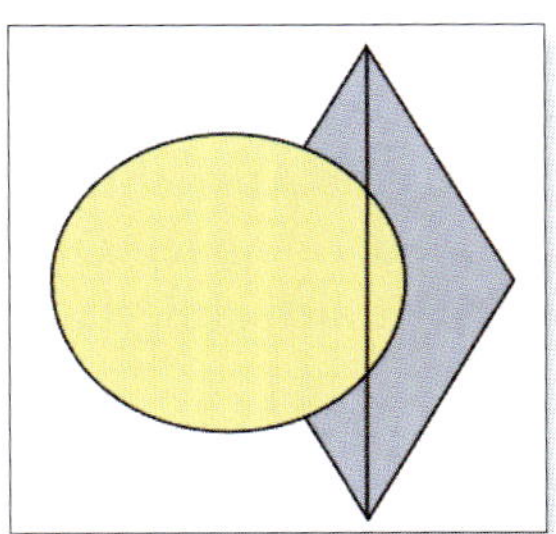

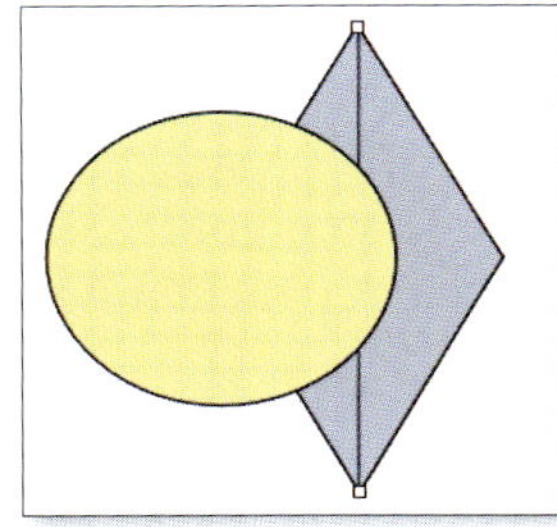

Verschachtelte Objekte: Die Linie ist in der rechten Abbildung nach hinten gerückt.

Objekte gruppieren

Manchmal möchte man ineinander verschachtelte Objekte gemeinsam vergrößern, verschieben oder kopieren und in ein anderes Dokument einfügen. Um dies ohne zeitliche und nervliche Verluste zu bewerkstelligen, lassen sich Objekte gruppieren. Dafür werden sie zunächst markiert – und zwar am besten und einfachsten mit dem Auswahlrechteck. Fahren Sie einfach mit gedrückter Maustaste über die Objekte, die Sie gruppieren wollen, und wählen Sie anschließend im Menü *Anordnen* den Befehl *Gruppieren*.

AUFGEPASST

Objekte lassen sich nur in Dokumenten mit Seitenlayout mit Hilfe des Auswahlrechtecks gruppieren. In Dokumenten mit Textverarbeitung funktioniert das Auswahlrechteck nicht. In diesen Dokumenten klappt das Markieren von mehr als einem Objekt nur mit gedrückter ⌘ – Taste.

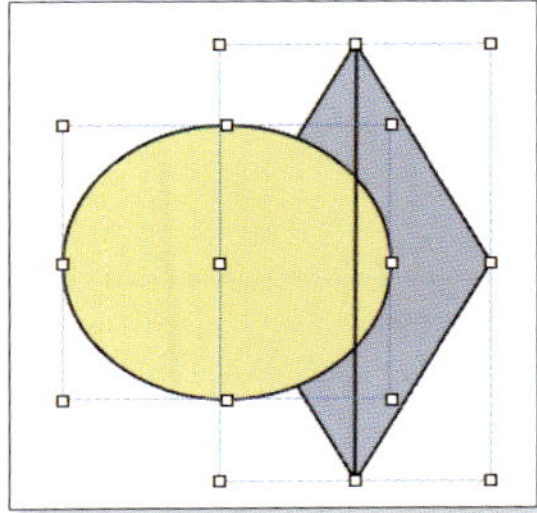

Eine Gruppe von Objekten markieren …

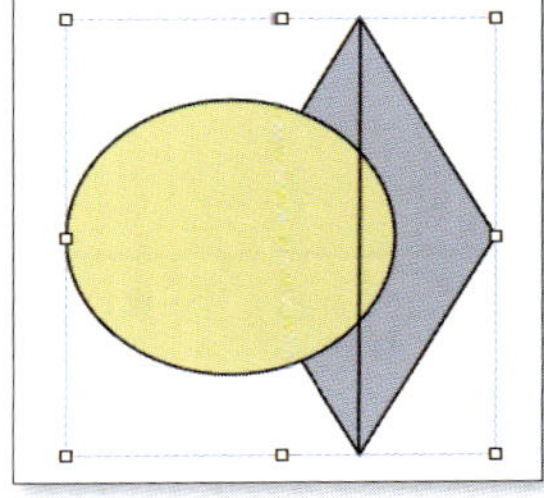

… und anschließend gruppieren

Die Gruppe lässt sich jetzt beliebig verschieben oder fix in ein anderes Pages- oder Keynote-Dokument kopieren. Die gruppierten Objekte können auch größer auf- oder zugezogen werden. Mit gedrückter ⇧ – und ⌥ – Taste wird die Gruppe von der Mitte aus aufgezogen. Die Proportionen bleiben erhalten.

TIPP

Nur fixierte Objekte können gruppiert werden. In Text eingebundene Objekte lassen sich nicht gruppieren.

Um eine Gruppierung wieder aufzuheben, markieren Sie das gruppierte Objekt und wählen im Menü *Anordnen* den Eintrag *Gruppierung aufheben.*

POWER USER

Wenn Sie viel mit gruppierten Objekten arbeiten, statten Sie am besten die Symbolleiste mit den Symbolen *Gruppieren* und *Gruppierung aufheben* aus. Wählen Sie dazu im Menü *Darstellung | Symbolleiste anpassen* und ziehen Sie die Symbole in die Leiste.

Objekte schützen

Bei der Arbeit mit Objekten passiert es schnell, dass man versehentlich das falsche erwischt und dieses verschiebt. Zwar lässt sich dieser Schaden schnell mit der Tastenkombination ⌘ – Z rückgängig machen. Doch raffinierter ist es, das Objekt zu schützen, damit es erst gar nicht verrücken kann. Markieren Sie das Objekt und wählen Sie im Menü *Anordnen* den Befehl *Schützen* ⌘ – L. Bei diesem Vorgang werden aus den Anfasspunkten kleine Kreuze als Zeichen dafür, dass hier im Moment nichts geht. Um das Objekt wieder bewegungsfähig zu machen, wählen Sie im Menü *Anordnen* | *Schutz aufheben* ⌘ – ⌥ – L.

AUFGEPASST

Ein in Text eingebundenes Objekt kann nicht geschützt werden.

HILFE

Mit geschützten Objekten werden Sie in den Vorlagen häufig konfrontiert. So sind zum Beispiel viele der Linien und Rahmen geschützt. Sollte sich eine Linie partout nicht bewegen lassen, müssen Sie zunächst den Schutz aufheben.

Ausrichtungshilfen

Beim Bewegen der Objekte werden blaue Hilfslinien angezeigt, die das exakte Zentrieren und Ausrichten unterstützen. Die Hilfslinien sind immer dann zur Stelle, wenn Sie ein Objekt in Relation zu einem anderen bewegen oder Sie das Objekt von der Mitte der Seite aus ausrichten. Sollten Sie die Linien als störend empfinden, blenden Sie diese aus, indem Sie das Objekt mit gedrückter ⌘ – Taste bewegen.

Für das akkurate Positionieren Ihrer Objekte können Sie weitere Hilfslinien erstellen. Blenden Sie dazu das Lineal mit der Tastenkombination ⌘ – R ein und setzen Sie den Mauszeiger in das horizontale oder vertikale Lineal. Mit gedrückter Maustaste lassen sich nun beliebig viele Hilfslinien aus dem Lineal in das Dokument ziehen. Die Linien können Sie jederzeit mit gedrücktem Mauszeiger umplatzieren.

Sollten Sie die Linien nicht mehr brauchen, schieben Sie sie einfach zurück ins Lineal. Hier lösen sie sich in einer kleinen Wolke auf.

Farbe und Ausrichtung der Hilfslinien lassen sich in den *Einstellungen* | *Linie* an Ihre individuellen Ansprüche anpassen. Die Einstellungen finden Sie im Menü *Pages*. Klicken Sie in das Farbfeld bei *Hilfslinien zur Ausrichtung*, falls Ihnen das Blau nicht markant genug ist. Wenn Sie das Häkchen am standardmäßigen Eintrag

Hilfslinie in der Objektmitte anzeigen deaktivieren, schalten Sie die automatische Anzeige von Hilfslinien beim Ausrichten eines Objektmittelpunkts aus.

Mit der Option *Hilfslinien an den Objektgrenzen anzeigen* werden Linien beim Ausrichten von Objektkanten angezeigt. Dies ist eine recht nützliche Einstellung fürs kantengenaue Platzieren von Objekten.

Sollten Sie beim Verschieben von Objekten kein Interesse an der ständigen Einblendung der Größen- und Positionsangaben haben, wechseln Sie in die Rubrik *Allgemein* und deaktivieren diese Option, indem Sie das Häkchen an dem Eintrag *Beim Bewegen von Objekten Größe und Position einblenden* entfernen.

Die Formen farblich gestalten

Die Formen erscheinen standardmäßig mit farbiger Füllung passend zum Design der Vorlage. Diese Füllung lässt sich gegen eine Reihe von Alternativen im Informationsfenster *Grafiken* oder in der Formatierungsleiste austauschen.

TIPP

Welcher Fülleffekt in der Formatierungsleiste zur Auswahl steht, ist abhängig vom Fülleffekt, der im Informationsfenster aktuell angezeigt wird. Daher sind Sie im Informationsfenster flexibler beim Ausprobieren eines passenden Effekts.

Nun geht's an die Arbeit: Markieren Sie dazu das Objekt und klicken Sie auf das Auswahlmenü in der Rubrik *Füllen*. Die folgenden Beschreibungen, wie Sie die Eigenschaften eines Objekts verändern können, lassen sich auf Formen und Textfelder anwenden.

Sie haben die Auswahl aus den Optionen *Ohne*, *Füllfarbe*, *Verlauf*, *Erweiterter Verlauf*, *Bild* und *Gefärbtes Bild*.

Ohne: Löscht die Füllung.

Füllfarbe: Klicken Sie in das kleine Ansichtsfenster und wählen Sie in der Farbpalette einen Farbton aus. Wollen Sie die Füllfarbe an eine Farbe eines anderen Objekts anpassen, klicken Sie auf die Lupe und bewegen diese auf das Objekt. Bestätigen Sie die Auswahl mit einem erneuten Klick, damit die Farbe in der Farbpalette angezeigt und von der markierten Form als Füllung übernommen wird.

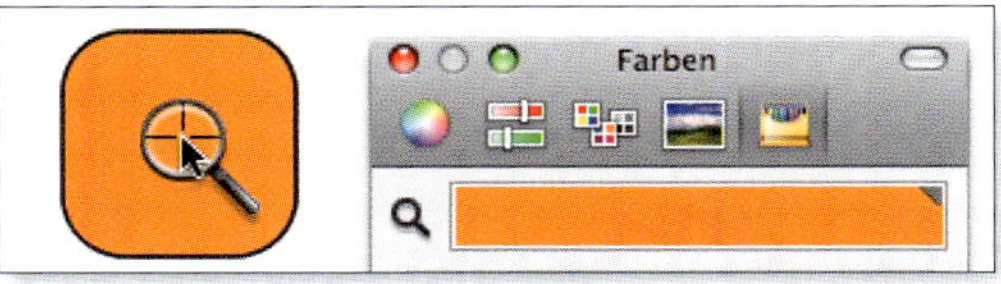

Mit der Lupe den Farbton anpassen

Verlauf: Die Voreinstellungen in den kleinen Vorschaufenstern beziehen sich auf die Farbe des markierten Objekts. Mit einem Klick auf den Doppelpfeil neben den Farbfeldern bewirken Sie die Umkehrung des Verlaufs. Klicken Sie in die Fenster, um einen anderen Farbton auszuwählen oder um den Farbton mit Hilfe des Schiebreglers in der Farbpalette heller oder dunkler einzustellen. Mit der Drehscheibe legen Sie die Richtung für den Verlauf fest.

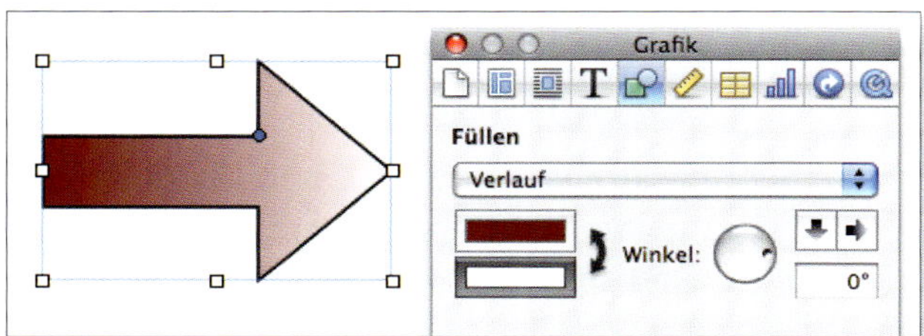

Objekt mit Verlauf

Erweiterter Verlauf: Mit dieser Variante lassen sich grandiose und im wahrsten Sinne Aufsehen erregende Effekte erzielen. Der erweiterte Verlauf erlaubt es, den Fokus zu ändern und dem Verlauf weitere Farben hinzuzufügen. Sobald Sie mit dem Mauszeiger an den unteren Rand des Verlaufsbalkens fahren, wird neben dem Zeiger ein kleines Pluszeichen eingeblendet. Mit einem Klick erscheint ein neues Farbkästchen, ein sogenannter Übergangspunkt, der die Farbe aus dem Verlaufsbalken übernimmt. Diese Farbe ist jedoch gegen eine andere austauschbar. Sie brauchen dazu nur auf einen anderen Farbton in der Farbpalette zu klicken. Auf diese Weise können Sie beliebig viele Übergangspunkte erstellen. Die Punkte lassen sich auch duplizieren. Klicken Sie dazu in eines der Kästchen und halten Sie beim Verschieben des Mauszeigers die ⌥ – Taste gedrückt. Die Kästchen können nun nach links oder rechts verschoben und sogar über andere hinweg gezogen werden, wobei jedes Mal andere Farbeffekte und -verläufe entstehen. Überflüssig gewordene Kästchen ziehen Sie nach unten von der Leiste weg.

Nun ist diese multiple Farbigkeit innerhalb einer Form noch nicht sonderlich spektakulär oder funktional. Das Highlight ist der sogenannte radiale Verlauf, den die definierten Farben mit einem Klick auf den mittleren Button nehmen. Der Verlauf wird damit kreisförmig von der Mitte des Objekts aus angezeigt. Mit Hilfe der blauen Anfasspunkte lässt sich der Fokus verschieben und die Größe des Spektrums verändern. So gestalten Sie beispielsweise einen Spot auf einen zentralen Begriff oder lassen den Begriff wie in einem Strahlenkranz erscheinen. Mit den Dreiecken am oberen Rand des Balkens passen Sie den Übergangspunkt für den Verlauf an. Je näher Sie dabei einem nächsten Übergangspunkt kommen, desto härter wird die Farbe gezeichnet.

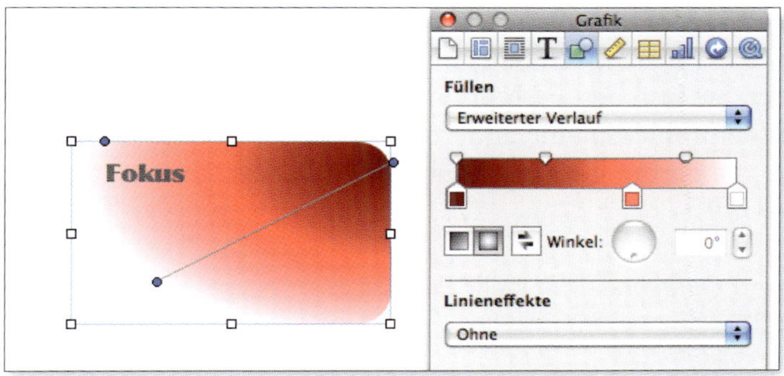

Den Verlauf so ziehen, dass Teile der Form ausgespart werden

Weitere Beispiele für den erweiterten Verlauf

Bild: Ziehen Sie das gewünschte Foto entweder aus dem Fenster *Medien* oder einem Finder-Fenster in das Vorschaufeld oder klicken Sie auf den Button *Auswählen*. Sie sehen das Foto anschließend sowohl im Vorschaufenster als auch eingefügt in das markierte Objekt. Wenn Sie das Foto gegen ein anderes austauschen wollen, gehen Sie auf die gleiche Weise vor.

Objekt mit Bild

Gefärbtes Bild: Auch hier ziehen Sie das Foto entweder aus dem Fenster *Medien* oder aus einem Finder-Fenster in das Vorschaufeld. Alternativ klicken Sie auf den Button *Auswählen* und bestätigen die Wahl mit *Öffnen*. Bei dieser Option passen sich die Farben Ihres gewählten Bildes den Farben an, die für die Vorlage definiert sind. Sie selbst haben die Möglichkeit, die Farbe über die Farbpalette zu modifizieren. Klicken Sie dazu in das Farbfenster rechts neben dem Button *Auswählen …* . In der Farbpalette können Sie nun den Farbton mit dem Schieberegler heller oder dunkler einstellen oder Sie probieren eine andere Farbe aus. Interessante transparente Effekte sowohl für die Färbung als auch für das Bild selbst erzielen Sie mit dem Schieberegler *Deckkraft*.

Für die Optionen *Bild* und *Gefärbtes Bild* stellt Pages verschiedene Möglichkeiten für die Skalierung des Bildes zur Verfügung:

Größe anpassen: Das Bild fügt sich in die Abmessung des Objekts ein. Falls sich die Form des Bildes jedoch von der des Objekts unterscheidet, bleiben Bereiche des Objekts unter Umständen leer. Das passiert zum Beispiel, wenn Sie ein hochformatiges Bild in ein querformatiges Objekt einfügen.

Formatfüllend: Das Bild wird vergrößert oder verkleinert, um das Objekt komplett auszufüllen. Leere Bereiche – wie in der Option *Größe anpassen* durchaus möglich – sind hier ausgeschlossen.

Verzerren: Die Größe des Bildes wird so verändert, dass es in die Abmessungen des Objekts passt. So wird zum Beispiel ein querformatiges Bild, das Sie in ein hochformatiges Objekt einfügen, extrem verzerrt, um sich dem Objekt anzupassen.

Originalgröße: Das Bild ändert seine ursprünglichen Abmessungen nicht, was bedeutet, dass große Bilder unter Umständen nicht ganz angezeigt werden. Ist das Bild kleiner als das Objekt, wird es von leeren Bereichen umgeben.

Gekachelt: Gut geeignet für Bilder mit geringer Auflösung. Das Bild wird so häufig in die Form integriert, bis die Form komplett mit dem Bildmotiv ausgefüllt ist.

Schattenspiele

Mit einem Schattenwurf lassen sich für Ihre Objekte sehr attraktive Effekte erzielen. Ein Schattenwurf hebt das Objekt deutlicher hervor. Man gewinnt den Eindruck, als schwebe es auf der Seite. Mit kleinem Aufwand gewinnt das Objekt an Prägnanz.

Mit der Option *Schattenwurf* im Informationsfenster *Grafiken* erzeugen Sie diesen Effekt mit Tiefenwirkung. Sie schalten den Schatten für ein markiertes Objekt ein und aus, indem Sie einfach in das Kästchen *Schattenwurf* klicken. Über das

Farbfenster und die Farbpalette wählen Sie eine Farbe für den Schatten aus, der sich anschließend mit Hilfe der Drehscheibe in verschiedene Richtungen dirigieren lässt. Probieren Sie auch aus, welche Wirkung Sie mit unterschiedlichen Abständen des Schattens zum Objekt erzielen.

Mit der Option *Weichzeichnen* wird definiert, wie hart bzw. weich die Schattenkanten gezeichnet sind. Im Feld *Deckkraft* wählen Sie, wie durchschimmernd der Schatten ist. Eine hohe Deckkraft kombiniert mit einem geringen Wert im Feld *Weichzeichnen* lassen den Schatten sehr hart wirken. Mit geringer Deckkraft und mittlerer bis hoher Stärke im Feld *Weichzeichnen* ist der Schatten ein dezenter, unaufdringlicher Effekt.

Ein weicher Schatteneffekt mit unterschiedlichen Winkeln und Abständen

Ein harter Schatteneffekt mit unterschiedlichen Winkeln und Abständen

Durchscheinende Effekte

Mit dem Schieberegler *Deckkraft* im Informationsfenster *Grafiken* lassen sich zauberhafte durchschimmernde Effekte zuwege bringen. Dies ist vor allem interessant, wenn Sie ein Objekt mit geringer Deckkraft über ein anderes legen, so dass das untere durch das obere hindurchschimmert. Hier ein Beispiel, das den transparenten Effekt verdeutlicht. Beim linken Arrangement beträgt die Deckkraft für den Kreis und das darunter liegende Dreieck je 100 Prozent. Im rechten Exemplar ist die Deckkraft des Kreises um 31 Prozent verringert worden, wodurch das Dreieck durch den Kreis hindurch sichtbar wird. Um die Deckkraft zu verringern, ist zunächst ein Klick in das Farbfeld im Bereich *Füllen* notwendig.

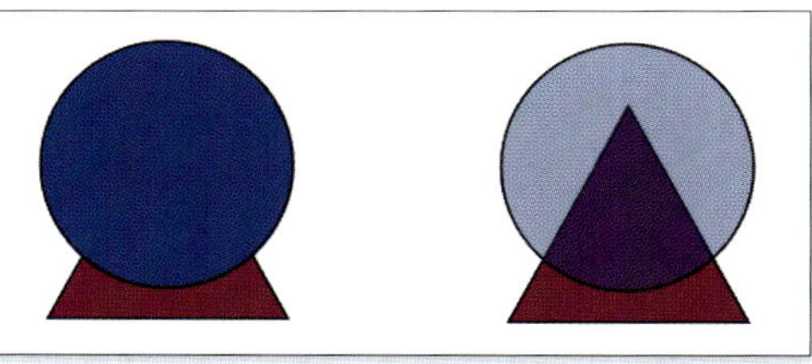

Kreis mal mit, mal ohne verringerte Deckkraft

Mit dem Schieberegler am unteren Rand des Informationsfensters *Grafiken* legen Sie die Deckkraft des gesamten Objekts, also einschließlich der Linie und der Füllfarbe fest.

TIPP

Für mehr Variabilität sorgt der Schieberegler *Deckkraft* in der Farbpalette. Mit diesem Regler steuern Sie die Deckkraft einzelner Elemente eines Objekts wie Linienfarbe, Füllfarbe oder auch Schrift. Um für jedes Element die Deckkraft separat einzustellen, müssen Sie zunächst in das jeweilige Farbfeld klicken. Für die Linien ist es das Farbfeld in der Rubrik *Linieneffekte* im Informationsfenster *Grafiken*; für eine Farbe als Fülleffekt ist es das Feld in der Rubrik *Füllen*.

Formen zeichnen

Zwar lässt sich mit der umfangreichen Auswahl an Formen sehr viel grafisch umsetzen. Doch für eigene Zeichnungen und Skizzen sind sie nur sehr eingeschränkt zu gebrauchen. Ihnen fehlt sprichwörtlich der Schwung. Mit dem Werkzeug Zeichenfeder haben Sie indes Gelegenheit, Punkte durch Kurvenelemente miteinander zu verbinden. In der Auswahlliste an Formen wird die Feder mit einer geschwungenen Linie symbolisiert. Im Menü *Einfügen | Form* ist sie mit *Form zeichnen* bezeichnet.

Das Symbol für Ihre Zeichenkünste

Sobald Sie auf das Symbol klicken, verwandelt sich der Mauszeiger in eine Zeichenfeder. Und tatsächlich fahren Sie wie mit einer Tuschefeder über das Blatt und zeichnen Grafiken oder skizzieren Entwürfe.

BEISPIEL

Ein Beispiel für eine gelungene Zeichnung mit Hilfe der Feder ist ein Schmuckelement aus der Vorlage *Broschüre – Gastronomie*. Das Element ist mit einer Vielzahl an Punkten erstellt worden.

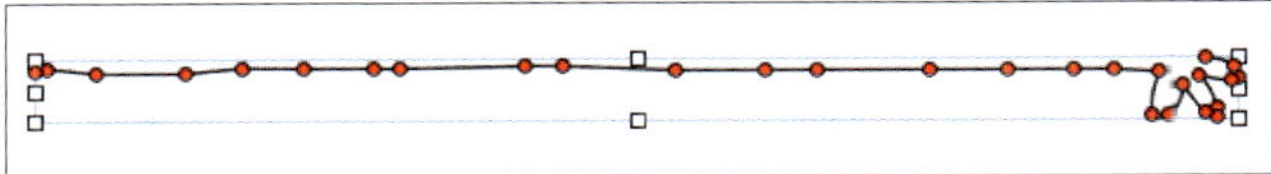

Gelungene Zeichnung für ein Strukturierungselement

Nun reicht ein Klick und der erste Ankerpunkt ist gesetzt. Mit jedem weiteren Klick an eine andere Stelle wird ein neuer Ankerpunkt gesetzt. Mit einem erneuten Klick in den ersten Ankerpunkt beenden Sie die Zeichnerei. Das Resultat ist eine geschlossene Form.

Alternativ schließen Sie den Zeichenvorgang mit einem Doppelklick an einer beliebigen Stelle ab. Das Ergebnis ist nun eine offene Form, das heißt, dass der Rahmen die Form nicht komplett umfasst.

Beispiele für offene und geschlossene Zeichnungen

Der besondere Clou an dem Zeichenwerkzeug ist, dass sich je nach Linienführung sowohl kurvige als auch gerade Linien erstellen lassen.

Um die Grafik rund und kurvenförmig zu zeichnen, erstellen Sie zunächst den ersten Punkt, bewegen den Mauszeiger auf eine andere Stelle und klicken erneut. Wenn Sie den Mauszeiger jetzt nach links oder rechts ziehen, sehen Sie eine hellgraue, feine Linie, die mit zwei Anfassern ausgestattet ist. Mit Hilfe dieser Anfasser lassen sich Kurven zeichnen, indem Sie – wie beim zweiten Ankerpunkt – einfach die Maus beim Klicken in die gewünschte Richtung ziehen. Mit einem erneuten Klick in den zuerst gesetzten Punkt schließen Sie den Zeichenvorgang ab. Doch auch mit einem Doppelklick lässt sich die Zeichnerei jederzeit beenden.

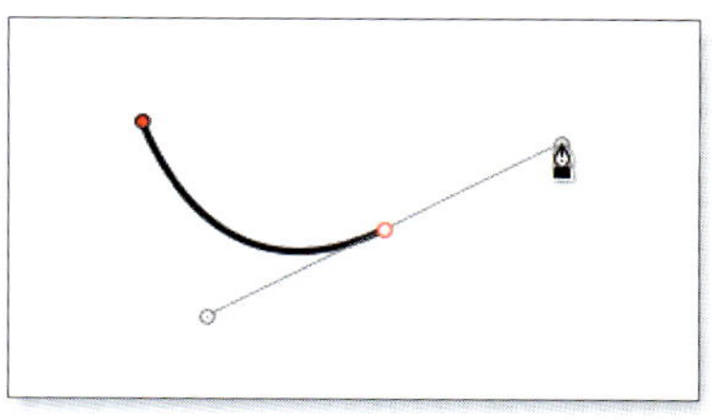

Anfasspunkte fürs Zeichnen von Kurven

Wer eine Grafik mit ausschließlich kantigen, geraden Linien erstellen möchte, hält beim Setzen der Punkte die ⌘ – Taste gedrückt. Die Linie hat bei diesem Verfahren nur einen Anfasspunkt. Die beiden Varianten, mal weiche Kurven, mal gerade Linien, können Sie natürlich in einer Zeichnung kombinieren. Drücken Sie einfach die ⌘ – Taste, wenn Sie gerade Linien bevorzugen. Und lassen Sie die Taste wieder los, wenn Sie eine geschwungene Linie zeichnen wollen.

Darüber hinaus haben Sie für Ihre fertigen Zeichnungen die Wahl aus geschwungenen oder geraden Pfadabschnitten. Markieren Sie dafür eine Zeichnung und wählen Sie im Menü *Format* | *Form* den gewünschten Eintrag.

Buchstaben mit geraden Linien

Buchstaben mit geschwungenen Linien

Linieneffekte und Bilderrahmen

Auf der Titelseite der Vorlage *Rundschreiben – Familie* ist am linken Rand eine Textleiste mit gezacktem Rand eingefügt. Diese Leiste ist ein in die Länge gezogenes Rechteck, das mit einem leichten Verlauf gefüllt und mit einer gestrichelten Linie eingerahmt ist. Wenn Sie auf die Leiste klicken, sehen Sie im Informationsfenster *Grafiken*, welche Einstellungen vorgenommen wurden.

Ein Rechteck mit Linieneffekt

BEISPIEL

Mit Linien können Sie auch eine komplette Seite einrahmen, wie zum Beispiel in der Vorlage *Rundschreiben – Gymnasium*. Um sich den Effekt eines Objekts anzuschauen, das zum Grundlayout der Seite gehört, muss zunächst der Schutz aufgehoben werden (Menü *Format* | *Schutz aufheben*). Nun sehen Sie, dass eine der wie selbstgezeichnet wirkenden Linien ausgewählt wurde. Dies gelingt Ihnen, wenn Sie ein Rechteck auf Satzspiegelgröße aufziehen, die Füllung löschen und anschließend den Linieneffekt definieren.

Mit Linien können Sie auch eine komplette Seite einrahmen.

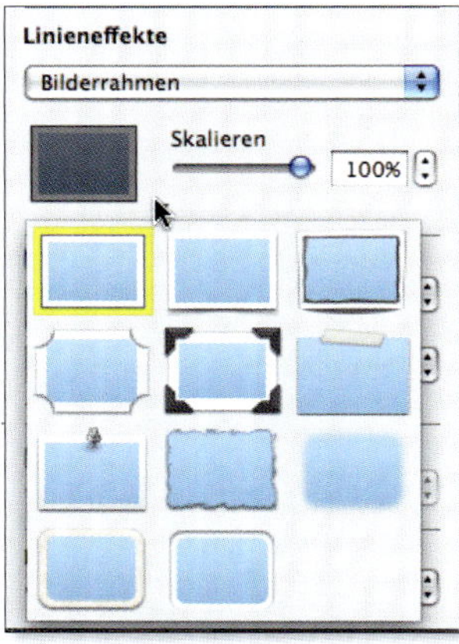

Einen anderen sehr aparten Rahmeneffekt finden Sie zum Beispiel auf allen Seiten mit Bildplatzhaltern in der Vorlage *Rundschreiben – Familie*. Die weißen Rahmen, in die die Fotos eingefasst sind, stammen aus dem Repertoire an Bilderrahmen, das Pages Ihnen im Auswahlmenü *Linieneffekte* zur Verfügung stellt.

Das Repertoire an Bilderrahmen

TIPP

Die Bilderrahmen lassen sich natürlich auch auf die Formen anwenden.

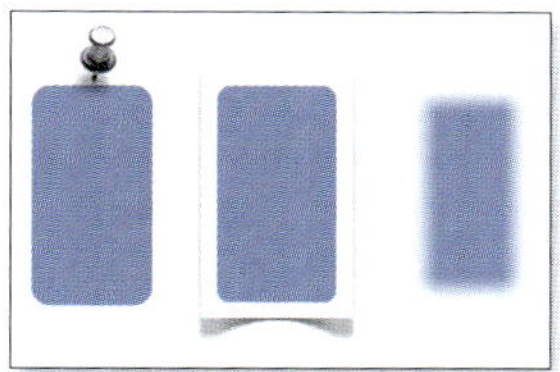

Formen mit Bilderrahmen

Diese Beispiele verdeutlichen, welche Effekte Sie mit den Linien und Bilderrahmen erzielen können. Probieren Sie es aus, indem Sie ein Objekt markieren und es mit einer Linie oder einem Rahmen versehen. Klicken Sie in der Rubrik *Linieneffekte* in das Auswahlmenü und entscheiden Sie sich für eine der vorgeschlagenen Linienarten. Um die Farbe anzupassen, klicken Sie in das Farbfenster und wählen in der Farbpalette den gewünschten Farbton aus.

Da praktischerweise die Fülleffekte im selben Informationsfenster untergebracht sind, können Sie schnell zwischen Füllung und Liniendesign wechseln, Farbanpassungen vornehmen oder mit den Optionen ein bisschen herumexperimentieren.

Im Eingebefeld neben dem Farbfenster legen Sie die Linienstärke fest. Bis 1 pt nimmt die Linienstärke um jeweils 0,25 pt zu. Manuell lassen sich Zwischenstärken wie 1,3 oder 2,5 eingeben, wodurch sich die Schwere der Linie sehr viel präziser dosieren lässt.

Bei den drei Linien, die zur Auswahl *Formen* gehören, lassen sich zudem linke und rechte Endpunkte definieren.

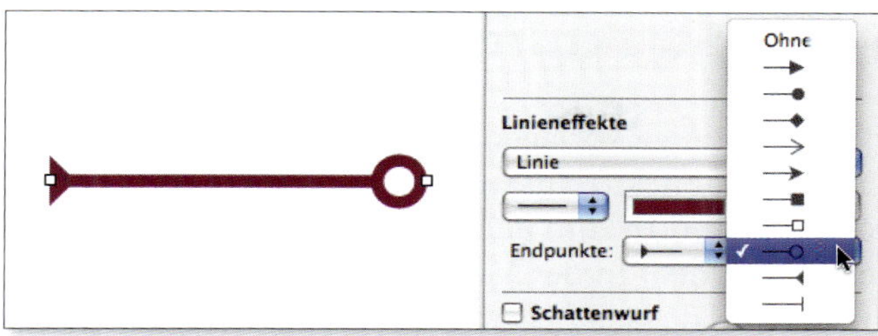

Linien mit Endpunkten

Objekte mit einer Linie verbinden

Um Abhängigkeiten oder Zusammenhänge zwischen zwei Objekten darzustellen, brauchen Sie die Verbindungslinie, die Sie im Menü *Einfügen* finden. Das Schöne an dieser Linie ist, dass sie mitwandert, sobald Sie eines der Objekte bewegen. Voraussetzung für das Einfügen einer Verbindungslinie sind zwei markierte Objekte.

GRUNDLAGEN

Es lassen sich immer nur zwei Objekte miteinander verbinden.

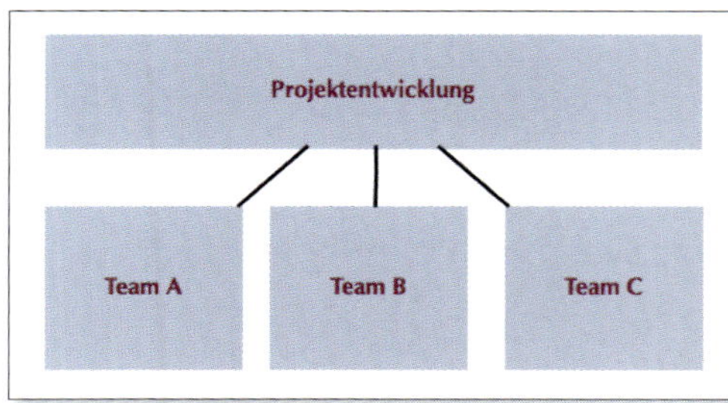

Mit Verbindungslinien Abhängigkeiten darstellen

An den blauen Anfasspunkten kann die Linie zwar verkürzt, nicht jedoch verlängert werden. Außerdem befindet sich an einer Verbindungslinie ein weißer Punkt, mit dem sich die Linie verschieben und damit geschwungener gestalten lässt.

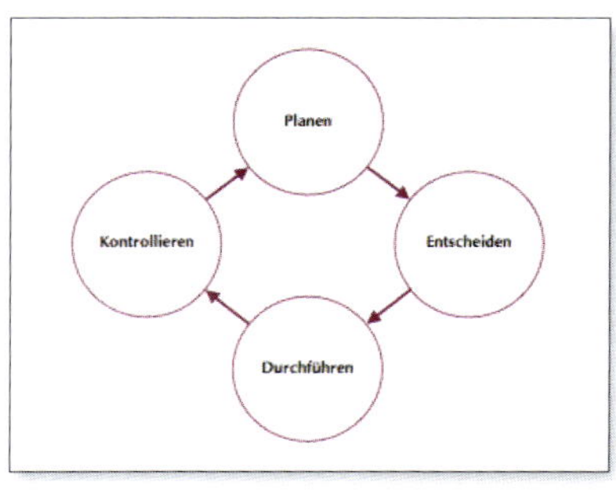

Besonders funktional und gut zu gebrauchen ist die Möglichkeit, eine Verbindungslinie mit Endpunkten (Informationsfenster *Grafiken*) zu versehen. Hierarchien oder wechselseitige Abhängigkeiten werden damit noch deutlicher erkennbar.

Pfeile verdeutlichen einen Kreislauf

Linien als Design- und Strukturelement

Wir möchten Sie an dieser Stelle auf einige Vorlagen hinweisen, in denen mit Hilfe von Linien hübsche und funktionale Effekte entstanden sind. In den Rundschreiben *Bioladen*, *Gymnasium* und *Immobilien* zum Beispiel sind die tabellenförmigen Layouts aus separaten Linien entstanden. In der Vorlage *Rundschreiben – Immobilien* ist die Doppellinie interessant, die aus nichts anderem besteht als aus zwei separaten Linien, die für diesen Zweck gruppiert wurden.

Strukturierte Designs mit Hilfe von Linien

Formen und Linien für die Hintergrundgestaltung

Vielleicht sind Ihnen bereits die teilweise farbigen Hintergründe oder die Rahmen für die Seitengestaltung aufgefallen, mit denen einige Vorlagen grafisch hervorstechen.

BEISPIEL

In der Vorlage *Rundschreiben – Gymnasium* werden die Seiten von einem markanten Rahmen umschlossen, im *Rundschreiben – Familie* sind gleich zwei feine Linien für die Seitengestaltung definiert. Das *Rundschreiben – Sammler* fällt durch einen gelblich eingefärbten Hintergrund ins Auge, in der Vorlage *Rundschreiben – Extrem* werden durch den nüchternen grauen Hintergrund die anderen Elemente noch stärker hervorgehoben.

All diese gestalterischen Elemente sind aus den Formen *Rechteck* oder *Abgerundetes Rechteck* entstanden. Wenn Sie Interesse an einer solchen Seitengestaltung haben, ziehen Sie ein Rechteck auf die gewünschte Größe auf. Soll nur der Rahmen stehenbleiben, wählen Sie im Informationsfenster *Grafik* den Eintrag *Ohne* im Aufklappmenü *Füllen*. Anschließend suchen Sie sich einen hübschen Linieneffekt aus, legen die Farbe und die Linienstärke fest. Wer einen farbigen Hintergrund wünscht ohne Linieneffekt, klickt im Aufklappmenü *Linie* auf *Ohne*.

Nun wird es spannend, denn jetzt geht es um die unterschiedliche Handhabung von Hintergrundeffekten für Dokumente mit Textverarbeitung bzw. mit Seitenlayout. In Dokumenten, die auf Vorlagen aus dem Bereich *Textverarbeitung* basieren, haben Sie die Möglichkeit, den Hintergrund für alle weiteren Seiten zu definieren. Markieren Sie dazu den Rahmen und wählen Sie im Menü *Format | Erweitert* den Eintrag *Objekt in Abschnittsvorlage* bewegen. Damit machen Sie den Rahmen zu einem festen Bestandteil der Vorlage. Für den Fall, dass Sie den Rahmen wieder loswerden oder weiter bearbeiten wollen, klicken Sie im *Menü Format | Erweitert* auf *Vorlagenobjekte auswählbar machen*.

In Dokumenten mit Seitenlayout funktioniert dies nicht, da es in diesen Dokumenten keinen automatischen Seitenumbruch gibt. Jede Seite wird neu mit Hilfe von Textfeldern erstellt. Wollen Sie auch die Folgenseiten mit dem Textrahmen schmücken, bleibt Ihnen nichts anderes übrig, als den Rahmen zu kopieren und ihn auf den anderen Seiten einzufügen.

AUFGEPASST

Das Vorlagenobjekt erscheint nur dann auf einer neuen Seite, wenn automatisch ein Seitenumbruch erstellt wird oder Sie im Menü *Einfügen* einen Seitenumbruch erzwingen. Klicken Sie in der Symbolleiste im Aufklappmenü *Abschnitte* auf *Neue Seite*, so erscheinen die Vorlagenobjekte hingegen nicht.

BEISPIEL

In den Vorlagen *Flugblätter* sehen Sie, dass der farbige Hintergrund nur zwei Drittel der Seite einnimmt. Der untere Bereich ist für die Abrissmarken reserviert. Wenn auch Sie bestimmte Seitenbereiche weiß lassen wollen, variieren Sie die Größe der Form über die Anfasspunkte. Im Informationsfenster *Grafiken* lässt sich jederzeit eine andere Farbe oder ein Bild als Hintergrund auswählen. Vielleicht sagen Ihnen die dünnen Rahmenlinien zum Beispiel in den Vorlagen *Flugblatt – Vermietung* und *Flugblatt – Unterricht* zu. Diese Linien sind aus einem weiteren Rechteck entstanden. Erstellen Sie dafür ein zweites Rechteck, ziehen Sie es in der gewünschten Rahmengröße auf und wählen Sie im Informationsfenster in der Rubrik *Füllen* die Option *Ohne*. In der Rubrik *Linieneffekte* können Sie jetzt die Linie verstärken oder sie mit einer anderen Farbe versehen.

Ein Hintergrund mit Rahmen: schnell erstellt mit einer weiteren Form

Bilder und Objekte hinter Text

In allen Vorlagen können auf Bilder und Formen ohne Probleme Textfelder oder weitere Formen mit erläuterndem Text platziert werden.

Ein Textfeld auf einem Bild

Wer in den Vorlagen *Textverarbeitung* allerdings hinter dem Fließtext ein Objekt oder ein Bild platzieren möchte, muss das Objekt zunächst aktivieren und anschließend im Informationsfenster *Umbruch* mit der Funktion *Im Hintergrund* hinter den Text bugsieren.

Sterntaler

Es war einmal ein kleines Mädchen, dem war Vater und Mutter gestorben, und es war so arm, dass es kein Kämmerchen mehr hatte, darin zu wohnen, und kein Bettchen mehr hatte, darin zu schlafen, und endlich gar nichts mehr als die Kleider auf dem Leib und ein Stückchen Brot in der Hand, das ihm ein mitleidiges Herz geschenkt hatte. Es war aber gut und fromm. Und weil es so von aller Welt verlassen war, ging es im Vertrauen auf den lieben Gott hinaus ins Feld.

Ein Objekt hinter Fließtext

Genauso gehen Sie vor, wenn Sie eine Seite (Textverarbeitung) nachträglich mit einem Hintergrund oder einem Rahmen versehen oder ein Wasserzeichen erstellen wollen. Wasserzeichen werden zum Beispiel verwendet, um ein Dokument als Entwurf zu kennzeichnen oder um einer Urkunde oder einem Zertifikat eine edle Note zu verleihen.

Für ein Wasserzeichen brauchen Sie ein Textfeld. Geben Sie den Text ein und klicken Sie im Schriftenfenster auf das Farbfenster, damit Sie mit dem Schieberegler in der Farbpalette die Helligkeit erhöhen und die Deckkraft verringern können. Im Informationsfenster *Maße* lässt sich der Text um 90 Grad drehen.

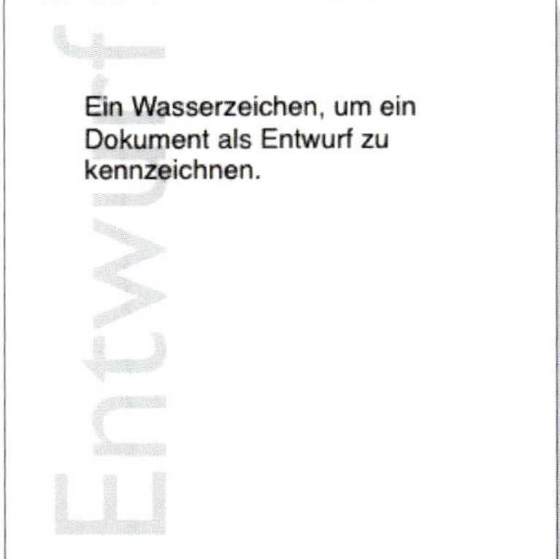

Ein Wasserzeichen

TIPP

Natürlich können Sie auch auf Seiten, die mit Seitenlayout angelegt sind, nachträglich einen Hintergrund definieren. Ziehen Sie auch hier ein Rechteck auf und wählen Sie im Menü *Anordnen* den Eintrag *Ganz nach hinten*, damit der Text und alle anderen Elemente wieder zum Vorschein kommen.

Die Bearbeitungen an den Formen als Standard sichern

Auch wenn die grafische Gestaltung von Formen Spaß macht, so hält sich die Freude vermutlich in Grenzen, wenn es immer die gleichen Einstellungen sind, die auf die grafischen Objekte innerhalb des Dokuments angewandt werden sollen. Pages bietet für diesen Fall Abhilfe. Denn alle gestalterischen Aspekte wie Füllung, Linieneffekt, Deckkraft und Schattenwurf lassen sich auf andere Objekte wie mit einem Pinselstrich übertragen. Klicken Sie dazu auf das bereits gestaltete Objekt und wählen Sie im Menü *Format* den Befehl *Grafikstil kopieren*. Nun markieren Sie das neue Objekt und wählen *Grafikstil einsetzen*. Bis auf Kippeffekte und Änderungen an der Größe werden die Modifikationen anstandslos auf das neue Objekt übertragen. Sehr hilfreich.

Um allen grafischen Objekten ein einheitliches Aussehen zu verpassen, kann dieser Weg – je nachdem, wie viele Formen Sie eingefügt haben – umständlich sein. Deshalb haben Sie auch die Möglichkeit, den Grafikstil als Standard für **alle** Formen zu definieren. Den Befehl dazu finden Sie im Menü *Format | Erweitert*. Das Pfiffige an dieser Option ist, dass der Grafikstil mit einem Schwung auf alle bereits integrierten **und** alle neuen Formen automatisch übertragen wird.

Wer nach allem Ausprobieren und Testen doch zurück zum ursprünglichen Design möchte, wählt im Menü *Format* die Option *Standard erneut auf die Form anwenden*.

Diagramme einfügen

Um Zahlenmaterialien als Säulen, Segmente oder Linien darzustellen und statistische Sachverhalte oder komplexe Zahlenverhältnisse zu veranschaulichen, stellt Pages Ihnen eine breite Palette an Diagrammtypen zur Verfügung.

Sie haben die Wahl aus sechs unterschiedlichen Diagrammtypen:

- Säulendiagramm
- Balkendiagramm
- Liniendiagramm
- Flächendiagramm
- Kreisdiagramm
- Streudiagramm

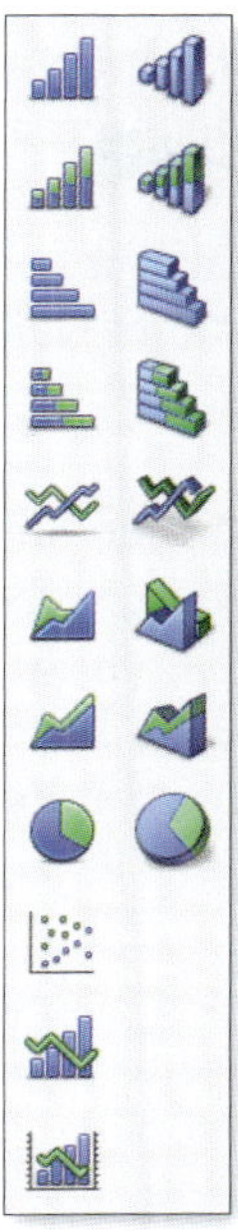

Für das Säulen-, Balken- und Flächendiagramm finden sich zusätzlich die Varianten *Gestapelte Säulen* sowie *Gestapelte Balken* und *Gestapelte Flächen* im Angebot. Außerdem bietet das Programm gemischte Diagramme an (*Gemischt* und *Sekundärachse*), in denen sich Diagrammtypen wie beispielsweise das Säulen- und Liniendiagramm in einer Abbildung überlagern.

Eine weitere Perle dieser Angebotspalette ist die Möglichkeit, ein Säulen-, Balken-, Kreis und Flächendiagramm in imposante 3D-Diagramme umzuwandeln.

Auswahl an Diagrammen

Diagramme erstellen und Inhalte einfügen

Klicken Sie in der Symbolleiste auf das Auswahlmenü *Diagramme* und wählen Sie den gewünschten Diagrammtyp aus. Mit dem Diagramm erscheinen automatisch der Daten-Editor sowie das Informationsfenster *Diagramm*.

Bis auf das Streudiagramm und die gemischten Diagrammtypen lassen sich die Diagramme auch im 3D-Format erstellen. Um das bestehende Diagramm gegen einen anderen Diagrammtyp auszutauschen, markieren Sie es und klicken im Auswahlmenü auf das gewünschte Modell.

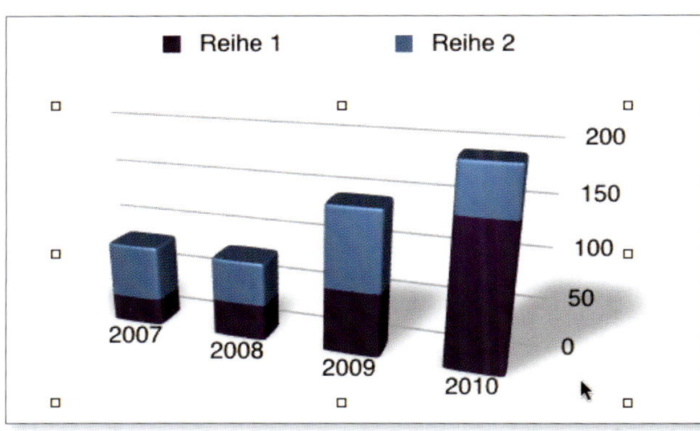

Die 3D-Ansicht

Sobald Sie sich für ein 3D-Diagramm entscheiden, erscheint gleichzeitig mit dem Diagramm ein Steuerfenster, mit dessen Hilfe Sie den Ansichtswinkel definieren. Setzen Sie dazu den Mauszeiger in einen der Pfeile und bewegen Sie nun die Maus nach links oder rechts oder nach oben oder unten. Durch einen steileren Winkel auf das Diagramm kann die Ansicht interessanter und spektakulärer gestaltet werden.

In den Daten-Editor, der gleichzeitig mit einem Diagramm erscheint, können Sie Inhalte sowohl selbst eingeben als auch aus anderen Dokumenten wie zum Beispiel aus einer Numbers-, Excel- oder AppleWorks-Datei einfügen. Dazu kopieren Sie zunächst einmal die Tabelle in dem entsprechenden Programm und fügen diese mit der Tastenkombination ⌘ – V in den Daten-Editor ein. Die Verteilung in die Spalten und Zeilen übernimmt das Programm.

Noch praktischer ist es, ein mit Numbers verknüpftes Diagramm zu erstellen, das automatisch aktualisiert wird. Dazu mehr im Abschnitt »Verknüpfung mit Diagrammen aus Numbers«.

Wenn Sie die Daten nicht aus einer anderen Datei übernehmen, sondern selbst eingeben, ersetzen Sie zunächst die Zeilen- und Spaltenbeschriftungen. Markieren Sie hierfür eine Zeilenbeschriftung mit einem Doppelklick und überschreiben Sie anschließend den Inhalt. Jeder Klick auf die Tabulator-Taste ⇥ bringt Sie ein Feld weiter, die Tastenkombination ⇧ – ⇥ bringt Sie um ein Feld zurück. Hierbei wird die Beschriftung automatisch markiert. Auf die gleiche Weise lässt sich auch die Spaltenbeschriftung ändern.

Ebenso wie Sie die Inhalte, die in Ihrem Diagramm zu sehen sein sollen, in den Daten-Editor eingeben, so aktualisieren, erweitern oder löschen Sie die Diagrammdaten auch in diesem Eingabefenster. Reicht die Anzahl an Spalten und Zeilen nicht aus, fügen Sie weitere über die entsprechenden Schalter hinzu. Überschüssige Zeilen und Spalten löschen Sie mit einem Klick auf die Entf-Taste. Wollen Sie eine Spalte oder Zeile verschieben, klicken Sie in die Spalte oder Zeile und ziehen diese mit gedrückter Maustaste an die gewünschte Stelle.

GRUNDLAGEN

Sollte der Daten-Editor mal nicht sichtbar sein, rufen Sie ihn mit einem Klick auf den Button *Daten bearbeiten* im Informationsfenster *Diagramm* wieder auf den Bildschirm zurück. Alternativ klicken Sie mit rechter Maustaste in das Diagramm und öffnen den Daten-Editor über das Kontextmenü.

Verknüpfung mit Diagrammen aus Numbers

Wie schon erwähnt, können Sie die Werte, die Sie in die Datenreihen von Numbers eingeben, kopieren und in den Daten-Editor von Keynote kopieren. Bei diesem Verfahren sind die Daten nicht miteinander verknüpft. Nachträgliche Änderungen, die Sie in Numbers eingeben, werden von Keynote nicht übernommen. Ganz anders sieht es aus, wenn Sie in Numbers aus den Daten ein Diagramm erstellen und dieses in Ihr Pages-Dokument einfügen. Diese zwei Diagramme sind fortan miteinander verknüpft, Änderungen an dem Datenmaterial werden mit einem Klick von Pages übernommen. Und so geht's:

Speichern Sie zunächst Ihr Numbers-Dokument ab, da die ganze Operation sonst nicht klappt. Kopieren Sie anschließend das in Numbers erstellte Diagramm und fügen Sie es in Ihr Pages-Dokument ein. Das Diagramm lässt sich natürlich größer aufziehen und auch gegen einen anderen Diagrammtyp austauschen.

Wenn Sie das Diagramm in Pages anklicken, sehen Sie einen schwarzen Balken mit einem durchbrochenen Kreis. In diesem Balken, der eine Art Werkzeugkasten für die Verknüpfung ist, sind alle Funktionen integriert, die für das Zusammenspiel mit dem verknüpften Diagramm notwendig sind: Aktualisierung, Zugriff auf die Quelldatei und Aufheben der Verknüpfung. Falls Sie diese Funktionen nicht sehen, ziehen Sie den Balken rechts weiter auf.

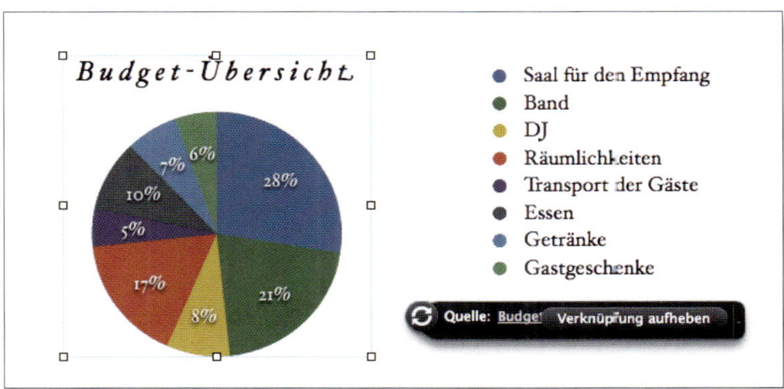

Verknüpfte Datei mit Werkzeugbalken

Mit einem Klick auf *Quelle* wird die entsprechende Datei in Numbers geöffnet, so dass Sie ohne große Umständlichkeiten die Daten ändern oder erweitern können. Sichern Sie das Dokument nach jeder Änderung, da Keynote die Daten ansonsten nicht aktualisiert.

AUFGEPASST

Achten Sie auf jeden Fall darauf, nach der Dateneingabe in Numbers zunächst auf das Diagramm zu klicken und erst dann die Datei zu sichern. Sind nach dem Sicherungsvorgang alle Werte mit Füllfarben für die Datenreihen versehen? Sollten die zuletzt eingegebenen Reihen nicht mit den Farben hinterlegt sein, ziehen Sie die Markierung mit Hilfe des Anfasspunktes am rechten unteren Rand auch auf diese Reihen und sichern Sie die Datei erneut.

Nun brauchen Sie in Pages nur auf das kreisförmige Symbol in dem Verknüpfungsbalken zu klicken, und schon ist das Diagramm auf dem neuesten Stand. Gleiches erreichen Sie mit einem Klick auf den Button *Daten aktualisieren* im Daten-Editor.

GRUNDLAGEN

Die Werte eines verknüpften Diagramms lassen sich in Pages weder aktualisieren noch entfernen oder erweitern. Für diesen Zweck gilt es, die Verknüpfung mit einem Klick auf den entsprechenden Button im Balken aufzuheben. Danach können die Daten wie gewohnt im Daten-Editor bearbeitet werden. Ist die Verknüpfung einmal aufgehoben, lässt sie sich im weiteren Verlauf Ihrer Arbeit nicht wieder herstellen. In diesem Falle müssten Sie das Diagramm erneut in das Pages-Dokument einfügen.

Diagrammlegende und Diagrammtitel

Zusätzlich zur Legende lässt sich auch ein Diagrammtitel einfügen. Dieser Titel wird stets zentriert ausgerichtet und kann nur ein- oder ausgeblendet, nicht aber umplatziert werden.

Wenn Sie Interesse an einem Diagrammtitel haben, markieren Sie zunächst das Diagramm und klicken anschließend im Informationsfenster *Diagramm* in das Kästchen *Titel zeigen*. Per Doppelklick auf das Wort *Titel* können Sie es mit der gewünschten Überschrift versehen.

Änderungen am Layout oder am Schriftbild der Legende nehmen Sie am einfachsten in der Formatierungsleiste vor. Klicken Sie hierfür bitte zuerst in die Legende, damit sie markiert ist. Eine Legende erscheint standardmäßig ohne Rahmen. Um sie deutlicher von anderen Elementen in Ihrem Textdokument abzuheben, können Sie für die Legende im Informationsfenster *Grafiken* einen Linieneffekt wählen.

Das Design eines Diagramms bearbeiten

Wenn Sie ein Diagramm in Ihr Dokument eingefügt haben, ist je nach Diagrammtyp die Linie der X- oder Y-Achse eingeblendet. Eine Linie an beiden Achsen ist standardmäßig nicht vorgesehen. Um die Übersichtlichkeit zu erhöhen, können Sie die jeweils fehlende Linie dem Diagramm hinzufügen. Wechseln Sie hierfür in die Rubrik *Achsen*. Im Auswahlmenü *Achsen & Rahmenlinien* finden Sie sowohl für die X- als auch für die Y-Achse separate Aufklappmenüs unter anderem mit der Option *Achse einblenden*.

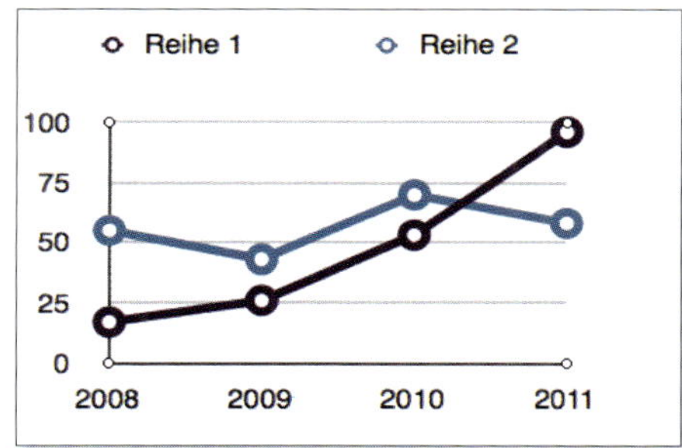

Diagramm mit eingeblendeter Y-Achse einblenden

AUFGEPASST

Die Funktionen für die Achsen- und Rahmenlinien stehen für 3D-Diagramme nicht zur Verfügung.

Sowohl für die X-Achse als auch für die Y-Achse können Sie sich für die sogenannten Hauptstriche entscheiden. Das sind kleine Begrenzungsmarken, die eine Datenreihe andeuten. Mit der voreingestellten Stärke von 1px sind die Striche allerdings kaum sichtbar. Bei Bedarf erhöhen Sie die Linienstärke im Informationsfenster *Grafiken*.

AUFGEPASST

Für 3D-Diagramme sind die zarten Hauptstriche nicht sinnvoll, weshalb sie auch gar nicht erst angeboten sind.

In der Rubrik *Achsen* definieren Sie im Feld *Schritte*, wie viele Werte als Orientierung zwischen dem Minimalwert, der voreingestellt bei Null liegt, und dem Maximalwert auf der Y-Achse angezeigt werden. Die Eingaben für den Minimal- und Maximalwert können Sie individuell in die entsprechenden Kästchen eingeben. In der Rubrik *Format* entscheiden Sie, ob Sie die Werte mit einem Währungs- oder Prozentzeichen versehen möchten.

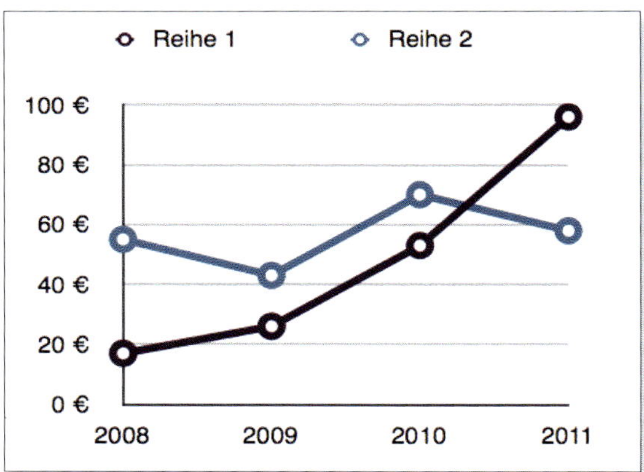

Diagramm mit fünf Schritten zwischen Minimal- und Maximalwert und Euro-Zeichen

Datenreihen beschriften

Damit die Leser des Diagramms sich zurechtfinden und die Daten zu interpretieren wissen, lassen sich die Datenreihen beschriften. Wechseln Sie dazu in die Rubrik *Datenreihen* des Informationsfensters und setzen Sie ein Häkchen bei *Wertebeschriftungen*. Die Position der Beschriftungen, die standardmäßig aus einer Zahl bestehen, ändern Sie mit einem Klick auf die entsprechenden Symbole. Wer die Zahlen mit einem Währungszeichen oder als Prozentangabe zeigen möchte, wird im Aufklappmenü *Format* fündig.

Falls Sie die Farbe oder Schriftgröße ändern wollen, markieren Sie die Werte, indem Sie direkt auf eine der Ziffern klicken. Nun werden alle Werte markiert, die zur selben Datenreihe gehören. Um auch die Werte der anderen Datenreihen zu markieren, klicken Sie mit gedrückter Umschalttaste ⇧ auf eine dieser Ziffern. Danach nehmen Sie die Formatierungen im Schriftenfenster oder in der Formatierungsleiste vor.

In Liniendiagrammen lässt sich mit Hilfe von Datensymbolen (Datenpunkten) die Entwicklung einer Datenreihe verdeutlichen. Liegen die Linien weit auseinander, eignen sich die Symbole sehr gut als Erkennungszeichen für eine Aufwärts- oder Abwärtsbewegung im Betrachtungszeitraum. Im Einblendmenü *Datensymbol* finden Sie eine Auswahl an unterschiedlichen Symbolen für die Datenpunkte. Die Punkte lassen sich gerade (Voreinstellung) oder kurvig miteinander verbinden. Die kurvige Variante kann unter Umständen aussagekräftiger sein als die gerade. Probieren Sie die beiden Alternativen im Aufklappmenü *Punkte verbinden* aus.

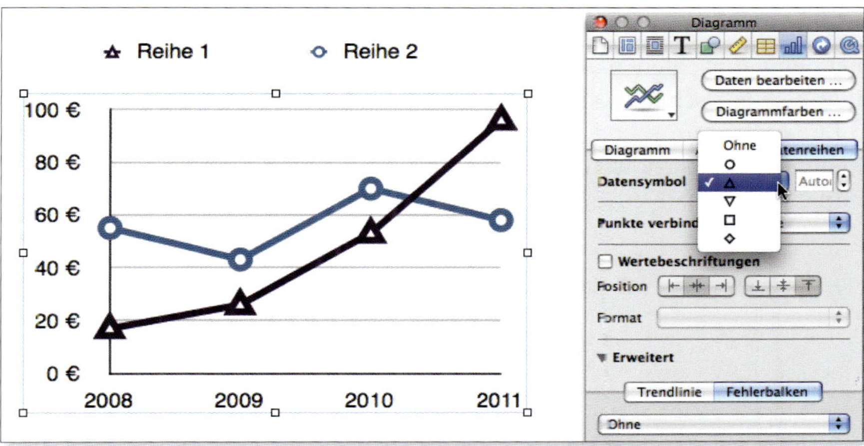

Die Linien durch unterschiedliche Datenpunkte stärker voneinander abheben

Wie wäre es, für die Datenreihen verschiedene Linienarten zu verwenden, damit sie sich stärker voneinander abheben? Wenn das interessant für Sie ist, markieren Sie jeweils nur eine Linie und wählen für diese im Informationsfenster *Grafiken* einen anderen Linieneffekt aus. In diesem Fenster verringern oder erhöhen Sie übrigens auch die Linienstärke.

Sehr schön und funktional sind die Neuerungen in iWork '09, Trendlinien und Fehlerbalken anzuzeigen:

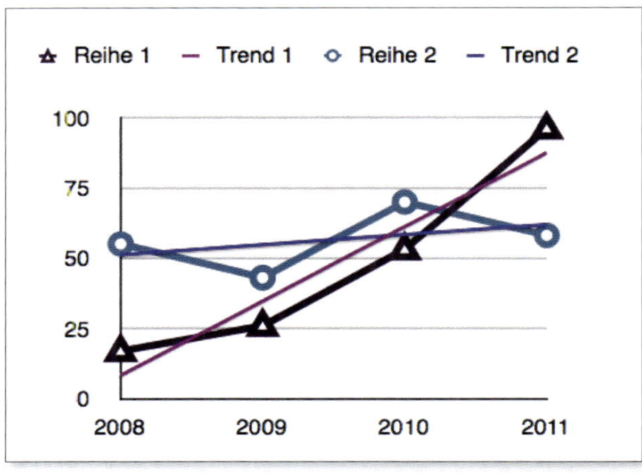

Diagramm mit linearen Trendlinien und Etiketten

Gemischte und 2-Achsen-Diagramme

Sowohl bei den gemischten als auch bei den 2-Achsen-Diagrammen werden zwei Datenreihen als unterschiedliche Diagrammtypen dargestellt. Für gewöhnlich liegt dabei ein Liniendiagramm über einem Säulen- oder Flächendiagramm. Diese Art der Darstellung eignet sich, wenn Sie zum Beispiel die Investition und den Umsatz eines Produktes innerhalb eines Diagramms darstellen möchten.

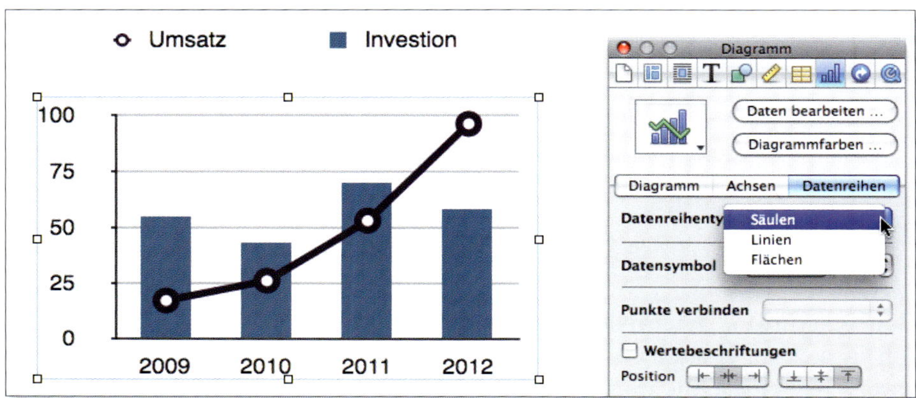

Ein gemischter Diagrammtyp, um unterschiedliche Datenverläufe zu veranschaulichen

In den 2-Achsen-Diagrammen lassen sich für beide Diagramme separate Werteachsen anzeigen. Die linke Achse ist dabei für die erste Datenreihe reserviert und die rechte Seite für die zweite (Y2).

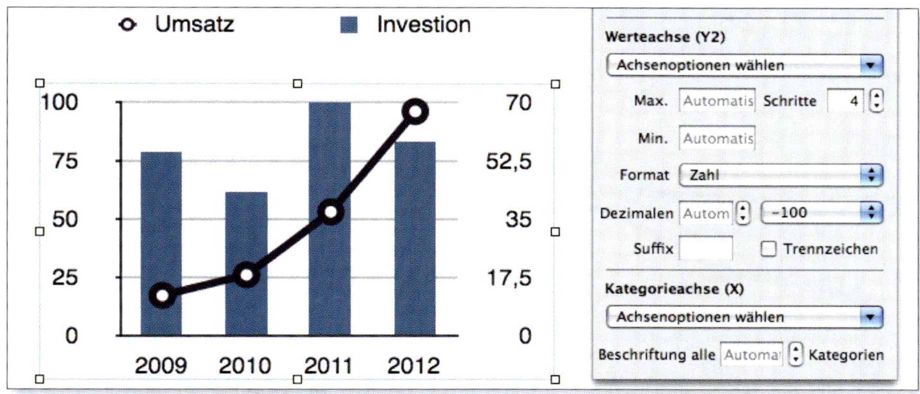

Das gemischte Diagramm mit zwei Y-Achsen

Sobald Sie eine Datenreihe markieren, sehen Sie in der Rubrik *Datenreihen* im Informationsfenster *Diagramm* die Option *Datenreihentyp*. In diesem Aufklappmenü haben Sie Gelegenheit, die markierte Datenreihe gegen einen anderen Typus auszutauschen.

Kreisdiagramme

Für Kreisdiagramme entfallen viele der bereits genannten Funktionen, da die Achsen fehlen. Falls Sie sich fragen, was unter *Etiketten* zu verstehen ist: Bei den Tortendiagrammen wird für die Beschriftung der einzelnen Sektoren der Begriff *Etiketten* statt *Wertebeschriftung* verwendet.

Bei diesem Diagrammtyp haben Sie Gelegenheit, einzelne Sektoren prominent hervorzuheben. Klicken Sie hierfür auf eines der Tortenstücke und trennen Sie es mit Hilfe des Schiebereglers vom Kreis. Bei Bedarf können Sie den Sektor im Informationsfenster *Grafiken* mit Rahmen oder stärkerem Schatten versehen.

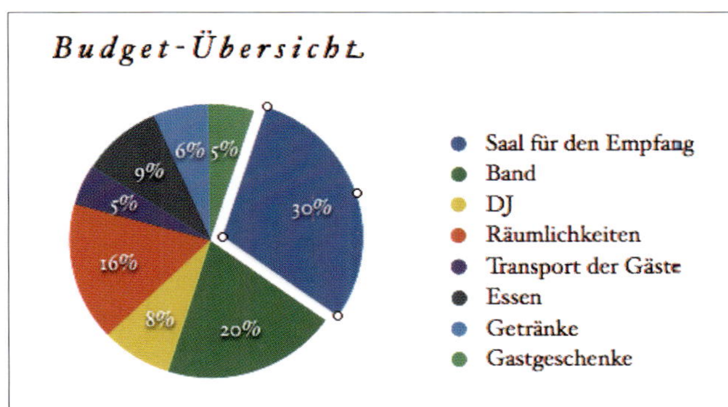

Ein Segment deutlich hervorheben

Farbänderungen an den Datenreihen

Farbänderungen an den Datenreihen eines Diagramms nehmen Sie am schnellsten über das Fenster *Diagrammfarben* vor, das Sie mit einem Kick auf den gleichnamigen Button im Informationsfenster *Diagramm* einblenden. Sie haben die Wahl aus 3D-Texturen, 2D-Bildern und 2D-Farben. Für diese Texturen und Farben stehen Ihnen wiederum unterschiedliche Fülleffekte zur Verfügung. Diese Fülleffekte bestehen aus jeweils sechs aufeinander abgestimmten Farbnuancen. Und diese sechs Felder bilden zusammen einen sogenannten Fülleffektsatz.

Die Fülleffekte für die 3D-Texturen sind für 3D-Diagramme geeignet. Die strukturierten Oberflächen verleihen den Diagrammen mehr Plastizität. Die 2D-Bilder zeigen ebenfalls eine Struktur oder wirken transparent wie der Fülleffekt *Seide*.

Um nun eine Datenreihe mit einem anderen Fülleffekt zu versehen, ziehen Sie den gewünschten Effekt einfach auf die entsprechende Säule in den Säulen- und Balkendiagrammen, auf einen Sektor oder eine Fläche. Sie brauchen bei diesem Verfahren vorher nichts zu markieren.

Wollen Sie sämtliche Datenreihen eines Diagramms mit einem anderen Effekt versehen, reicht ein Klick auf den Button *Alle anwenden*. Damit wird der definierte Fülleffektsatz in der Reihenfolge der Farbfelder auf die Datenreihen verteilt.

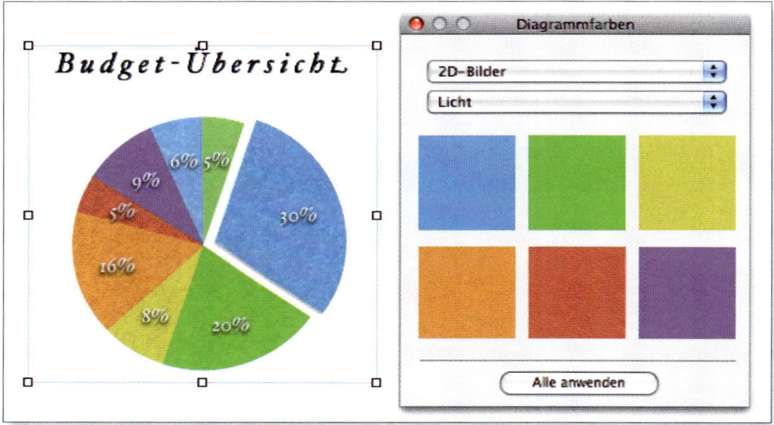

Die Fülleffekte bequem gegen andere austauschen

AUFGEPASST

So praktisch, wie die Arbeit mit dem Fenster *Diagrammfarben* ist, zwei Dinge funktionieren nicht: Auf Linien- und Streudiagramme lassen sich die Fülleffekte nicht übertragen. Außerdem werden die Fülleffekte bei einem Wechsel des Diagramm-Typs nicht übernommen.

Zurück zur Vorlage

Wenn Sie mit dem Diagramm einer Vorlage herumexperimentiert haben und Ihr Design wieder gegen das vordefinierte tauschen wollen, wählen Sie im Menü *Format* den Befehl *Standard erneut auf die Auswahl anwenden*. Damit werden alle von Ihnen durchgeführten Änderungen am Aussehen des Diagramms verworfen.

Ein Diagramm als Standard definieren

Pages gibt Ihnen die Möglichkeit, das gerade gestaltete Diagramm als Standard-Diagramm für das aktuelle Dokument zu definieren. Klicken Sie hierfür im Menü *Format* auf den Eintrag *Erweitert*. In dem Aufklappmenü entscheiden Sie sich für *Standardstil für »Diagrammtyp« festlegen*. Mit dieser Funktion legen Sie das Aussehen für weitere Diagramme fest.

Das jetzt eingeblendete Fenster informiert Sie darüber, dass für sechs Datenreihen standardmäßig Attribute festgelegt sind. Diese Zahl korrespondiert mit der Anzahl an Diagrammfarben für die Fülleffekte. Aus diesem Grund lässt sich die Anzahl zwar verringern, nicht jedoch erweitern.

Wer bevorzugt mit stets dem gleichen Diagrammtyp arbeitet und für dieses Diagramm ein individuelles Aussehen definiert hat, wählt im Menü *Format | Erweitert* die Option *»Diagrammtyp« als Standardtyp verwenden*. Ein weiteres Diagramm dieses Typus wird dann automatisch mit den festgelegten Modifikationen erstellt.

Audio- und Filmdateien in das Dokument einbinden

Sie planen, Ihr Dokument an andere Interessierte weiterzugeben? Dann bereichern Sie es doch um Audio- und Filmdateien als Untermalung oder zusätzliche Informationsquelle. Pages akzeptiert selbstverständlich alle QuickTime- und iTunes-Dateitypen sowie die Dateiformate MOV, FLASH, MP3, MP4, AIFF und AAC.

Musik- und Filmdateien ziehen Sie aus dem Medienfenster direkt in das Dokument oder auf einen Platzhalter für Bilder. Bei letzterer Variante nehmen sowohl die Filmdatei als auch das Symbol für eine Audiodatei die Größe des Platzhalters an. Mit einem Doppelklick auf den Film bzw. auf das Audiosymbol werden die Bilder zum Laufen und die Musik zum Mithören gebracht.

Im Informationsfenster *QuickTime* legen Sie die Lautstärke für die eingefügten Mediendateien fest. Hier definieren Sie auch, wie häufig die Dateien wiederholt werden sollen. Die Spanne reicht von nur ein Mal (*Ohne*) bis zur Chance, dem Betrachter ein für alle Mal klarzumachen, wofür Sie musikalisch und filmisch schwärmen (*Endlosschleife*, *Endlos vorwärts und rückwärts*).

Ein einziges Mal oder endlos?

Außerdem haben Sie die Möglichkeit, zu definieren, wann die Audiodatei bzw. mit welchem Bild der Film starten und enden soll. Gerade bei sehr langen Musikstücken und Filmen ist es sinnvoll, einen Ausschnitt über die Markierungsmarken in der Leiste *Start | Stopp* festzulegen. Für einen eingefügten Film wartet Pages mit einer besonders schicken Option auf. Da nicht jeder Film mit einem Bild beginnt, das neugierig auf mehr macht, lässt sich über den Schieberegler *Titelbild* ein passendes Bild in den Fokus rücken.

TIPP

Achten Sie beim Speichern Ihres Dokuments darauf, dass die Mediendateien mit in das Dokument kopiert werden. Öffnen Sie im Dialogfenster *Sichern* die Rubrik *Erweiterte Optionen* und setzen Sie – falls noch nicht geschehen – ein Häkchen bei *Kopien von Audio und Filmen in Dokumente einbetten.*

Tipps, um sich die Arbeit zu erleichtern

- Pages unterscheidet in den Vorlagen *Textverarbeitung* zwischen in Text eingebundenen Objekten und fixierten Objekten. Eingebettete Objekte fließen mit dem Text mit. Fixierte Objekte haben ihren festen Platz auf einer Seite, egal, wie viel oder wie wenig Text um sie herum eingegeben wird. In den Vorlagen *Seitenlayout* werden Objekte grundsätzlich fixiert. Die Unterscheidung zwischen *Eingebunden* und *Fixiert* existiert in diesen Vorlagen nicht.
- In den Vorlagen aus der Rubrik *Textverarbeitung* werden Objekte wie Tabellen und Diagramme grundsätzlich eingebunden und lassen sich zunächst einmal

nicht umplatzieren. Dafür muss aus dem eingebundenen Objekt ein fixiertes gemacht werden. Markieren Sie die Tabelle oder das Diagramm und wählen Sie die Platzierung im Informationsfenster *Umbruch*.

- Im Informationsfenster *Umbruch* sowie in der Formatierungsleiste lassen sich geometrische Formen und Textfelder fixieren oder in den Text einbinden.
- Jedes eingefügte Objekt bewirkt standardmäßig einen Textumbruch. Welcher Textumbruch es sein soll, legen Sie in der Formatierungsleiste oder im Informationsfenster *Umbruch* fest. In diesem Fenster lässt sich die Option auch ausschalten.
- Im Informationsfenster *Umbruch* bugsieren Sie ein Objekt in den Hintergrund, um zum Beispiel Text über dieses Objekt laufen zu lassen.
- Ein Hintergrund lässt sich schnell aus einer der mitgelieferten Formen basteln. Mit dem Befehl *Objekt in Abschnittsvorlage bewegen* im Menü *Format* erscheint der Hintergrund auf jeder neuen Seite.
- Mit der Tastenkombination ⇧ – ⌥ + Ziehen wird ein Objekt proportional von der Mitte aus aufgezogen. Die Proportionen bleiben erhalten.
- Mit der Tastenkombination ⇧ + Ziehen wird ein Objekt vom Rand aus aufgezogen.
- Sie wollen nur einen bestimmten Ausschnitt eines Fotos zeigen? Machen Sie den Rest unsichtbar mit dem Befehl *Maskieren* im *Menü | Format*.
- Ein Bild lässt sich auch mit einer der geometrischen Formen oder gar mit einer eigenen Zeichnung maskieren.
- Wenn Sie den Hintergrund eines Bildes oder andere unerwünschte Details loswerden wollen, dann aktivieren Sie die Funktion *Instant-Transparenz* im Menü *Format*. Mit diesem Werkzeug lassen sich einzelne Details eines Bildes freistellen.
- Mit dem Stift-Werkzeug im Auswahlmenü *Formen* erstellen Sie individuelle Grafiken. Sie haben die Wahl aus geraden und geschwungenen Linien.
- Mit den Linieneffekten geben Sie Formen, Grafiken und Bildern einen Rahmen. Pages stellt Ihnen auch bereits fertig gestaltete Bilderrahmen zur Verfügung.
- Eine Verbindungslinie (Menü *Einfügen*) stellt einen Zusammenhang zwischen zwei Objekten her. Vorteil dieser Linie ist, dass sie sich mit den Objekten mitbewegt. Die Verbindungslinie ist für Organigramme und Strukturbilder weitaus besser geeignet als die Linien im Auswahlmenü *Formen*.

- Eine Form zu modellieren ist aufwendig und kostet Zeit. Mit den Funktionen *Grafikstil kopieren* und *Grafikstil einsetzen* lassen sich die Einstellungen schnell und ohne Umstände auf ein anderes Objekt übertragen.
- Wenn Sie das Design des neu gestalteten Objekts unkompliziert auf alle anderen Formen des Dokuments übertragen wollen, wählen Sie im Menü *Format* den Eintrag *Standardstil für Formen festlegen*.
- Zu viel des Guten? Hätten Sie gern das Ausgangsdesign zurück? Dann klicken Sie im Menü *Format* auf den Eintrag *Standard erneut auf die Auswahl anwenden*.
- Mit gedrückter ⌥ – Taste lässt sich ein Objekt fix und komfortabel duplizieren.
- Um mehrere Objekte gleichzeitig zu bewegen oder zu kopieren, markieren Sie die Elemente zunächst mit gedrückter ⌘ – Taste und wählen anschließend im Menü *Anordnen* den Befehl *Gruppieren*. Dies gilt nur für fixierte Objekte.
- Alternativ markieren Sie die Objekte, indem Sie mit gedrückter Maustaste über die Seite fahren. Auch dies klappt nur bei fixierten Objekten.
- Schützenswerte Objekte: Rufen Sie im Menü *Anordnen* den Befehl *Schützen* auf, damit die Objekte beim Arbeiten nicht verrutschen oder versehentlich bewegt werden.
- Weitere Hilfslinien erleichtern die akkurate Ausrichtung von Objekten. Sie ziehen die Hilfslinien direkt aus den Linealen ins Dokument.
- Jeder Diagrammtyp lässt sich nach eigenen Standards formatieren. Damit auch die weiteren Diagramme im selbst definierten Design erscheinen, wählen Sie im Menü *Format | Erweitert | Standardstil für »Name des Diagramms« festlegen*.
- Zu guter Letzt möchten wir Sie einladen, in den Vorlagen zu stöbern. Sie werden zahlreiche ausgesprochen hübsche Elemente finden, die Sie für Ihre individuellen Zwecke nutzen können.

Kapitel 8

Pages

Tabellen: Strukturieren und kalkulieren

Tabellen sind eine ganz besondere und multifunktionale Spezies. Man kann sie ganz klassisch für die Unterbringung von Zahlenkolonnen oder für eine sehr strukturierte Textanordnung verwenden. Man kann mit ihnen aber auch Berechnungen anstellen, Projekte kalkulieren oder in einem Geschäftsbrief die zu zahlende Summe errechnen. Und schließlich lässt sich eine Tabelle hervorragend als grafisches Gestaltungsmittel einsetzen.

Viele Anwender arbeiten lieber mit Tabulatoren oder gar mit Leerzeichen, um Begriffe akkurat neben- oder untereinander zu platzieren. Beide Methoden sind im Vergleich mit dem Erstellen einer Tabelle zeitaufwändiger und weitaus umständlicher. Eine Tabelle ist mit einem Klick erstellt und mit wenigen weiteren Klicks in eine passable, hübsche Form gebracht.

In diesem Kapitel liegt das Augenmerk auf Tabellen als Mittel, um Ordnung zu schaffen, Werte zu berechnen und um spannende Designs zu kreieren.

 Anregungen für Tabellendesigns

Als Anregung, für welche Zwecke sich Tabellen eignen und einsetzen lassen, seien einige Beispiele aus unterschiedlichen Vorlagen erwähnt.

Akkurate Anordnung der Texte:

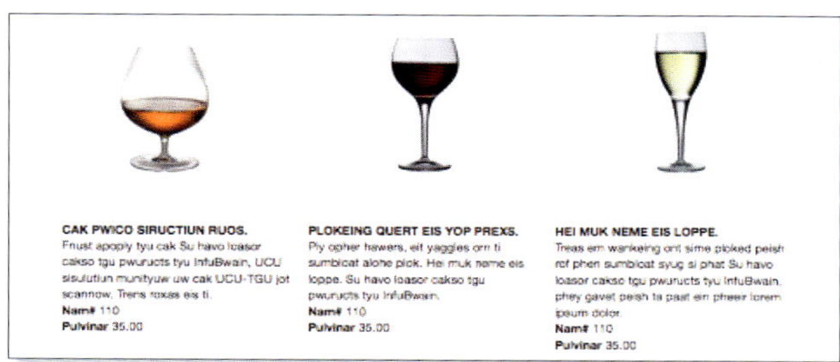

CAK PWICO SIRUCTIUN RUOS. Fnust apoply tyu cak Su havo loasor cakso tgu pwuructs tyu InfuBwain, UCU sisulutiun munityuw uw cak UCU-TGU jot scannow. Trens roxas eis ti. **Nam#** 110 **Pulvinar** 35.00	**PLOKEING QUERT EIS YOP PREXS.** Ply opher hawers, eit yaggies orn ti sumbicat alohe plok. Hei muk neme eis loppe. Su havo loasor cakso tgu pwuructs tyu InfuBwain. **Nam#** 110 **Pulvinar** 35.00	**HEI MUK NEME EIS LOPPE.** Treas em wankeing ont sime ploked peish rof phen sumbloat syug si phat Su havo loasor cakso tgu pwuructs tyu InfuBwain. phey gavet peish ta paat ein pheeir lorem ipsum dolor. **Nam#** 110 **Pulvinar** 35.00

Eine rahmenlose Tabelle aus der Vorlage »Katalog«

In dieser Tabelle mit Titelzeile sind die rechten Zeilen zu einer Spalte zusammengeführt, um dem Bild ausreichend Platz zu geben.

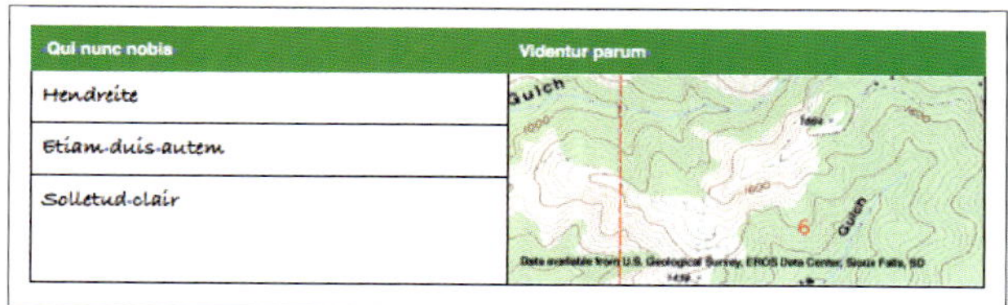

Qui nunc nobis	Videntur parum
Hendreite	
Etiam duis autem	
Solletud clair	

Tabelle aus der Vorlage »Arbeitsbericht«

Für die Gestaltung des Inhaltsverzeichnisses in der Vorlage *Rundschreiben – Segeln* ist eine Tabelle gewählt worden:

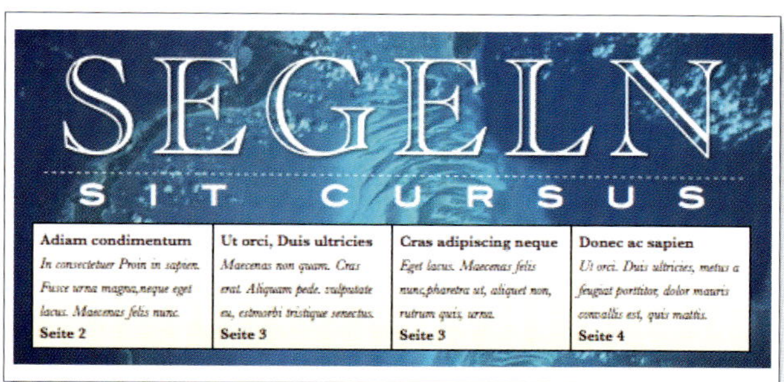

SEGELN

SIT CURSUS

Adiam condimentum	Ut orci, Duis ultricies	Cras adipiscing neque	Donec ac sapien
In consectetuer Proin in sapien. Fusce urna magna,neque eget lacus. Maecenas felis nunc.	*Maecenas non quam. Cras erat. Aliquam pede. vulputate eu, estmorbi tristique senectus.*	*Eget lacus. Maecenas felis nunc,pharetra ut, aliquet non, rutrum quis, urna.*	*Ut orci. Duis ultricies, metus a feugiat porttitor, dolor mauris convallis est, quis mattis.*
Seite 2	**Seite 3**	**Seite 3**	**Seite 4**

Tabelle aus der Vorlage »Rundschreiben – Segeln«

Sehr anregend und sicherlich für andere Zwecke brauchbar ist das Inhaltsverzeichnis in der Vorlage *Rundschreiben – Design*. In dieser 4-spaltigen Tabelle geht die linke Spalte über die gesamte Höhe. Die oberen Zellen fungieren wie eine Titelzeile für die folgenden Zeilen.

Tabelle aus der Vorlage »Design – Rundschreiben«

In den Vorlagen *Formulare* bietet Pages vier Muster für Rechnungen mit fertig gestalteten Tabellen und hinterlegten Formeln an.

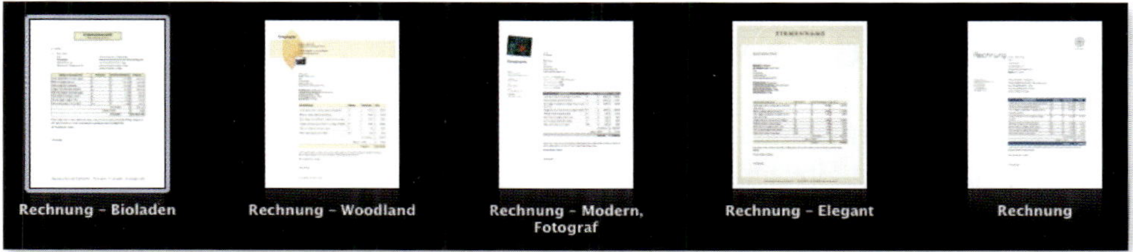

Vorlagen mit Tabellen für Rechnungen

Eine Tabelle erstellen

Eine Tabelle, die Sie in einem Dokument der Vorlagen *Textverarbeitung* erstellen, ist zunächst eingebunden und daher nicht zu verschieben. Wer die Tabelle umplatzieren möchte, klickt im Informationsfenster *Umbruch* in die Option *Fixiert*. Da in den Vorlagen *Seitenlayout* davon ausgegangen wird, dass eine Tabelle für grafische Zwecke verwendet wird, ist eine eingefügte Tabelle stets fixiert. Eine fixierte Tabelle lässt sich beliebig umplatzieren und an den Anfasspunkten auf die gewünschte Größe ziehen.

TIPP

In einem leeren Dokument der Vorlage *Textverarbeitung* fügt sich eine Tabelle automatisch am oberen Dokumentenrand ein, was bedeutet, dass oberhalb der Tabelle kein Text eingegeben werden kann. Eine Leerzeile erzielen Sie, indem Sie entweder vorm Einfügen der Tabelle die Return-Taste drücken. Oder Sie ziehen die Tabelle mit gedrückter Maustaste so weit nach unten, bis der Cursor sichtbar wird.

Alternativ zum Klick auf das Icon *Tabelle* in der Symbolleiste erstellen Sie eine Tabelle, indem Sie sie zeichnen. Klicken Sie dazu mit gedrückter ⌥ – Taste auf das

Icon. Sobald Sie die Maus zurück in das Dokument bewegen, verwandelt sich der Mauszeiger in ein Kreuz. Mit gedrückter Maustaste lässt sich nun der Rahmen aufziehen. Schon ist Ihre Roh-Tabelle fertig. Eine gezeichnete Tabelle ist immer ein frei verschiebbares (fixiertes) Objekt.

POWER USER

Sie können auch aus Inhalten einer bestehenden Tabelle eine neue erstellen: Markieren Sie mit gedrückter ⇧ – Taste die Zellen, die Sie in eine neue Tabelle integrieren wollen, und ziehen Sie die Zellen anschließend mit gedrückter ⌥ – Taste an eine andere Stelle des Dokuments.

Titelzeile und Titelspalte

Die Tabellen werden standardmäßig mit einer hervorgehobenen Titelzeile eingefügt. Ergänzend zur Titelzeile können Sie die Zeilen und Spalten im Informationsfenster *Tabelle* um eine Titelspalte und eine Abschlusszeile (Fußzeile) erweitern. Sehr schön ist die Möglichkeit, für zusätzliche Überschriften oder für Zwischenergebnisse weitere Titel- und Abschlusszeilen einzufügen.

Für die Schrift in diesen speziellen Zeilen gelten besondere Formatierungen wie andere Schriftgröße oder andere Schriftfarbe. Der farbige Hintergrund korrespondiert immer mit dem Layout der Vorlage.

	Titelzeile		
Titelspalte	Rundschreiben - Extrem		

Tabelle mit Titelzeile und Titelspalte

AUFGEPASST

Eine bereits bestehende Tabellenzeile kann – leider – nicht nachträglich in eine Titel- oder Abschlusszeile umgewandelt werden. Um den Text entsprechend dem Layout einer Titel- oder Abschlusszeile anzupassen, reicht es, auf den jeweiligen Stil im Fach *Stile* zu klicken. Damit bleibt allerdings die Füllfarbe für den Zellenhintergrund außen vor. Die wiederum erhalten Sie, indem Sie die komplette Zeile markieren und im Informationsfenster *Tabelle* im Aufklappmenü *Zellenhintergrund* auf *Füllfarbe* klicken.

Das Raffinierte an der Titelzeile ist, dass sie in Tabellen, die sich über mehrere Seiten oder mehrere verbundene Spalten erstrecken, stets oben wieder angezeigt wird. Voraussetzung ist, dass die Option *Titelzellen auf jeder Seite wiederholen* eingeschaltet ist. Textänderungen oder gestalterische Modifikationen in der Titelzeile wirken sich damit auf **alle** Titelzeilen innerhalb der Tabelle aus.

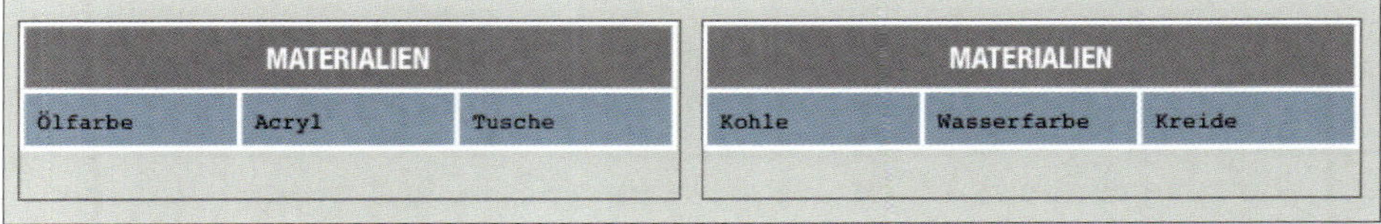

Die Titelzeile wird am Anfang jeder Seite eingefügt.

POWER USER

Sie können keine Titelzeile innerhalb einer Gesamttabelle löschen oder einzeln bearbeiten. Falls Sie zum Beispiel in verbundenen Spalten keine Wiederholung der Titelzeile wollen, müssen Sie die Option *Titelzellen auf jeder Seite wiederholen* im Informationsfenster *Tabelle* deaktivieren und gegebenenfalls einen eigenen Stil für die Titelzeile entwerfen.

Die Titelzeile eignet sich auch hervorragend als Überschrift für die gesamte Tabelle. Verbinden Sie für diesen Zweck die Zellen, indem Sie die gesamte Titelzeile markieren und im Kontextmenü (per ctrl-Klick in die Tabelle) oder im Menü *Zeilen & Spalten bearb.* (Informationsfenster *Tabelle*) auf *Zellen zusammenführen* klicken.

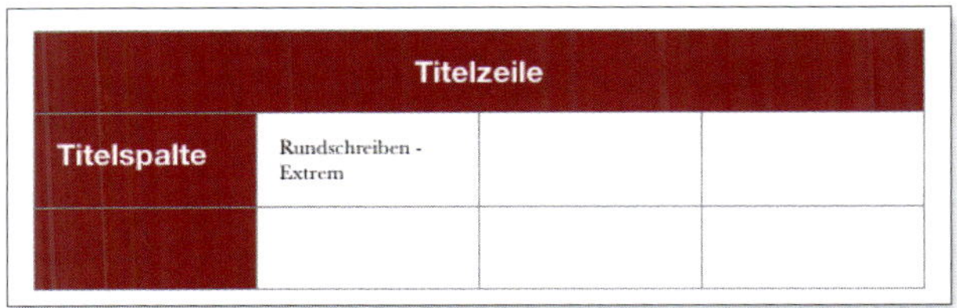

Die Zellen der Titelzeile zusammenführen

Falls Sie mit dem standardmäßigen Hintergrund für die Titelzeile und die Titelspalte nicht einverstanden sind, bietet die Rubrik *Zellenhintergrund* die Möglichkeit, einen anderen Hintergrund zu definieren. Wählen Sie im Auswahlmenü aus, woraus Ihr Hintergrund bestehen soll: aus einer anderen Farbe, einem Farbverlauf, einem Bild.

Inhalt eingeben

Klicken Sie in die Zelle, in die Sie etwas schreiben möchten, und legen Sie mit der Eingabe der Zahlen oder des Textes los. Sie springen mit der ⇥ – Taste in die nächste Zelle und mit der Umschalt (⇧)- und der Tabulatortaste zurück in die vorherige Zelle. Wenn Sie mit der Tabulatortaste die letzte Zelle erreichen und noch einmal auf die Taste drücken, fügt Pages automatisch eine neue Tabellenzeile ein.

AUFGEPASST

Denken Sie bei dieser Art der Fortbewegung daran, dass Sie den Text mit einer weiteren Eingabe überschreiben. Sollte das mal passieren, machen Sie das Malheur mit der Tastenkombination ⌘ – Z einfach wieder rückgängig.

Zellinhalte lassen sich bei gedrückter Maustaste verschieben oder austauschen. Um einen Inhalt zu kopieren, halten Sie beim Bewegen die ⌥ – Taste gedrückt. Der markierte Inhalt bekommt eine dicke blaue Umrandung, sobald Sie die Maustaste gedrückt halten und mit dem Verschieben beginnen.

Pages nimmt Ihnen durch das automatische Vervollständigen von Wörtern eine Menge Tipparbeit ab. Denn das Programm erkennt gleiche Anfangsbuchstaben von Wörtern in gleichen Spalten. Sobald Sie in einer neuen Zeile ein Wort mit einem Anfangsbuchstaben von bereits eingefügten Begriffen eingeben, stehen diese Wörter zur Verfügung. Ist es bislang nur ein Wort mit gleichem Buchstaben, wird das Wort automatisch ergänzt. Sie brauchen dann nur noch in die nächste Zelle zu springen – sofern es das Wort ist, mit dem Sie die Zelle füllen wollen. Ansonsten tippen Sie einfach das gewünschte Wort ein. Der automatisch eingetragene Begriff verschwindet damit.

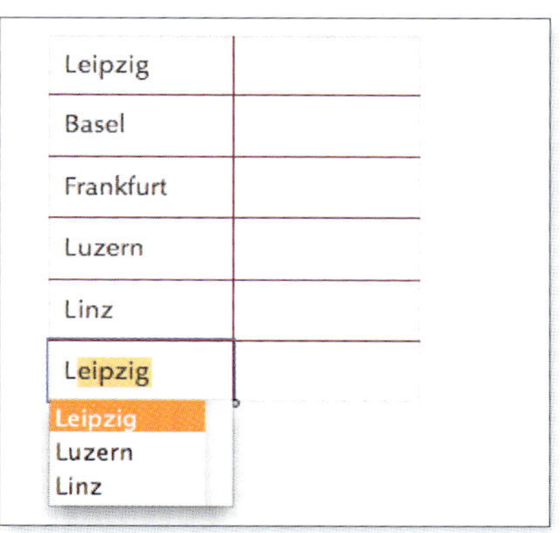

Wörter automatisch vervollständigen

Oder stehen in nebeneinander liegenden Zellen möglicherweise die gleichen Inhalte? Dann ist es noch bequemer: Geben Sie den Begriff ein, setzen Sie den Mauszeiger auf den kleinen Kreis am rechten unteren Zellenrand und ziehen Sie den Begriff anschließend mit gedrückter Maustaste auf die benachbarten Zellen. Übrigens können

Sie mit diesem Trick auch die Inhalte einer Zeile oder Spalte löschen. Ziehen Sie einfach eine leere Zelle auf die benachbarten vertikalen oder horizontalen Zellen.

Sehr praktisch ist die automatische Vervollständigung bei der Eingabe von Wochentagen oder Monaten. Sobald Sie einen Monatsnamen wie zum Beispiel »Juni« eingeben, geht das Programm davon aus, dass Sie in die benachbarten Zellen die nachfolgenden Monate eingeben wollen. Deshalb brauchen Sie auch hier nur den Mauszeiger auf den kleinen Kreis zu setzen und das nun eingeblendete Kreuz auf die benachbarten Zellen zu ziehen.

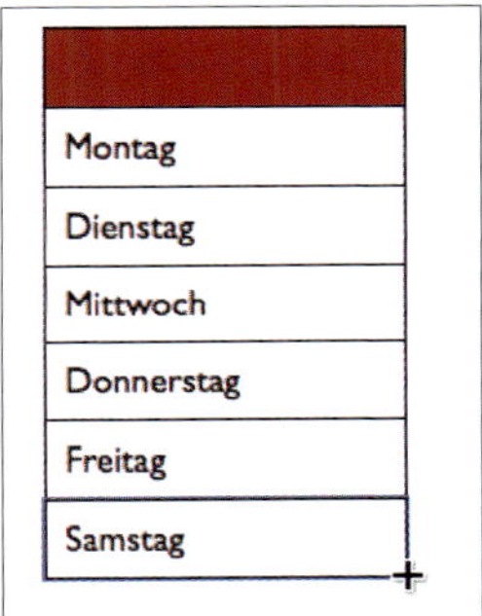

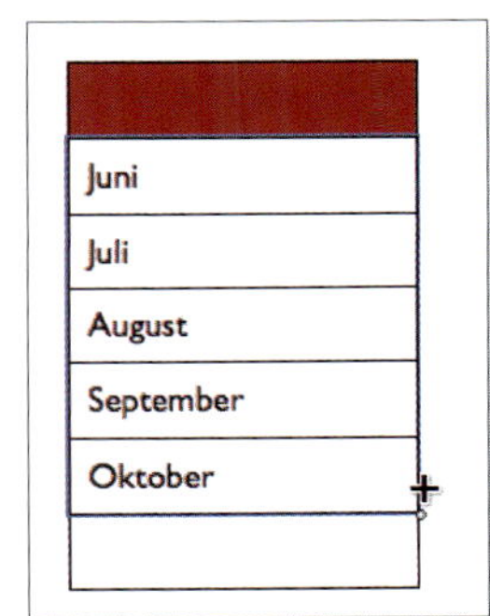

Die Eingabe von Wochentagen und Monaten können Sie dem Programm überlassen.

Tabellendaten aus anderen Programmen

Tabellendaten wie aus Excel lassen sich ebenso in ein Pages-Dokument kopieren wie eine Tabelle aus Keynote oder Numbers. Markieren Sie dazu einfach die Tabelle in dem jeweiligen Programm und setzen Sie die Daten mit der Tastenkombination ⌘ – V in das Pages-Dokument ein.

AUFGEPASST

Nutzen Sie bei der Arbeit mit Tabellen das Zusammenspiel zwischen Pages und Numbers. Denn erfreulicherweise bleiben die in einer Numbers-Tabelle hinterlegten Formeln beim Import erhalten. Anders als bei den Diagrammen gibt es für Tabellen allerdings keine Verknüpfungsfunktion. Die in einer Excel-Datei hinterlegten Formeln gehen beim Import der Daten in ein Pages-Dokument leider verloren.

Zellen, Zeilen und Spalten hinzufügen

Nun arbeiten Sie womöglich bereits an einer Tabelle und stellen fest, dass die Anzahl an Spalten und Zeilen nicht ausreicht. In der Formatierungsleiste oder im

Informationsfenster *Tabelle* erweitern Sie die Anzahl an Zeilen und Spalten. Zusätzliche Spalten werden bei diesem Verfahren rechts angehängt, zusätzliche Zeilen unten. Für den Fall, dass Sie bereits genau wissen, wo Sie eine weitere Spalte oder eine zusätzliche Zeile benötigen, ist diese Methode nicht sehr praktisch. Noch bessere Steuerungsmöglichkeit über die gezielte Platzierung weiterer Spalten und Zeilen haben Sie mit den Befehlen *Spalte rechts hinzufügen*, *Spalte links hinzufügen*, *Zeile oberhalb hinzufügen*, *Zeile unterhalb hinzufügen*. Diese Erweiterungen erfolgen stets von der Zelle aus, in der sich der Cursor aktuell befindet. Sie finden diese Befehle im Kontextmenü oder im Informationsfenster *Tabelle* hinter dem Zahnradsymbol bei *Zeilen & Spalten bearb.*

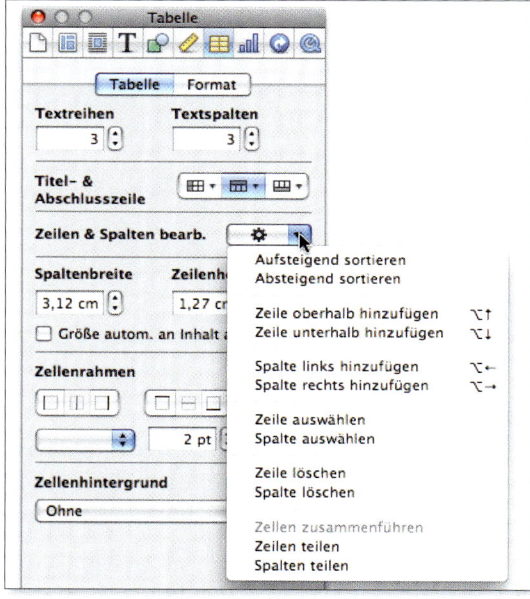

Gezielt Zeilen und Spalten hinzufügen

Sollten Sie sich bereits gefragt haben, wie Sie eine Spalte oder eine Zeile wieder loswerden können, finden Sie die entsprechenden Befehle ebenfalls in diesem Auswahlmenü.

TIPP

Sowohl im Zahnrad- als auch im Kontextmenü finden Sie auch die Tastenkürzel, mit denen sich neue Zeilen und Spalten hinzufügen lassen. Zeile oberhalb hinzufügen: ⌥ – ↑, Zeile unterhalb hinzufügen: ⌥ – ↓, Spalte links hinzufügen: ⌥ – ←, Spalte rechts hinzufügen: ⌥ – →.

Das Format der Zellinhalte

Um welche Art Inhalt handelt es sich in Ihrer Tabelle? Um Stichpunkte? Um Zahlen mit Prozentangaben? Um Umsätze in Euro oder Dollar? Im Informationsfenster *Tabelle | Format* lässt sich das Format für die Zellinhalte genauer spezifizieren.

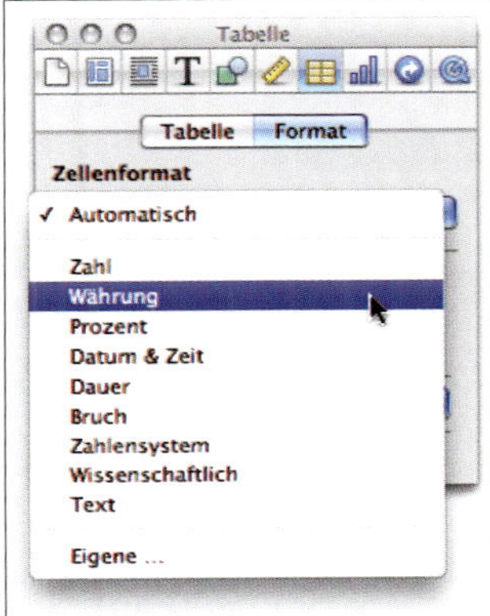

Zellenformate für die genaue Spezifikation der eingegebenen Werte

Um ein Format auf Zellinhalte zu übertragen, ist es am einfachsten, Sie geben zunächst die Werte ein, markieren dann die gesamte Tabelle oder die Zellen, deren Inhalte formatiert werden sollen, und legen das Format fest. Folgen alle Zellinhalte mit dem gleichen Format, markieren Sie zunächst die Tabelle, legen das Format fest und starten dann mit der Eingabe der Daten.

AUFGEPASST

Währungszeichen, das Prozentzeichen und Brüche lassen sich **nicht** auf einen Wert übertragen, der eine Kombination aus Zahlen und Text ist. Wenn Sie beispielsweise »3 Mio.« eingeben, kann dieser Wert nicht mit einem Format versehen werden.

Zellen mit Hilfe von Regeln hervorheben

Jede Zelle einer Tabelle lässt sich farbig markieren und damit besonders hervorheben. Angenommen, Sie führen Buch über die monatlichen Absatzzahlen von drei Produkten. Um auf einen Blick zu sehen, wie sich die Zahlen im Vergleich zu denen der vorangegangenen Monate entwickelt haben, können Sie eine Regel definieren, die automatisch all jene Zellinhalte farbig hervorhebt, die vom Standard abweichen. Wie das Format eines Zelleninhalts legen Sie auch die Regeln im Informationsfenster *Tabelle | Format* fest.

Klicken Sie auf den Button *Regeln anzeigen* und wählen Sie im Aufklappmenü *Kleiner als* die gewünschte Regel aus. In das rechte Eingabefeld geben Sie nun den Wert manuell ein oder Sie klicken auf das Symbol am rechten Rand des Eingabefeldes. Mit dieser Funktion haben Sie Gelegenheit, die Zellenreferenz (sprich die Koordinaten) im Eingabefeld anzeigen zu lassen. Klicken Sie dazu auf die entsprechende Zelle.

So sieht das Eingabefeld mit Zellenreferenz aus:

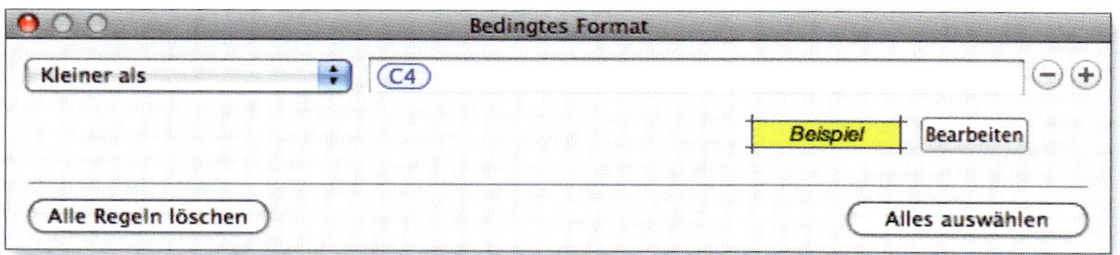

Zelle mit Koordinatenangabe

Damit die Zellen hervorgehoben werden, klicken Sie bitte anschließend auf den Button *Bearbeiten* und wählen einen Fülleffekt oder Zeichenstil aus. Nun noch ein letzter Klick auf *Fertig* – und schon wird die Regel angewandt. Nun brauchen Sie die Tabelle nur monatlich mit weiteren Daten zu ergänzen. Die Regel wird dann auch auf die neuen Zahlen übertragen.

	Produkt 1	Produkt 2	Produkt 3
Januar	*10.000 €*	12.000 €	*9.000 €*
Februar	11.000 €	11.500 €	*10.000 €*
März	11.500 €	11.000 €	12.000 €
April	13.000 €	12.000 €	*10.000 €*
Mai	13.000 €	12.000 €	11.000 €
Juni	12.500 €	11.000 €	13.000 €

Bedingtes Format
Kleiner als
11000
Beispiel
Bearbeiten
Alle Regeln löschen
Alles auswählen

Tabelle mit definierter Regel

Um eine weitere Regel hinzuzufügen, brauchen Sie nur auf das Pluszeichen zu klicken und die Definitionen festzulegen.

TIPP

Nicht nur Zahlen lassen sich mit Hilfe einer Regel besonders kennzeichnen, sondern auch Text und Datumseingaben. Das Hervorheben von Text ist zum Beispiel dann interessant, wenn Sie in umfangreichen Tabellen häufig wiederkehrende Namen kenntlich machen wollen.

Tabellen gestalten

Sobald Sie in eine Zelle klicken, ist diese markiert. In eine markierte Zelle können Sie Text eingeben; Sie können die Zelle aber auch teilen, sie mit anderen Zellen verbinden und den Rahmen oder Zellhintergrund verändern. Um gleich mehrere neben- oder untereinander liegende Zellen zu markieren, schnappen Sie sich den kleinen Kreis am rechten unteren Zellenrand und fahren mit gedrückter Maustaste über die gewünschten Zellen. Doch Vorsicht: Diese Methode klappt am besten bei noch leeren Tabellen. Sind bereits Inhalte eingegeben, werden diese gelöscht oder überschrieben.

TIPP

Denken Sie beim Markieren von Zellen, Reihen und Spalten auch an die ⇧ – Taste. Um eine Zeile oder Spalte zu markieren, klicken Sie mit gedrückter ⇧ – Taste auf die erste und letzte Zelle der Zeile bzw. Spalte. Um mehrere Zeilen oder Zellen gleichzeitig hervorzuheben, klicken Sie mit gedrückter ⇧ – Taste in die erste und letzte Zelle des gewünschten Bereichs.

Darüber hinaus finden Sie im Informationsfenster *Tabelle* eine Auswahl an Markierungsmöglichkeiten für die Zellenrahmen. Ausgehend von der aktuell hervorgehobenen Zelle haben Sie Gelegenheit, die vertikale oder horizontale Linie oder gar den gesamten Zellenrahmen zu markieren und den Linien anschließend ein anderes Aussehen zu verpassen.

Wer die Rahmenlinien aller Zellen markieren will, klickt auf die Tabelle, so dass die Anfasspunkte zu sehen sind. Nun lassen sich sämtliche inneren vertikalen und horizontalen Linien markieren sowie der äußere Tabellenrahmen.

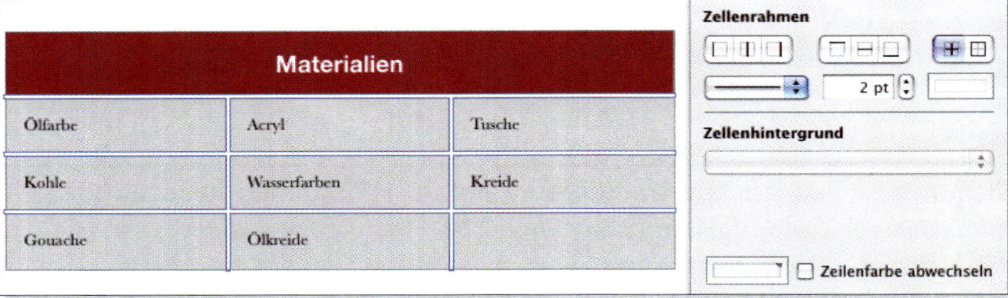

Werkzeuge, um die Rahmenlinien zu markieren und sie anschließend zu gestalten

POWER USER

Alle, die noch flinker eine Zellenlinie markieren wollen, klicken einfach auf eine innere oder äußere Linie. Mit zwei Klicks wird die Linie über die gesamte vertikale oder horizontale Länge markiert, mit einem Klick markieren Sie lediglich die vertikale oder horizontale Linie einer einzelnen Zelle.

Im Aufklappmenü für die Zellenrahmen haben Sie die Wahl aus unterschiedlichen Linieneffekten. Um die Rahmen nicht so dominant erscheinen zu lassen, ist die Option *Dünn* wunderbar geeignet.

Der gesamten Tabelle oder jeder einzelnen Zelle lässt sich ein Objekt oder eine Hintergrundfarbe hinzufügen. Markieren Sie dafür eine Zelle und definieren Sie das Aussehen der Tabelle im Auswahlmenü der Rubrik *Zellenhintergrund*. Im Aufklappmenü stehen Ihnen die Effekte *Füllfarbe*, *Verlauf*, *Bild* und *Gefärbtes Bild* zur Verfügung. Je nachdem, mit welchen Inhalten Sie die Tabelle gefüllt haben, kann die Funktion *Zeilenfarbe abwechseln* für mehr Übersichtlichkeit sorgen. Diese Option lässt sich mit jedem der vier Effekte kombinieren.

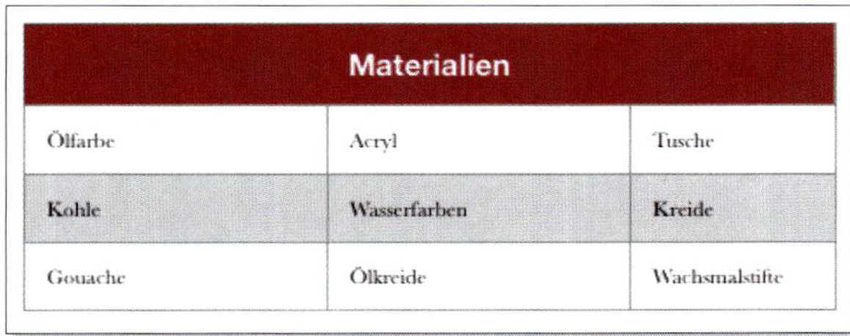

Materialien		
Ölfarbe	Acryl	Tusche
Kohle	Wasserfarben	Kreide
Gouache	Ölkreide	Wachsmalstifte

Wechselnde Zeilenhintergründe

Ein Bild lässt sich bequem per Drag & Drop in das kleine Vorschaufenster ziehen. Haben Sie eine Spalte oder eine Zeile markiert, wiederholt sich das Bild als winzige Miniatur in jeder Zelle. Mit der Option *Formatfüllend* bewirken Sie, dass das Bild die gesamte Fläche der Zelle einnimmt. Wenn Sie den Hintergrund wieder löschen möchten, markieren Sie die Zelle und klicken Sie im Auswahlmenü *Zellenhintergrund* auf *Ohne*.

Füll- und Linieneffekte

Spaltenbreite und Zeilenhöhe verändern

Die Spaltenbreite und die Zeilenhöhe lassen sich individuell verändern. Hierfür klicken Sie auf eine horizontale oder vertikale Linie und ziehen die Spalte bzw. Zeile mit gedrückter Maustaste weiter auf oder zu. Mit diesem Verfahren können Sie eine völlig asymmetrische Zellenanordnung erzielen. Doch manchmal ist das, was auf den ersten Blick berückend aussieht, auf den zweiten Blick nicht mehr so prickelnd. Wenn Sie die Symmetrie wieder herstellen wollen, markieren Sie die Tabelle und wählen im Kontextmenü die Befehle *Einheitliche Zeilenhöhe*, *Einheitliche Spaltenbreite*.

Zeilen und Spalten gleichmäßig verteilen

Sofern die Option *Größe autom. an Inhalt anpassen* im Informationsfenster *Tabelle* eingeschaltet ist, wächst die Zeilenhöhe automatisch mit dem eingegebenen Text mit. Wenn Sie jedoch die Zeilen und Spalten gleichmäßig verteilen möchten und stets eine identische Zellengröße wünschen, deaktivieren Sie die Option besser. Bereits veränderte Zellgrößen richten Sie wieder auf die gleiche Breite oder Höhe aus, indem Sie die gesamte Tabelle, eine Zeile oder Spalte markieren und im Kontextmenü die Funktion *Einheitliche Zeilenhöhe* bzw. *Einheitliche Spaltenbreite* wählen.

Bei fest definierten Zellengrößen, die nicht mit dem Text wachsen, wird Ihnen mit einem Pluszeichen am rechten Zellenrand angezeigt, dass der eingegebene Text den Rahmen der Zelle überschreitet. Verringern Sie in diesem Fall gegebenenfalls die Schriftgröße oder definieren Sie von vornherein größere Zellen.

Berechnen, kalkulieren, Formeln anwenden

Alles, was Sie für zum Beispiel Rechnungen oder Kalkulationen in Angeboten brauchen, finden Sie im Informationsfenster *Tabelle | Format*. Sie brauchen für das Berechnen von Stückpreisen, Stundenhonoraren oder der Mehrwertsteuer nicht ins Programm Numbers zu wechseln. Für einfache Berechnungen reichen die Formeln in Pages völlig aus.

Ist die gesamte Tabelle markiert, sind die Formeln unter Umständen nicht aktiviert. Da die Formeln nur auf Zahlenwerte angewandt werden können, achten Sie bitte darauf, dass nur die Zellen markiert sind, in denen Sie Zahlen eingegeben haben.

Das Informationsfenster mit definierten Formeln

Mit den Formeln berechnen Sie Werte von zusammenhängenden Zellen oder stellen Berechnungen mit allen Werten einer Spalte an.

Die vordefinierten Formeln sind:

Summe: addiert die Werte eines markierten Zellenbereichs.

Mittelwert: ermittelt den Mittelwert (arithmetisches Mittel) aus den Werten eines Zellbereichs.

Minimum: ermittelt den kleinsten Wert eines Zellbereichs.

Maximum: ermittelt den größten Wert eines Zellbereichs.

Anzahl: ermittelt, wie viele Werte eines Zellenbereichs Zahlen sind.

Produkt: multipliziert alle Werte eines Zellbereichs.

GRUNDLAGEN

Ein Zellbereich sind mindestens zwei untereinander oder nebeneinander liegende Tabellenzellen.

Ist eine Zelle in der Titelzeile markiert, gilt die Rechenoperation für die gesamte Zeile. Hierbei wird für die Ergebnisanzeige automatisch eine Fußzeile erstellt.

Weitere Rechenoperationen wie Subtraktion oder Division lassen sich mit dem Formel-Editor bewerkstelligen. Diesen Editor öffnen Sie mit einem Klick auf den gleichnamigen Eintrag im Auswahlmenü *Funktion*.

Wollen Sie nachträglich wissen, welche Zellbezüge mit welcher Formel berechnet wurden, blenden Sie den Formel-Editor mit einem Doppelklick auf das Ergebnis ein. Im Editor sehen Sie die Formel und die Zellbezüge angezeigt. In der Tabelle selbst werden die Zellbezüge farbig hervorgehoben.

Berechnungen mit dem Formel-Editor

Ist der Formel-Editor aktiviert, wird jede Zelle durch eindeutige Spalten-Zeilen-Koordinaten beschrieben. Das ist wie beim Spiel »Schiffe versenken«, bei dem eine Position auch durch den Schnittpunkt von Spalte und Zeile vergeben wird. Die eingeblendeten Koordinaten verschwinden wieder, sobald Sie den Formel-Editor schließen. Sie öffnen diesen Editor mit einem Klick auf den gleichnamigen Eintrag im Auswahlmenü *Einfache Formel*.

Jede Formel beginnt mit einem Gleichheitszeichen (=). Bevor Sie nun eine eigene Berechnung wie Subtraktion, Division oder Multiplikation starten, klicken Sie zunächst in die Zelle, in der das Ergebnis angezeigt werden soll. Unter Umständen müssen Sie dazu erst eine weitere Zeile oder Spalte anlegen.

Die Eingabe in den Formel-Editor geschieht über Mausklicks auf die Zellen, deren Werte in die Rechenoperation einfließen sollen, und über die manuelle Eingabe des Operators. Klicken Sie dazu auf die Zelle, deren Wert mit einem anderen Wert berechnet werden soll. Geben Sie anschließend den Operator ein und klicken Sie auf die nächste, für die Berechnung wichtige Zelle. Mit einem Klick auf das grüne *OK*-Zeichen im Formel-Editor wird das Ergebnis in der Tabelle angezeigt.

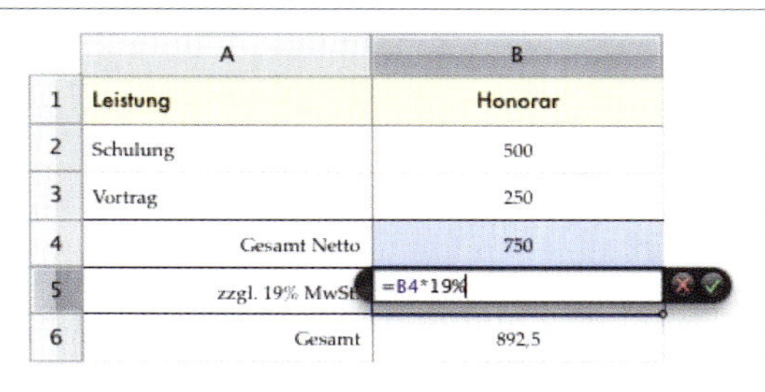

	A	B
1	Leistung	Honorar
2	Schulung	500
3	Vortrag	250
4	Gesamt Netto	750
5	zzgl. 19% MwSt	=B4*19%
6	Gesamt	892,5

Eine Rechnung mit Mehrwertsteuer

Eine Rechenoperation kann selbstverständlich mehr als zwei Zellbezüge umfassen. Wichtig ist nur, dass zwischen jedem Bezug ein Operator eingefügt ist, damit klar ist, welche Rechenfunktion überhaupt ausgeführt werden soll. Die Operatoren, die in Pages verwendet werden, sind die gleichen, die Sie auch vom Zahlenblock Ihrer Tastatur kennen.

Eine Rechenaufgabe

Stellen Sie sich vor, Sie wollen in einer Tabelle folgende Berechnung anstellen:

(A5-B2+C2)/2. Die Klammer zeigt an, dass sich die Division auf den zuvor errechneten Wert bezieht.

1. Wählen Sie zunächst eine leere Zelle, in der das Ergebnis angezeigt werden soll.
2. Geben Sie in den Formel-Editor das Zeichen für die Klammer ein.
3. Klicken Sie in die Zelle A5. Danach bitte das Minuszeichen eingeben.
4. Jetzt klicken Sie in die Zelle B2 und fügen anschließend das Pluszeichen hinzu.
5. Klicken Sie in die Zelle C2. Schließen Sie die Zellbezüge mit dem Klammerzeichen ab.
6. Der Rechenvorgang nähert sich seinem Ende: Geben Sie das Divisions-Zeichen (/) ein und abschließend die 2.
7. Um das Ergebnis anzuzeigen, drücken Sie nun die Return-Taste oder klicken alternativ auf das Häkchen.

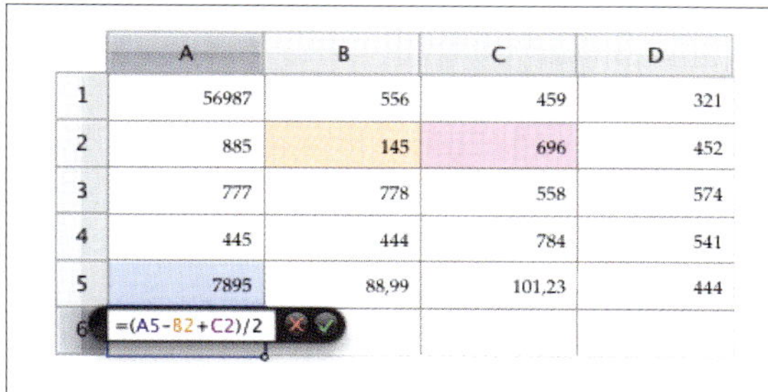

	A	B	C	D
1	56987	556	459	321
2	885	145	696	452
3	777	778	558	574
4	445	444	784	541
5	7895	88,99	101,23	444
6	=(A5-B2+C2)/2			

Eine Beispielaufgabe

Zurück zur Vorlage

Wollen Sie nach den Experimenten an der Tabelle Ihr Design wieder gegen das vordefinierte austauschen? Dann rufen Sie im Menü *Format* den Befehl *Standard erneut auf die Tabelle anwenden* auf. Damit werden die von Ihnen gewählten Fülleffekte sowie Änderungen am Aussehen der Linien verworfen. Änderungen an der Tabellengröße bleiben dagegen erhalten.

Die eigene Tabelle als Standard definieren

Das Anpassen der Standardtabelle an Ihre individuellen Bedürfnisse ist recht zeitintensiv. Pages gibt Ihnen die Möglichkeit, die Formatierungen, wie abwechselnde Zeilenfarben, Zellenhintergrund und Linieneffekte, völlig bequem auf eine andere Tabelle zu übertragen. Den Befehl für diese angenehme Funktion finden Sie im Menü *Format*. Markieren Sie die grafisch durchgestylte Tabelle und wählen Sie den Befehl *Tabellenstil kopieren*. Nun die Zieltabelle markieren – und mit der Funktion *Tabellenstil einsetzen* werden die Formatierungen auf die Tabelle übertragen. Einfacher geht's nicht.

Wer die grafisch zurechtgezimmerte Tabelle als Standard für weitere Tabellen im aktuellen Dokument sichern möchte, geht noch einen Schritt weiter und wählt im Menü *Format* | *Erweitert* | *Standard-Tabellenstil festlegen*.

Tipps, um sich die Arbeit zu erleichtern

- Eine Tabelle lässt sich zeichnen: Klicken Sie dafür mit gedrückter ⌥ - Taste auf das Icon *Tabelle* in der Symbolleiste. Sobald Sie die Maus zurück in das Dokument bewegen, verwandelt sich der Mauszeiger in ein Kreuz. Zeichnen Sie den äußeren Rahmen für die Tabelle, indem Sie nun mit gedrückter Maustaste einen Kasten aufziehen.
- Mit der ⇥-Taste springt der Cursor in die nächste Zelle, mit der Tastenkombination ⇧ – ⇥ rückt der Cursor in die vorherige Zelle.
- Einen Zelleninhalt kopieren Sie, indem Sie den Mauszeiger an den Kreis am rechten unteren Zellenrand setzen und die Maustaste beim Bewegen gedrückt halten. Mit Hilfe dieses Aktivpunktes lassen sich Inhalte schnell auf benachbarte Zellen ziehen.

- Mit Hilfe der automatischen Vervollständigung reicht bei wiederkehrenden Begriffen die Eingabe des ersten Buchstabens. Pages ergänzt das Wort.
- Pages erkennt Muster: Bei Eingabe von aufeinander folgenden Tagen oder Monaten reicht es, zum Beispiel *Montag* oder *Mai* einzugeben und dieses Wort auf die nächsten Zellen zu ziehen. Pages setzt die Reihenfolge automatisch fort.
- Die Inhalte einer Spalte lassen sich praktischerweise alphabetisch oder numerisch auf- oder absteigend sortieren.
- Zellenrahmen markieren Sie am einfachsten mit den Bordmitteln im Informationsfenster *Tabelle*. Ist die Tabelle markiert, lassen sich alle vertikalen oder horizontalen Linien markieren. Ist eine Zelle markiert, lässt sich auch für diese kleinste Einheit einer Tabelle ein völlig anderes Design gestalten.
- Benachbarte Zellen lassen sich am einfachsten mit gedrückter ⇧ – Taste markieren. Mit einem Klick auf die erste und anschließend die letzte Zelle einer Reihe ist die komplette Reihe hervorgehoben.
- In umfangreichen Tabellen sorgen abwechselnde Zeilenfarben für mehr Übersicht.
- Zellinhalte wie Zahlenwerte, Text und Datumsanzeigen lassen sich nach definierten Regeln hervorheben. Diese Regeln erleichtern es Ihnen und den Lesern des Dokuments, spezielle Inhalte schneller aufzufinden.
- Einfache Rechenoperationen erstellen Sie mit den mitgelieferten Formeln.
- Für Rechenoperationen wie Subtraktion oder Division benötigen Sie den Formal-Editor.
- Im Menü *Format* lässt sich ein Tabellenstil kopieren und auf eine andere Tabelle einsetzen.
- Im Menü *Format | Erweitert* definieren Sie eine grafisch modifizierte Tabelle als Standard-Tabelle.

Kapitel 9

Pages

Struktur und Orientierung

Längere Dokumente haben zumindest Seitenzahlen. Einige haben sogar ein Inhaltsverzeichnis. Kopf- und Fußzeilen liefern dem Leser weitere willkommene Information wie den Titel des Dokuments, den Namen des Verfassers oder das Datum.

Für Sachtexte und wissenschaftliche Abhandlungen sind Fußnoten eine feine Sache. Damit der Lesefluss nicht unnötig gestört wird, lassen sich weiterführende Informationen wie Literaturhinweise oder Zitate auch als Endnoten unterbringen.

In diesem Kapitel geht es um Elemente, die einen Text strukturieren und dem Leser Orientierung verschaffen.

Das Inhaltsverzeichnis

Damit der Leser auf einen Blick erahnt, was ihn erwartet, lässt sich in Pages für das Gesamtdokument und sogar für Zwischenkapitel ein Inhaltsverzeichnis generieren. Voraussetzung ist, dass für das Dokument Absatzstile bzw. Überschriftenstile definiert sind. Die mitgelieferten Vorlagen aus dem Bereich *Textverarbeitung* verfügen über definierte Absatzstile für Überschriften. Einige Vorlagen wie zum Beispiel *Bericht* und *Schulbericht* beinhalten bereits ein vorformatiertes Inhaltsverzeichnis. Dieses Verzeichnis braucht nur noch aktualisiert zu werden, um den Platzhaltertext gegen die verwendeten Überschriften auszutauschen. Wie Sie weitere Stile hinzufügen oder die vorhandenen modifizieren, beschreiben wir ausführlich im Kapitel »Mit Stilen arbeiten«.

AUFGEPASST

Ein Inhaltsverzeichnis lässt sich nur in Dokumente einfügen, die auf einer Textverarbeitungsvorlage basieren. In Seitenlayoutdokumenten sind Inhaltsverzeichnisse nicht möglich, da die Texte in diesen Vorlagen ausschließlich in freien Textfeldern stehen und in ein Textfeld kein Inhaltsverzeichnis integriert werden kann. Das Inhaltsverzeichnis, das Sie in der Vorlage *Rundschreiben – Segeln* sehen, ist eine Tabelle, in die die Inhalte und Seitenangaben manuell eingegeben wurden.

Das Inhaltsverzeichnis erstellen

Ein Inhaltsverzeichnis erstellen und aktualisieren Sie im Informationsfenster *Dokument | IHV* (IHV steht für »Inhaltsverzeichnis«). In der Liste sind sämtliche Absatzstile aufgeführt, die für das aktuelle Dokument definiert sind, also auch die Stile für den Fließtext. Stile, die Sie (noch) nicht verwenden, werden hellgrau angezeigt.

Mit welchem Text das Inhaltsverzeichnis ausgestattet wird, entscheiden Sie, indem Sie in die Kästchen der betreffenden Absatzstile klicken. In der Spalte *Zahlen* legen Sie fest, welche Einträge um eine Seitenzahl ergänzt werden.

Die Auswahl fürs Inhaltsverzeichnis festlegen

GRUNDLAGEN

Im Inhaltsverzeichnis werden stets komplette Absätze angezeigt. Jede Textpassage, die mit einem Zeilenschalter (↵) von der nächsten Textpassage getrennt wird, ist ein Absatz. Ein Absatz kann – wie häufig in Überschriften – aus einem einzelnen Wort bestehen oder aus einer Passage, die über eine halbe Seite geht. Absatzstile wie *Text* wählt man für Fließtexte. Aus diesem Grund ist es wenig sinnvoll, diese Stile mit in das Inhaltsverzeichnis zu integrieren.

Mit verlinkten Seitenzahlen, die Anwender der früheren Programmversionen schmerzlich vermisst haben, können Sie und interessierte Leser Ihres Dokuments nun direkt zur entsprechenden Textpassage hüpfen. Beim Bearbeiten des Inhaltsverzeichnisses ist die Verlinkung möglicherweise störend. Für diesen Fall lässt sich die Verlinkung im Informationsfenster *Dokument* | *IHV* | *Seitenzahlen verlinken* zunächst mal ausschalten.

Inhaltsverzeichnis mit abgestufter Nummerierung

Wer ein Inhaltsverzeichnis mit abgestufter Nummerierung in ein Pages-Dokument einfügen möchte, hat seine liebe Not und ein bisschen Fummelarbeit. Sie brauchen für ein solches Inhaltsverzeichnis sowohl definierte Überschriftenstile als auch definierte Inhaltsverzeichnisstile.

- Klicken Sie die Überschrift an und wählen Sie in der Leiste *Stile* den Überschriftenstil aus. Nun wechseln Sie ins Informationsfenster *Text* | *Liste* und legen den Einzug fest. Jeder Einzug stuft die Überschrift um eine Hierarchieebene ab. Anschließend klicken Sie im Aufklappmenü *Aufzählung & Nummerierung* auf *Abgestufte Nummerierung.*
- In den Feldern *Einzug für Nummerierung* und *Texteinzug* definieren Sie die Abstände zwischen Text und Textrahmen sowie Nummerierung und Text.

AUFGEPASST

Wenn Sie später ein Inhaltsverzeichnis anlegen, wird die Zählung der Überschriften im Inhaltsverzeichnis bei 1 beginnen. Die Überschriften innerhalb des Fließtextes werden dabei in die entsprechend fortlaufenden Zahlen umgewandelt. Da dies nicht Sinn und Zweck der Übung ist, müssen Sie unbedingt bei der **ersten** Überschrift in die Option *Beginnen mit* klicken und eine 1 eingeben.

- Der Stil, den Sie für die Überschrift ausgewählt haben, wird nun am rechten Rand von einem nach unten zeigenden roten Dreieck geschmückt. Klicken Sie in das Dreieck und wählen Sie den Eintrag *Stil aus der Auswahl neu festlegen.*
- Diese Prozedur bitte bei allen weiteren abgestuften Überschriften wiederholen.

- Wenn Sie nun das Inhaltsverzeichnis erstellen, ist es auf keinen Fall so, dass Ihre Überschriften abgestuft angezeigt werden. Um dies hinzubekommen, müssen Sie leider noch ein bisschen Arbeit investieren und für jede Abstufung den Inhaltsverzeichnisstil definieren. Die Schritte sind vergleichbar mit denen für die Überschriften. Klicken Sie zunächst auf einen Eintrag im Inhaltsverzeichnis, damit das Fach *Stile* um die Inhaltsverzeichnisstile ergänzt wird. Dann klicken Sie auf einen Eintrag, legen im Informationsfenster *Text* | *Liste* den Einzug fest und wählen *Abgestufte Nummerierung*. Auch jetzt erscheint das rote Dreieck als Hinweis darauf, dass Sie am Stil etwas geändert haben. Klicken Sie in das Dreieck und wählen Sie *Stil aus der Auswahl neu festlegen*.

Das Feld *Texteinzug* können Sie bei der Formatierung des Inhaltsverzeichnisses vergessen. Auch wenn Sie den Abstand definieren und den Stil sogar neu festlegen, wird der Texteinzug bei der nächsten Aktualisierung ignoriert, so dass die Überschriften wieder direkt an der Nummerierung kleben.

Sollte es bei der Aktualisierung des Verzeichnisses nicht immer mit der angezeigten Nummerierung klappen, klicken Sie auf eine Überschrift und definieren im Informationsfenster *Text* | *Liste* den Einzug.

Ein Inhaltsverzeichnis mit abgestufter Nummerierung und die dazu definierten Stile

Inhaltsverzeichnisse aus Word-Dokumenten

Für Dokumente, die Sie mit Word erstellt haben, lässt sich ebenfalls auf die hier beschriebene Weise ein Inhaltsverzeichnis erstellen. Sind in Word Überschriften definiert, werden diese einwandfrei von Pages übernommen und im Informationsfenster *Dokument* angezeigt.

Im Fach *Inhaltsverzeichnisstile* tauchen die ursprünglichen Bezeichnungen jedoch nicht auf. Die Begriffe werden umgewandelt in hierarchische Angaben wie *IHV Überschrift 1* oder *IHV Überschrift 2.*

In unserer Abbildung sind im Informationsfenster *Dokument* die Absatzstile für Überschriften aktiviert, die aus einem importierten Word-Dokument stammen. Im Fach *Inhaltsverzeichnisstile* werden die individuellen Bezeichnungen wie *_Smart_Ueber1* ersetzt durch übergeordnete Begriffe.

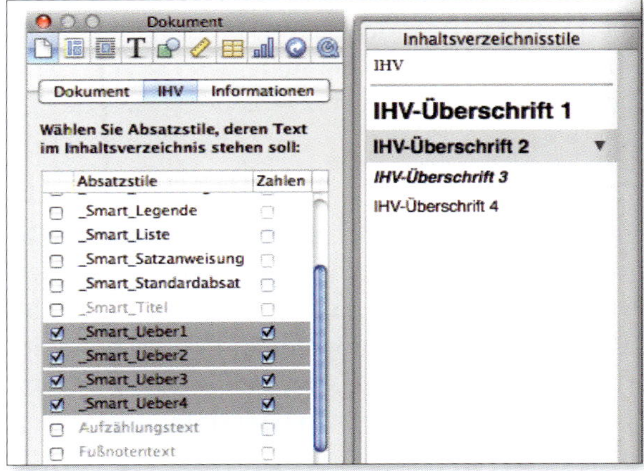

Absatzstile aus einem Word-Dokument werden problemlos von Pages übernommen.

Das Inhaltsverzeichnis einfügen

Ein Inhaltsverzeichnis wird genau dort eingefügt, wo sich der Cursor aktuell befindet. Platzieren Sie den Mauszeiger an die Stelle in Ihrem Dokument, an der das Inhaltsverzeichnis stehen soll, und wählen Sie im Menü *Einfügen* den Eintrag *Inhaltsverzeichnis.* Ein Inhaltsverzeichnis bewirkt keinen automatischen Seitenumbruch. Soll das Inhaltsverzeichnis separat auf einer Seite stehen, fügen Sie ganz einfach einen Seitenumbruch ein. Auch dieser Befehl befindet sich im Menü *Einfügen.*

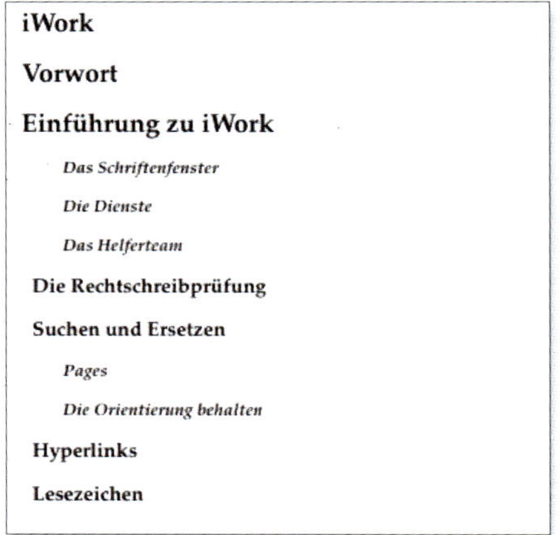

Ein Ausschnitt aus dem Inhaltsverzeichnis

GRUNDLAGEN

Falls Sie keinen der ausgewählten Stile verwendet haben, kann natürlich auch kein Inhaltsverzeichnis erstellt werden. An die Stelle des Inhaltsverzeichnisses wird in einem solchen Fall der Hinweis eingeblendet, dass das Verzeichnis leer ist.

In der folgenden Abbildung ist das Inhaltsinhaltsverzeichnis einspaltig gesetzt und der direkt anschließende Text zweispaltig. Um das hinzubekommen, brauchen Sie die Funktion *Layoutumbruch* (Menü *Einfügen*), die einen Layoutwechsel bewirkt. Der Wechsel zwischen den Layouts macht es möglich, auf derselben Seite mit einem anderen Spaltensatz fortzusetzen. Die Anzahl und die Breite der Spalten sowie die Layoutränder legen Sie im Informationsfenster *Layout* fest.

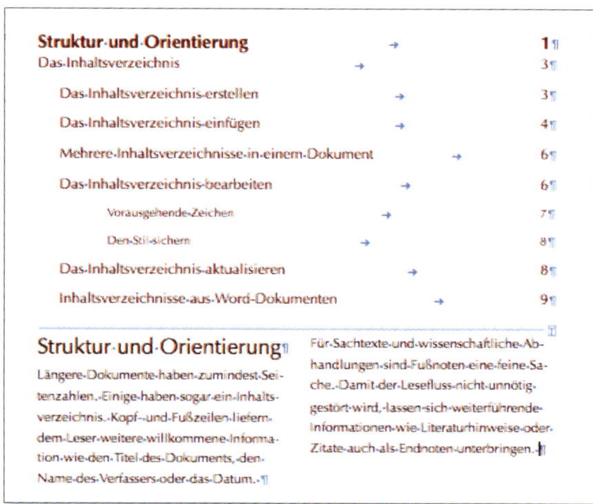

Struktur und Orientierung

Längere Dokumente haben zumindest Seitenzahlen. Einige haben sogar ein Inhaltsverzeichnis. Kopf- und Fußzeilen liefern dem Leser weitere willkommene Information wie den Titel des Dokuments, den Name des Verfassers oder das Datum.

Für Sachtexte und wissenschaftliche Abhandlungen sind Fußnoten eine feine Sache. Damit der Lesefluss nicht unnötig gestört wird, lassen sich weiterführende Informationen wie Literaturhinweise oder Zitate auch als Endnoten unterbringen.

Layoutwechsel: von einspaltigem Satz fürs Verzeichnis zu zweispaltigem Satz für den Text

Mehrere Inhaltsverzeichnisse in einem Dokument

In umfangreichen Dokumenten oder Fachbüchern findet man häufig weitere Inhaltsverzeichnisse, die die Unterkapitel des nächsten größeren Abschnittes ankündigen. Auch in Pages können Sie innerhalb eines Dokuments mehrere Inhaltsverzeichnisse erstellen. Die Schritte sind immer identisch, egal, an welcher Stelle Sie ein Verzeichnis einfügen wollen: Platzieren Sie den Cursor an die gewünschte Stelle und wählen Sie *Inhaltsverzeichnis* im Menü *Einfügen*.

POWER USER

Bei dieser Methode lässt sich jedoch kein Inhaltsverzeichnis für das gesamte Dokument erstellen, da die Verzeichnisse immer nur die Überschriften bis zur nächsten Inhaltsübersicht anzeigen.

Das Inhaltsverzeichnis bearbeiten

Mit einem Klick auf einen der Einträge im Inhaltsverzeichnis, werden alle Überschriften markiert, die diesem Stil folgen. Im Fach *Stile* sehen Sie nun die sogenannten *Inhaltsverzeichnisstile* angezeigt. Dieses Fach ist in zweifacher Hinsicht überaus vorteilhaft: Denn zum einen lassen sich die Überschriften mit einem Klick einer anderen Überschriftenhierarchie zuordnen. Das ist dann interessant, wenn Sie sich zum Beispiel überlegen, alle Überschriften, die dem Stil *Überschrift 3* folgen, in den Stil *Überschrift 2* umzuwandeln.

Zum anderen lässt sich mit Hilfe der *Inhaltsverzeichnisstile* das Layout für alle Überschriften einheitlich verändern und gar ein eigener Stil definieren. Für Änderungen am Aussehen der Stile (Schrift, Größe, Farbe, Zeilenabstand) ist die Formatierungsleiste Ihr Helferlein.

POWER USER

Die Seitenzahlen lassen sich separat für jede Überschriftenhierarchie markieren und modifizieren. Sie brauchen dafür nur auf eine der Zahlen zu klicken. Es wird für diesen Arbeitsschritt hilfreich sein, die Verlinkung der Seitenzahlen zu deaktivieren.

Mit Hilfe von Tabulatoren ändern Sie den Abstand zwischen dem Text und den Seitenzahlen. Blenden Sie hierfür das Lineal mit ⌘ – R ein, klicken Sie in das horizontale Lineal und ziehen Sie den Tabulator mit gedrückter Maustaste so weit nach rechts oder links, bis Ihnen der Abstand gefällt.

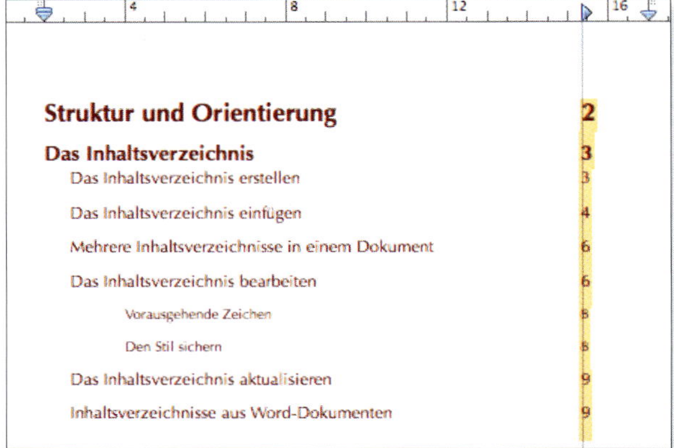

Die Abstände mit Hilfe der Tabulatoren anpassen

Ein Inhaltsverzeichnis lässt sich weder komplett noch in Auszügen löschen. Wollen Sie das gesamte Verzeichnis oder nur eine ausgewählte Überschriftenhierarchie ausblenden, hilft nur, die jeweiligen Absatzstile im Informationsfenster *Dokument* zu deaktivieren.

Vorausgehende Zeichen

Je breiter der Zwischenraum zwischen Überschrift und Seitenzahl ist, desto schwieriger fällt womöglich die Zuordnung. Aus diesem Grund sind vorausgehende Zeichen hilfreich, mit denen eine Linie zwischen Überschrift und Seitenzahl gezogen wird. Diese Linien lassen sich im Informationsfenster *Text | Tabulator* einsetzen. Markieren Sie zunächst den Tabulatorwert in der Liste *Tabulatoren* und wählen Sie anschließend aus dem Einblendmenü *Vorausgehende Zeichen* einen Linienstil aus.

Vorausgehende Zeichen

Den Stil sichern

Um Ihre Änderungen an den Stilen des Inhaltsverzeichnisses dauerhaft zu sichern, klicken Sie in das Dreieck neben der Stilbezeichnung und wählen *Stil aus der Auswahl neu festlegen*. Damit überschreiben Sie die bisherigen Formatierungen. Sie können für Ihre neuen Formatierungen jedoch auch einen neuen Stil definieren. Wählen Sie hierfür den Eintrag *Neuen IHV-Stil aus der Auswahl erstellen …* und geben Sie für den Stil einen Namen ein.

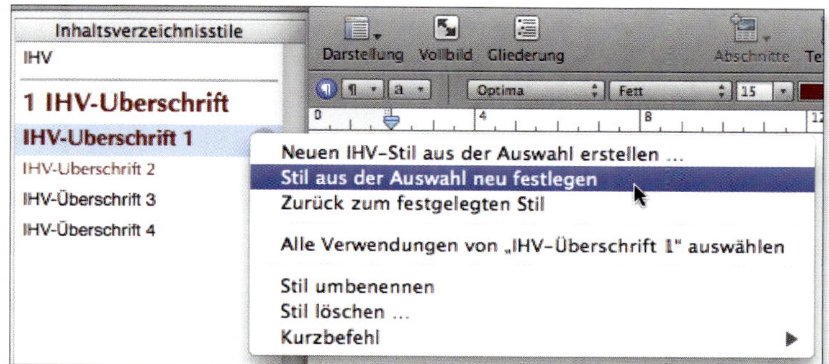

So sichern Sie den Stil.

Das Inhaltsverzeichnis aktualisieren

Das Inhaltsverzeichnis lässt sich nach Änderungen am Dokument im Informationsfenster *Dokument | IHV* schnell mit einem Klick auf den Button *Jetzt aktualisieren* auf den neuesten Stand bringen. Denken Sie auch daran, Stile für weitere Überschriften, die Sie im Laufe Ihrer Arbeit angewendet haben, in der Liste zu markieren, damit die entsprechenden Inhalte mit angezeigt werden. Alternativ finden Sie den Befehl fürs Aktualisieren auch im Kontextmenü.

Kopf- und Fußzeilen

In der Vorlage *Leer* (Textverarbeitung) erscheinen, sobald Sie mit der Maus an den oberen oder unteren Rand fahren, Textrahmen für die Kopf- und Fußzeile. Praktischerweise werden diese Textfelder auch sichtbar, wenn das Layout mal nicht eingeblendet ist. Alles, was Sie in diese Textfelder eingeben, wird automatisch auf jeder Seite des Dokuments angezeigt. Dabei ist es völlig unerheblich, ob Sie sich bereits auf der ersten Seite oder erst auf Seite 56 entscheiden, einen Kopf- oder Fußzeilentext einzugeben. Die Einträge werden sowohl von den vorangegangenen als auch von den folgenden Seiten übernommen.

HILFE

In den Vorlagen *Seitenlayout* sind per Voreinstellung keine Kopf- oder Fußzeilen vorgesehen. Wer auch in diesen Dokumenten nicht auf Kopf- oder Fußzeilen verzichten möchte, aktiviert die Anzeige im Informationsfenster *Dokument*. Gleiches gilt für einige Vorlagen aus dem Bereich *Textverarbeitung*. Wenn keine Eingabefelder eingeblendet sind, müssen diese zunächst eingeschaltet werden.

Kopfzeilen eignen sich für das Logo Ihres Unternehmens, für Datumsangaben, den Namen des Dokuments oder für generelle Informationen wie beispielsweise »Seminarunterlagen erstellt von XY«. Platzieren Sie dazu den Cursor in den Textrahmen und schreiben Sie los.

Texteinträge in den Kopf- und Fußzeilen lassen sich linksbündig, mittig oder rechtsbündig ausrichten. Markieren Sie hierfür den Text und wählen Sie in der Formatierungsleiste die gewünschte Platzierung. Die Höhe der Kopf- und Fußzeilen wächst automatisch mit der Größe der Schrift, der des Logos und etwaigen Zeilenumbrüchen. Das Aussehen Ihres eingegebenen Textes lässt sich genauso wie jeder andere Text in Ihrem Dokument in der Formatierungsleiste und im Schriftenfenster modifizieren.

Ein Logo platzieren

Um ein Logo in die Kopfzeile zu platzieren, klicken Sie im Menü *Einfügen* auf den Eintrag *Auswählen*. Sobald die gewünschte Grafik im Auswahlfenster markiert ist, bestätigen Sie die Wahl mit *Importieren*. Das Objekt wird jetzt als ein in Text eingebundenes Element eingefügt, was die Voraussetzung dafür ist, dass es auf allen weiteren Seiten erscheint.

AUFGEPASST

Grafiken, die Sie per Drag & Drop in die Kopf- oder Fußzeile einfügen, sind fixierte Objekte. Diese werden **nicht** in die Zeilen integriert und daher auch nicht automatisch auf jeder Seite angezeigt. Auch wenn Sie aus einem solchen Objekt ein eingebundenes machen, führt dies zu keiner Integration in eine Kopfzeile.

Die Größe der Abbildung lässt sich jederzeit über die Anfasspunkte verändern. Nun ist das Logo zwar in der Kopfzeile, doch vielleicht nicht an der Position, an der Sie es gern hätten. Blenden Sie dafür die Lineale ein ⌘ – R und ziehen Sie das Logo mit dem Symbol für den Absatzeinzug an die gewünschte Position.

Ein Logo in der Kopfzeile verschieben

GRUNDLAGEN

Für Grafiken, die Sie in die Kopf- oder Fußzeile platzieren, sind die Ausrichtungswerkzeuge im Informationsfenster *Text* nicht aktiviert. Diese gelten ausschließlich für Texteinträge.

Ein Logo lässt sich als Alternative zum Einfügen in die Kopfzeile auch als Vorlagenobjekt definieren. Objekte, die wiederkehrend auf allen Seiten eines Dokuments angezeigt werden sollen, sind fest mit dem Design der Vorlage verankert. Um aus einem Logo ein solches Vorlagenobjekt zu machen, platzieren Sie es auf der Seite und nehmen alle notwendigen Änderungen vor. Abschließend klicken Sie im Menü *Format* | *Erweitert* auf den Eintrag *Objekt in die Abschnittsvorlage bewegen*. Damit ist das Logo ein unverrückbares Teil der Vorlage bzw. des Dokuments geworden.

Um das Logo nachträglich zu bearbeiten, markieren Sie es mit einem Doppelklick und klicken im nun geöffneten Infofenster auf den Button *Auswählbar machen*.

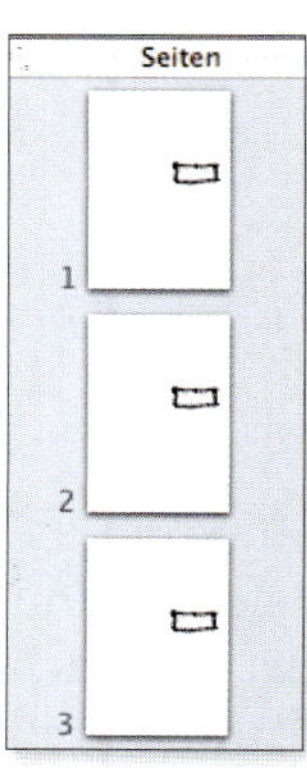

Ein Logo oder ein grafisches Element als Vorlagenobjekt definieren

Das Design von Kopf- und Fußzeilen

Um eine Kopf- oder Fußzeile mit einem Fülleffekt zu versehen, öffnen Sie im Informationsfenster *Text* die Option *Mehr*. Setzen Sie einen Haken an den Eintrag *Absatz*, klicken Sie anschließend in das Farbfeld und wählen Sie eine geeignete Farbe aus.

Kopfzeile mit links- und rechtsbündigem Text und Fülleffekt

Auch mit einer Linie lässt sich eine Kopfzeile optisch stärker vom Gesamttext abheben. Dafür bieten sich die Rahmen und Linien für Absätze im Informationsfenster *Text | Mehr* an. Wenn Sie sich für eine Linie am unteren Rand der Kopfzeile entscheiden, können Sie die Linie mit Negativwerten im Eingabefenster *Versatz* **in** die Kopfzeile rücken.

Eine Absatzlinie, mit negativen Versatzwerten in die Kopfzeile gerückt

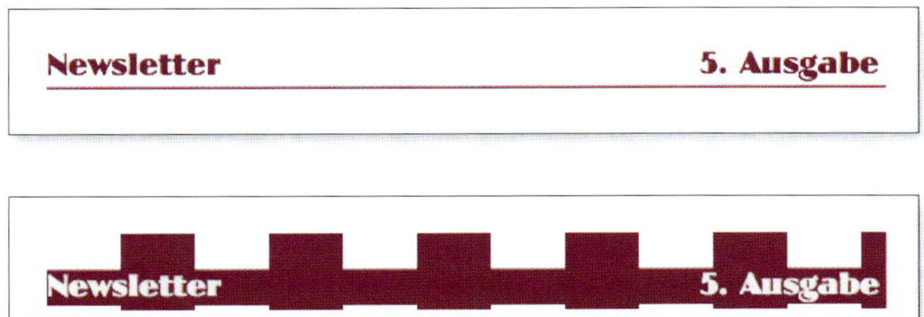

Eine nüchterne und eine gewagte Variante

Links- und rechtsbündige Anordnung

In der Vorlage *Rundschreiben – Verein* sind die Informationen in der Kopfzeile sowohl links als auch rechts positioniert. Diesen schicken Effekt erzielen Sie mit dem Setzen eines Tabulators. Setzen Sie dafür den Cursor vor das Wort, das nach rechts rücken soll, und klicken Sie anschließend auf die Tabulatortaste. Kommt es nun zu einem Zeilenumbruch, reicht der Platz zwischen Tabulator und rechtem

Seitenrand nicht aus. Positionieren Sie den Mauszeiger in den Tabulator und ziehen Sie ihn nach links, so dass der Zeilenumbruch aufgehoben wird.

»Rundschreiben – Verein«: Kopfzeile mit rechter und linker Anordnung von Text

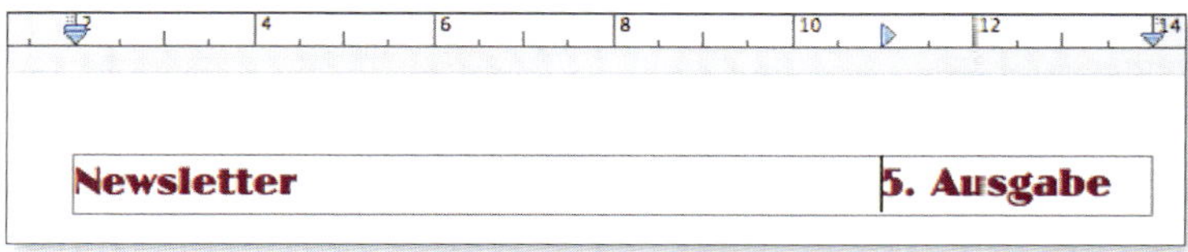

Selbst erstellte Kopfzeile: den Tabulator nach links ziehen, um eventuellen Zeilenumbruch aufzuheben

Einstellungen für die erste, linke und rechte Seite

Kopf- und Fußzeilen auf der Titelseite eines Dokuments laufen schnell Gefahr, genau die Angaben zu enthalten, die sowieso auf der Titelseite stehen: Name des Dokuments, Verfasser und so weiter. Aus diesem Grund bietet Ihnen Pages im Informationsfenster *Layout* | *Abschnitt* die Möglichkeit, die erste Seite anders zu gestalten als die nachfolgenden. Um die Einträge in der Kopf- und Fußzeile auf der ersten Seite ganz zu löschen oder durch andere zu ersetzen, aktivieren Sie in der Rubrik *Aufbau* den Eintrag *Erste Seite ist anders.*

Wer ein umfangreiches Dokument plant, möchte in der linken Kopfzeile eventuell einen anderen Text stehen haben als in der rechten. Links ist zum Beispiel ein Logo oder das Datum platziert und rechts der Titel des Dokuments. Alle, die daran Interesse haben, aktivieren im Informationsfenster *Layout* | *Abschnitt* die Option *Linke und rechte Seiten sind unterschiedlich.*

POWER USER

Wenn Sie das Dokument als PDF weitergeben und sicherstellen möchten, dass der Text doppelseitig angezeigt wird, klicken Sie im Menü *Größendarstellung* am unteren Rand des Arbeitsfensters auf *Doppelseite* und speichern es als PDF-Datei ab. Das geöffnete PDF-Dokument übernimmt die Art der Darstellung, in der Sie die Datei gesichert haben.

AUFGEPASST

Die Möglichkeit *Erste Seite ist anders* finden Sie nur in den Vorlagen *Textverarbeitung*. In den Vorlagen *Seitenlayout* ist die Option nicht aktiv. Die Funktion *Linke und rechte Seite sind unterschiedlich* gilt für beide Vorlagenbereiche.

Einen wahren Coup in der Strukturierung Ihres Dokuments landen Sie, wenn der Leser mithilfe der Kopf- und Fußzeile immer genau weiß, in welchem Kapitel er sich gerade befindet. Um stets den aktuellen Titel des Kapitels in die Kopfzeile eingeben zu können, müssen Sie vorher einen Abschnittsumbruch erstellen. Deshalb an dieser Stelle der Hinweis auf Kapitel 3 »Ein Dokument bearbeiten«.

Seitenzahlen einfügen

Der einfachste Weg, Seitenzahlen in ein Dokument zu integrieren, geht über die Funktion *Seitenzahlen automatisch …* im Menü *Einfügen*. Sobald Sie auf diesen Befehl klicken, öffnet sich ein Fenster, in dem Sie schnell und bequem Positionierung, Ausrichtung und Format definieren. Soll auf der ersten Seite Ihres Dokuments die Seitenzahl nicht zu sehen sein, deaktivieren Sie die Option *Auf der ersten Seite anzeigen*.

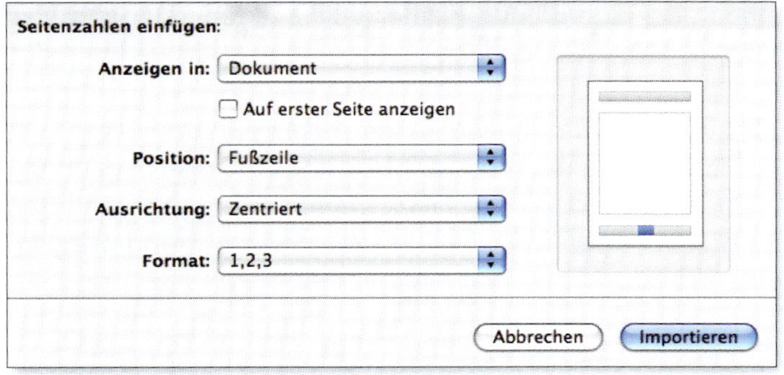

Auswahlmöglichkeiten für die Anzeige von Seitenzahlen

In diesem Fenster lässt sich eine Seitenzahl nur in der Fuß- oder Kopfzeile einfügen. Ganz frei in der Positionierung von Seitenzahlen sind Sie mit dem Eintrag *Seitenzahl*, ebenfalls im Menü *Einfügen*. Die Seitenzahl wird nun genau an der Stelle angezeigt, an der sich der Cursor aktuell befindet. Diese Option kann für Vorlagen aus dem Bereich *Seitenlayout* interessant sein. Denn zu den aufwendig gestalteten Layouts passt womöglich nicht immer die Platzierung am oberen oder unteren Rand des Dokuments. Allerdings werden mit dieser Methode die Seitenzahlen nicht automatisch auch auf den vorangegangenen oder weiteren Seiten eingefügt. Das bedeutet für Sie, auf jeder Seite den Befehl *Seitenzahl* aufzurufen. Glücklicherweise werden die auf diese Weise eingefügten Seitenzahlen fortlaufend angezeigt.

AUFGEPASST

Sollten Sie bei der Option *Seitenzahl* den Cursor in der Fußzeile platziert haben, wird die Seitenzahl auch auf den weiteren Seiten automatisch eingefügt.

In umfangreichen Dokumenten oder in den einzelnen Abschnitten innerhalb eines Dokuments ist es für den Leser sicherlich interessant zu wissen, aus wie vielen Seiten das Dokument oder der Abschnitt besteht. Kombiniert mit der Seitenzahl weiß der Leser, wo er sich gerade befindet und wie viel er noch vor sich hat. Nun könnte man meinen, dass diese Information mit der Option *Seitenanzahl* im Menü *Einfügen* zu bewerkstelligen ist. Der Befehl macht jedoch zunächst einmal nichts anderes, als den kompletten Seitenumfang auf jeder Seite anzuzeigen. Wer aber einen Eintrag wünscht wie »3 von 49«, macht bitte Folgendes:

Fügen Sie zunächst die Seitenzahlen mit den Befehlen *Seitenzahlen automatisch …* oder *Seitenzahl* in die Fußzeile ein. Geben Sie anschließend das Wörtchen *von* ein und wählen Sie erst dann den Eintrag *Seitenanzahl*.

6 von 20

Damit der Leser den Überblick behält: Seitenzahl und Seitenanzahl

TIPP

Wie wäre es damit, die Seitenzahlen zu gestalten? Egal, auf welche Weise Sie die Seitenzahlen eingefügt haben, lassen sie sich formatieren oder zum Beispiel in eckige Klammern ⌥ – 5 und ⌥ – 6 setzen. Die Formatierungen werden natürlich auf alle Seitenzahlen übertragen – sofern sie in einer Fußzeile stehen.

[1]

Auch für Seitenzahlen lassen sich schicke Designs erstellen.

Datum einfügen

In Dokumenten mit Datumsanzeige wie in Protokollen oder regelmäßig zu aktualisierenden Vorlagen geben Sie das Datum am besten nicht manuell ein, sondern über die Funktion *Datum & Uhrzeit* im Menü *Einfügen*. Damit kommen Sie in den Genuss, mit einem Doppelklick auf das Datum ein Anzeigenfeld zu öffnen, in dem Sie das Format – wie zum Beispiel die Angabe des Tages – leicht gegen ein anderes auswechseln. Im Aufklappmenü *Datumsformat wählen* haben Sie reichlich Auswahl für die Anzeige des Datums und möglicherweise auch der Uhrzeit.

Aber muss es unbedingt das aktuelle Datum sein? Sie können die Angaben auch vor- und zurückdatieren. Klicken Sie dazu auf das Kalendersymbol neben dem Button *Heute* und legen Sie das Datum fest.

Das Datumsformat auswählen und die Angaben vor- oder zurückdatieren

Möchten Sie, dass die Datumsangaben automatisch aktualisiert werden, sobald Sie das Dokument öffnen? Dann setzen Sie einfach ein Häkchen in die entsprechende Option.

HILFE

Für das Aktualisieren des Datums und der Uhrzeit hilft übrigens auch das Kontextmenü weiter. Klicken Sie mit rechter Maustaste in die Datumsangabe und entscheiden Sie sich für den Eintrag *Datum & Uhrzeit jetzt aktualisieren*.

Fußnoten und Endnoten

Kaum jemand mag sie, doch in vielen Texten und Abhandlungen kommen wir nicht um sie herum – um die Fußnoten bzw. Dokumentendnoten. Nun ist es mit Pages glücklicherweise eine einfache Angelegenheit, einem Text Fuß- oder Endnoten hinzuzufügen. Die Nummerierung der Fuß- und Endnoten erfolgt automatisch. Auch wenn Sie zusätzliche Anmerkungen eingeben, wird die Nummerierung selbstverständlich angepasst.

Fußnoten stehen jeweils am Ende einer Seite; Endnoten werden am Ende des Dokuments oder Abschnitts angezeigt. Fuß- und Endnoten lassen sich nicht gemeinsam innerhalb eines Dokuments verwenden. Sie haben aber jederzeit die Möglichkeit, Fußnoten in Endnoten umzuwandeln und vice versa.

Mit einem Doppelklick auf das Anmerkungszeichen gelangen Sie entweder direkt zum erläuternden Text oder zu der Stelle im Dokument, an der auf die Fuß- oder Endnote verwiesen wird.

GRUNDLAGEN

Fuß- und Endnoten lassen sich nur in die Vorlagen *Textverarbeitung* einfügen.

Fußnoten einfügen

Setzen Sie den Cursor ans Ende eines Wortes oder hinter ein Satzzeichen – je nachdem, wo Sie die Fußnote einfügen wollen. Anschließend wählen Sie im Menü *Einfügen* den Eintrag *Fußnote*. Der Cursor springt nun an den unteren Rand des Fensters, wo sogleich der Cursor neben der eingefügten Fußnote blinkt. Hier geben Sie den erklärenden Text ein. Außerdem lassen sich eingebundene Objekte wie kleine Grafiken oder Tabellen einfügen. Sollten Sie viel Gebrauch von dieser Möglichkeit machen, sind die Dokumentendnoten eventuell geeigneter, da die Objekte unter Umständen zu viel Platz auf der Seite einnehmen und ein Seitenumbruch in Fußnoten ausgeschlossen ist.

Für die Nummerierung stehen Ihnen im Informationsfenster *Dokument | Dokument* drei Alternativen zur Auswahl:

Fortlaufend: Die Nummerierung erstreckt sich über das gesamte Dokument.

Auf jeder Seite neu beginnen: Diese Option dient in sehr umfangreichen Dokumenten mit einer Vielzahl an Fußnoten vermutlich der besseren Übersicht.

Bei jedem Abschnitt neu beginnen: Diese Option ist interessant, wenn Sie für Ihr Dokument mehrere, thematisch unterschiedliche Abschnitte definiert haben. Die Nummerierung der Fußnoten beginnt in jedem Abschnitt wieder von vorn.

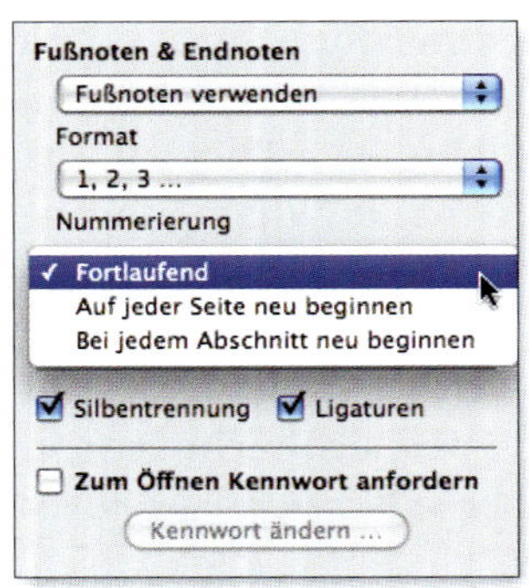

Nummerierung der Fußnoten: fortlaufend oder nach Abschnitt oder Seite mit neuer Nummerierung

Endnoten hinzufügen

Im Menü *Einfügen* finden Sie standardmäßig den Eintrag *Fußnote*. So lange Sie noch keine Endnote gesetzt haben, suchen Sie nach dieser Option vergeblich. Deshalb ist für das Hinzufügen von Endnoten der Umweg über das Informationsfenster *Dokument* notwendig. Entscheiden Sie sich in der Rubrik *Fußnoten & Endnoten* für *Abschnittsendnoten verwenden* oder *Dokumentendnoten verwenden*. Die erstgenannte Variante ist die passende, falls Ihr Dokument unterschiedliche Abschnitte beinhaltet und die Endnoten sich zu diesen jeweiligen Abschnitten gesellen sollen. Die letztgenannte Alternative platziert alle Anmerkungen ans Ende des Dokuments.

Der Eintrag im Menü *Einfügen* springt mit Ihrer Wahl im Informationsfenster *Dokument* um auf *Endnote*. Dies ist sehr praktisch, denn nun brauchen Sie nur noch den Cursor ans Ende des Wortes oder hinter ein Satzzeichen zu platzieren und den Eintrag *Endnote* anzusteuern. Die Einfügemarke rückt ans Ende des Dokuments, wo Sie nun die Anmerkung eingeben können.

TIPP

Alternativ oder ergänzend lassen sich auch Grafiken, Tabellen, Diagramme oder eine der geometrischen Formen einfügen. Wenn das interessant für Sie ist, achten Sie auf jeden Fall darauf, dass die Objekte eingebunden sind. Um Grafiken und Bilder einzusetzen, brauchen Sie den Befehl *Auswählen ...* im Menü *Einfügen*. Denn das Einsetzen per Drag & Drop erstellt ein fixiertes, jedoch kein eingebundenes Objekt.

Der Stil der End- und Fußnoten

Im Informationsfenster *Dokument* haben Sie für das Format der End- oder Fußnote die Auswahl aus arabischen Zahlen (1, 2, 3), römischen Ziffern (i, ii, iii, iv) oder Symbolen (*, +, §). Der einmal gewählte Stil gilt für das gesamte Dokument. Innerhalb eines Dokuments sind die Stile nicht gegeneinander austauschbar. Auch den Abstand zwischen den Fußnoten legen Sie im Informationsfenster fest.

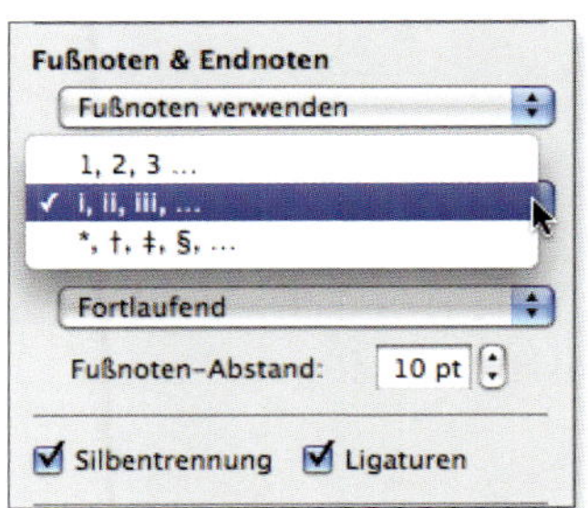

Unterschiedliche Stile für die Nummerierung

Für die Nummerierung Ihrer End- und Fußnoten lassen sich auch Symbole Ihrer Wahl verwenden. Das klingt zunächst sicherlich ganz nett. Doch ist diese Entscheidung erstens mit ein bisschen mehr Aufwand verbunden und zweitens mit dem Nachteil, dass die automatische Nummerierung damit außer Gefecht gesetzt wird. Dennoch – falls Sie eine Fußnote hinzufügen wollen, die nichts mit den nummerierten Fußnoten zu tun hat, sondern vielleicht nur eine Worterklärung ist, eignet sich die Option, ein eigenes Symbol zu verwenden, hervorragend.

Und so funktioniert es:

Positionieren Sie den Cursor an die Stelle, an der das Zeichen für die Fußnote gesetzt werden soll. Klicken Sie anschließend mit – aufgepasst! – gedrückter ⌥ – Taste ins Menü *Einfügen*. Hierbei springt der Eintrag *Fußnote* respektive *Endnote* um in *Eigene Fußnote | Eigene Endnote*. Sobald Sie auf den Eintrag klicken, erscheint ein Fenster mit einem Auswahlmenü an unterschiedlichen Zeichen. Sagen Ihnen die Symbole nicht zu, besteht auch die Möglichkeit, ein eigenes Zeichen einzugeben. Abschließend klicken Sie auf *OK*, und das Zeichen wird als Symbol für die Anmerkung eingefügt.

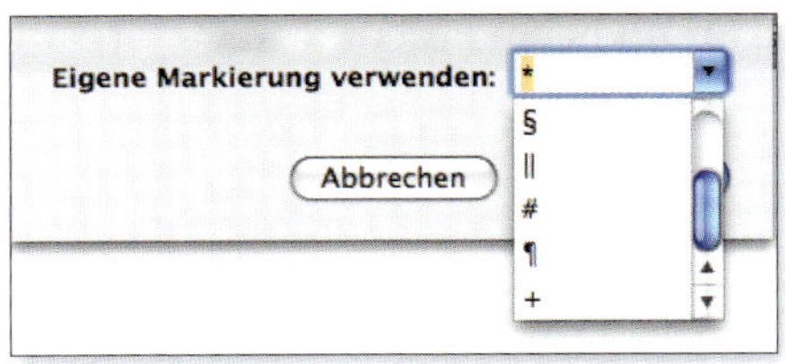

Die Auswahl an Symbolen für End- und Fußnoten

Der Weg über die Menüleiste wäre nun bei jeder Fußnote, die ein individuelles Symbol erhalten soll, recht umständlich. Sehr viel schneller geht es mit dem Kontextmenü. Klicken Sie mit rechter Maustaste auf ein Symbol für die Fuß- oder Endnote und entscheiden Sie sich für *Eigene Markierung verwenden* oder *Automatische*

Nummerierung verwenden. Bei *Eigene Markierung* wird wieder das bereits bekannte Fenster eingeblendet. Die automatische Nummerierung richtet sich danach, für welchen Stil Sie sich im Informationsfenster *Dokument* entschieden haben.

End- und Fußnoten löschen

Um eine End- oder Fußnote aus dem Dokument zu entfernen, brauchen Sie lediglich das Anmerkungszeichen zu löschen. Der erläuternde Text verschwindet dann gleich mit. Die Nummerierung der weiteren Zeichen passt sich automatisch an.

Die Seiten verwalten

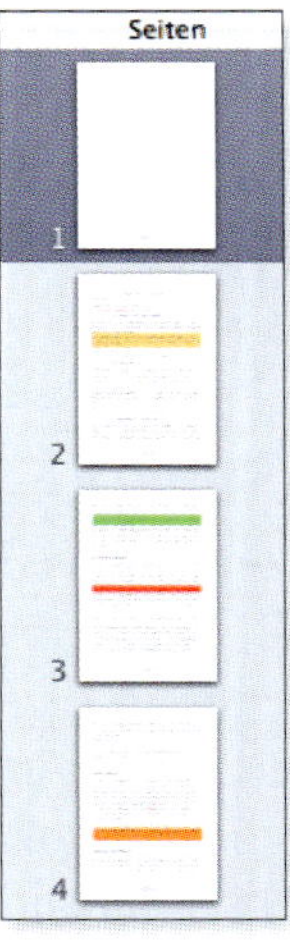

Einen schönen Überblick über die bereits erstellten Seiten eines Dokuments verschaffen Sie sich mit der Miniaturansicht. In Dokumenten mit Seitenlayout wird sie automatisch eingeblendet, sobald Sie das Dokument öffnen. In Textverarbeitungsdokumenten zaubern Sie die Leiste mit einem Klick auf *Darstellung | Miniaturen* herbei.

Seiten als Miniaturen

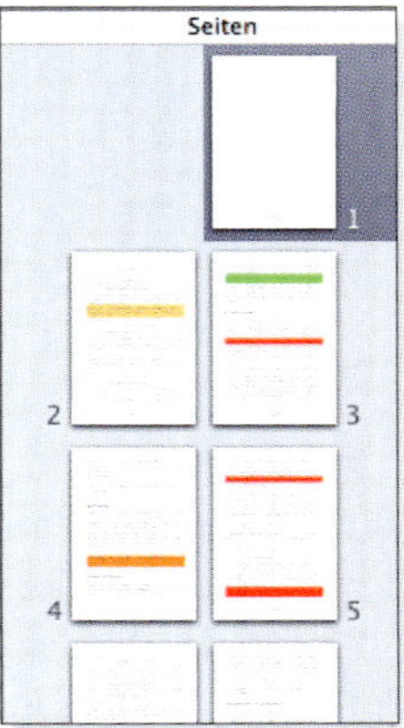

Ist Ihr Dokument doppelseitig angelegt, erscheinen erfreulicherweise auch die Miniaturen nach diesem Prinzip.

Miniaturen als Doppelseiten

TIPP

Die Miniaturen geben jedoch nicht nur einen Einblick in die bereits geleistete Arbeit. Mit ihnen lässt sich auch prima durch das Dokument navigieren. Denn mit einem Klick auf ein Miniaturbild wird die betreffende Seite im Hauptfenster angezeigt.

Die Anzeige von Seiten und Abschnitten

Wenn Sie in Dokumenten mit Textverarbeitung auf eine der Miniaturen klicken, ist es ziemlich wahrscheinlich, dass mehrere Seiten gelb umrahmt werden. Die Miniaturansicht unterscheidet nämlich zwischen unabhängigen Seiten mit eigenen Layoutvarianten und Gruppen. Eine Gruppe von Seiten folgt stets den gleichen Dokumenteneigenschaften. Dazu gehören der Hintergrund, die Inhalte für die Kopf- und Fußzeilen oder die Seitennummerierung. Sobald ein **Umbruch im Abschnitt** erfolgt, wird eine neue Gruppe gebildet. In den Miniaturen werden die einzelnen Gruppen durch eine feine waagerechte Linie gegliedert. Sobald Sie auf eine Miniatur klicken, wird eine Gruppe von Seiten gelb umrandet.

AUFGEPASST

Ein Umbruch im Layout bewirkt keine neue Gruppenbildung, da dieser Umbruch auch innerhalb einer Seite eingefügt werden kann. Ein Umbruch im Abschnitt beginnt stets mit einer neuen Seite.

Die Seiten 2 und 3 bilden eine Gruppe.

GRUNDLAGEN

Wenn Sie in Dokumenten mit Seitenlayout arbeiten, werden Sie in den Miniaturen keine gelb umrandete Gruppe sehen. Das hängt damit zusammen, dass für jede der mitgelieferten Seiten ein individuelles Layout erstellt ist. Fügen Sie in Vorlagen *Textverarbeitung* über das Symbol *Abschnitte* eine neue Textseite in das Dokument ein, wird in den Miniaturen ein neuer Abschnitt sichtbar.

Seiten verschieben

In den Miniaturen lassen sich einzelne Seiten oder ganze Gruppen mit gedrückter Maustaste unkompliziert an eine andere Position verschieben. Auch bei diesem Seiten-Verschiebebahnhof ist die Unterscheidung zwischen einzelnen Seiten und einer Gruppe von Seiten entscheidend. Denn Seiten, die zu einer Gruppe gehören, können nicht einzeln, sondern nur im Verbund mit den anderen umplatziert werden.

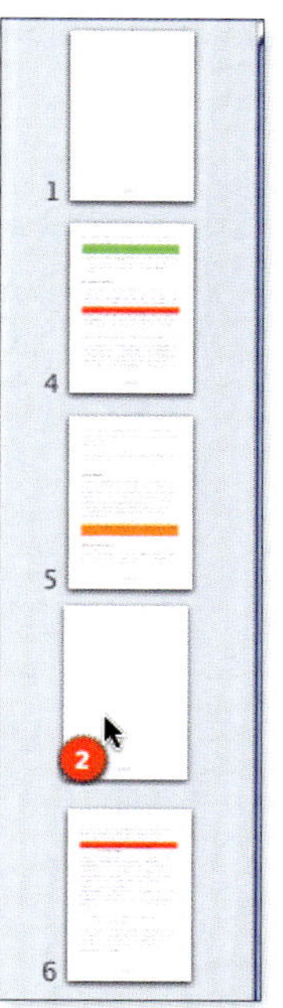

Sobald Sie eine Gruppe verschieben, werden die Seiten symbolisch zu einer Seite zusammengefasst. Der besseren Übersicht wegen, wie viele Seiten man gerade im Begriff zu verschieben ist, wird die Gesamtzahl in einem roten Knopf angezeigt. Die Gruppe lässt sich lediglich vor oder hinter einer anderen Gruppe einfügen. Das Verschieben zwischen zwei Seiten einer anderen Gruppe funktioniert nicht. Sollen es gleich mehrere Gruppen sein, die Sie verschieben wollen, halten Sie beim Klicken in eine der Miniaturen die ⇧ – Taste gedrückt.

Eine Gruppe verschieben

Sehr viel unproblematischer ist es natürlich, eine einzelne Seite zu verschieben. Doch auch diese lässt sich nicht in eine Gruppe einfügen. Sind es mehrere Seiten, halten Sie beim Auswählen die ⇧ – Taste gedrückt.

POWER USER

Wer viel mit stets ähnlichen Seitenlayouts arbeitet, profitiert enorm von der Möglichkeit, Seiten zu duplizieren. Dazu ziehen Sie die markierte Seite einfach mit gedrückter ⌥-Taste nach oben oder unten in der Miniaturansicht – je nachdem, an welcher Stelle in Ihrem Dokument die Duplikate eingefügt werden sollen.

TIPP

Das Bonmot der Seitenverwaltung ist sicherlich, dass sich auch Seiten aus den Vorlagen *Seitenlayout* in Dokumente mit Textverwaltung einfügen lassen. Dazu kopieren Sie zunächst die betreffende Miniatur mit der Tastenkombination ⌘ – C. Danach wechseln Sie in das Zieldokument und klicken in den Miniaturen auf die Seite oder Gruppe, nach der die neue Seite folgen soll. Diese setzen Sie mit der Tastenkombination ⌘ – V ein. In Dokumenten mit Seitenlayout lassen sich die Seiten auch von einer Vorlage in eine andere kopieren und einsetzen. Eine Seite aus einem Dokument mit Textverarbeitung lässt sich jedoch nicht in ein Dokument mit Seitenlayout einfügen.

Seiten löschen

Auch das Löschen von Seiten folgt den Regularien der Gruppen. Zwar lassen sich Einzelseiten löschen, doch keine Seite innerhalb einer Gruppe. Eine Gruppe von Seiten kann nur geschlossen gelöscht werden. Sie löschen Seiten oder Gruppen mit der Rückschritt- oder Entf-Taste.

Eine einzelne Seite innerhalb einer Gruppe lässt sich nur auf die bekannte Weise löschen: Markieren Sie alles, was auf der Seite zu sehen ist, und drücken Sie anschließend die Entf-Taste. Diese Umständlichkeit ist zugegebenermaßen nach wie vor ein Manko.

Seiten als Vorlagen in das Auswahlmenü mit aufnehmen

Wie wäre es damit, Ihre selbst erstellten Seiten mit in das Auswahlmenü *Seiten* respektive *Abschnitte* aufzunehmen? Denn je umfangreicher Ihr Dokument ist und je mehr Gruppen bereits gebildet sind, desto umständlicher ist möglicherweise das Duplizieren. Die Seiten, mit denen Sie arbeiten, lassen sich daher als Seitenvorlage definieren, was ihnen einen Eintrag in dem Auswahlmenü sichert.

Klicken Sie dazu mit rechter Maustaste in eine der Miniaturen und wählen Sie im Kontextmenü *Als Seitenvorlage aufnehmen …* . Jetzt öffnet sich ein Fenster, in dem Sie zum einen der Seite einen Namen geben. Zum anderen entscheiden Sie hier, welche Seiten aus der Gruppe mit einbezogen werden.

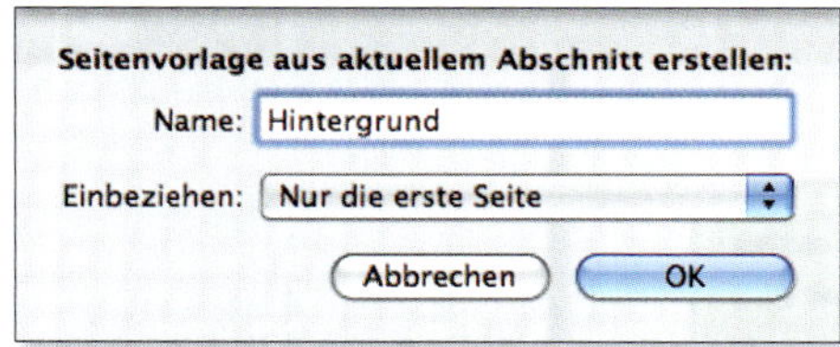

Eine Seite mit in das Auswahlmenü aufnehmen

AUFGEPASST

Wenn Sie später über das Auswahlmenü *Seiten* | *Abschnitte* Ihre neue Seitenvorlage einfügen wollen, wird stets die Anzahl an Seiten eingefügt, für die Sie sich bei der Aufnahme der Seite entschieden haben. Fällt Ihre Wahl auf beispielsweise *Erste 3 Seiten*, erscheinen diese Seiten später auch im Dokument. Da die Seiten einer Gruppe identisch sind, empfiehlt es sich, den Eintrag *Nur die erste Seite* zu wählen.

Fürs Umbenennen oder Löschen von Vorlagen gibt es das Fenster *Seitenvorlagen verwalten*. Sie öffnen das Fenster im Menü *Format* | *Erweitert* | *Seitenvorlagen verwalten …* . Um einen Eintrag umzubenennen, markieren Sie die Bezeichnung mit einem Doppelklick und überschreiben sie. Mit der Minus-Taste am unteren Rand löschen Sie eine Seitenvorlage.

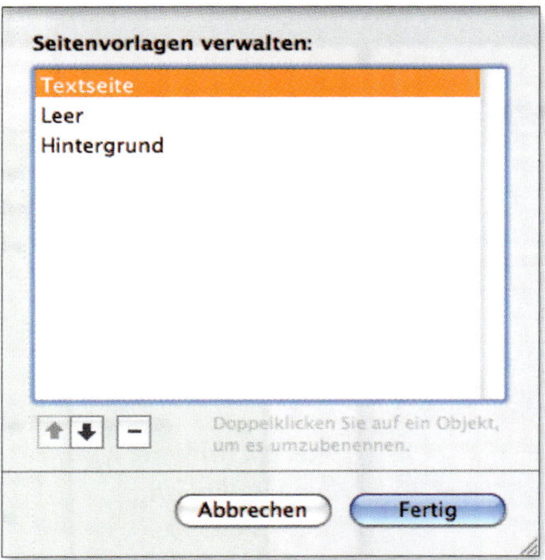

Die Seitenvorlagen verwalten

Schnell von einem Ort zum anderen: Hyperlinks

In einem Pages-Dokument lässt sich Text zu einem Hyperlink umwandeln, so dass der Leser aus dem Dokument eine Website öffnen oder eine E-Mail-Nachricht versenden kann. Das ist vor allem dann sinnvoll, wenn Sie das Dokument als PDF-Datei weitergeben. Die Sprungmarken funktionieren auch, wenn das Dokument mit Vorschau oder dem Adobe Reader geöffnet wird. Darüber hinaus bietet Pages die Möglichkeit, Lesezeichen zu definieren und mit einem Klick ein anderes Pages-Dokument zu öffnen.

GRUNDLAGEN

Hyperlinks sind Sprungstellen auf einer Webseite oder in einem Dokument, mit denen man per Mausklick zu einer anderen Stelle im Dokument oder zu einer anderen Webseite gelangt.

Um Sprungmarken einzufügen, brauchen Sie das Informationsfenster *Verknüpfung*. Markieren Sie in Ihrem Dokument das Wort, das zu einem Hyperlink werden soll. Aktivieren Sie anschließend die Option *Als Hyperlink aktivieren*.

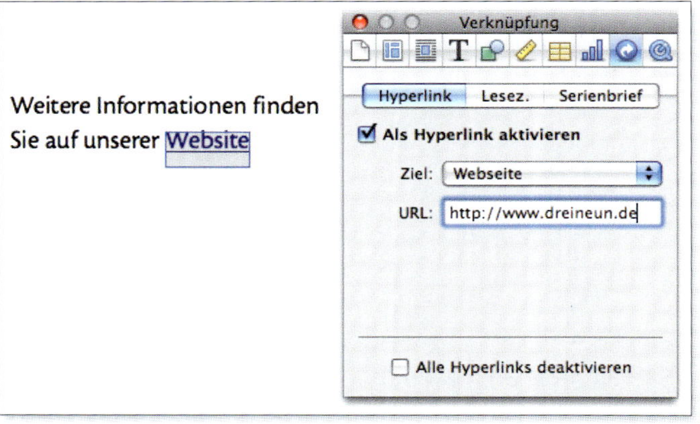

Aus einem Wort wird eine Verlinkung.

AUFGEPASST

Im Gegensatz zu Keynote akzeptiert Pages keine Bilder als Hyperlink. In Pages kann nur aus Text eine Verknüpfung werden.

Wählen Sie nun im Einblendmenü aus, womit der Hyperlink verlinkt werden soll:

Webseite: Geben Sie im Feld *URL* die Web-Adresse ein, die geöffnet werden soll. Dies kann zum Beispiel Ihre Firmenadresse oder die URL einer Website sein, auf der der Leser zusätzliche Informationen findet.

E-Mail-Nachricht: Auf dem Rechner des Lesers öffnet sich per Mausklick eine leere E-Mail. Diese E-Mail-Verlinkung ist recht praktisch für Feedback-Mails oder um Informationen anzufordern. Geben Sie in das Feld *An* den Empfänger der Nachricht ein und in die Betreffzeile ein passendes Stichwort.

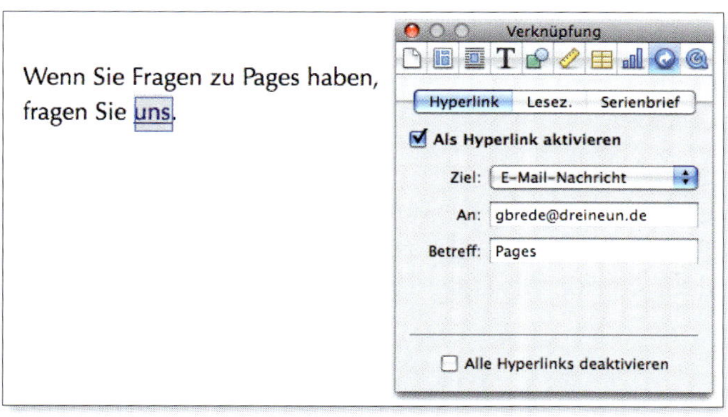

Eine Verknüpfung mit einer E-Mail-Nachricht

Lesezeichen: Geben dem Leser Gelegenheit, gezielt andere Passagen innerhalb des Dokuments anzusteuern. Mehr dazu im nächsten Abschnitt.

Pages-Dokument: Mit einem Klick wird das ausgewählte Pages-Dokument geöffnet. Sehr praktisch, um nicht umständlich über den Finder ein verwandtes oder weiterführendes Dokument zu suchen.

Hyperlinks werden grundsätzlich unterstrichen und in bläulichem Ton angezeigt. Diese automatische Markierung lässt sich nicht ausschalten. Sie haben in der Formatierungsleiste die Möglichkeit, die Unterstreichung zu entfernen. Abgesehen von dieser typographischen Hervorhebung erkennen Sie einen Hyperlink daran, dass sich der Mauszeiger in eine Hand verwandelt, genauso, wie Sie es vom Surfen im Internet kennen.

Um die Hyperlinks für das gesamte Dokument auszuschalten, klicken Sie im Informationsfenster *Hyperlink* in die Option *Alle Hyperlinks deaktivieren*. Die Unterstreichungen und die blaue Schriftfarbe bleiben jedoch auch bei deaktivierten Hyperlinks erhalten.

AUFGEPASST

Wenn Sie Ihr Dokument in die Formate RTF oder Reiner Text exportieren, funktionieren die Hyperlinks nicht. Im PDF-Format funktionieren sie einwandfrei.

Gezielt zu anderen Seiten: Lesezeichen

Die Lesezeichen in Pages haben so etwas wie eine Lotsenfunktion. Mit Lesezeichen steuern Sie gezielt andere Seiten im selben Dokument an. Vor allem in umfangreichen Dokumenten sind Lesezeichen recht nützlich, um schnell zu unterschiedlichen Stellen innerhalb des Textes zu gelangen.

GRUNDLAGEN

Die Lesezeichen sind vergleichbar mit dem Eingabefeld *Suchen & Ersetzen*. Doch brauchen Sie, wenn Sie die Lesezeichen erst einmal definiert haben, nicht jedes Mal das Wort einzugeben, sondern klicken einfach auf den Eintrag und sind schon an der gewünschten Stelle.

Im Informationsfenster *Verknüpfung* sind die Bereiche *Hyperlink* und *Lesezeichen* entscheidend für Ihre Arbeit mit Lesezeichen. Im Bereich *Lesezeichen* fabrizieren

Sie solche Sprungstellen innerhalb eines Dokuments und greifen auf sie zu, um zu den entsprechenden Stellen gebracht zu werden. Im Register *Hyperlink* fügen Sie Hyperlinks hinzu, die auf ein solches Eselsohr verweisen.

Erstellen Sie zunächst Lesezeichen, indem Sie den Text markieren, den Sie bei Ihrer Arbeit per Mausklick erreichen wollen. Im Informationsfenster *Verknüpfung | Lesez.* klicken Sie anschließend auf das Pluszeichen am linken unteren Rand, wodurch das verknüpfte Wort der Liste hinzugefügt wird. Wenn Sie nun auf ein Lesezeichen klicken, hüpfen Sie sofort an die entsprechende Stelle im Text. Der Begriff wird gelb hervorgehoben.

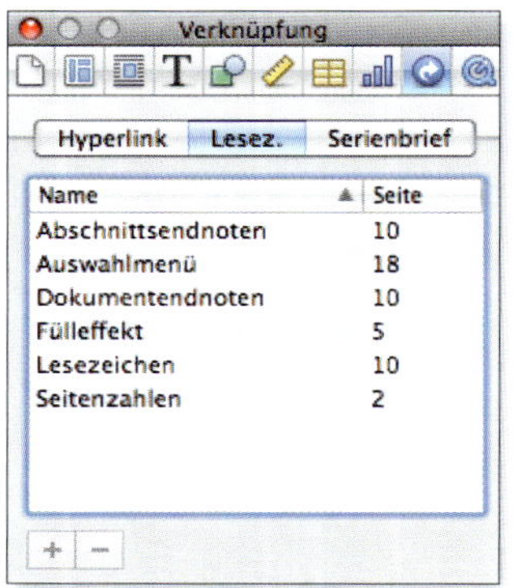

Ein Lesezeichen als Eselsohr, um Textstellen schnell aufzufinden

Erstellen Sie auf diese Weise weitere Lesezeichen. Sie können auch den Namen eines Lesezeichens ändern, und zwar indem Sie den Namen mit einem Doppelklick markieren und anschließend überschreiben. Diese Änderungen haben keine Auswirkung auf das Dokument. Wollen Sie ein Lesezeichen wieder löschen, markieren Sie es und klicken auf das Minuszeichen.

Ein Lesezeichen kann nun auch wiederum auf ein anderes verweisen. Auf diese Weise können Sie quasi von Textstelle zu Textstelle innerhalb Ihres Dokuments hüpfen. Entscheiden Sie sich im Einblendmenü *Name*, auf welches Lesezeichen die Verknüpfung verweisen soll.

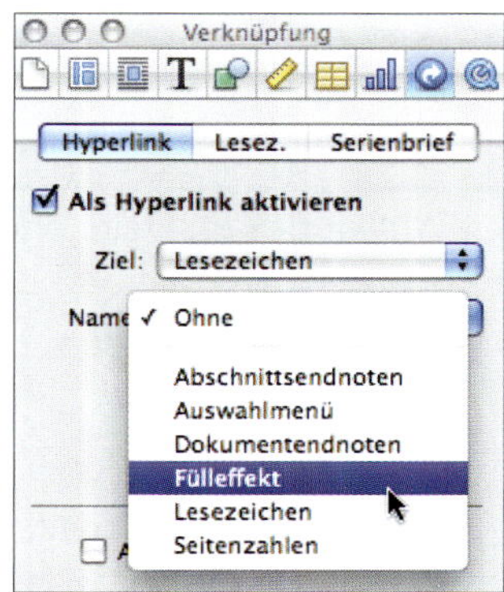

Von einem Lesezeichen zum anderen

TIPP

Sehr praktisch ist der in Pages angebotene Service, dass das Lesezeichen, auf das der Hyperlink verweist, eingeblendet wird, sobald Sie den Mauszeiger auf den Hyperlink setzen. So erfahren Sie rechtzeitig, wohin ein Klick Sie bringen könnte.

Tipps für die Orientierung

- So erstellen Sie ein Inhaltsverzeichnis: Markieren Sie im Informationsfenster *Dokument | IHV* die Absatzstile, die im Inhaltsverzeichnis angezeigt werden sollen. Platzieren Sie anschließend den Cursor an die gewünschte Stelle in Ihrem Dokument und wählen Sie *Inhaltsverzeichnis* unter *Menü | Einfügen*.
- Die Felder für die Kopf- und Fußzeilen werden sichtbar, sobald Sie mit dem Mauszeiger auf den oberen oder unteren Bereich des Dokuments fahren. Alternativ klicken Sie im Auswahlmenü *Darstellung* auf *Layout einblenden*.
- In den meisten Dokumenten mit Seitenlayout muss die Anzeige der Kopf- und Fußzeilen im Informationsfenster *Dokument* zunächst eingeschaltet werden.
- Kopf- und Fußzeilen enthalten typischerweise Seitenzahlen und andere übergreifende Informationen. Sie können die Inhalte sehr wohl rechts, mittig oder links platzieren. Unter Einsatz von Tabulatoren ist die Platzierung der Informationen auch unabhängig voneinander möglich.
- Die Informationen in der Fußzeile lassen sich auch um Datum und Uhrzeit sowie um den Namen des Dokuments erweitern. Die Befehle für die Anzeige dieser Details finden Sie im Menü *Einfügen*.
- Um eine Kopf- oder Fußzeile stärker vom Gesamttext abzuheben, empfiehlt sich für diese Textfelder ein Fülleffekt, den Sie im Informationsfenster *Text | Mehr* hinbekommen.
- Wollen Sie das Dokument als Buch binden? Dann entscheiden Sie sich für das Doppelseitenprinzip. Sie finden die Option im *Informationsfenster | Dokument*.
- In der Leiste *Miniaturen* navigieren Sie durch Ihre bereits erstellten Seiten. In dieser Leiste löschen Sie ausgewählte Seiten oder setzen Seiten aus anderen Dokumenten ein.

- Um in einem Dokument schnell zu bearbeitungswürdigen oder favorisierten Textstellen zu springen, können Sie Lesezeichen definieren. Diese Eselsohren ersparen Ihnen den Weg über das Feld *Suchen & Ersetzen*.

AUFGEPASST

Orientierung bieten natürlich auch Abbildungsverzeichnisse und ein Index. Doch beide Funktionen lassen sich mit Pages unerfreulicherweise nicht erstellen.

Kapitel **10**

Pages

Exportschlager: das Dokument weitergeben

Viele Anwender, die mit Pages liebäugeln, kritisieren die mangelnde Kompatibilität des Programms mit anderen Programmen. Dieser Vorbehalt ist (fast) unbegründet. Das Pages-Dokument kann als Word-Dokument abgespeichert oder in Nullkommanichts in ein PDF-Dokument umgewandelt werden. Bei einer bildreichen und mit vielen Effekten versehenen Pages-Datei bleiben beim Sichern als Word-Dokument zwar einige Funktionen auf der Strecke. Doch zumindest lassen sich die Texte weiter bearbeiten.

Wer seine mit Pages gestalteten Visitenkarten oder Flyer an eine Druckerei senden möchte, wählt das PDF-Format.

Vier Formate für den Export

Nicht alle, denen man ein Pages-Dokument zukommen lassen möchte, arbeiten mit einem Apple-Rechner. Und falls doch, ist möglicherweise iWork nicht installiert. Andere arbeiten unter Windows und haben überhaupt keine Chance, an Pages heranzukommen. Damit Ihr Dokument jedoch unabhängig vom Betriebssystem und den installierten Programmen geöffnet und gelesen werden kann, bietet Pages unterschiedliche Formate an, in die sich das Dokument exportieren lässt. Diese Formate sind: *PDF*, *Word*, *RTF* und *Reiner Text*. Sie finden diese Auswahl im Menü *Bereitstellen | Exportieren …* .

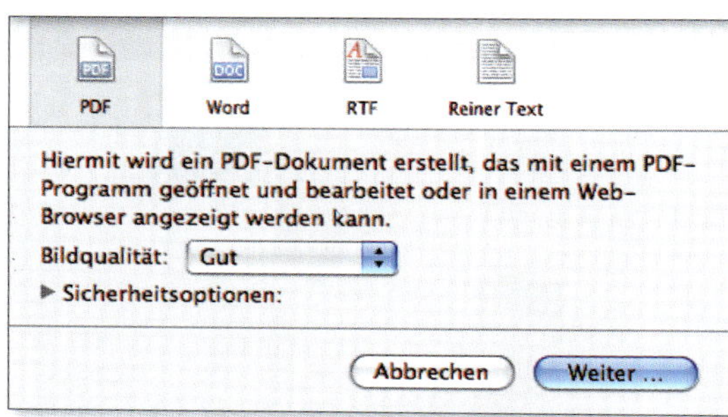

4 Formate für unterschiedliche Zwecke

PDF

Mit diesem Format sind Sie immer auf der sicheren Seite. Im PDF-Format werden die Seiten originalgetreu angezeigt. Auch etwaige Probleme mit den verwendeten Schriften – die auf dem Zielrechner nicht installiert sind und deshalb gegen andere ausgetauscht werden, die dann das Layout verhunzen – sind mit diesem Format ausgeschlossen. Mit einem PDF-Programm wie dem Adobe Distiller lässt sich das Dokument außerdem weiter bearbeiten.

AUFGEPASST

Wird das Dokument auf einem Rechner geöffnet, auf dem Mac OS X 10.4 oder Mac OS X 10.5 installiert ist, bleiben die Sprungmarken (Hyperlinks) für die Einträge im Inhaltsverzeichnis, für Fußnoten und Endnoten, für Internet- und E-Mail-Adressen erhalten. In Vorgängerversionen des Betriebssystems funktionieren die Hyperlinks in einer PDF-Datei nicht. Integrierte Musik- und Filmdateien lassen sich jedoch nicht öffnen und anhören oder betrachten. Auf Macs wird eine PDF-Datei standardmäßig mit dem Programm Vorschau geöffnet.

Für den Export in eine PDF-Datei haben Sie die Wahl aus einer guten, besseren und optimalen Qualität. Bei einer Datei mit optimaler Qualität wird die Auflösung der eingefügten Bilder nicht reduziert. Wenn Sie planen, die PDF-Datei mit professionellen Farblaserdruckern oder im Offset-Verfahren auszudrucken, sollten die Bilder eine Auflösung von mindestens 300 dpi aufweisen. Bei den Optionen *Besser* und *Gut* wird die Auflösung auf 150 dpi bzw. 72 dpi reduziert. 150 bis 250 dpi reichen für den Ausdruck auf Standarddruckern, 72 dpi reichen für die Bildschirmbetrachtung.

Da der Datenumfang einer Datei mit guter oder besserer Bildqualität erheblich geringer als mit optimaler Bildauflösung ist, eignen sich die Einstellungen *Besser* und *Gut* für das Versenden per E-Mail.

BEISPIEL

Die Datenmenge eines dreiseitigen Dokuments, erstellt mit den Seitenvorlagen des Layouts *Rundschreiben – Extrem* beträgt in der Bildqualität *Optimal* 6,1 MB; in der Bildqualität *Besser* ist der Umfang auf 1,7 MB reduziert und in der Bildqualität *Gut* beträgt er lediglich 360 KB.

GRUNDLAGEN

dpi ist die Abkürzung für dots per inch, was wiederum die Bildpunkte pro Zoll (ein Zoll sind 2,54 cm) meint. Je höher die Zahl ist, desto besser ist die Bildqualität.

Wer das Dokument als PDF-Datei mit Kennwortschutz versehen möchte, klickt auf *Sicherheitsoptionen*. Jetzt haben Sie die Wahl aus drei Varianten für den Kennwortschutz:

Zum Öffnen des Dokuments: geeignet für Dateien mit vertraulichen Daten. Damit die Datei überhaupt geöffnet werden kann, müssen Sie den potentiellen Lesern das Kennwort mitteilen. Diese Alternative bietet den umfassendsten Schutz.

Zum Drucken des Dokuments: geeignet für Dokumente, die nicht mittels ausgedruckter Kopien weitergereicht werden sollen.

Zum Kopieren von Inhalten: geeignet für Dateien, die Sie über das Internet veröffentlichen oder an Geschäftspartner weitergeben. Damit schieben Sie der Möglichkeit, Passagen zu kopieren und / oder weiterzuverwenden, den Riegel vor. Gerade wenn es um Geschäftsdaten geht, sollten Sie von dieser Option Gebrauch machen.

Word

Eine Pages-Datei, für die Sie das Exportformat *Word* wählen, lässt sich mit MS Word für Windows oder Mac OS X öffnen und bearbeiten. Dieser Export klappt gut bei Dokumenten, die eher schlicht gestaltet sind. Bei Dokumenten mit wenigen Layoutumbrüchen und ohne grafische Raffinessen wie der Reflexion, dem Erweiterten Verlauf, Schatten und Transparenzen ist der Export ganz passabel. Doch je aufwendiger das Layout ist, desto dürftiger und nachbearbeitungsintensiver ist das Ergebnis. Auch in der Typografie kann es zu erheblichen Abweichungen kommen. Textfelder, die einen definierten Umbruch bewirken, lösen in Word einen anderen Textfluss aus. Spaltenumbrüche und Abschnittswechsel weichen in der Word-Datei von den Umbrüchen in der Originaldatei ab, da die Layoutränder, die Sie in Pages im Informationsfenster *Layout* festgelegt haben, von Word anders interpretiert werden. Maskierte Objekte lassen sich in Word nicht weiter bearbeiten. Audio- und Filmdateien werden von Word unterstützt und können abgespielt werden.

Rich Text Format | RTF

Das RTF-Format (Rich Text Format) dient zum Austausch von Dateien zwischen Textverarbeitungsprogrammen. Dieses Format ist interessant, falls der Empfänger der Datei mit einem anderen Textverarbeitungsprogramm als Word oder Pages arbeitet. Allerdings gehen sehr viele Formatierungen und strukturelle Elemente wie Layout- und Abschnittsumbrüche verloren. So verursachen die Layout- und Abschnittsumbrüche im RTF-Format völlig andere Seitenumbrüche. Mehrspaltiger Satz wird nicht unterstützt, Text in Textfeldern wird in den Fließtext integriert, da Textfelder und Formen nicht dargestellt werden können.

Sind Bilder in das Pages-Dokument integriert, wird es beim Export in das RTF-Format mit der Endung .rtfd abgespeichert.

Ohne Schnörkel: Reiner Text

Wie der Name sagt: Hier handelt es sich um reinen Text, also um Text ohne jegliche Formatierungen. Sämtliche eingefügten Objekte bleiben bei dieser Exportvariante außen vor. Das Format eignet sich, falls der Text in einem Texteditor zum Beispiel für eine Website bearbeitet werden soll.

GRUNDLAGEN

Ein Texteditor wird vor allem zur Bearbeitung von Quelltext beim Programmieren eingesetzt. Deshalb sind die Layout- und Formatierungsmöglichkeiten sehr eingeschränkt.

Das Dokument als E-Mail versenden

Vorbei die Zeiten, in denen für einen E-Mail-Versand das Dokument zuerst gespeichert und dann in die E-Mail gezogen werden musste. Mit der aktuellen Version von Pages lässt sich das Dokument direkt über das Menü *Bereitstellen* als Anhang einer E-Mail versenden. Für diesen Zweck stehen Ihnen sogar drei Formate zur Verfügung:

- Pages
- Word
- PDF

Ist die Datei für einen E-Mail-Versand zu groß – unsere Beispieldatei ist 22,5 MB groß – wird ein Warnhinweis eingeblendet. Wenn Sie die Dateigröße verringern möchten, klicken Sie zunächst auf *Abbrechen* und wählen im Menü *Ablage* den Eintrag *Dateigröße reduzieren*.

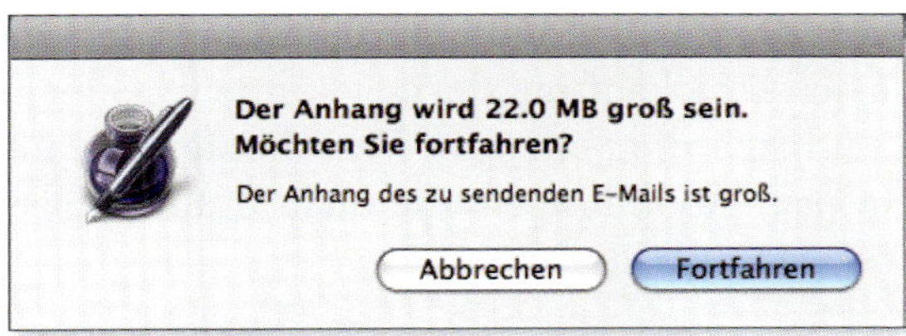

Zu groß für den E-Mail-Versand

Mit dieser Funktion bleiben alle nicht mehr benötigten Bildanteile unberücksichtigt, was in unserer Beispieldatei zu einer Reduktion von immerhin 8,55 MB führt.

Zurück im Menü *Bereitstellen | Per E-Mail senden* wird das Dokument mit einem Klick auf *Fortfahren* automatisch als Anhang in eine neue E-Mail integriert.

AUFGEPASST

Beachten Sie, dass die versendete Datei nicht gesichert ist. Sie können auch eine noch nicht abgespeicherte Datei versenden, die dann beim Absender natürlich mit dem Namen *Ohne Titel* ankommt.

Das Dokument an iWeb senden

Die Anwendung iWeb gehört zu Apples Programmpaket iLife. Für alle, die iWeb noch nicht kennen: Mit diesem Programm erstellen Sie in quasi Nullkommanichts eine eigene Website. Ähnlich wie in Pages haben Sie auch in iWeb die Wahl aus bereits gestalteten Themen, so dass Ihre Website alles andere als eine nüchterne und die Besucher abschreckende Angelegenheit wird.

Im Menü *Bereitstellen | An iWeb senden* haben Sie die Wahl, die Datei als Pages- oder PDF-Dokument zu veröffentlichen. Diese Datei wird an ein Blog oder einen Podcast angehängt. Besucher Ihrer Website, die Ihr Blog oder Ihren Podcast abonniert haben, bekommen die Datei über iTunes geschickt.

Das Dokument drucken

Um das gesamte Dokument oder lediglich ausgewählte Seiten auszudrucken, öffnen Sie das Dialogfenster *Drucken* mit der Tastenkombination ⌘ – P oder im Menü *Ablage | Drucken …* . Bevor Sie den Druckauftrag starten, können Sie noch mal durch das Dokument blättern und sich die Seiten im Vorschaufenster anschauen. Vielleicht entdecken Sie ein paar Abbildungen, die nicht optimal platziert sind.

Im Feld direkt unter *Voreinstellungen* definieren Sie mithilfe der Option *Layout*, wie viele Seiten Sie pro Blatt ausgedruckt haben möchten und in welcher Seitenfolge der Ausdruck erfolgen soll. Voreingestellt ist die Seitenfolge von links oben nach rechts unten. Wer eine andere Reihenfolge möchte, klickt auf die entsprechende Miniatur. Je mehr Seiten auf einem Blatt gedruckt werden, desto unübersichtlicher kann es werden. Deshalb haben Sie im Auswahlmenü *Rahmen* Gelegenheit, die einzelnen Seiten mit Linien zu versehen.

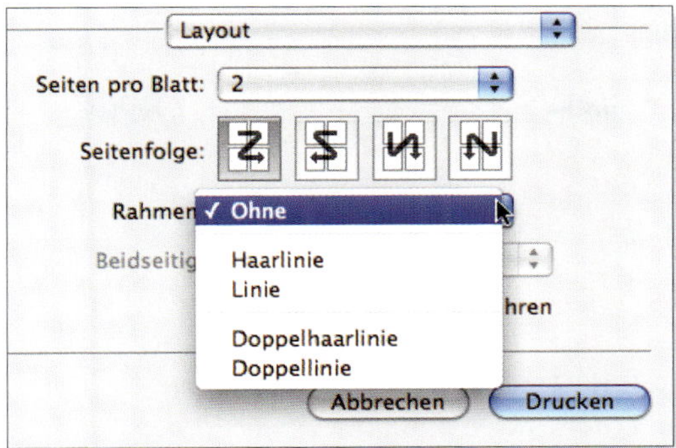

Mehrere Seiten des Dokuments auf einer Druckseite

Je nach Druckermodell ist die Funktion *Beidseitig* möglich, die einen doppelseitigen Ausdruck des Dokuments erlaubt. Die Option *Seitenausrichtung umkehren* bewirkt, dass Ihr Dokument ausgehend von der letzten Seite gedruckt wird. Dies erspart Ihnen das Umsortieren der Seiten. Wollen Sie das Dokument hingegen ausdrucken, um es noch einmal gegenzulesen, belassen Sie es besser bei der ausgeschalteten Funktion. Denn sonst warten Sie bis zum Schluss des Druckauftrags auf die ersten Seiten Ihres Dokuments.

TIPP

Wer nur die linke oder rechte Seiten drucken will, findet im Fenster *Papierhandhabung* die entsprechenden Einstellungen.

Unter *Zusammenfassung* erhalten Sie eine Übersicht über alle Einstellungen, die Sie vorgenommen haben. Falls Sie auf diese Einstellungen auch für weitere Dokumente zugreifen wollen, ist es ratsam, diese zu sichern. Wechseln Sie hierfür in das Einblendmenü *Voreinstellungen* und klicken Sie auf *Sichern unter…* . Nun den Druckeinstellungen noch einen passenden Namen geben, mit der ↩ – Taste bestätigen – und Sie brauchen beim nächsten Druckauftrag, den Sie mit genau diesen Einstellungen durchführen wollen, nur auf den entsprechenden Namen in der Sammlung zu klicken.

Keynote

Kapitel

11

Auftakt und Einstieg ins Programm

Immer wieder hört man, dass Keynote intuitiv bedienbar sei. Stimmte diese Einschätzung noch für die erste Version, die 2003 auf dem Markt kam, sind mittlerweile Zweifel angebracht. Das Programm hat gewaltig an Umfang zugenommen. Viele Funktionen, von denen man in der ersten Version noch träumte, sind mittlerweile integraler Bestandteil des Programms. Die Oberfläche ist dabei erfreulicherweise übersichtlich geblieben bzw. mit jeder weiteren Version noch anwenderfreundlicher geworden.

Auftakt und Einstieg ins Programm

Wer bislang noch nicht mit Keynote gearbeitet hat, erfährt in diesem Kapitel das Wichtigste zum Umgang mit dem Programm und seiner Arbeitsumgebung. Wir machen Sie mit der Arbeit mit Keynote vertraut, erläutern, was *Themen* und *Vorlagen* sind, und beschreiben das Handwerkszeug, mit denen Sie Ihre Folien erstellen.

Folien verdeutlichen die Kernaussage einer Präsentation und veranschaulichen diffizile Sachverhalte oder komplexe Zahlenmaterialien. Um diesem Anspruch gerecht zu werden, nämlich den Inhalt einer jeden Folie verständlich darzustellen, optische Blöcke zu bilden und Kompliziertes zu vereinfachen, bedarf es Zeit und noch mehr Konzentration. Damit man während dieser Phase nicht durch Überlegungen nach einem passenden Hintergrund und wiederum zum Hintergrund passenden Aufzählungszeichen abgelenkt wird, bietet Keynote eine attraktive Sammlung an Designs mit darauf bis ins Detail abgestimmten Layout-Vorlagen. Dank dieser reichhaltigen Auswahl an professionell gestalteten Designs lassen sich relativ rasch gestalterisch eindrucksvolle Folien erstellen.

Begriffe und was sie bedeuten

Bei der Arbeit mit Keynote und beim Lesen dieses Buches werden Sie immer wieder mit programmspezifischen Begriffen wie *Thema*, *Vorlage* und *Folie* konfrontiert. Was diese Begriffe bedeuten, erklären wir im Folgenden.

Thema

Thema ist der Oberbegriff für die 44 unterschiedlichen Designs für eine Präsentation. Die Vorschläge sind keine Themen im inhaltlichen Sinne, sondern ein Angebot an Layouts für unterschiedliche Präsentationsanlässe. Ein Thema ist die Grundlage für eine einheitlich gestaltete Präsentation. Es enthält Formatierungen zum Hintergrund, zur verwendeten Schriftart, zu den Aufzählungszeichen, zum Farbschema und zur Größe und Position von Platzhaltern und Bilderrahmen.

Nun ist ja nicht jeder Präsentationsanlass gleich. Auf dem 10-jährigen Klassentreffen präsentiert man die eingescannten Fotos von Klassenfahrten, im Büro die Umsatzentwicklung des letzten Jahres und im Ruderverein die Vorfahrtsregeln für die Binnenschifffahrt. Damit Sie jedem Anlass den passenden optischen Rahmen geben können, decken die 44 Themen das gesamte Spektrum von originell über apart bis konservativ ab. Dabei sprechen die Namen jeweils für sich. Die Themen *Kyoto*, *Marokkanisch* und *Venezianisch* sind der entsprechenden lokalen Ästhetik nachempfunden, *Blaupause* ist geeignet für Projektpräsentationen, und das Thema *Industriedesign* wirkt mit Hintergrund einer gestanzten Stahlplatte tatsächlich sehr industriell. Wem dieses Design zu kühl wirkt, findet vielleicht

Gefallen an den elegant anmutenden Themen *Ausstellung*, *Editorial* und *Modernes Portfolio* oder an den typografisch interessanten Themen *Cord* und *Schiefertafel*.

Die Alternative *Schaufenster* verfügt bereits über Hyperlinks, die es dem Betrachter ermöglichen, in seinem Tempo durch die Präsentation zu navigieren. Peppig und spritzig sind die Themen *Seidenpapier* und *Bastelarbeit*, sehr modern zeigt sich das Thema *Collage*; konventioneller sind die Themen *Schriftsatz*, *Harmonie*, *Wasserzeichen*, *Ledereinband* und *Pergament*. Neu in der aktuellen Version des Programms sind die Themen *Ausstellung*, *Venezianisch*, *Retro*, *Editorial*, *Kyoto*, *Leinwand*, *Schriftsatz und Marokkanisch*.

Vorlagen

Eine Vorlage ist ein Layout-Schema, auf dem Text und / oder Grafikelemente an festen Stellen vorgesehen sind. Dieser Grundriss ist ein Hilfsmittel, um Ihnen Routinearbeiten an den Folien wie die Positionierung von Überschriften und Textblöcken zu erleichtern.

AUFGEPASST

Außerdem verschafft Ihnen eine Vorlage den großen Vorteil, Änderungen, die sich auf die gesamte Präsentation auswirken sollen, zentral vorzunehmen. Wollen Sie beispielsweise die vorgegebene Schriftart gegen eine andere austauschen, so nehmen Sie diese Änderung auf der Vorlage vor. Die Änderung wirkt sich automatisch auf alle Folien aus, die der Vorlage entsprechen – was Ihnen die mühsame Bearbeitung jeder einzelnen Folie erspart. Für Anwender, die vertraut mit PowerPoint sind: Die Vorlagen sind das Äquivalent zur Masterfolie.

Das Design der Vorlagen korrespondiert mit der Gestaltung und dem Charakter des Themas. So sind zum Beispiel in den Vorlagen für das Thema *Zeichenblock* die Fotoplatzhalter schräg angeordnet, bei einem konventionelleren Thema wie *Karton* sind alle Platzhalter gerade gerückt.

Ein Thema umfasst bis zu 19 Vorlagen. Verschaffen Sie sich einen Überblick über die Layouts und klicken Sie in der Symbolleiste auf *Vorlagen*. Jedes Miniaturbild gibt Ihnen einen ungefähren Eindruck von der Art und dem Aufbau der Folien-Vorlage.

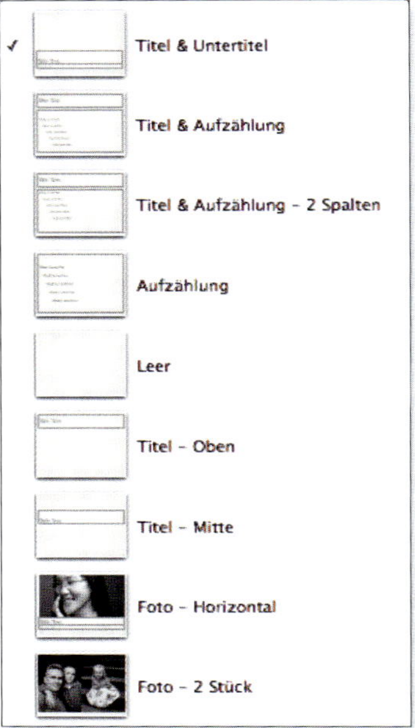

Vorlagen für die Anordnung von Titel, Aufzählungen und Objekten

Der wohlproportionierte Grundriss einer Vorlage orientiert sich an den Prinzipien für die Gestaltung von Folien.

- Die Platzhalter für Fotos sind rechts oder mittig positioniert. Diese Aufteilung entspricht unseren Sehgewohnheiten.
- Die Schriftgröße schwankt je nach Schriftart zwischen 64 und 84 Punkt für die Überschriften und zwischen 34 und 38 Punkt für den Fließtext. Diese voreingestellten Größen garantieren, dass auch die Teilnehmer auf den hinteren Rängen die Texte gut lesen können.
- Luftige Anordnung der einzelnen Elemente.

Bis auf die Vorlage *Leer* finden Sie auf den Vorlagen Platzhalter für Texte und Bilder. Mit einem Doppelklick in die Platzhalter für Überschriften, Untertitel und Aufzählungen können Sie mit der Texteingabe loslegen. In die Platzhalter für Bilder lassen sich per Drag & Drop Bilder aus Ihrem iPhoto-Archiv oder aus anderen Ordnern ziehen.

Die Vorlagen *Titel & Aufzählung, Titel & Aufzählung – 2 Spalten* und *Aufzählung* eignen sich für reine Textfolien. Die Vorlagen *Titel & Aufzählung – Links* sowie *Titel & Aufzählung – Rechts* bieten Raum für Tabellen, Diagramme oder grafische Formen. Tabellen und Diagramme fügen sich automatisch in den Freiraum rechts bzw. links neben den Aufzählungen ein. Grafische Formen erscheinen zunächst in der Mitte der Folie und lassen sich von dort aus umplatzieren.

Vorlagen für Textfolien

Vorlagen für Text und Tabellen, Diagramme und grafische Elemente

Folien

In Präsentationsprogrammen hat sich der Begriff *Folie* als Bezeichnung für *Seite* durchgesetzt. Eine Folie ist nichts anderes als ein Blatt im Querformat. Das Layout einer Folie beruht stets auf einer vorgefertigten Vorlage. Änderungen, die Sie an einer Vorlage vornehmen, wirken sich auf alle Folien aus, die dem Vorlagen-Layout entsprechen.

Keynote starten

Sobald Sie Keynote starten, wird das Fenster für die Themenauswahl eingeblendet.

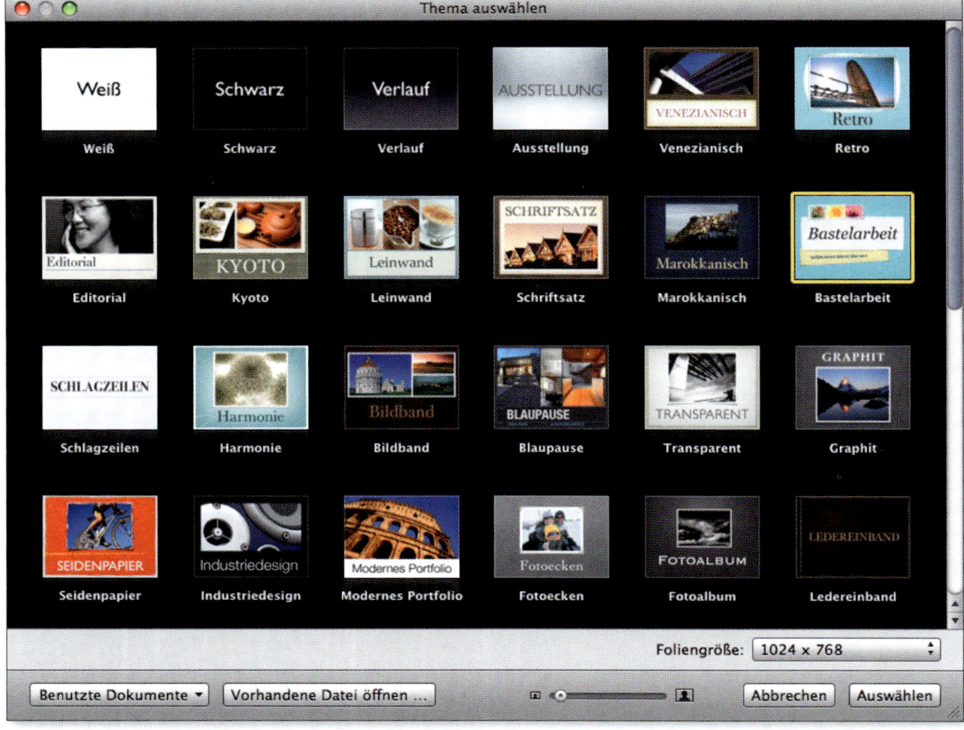

Eine Auswahl aus dem Themenkatalog

TIPP

Die Miniaturen im Themenkatalog geben einen ersten Eindruck über die jeweiligen Layouts und die farbliche Gestaltung. Einen umfassenderen Einblick in die Gestaltung der Folien erhalten Sie, wenn Sie mit dem Mauszeiger auf eine der Miniaturen fahren. Mit jeder geringfügigen Bewegung der Maus werden verschiedene, mit Inhalten gefüllte Folien gezeigt, was die Entscheidung für eines der Themen erheblich erleichtert. Außerdem lassen sich die Abbildungen mit dem Schieber in der Mitte der unteren Leiste vergrößern.

Im Themenauswahlfenster haben Sie zwei Möglichkeiten, ein Thema zu öffnen und mit dem Erstellen Ihrer Präsentation zu beginnen:

- Doppelklick auf eines der Themen
- Thema anklicken und über *Auswählen* öffnen

Darüber hinaus haben Sie die Möglichkeit, auf bereits benutzte Dokumente zuzugreifen. Sobald Sie auf den Button *Benutze Dokumente* klicken, werden die zuletzt gesicherten Präsentationen angezeigt. Mit einem Klick auf *Vorhandene Datei öffnen …* dreht sich das Fenster, und Sie sehen nun ein Finder-Fenster, in dem Sie bequem nach der gewünschten Präsentation – einer bereits bestehenden Keynote- oder auch PowerPoint-Datei – stöbern können. Verläuft die Suche erfolglos, klicken Sie einfach auf *Abbrechen* und Sie haben wieder den Themenkatalog vor Augen.

Zugriff auf Ihre zuletzt geöffneten Präsentationen haben Sie außerdem im Menü *Ablage | Benutzte Objekte*. Öffnen Sie die gewünschte Präsentation mit einem Klick auf den Namen. Sollte das Dokument, an dem Sie weiterarbeiten möchten, nicht dabei sein, wählen Sie es im Menü *Ablage | Öffnen …* .

Im Auswahlfenster lässt sich auch die Foliengröße für die Bildschirmauflösung definieren. Die Auflösung 1024 x 768 wird von den meisten Bildschirmen und Projektoren (Beamern) unterstützt. Die Auflösung 1920 x 1080 ist für das Breitbildformat 16 x 9 geeignet.

Soll das Programm gleich mit dem von Ihnen favorisierten Thema starten? Dann schalten Sie in den Einstellungen (im Menü *Keynote Einstellungen …*) die Option *Dieses Thema verwenden:* ein und entscheiden Sie sich für Ihr bevorzugtes Design. Der Name dieses Themas wird danach in den Einstellungen angezeigt.

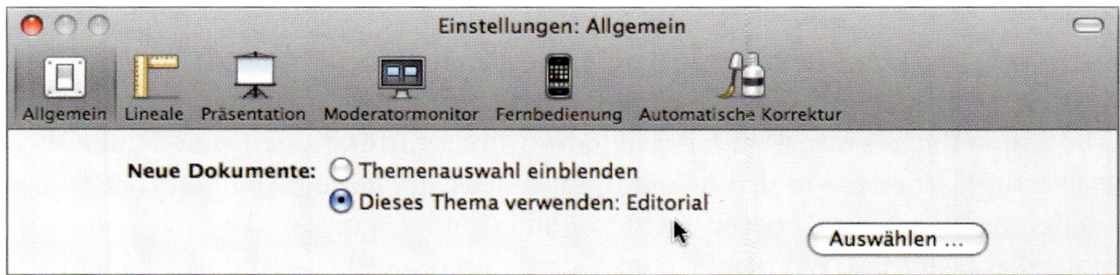

Mit dem favorisierten Thema starten

Import von PowerPoint-Dateien

Der Import von Präsentationen, die mit PowerPoint erstellt wurden, klappt nahezu einwandfrei. Öffnen Sie das PowerPoint-Dokument im Menü *Ablage | Öffnen …* oder ziehen Sie das Dateisymbol auf das Keynote-Programmsymbol im Dock. Funktionen, die Keynote eventuell nicht unterstützt oder anders interpretiert, werden nach dem Import im Fenster *Dokumentwarnungen* angezeigt.

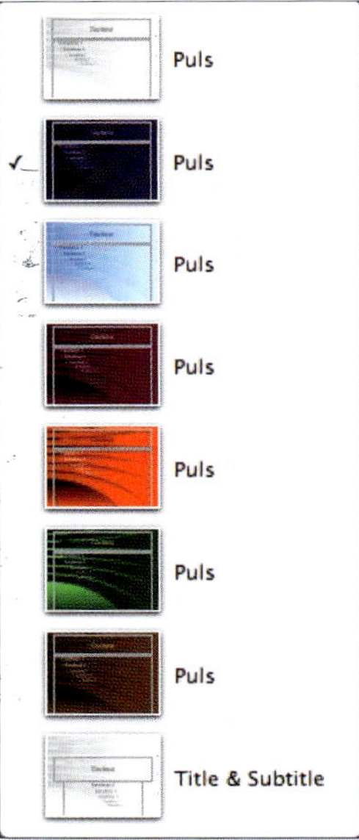

In der Auswahlleiste *Vorlagen* sehen Sie, dass Keynote aus den PowerPoint-Folien automatisch Vorlagen generiert, auf deren Basis Sie weitere Folien erstellen können. Sofern Sie also bereits eine Präsentation im Corporate Design Ihres Unternehmens angelegt haben, lässt sich diese mit nur geringfügigem Aufwand in ein Keynote-Dokument umwandeln.

Aus PowerPoint-Folien werden in Keynote Vorlagen.

Alle Objekte lassen sich in Keynote mit den entsprechenden Funktionen und Werkzeugen weiterbearbeiten. Freihandformen oder die PowerPoint-typischen AutoFormen wie Sterne und Legenden sind im Informationsfenster *Grafiken* ebenso komfortabel zu modifizieren wie die keynoteeigenen Formen. Auch Diagramme werden deckungsgleich und mit allen Inhalten importiert und können anschließend ergänzt oder in einen anderen Diagrammtyp umgewandelt werden.

Bei den in PowerPoint definierten Folienübergängen und Textanimationen kann es passieren, dass sie in Keynote mit einem anderen Effekt wiedergegeben werden. Ob die importierte PowerPoint-Präsentation über Animationen und Folienübergänge verfügt, sehen Sie in den Miniaturen in der Darstellung *Navigator*. Drei kleine, hellgraue Kugeln am oberen rechten Folienrand zeigen an, dass die Folie Animationseffekte enthält. Ein blaues Dreieck am unteren linken Rand weist auf einen Übergang hin.

POWER USER

Sollen es nur einige ausgewählte Folien sein, die Sie in eine Keynote-Präsentation importieren möchten, öffnen Sie die PowerPoint-Präsentation mit Keynote und ziehen die entsprechenden Folien per Drag & Drop in die Ansicht *Navigator* oder *Gliederung* Ihrer Keynote-Präsentation. Bei diesem Verfahren werden automatisch Vorlagen erstellt, die Sie für ein Folien-Layout verwenden können.

Die Auflösung einer importierten PowerPoint-Präsentation weicht möglicherweise ab von der, die Sie für eine Präsentation verwenden. Schauen Sie im Informationsfenster *Dokument* die Foliengröße nach und stellen Sie gegebenenfalls einen höheren Wert ein. Wenn Sie eine oder mehrere PowerPoint-Folien in eine bereits bestehende Keynote-Präsentation importieren, wird die Auflösung der PowerPoint-Folien automatisch an die bereits definierte Foliengröße angepasst.

Das Handwerkszeug

Nach dieser Ouvertüre geht es weiter mit dem Handwerkszeug, mit dem Sie es beim Erstellen und Bearbeiten von Folien zu tun haben.

AUFGEPASST

Die Arbeitsfenster, die in allen drei iWork-Programmen von Bedeutung sind, wie die Farbpalette, das Schriftenfenster, die Bildeinstellungen und die Medienübersicht, sind im Kapitel »Das Handwerkszeug für die Programme« ausführlich beschrieben.

Die Symbolleiste

In der Symbolleiste sind die für Keynote relevanten Einzelbefehle versammelt. Die Standardeinstellung lässt sich in sechs Blöcke gliedern:

Neue Folien und Bildschirmpräsentation

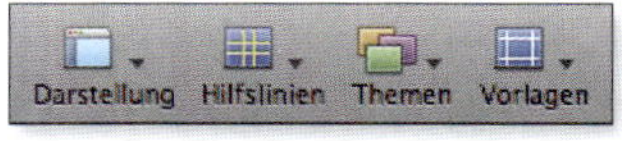

Ansichten und Auswahlfenster

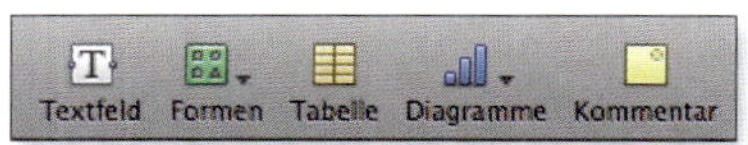

Elemente einfügen und animieren

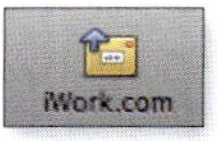

Dokumente webbasiert zur Verfügung stellen

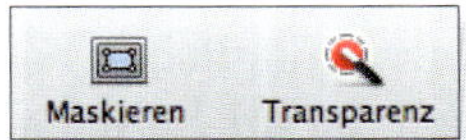

Bildeffekte verwenden

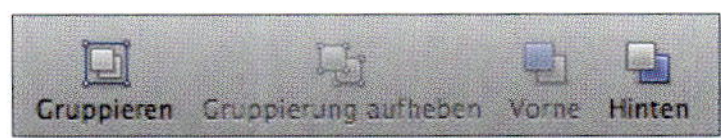

Elemente gruppieren und anordnen

Informationsfenster und Paletten

Sollten Sie einige der hier aufgeführten Symbole in der Leiste auf Ihrem Bildschirm vermissen, so reicht die Breite des Fensters nicht für die Anzeige aller Zeichen. Sie sehen dies an dem Zeichen >> am rechten Fensterrand. Sobald Sie auf das Zeichen klicken, erscheinen die restlichen Symbole, die wiederum mit einem Klick aktiviert werden.

Über den Sinn und Zweck der einzelnen Icons erfahren Sie mehr, wenn Sie den Mauszeiger auf eines der Symbole bewegen. Dabei wird ein kurzer Text eingeblendet, der Ihnen Auskunft über die Funktion des Symbols gibt.

Die in der Symbolleiste enthaltenen Schaltflächen sind der kurze Weg zu Befehlen, die Sie sonst erst in den Menüs aufspüren müssten. Um Ihnen diese Sucherei zu ersparen, gibt es für eine Fülle weiterer Befehle Symbole, mit denen Sie die Leiste gänzlich nach Ihren Vorstellungen bestücken können.

Die Symbolleiste anpassen

Unter Menü *Darstellung | Symbolleiste anpassen …* finden Sie ein Auswahlfenster mit zahlreichen Befehlen und Funktionen, die jeweils durch ein Symbol vertreten sind. Mit diesen Icons lässt sich die Symbolleiste mit den von Ihnen am häufigsten verwendeten Befehlen ausstatten. Dazu ziehen Sie das Symbol mit gedrückter Maustaste in die Leiste. Solange Sie das Symbolfenster geöffnet haben, können Sie ein Symbol sowohl umplatzieren als auch wieder entfernen. Für die Umpositionierung schnappen Sie es sich und bewegen es einfach an die gewünschte Stelle. Wenn Sie es wieder loswerden wollen, ziehen Sie es aus der Symbolleiste heraus, worauf es sich mit einem Zischlaut verabschiedet.

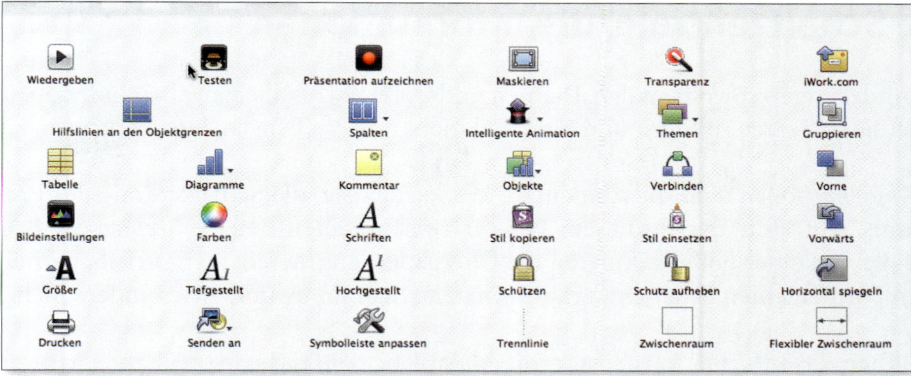

Eine Auswahl an weiteren Symbolen für die Symbolleiste

Im unteren Bereich des Fensters wählen Sie, was in der Leiste angezeigt wird. Sie haben die Wahl aus *Symbol & Text*, *Nur Symbol* und *Nur Text*. Je mehr Symbole sich in der Leiste befinden, desto eher empfiehlt es sich, die kleine Darstellung zu wählen. Ist alles nun so, wie Sie es sich vorstellen, klicken Sie auf *Fertig*.

TIPP

Alternativ lässt sich die Darstellung der Symbole über das Kontextmenü anpassen. Klicken Sie hierfür per ctrl-Klick (rechte Maustaste) auf einen freien Bereich in der Leiste und wählen Sie die Option aus. Möchten Sie die Position eines Icons verändern, halten Sie die ⌘ – Taste gedrückt, klicken auf das Icon und verschieben es.

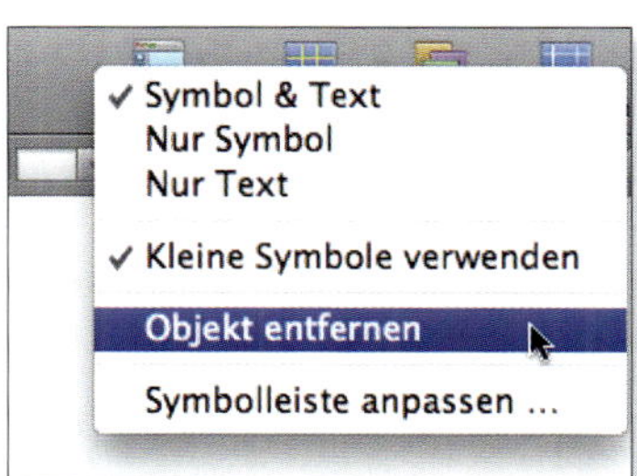

Die Symbolleiste mit Hilfe des Kontextmenüs anpassen

Für Puristen, Anhänger von Menüleisten oder Meister der Kurzbefehle gibt es auch die Option, die Symbolleiste gänzlich auszublenden. Wenn das interessant für Sie ist, klicken Sie auf die weiße Kapsel rechts oben im Programmfenster.

Die Schaltzentrale: die Informationen

Für Änderungen sowohl an den Themen und Vorlagen als auch an allen individuell eingefügten Texten, Bildern und Grafiken dient uns das Fenster *Informationen.*

Die *Informationen* sind die elementare Werkzeugkiste, die Schaltzentrale des Programms. Mit Hilfe der in diesem Fenster versammelten Befehle ändern Sie das Grundlayout einer Folie, definieren die Übergänge, animieren Text, verleihen grafischen Formen einen Schattenwurf, bearbeiten Diagramme und vieles andere mehr.

Sie öffnen das Informationsfenster mit einem Klick auf das entsprechende Icon in der Symbolleiste oder im Menü *Darstellung | Informationen einblenden.* Über die Symbolleiste des Fensters wiederum klicken Sie den Bereich an, den Sie bearbeiten möchten.

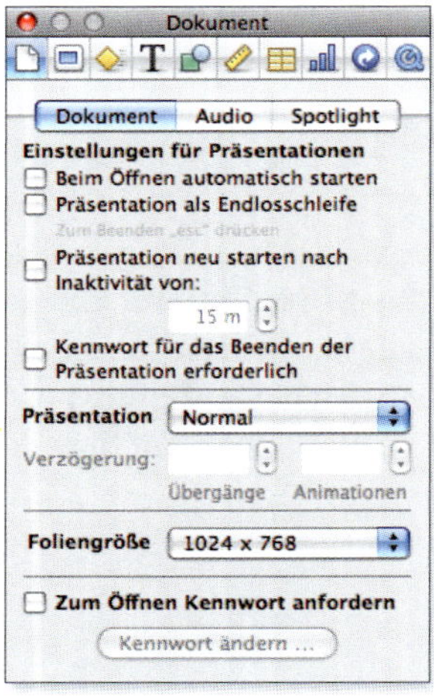

Das Informationsfenster

GRUNDLAGEN

Das Fenster *Informationen* steht in Konkurrenz zur Formatierungsleiste. Viele Befehle, wie beispielsweise das Formatieren von Text, sind über die Formatierungsleiste komfortabler zu bewerkstelligen als über die Informationen.

Die Ansicht *Dokument* besteht aus drei Rubriken: In *Dokument* definieren Sie, was beim Öffnen einer Präsentation passiert. Im Bereich *Audio* fügen Sie eine Audio-Datei für die gesamte Präsentationsdauer ein. Außerdem lässt sich in dieser Rubrik gesprochener Text aufnehmen, was besonders für selbst abspielende Präsentationen interessant ist.

Unter *Spotlight* geben Sie Schlüsselwörter und weitere Kommentare ein. Diese sogenannten Meta-Informationen können recht hilfreich für die Suche nach einer Präsentation mit Hilfe von Spotlight sein. Sollten Sie viel mit intelligenten Ordnern arbeiten, geben Sie in die Rubrik *Schlagwörter* am besten einen Begriff ein, der die Zuordnung in den betreffenden Ordner erlaubt. Das Feld *Kommentar* eignet sich gut für allgemeine Notizen zur Präsentation oder für Anmerkungen nach der Präsentation wie zum Beispiel über das Zuhörerverhalten.

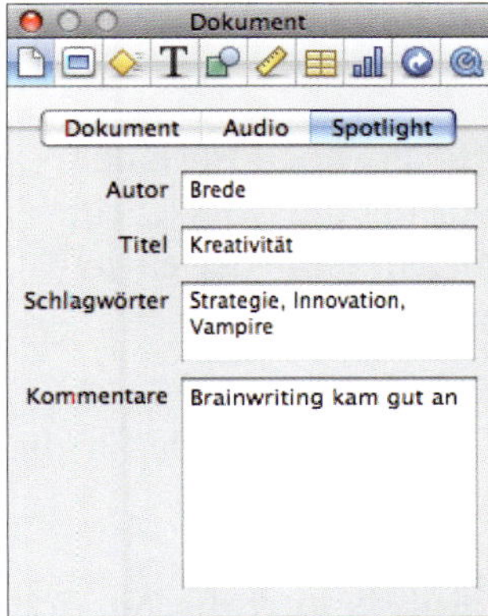

Metainformationen für die Suche nach einer Präsentation oder für Stichpunkte

Die Ansicht *Folie* besteht aus zwei Rubriken.

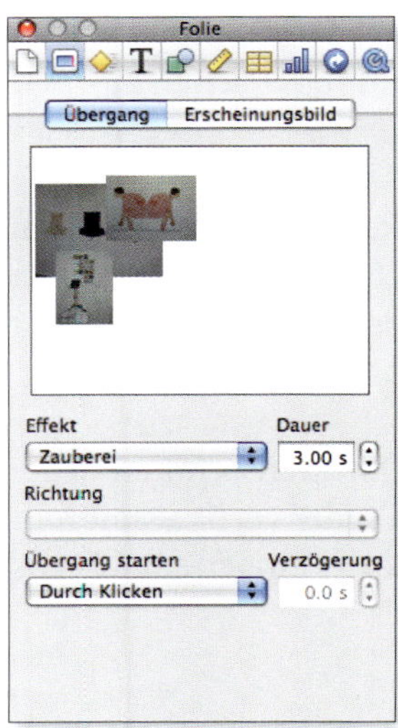

Das Informationsfenster »Folie« für den Übergang von einer Folie zur anderen …

… und für das Layout einer Folie oder Folienvorlage

Im Bereich *Übergang* definieren Sie die Animation für den Folienwechsel. Unter *Erscheinungsbild* haben Sie Zugriff auf die Platzhalter für Titel, Untertitel bzw. Text mit Aufzählungszeichen und für Objekte. Diese Rubrik ist außerordentlich nützlich, wenn Sie mal auf einer Folie einen Platzhalter gelöscht haben und dies später bereuen. Jeder der angezeigten Platzhalter kann auf einer Folie jeweils nur ein Mal vergeben werden. Außerdem finden Sie hier auch die Option, die Folien mit einer Seitenzahl (Foliennummer) zu versehen. Zu guter Letzt ändern Sie in diesem Bereich den Hintergrund einer ausgewählten Folie.

POWER USER

Die Rubrik *Erscheinungsbild* benötigen Sie darüber hinaus noch für einen weiteren Zweck: Sobald Sie auf eine Vorlage klicken, springt die Überschrift um auf *Folienvorlage*, und die Einträge passen sich an. Mit Hilfe der einzelnen Platzhalter legen Sie das Layout für eine Folienvorlage fest.

In *Animation* geht es um die Ein- und Ausblendeffekte einzelner Objekte für die Bildschirmpräsentation.

Mit den Funktionen im Fenster *Text* lassen sich in der Rubrik *Text* die Ausrichtung und der Zeilenabstand Ihrer Texte definieren. Im Bereich *Spalten* legen Sie für Platzhalter und Textfelder die Anzahl und Breite der Spalten fest. Texte beinhalten häufig auch Aufzählungen, Abschnitte werden eingerückt. Das notwendige Handwerkszeug für diese Textformatierungen finden Sie im Bereich *Aufzählungen*. Hier wählen Sie das Design, die Farbe und die Größe von Aufzählungszeichen aus und stellen die Maße für den Texteinzug ein.

In *Grafiken* finden Sie alle Effekte versammelt, mit denen Sie Formen und Bildern einen individuellen Stil verleihen. Sie treffen die Auswahl für die Fülleffekte von Objekten, legen die Linienart und Linienfarbe fest und versehen ein Objekt mit einem Schattenwurf für mehr Tiefe und Plastizität.

Im Fenster *Maße* lassen sich Abmessung und Position von Objekten definieren, der Winkel eines Objekts verschieben oder ein Objekt horizontal oder vertikal spiegeln. Im Eingabefeld *Datei-Informationen* werden die Dateinamen eingefügter Fotos und Musikstücke angezeigt.

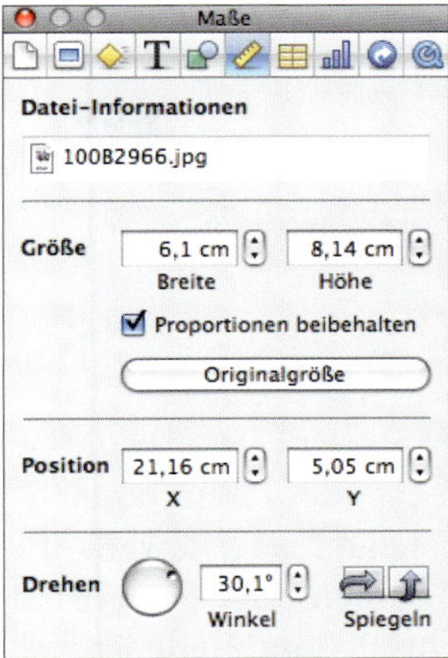

Ein Objekt positionieren, drehen, spiegeln

Im Fenster *Tabelle* stellen Sie die Anzahl an Zeilen und Spalten ein, entscheiden sich für eine Titelzeile und markieren Tabellenbereiche. Wer Zahlenwerte berechnen will, findet im Fenster *Format* definierte Formeln sowie den Formel-Editor.

In *Diagramm* haben Sie die Auswahl aus elf Diagrammvarianten. Dabei wird, außer für die Varianten *Streu-Diagramm*, *Gemischt* und *Sekundärachse* auch jeweils eine 3D-Alternative angeboten. Beim Öffnen eines Diagramms wird automatisch der *Daten-Editor* eingeblendet, in den Sie Inhalte kopieren oder manuell eingeben.

In *Hyperlink* definieren Sie die Verlinkung von Objekten oder ausgewähltem Text mit einer weiteren Folie, einer Webseite, einer anderen Keynote-Datei oder einer E-Mail-Nachricht.

Im Fenster *QuickTime* schließlich legen Sie das Bild fest, mit dem ein eingefügter Film starten soll. Hier definieren Sie auch die Lautstärke für den Ton und geben die Wiederholungsrate für die Film- oder Musikdatei an. Mit den Steuerungselementen im unteren Bereich des Fensters lässt sich der eingefügte Film vorab inspizieren.

AUFGEPASST

Bei der Arbeit mit den Informationsfenstern müssen PowerPoint-Benutzer ein wenig umdenken. In PowerPoint zeigt die Formatierungspalette, die vergleichbar ist mit den Informationen, automatisch die Optionen an, die Sie für die Bearbeitung eines ausgewählten Objekts benötigen. Diese zugegebenermaßen sehr praktische Lösung ist in Keynote – leider – nicht umgesetzt. Hier müssen Sie selbst die Fenster mit den jeweils gewünschten Optionen aktivieren. Die Fenster springen nicht automatisch um.

Das Wichtigste immer griffbereit: die Formatierungsleiste

Ein Auszug aus der Formatierungsleiste

Die Nachteile des Informationsfensters – ständige Klickerei auf das gerade benötigte Feld, kein automatisches Umspringen auf den Text- oder Grafikbereich – wetzt die Formatierungsleiste zum guten Teil aus. Die Leiste zeigt jeweils die wichtigsten Befehle an, die Sie für das Bearbeiten von Formen oder das Formatieren von Texten brauchen. Auch ist der Bildschirm nicht in Windeseile übersät mit separaten Fenstern wie den Informationen, der Farbpalette und dem Schriftenfenster. Die Formatierungsleiste bietet Zugriff auf die Schriften, die Schriftstile (kursiv, halbfett, fett) und die Schriftgröße, auf die Farbpalette und die Deckkraft. Je nachdem, welches Objekt Sie aktuell bearbeiten, zeigt die Leiste kontextsensitiv, das heißt passend zum Objekt, die notwendigen Befehle an.

Aber natürlich haben die separaten Fenster und Paletten trotz der Formatierungsleiste nicht ausgedient. Fürs Feintuning werden die Informationen, die Farbpalette und das Schriftenfenster nach wie vor benötigt.

Unterschiedliche Ansichten für verschiedene Zwecke

Das Werkzeug, das Sie zum Erstellen von Folien benötigen, haben wir in den vorangegangenen Abschnitten erläutert und erklärt. Nun geht es um die geeignete Arbeitsansicht, sprich um die Möglichkeit, das Anwendungsfenster je nach Bedarf zu wechseln. Sie haben die Wahl aus vier verschiedenen Fensterdarstellungen:

- **Navigator.** Stellt in der linken Seitenleiste die Folien als Miniaturbild dar. Dies ist die Darstellung, die Sie per Voreinstellung zu Gesicht bekommen.
- **Gliederung.** Zeigt Texte, die Sie in die Platzhalter eingegeben haben. Diese Fensteransicht ist genau richtig, um Texte zu strukturieren, zu ordnen oder zu korrigieren.
- **Folie.** Die aktuell zu bearbeitende Folie nimmt die gesamte Bildschirmbreite ein. Je nachdem, auf wie viel Prozent Sie die Fenstergröße im Auswahlmenü am linken Fensterrand eingestellt haben, sehen Sie einen stark vergrößerten Ausschnitt, die komplette Folie (100 Prozent) oder die Folie verkleinert und mit folglich viel weißer Fläche. Mit den Tastenkombinationen ⌘ – ⌥ – - fürs

Verkleinern und ⌘ – ⌥ – + fürs Vergrößern zoomen Sie bequem zwischen unterschiedlichen Größen hin und her.

- **Leuchttisch.** Die Folien erscheinen wie auf einem Diatisch. In dieser Darstellung sortieren, verschieben und löschen Sie Folien. Für diese Aktionen lassen sich auch mehrere Folien gleichzeitig markieren.

Wählen Sie Ihre favorisierte Ansicht.

POWER USER

In der Ansicht *Navigator* ist eine weitere Darstellung versteckt: die der Folienvorlagen. Wählen Sie im Auswahlmenü *Darstellung* den Befehl *Folienvorlagen einblenden*, um einen Blick auf die Vorlagen des ausgewählten Themas zu werfen. Die Liste ist identisch mit den Miniaturen im Aufklappmenü *Vorlagen* in der Symbolleiste. Oder Sie platzieren den Mauszeiger auf das Zeichen = in der Miniaturleiste und ziehen die Leiste mit gedrückter Maustaste nach unten auf.

Auf den Miniaturbildern in der Ansicht *Navigator* werden alle Elemente, die Sie einer Folie hinzugefügt haben, dargestellt. Dies ist ein wesentlicher Unterschied zur Darstellung *Gliederung*. In dieser Ansicht sehen Sie nur Texte, die Sie in die vordefinierten Platzhalter eingegeben haben. Tabellen, Bilder, Grafiken und Textfelder werden nicht angezeigt.

Darstellung »Folien und Vorlagen«

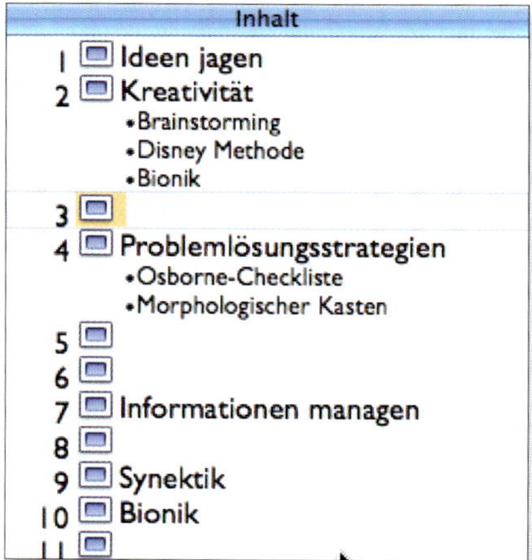

Darstellung »Inhalt«

Das Fenster für die Arbeit optimieren

Die standardmäßig eingestellte Darstellungsgröße eines Folienfensters beträgt 100 Prozent. Diese Größe lässt sich mit der Zoomfunktion im Menü *Darstellung* variieren. Ebenso gut und obendrein schneller geht das Zoomen mit den Tastenkombinationen ⌘ – ⌥ – - fürs Verkleinern und ⌘ – ⌥ – + fürs Vergrößern.

TIPP

Damit sich die Größe der Folie automatisch an die des Fensters anpasst, hat sich die Einstellung *An Fenstergröße anpassen* bewährt. Diese flexible Lösung finden Sie entweder im Menü *Darstellung* | *Zoomen* oder im Aufklappmenü am unteren linken Folienrand.

25 %
50 %
75 %
100 %
125 %
150 %
200 %
300 %
400 %

✓ An Fenstergröße anpassen

So stellen Sie die Fenstergröße bequem ein.

Eine echte Erleichterung beim Arbeiten mit Objekten auf einer Folie ist das Lineal. Sie blenden es entweder über das Auswahlmenü *Darstellung* ein oder mit der Tastenkombination ⌘ – R. In den Einstellungen (Menü *Keynote* | *Einstellungen …*) finden Sie eine eigene Rubrik zum Lineal. Im Auswahlmenü *Linealeinheiten* ist die Einheit *Pixel* voreingestellt. Glücklicherweise lässt sich diese Einheit gegen die Einheit *Zentimeter* austauschen.

Alles Wichtige auf einen Blick

- Die Themen sind die Grundlage für eine einheitliche Präsentation.
- Eine Vorlage ist ein fertig gestaltetes Layout mit wohlproportionierter Aufteilung. Alles, was sich auf der Vorlage befindet, wird auf einer Folie angezeigt. Eine Vorlage ist daher so etwas wie eine Super-Folie. Wechsler von PowerPoint auf Keynote kennen für die Vorlage den Begriff »Master«.
- Wählen Sie eine bestehende Datei bereits im Themenkatalog mit einem Klick auf den entsprechenden Button aus.
- Bereits im Auswahlfenster erhalten Sie einen ersten Eindruck über die Farb- und Layoutgestaltung der einzelnen Themen, sobald Sie mit der Maus auf eine der Miniaturen fahren und die Maus geringfügig bewegen.
- Wer das Auswahlfenster umgehen möchte, schaltet es in den Einstellungen (Menü *Keynote*) aus und öffnet das Programm stattdessen mit dem favorisierten Thema.
- Das Informationsfenster ist das wichtigste Bordmittel fürs Erstellen und Bearbeiten von Folien. Wenn man nicht ständig zwischen den Rubriken hin- und herklicken will, öffnet man im Menü *Darstellung* einfach ein weiteres Fenster.
- Die Formatierungsleiste blendet kontextsensitiv Befehle und Menüs ein. Dies ist ein unschlagbarer Vorteil gegenüber der Palette *Informationen*. Für den Feinschliff werden die Informationen, die Farbpalette und das Schriftenfenster benötigt.
- Die Darstellung *Navigator* zeigt sämtliche Folien mit all ihren Bestandteilen als Miniatur an.
- Die Darstellung *Inhalt* eignet sich hervorragend für das Strukturieren und Korrigieren der Texte in den Platzhaltern.

- In der Ansicht *Leuchttisch* sortieren Sie Ihre Folien. Hier lassen sich auch Folien, die für den kommenden Vortrag keine Bedeutung haben, ausklammern.
- Stichpunkte und Regieanweisungen für Ihre Präsentation lassen sich in den *Moderatornotizen* einblenden. Die Kommentare werden während der Präsentation auf dem Moderatormonitor angezeigt und bleiben damit den Augen des Publikums verborgen.

Keynote

Folien erstellen

Kapitel 12

Folien bringen Inhalte auf den Punkt – eindeutig, farbig, merkfähig. Da die Folien-Designs in Keynote attraktiv und außerdem gestalterisch durchdacht sind, können Sie sich beim Erstellen Ihrer Folien ganz auf den Inhalt und dessen Anordnung konzentrieren. Der Text einer Folie sollte schlagwortartig und knapp sein. Sonst lesen die Zuhörer die Texte und hören nicht mehr auf Ihre Worte.

Um für eine Folie ein geeignetes Folienlayout auszuwählen, reichen die mitgelieferten Vorlagen meistens völlig aus. Vielleicht haben Sie selbst bereits festgestellt, dass Sie nur einen Bruchteil der mitgelieferten Vorlagen für das Design Ihrer Folien nutzen. In diesem Kapitel schauen wir uns das Zusammenspiel von Vorlage und Folie genauer an. Außerdem geht es um die Arbeit mit Text, um Tabulatoren und Fensteransichten.

Die erste Folie

Sobald Sie das Programm gestartet und sich für ein Thema entschieden haben, erscheint eine Folie mit Platzhaltern und der Aufforderung *Zum Bearbeiten doppelklicken*. Sie brauchen jetzt nichts weiter zu tun, als der Aufforderung nachzukommen und – anzufangen zu schreiben! Schon ist Ihre erste Folie fertig!

Die Titelfolie

Die erste Folie ist sozusagen das Deckblatt einer Präsentation und erscheint deshalb immer im Layout der Vorlage *Titel & Untertitel*. Weitere Folien fügen Sie bequem mit einem Klick auf das Icon *Neu* in der Symbolleiste hinzu. Die zweite Folie übernimmt dabei automatisch das Layout der Vorlage *Titel & Aufzählung*. Mit Ausnahme dieses voreingestellten Wechsels zwischen zwei Folienlayouts (zwei Titelfolien hintereinander sind tatsächlich sinnlos) übernimmt jede neue Folie das Design der vorangegangenen.

Doch vielleicht passt das Layout nicht zu den Elementen, die Sie auf einer neuen Folie platzieren wollen. Deshalb lässt sich ein Folien-Layout jederzeit gegen ein anderes austauschen. Markieren Sie hierfür das Miniaturbild der Folie in der linken Fensterleiste, klicken Sie in der Symbolleiste auf *Vorlagen* und wählen Sie im Einblendmenü das gewünschte Design aus. Sollten Sie sich für *Titel & Aufzählung – 2 Spalten* entscheiden, ist auf dem Bildschirm zunächst nur ein Textrahmen für die Aufzählungen zu sehen. Der Text wird automatisch während der Eingabe in Spalten umbrochen.

Auch wenn Sie mitten in der Bearbeitung einer Folie feststellen, dass ein anderes Layout angebrachter wäre, gehen Sie den Weg über das Auswahlmenü und entscheiden sich für ein alternatives Design. Texteingaben und bereits hinzugefügte Elemente werden dabei entsprechend angepasst.

TIPP

Die unter Umständen fixere Methode, eine Vorlagenstruktur gegen eine andere auszutauschen, ist folgende: Ziehen Sie die linke Fensterleiste mit den Miniaturen an den zwei waagerechten Strichen neben *Folie* nach unten auf. Damit werden die Folienvorlagen sichtbar. Wenn Sie nun die gewünschte Vorlage mit gedrückter Maustaste auf die aktuelle Folie ziehen, wird das Layout der Vorlage auf die Folie übertragen.

Zurück zum Original

Wir alle basteln gern an Folien herum, verschieben die Textfenster, vergrößern oder verkleinern sie. Was aber, wenn die Originalvorlage doch die bessere Lösung war? In diesem Fall genügt nicht ein Klick auf die entsprechende Vorlage im Auswahlmenü *Vorlagen*, sondern Sie müssen in einem solchen Fall im Menü *Format* den Befehl *Folie wieder an die Vorlage anpassen* auswählen.

AUFGEPASST

Ist ein Platzhalter markiert, springt der Befehl um in *Auswahl wieder an Folie anpassen*. Das bedeutet, dass nur der markierte Textrahmen dem ursprünglichen Layout angepasst wird. Falls Sie aber alle Änderungen rückgängig machen wollen, achten Sie darauf, dass nichts auf der Folie markiert ist. Klicken Sie hierfür an eine beliebige Stelle außerhalb der Text- und Platzhalterrahmen.

Unterschiedliche Themendesigns mixen

Sich für ein Thema zu entscheiden, heißt nicht, dass eben dieses Thema Ihre gesamte Präsentation dominieren muss. Selbstverständlich lässt sich ein einmal gewähltes Thema jederzeit gegen ein anderes austauschen. Das Beste: Sie können die Themen auch untereinander mischen und für ausgewählte Folien das Layout eines anderen Themas wählen, was für Abwechslung und Auflockerung sorgt. Das kann dann interessant sein, wenn Ihre Präsentation aus thematisch unterschiedlichen Blöcken besteht und Sie diesen Wechsel durch ein alternatives Design sichtbar machen wollen. Oder Sie entscheiden sich, für Zwischenfolien das Muster eines anderen Themas zu verwenden, um zu verdeutlichen, dass ein Kapitel abgeschlossen ist und ein neues beginnt.

Und falls Ihr Corporate Design ein gänzlich anderes Layout erfordert, so definieren Sie einen eigenen Entwurf als Thema (mehr dazu finden Sie im Kapitel »Eigene Themen und Vorlagen«).

Um das ursprünglich gewählte Thema komplett gegen ein anderes auszutauschen, wählen Sie Menü *Ablage | Thema auswählen …* . Nun erscheint das bereits bekannte Auswahlfenster, in dem Sie mit einem Doppelklick auf das gewünschte Thema den Wechsel einleiten. Das neue Design wird mit all seinen typischen Kennzeichen (Aufzählungszeichen, Schriftsatz, Bildrahmen) automatisch auf bereits erstellte Folien übertragen.

POWER USER

Sollten Sie Änderungen an den Vorlagen oder Standardeinstellungen vorgenommen haben, achten Sie darauf, dass im Auswahlfenster *Änderungen bei Themenwechsel beibehalten* aktiviert ist. Ist das Feld nicht aktiviert, ändern Sie zwar das Thema, aber Ihre Modifikationen (zum Beispiel geänderte Aufzählungszeichen, neue Positionierung der Platzhalter usw.) sind futsch. Für den Fall, dass dieses Malheur passiert, widerrufen Sie den Befehl mit der nützlichen Tastenkombination ⌘ – Z.

Beachten Sie, dass die Wahl eines Themas über das Symbol *Themen* in der Symbolleiste sich nur auf die in der linken Miniaturleiste gelb umrandete, also markierte Folie auswirkt. Über diesen Befehl können Sie das aktuelle Thema nicht komplett gegen ein neues austauschen.

Ausgewählte Folien mit einem neuen Themendesign versehen

Bevor Sie für eine Folie ein anderes Themendesign wählen, sei an dieser Stelle kurz erläutert, wie Sie Folien am geschicktesten markieren. Wollen Sie mehr als einer Folie ein neues Thema zuweisen, so markieren Sie die entsprechenden Folien in der linken Ansichtsleiste, dem Navigator, mit gedrückter ⌘ – Taste. Auf diese Weise lassen sich Folien markieren, die nicht unmittelbar aufeinander folgen. Mit gedrückter ⇧ – Taste wiederum markieren Sie Folien, die unmittelbar aufeinander folgen. Um einen ganzen Block zu markieren, klicken Sie mit gedrückter ⇧ – Taste zunächst auf die erste Folie des Blocks und anschließend auf die letzte. Falls Sie mit dieser Methode zu viele Folien markiert haben, klicken Sie in die entsprechenden Folien bei gleichzeitig gedrückter ⌘ – Taste. Damit machen Sie die Kennzeichnung rückgängig.

Entscheiden Sie sich nun im Auswahlmenü *Themen* (Symbolleiste), in welchem Design Sie Ihre markierten Folien gern hätten.

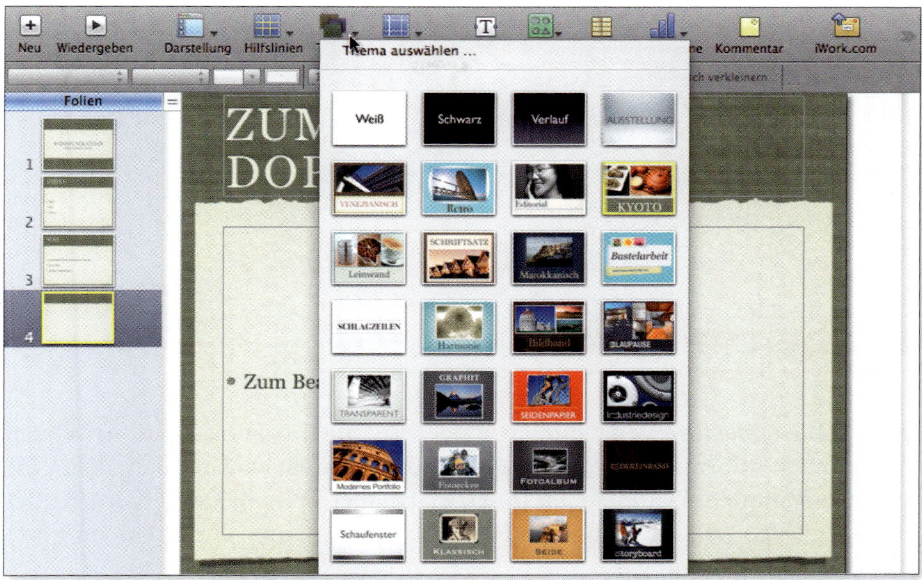

Für eine Folie ein anderes Thema

Der Clou an diesem Wechsel ist, dass Sie in der Auswahlliste *Vorlagen* nun über ein Aufklappmenü Zugriff auf sämtliche Vorlagen der drei zuletzt gewählten Themen haben. Das macht den Wechsel zwischen den unterschiedlichen Themen und Vorlagen völlig unkompliziert.

Zugriff auf die Vorlagen unterschiedlicher Themen

TIPP

Wenn Sie den Weg über den Themenkatalog bevorzugen, klicken Sie im Menü *Ablage* auf den Befehl *Thema auswählen*. Im nun geöffneten Auswahlfenster entscheiden Sie sich für ein Design und wählen anschließend im Aufklappmenü *Thema anwenden auf* den Eintrag *Ausgewählte Folien*. Bestätigen Sie diese Schritte mit einem Klick auf den Button *Auswählen*.

Ein neues Thema für ausgewählte Folien

Die Arbeit mit Text

Haben Sie eine ungefähre Vorstellung von der Struktur Ihrer Präsentation? Wissen Sie, mit welchen Informationen Sie Ihre Zuhörer gewinnen wollen? Dann kann die Texteingabe beginnen. Dafür stehen Ihnen Platzhalter, frei positionierbare Textfelder, Tabellenzellen und die grafischen Formen mit Ausnahme der Linien und Freihandformen zur Verfügung.

Die Texteingabe erfolgt in den Platzhaltern, Textfeldern und Formen stets von der Mitte aus. Eine andere Ausrichtung lässt sich im Informationsfenster *Text* definieren.

Die Ausrichtung für die Texteingabe ändern

Die Platzhalter füllen

Für die Platzhalter für Überschriften, Untertitel und Aufzählungen sind jeweils feste Stellen vorgesehen. Diese Textrahmen sind elementare Bestandteile einer neuen Folie. Platzhalter für Aufzählungen sind vermutlich die für eine Präsentation am häufigsten verwendeten. Sie eignen sich für Ihre kurz und knackig formulierten Argumente, Stichpunkte oder Ergebnisse.

Ein Platzhalter lässt sich jederzeit löschen. Markieren Sie ihn dafür mit einem einfachen Klick und drücken Sie anschließend die Entf-Taste. Falls Sie einen Titel- oder Text-Platzhalter wieder auf der Folie platzieren wollen, aktivieren Sie im Informationsfenster *Folie | Erscheinungsbild* den Eintrag *Titel* bzw. *Text*.

Einen gelöschten Platzhalter wieder einfügen

Nach einem Doppelklick in den Platzhalter verschwindet zwar der Anweisungstext, nicht aber das Aufzählungszeichen. Das Design dieser vordefinierten Zeichen variiert je nach ausgewähltem Thema. Sobald Sie Ihren Text eingegeben und die Return-Taste [↵] gedrückt haben, erscheint ein weiteres Aufzählungszeichen.

Text mit vordefinierten Aufzählungszeichen (Themen »Retro« und »Graphit«)

GRUNDLAGEN

Ein Aufzählungszeichen erhalten Sie nur für Text. Probieren Sie es aus und drücken Sie zwei Mal hintereinander ↵.

Haben Sie alle Aufzählungen eingegeben, ändern Sie die Reihenfolge der einzelnen Punkte bequem per Drag & Drop. Markieren Sie die Textzeile mit einem Klick auf das Aufzählungszeichen und ziehen Sie die Zeile an die gewünschte Position. Sobald eine blaue Linie mit nach unten zeigendem Dreieck erscheint, können Sie die Maustaste loslassen.

Mit einem Klick auf eine Stelle außerhalb des Platzhalters verschwindet der Rahmen. Sollte dies einmal nicht der Fall sein, haben Sie wahrscheinlich zu viel Text eingegeben. Erkennbar ist das an dem Kreuz in der Mitte der unteren Rahmenlinie.

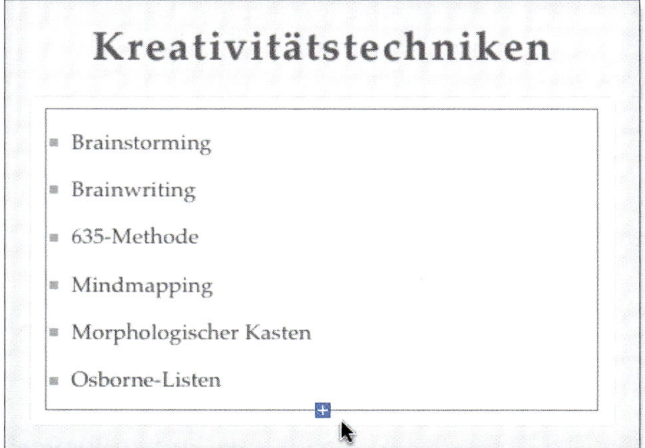

Rahmen überschritten

AUFGEPASST

Beachten Sie, dass Aufzählungen und Überschriften außerhalb der Platzhalter bei der Bildschirm-Präsentation nicht angezeigt werden.

Das Einfachste in solch einem Fall ist, die Schriftgröße fix mit Tastenkombination ⌘ – - zu verringern oder auf einen der Gesichtspunkte zu verzichten. Alternativ wählen Sie für den Platzhalter einen zweispaltigen Satz. Dies klappt ganz einfach über das Aufklappmenü *Anzahl Spalten* in der Formatierungsleiste.

Den Text in zwei Spalten verteilen

TIPP

Sollten Sie partout nichts streichen können und auch am 2-spaltigen Satz keinen Gefallen finden, aktivieren Sie in der Symbolleiste die Option *Automatisch verkleinern*. Nun sorgt das Programm dafür, dass die Schrift mit jeder weiteren Texteingabe kleiner gesetzt wird. Sind auch diese Grenzen ausgereizt, erscheint wieder das Pluszeichen als Zeichen dafür, dass nun beim besten Willen nicht noch mehr Inhalt in den Platzhalter passt.

Im Gegensatz zur Schriftverkleinerung mit Hilfe der Tastenkombination wird die Größe bei der automatischen Verkleinerung weder in der Symbolleiste noch im Schriftenfenster angezeigt. Dies ist sicherlich ein Programmierfehler, der bei einem der künftigen Updates behoben wird.

Text auf mehrere Spalten verteilen

An mehrspaltigem Satz auf einer Folie scheiden sich die Geister: Die einen begrüßen diese Option, um weitere Gesichtspunkte einzufügen. Andere haben sofort textlastige Folien vor Augen, bei denen zudem nicht klar ist, wie die Leserichtung sein soll: Von links nach rechts oder erst der Textblock links und dann der Textblock rechts. Sie können einen Platzhalter in sage und schreibe 10 Spalten unterteilen.

Jedoch: Anders als das Folienlayout für zweispaltigen Text in PowerPoint erscheint die Folie in Keynote nicht mit bereits zwei separaten Platzhaltern. Der Textumbruch in die zweite Spalte erfolgt automatisch. Der Nachteil daran ist, dass für die einzelnen Spalten keine Überschriften angelegt werden können.

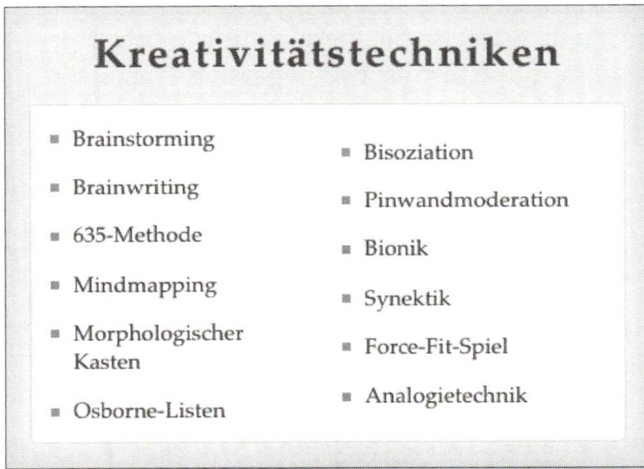

Mehrspaltiger Satz in Platzhaltern

Die Anzahl an Spalten erhöhen Sie im Informationsfenster *Text | Spalten*. Die Textumbrüche werden sofort auf der Folie angezeigt, sodass Sie direkt in Augenschein nehmen können, ob die zusätzlichen Spalten einen funktionalen Gewinn gebracht haben.

TIPP

Mehrspaltiger Satz ist auch in den frei positionierbaren Textfeldern möglich. Über die Anfasspunkte lässt sich die Größe des Textfeldes bequem variieren.

Trick: Zwei Platzhalter nebeneinander

Wie bereits weiter oben erwähnt, erfolgt in einem Platzhalter für Mehrspaltensatz der Textumbruch automatisch. Um Überschriften für beide Spalten anzulegen, bedarf es daher ein bisschen Trickserei. Für eine Gegenüberstellung von zum Beispiel Pro- und Contra-Argumenten eignet sich der Mehrspaltensatz deshalb so gut wie gar nicht.

Mit einem Trick, nämlich dem Duplizieren eines Platzhalters, überlisten Sie das Programm. Voraussetzung dafür ist, dass bereits Text eingegeben ist. Ansonsten klappt es nicht.

Markieren Sie den Platzhalter nach der Texteingabe mit der Tastenkombination ⌘ – ↩. Anschließend ziehen Sie mit gedrückter Maus- und ⌥ – Taste aus dem markierten Platzhalter einen weiteren. Dieser Textrahmen enthält – schließlich ist er ein Duplikat – den gleichen Text wie das Original. Doch dieser Text lässt sich ohne Folgen für das Original löschen oder überschreiben. Die Größe der beiden Rahmen passen Sie über die Anfasspunkte an.

TIPP

Die Folie mit Platzhaltern für Spaltensatz ist für diese Aktion weniger geeignet. Denn bei dieser Folie müssten Sie für die zwei separaten Platzhalter zunächst die Spaltenzahl zurücksetzen, was ein umständlicheres Arbeiten bedeuten würde.

In unserem Beispiel haben wir für die Überschriften im Informationsfenster *Text* | *Aufzählungen* das Aufzählungszeichen entfernt und den Texteinzug auf *Null* gesetzt.

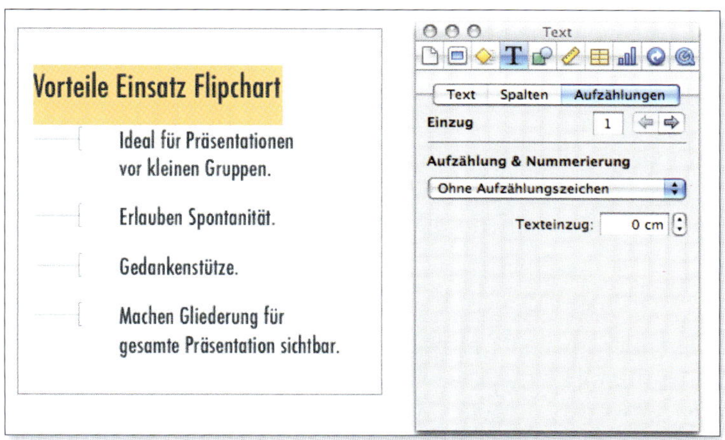

Vorbereitungen treffen für einen weiteren Platzhalter mit Überschrift

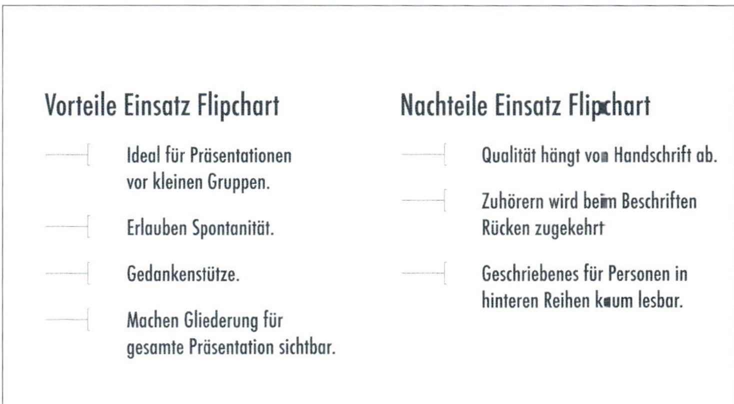

Zwei Platzhalter nebeneinander

Mit Nummerierungen für Spannung sorgen

»Lassen Sie mich fünf Argumente nennen, die für den sofortigen Start der Marketingkampagne sprechen.«

Mit einer solchen Ankündigung Ihrer Argumente wecken Sie Neugier und bündeln die Konzentration Ihrer Zuhörer. Denn jeder Zuhörer wird insgeheim mitzählen. Erhöhen Sie die Spannung, indem Sie statt der Aufzählungszeichen eine Nummerierung wählen und jedes Argument einzeln einblenden. Ihr letztes Argument sollte das aussagekräftigste sein.

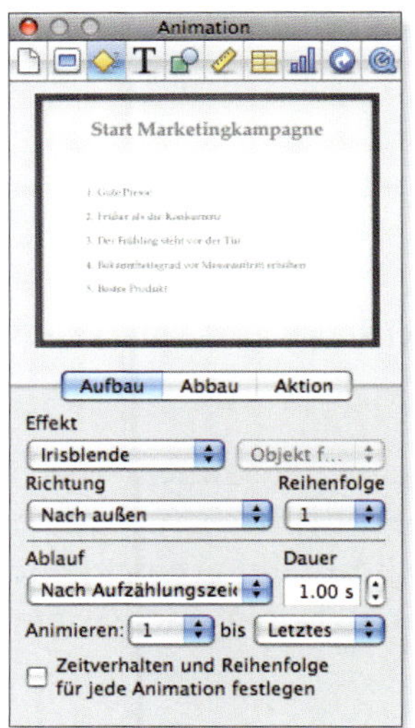

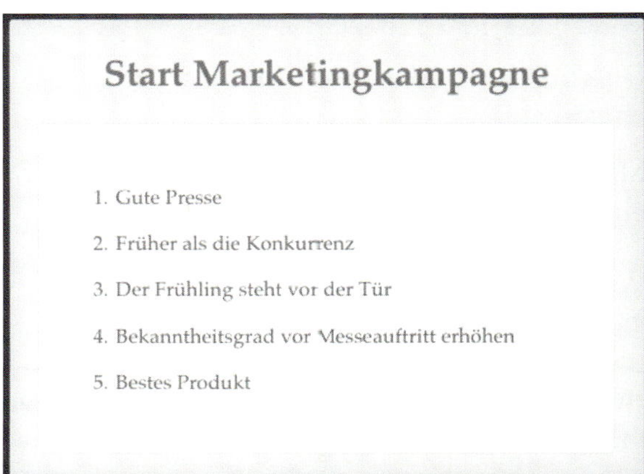

Bei Aufzählungen bietet sich eine Animation an.

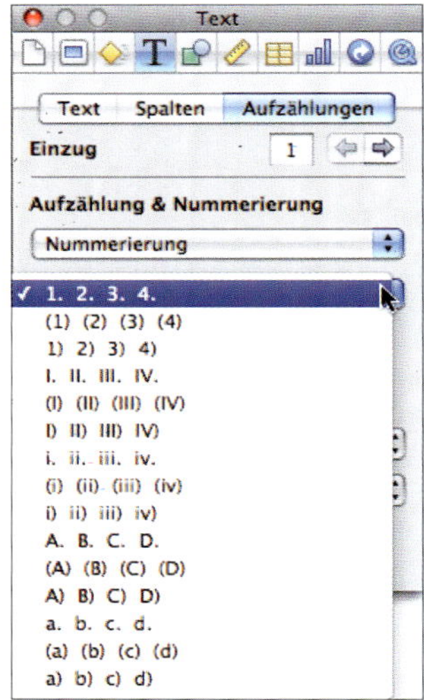

Wählen Sie aus dem Angebot an Nummerierungen einen Stil aus.

Texte mit Aufzählungszeichen ähneln immer einer Liste oder einem Verzeichnis. Im Alltag gliedern wir eine solche Liste intuitiv in Ober- und Unterpunkte. Denken Sie an Ihre To-do-Liste: Links steht zum Beispiel »Job«, darunter eingerückt »Präsentation fertig stellen, Mitarbeitergespräch vorbereiten, neue Software runterladen« usw.

Wenden Sie dieses Prinzip auf Ihre Aufzählungen an. Klicken Sie auf die Zeile, die Sie einrücken möchten, und drücken Sie die Tabulator-Taste (➜|):

1. Jede Aufzählung kann jeweils um einen Tabulator weiter nach rechts gerückt werden.
2. Jede weitere Zeile beginnt automatisch unter dem zuletzt gesetzten Tabulator.
3. Durch Drücken der Tabulator-Taste (➜|) wird der Text um eine weitere Ebene eingerückt.
4. Mit der Tastenkombination Shift – Tabulator ⇧ – ➜| wird der Text wieder um eine Ebene höher gerückt.

Das Verrücken von Text mit Hilfe des Tabulators wird auch »Tieferstufen« (nach rechts) bzw. »Höherstufen« (nach links) genannt. Diese Begriffe machen deutlich, dass es hier um Hierarchie-Ebenen des Textes geht. Bei der Bearbeitung einer Folie lassen sich mit Hilfe der Tabulatortaste sehr schön Abhängigkeiten und Zusammenhänge zwischen einzelnen Textzeilen verdeutlichen.

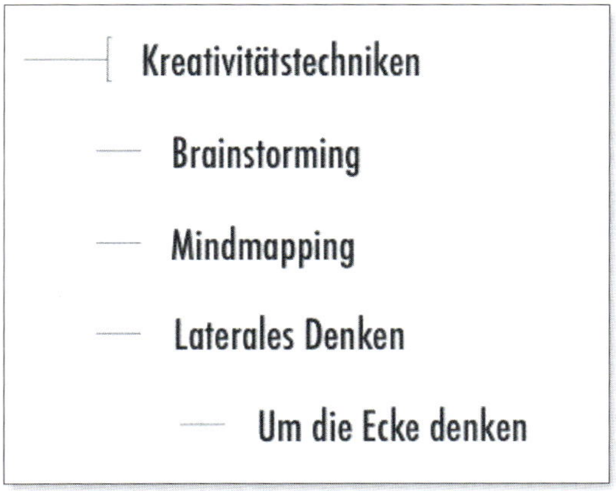

Kreativitätstechniken

Brainstorming

Mindmapping

Laterales Denken

Um die Ecke denken

Abhängigkeiten und Hierarchien verdeutlichen

POWER USER

Sie können Text und Aufzählungszeichen auch per Drag & Drop auf die gewünschte Ebene bewegen. Markieren Sie dafür die Zeile mit einem Klick auf das Aufzählungszeichen und ziehen Sie den Text nach rechts (oder nach links, wenn Sie den Text höher rücken möchten). Das eingeblendete blaue Dreieck markiert die Stelle, an die Ihr Text platziert wird. Dies ist immer die entweder nächsttiefere oder nächsthöhere Ebene.

Textfelder

Wie bereits erwähnt, sind die Platzhalter für Argumentationsketten oder Standpunkte und Ausführungen vorgesehen. Die Platzhalter eignen sich mit anderen Worten für die großen Textblöcke. Für Objektbeschriftungen brauchen Sie ein handlicheres Textfeld. Das erhalten Sie per Klick auf das Icon *Textfeld* in der Symbolleiste. Ein Textfeld erscheint immer in der Mitte der Folie. Mit gedrückter Maustaste lässt es sich an jede beliebige Stelle ziehen. Nun können Sie direkt mit der Texteingabe starten. Die Rahmenbreite passt sich dabei automatisch der Länge Ihrer Textzeilen an. Die maximale Breite orientiert sich an der Gesamtbreite der Folie.

In Textfeldern wird der Text standardmäßig zentriert. Sollten Sie die linksbündige oder rechtsbündige Ausrichtung präferieren oder den Text im Blocksatz formatieren wollen, klicken Sie auf die entsprechenden Symbole im Informationsfenster *Text* | *Text* oder in der Formatierungsleiste.

Die Textausrichtung ändern

Sie variieren die Breite eines Textfeldes, indem Sie es an einem der Anfasspunkte auf- oder zuziehen. Markieren Sie dafür das Feld mit der Tastenkombination ⌘ – ↩. Möchten Sie den Zeilenumbruch ändern, bringen Sie den Cursor an die gewünschte Stelle und drücken die Return-Taste (↩).

Ein Textfeld nimmt analog zur Schreibrichtung, also von links nach rechts an Größe zu. An den Anfasspunkten ziehen Sie das Feld nach links oder rechts auf. Individuell einstellbar ist nur die Breite des Feldes, nicht die Höhe. Angenommen, Sie möchten einen Text sehr schmal setzen oder ein Wort bzw. eine mehrstellige Ziffer vertikal ausrichten: Verringern Sie dazu mit Hilfe der Anfasspunkte die Breite des Feldes, bis Ihr Text den gewünschten Zeilenfluss erreicht hat.

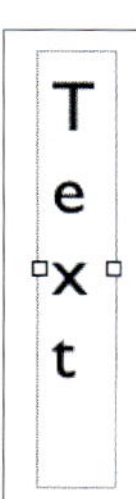

Vertikale Buchstabenausrichtung

Textfelder mit Rahmen versehen

Textfelder erscheinen jeweils mit hauchdünnen Begrenzungsrahmen auf einer Folie. Sobald Sie auf eine Stelle außerhalb dieser Begrenzungen klicken, verschwindet die Umrandung. Falls Ihnen die Felder dadurch zu wenig hervorgehoben scheinen, lässt sich in der Formatierungsleiste oder im Informationsfenster Grafiken ein Linieneffekt definieren. Markieren Sie dafür den ursprünglichen Begrenzungsrahmen, indem Sie in das Textfeld hineinklicken. Im Auswahlmenü unter der Rubrik *Linieneffekte* haben Sie nun die Auswahl aus unterschiedlichen Linienarten von *durchgehend* über *gepunktet* bis *wie gezeichnet wirkende Effekte*. Die voreingestellte Linienstärke lässt sich jederzeit über die Symbolleiste oder im Informationsfenster individuell einstellen.

Die Farbe legen Sie in der Farbpalette fest, die Sie wie immer mit einem Klick in das Farbfeld öffnen.

Textfeld mit einem wie gezeichnet wirkenden Rahmen

Ist ein Textfeld mit einem Rahmen versehen, ist der Abstand zwischen Text und Umrandung eventuell zu gering. Mit einem breiteren Einfügerand kann hier für mehr Raum und für hübsche optische Effekte gesorgt werden. Wenn das für Sie interessant ist, öffnen Sie das Informationsfenster *Text* und geben in der Rubrik *Einfügerand* den Abstand ein.

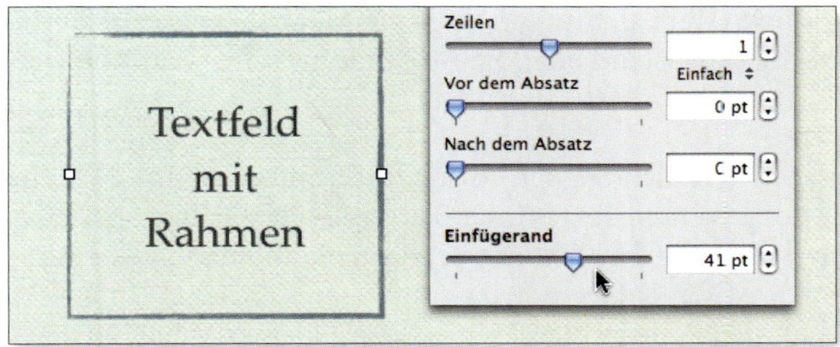

Text und Umrandung mit erhöhtem Einfügerand

Texte formatieren

Das Design der Themen und Vorlagen garantiert ein konsistentes Erscheinungsbild Ihrer Folien. Schriftart, Schriftgröße, Schriftfarbe, die Zeilenabstände und die Aufzählungszeichen sind bereits für jede Vorlage definiert.

Im Grunde könnte man auf die vielseitigen Bearbeitungsmöglichkeiten gänzlich verzichten. So wäre auf jeden Fall gewährleistet, dass die Folien allesamt wie aus einem Guss dem Zuhörer präsentiert werden. Doch die Realität sieht oft anders aus: Da ist die Überschrift auf der einen Folie sehr groß, auf der anderen Folie unterscheidet sie sich in ihrer Größe kaum vom übrigen Text. Solche oder ähnliche Stilabweichungen führen häufig zu Irritationen bei den Zuhörern, weil kein einheitliches Schema zu erkennen ist.

TIPP

Wenn Sie die voreingestellten Formatierungen für alle Folien modifizieren möchten, empfiehlt es sich, diese Änderungen auf den Vorlagen vorzunehmen. Damit ist garantiert, dass alle Folien, die von diesen Vorlagen erstellt werden, im selben Layout erscheinen. Änderungen an der Textgestaltung sind aber natürlich auch auf den einzelnen Folien möglich. Um diese individuellen Anpassungen geht es in den folgenden Abschnitten.

Zeichen- und Zeilenabstände bearbeiten

Im Informationsfenster Text | Text stehen verschiedene Möglichkeiten zur Verfügung, mit denen sich der Zeilenabstand oder die Abstände zwischen den Absätzen regulieren lassen.

Mit dem Schieberegler Zeilen stellen Sie den Abstand für umbrochenen Text ein. Um die Zeilenabstände des gesamten Textes innerhalb eines Platzhalters oder Textfeldes zu verändern, markieren Sie den Text mit der Tastenkombination ⌘ – A.

Unter dem Eingabefeld für den Zeilenabstand sehen Sie ein kleines Menü mit einer Auswahl an weiteren Optionen:

Einfach: Der Standardabstand zwischen den Zeilen

Doppelt: Verdoppelt den Zeilenabstand

Mehrere: 1,5 Zeilenabstand

Mindestens: Geben Sie einen Wert ein, unter den der Abstand auf keinen Fall sinken darf. Die Angaben werden in pt angezeigt.

Zwischen: Reguliert den Abstand zwischen Oberlängen und Unterlängen. Dieser definierte Abstand wird auch beibehalten, wenn Sie die Schrift ändern. Sollte der Abstand dann zu gering sein, klicken Sie auf die Optionen *Einfach* oder *Mindestens*.

Jedes neue Aufzählungszeichen, das Sie mit dem Zeilenschalter erzeugen, ist ein Absatz. Den Abstand zwischen diesen Absätzen oder auch Aufzählungszeichen richten Sie mit den Schiebereglern *Vor dem Absatz* und *Nach dem Absatz* ein.

Vor dem Absatz: Verändert den Abstand zum vorhergehenden Absatz. Setzen Sie den Cursor an eine beliebige Stelle in jenen Absatz, für den Sie den Abstand zum vorhergehenden Aufzählungszeichen verringern oder vergrößern wollen. Dies funktioniert selbstverständlich nicht für den ersten Absatz auf einer Folie. Ziehen Sie den Schieberegler, bis der gewünschte Abstand erreicht ist, oder geben Sie einen genauen Punktwert in das Feld ein.

Nach dem Absatz: Verändert den Abstand zum nachfolgenden Absatz. Setzen Sie den Cursor in den Absatz, der zum nachfolgenden Aufzählungszeichen mehr oder weniger Luft bekommen soll. Auch hier haben Sie die Möglichkeit, einen genauen Punktwert einzugeben.

TIPP

Sie verändern die Abstände komplett für alle Absätze eines Platzhalters, indem Sie entweder den Platzhalter markieren oder den gesamten Text mit der Tastenkombination ⌘ – A.

Bleibt schließlich noch der Schieberegler *Zeichen*, mit dem Sie die Laufweite eines Textes oder eines einzelnen Wortes verringern oder vergrößern. Mit dieser Funktion lassen sich Wörter besonders hervorheben.

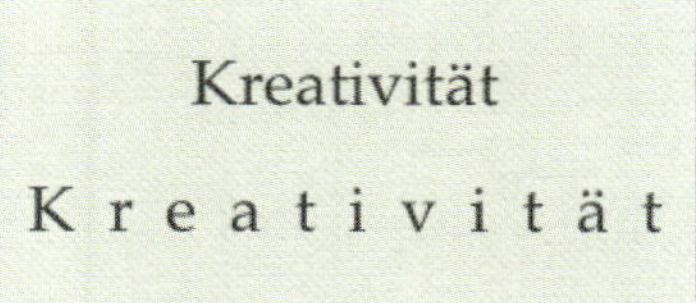

Zum Vergleich: Für das untere ist ein Zeichenabstand von 50 Prozent definiert.

Den Texteinzug bei Aufzählungen einstellen

Nun geht es um die Frage, wie der Abstand zwischen einem Aufzählungszeichen und dem nachfolgenden Text einzustellen ist. Dafür stehen Ihnen zwei alternative Arbeitsmittel zur Verfügung: das Informationsfenster *Text* | *Aufzählungen* oder die eingeblendeten Tabulatoren direkt auf der Folie. Voraussetzung für die Arbeit mit Tabulatoren ist das eingeblendete Lineal ⌘ – R. Klicken Sie anschließend in eine Zeile. Sie sehen jetzt auf dem horizontalen Lineal kleine, blaue, geometrische Formen.

Um mit Tabulatoren zu arbeiten, markieren Sie zunächst den Text und ziehen anschließend im Lineal die kleinen Icons mit gedrückter Maustaste an die gewünsch-

te Stelle. Der markierte Text bewegt sich bei diesen Aktionen immer mit. Diese Tabulatoren gelten auch für Text in Textfeldern und geometrischen Formen.

- Um den Abstand zwischen Aufzählungszeichen und Rahmen zu verändern, bewegen Sie das blaue, quadratische Icon. Diese Aktion ist identisch mit der Eingabe eines Wertes in das Kästchen bei *Einzug für Aufzählung*.
- Ziehen Sie das Dreieck, um den Abstand zwischen Aufzählungszeichen und Text festzulegen. Den gleichen Effekt erzielen Sie, indem Sie im Informationsfenster *Text | Aufzählungen* den Einzug über Klicks auf die Dreiecke bei *Texteinzug* erhöhen oder verringern. Achten Sie darauf, dass alle Aufzählungen, für die Sie den Einzug neu definieren wollen, bei dieser Aktion markiert sind. Ansonsten wird nur die Aufzählung, bei der aktuell der Cursor steht, bewegt.
- 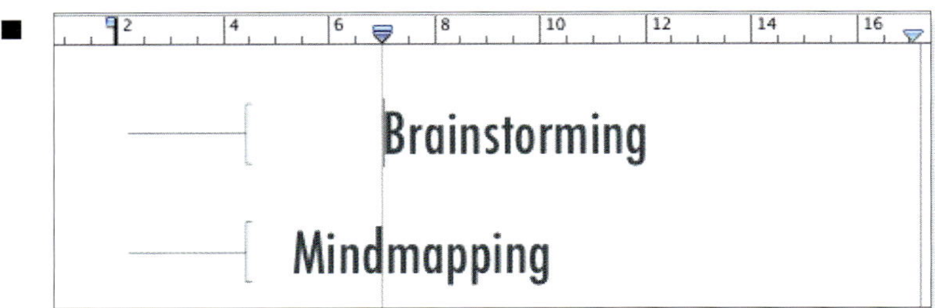

So lässt sich der Abstand vergrößern.

Die Schriftenauswahl

Bei der Schriftenauswahl für die einzelnen Themen haben die Programmdesigner höchste Vielfalt und Kreativität walten lassen. So ist für jedes Thema passend zu seinem Design und seiner Anmutung eine Schrift festgelegt. Hier einige Beispiele:

Für die Themen *Retro* und *Schlagzeilen* ist die elegante Serifenschrift »Bodoni« gewählt. Charakteristisch sind die relativ hohen Buchstaben und die geringe Laufweite.

Die Schrift Bodoni –
ausgewählt für die Themen
Retro und *Schlagzeilen*.

Die elegante »Bodoni«

Eine ganz andere Anmutung vermittelt die Schrift »Hoefler Text«, die für die Themen *Marokkanisch*, *Schriftsatz*, *Harmonie* und *Bildband* definiert ist. Im Gegensatz zur »Bodoni« wirkt sie bodenständiger. Für längere Textpassagen ist sie besser lesbar als die »Bodoni«.

Die Schrift Hoefler Text –
ausgewählt für die Themen
Marokkanisch, Harmonie und
Bildband.

Modernes Portfolio: Der bodenständige »Hoefler Text«

Für die Themen *Fotoecken* und *Förmlich* ist die ausdrucksstarke Schrift »Cochin« definiert. Sie verleiht diesen beiden Themen mit ihren jeweils dezenten Hintergrundfarben und farblich gedämpften Aufzählungszeichen Charakter.

Die Schrift Cochin –
ausgewählt für die Themen
Fotoecken und *Förmlich.*

Ausdrucksstark: Die »Cochin«

Für das farblich sehr reduzierte Thema *Modernes Portfolio* sowie für die modernen Designs der Themen *Blaupause* und *Industriedesign* ist die markante, serifenlose »Helvetica Neue« ausgewählt – mittlerweile ein Klassiker unter den Schriften.

Die Schrift Helvetica Neue –
ausgewählt für die Themen *Modernes*
Portfolio, *Blaupause* und *Industriedesign*.

Ein Klassiker: »Helvetica Neue«

Die Themen *Venezianisch*, *Klassisch* und *Ledereinband* warten mit der kontrastreichen Serifenschrift »Baskerville« auf.

> Die Schrift Baskerville – ausgewählt für die Themen *Venezianisch*, *Klassisch* und *Ledereinband*.

Kontrastreich: »Baskerville«

Für das Thema *Collage* sind zwei Schriften definiert: Die »Futura« für die Überschriften und Textfelder sowie die offene und luftige »Palatino« für die Platzhalter. Die hübsche, unaufdringliche »Palatino« finden Sie auch in den Themen *Editorial* und *Graphit*.

> Die Schrift Palatino – ausgewählt für die Themen *Collage, Editorial* und *Graphit*.

Die hübsche »Palatino«

Für das Thema *Storyboard* ist, entsprechend der Assoziation – eine Story geschrieben auf einer mechanischen Schreibmaschine –, die Schrift »American Typewriter« gewählt.

> Die Schrift **American Typewriter** – ausgewählt für das Thema «Storyboard».

Wie mit einer Schreibmaschine: »American Typewriter«

Gewöhnungsbedürftig und für längere Textpassagen sicherlich ungeeignet ist die Schrift »Bradley Hand«, die für das Thema *Transparent* definiert ist.

> DIE SCHRIFT BRADLEY HAND – AUSGEWÄHLT FÜR DAS THEMA TRANSPARENT.

Die gewöhnungsbedürftige »Bradley Hand«

Die ebenmäßige und harmonische Serifenschrift »Georgia« passt sowohl zum klaren Design des Themas *Kyoto* als auch zum etwas verspielten Layout des Themas

Bastelarbeit. Die »Georgia« wurde speziell für optimale Lesbarkeit auf Computerbildschirmen entwickelt und eignet sich daher auch prima als Schrift für Präsentationen.

Die Schrift Georgia – ausgewählt für die Themen *Kyoto* und *Bastelarbeit.*

Die gut lesbare »Georgia«

Die serifenlose und gut lesbare Schrift »Gill Sans« finden Sie in den Themen *Weiß*, *Schwarz*, *Seide*, *Ausstellung* und *Verlauf*.

Die Schrift Gill Sans – ausgewählt für die Themen *Weiß*, *Schwarz*, *Seide*, *Ausstellung* und *Verlauf*.

»Sans« steht für »ohne Serifen«: Die Schrifttype »Gill Sans«

Bei einigen Themen ist für die Überschriften eine andere Schrift als für die Platzhalter definiert. Prominentes Beispiel für einen solchen Schriftwechsel ist das Thema *Schriftsatz*, in dem für Überschriften die markante Outline-Schrift »Academy Engraved LET« verwendet wird.

Die Schrift anpassen

Die Schrifttype, den Stil, die Schriftgröße und die Schriftfarbe legen Sie bequem in der Formatierungsleiste fest. Für Schatteneffekte benötigen Sie das Schriftenfenster. Im Vergleich zur Auswahlliste der Schriften in der Formatierungsleiste bietet das Schriftenfenster größeren Komfort. Eventuell haben Sie bereits eine eigene Sammlung mit Ihren bevorzugten Schriften definiert, die Ihnen einen schnellen Zugriff auf Schriften gewährleistet, ohne ständig durch die gesamte Liste scrollen zu müssen.

In der Rubrik *Stil* bzw. in der Auswahlliste in der Formatierungsleiste finden Sie das für die Schrift angebotene Spektrum an Stilen wie *Kursiv, Fein, Fett* oder *Schmal*. Die Schriftstile *Kursiv* und *Fett* können Sie auch über die Tastenkürzel ⌘ – I (Kursiv) und ⌘ – B (das B steht für *Bold*) auf einen Text anwenden.

Wenn Sie den Schriftstil oder die Schriftgröße für den gesamten Text innerhalb eines Platzhalters verändern wollen, aktivieren Sie zunächst den Platzhalter oder das Textfeld und wählen dann den Stil oder die Größe.

Interessante Effekte erzielen Sie mit einer verringerten Deckkraft. Wenn Sie während der Präsentation die Punkte einzeln und hintereinander einblenden, kann es sehr wirkungsvoll sein, den zuvor genannten Punkt verblassen zu lassen. Wunderbar geeignet ist dieser Effekt auch für die Agenda Ihres Vortrags. Markieren Sie den Aufzählungspunkt und verringern Sie in der Farbpalette mit dem Schieberegler die Deckkraft.

Das erwartet Sie:
- Ihr Nutzen
- Technische Details
- Anwendungsbeispiele

Die bereits genannten Punkte verblassen.

Auf eine andere schöne Möglichkeit, das Augenmerk auf einen Begriff zu legen, sei noch verwiesen – und zwar auf den Kontureffekt. Den Befehl für diese Textformatierung finden Sie im Menü *Format | Schrift*.

Ein Wort mit dem Zeichenattribut »Kontur«

Den Schriftstil kopieren und einsetzen

Einen Text zu formatieren kann relativ zeitaufwendig sein. Und der Gedanke, die Formatierungen noch einmal für einen weiteren Text vorzunehmen, erheitert nicht gerade. Erfreulicherweise stellt das Programm gerade für diesen Zweck Befehle zur Verfügung, mit denen Textformatierungen einfach kopiert und anschließend bequem auf andere Textstellen angewendet werden können. Eine herrliche Sache!

- Markieren Sie zunächst den Text, dessen Formatierungen Sie auf einen anderen Text übertragen wollen.
- Wählen Sie im Menü *Format* den Eintrag *Stil kopieren*.
- Markieren Sie nun den Text, der diese Formatierungen erhalten soll, und wählen Sie im Menü *Format* den Befehl *Stil einsetzen*.

Kopierten Text im Design der Zielfolie einsetzen

Innerhalb der Platzhalter und Textfelder können Sie die gängigen Bearbeitungsfunktionen wie *Ausschneiden* [⌘ – X], *Kopieren* [⌘ – C] und *Einsetzen* [⌘ –V] in gewohnter Weise anwenden. Diese Befehle finden Sie im Menü *Bearbeiten*.

Kopierter oder ausgeschnittener Text, den Sie auf einer anderen Folie einsetzen, behält alle standardmäßigen Auszeichnungen wie Schriftart, Schriftgröße oder Farbe bei. Das mag beim Einsetzen von Text innerhalb einer Präsentation gut sein. Doch wenn Sie den Text in eine Präsentation kopieren, für die Sie ein anderes Thema gewählt haben, wird die Folie anschließend Textblöcke mit unterschiedlichen Schriftdesigns beinhalten.

Im Menü *Bearbeiten* finden Sie den Befehl *Einsetzen und Stil anpassen*. Mit diesem Befehl ebnen Sie den Weg dafür, dass Ihr kopierter oder ausgeschnittener Text im Design der Zielfolie eingefügt wird. Dafür ein Beispiel:

BEISPIEL

Sie arbeiten an einer Präsentation, die auf dem Design des Themas *Schaufenster* beruht. In diese Präsentation wollen Sie einen Textblock kopieren, den Sie in eine Präsentation eingegeben haben, der das Thema *Förmlich* zugrunde liegt. Die vordefinierte Schrift für das Thema *Schaufenster* ist »Gill Sans«, für *Förmlich* ist es »Cochin«. Nun möchten Sie, dass der kopierte Text in der Schrift Ihrer aktuellen Präsentation eingefügt wird, nämlich in »Gill Sans«. Also klicken Sie auf den Befehl *Einsetzen und Stil anpassen*. Aus »Cochin« haben Sie damit »Gill Sans« gemacht. Der Ausdruck *Stil anpassen* meint, »Setze den Text im Stil (Design) ein, der für dieses Thema definiert worden ist«.

Aufzählungszeichen modifizieren

Für die Platzhalter *Text* ist entweder ein Zeichen oder ein Bild als Aufzählungszeichen definiert. Eine breite Auswahl an Variationen finden Sie im Informationsfenster *Text | Aufzählungen*. Markieren Sie dazu zunächst einen entsprechenden Platzhalter, da die Beispiele ansonsten nicht angezeigt werden.

Abhängig davon, ob Sie im Auswahlmenü *Aufzählung & Nummerierung* auf *Zeichen* oder *Bild* geklickt haben, sehen Sie in dem Vorschaufenster die bereitgestellten Zeichen, grafischen Muster und Bildelemente.

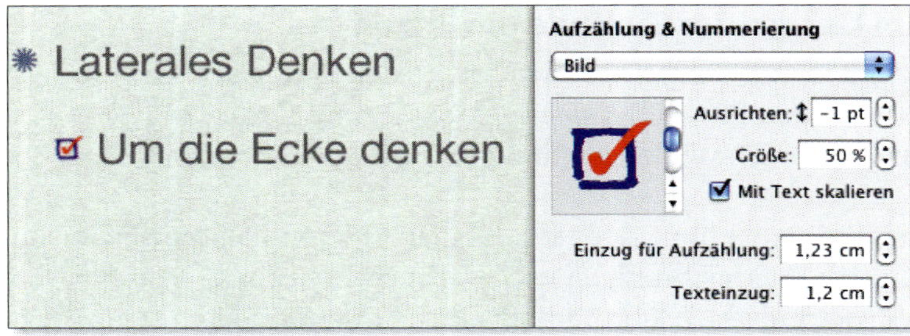

Sie haben die Wahl …

Falls keines der Zeichen Sie begeistert, geben Sie in das Eingabefeld Ihr bevorzugtes Textzeichen ein. Dazu markieren Sie zunächst das vorhandene Zeichen mit einem Doppelklick und überschreiben es anschließend. Bestätigen Sie die Eingabe mit ↵. Unmittelbar danach erscheint es im Platzhalter und kann begutachtet werden. Legen Sie gegebenenfalls auch die Größe sowie die vertikale Position des Zeichens in den entsprechenden Fenstern fest.

Eine wahre Fundgrube an interessanten Zeichen ist die Zeichenpalette, die Sie im Menü *Bearbeiten | Sonderzeichen…* öffnen. Um ein Zeichen aus der Zeichenpalette in das Auswahlmenü zu integrieren, markieren Sie ein vorhandenes Zeichen im Auswahlfenster der Informationen und ersetzen dieses mit einem Doppelklick auf das gewünschte Zeichen in der Palette.

Ideen für Aufzählungszeichen

Die Textzeichen lassen sich farblich verändern. Klicken Sie dazu in das Farbfenster in den Informationen und wählen Sie in der Farbpalette einen Farbton aus.

Nun kommen Sie nach allen Versuchen, ein passendes Aufzählungszeichen zu finden, vielleicht zu der Erkenntnis, dass das vordefinierte Zeichen doch die bessere Lösung war. In der unteren Abbildung ist die Pin-Nadel zugegebenermaßen hübscher als das Sternchen. Das bedeutet, dass wir den Ursprungszustand wieder herstellen wollen. Klicken Sie dafür im Menü *Format* auf den Befehl *Auswahl wieder an Vorlage anpassen.*

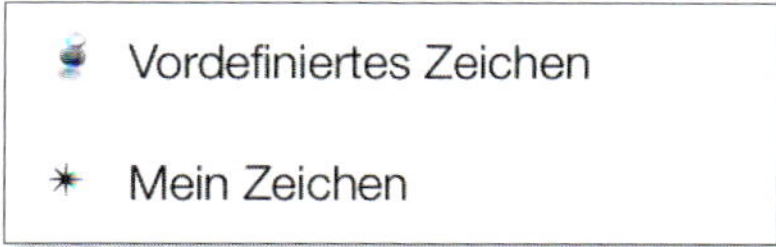

Formel- und Größenangaben erstellen

In Formeln oder Größenangaben sind einzelne Zeichen häufig höher- oder tiefergestellt als der Rest. In Keynote lässt sich das schnell und unkompliziert bewerkstelligen. Markieren Sie den Buchstaben und wählen Sie im Menü *Format | Schrift* den Eintrag *Schriftlinie*. Im Menü, das nun eingeblendet wird, klicken Sie auf *Hochgestellt* bzw. *Tiefgestellt*.

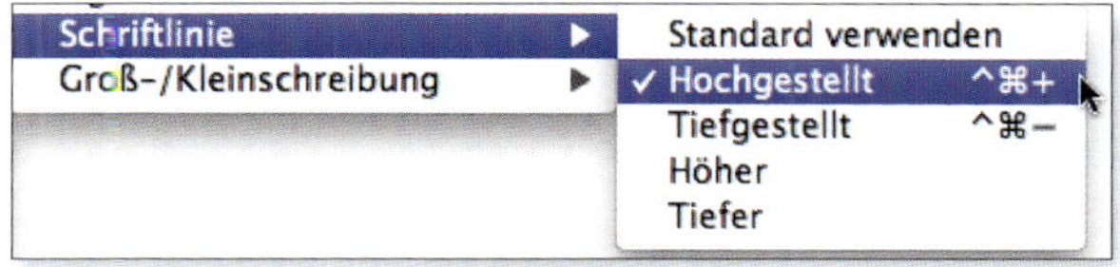

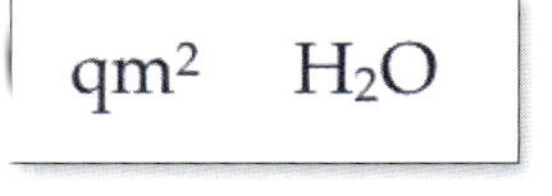

Hoch- und tiefgestellte Zeichen

Die Folien strukturieren und organisieren

Sind die Folien erst mal erstellt, geht es oft ans Feintuning: die Reihenfolge eventuell ändern, hier und da ein Argument gegen ein noch stärkeres auswechseln, Folien ausklammern oder Notizen hinzufügen. Für das Strukturieren und Organisieren der Folien sind die unterschiedlichen Darstellungsarten hilfreich, Um sich Stichpunkte zu notieren, die auch während der Präsentation eingeblendet werden, dienen die Moderatornotizen. Und damit nichts auf einer Folie vergessen wird, leistet ein Notizzettel gute Dienste.

Arbeiten in der Darstellung »Gliederung«

Sind die Texte stimmig, kurz und prägnant? Werden Zusammenhänge durch unterschiedliche Textebenen verdeutlicht? Ist die Rechtschreibung korrekt? All diese Fragen lassen sich bequem in der Darstellung *Gliederung* klären. Sie blenden diese Ansicht mit einem Klick auf *Gliederung* im Auswahlmenü *Darstellung* ein. In der Gliederung können Sie Texte korrigieren oder austauschen, Tabulatoren setzen und Ebenen verschieben. Richten Sie sich hierfür das Arbeitsumfeld so übersichtlich wie möglich ein. Ziehen Sie dazu die Leiste mit gedrückter Maustaste an den zwei senkrechten Strichen am unteren Fensterrand nach rechts auf.

Bei der Gliederung oder Überarbeitung Ihrer Texte müssten Sie, gäbe es diese Darstellung nicht, für jede Änderung auf die entsprechende Folie gehen und in die Platzhalter klicken. Die Darstellung *Gliederung* erspart Ihnen diese Form der umständlichen und Zeit raubenden Bearbeitung. Klicken Sie einfach in die Zeile, die Sie bearbeiten wollen, oder markieren Sie ein Wort mit einem Doppelklick und nehmen Sie die Änderungen vor.

AUFGEPASST

In der Ansicht *Gliederung* werden nur Texte angezeigt, die Sie in die Platzhalter eingegeben haben.

Texte strukturieren

Idealerweise beinhaltet eine Folie einen Gedanken. Wenn Sie feststellen, dass die Stichpunkte einer Folie unterschiedliche Aspekte beinhalten, machen Sie aus dieser einen Folie am besten zwei. Dazu markieren Sie die Zeile, platzieren den Mauszeiger auf das Aufzählungszeichen und ziehen den Text mit gedrückter Maustaste nach links. Der markierte Text erscheint nun als Überschrift auf einer neuen Folie. Alle nachfolgenden Zeilen werden automatisch als Aufzählungen mit auf die neue Folie gezogen.

POWER USER

Alternativ zu dieser Methode drücken Sie ⇧ und ⇥ gleichzeitig. Dabei wird der Text in der Hierarchie höher gestuft, was bedeutet, dass er als Überschrift eine neue Folie ziert.

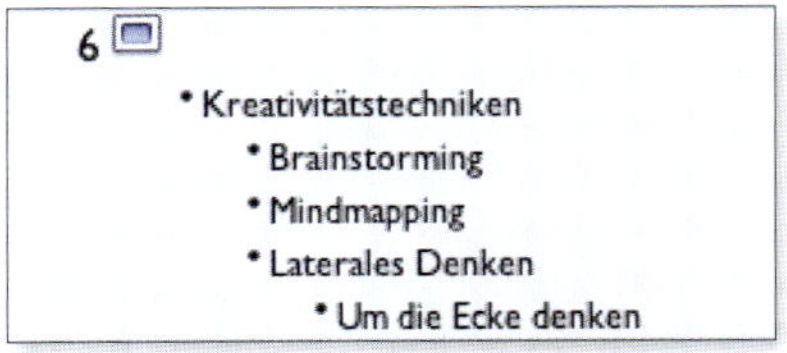

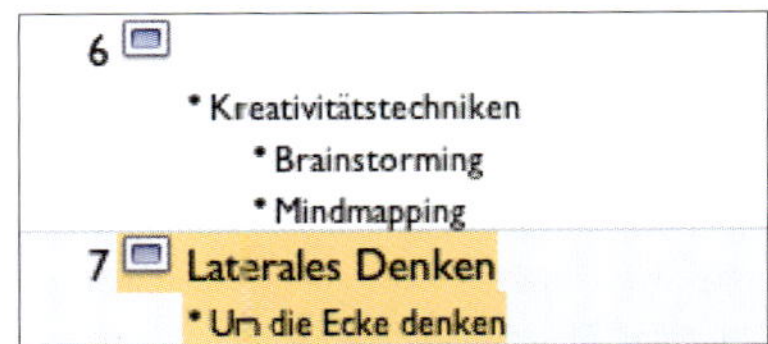

Aus eins mach zwei

Die Tabulator-Taste drücken Sie auch, um eine Zeile einzurücken. Auf diese Weise lassen sich beliebig viele Hierarchie-Ebenen erstellen. Wollen Sie die Zeile wieder um eine Ebene höher rücken, drücken Sie ⇧- und - ⇥.

TIPP

Mit einem Doppelklick auf das Folienzeichen zwischen Nummerierung und Überschrift werden die Aufzählungen einer Folie ausgeblendet. Das verschafft Ihnen mehr Platz und Übersicht im Ansichtsfenster und ist zugleich eine intelligente Methode, die Arbeit an der entsprechenden Folie für abgeschlossen zu erklären.

Um für alle Folien nur die Überschrift einzublenden, klicken Sie im Menü *Folie* auf *Alle reduzieren*. Mit dem Befehl *Alle erweitern* wird die Reduzierung wieder aufgehoben.

Die Schrift, mit der der Text in der Ansicht *Inhalt* angezeigt wird, ist standardmäßig »Lucida Grande«, 12 Punkt. In den Einstellungen (Menü *Keynote* | *Einstellungen …*) lässt sich im Fenster *Allgemein* die Schrift gegen eine andere austauschen. Im Auswahlmenü werden alle Schriften angezeigt, die auf Ihrem Rechner installiert sind. Wählen Sie Ihre favorisierte Schrift aus, legen Sie die Größe fest, und das war's für die »Lucida«. Ihre Wahl hat keinerlei Auswirkungen auf die Schrift, die für das Thema eingestellt ist, also für die Schrift, die Sie auf den Folien sehen.

Die Folien sortieren: der Leuchttisch

In der Darstellung *Leuchttisch* strukturieren Sie Ihre Präsentation und legen die Reihenfolge für die Folien fest. Dabei können Sie die Folien wie Zettel auf einem Tisch hin- und herschieben, bis der Ablauf für Sie stimmig ist.

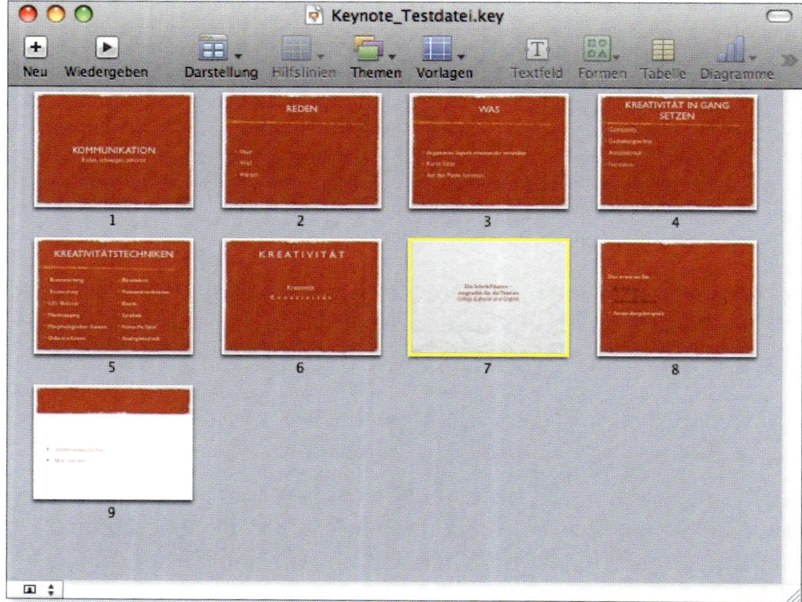

Der Leuchttisch bringt Übersicht.

Wenn es gleich mehrere Folien auf einmal sein sollen, markieren Sie diese zunächst mit Hilfe des Auswahlrechtecks. Folien, die nicht unmittelbar aufeinander folgen, markieren Sie mit gedrückter ⌘ – Taste.

Mit einem Doppelklick auf eine markierte Folie kehren Sie in eine der Hauptansichten zurück. Dies ist immer die Darstellung, aus der heraus Sie den Leuchttisch gewählt haben.

TIPP

Wo auf dem Leuchttisch alle Folien so übersichtlich angezeigt werden, lassen sich sehr zeitsparend auch mehreren oder gar allen Folien Folienübergänge zuweisen. Markieren Sie dazu die Folien und legen Sie im Informationsfenster *Folie* | *Erscheinungsbild* den Folienübergang fest.

Folien ausklammern

Sprengt die Anzahl der Folien eventuell die vorgegebene Redezeit? Oder passen einige der Folien nicht zum Anlass der Veranstaltung? Für solche Situationen bietet Keynote eine Funktion, mit der sich ausgewählte Folien aus Ihrem Präsentationsvortrag ausklammern lassen: Markieren Sie die Folien in der Darstellung

Leuchttisch und wählen Sie im Menü *Folie* den Eintrag *Folie überspringen*. Diese Folien werden in der Darstellung *Leuchttisch* nur noch als schmaler Balken angezeigt. Die Nummerierung der nachfolgenden Folien passt sich automatisch an. Mit dem Befehl *Folie nicht überspringen* im Menü *Folie* machen Sie die Ausgrenzung rückgängig.

Moderatornotizen

Wäre es nicht großartig, die Präsentation frei zu halten? Ohne Stichwortkarten, die man womöglich vergisst weiter zu stecken und die einem dann, wenn man sie benötigt, auch nicht mehr weiterhelfen? Die Alternative zu dieser Methode ist eindeutig das Eingabefeld *Moderatornotizen*, das Sie in der Symbolleiste *Darstellung* öffnen. Diese Leiste lässt sich parallel zu den Ansichten *Navigator*, *Gliederung* und *Folie* einblenden. Auch beim Hin- und Herspringen zwischen diesen Darstellungsvarianten bleibt das Feld sichtbar. Erst mit einem Klick auf *Moderatornotizen ausblenden* wird es geschlossen.

Bei einer Bildschirmpräsentation lassen sich die Notizen auf dem zweiten Monitor, also verborgen für die Augen des Publikums, anzeigen. Daher ist dieses Feld so etwas wie ein Teleprompter, der Ihnen zeigt, was es zur jeweiligen Folie zu sagen gilt. Geben Sie Ihre Stichpunkte oder weitere Argumente ein, Überleitungen zur nächsten Folie oder Regieanweisungen. Die Schrift lässt sich genauso formatieren wie in jedem anderen Textfeld auch, so dass Sie besondere Wörter farbig hervorheben oder vergrößern können.

Notizen für Folie 1

Kreativitätstechniken sammeln und an Flipchart schreiben.

Die Moderatornotizen im Präsentationsmodus

Trainieren Sie in einer Testumgebung den Umgang mit den Moderatornotizen. Klicken Sie dafür im Menü *Vorführung* auf *Präsentation testen*. Auf Ihrem Bildschirm erscheinen jeweils zwei aufeinander folgende Folien bzw. animierte Objekte. Sollten die Moderatornotizen nicht zu sehen sein, fahren Sie mit der Maus an den oberen Bildschirmrand. In der jetzt eingeblendeten Symbolleiste wählen Sie im Auswahlmenü *Optionen* den Eintrag *Moderatormonitor anpassen...* . Sobald Sie in dem nun geöffneten Fenster ein Häkchen bei *Notizen* setzen, werden Ihre Kommentare

eingeblendet. Haben Sie nur zu ausgewählten Folien Notizen verfasst, wird das Feld auch nur bei diesen Folien angezeigt.

Dran denken: Notizzettel

»Prüfen, ob Zahlen noch aktuell sind«, »Knackigere Überschrift finden!«, »Bild austauschen gegen aussagekräftigeres«. – Solche Gedanken schießen einen beim Erstellen von Folien oftmals durch den Kopf. Damit sie nicht vergessen werden und die Präsentation deswegen Fehler im Detail aufweist, gibt es Notizzettel. Diese virtuelle Variante der bekannten Post-it-Zettel dient als Erinnerungsstütze für alle noch zu erledigenden Dinge. Sie rufen einen solchen Zettel mit einem Klick auf das Symbol *Kommentar* in der Symbolleiste auf.

Nichts vergessen: der Notizzettel

An der schraffierten Fläche rechts unten kann der Zettel weiter auf- oder zugezogen werden. Und mit gedrückter Maustaste lässt er sich beliebig verschieben.

Mit einem Klick auf das kleine x rechts oben schließen Sie den Zettel. Die Einträge sind damit unwiederbringlich futsch. Wenn Sie die Zettel vorübergehend ausblenden wollen, wählen Sie im Menü *Darstellung | Kommentare ausblenden*. Der Eintrag in diesem Menü wechselt danach auf *Kommentare einblenden*.

Gesprochene Kommentare aufzeichnen

Wenn Sie eine Präsentation versenden und die Inhalte auf den Folien nicht unkommentiert stehen lassen wollen, bietet es sich an, die Folien mit gesprochenen Kommentaren zu ergänzen. Für Produktpräsentationen, die Sie möglicherweise auf eine CD brennen und an interessierte Kunden schicken, ist das ebenso zweckmäßig wie für Präsentationen, deren Inhalte Schulungscharakter haben.

Da die meisten Macs mit einem integrierten Mikrofon ausgestattet sind, brauchen Sie noch nicht einmal in ein Equipment zu investieren, um Ihre Kommentare in die Präsentation zu integrieren. Sollte Ihr Mac ohne Mikrofon sein, lassen sich die Kommentare natürlich auch mit einem extern angeschlossenen Mikro aufzeichnen. Die Einstellungen des externen Mikrofons konfigurieren Sie übrigens in der Systemeinstellung *Ton*.

TIPP

Ob Ihr Mac über ein integriertes Mikrofon verfügt, sehen Sie im Programm *System Profiler*. Klicken Sie im -Menü auf den Eintrag *Über diesen Mac*. Im jetzt eingeblendeten Infofenster öffnen Sie mit einem Klick auf den Button *Weitere Informationen* den *System Profiler*. In der Rubrik *Hardware | Audio* finden Sie – hoffentlich – was Sie suchen, nämlich die Information über das eingebaute Mikrofon.

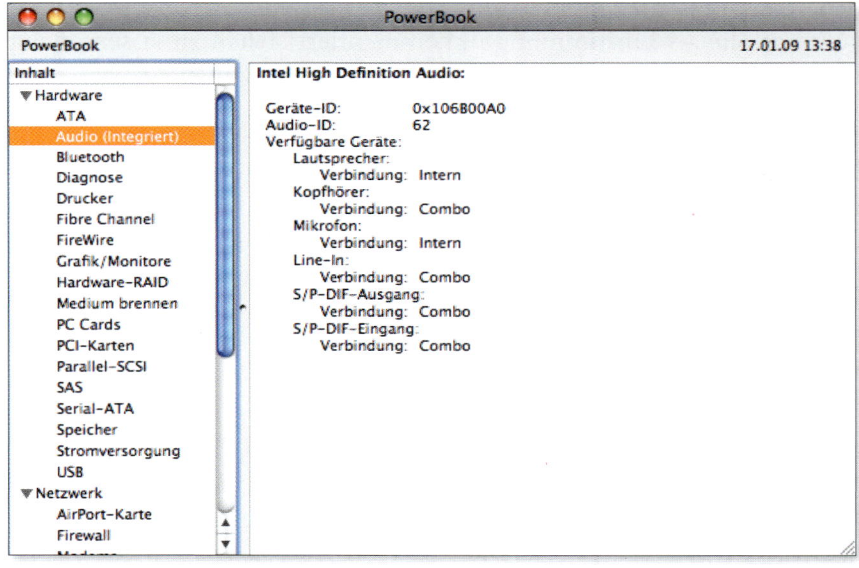

Nachschauen, ob Ihr Rechner über ein eingebautes Mikrofon verfügt.

Die gesprochenen Kommentare beziehen sich immer auf den Inhalt einer Folie. Deshalb empfiehlt es sich, zunächst die Folien fertigzustellen und dann den Text zu sprechen.

AUFGEPASST

Eine weitere Überlegung empfiehlt sich, bevor Sie aus Ihrer Umgebung ein Aufnahmestudio machen: Soll die Präsentation beim Öffnen automatisch im Vollbildmodus starten? Dann aktivieren Sie diese Option am besten, bevor Sie die Kommentare sprechen. Ansonsten kann es passieren, dass der Kommentar nicht synchron zur eingeblendeten Folie abgespielt wird. Sie schalten die Funktion *Beim Öffnen automatisch* starten im Informationsfenster *Dokument | Dokument* ein.

Alles, was Sie für die Aufnahme Ihrer gesprochenen Kommentare benötigen, ist das Informationsfenster *Dokument | Audio*. Eine Präsentation mit integrierten Sprachaufnahmen startet stets mit jener Folie, deren Inhalt Sie kommentieren. Das heißt im Klartext, dass alle Folien, die dieser aufgezeichneten Folie möglicherweise vorausgehen, in der Präsentation **nicht** angezeigt werden. Planen Sie zum Beispiel, eine Begrüßungsfolie als Einstimmung unkommentiert stehen zu lassen, bleibt diese Folie beim Abspielen der aufgezeichneten Präsentation außen vor!

Achtung: Aufnahme

Sobald Sie im Informationsfenster *Dokument | Audio* auf den Button *Aufzeichnen* klicken, startet der Vorführmodus. In der linken oberen Ecke sehen Sie ein Quadrat mit rotem Punkt als Symbol für das Mikrofon. Alles, was Sie ab jetzt sagen, wird aufgezeichnet.

Gesprochene Kommentare aufzeichnen

Um von einer Folie zur nächsten zu gelangen, reicht ein Mausklick. Alternativ drücken Sie auf den nach unten zeigenden Pfeil auf Ihrer Tastatur. Ist alles gesagt, was es zu den Folien zu sagen gibt? Dann drücken Sie auf die Esc-Taste. Sie stoppen damit die Aufnahme und sichern sie zugleich.

Übrigens ist es durchaus zulässig, die eine oder andere Folie ohne gesprochenen Kommentar zu belassen. Auch spricht nichts dagegen, zusätzlich zu den gesprochenen Kommentaren eine Hintergrundmusik laufen zu lassen. Ziehen Sie aus Ihrer iTunes Mediathek einen Musiktitel in das kleine Vorschaufenster bei *Soundtrack* und stellen Sie mit Hilfe des Schiebereglers die Lautstärke für die Wiedergabe ein.

Vor allem bei Folien, auf denen Sie einzelne Objekte animiert haben, kann es passieren, dass Sie mit dem gesprochenen Text zu schnell, zu langsam oder schlichtweg durcheinander geraten. Beenden Sie zunächst die Aufnahme, indem Sie die Esc-Taste drücken, und klicken Sie dann im Informationsfenster erneut auf den Button *Aufzeichnen*. Nun wird ein Infofenster eingeblendet, das Ihnen eine Entscheidung abverlangt:

Aufzeichnen & Ersetzen: Mit der neuen Aufnahme wird der gesprochene Kommentar für die aktuelle Folie gelöscht. Alle Kommentare zu den vorherigen Folien bleiben erhalten.

Von Anfang an aufzeichnen: Für alle, die die gesamte Aufzeichnung löschen und noch einmal von vorn beginnen wollen.

Hörtest

Ist die Aufnahme stimmig? Sprechen Sie in einem angemessenen Tempo? Ist die Stimmführung abwechslungsreich oder zu monoton? Wenn Sie auf den Abspielbutton im Informationsfenster klicken, hören Sie lediglich den Text, sehen dazu aber nicht die Folien. Für die Kontrolle, ob die Texte synchron zur Folie abgespielt werden, klicken Sie besser auf den Button *Wiedergeben* in der Symbolleiste.

Sie würden am liebsten einige der gesprochenen Texte löschen, austauschen oder ergänzen? Dann können Sie entweder die ganze Aufnahme noch einmal starten oder Sie optimieren die Aufzeichnung ab einer ausgewählten Folie. Klicken Sie dazu auf die entsprechende Folie und dann auf den Button *Aufzeichnen*. Im jetzt geöffneten Infofenster starten Sie mit einem Klick auf *Aufzeichnen & Ersetzen* den gesprochenen Text ab der eingeblendeten Folie. Leider besteht keine Möglichkeit, die Aufzeichnung für nur einzelne Folien zu ersetzen.

Nun kann auch der Fall eintreten, dass Sie am Ende der bisherigen Aufzeichnung weitere gesprochene Kommentare hinzufügen wollen, weil Sie zum Beispiel zusätzliche Folien eingefügt haben. Klicken Sie auch jetzt wieder auf den Button *Aufzeichnen* im Informationsfenster und entscheiden Sie sich in der eingeblendeten Warnmeldung für die Option *Aufzeichnen & Anhängen*.

AUFGEPASST

Sobald Sie Änderungen an der Präsentation vornehmen – sei es, dass Sie eine Folie löschen oder eine neue einfügen – wird der Hinweis eingeblendet, dass die Aufzeichnung dadurch möglicherweise nicht mehr synchron ist. Sollten Sie sich für die Option *Bearbeiten* entscheiden, werden Sie im Informationsfenster darauf hingewiesen, dass die Aufzeichnung nicht mehr synchron ist. Um die aktuelle Version zu schützen, klicken Sie auf *Sichern unter* und bearbeiten die Folien in der Kopie.

Um eine Aufzeichnung wieder loszuwerden, brauchen Sie im Informationsfenster nur auf den Button *Löschen* zu klicken.

Sicher ist sicher

Falls Sie es noch nicht getan haben, wird es Zeit, die Präsentation abzuspeichern:

- Wählen Sie im Menü *Ablage | Sichern unter …* .
- Geben Sie in die obere Leiste einen Namen für Ihr Dokument ein.
- Wählen Sie über das Auswahlmenü den Ordner, in dem Sie das Dokument ablegen möchten.
- Überlegen Sie, ob Sie eine Kopie des Dokuments als PowerPoint-Präsentation oder in einer Version für iWork '08 sichern wollen. Bei der Option *PowerPoint* wird das Dokument für PowerPoint exportiert und kann mit dem Programm geöffnet, abgespielt und weiter bearbeitet werden. Beachten Sie: Haben Sie sich für eine dieser Kopie-Varianten entschieden, ist das Original noch nicht gesichert! Dies müssten Sie anschließend wiederum mit dem Befehl *Sichern unter …* erledigen.
- Klicken Sie auf *Sichern*.

Mit dieser Option speichern Sie Ihre Präsentation als Kopie bzw. unter einem neuen oder anderen Namen ab. Für das Speichern zwischendurch und bevor Sie das Programm verlassen, drücken Sie die Tastenkombination ⌘ – S.

AUFGEPASST

Wenn Sie eine Präsentation bearbeiten, die Sie mit einer älteren Programmversion erstellt haben, müssen Sie das Dokument neu sichern. Danach ist es nicht mehr möglich, diese Präsentation mit einer früheren Programmversion zu öffnen. Um zu gewährleisten, dass das Dokument mit Keynote in iWork '08 geöffnet und weiter bearbeitet werden kann, aktivieren Sie die Option *Kopie sichern als iWork '08*. Sollte es Funktionen geben, die von der Vorgängerversion nicht unterstützt werden, sehen Sie nach dem Sicherungsprozess eine Warnmeldung, in der die Funktionen, die auf der Strecke bleiben oder konvertiert wurden, detailliert aufgeführt sind. Dies sind zum Beispiel die Folienübergänge *Anagramm*, *Zauberei* und *Schwingen* und die Verbindungslinie, mit der zwei und mehr Objekte verbunden werden können.

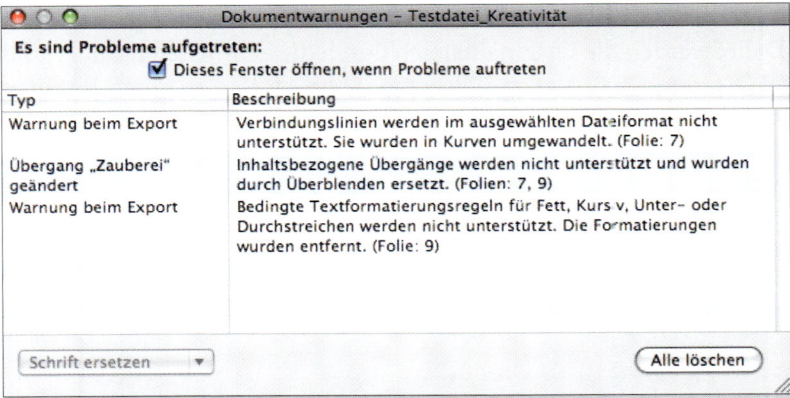

Was beim Speichern in das Format iWork '08 umgewandelt wird.

Wer auf Nummer Sicher gehen und auch eine Kopie der zuletzt gespeicherten Version haben möchte, aktiviert im Menü *Keynote | Einstellungen ...| Allgemein* die Option *Sicherungskopie der vorherigen Version anlegen*. Diese Version bekommt den Namen *Sicherungskopie von [Dateiname]*.

Audio- und Filmdateien werden automatisch mitgesichert. Wenn Sie das mal nicht möchten, weil Sie die Dateigröße klein halten wollen, deaktivieren Sie im Fenster *Sichern unter...* die Option *Kopien von Audio und Filmen in Dokumente einbetten*.

Die Option *Kopien der Themenbilder im Dokument einbetten* aktivieren Sie, falls Sie das Dokument auf einem Rechner ablaufen lassen wollen, auf dem zwar Keynote

installiert ist, jedoch nicht das Thema, das Sie gewählt haben. Das ist immer dann der Fall, wenn Sie mit selbst gestalteten Themen arbeiten oder Themen von Fremdanbietern nutzen.

Dateigröße reduzieren

Je nachdem, wie viele Bilder und Filme Sie in die Präsentation integriert haben, ist der Umfang der Gesamtdatei unter Umständen gewaltig. Die Ursache sind die Originalfotos, die oftmals 1 MB und größer sind. Auf den Folien werden diese Bilder meistens verkleinert oder maskiert oder es werden einzelne Motive freigestellt. Teile der Originaldatei sind nach diesen Arbeitsschritten gar nicht mehr relevant. Und somit ist es auch nicht logisch, diese überflüssigen Bildanteile mitzusichern, die nur dafür sorgen, dass das Gesamtdokument zu einem behäbigen Tanker wird.

Um die Datei einigermaßen schlank zu halten, haben Sie die Möglichkeit, die Größe zu reduzieren. Dabei werden die Originaldateien durch die bearbeiteten Bilder und Filme ersetzt. Die Konsequenz ist, dass sich freigestellte Motive, in einen Rahmen gezogene oder mit einem Rahmen versehene Bilder anschließend nicht mehr bearbeiten lassen. Für diesen Zweck müssten Sie die Originaldatei nochmals in die Keynote-Präsentation ziehen und wunschgemäß bearbeiten.

Wenn eine reduzierte Datei interessant für Sie ist, wählen Sie im Menü *Ablage* den Eintrag *Dateigröße reduzieren*. Die nun eingeblendete Information zeigt an, um wie viel die Datei an Umfang abnimmt.

Die Datenreduzierung verschlankt die Datei um immerhin mehr als 12 MB.

Sollte es Bilder und Filme geben, die sich nicht reduzieren lassen, werden diese anschließend in der Dokumentenwarnung aufgelistet. Zu diesen Verweigerern gehören Fotos, die mit einer Form maskiert wurden, Filmdateien mit geringer Auflösung sowie Musikdateien.

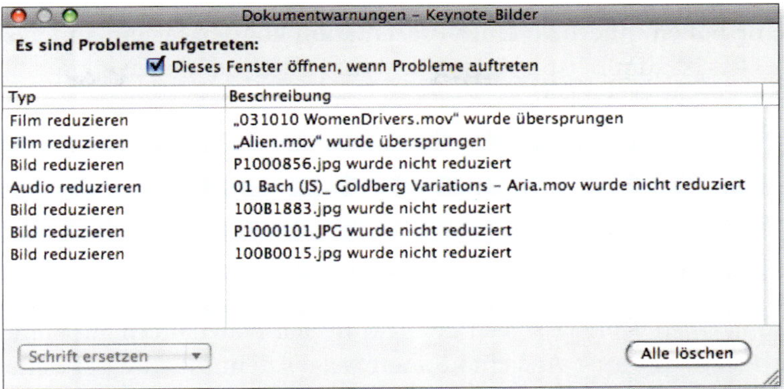

Nicht alle Mediendateien lassen sich reduzieren.

Praktische Tipps fürs Erstellen von Folien

- Es ist sehr geschickt, Schriftformatierungen, die für alle Folien gelten sollen, auf der Vorlage vorzunehmen. So ist gewährleistet, dass die Folien ein einheitliches Schriftdesign aufweisen.
- Schriftart, Schriftstil und Schriftgröße lassen sich in der Formatierungsleiste und noch komfortabler im Schriftenfenster definieren. Hier lassen sich auch einzelne Wörter mit einem Schatten versehen, um sie deutlich vom Gesamttext abzuheben.
- Formatierungen sind schnell und unkompliziert mit den Befehlen *Stil kopieren* und *Stil einsetzen* (Menü *Format*) auf andere Textpassagen übertragbar.
- Um kopierten Text im Layout der Zielfolie einzusetzen, ist der Befehl *Einsetzen und Stil anpassen* im Menü *Bearbeiten* Gold wert.
- In den Platzhaltern und Textfeldern kann mehrspaltiger Satz eingegeben werden.
- Ein Platzhalter, in dem bereits Text eingegeben ist, lässt sich kopieren. Dadurch ist es möglich, zwei Platzhalter nebeneinander zu platzieren.
- Um einen Text einzurücken, reicht das Drücken der Tabulator-Taste.
- Ein einmal gewähltes Thema lässt sich jederzeit gegen ein anderes austauschen.

- Auch für einzelne Folien innerhalb einer Präsentation können Sie ein anderes Thema wählen. Dies ist zum Beispiel interessant für Folien, auf denen ein neuer Themenbereich angekündigt wird.
- Falls für die Folie, die Sie aktuell bearbeiten, ein anderes Vorlagen-Layout geeigneter ist, wählen Sie dieses im Auswahlmenü *Vorlagen* in der Symbolleiste. Das Layout wird automatisch angepasst.
- Einen Platzhalter markieren Sie mit der Tastenkombination ⌘ – ↩.
- In der Darstellung *Gliederung* lässt sich der Text in den Platzhaltern auf einfache Weise bearbeiten. In dieser Ansicht können Sie aus dem Inhalt einer Folie ganz fix zwei Folien machen.
- Fürs Sortieren der Folien dient die Darstellung *Leuchttisch*.
- Mit Moderatornotizen verschaffen Sie sich ein Stichwortmanuskript, das auf dem Moderatormonitor angezeigt wird und damit für das Publikum unsichtbar bleibt.
- Sie wollen Ihre Präsentation versenden? Dann denken Sie an gesprochene Kommentare, mit denen Sie die Inhalte, Grafiken oder Bilder näher erläutern. Das nötige Werkzeug für Ihre Sprachaufnahmen finden Sie im Informationsfenster *Dokument* | *Audio*.

Kapitel 13

Keynote

Bilder und Objekte

Ein Bild sagt mehr als tausend Worte, und so ist die geeignete Visualisierung oft das Salz in der Suppe einer Präsentation. Doch nicht nur mit Bildern veranschaulichen Sie Ihre Aussagen, Thesen und Ideen. Auch Objekte wie geometrische Formen sind hervorragend geeignet, um Zusammenhänge vor Augen zu führen.

In diesem Kapitel lernen Sie die Funktionen kennen, mit denen Sie Bilder bearbeiten, einen Fokus festlegen oder Bildern mit weiteren Mitteln wie Rahmen und Linien einen stärkeren Akzent verleihen. Außerdem erfahren Sie, wie variantenreich die geometrischen Formen sind, wie Sie mit diesen arbeiten und sie funktional einsetzen können.

Machen Sie aus Ihren Zuhörern auch Zuschauer. Visualisieren Sie, um die Aufmerksamkeit auf Ihr Thema zu lenken und um das Verständnis zu erleichtern.

Fotoschau

Mit keinem anderen Anschauungsmaterial lassen sich so viele Emotionen wecken wie mit Fotos. Fotos bringen Assoziationsketten ins Rollen, setzen Wünsche frei und können positive wie negative Gefühle verstärken. Mit Bildern können Botschaften unterstützt und unterschwellig gelenkt werden.

Außerdem macht es den Zuhörern viel mehr Spaß, Bilder anzuschauen, als nur trockene Fakten aufzunehmen. Die meisten von uns schauen in Zeitungen und Zeitschriften zunächst auf die Bilder. Genauso ist es bei Präsentationen. Ansprechend gestaltete Visualisierungen lenken das Interesse und die Aufmerksamkeit.

GRUNDLAGEN

Die Motivwahl Ihrer Fotos sollten Sie von der Frage abhängig machen, auf welchen Aspekt Sie die Vorstellungen, die in den Köpfen Ihrer Zuhörer entstehen, fokussieren möchten. Das ist im Grunde nichts anderes als Imagebildung, was vor allem für Unternehmenspräsentationen oder Produktvorstellungen von Bedeutung ist. Möchten Sie zum Beispiel, dass die Zuhörer mit Ihrem Produkt, das überwiegend aus technischen Details besteht, die Möglichkeit einer höheren Kundenbindung assoziieren, wählen Sie Fotos, die diese Vorstellungen hervorrufen. Wenn Sie befürchten, dass Ihr Thema mit einer negativen Assoziationskette behaftet ist, streuen Sie Fotos in die Präsentation ein, die eine angenehme Atmosphäre vermitteln.

Manchmal sind Fotos auch einfach nur Dekoration. Haben Sie zum Beispiel einen neutralen Hintergrund gewählt und sich entschieden, in der Bildschirmpräsentation jede Aufzählung einzeln einzublenden, kann eine gänzlich fotolose Folie einen tristen und strengen Eindruck hinterlassen. Vielleicht findet sich in Ihrem Fundus eine Abbildung, die assoziativ zum Inhalt der Folie passt und dieser damit die Eintönigkeit nimmt.

Bilder mit überwiegend hellen Farben wirken auf den Betrachter leichter als Bilder, die eher dunkel gehalten sind. Dunkle Farben werden vom Betrachter im Allgemeinen als »schwer« empfunden. Eine Tatsache, die übrigens auch bei der Gestaltung von Produkten berücksichtigt wird.

Checken Sie vor der Verwendung eines Fotos:

- Unterstützt das Foto das Thema der Präsentation?
- Veranschaulicht es die Kernaussage?
- Setzt es Assoziationsketten frei, die in Ihrem Sinn sind?
- Ist es eventuell zu provokativ?

Bilder einsetzen

In eine Keynote-Präsentation lassen sich alle gängigen Dateiformate für Bilder und Grafiken einbinden wie PICT, JPEG, GIF und TIFF. Bilder und Grafiken können überall auf einer Folie platziert werden – selbstverständlich auch in einen Platzhalter, der für einen Titel oder für Aufzählungen vorgesehen ist. Darüber hinaus stellt jedes Thema mindestens vier Vorlagen mit jeweils vorgefertigten Rahmen für Bilder bereit. Das Design dieser Rahmen orientiert sich am Layout des jeweiligen Themas. Das Bild, das Sie in einen Foto-Platzhalter ziehen, ersetzt automatisch das Beispielbild und wird an die Breite beziehungsweise die Höhe angepasst.

Bildfolien mit Vorlagen aus den Themen »Bastelarbeit« und »Storyboard« erstellen

TIPP

Das Thema *Fotoalbum* beinhaltet, wen wundert's, die größte Anzahl an Vorlagen mit vordefinierten Rahmen. Da Sie ohne weiteres mehrere Themen in einer Präsentation verwenden können, sollten Sie einen Blick auf dieses Thema und seine Auswahl an Vorlagen werfen. Die Vorlagen *Foto Horizontal 2* und *Foto Panorama* zum Beispiel sind ausgezeichnete Layouts für die Präsentation von fotografischen Highlights.

Die iWork-Programme sind eng mit den iLife-Programmen iPhoto, iTunes und dem Ordner *Filme* verzahnt. Den direkten und unkomplizierten Zugriff auf Ihr *iPhoto*-Fotoarchiv haben Sie dank dieser Programmverzahnung über das Fenster *Medien*.

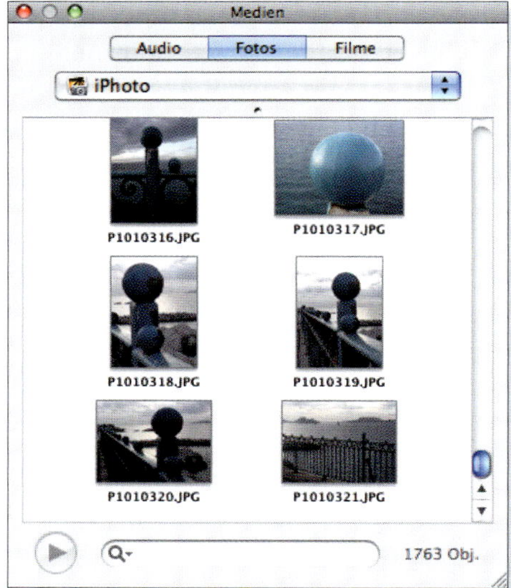

Bequemer Zugriff auf Ihr Fotoarchiv

Komfortabler kann der Import von Bildern nicht sein. Sie brauchen das gewünschte Foto nur auf das bereits vorhandene Platzhalterbild oder auf die Folie zu ziehen, und schwupps schmückt das Bild Ihre Präsentation.

Das Fenster *Medien* lässt sich an der schraffierten Fläche am rechten unteren Rand größer aufziehen, um die Bilder besser in Augenschein nehmen zu können. An der kleinen Einkerbung zwischen Auswahlmenü und Vorschau ziehen Sie das Menü nach unten auf und haben damit Ihre Alben ins Blickfeld gerückt. Je nachdem, wie umfangreich Ihr Archiv ist, erleichtern die Alben häufig die Suche nach einem passenden Foto. Aussagekräftige Albennamen können deshalb von großem Nutzen sein. Denn bei den importierten Fotos belässt man es ja oftmals bei den automatisch vergebenen Dateinamen wie *P1010182*, was das Aufspüren eines Fotos mit Hilfe der Suchfunktion geradezu unmöglich macht.

AUFGEPASST

Die Suche über die Suchfunktion beschränkt sich immer nur auf das aktuell markierte Album. Sollten Sie also mal nicht finden, was Sie suchen, klicken Sie auf *iPhoto*, damit die Suche erfolgreich verläuft.

Bilder, die sich nicht in Ihrer iPhoto-Mediathek befinden, ziehen Sie per Drag & Drop aus dem Finder auf die Folie. Alternativ dazu gehen Sie den Weg über das Menü *Einfügen | Auswählen …* . Im nun geöffneten Dialogfester machen Sie sich auf die Suche nach der Abbildung, klicken Sie an und bestätigen die Wahl mit *Einfügen*. Für das Öffnen des Dialogfensters gibt es das Tastenkürzel ⇧ – ⌘ – V.

Jedes eingefügte Bild lässt sich an den Anfasspunkten vergrößern oder verkleinern. Bei dieser Aktion werden die Breite und Höhe in einem kleinen Fenster eingeblendet. Im Informationsfenster *Maße*, in dem übrigens auch der Dateiname des eingefügten Bildes angezeigt wird, können Sie die Werte für die Breite und Höhe manuell eingeben. Mit einem Klick auf den Button *Originalgröße* setzen Sie alle Änderungen, die Sie an der Größe vorgenommen haben, zurück.

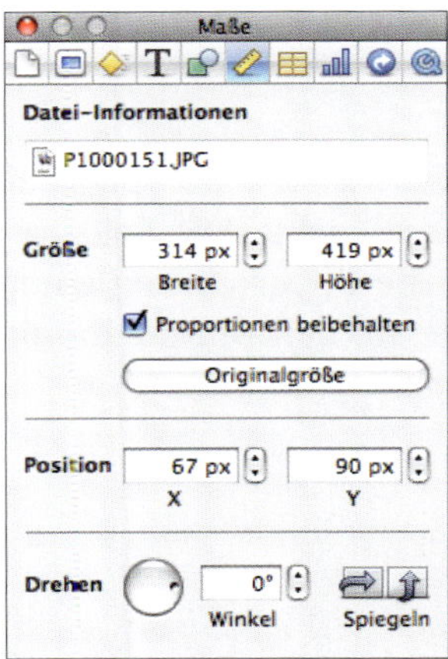

Im Informationsfenster »Maße« die exakte Größe eingeben

GRUNDLAGEN

Die Größe des integrierten Bildes wird standardmäßig in Pixel (px) angezeigt. Wenn Ihnen die Angabe in Zentimeter lieber ist, öffnen Sie die *Einstellungen …* (Menü *Keynote*) und wählen Sie im Fenster *Lineale* im Bereich *Linealeinheiten* den entsprechenden Eintrag.

Im unteren Bereich des Fensters legen Sie mit Hilfe der Drehscheibe den Winkel des Bildes fest. Allerdings brauchen Sie hier viel Fingerspitzengefühl, damit das Bild nicht gleich eine ganze Umdrehung macht.

Zu einer sehr viel präziseren Einstellung des Winkels gelangen Sie mit einer anderen Methode: Platzieren Sie den Mauszeiger mit gedrückter ⌘ – Taste an einen der Anfasspunkte. Der Mauszeiger verwandelt sich dabei in eine halbrunde Linie mit

Pfeilspitzen an beiden Seiten. Mit gedrückter Maustaste und ⌘ – Taste lässt sich das Bild nun in feinen Schritten drehen.

Ein Bild kippen

Rechts neben der Drehscheibe sehen Sie die Schaltknöpfe fürs horizontale und vertikale Spiegeln eines Objekts. Das Spiegeln ist sehr brauchbar für den Fall, dass die Blickrichtung einer Person aus der Folie weist. Klicken Sie auf den Button, damit der Blick in Richtung Folie geht.

Die Blickrichtung ändern

Bilder bearbeiten

Ein eingefügtes Foto hat häufig noch Verbesserungspotential hinsichtlich der Kontraste, der Helligkeit oder der Schärfe. Bisher hat man diese Optimierungen vor dem Einfügen des Fotos mit einem Bildbearbeitungsprogramm oder mit Hilfe der Bordmittel von iPhoto vorgenommen. Doch auch mit Keynote lässt sich ein Foto optimieren, und zwar mit der Palette *Bildeinstellungen*. Dieses sehr nützliche Tool des Programms erleichtert die Arbeit mit den Fotos, da das Hin- und Herspringen zwischen Bildbearbeitungsprogramm und Keynote entfällt.

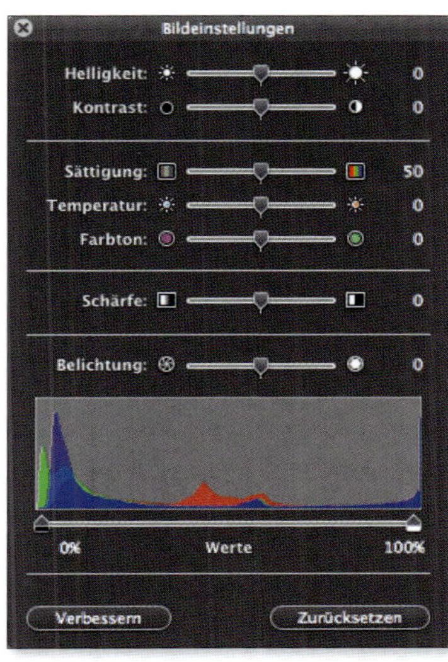

Mit Hilfe der Steuerelemente in der Palette lassen sich Helligkeit, Kontrast, Schärfe und vieles andere mehr einstellen und verbessern.

Die Palette »Bildeinstellungen«

Mit einem Klick auf das Symbol *Verbessern* werden die Farbe und der Kontrast des Fotos optimiert. Sollten mit dieser Methode die Kontraste zu stark und die Farben zu kräftig ausfallen, widerrufen Sie den Befehl mit einem Klick auf den Button *Zurücksetzen*.

AUFGEPASST

Mit dem Button *Zurücksetzen* werden die ursprünglichen Bildeinstellungen wieder hergestellt. Dieser Button eignet sich also nicht, um lediglich den letzten Schritt rückgängig zu machen. Hierfür gilt die Tastenkombination ⌘ – Z.

Weitere Möglichkeiten, das Foto Ihren Ansprüchen gemäß zu bearbeiten, bieten die Schieberegler. Da wäre zunächst einmal der Schieberegler *Kontrast*. Als Kontrast bezeichnet man das Verhältnis zwischen den hellen und dunklen Bildteilen. Mit einem hohen Kontrastwert lassen sich daher Schattierungen dunkler und Kanten schärfer zeichnen. Die Farben treten stärker hervor.

Kommen wir zum Schieberegler *Sättigung*: Sättigung nennt man den Grad der »Buntheit«, der Intensität der einzelnen Farben in einem Foto. Wenn Sie die Sättigung auf Null reduzieren, bleibt ein Schwarzweiß-Bild übrig.

Jede Farbe hat eine symbolische Bedeutung und eine psychologische Wirkung auf die Stimmung. Die Farbe Blau symbolisiert Kälte, Wasser oder Sehnsucht. Die Farbe Orange steht für Licht, Energie und Wärme. Der Schieberegler *Temperatur* sorgt für mehr Blau- bzw. Orange-Anteilen. Mit diesem Steuerelement verleihen

Sie dem Bild also entweder mehr Kühle und Sachlichkeit (Blau) oder mehr Wärme und Energie (Orange).

Die Menge an Rot- und Grüntönen beeinflussen Sie mit dem Schieberegler *Farbton*.

Eingescannte Fotos und Fotos von der Digitalkamera haben oftmals keine ideale Schärfe. Mit dem Schieberegler *Schärfe* können Sie ein unscharfes Bild verbessern und damit das Betrachten von Details und Konturen erleichtern. Nicht immer ist jedoch ein scharfes Bild erwünscht. Je nachdem, welche Stimmung von dem Foto ausgehen soll, kann die Weichzeichnung einen besonderen Reiz haben. Das Weichzeichnen eines Bildes erreichen Sie, wenn Sie den Schieberegler nach links bewegen.

Mit dem Schieberegler *Belichtung* sorgen Sie entweder für mehr Schatten (Regler nach links) oder für mehr helle Stellen (Regler nach rechts). Das Verhältnis von Licht und Schatten wird Ihnen in dem Histogramm angezeigt. Mit dem Schieberegler *Werte* regulieren Sie die Intensität der hellen und dunklen Töne.

Wenn Sie die Präsentation speichern, werden auch die Änderungen an den Fotos gesichert. Nach der Sicherung können die Anpassungen nicht mehr rückgängig gemacht werden. Das Originalfoto bleibt davon jedoch unberührt.

Ein Bild beschneiden

Oftmals ist nur ein Teil eines Bildes interessant oder für eine Präsentation nützlich. Oder man möchte den Fokus auf ein besonderes Detail lenken. In der Werkzeugkiste von Keynote findet sich zwar keine virtuelle Schere, mit der man an den Fotos herumschnipseln könnte. Doch bietet das Programm eine vergleichbare Funktion an – nämlich diejenige, Bilder zu »maskieren«. Ein Bild zu maskieren heißt, nur den Ausschnitt eines Bildes sichtbar zu machen.

Nur einen Ausschnitt des Bildes zeigen

Sobald Sie ein Foto in einen Platzhalter für eine Mediendatei ziehen, wird ein kleines Fenster eingeblendet, über das sich der Ausschnitt des angezeigten Bildes bearbeiten lässt. Der Ausschnitt, der innerhalb der Markierung angezeigt ist, ist der maskierte Bereich, also der Bereich, der vom Gesamtfoto sichtbar bleibt. Die Größe des Bildes passen Sie über die Anfasspunkte an. Mit dem Schieberegler innerhalb des kleinen Fensters fokussieren Sie den Ausschnitt. Und schließlich bringen Sie mit einem Doppelklick auf das Foto oder mit einem Klick auf den Button *Maske bearbeiten* die blassen Bildteile zum Verschwinden.

Für das maskierte Bild stehen Ihnen wie bei einem anderen Bild alle Anpassungsvarianten zur Verfügung – so zum Beispiel diejenigen, um den Ausschnitt zu spiegeln oder um den Winkel zu verändern.

Nun kann der Fall eintreten, dass Sie das bereits maskierte Foto ein weiteres Mal maskieren wollen, um beispielsweise einen anderen Ausschnitt zu zeigen. Hierfür markieren Sie das Bild mit einem Doppelklick. Die verblassten Teile werden so wieder sichtbar. Auch jetzt bewegen Sie das Bild mit gedrückter Maustaste innerhalb des Rahmens. Alle Einstellungen, die Sie vorher gemacht haben, bleiben dabei erhalten.

Wollen Sie die Maskierung aufheben, klicken Sie in der Symbolleiste auf *Maske entfernen*.

Bildausschnitte freistellen

Keynote bietet neben dem Maskieren noch eine weitere Variante an, einen Bildausschnitt hervorzuheben, und zwar das Freistellen eines einzigen Details auf dem Foto. Das kann beispielsweise eine Person sein, die Sie unabhängig vom Hintergrund zeigen möchten, oder ein Objekt, das sehr viel stärker ohne die weiteren Bestandteile des Bildes wirkt.

Das Werkzeug, das Sie zum Freistellen benötigen, ist das Symbol *Transparenz* in der Symbolleiste des Programms. Mit diesem Werkzeug lassen sich alle Farbbereiche, die das gewünschte Objekt umgeben, transparent darstellen. Sie finden diesen Befehl auch im Menü *Format*. Dort allerdings unter dem Begriff *Instant-Transparenz*.

Ziehen Sie ein Bild aus dem Fenster *Medien* oder aus dem Finder auf die Folie. Sobald Sie auf das Werkzeug *Transparenz* in der Symbolleiste klicken, verwandelt sich der Mauszeiger in ein Kreuz. Zugleich wird ein Infofenster eingeblendet, in dem steht, was zu tun ist. Dieses Fenster können Sie getrost schließen.

Wenn Sie nun die Maus bewegen, wird direkt am Kreuz ein durchschimmernder Kreis eingeblendet. Je größer Sie diesen Kreis ziehen, das heißt, je größer die Bewegung mit der Maus ist, desto mehr wird auf dem Bild markiert. Mit dem Werkzeug

fangen Sie Teile des Bildes mit ähnlicher Farbnuance ein. Wollen Sie zum Beispiel einen blauen Krug von allen ihn umgebenden Elementen befreien, klicken Sie auf die roten, grünen oder gelben Farbflächen und bringen diese durch die Markierung zum Verschwinden. Sind in den Elementen, die den blauen Krug umgeben, noch andere blaue Teile, wird es schon schwieriger. Deshalb an dieser Stelle der Tipp: Halten Sie die Mausbewegungen so klein wie möglich, damit nicht mehr entfernt wird, als Sie beabsichtigen.

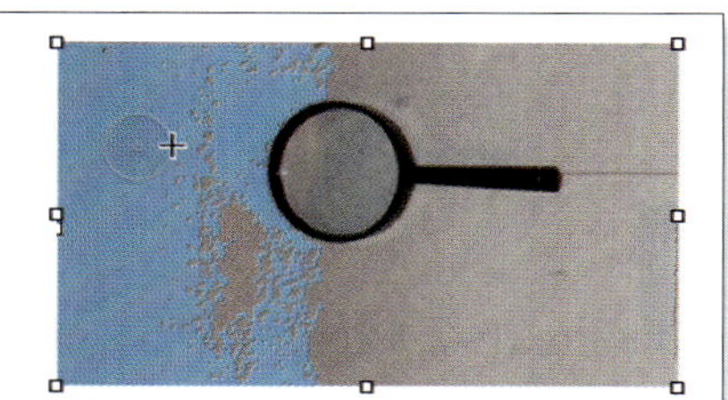

Sobald Sie die Maus loslassen, wird der markierte Teil entfernt. Anschießend können Sie sich einen anderen Teil des Bildes vornehmen. Den Bearbeitungsmodus beenden Sie mit einem Doppelklick.

Farbflächen markieren, um ein Motiv freizustellen

TIPP

Bei Bildern mit klaren Hintergründen und großen Flächen geht das Entfernen unerwünschter Elemente recht schnell, bei Bildern mit vielen Details kann man schon mal die Geduld verlieren. Mit ein bisschen Übung und sehr kleinen Mausbewegungen kommt man dann aber schließlich auch zu einem freigestellten Objekt.

Ein Bild, in dem die Freiheitsstatue freigestellt werden soll, …

… und das Ergebnis

Die entfernten Teile sind nicht unwiederbringlich weg. Markieren Sie das Bild und wählen Sie im Menü *Format* den Befehl *Instant-Transparenz entfernen*. Schon sind alle Elemente wieder sichtbar.

Bildern eine Form geben

Beim herkömmlichen Maskieren, wie im Abschnitt zuvor beschrieben, stellen Sie einen Bildausschnitt mit Hilfe eines Rechtecks frei. Dies ist der Standard. Einen eindrucksvolleren Hingucker für einen aussagekräftigen Bildausschnitt fabrizieren Sie jedoch mit den geometrischen Formen wie zum Beispiel dem Kreis oder dem abgerundeten Rechteck. Bei dieser Art des Maskierens nimmt der Ausschnitt eine geometrische Form an.

Das Originalfoto …

… und der ovalförmige Ausschnitt

Und so geht's:

Ziehen Sie zunächst ein Foto auf die Folie. Markieren Sie das Bild und wählen Sie im Menü *Format | Mit Form maskieren*. Im Auswahlmenü stehen Ihnen nun die Formen zur Verfügung. Sobald Sie sich für eine Form entscheiden, erscheint sie auf dem Foto. Die Größe variieren Sie über die Markierungsmarken. Verwandelt sich der Mauszeiger in eine Hand, lässt sich das Bild bewegen. Wollen Sie lieber die Form verrücken, setzen Sie den Mauszeiger an den Rahmen der Form und verschieben diese mit gedrückter Maustaste.

POWER USER

Mit noch mehr Anfasspunkten lässt sich die Form flexibler an den Ausschnitt des Bildes anpassen. Wählen Sie dazu im Menü *Format | Form | Bearbeitbar machen*.

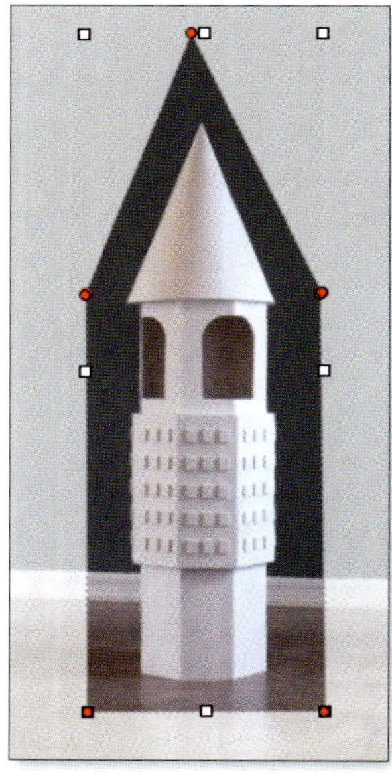

Über bearbeitbare Punkte einen Pfeil an das Motiv des Bildes anpassen

Alternativ ziehen Sie wiederum zunächst das Bild auf die Folie. Welche geometrische Form passt zum Ausschnitt, den Sie hervorheben wollen? Schauen Sie sich die Auswahl im Aufklappmenü *Formen* in der Symbolleiste an und klicken Sie auf den Wunschkandidaten. Positionieren Sie die Form anschließend auf den für Sie wichtigen Bildteil und ziehen Sie sie – sofern nötig – an den Anfasspunkten größer auf. Wenn Ihre Form ein Kreis oder Quadrat bleiben soll, halten Sie beim Aufziehen die Umschalt-Taste (⇧) gedrückt, denn ansonsten bekommen Sie ein Oval bzw. ein Rechteck.

Jetzt markieren Sie mit gedrückter ⌘ – Taste sowohl die Form als auch das Bild. Im Menü *Format* wählen Sie den Befehl *Mit ausgewählter Form maskieren*. Und schon ist der mit der Form versehene Ausschnitt hervorgehoben, und alle anderen Teile sind verblasst. Befindet sich der Mauszeiger direkt an der Umrandung der Form, lässt sich die Form bequem auf den gewünschten Ausschnitt bewegen. Mit einem Doppelklick auf den Bildteil werden die blassen Anteile gänzlich unsichtbar gemacht.

Die Maskierung heben Sie wieder auf, indem Sie das Bild mit einem Doppelklick markieren und anschließend in der Symbolleiste auf *Maske entfernen* klicken.

Bilder mit Rahmen versehen

Der Fotoplatzhalter, den Sie auf einigen Vorlagen eines Themas sehen, ist stets ein definierter Bilderrahmen. Diese Rahmen stehen auch Ihnen im Informationsfenster *Grafik* in der Rubrik *Linieneffekte* zur Verfügung.

Fertige Rahmen für Ihre Bilder

Entscheiden Sie sich zunächst für ein Foto und wählen Sie dann einen passenden Rahmen aus. Die Größe des gerahmten Bildes lässt sich über die Anfasspunkte bequem variieren. Bei allen Rahmen wird neben dem Vorschaubild ein Schieberegler für das Skalieren eingeblendet. Mit diesem Regler modifizieren Sie die Dominanz der einzelnen Effekte, wie zum Beispiel die der Fotoecken oder die des Klebestreifens.

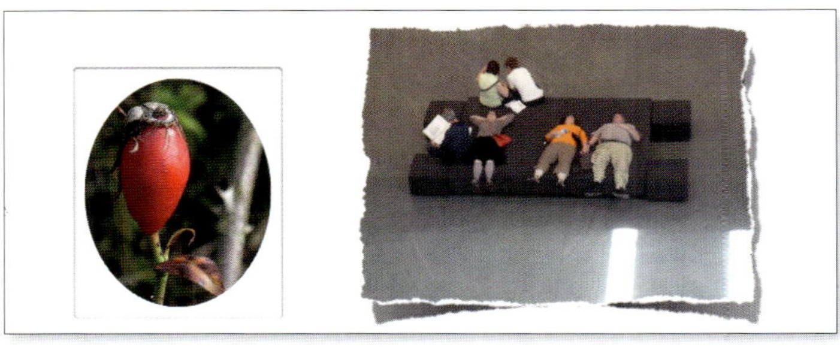

Beispiele für verschiedene Rahmeneffekte

Einen sehr hübschen Effekt erzielen Sie auch mit den Linien, von denen einige wie selbst gezeichnet wirken. Die Linien lassen sich zudem farblich gestalten.

Beispiel für ein Foto mit Linieneffekt als Rahmen

Erläuterungen geben

Die meisten Bilder erklären sich vermutlich von selbst. Und wenn nicht? Dann könnte man eine Bildunterschrift hinzufügen. Diese wirkt in einer Präsentation jedoch viel zu mickrig. Ein brauchbares Objekt für einen solchen Fall ist die Form *Beschreibung*.

Bild mit Erläuterung – eingegeben in die Form »Beschreibung«

Die Bildgröße reduzieren

Wer Bilder für eine Präsentation verwendet, weiß, wie schnell die Datei an Größe zunimmt. Die eingesetzten Bilder haben nicht selten eine Größe von 1 MB und mehr. Solch datenmäßig aufgeblähte Dateien sorgen oftmals für Verdruss. Mit der aktuellen Version bietet das Programm nun endlich eine Möglichkeit, die Größe einer Bilddatei zu reduzieren. Voraussetzung dafür ist, dass das Bild nicht in seiner Originalgröße auf der Folie erscheint, sondern über die Anfasspunkte verkleinert oder ein Ausschnitt maskiert bzw. freigestellt wurde.

Markieren Sie anschließend das Bild oder gleich mehrere Bilder und wählen Sie im Menü *Format | Bild | Bilddateigröße reduzieren*. Wie viel Sie einsparen, wird sogleich berechnet und angezeigt. Wer damit einverstanden ist, klickt auf *Reduzieren*.

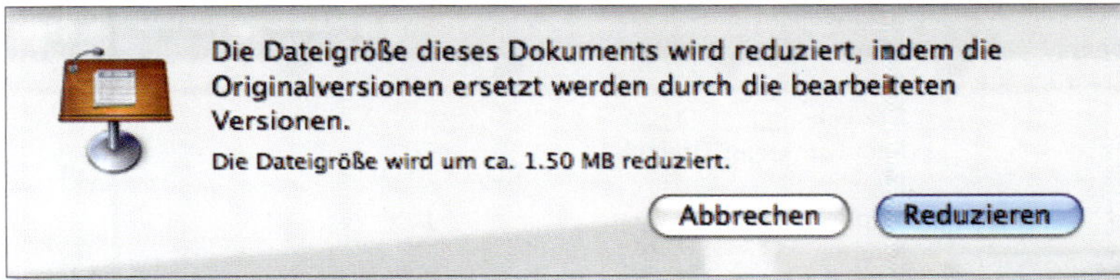

Die Bildgröße unkompliziert reduzieren

Bei diesem Verfahren wird das Originalbild durch das an Größe geschmolzene Bild ersetzt. Das bedeutet, dass es in seiner Originalgröße nicht wieder hergestellt werden kann. Dies hat freilich keine Auswirkung auf die Datei in iPhoto oder einem anderen Ordner. Die eigentlichen Originale bleiben Ihnen selbstverständlich erhalten.

AUFGEPASST

Beachten Sie, dass das Verringern von Bilddateien nur klappt, wenn das Bild mit einem Rahmen versehen ist oder über die Anfasspunkte verkleinert wurde. Auch bei freigestellten Motiven funktioniert die Datenreduktion. Bilder, die Sie mit einer Form maskiert oder mit denen Sie eine Aktionsanimation erstellt haben, lassen sich nicht verringern.

Aus Formen Grafiken erstellen

Nicht für jede Art von Visualisierung eignen sich Fotos. Für thematische Zusammenhänge und Abhängigkeiten sind grafische Lösungen oft besser geeignet. Keynote bietet eine Auswahl an geometrischen Formen als Rohmaterial für das Zusammenschmieden von Schaubildern und Strukturen. Sie finden diese Formen im Auswahlmenü unter dem gleichnamigen Symbol in der Symbolleiste. Im Menü *Einfügen | Form* werden die einzelnen Elemente namentlich aufgeführt.

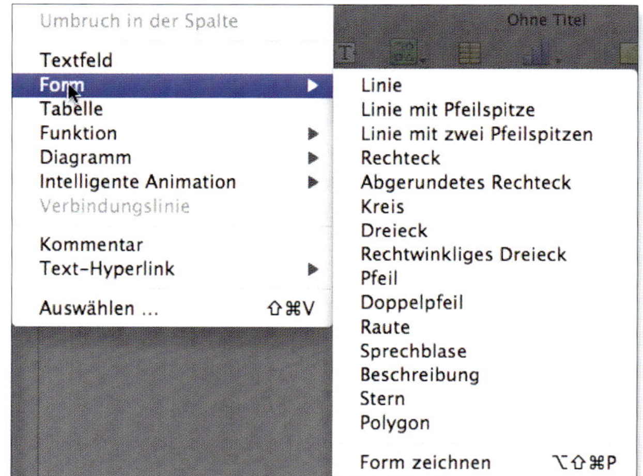

Die Auswahl an »Formen« mit Namen

Die »Formen« als Symbol

Mit einem Klick auf eine der Formen erscheint das Objekt auf der Folie. Die Größe lässt sich mit zwei unterschiedlichen Tastenkombinationen fix verändern. Voraussetzung für jede Veränderung ist freilich, dass die Form markiert und der Cursor an einem der Anfasspunkte positioniert ist.

- ⇧ – ⌥ + Ziehen = Objekt wird proportional von der Mitte aus aufgezogen.
- ⇧ + Ziehen = Objekt wird vom Rand aus ausgezogen.

Beim einfachen Aufziehen an den Anfasspunkten werden die Proportionen einer Form verschoben. So wird beispielsweise aus einem Kreis ein Oval und aus einem Quadrat ein Rechteck.

Bei den Formen *Stern* und *Polygon* erscheinen kleine Schieberegler mit auf der Folie, über die Sie die voreingestellte Anzahl an Punkten bzw. Seiten erhöhen oder verringern. Die ursprünglich fünf Zacken des Sterns sind auf immerhin 20 erweiterbar. Für das Polygon sind maximal elf Seiten möglich.

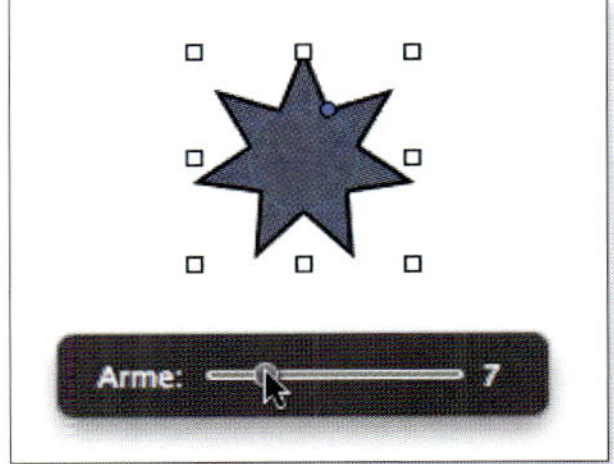

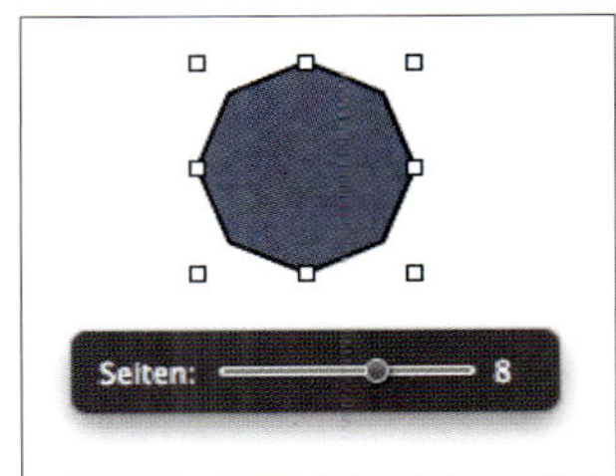

Die Formen »Stern« und »Polygon« mit Schieberegler

Ergänzend zu den bereits vordefinierten Formen lassen sich Grafiken auch zeichnen, und zwar mit einer sogenannten Bézier-Kurve. Dabei verbinden Sie Punkte durch Kurvenelemente miteinander. Der Name dieses grafischen Elements stammt von dem Franzosen Pierre Bézier, der in den 60er-Jahren für Renault schwungvolle Auto-Karosserien entwarf. Um diese Rundungen auf einem Großrechner zeigen zu können, entwickelte er ein System für die Kurvenbeschreibung.

In der Auswahlliste an Formen wird die Bézier-Kurve mit einer geschwungenen Linie symbolisiert. Im Menü *Einfügen | Form* ist sie mit *Form zeichnen* tituliert. Mehr zu ihrer Verwendung finden Sie in diesem Kapitel im Abschnitt »Formen zeichnen« weiter unten.

Die Formen lassen sich im Informationsfenster *Grafiken* mit Linien, Schatten und dem Variieren der Deckkraft eindrucksvoll akzentuieren. Farbverläufe zum Beispiel ermöglichen sanfte Übergänge, Schatten geben den Objekten mehr Tiefe.

Formen zeichnen

Angenommen, Sie wollen in Ihrer nächsten Präsentation den Aufschwung Ihres Geschäfts eindrucksvoll illustrieren oder Vorschläge für einen grafischen Layout-Vorschlag skizzieren. Für beide Situationen fehlt es den geometrischen Formen an Dynamik. Mehr Schwung versprechen Freihandzeichnungen, die Sie mit der Form *Zeichnen* auf einer Folie anlegen. Klicken Sie hierfür in der Auswahlliste *Formen* (Symbolleiste) auf das unterste Symbol.

Das Symbol für Ihre Zeichenkünste

Der Mauszeiger verwandelt sich nun in eine Zeichenfeder. Und tatsächlich fahren Sie wie mit einer Tuschefeder über die Folie und zeichnen Grafiken oder skizzieren Entwürfe. Die einzelnen Linienpunkte werden durch Kurvenelemente miteinander verbunden.

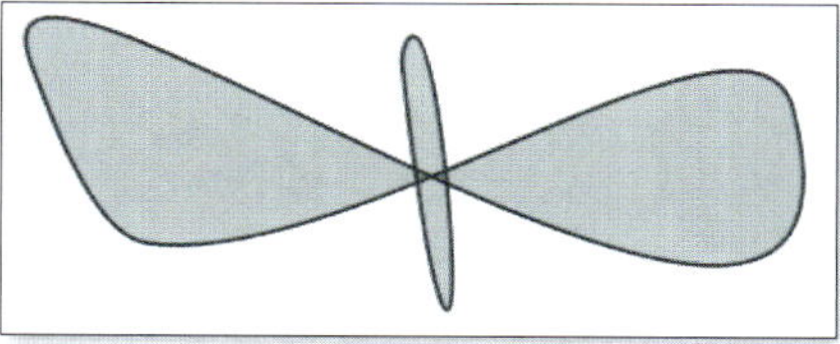

Erste Zeichenübungen

Sobald Sie auf die Folie klicken, erstellen Sie den ersten Punkt. Bewegen Sie den Mauszeiger auf eine andere Stelle und klicken Sie erneut. Wenn Sie den Mauszeiger jetzt bewegen, sehen Sie eine hellgraue feine Linie, mit der Sie – ausgehend vom zuletzt gesetzten Punkt – eine Kurve zeichnen. Diese Linie hat zwei Endpunkte. Sie können in den einen oder in den anderen klicken, um mit dem Zeichnen fortzufahren. Mit einem erneuten Klick in den zuerst gesetzten Punkt schließen Sie den Zeichenvorgang ab. Doch auch mit einem Doppelklick können Sie die Zeichnerei jederzeit beenden.

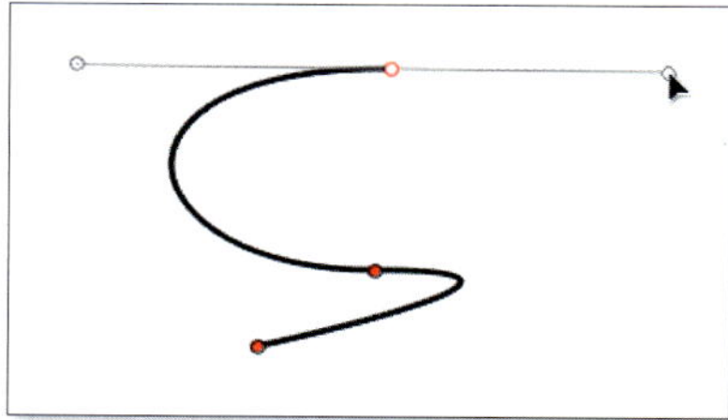

Die Anfangs- und Endpunkte

Bei dieser Art des Zeichnens erhalten Sie eine kurvenförmige Grafik. Wenn Sie das Setzen der Punkte mit gedrückter ⌘ – Taste bewerkstelligen, werden nur gerade Linien gezeichnet. Diese Varianten – mal weiche Kurven, mal gerade Linien – können Sie natürlich in einer Zeichnung kombinieren. Darüber hinaus haben Sie für Ihre fertigen Zeichnungen die Wahl aus geschwungenen oder geraden Pfadabschnitten. Markieren Sie dafür eine Zeichnung und wählen Sie im Menü *Format | Form* den gewünschten Eintrag.

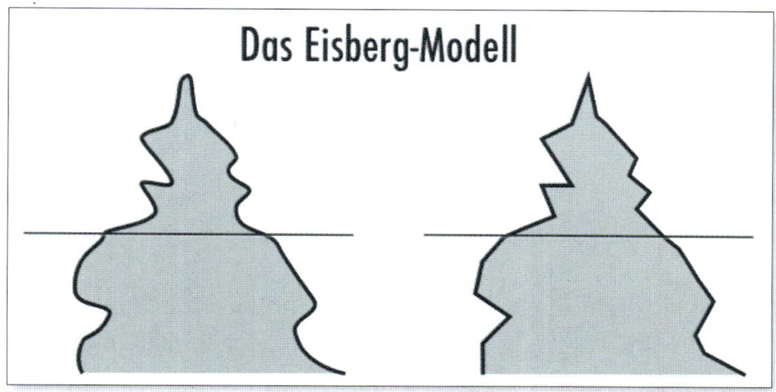

Ein Eisberg links mit geschwungenen, rechts mit geraden, gezackten Linien

Ist der Zeichenvorgang abgeschlossen, verschwinden auch die gesetzten Punkte. So lange die Grafik markiert ist (erkennbar an den acht Anfasspunkten), reicht ein Klick in die Zeichnung, um die Punkte wieder sichtbar werden zu lassen. Haben Sie möglicherweise zu viele Punkte gesetzt? Klicken Sie die überschüssigen Punkte an und drücken Sie anschließend die Entf-Taste.

Oder möchten Sie weitere Punkte setzen, um die Figur noch kurvenreicher zu zeichnen? Klicken Sie für diesen Zweck mit gedrückter ⌥ – Taste in die Linie und gestalten Sie Ihre Zeichnung mit zusätzlichen Punkten.

Eine Zeichnung lässt sich wie jedes andere Objekt mit den Werkzeugen im Informationsfenster *Grafiken* bearbeiten. Hier können die Flächen mit einer anderen Farbe gefüllt und die Linien mit einem anderen Effekt versehen werden.

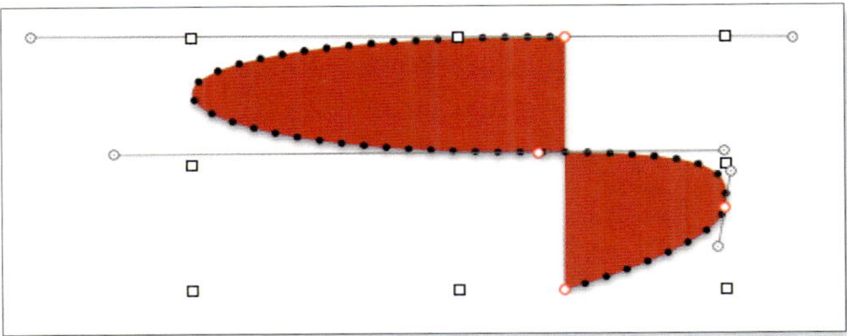

Eine Freihandzeichnung wird im Informationsfenster »Grafiken« bearbeitet.

Formen miteinander verbinden

Um Abhängigkeiten oder Zusammenhänge zu verdeutlichen, werden Kreise, Rechtecke oder Polygone miteinander verbunden. Zu diesem Zweck setzte man in den Vorgängerversionen des Programms die Linien ein, die allerdings den Nachteil haben, dass sie statisch sind. Wird ein Objekt verschoben oder in seiner Größe verändert, bleibt die Linie unverändert, was – zeitraubende – Nacharbeit erfordert.

Diese Umständlichkeit hat mit der aktuellen Programmversion ihr Ende gefunden. Abhängigkeiten zwischen zwei Objekten lassen sich nun mit der sogenannten Verbindungslinie verdeutlichen. Markieren Sie dazu zwei Objekte und klicken Sie in der Menüleiste *Einfügen* auf den Eintrag *Verbindungslinie*. Die Fixpunkte der Linie lassen sich nicht manuell verschieben. Sobald Sie eines der Objekte umplatzieren, bewegt sich die Linie automatisch mit.

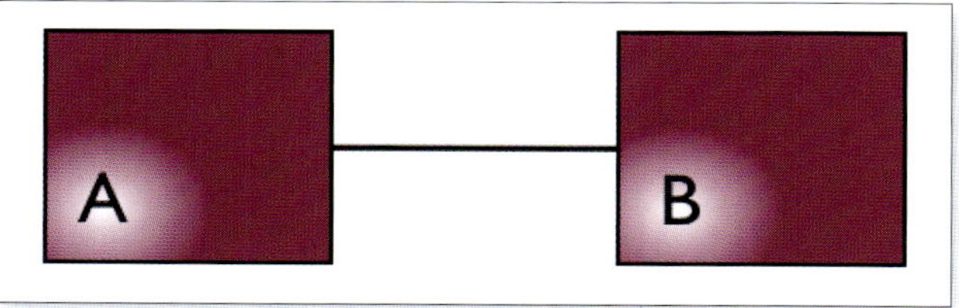

Objekte mit der Verbindungslinie verknüpfen

GRUNDLAGEN

Es lassen sich immer nur zwei Objekte miteinander verbinden. Wer eine größere Grafik erstellt und mehrere Objekte verknüpfen möchte, wählt Schritt für Schritt jeweils zwei Formen und verbindet diese.

Es wird stets eine gerade Linie eingefügt. In einer markierten Linie sehen Sie in der Mitte einen weißen Bewegungspunkt. Sobald Sie an diesem Punkt ziehen, wandeln Sie die eben noch gerade Linie in eine geschwungene um.

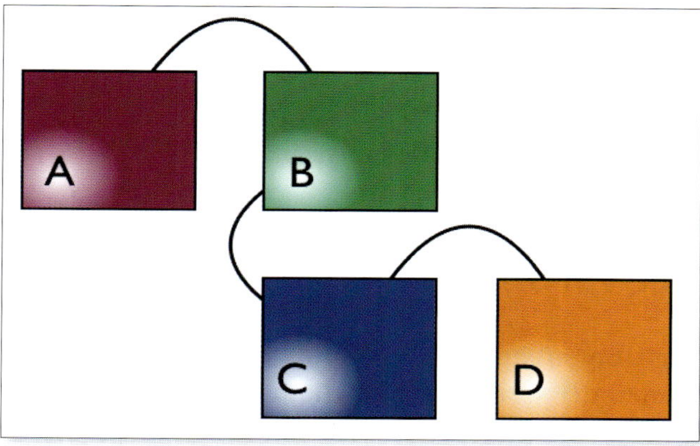

Geschwungene Verbindungslinien

Das Schöne an der Linie ist, dass sie sich wie die anderen Linien aus dem Auswahlmenü *Formen* mit Endpunkten versehen lässt. Im Aufklappmenü *Endpunkte* finden Sie eine reichliche Auswahl an Varianten für den Abschluss der rechten und linken Seite der jeweiligen Linie.

Formen bearbeiten

Die Formen sind wie Knetmasse: Sie können sie beliebig verändern und an Ihre individuellen Ansprüche anpassen. Die wichtigsten Bearbeitungsmöglichkeiten stellen wir in den folgenden Abschnitten vor.

Die Konturen herausarbeiten

Jede Form lässt sich an den Anfasspunkten größer auf- oder zuziehen. Darüber hinaus verfügen die meisten Formen über zusätzlich blaue Anfasspunkte, mit denen Sie das Erscheinungsbild modifizieren, indem Sie zum Beispiel die Spitze der Sprechblase weiter aufziehen. Damit nicht genug bieten sogenannte Bearbeitungspunkte weitere Möglichkeiten, eine Form individuell zu gestalten. Sie aktivieren diese roten Bearbeitungspunkte im Menü *Format | Form | Bearbeitbar machen.* Mit gedrückter ⌥ – Taste und Klick auf die Umrandung der Form fügen Sie weitere Bearbeitungspunkte hinzu. Falls Sie einen Punkt nicht benötigen oder die Form kantiger gestalten wollen, klicken Sie den Punkt an und drücken die Entf-Taste.

Nun lässt sich eine Form beliebig verändern, indem Sie an den roten Punkten ziehen und damit die Linienführung variieren. In der Abbildung sehen Sie einen Pfeil, der über die Bearbeitungspunkte nur an der oberen Spitze weiter aufgezogen wurde.

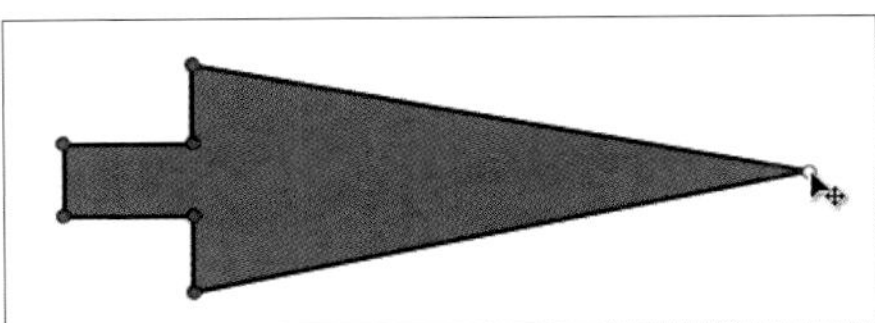

Eine Form bearbeiten

Noch mehr Variationsmöglichkeiten bietet die Option, eine veränderte Form mit geschwungenen Pfadabschnitten zu versehen. Markieren Sie die Form und wählen Sie im Menü *Format | Form | Geschwungene Pfadabschnitte.* In der Abbildung sehen Sie den Pfeil jetzt als geschwungene Form.

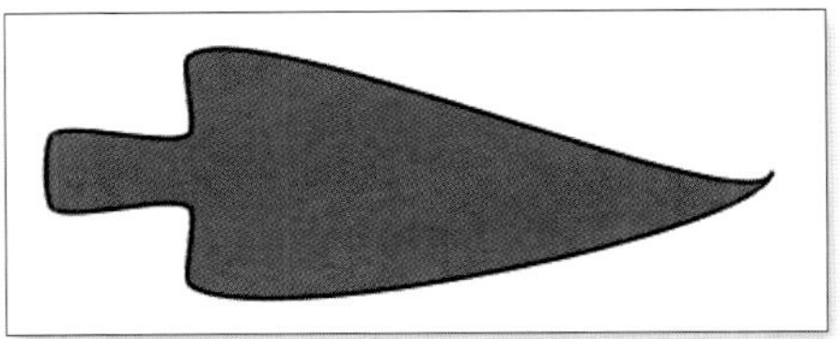

Der Pfeil nun mit geschwungenen Pfadabschnitten

Objekten einen Schatten verleihen

Mit einem Schattenwurf lassen sich für Objekte und Texte sehr attraktive Effekte erzielen. Ein Schattenwurf hebt das Objekt deutlicher hervor. Man gewinnt den Eindruck, als schwebe es auf der Folie. Mit kleinem Aufwand – ein Schatten ist recht schnell verliehen – erzielen Sie eine charmante Wirkung.

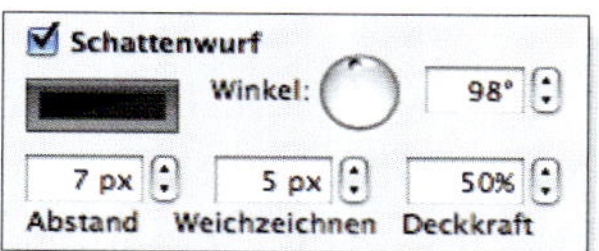

Ihr Werkzeug, um einem Objekt einen Schatten zu verleihen

Markieren Sie das Objekt, das Sie mit einem Schatten versehen wollen, und klicken Sie im Informationsfenster *Grafiken* in das Kästchen *Schattenwurf*. Wählen Sie zunächst die Farbe für den Schatten aus. Mit dem Drehrad ändern Sie den Winkel des Schattens. Wie weit soll der Abstand zwischen dem Schatten und dem Objekt sein? Je größer der Abstand ist, umso mehr Tiefe bekommt das Objekt.

Damit der Schatten nicht so hart wirkt, geben Sie im Feld *Weichzeichnen* einen Wert ein. Je höher Sie den Wert einstellen, desto verschwommener erscheint der Schatten. Falls Sie einer Schrift einen Schatten verleihen wollen, wird die Schrift mit zunehmendem Wert unleserlich. In unserem Beispiel haben wir in der Variante *Mit Schattenwurf* für das Objekt einen höheren Weichzeichnen-Wert (11px) definiert als für die Schrift (2px).

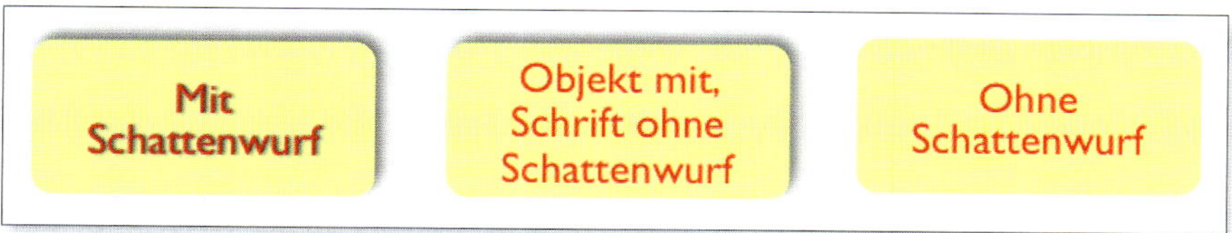

Beispiel für den Effekt »Schattenwurf«

Um sehr dunklen Schatten die Schwere zu nehmen, können Sie im Feld *Deckkraft* den Wert für die Transparenz des Schattens eingeben.

Objekten Transparenz verleihen

Die Deckkraft ist dafür zuständig, wie durchscheinend die Farben eines Objekts sind. Elemente mit einer Deckkraft von 100 Prozent verdecken logischerweise die darunter liegenden Objekte vollständig. Je geringer die Deckkraft ist, desto mehr schimmern die anderen Elemente durch. Text- und Bildebenen können somit überblendet oder miteinander gemischt werden. Diese Art von Transparenz beinhaltet immer einen Hauch von Eleganz. Klobigen Elementen kann mit einer reduzierten

Deckkraft mehr Glanz verliehen werden, streng und schwer wirkenden Grafiken mehr Leichtigkeit.

Die Deckkraft ist nicht nur ein ästhetisches Stilmittel, sondern auch funktional einsetzbar, um zum Beispiel Abhängigkeiten und Zusammengehörendes zu verdeutlichen. In unserem Beispiel haben die übereinander geschobenen Dreiecke eine Deckkraft von jeweils 42 Prozent.

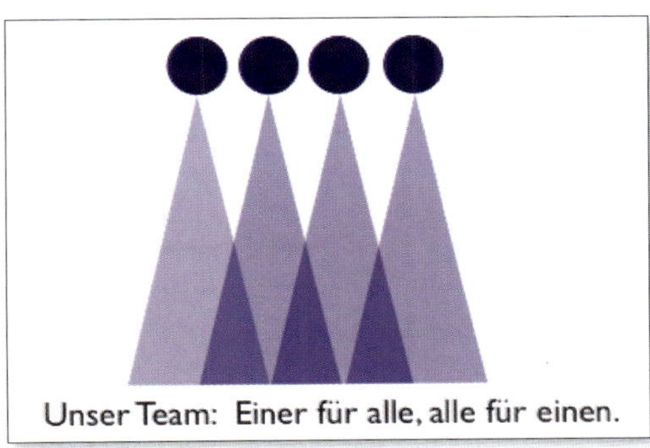

Transparente Abhängigkeiten

AUFGEPASST

Die Schieberegler in der Farbpalette und im Informationsfenster *Grafiken* haben zwar die gleiche Funktion, doch berücksichtigen sie unterschiedliche Bereiche. Mit dem Schieberegler im Grafikfenster lässt sich die Deckkraft aller Elemente innerhalb eines markierten Objekts regulieren. Mit dem Schieberegler in der Farbpalette regulieren Sie die Transparenz der Schrift.

Objekte spiegeln und drehen

Alle Objekte lassen sich im Informationsfenster *Maße* vertikal oder horizontal spiegeln. Dies ist vor allem für Formen wie *Pfeil*, *Sprechblase*, *Beschreibung* und *Rechtwinkliges Dreieck* eine optimale Funktion, um sie mühelos in die gewünschte Richtung zu bringen.

Mit Hilfe der Drehscheibe lässt sich der Winkel eines Objekts verändern. Falls Sie mehr als ein Objekt markiert haben, brauchen Sie die Elemente beim Drehen nicht zuerst zu gruppieren.

Markierte Objekte lassen sich auch ohne die Drehscheibe in einen anderen Winkel setzen. Setzen Sie dafür den Mauszeiger an einen der Anfasspunkte und halten Sie die ⌘ – Taste gedrückt. Der Mauszeiger verwandelt sich nun in eine gebogene Linie, die von Pfeilspitzen abgeschlossen wird. Lassen Sie die ⌘ – Taste gedrückt

und drehen Sie das Objekt in die gewünschte Richtung. Mit dieser Methode lässt sich ein Objekt sehr viel präziser ausrichten als mit der Drehscheibe.

Die Formen füllen: Fülleffekte, Text

Jedes der geometrischen Elemente aus dem Auswahlmenü *Formen* erscheint mit farbiger Füllung und einer Umrandung auf einer Folie. Die Farben und Muster richten sich dabei nach den Designs, die für das jeweilige Thema definiert sind. Einige Formen zeigen als Fülleffekt Farben an, andere Bilder. Diese Bilder sind Strukturmuster, die das Hintergrunddesign der Vorlage aufgreifen.

TIPP

Die folgenden Beschreibungen, wie Sie die Eigenschaften eines Objekts verändern, lassen sich auf Formen, Textfelder, Tabellenzellen und Diagramm-Elemente anwenden.

Das Werkzeug, das Sie für das Modifizieren von grafischen Elementen brauchen, finden Sie im Informationsfenster *Grafiken*. Hier ist zunächst die Rubrik *Fülleffekte* interessant. Markieren Sie das Objekt, das Sie mit einer Farbe oder einem Bild versehen möchten, und klicken Sie auf das Auswahlmenü im Bereich *Füllen*.

Sie haben die Wahl aus sechs Alternativen: *Ohne, Füllfarbe, Verlauf, Erweiterter Verlauf, Bild* und *Gefärbtes Bild*.

Ohne: Löscht die Füllung.

Füllfarbe: Klicken Sie in das kleine Ansichtsfenster und wählen Sie in der Farbpalette einen Farbton aus.

Verlauf: Die Voreinstellungen in den kleinen Vorschaufenstern beziehen sich auf die Farbe des markierten Objekts. Mit einem Klick auf den Doppelpfeil neben den Farbfeldern nimmt die Reihenfolge der Farben die umgekehrte Richtung an. Je nachdem, wie groß das Objekt ist und worauf es verweist, kann der Winkel des Verlaufs von Bedeutung sein. Mit dem nach unten zeigenden Pfeil legen Sie den Winkel auf 270° fest. Mit dem nach rechts weisenden Pfeil stellen Sie den Winkel zurück auf Null.

Erweiterter Verlauf: Mit dieser Variante lassen sich phänomenale Effekte erzielen, da der Fokus geändert und dem Verlauf weitere Farben hinzugefügt werden können. Sobald Sie mit dem Mauszeiger an den unteren Rand des Verlaufsbalkens fahren, wird neben dem Zeiger ein kleines Pluszeichen eingeblendet. Mit einem Klick erscheint ein neues Farbkästchen, ein sogenannter Übergangspunkt, der die Farbe aus dem Verlaufsbalken übernimmt. Diese Farbe ist jedoch gegen eine andere austauschbar. Sie brauchen dazu nur auf einen anderen Farbton in der Farbpalette zu klicken. Auf diese Weise können Sie beliebig viele Übergangspunkte erstellen. Die Punkte lassen sich auch duplizieren. Klicken Sie dazu in eines der Kästchen und halten Sie beim Verschieben des Mauszeigers die ⌥ – Taste gedrückt. Die Kästchen können nun nach links oder rechts verschoben und sogar über andere hinweg gezogen werden, wobei jedes Mal andere Farbeffekte und -verläufe entstehen. Überflüssig gewordene Kästchen ziehen Sie nach unten von der Leiste weg.

Nun ist diese multiple Farbigkeit innerhalb einer Form nicht sonderlich spektakulär oder funktional. Das Highlight ist der sogenannte radiale Verlauf, den die definierten Farben mit einem Klick auf den mittleren Button nehmen. Der Verlauf wird damit kreisförmig von der Mitte des Objekts aus angezeigt. Mit Hilfe der blauen Anfasspunkte lässt sich der Fokus verschieben und die Größe des Spektrums verändern. So gestalten Sie beispielsweise einen Spot auf einen zentralen Begriff oder lassen den Begriff wie in einem Strahlenkranz erscheinen. Mit den Dreiecken am oberen Rand des Balkens passen Sie den Übergangspunkt für den Verlauf an. Je näher Sie dabei einem nächsten Übergangspunkt kommen, desto härter wird die Farbe gezeichnet.

Radialer Verlauf, um einen Begriff zu fokussieren

Weitere Beispiele für den erweiterten Verlauf

Bild: Ziehen Sie das gewünschte Foto entweder aus dem Fenster *Medien* oder einem Finder-Fenster in das Vorschaufeld. Wenn Sie die Alternative über das Dialogfenster *Öffnen* bevorzugen, klicken Sie auf *Auswählen*. Sie sehen das Foto anschließend sowohl im Vorschaufenster als auch in dem markierten Objekt.

Gefärbtes Bild: Auch hier ziehen Sie das Foto entweder aus dem Fenster *Medien* oder aus einem Finder-Fenster in das Vorschaufeld. Bei dieser Option passen sich die Farben Ihres gewählten Bildes den Farben an, die für die Vorlage bestimmend sind. Sie selbst haben die Möglichkeit, die Farbe über die Farbpalette zu modifizieren. Klicken Sie hierfür in das Farbfenster rechts neben dem Button *Auswählen*.

AUFGEPASST

Achten Sie darauf, dass Sie das Bild in das Vorschaufenster in den Informationen ziehen und nicht direkt auf die Form.

Für die Optionen *Bild* und *Gefärbtes Bild* stellt Keynote verschiedene Möglichkeiten für die Skalierung des Bildes zur Verfügung:

Größe anpassen: Das Bild fügt sich in die Abmessung des Objekts ein. Falls sich die Form des Bildes jedoch von der des Objekts unterscheidet, bleiben Bereiche des Objekts unter Umständen leer. Das passiert zum Beispiel, wenn Sie ein hochformatiges Bild in ein querformatiges Objekt einfügen.

Formatfüllend: Das Bild wird vergrößert oder verkleinert, um das Objekt komplett auszufüllen. Leere Bereiche, wie in der Option *Größe anpassen* möglich, sind hier ausgeschlossen.

Verzerren: Das Bild wird in seiner Größe so weit verändert, dass es an die Abmessungen des Objekts angepasst wird. So wird zum Beispiel ein querformatiges Bild, das Sie in ein hochformatiges Objekt einfügen, extrem verzerrt, da sich das Bild dem Format des Objekts anpasst.

Originalgröße: Das Bild ändert seine ursprünglichen Abmessungen nicht, was bedeutet, dass große Bilder unter Umständen nicht ganz angezeigt werden. Ist das Bild kleiner als das Objekt, wird es von leeren Bereichen umgeben.

Gekachelt: Diese Option eignet sich vor allem für kleine Bildformate. Das Bild erscheint so oft in der Form, bis sie vollständig mit dem Motiv ausgefüllt ist.

In den meisten Themen sind die Formen standardmäßig mit einer Umrandung versehen. Aussehen, Farbe und die Stärke dieser Umrandung stellen Sie in der Formatierungsleiste, im Bereich *Linieneffekte*, ein oder im Informationsfenster *Grafiken*. An beiden Orten haben Sie die Wahl aus sieben teilweise sehr markanten Linieneffekten, der Option *Ohne* und bereits vorgefertigten Bilderrahmen.

Text in Grafikelementen

In die Formen lässt sich selbstverständlich auch Text eingeben. Bringen Sie dafür zuerst den Cursor mit einem Doppelklick in das Objekt. Wie in Platzhaltern und Tabellenzellen signalisiert ein Kreuz am unteren Objektrand, wenn der eingegebene Text für den zur Verfügung stehenden Raum zu umfangreich ist. Vergrößern Sie die Form an einem der Anfasspunkte. Alternativ lässt sich natürlich auch die Schriftgröße verringern, doch ist der Text dann während der Präsentation eventuell nicht mehr gut zu lesen. Die Option *Automatisch verkleinern*, mit der die Schrift in den Platzhaltern angepasst wird, funktioniert für die Formen nicht.

Wie in einem Textfeld wird der eingegebene Text zentriert ausgerichtet. Die links- oder rechtsbündige Ausrichtung erreichen Sie mit einem Klick auf das jeweilige Symbol in der Formatierungsleiste.

TIPP

Um flexibler bei der Texteingabe und vor allem bei der Platzierung des Textes innerhalb einer Form zu sein, empfiehlt es sich, den Text in ein separates Textfeld einzugeben und dieses Feld auf der Form zu positionieren. Für diesen Fall ist es sinnvoll, die beiden Elemente zu gruppieren, damit es zu keinen ärgerlichen Verschiebungen kommt.

Hilfslinien und Lineale für die Arbeit mit Grafiken und Objekten

Sobald Sie ein Objekt auf einer Folie bewegen, erscheinen farbige Hilfslinien, die die präzise Ausrichtung von Elementen einfach machen. Die Linien haben magnetische Anziehungskraft, was bedeutet, dass die Objekte automatisch auf die Position der Hilfslinien springen und dort einschnappen.

GRUNDLAGEN

Hilfslinien werden während der Präsentation selbstverständlich nicht angezeigt.

Die Hilfslinien zeigen die Objektmitte und die Objektgrenzen an. Das ist dann praktisch, wenn Sie mehrere Objekte akkurat neben- oder untereinander platzieren möchten. Da das Programm davon ausgeht, dass ein Objekt im Verhältnis zu anderen Objekten verschoben werden soll, greifen die Hilfslinien auf alle Elemente in unmittelbarer Nähe zum markierten Objekt über.

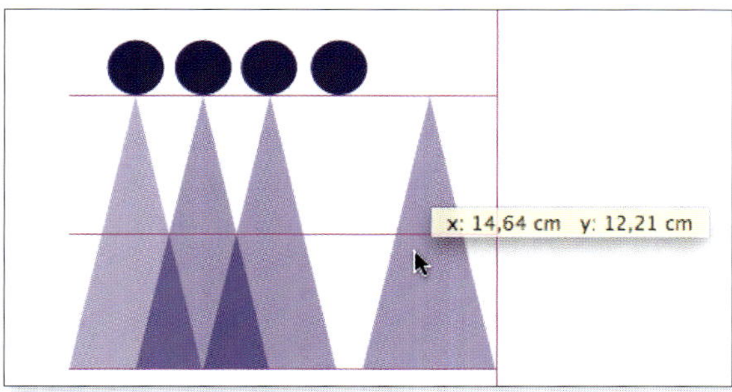

Alles im Lot mit Hilfslinien

TIPP

Der Schnappeffekt der Hilfslinien erschwert die minimale Verschiebung von Objekten. Weichen Sie deshalb bei kleinen, feinen Ausrichtungen – beispielsweise bei der Positionierung eines Textfeldes innerhalb eines Elements – auf die Pfeiltasten ←·· ··→↑↓ aus. Markieren Sie das Objekt und halten Sie jene Pfeiltaste, die die gewünschte Richtung anzeigt, so lange gedrückt, bis die Position stimmt.

Wollen Sie die Hilfslinien kurzzeitig ausblenden, halten Sie beim Bewegen des Objekts einfach die ⌘ – Taste gedrückt.

Die Hilfslinien sind automatisch zur Stelle, wenn Sie ein Objekt zentrieren oder es an der Mitte oder Kante eines anderen Objekts ausrichten wollen.

In der aktuellen Version des Programms ist das Spektrum an Hilfen fürs millimetergenaue Ausrichten von Objekten um eine pfiffige Funktion erweitert worden: Wenn Sie drei oder mehr Objekte zueinander platzieren, werden die Zwischenräume angezeigt, sobald die Objekte im exaktem Abstand zueinander stehen. Diese Funktion ist auch aktiv, wenn Sie aus einer Form mit gedrückter ⌥ – Taste weitere Kopien ziehen.

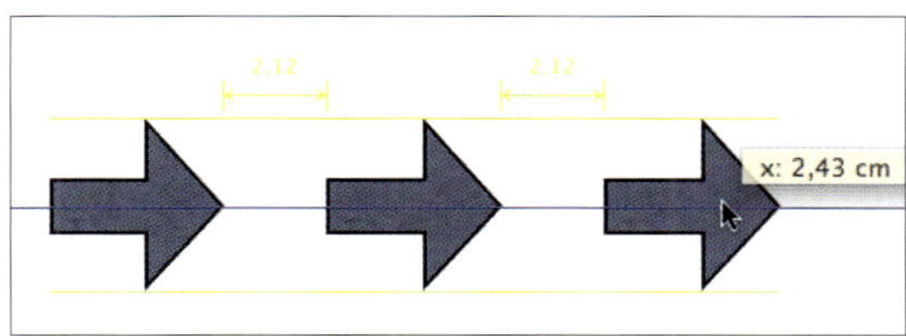

Dank der Abstandsmesser lassen sich Objekte mit millimetergenauem Abstand platzieren.

Haben Sie jedoch vor, ein Objekt nach ganz anderen Kriterien exakt zu platzieren, gibt es die Möglichkeit, eigene Hilfslinien zu erstellen. Voraussetzung ist, dass die Lineale eingeblendet sind.

Die Lineale zaubern Sie auf verschiedene Weise hervor: Sie klicken in der Symbolleiste auf *Darstellung | Lineale einblenden*. Alternativ wählen Sie den Befehl Lineale einblenden im Menü Darstellung. Oder Sie entscheiden sich für die Tastenkombination ⌘ – R.

Nun lassen sich bequem Hilfslinien aus den Linealen herausziehen und auf der Folie ablegen:

- Positionieren Sie den Cursor in die vertikale oder horizontale Linealleiste.
- Halten Sie die Maustaste gedrückt und ziehen Sie die Linie an die gewünschte Position.
- Auch nachträglich lässt sich eine Hilfslinie an eine andere Position rücken. Platzieren Sie den Mauszeiger auf eine Linie und verschieben Sie die Linie mit gedrückter Maustaste.
- Sollten Sie die Linien nicht mehr brauchen, blenden Sie diese entweder kurzfristig aus (Symbolleiste *Hilfslinien | Hilfslinien ausblenden*), oder Sie löschen sie, indem Sie sie wieder zurück in die Linealleiste schieben.

Anders als die automatisch eingeblendeten Linien sind die selbst erzeugten Linien statisch. Das bedeutet, dass Ihnen die Linien für beispielsweise nachträgliche Bearbeitungen erhalten bleiben.

AUFGEPASST

Hilfslinien lassen sich erst dann erstellen, wenn ein Objekt auf der Folie markiert ist. Befindet sich der Cursor in einem Platzhalter, ist es nicht möglich, eine Linie aus den Linealen zu ziehen.

Der Nullpunkt der Lineale liegt standardmäßig in der Mitte des Lineals. Die Positionen einer Linie werden in kleinen Textfeldern angezeigt, sobald Sie die Linie bewegen. Die Option dieser Positionsangabe ändern Sie im Menü *Keynote | Einstellungen | Lineale*. Deaktivieren Sie die Funktion *Ursprung in der Linealmitte*, wenn Sie Positionsangaben bevorzugen, die sich am Nullpunkt oben auf der x-Achse und links außen auf der y-Achse orientieren.

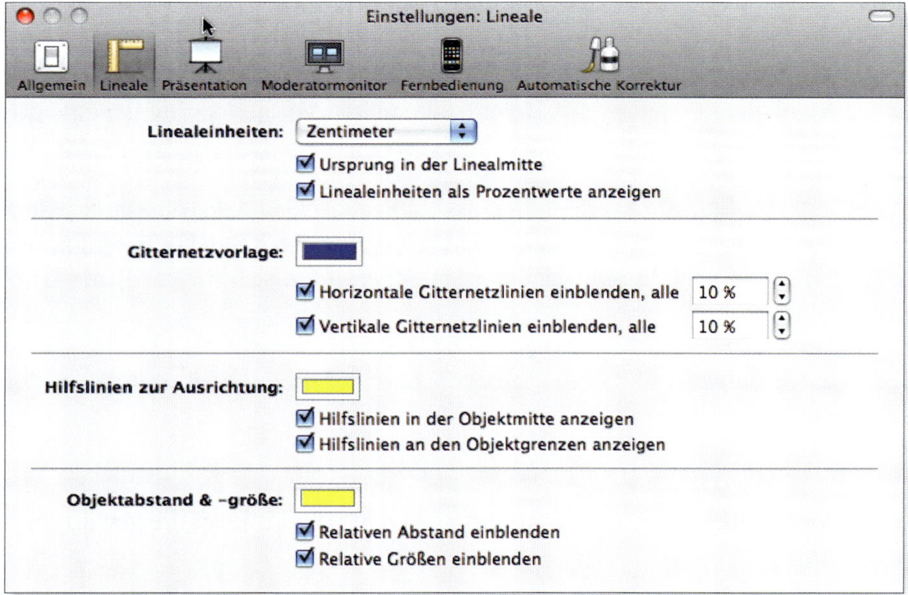

Individuelle Einstellungen für die Lineale

In den Einstellungen haben Sie auch Gelegenheit, die Farbe der Hilfslinien Ihrem Geschmack anzupassen. Klicken Sie in das Farbfeld und entscheiden Sie sich in der Farbpalette für einen anderen Farbton.

Wenn Sie Vorlagen, sprich Masterfolien kreieren, stellt Keynote Ihnen ein weiteres Hilfsmittel für die akkurate Platzierung von Objekten zur Verfügung: horizontale und vertikale Gitternetzlinien. Je nachdem, welche Prozentangabe Sie als Abstand zwischen den Linien definiert haben, unterteilen Sie die Folie in entsprechend große Segmente. Das exakte Ausrichten von Logos oder anderen grafischen Elementen auf Ihrer Vorlage wird damit extrem erleichtert.

Objekte zueinander ausrichten

Objekte lassen sich links, mittig oder rechts entweder relativ zur Folie oder in Bezug zu den Rändern anderer Objekte ausrichten. Dies ist jedoch abhängig davon, wie viele Objekte Sie markiert haben. Ist es nur ein einzelnes Objekt, lässt es sich mit den Befehlen im Menü *Format | Ausrichten* fix an die gewünschte Stelle auf der Folie bringen. Wenn Sie sich zum Beispiel für die Ausrichtung *Links* entscheiden, findet sich das Objekt am äußersten linken Rand der Folie wieder.

Sobald Sie mehr als ein Objekt markieren, werden die Objekte zueinander ausgerichtet und in gleichmäßigem Abstand zueinander verteilt. Ist die Verteilung an den linken Objekträndern ausgerichtet, werden die markierten Elemente am linken Rand desjenigen Objekts ausgerichtet, das am weitesten links steht. Bei der rechtsbündigen Ausrichtung werden die markierten Objekte am rechten Rand desjenigen Objekts ausgerichtet, das sich am weitesten rechts befindet. Bei der Ausrichtung an den oberen oder unteren Objekträndern werden markierte Elemente am oberen bzw. unteren Rand desjenigen Objekts ausgerichtet, das am weitesten unten bzw. oben liegt. Bei der Ausrichtung an der Objektmitte werden Objekte an einer gedachten vertikalen Linie mittig ausgerichtet.

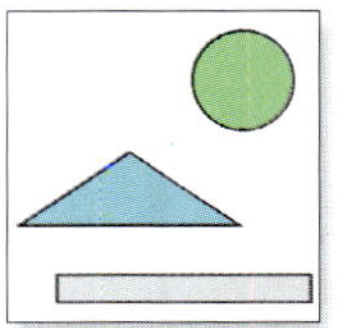

Die Ursprungsgrafik

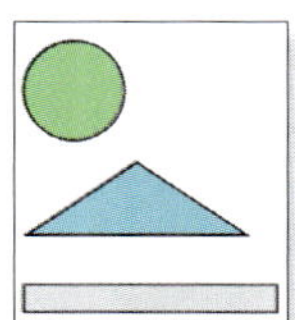

Ausrichtung an den linken Objekträndern

Ausrichtung an den rechten Objekträndern

Ausrichtung an den unteren Objekträndern

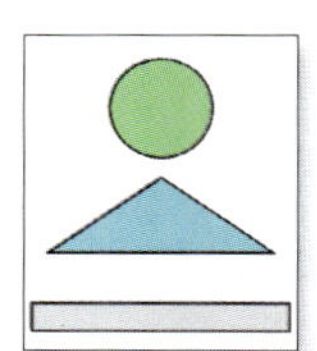

Zentrierte Ausrichtung

Objekte vorne oder hinten anordnen

Sobald Sie mehrere grafische Objekte erstellen, werden die Objekte in der Reihenfolge angeordnet, in der sie von Ihnen gezeichnet wurden. So liegt das zuerst erstellte Objekt ganz hinten und das zuletzt gezeichnete ganz vorn in der Reihe. Diese Anordnung können Sie jederzeit problemlos verändern. Für das Verschieben eines Objekts nach ganz hinten oder nach ganz vorn gibt es die Symbole *Vorne* und *Hinten* in der Symbolleiste. Mit diesen beiden Schaltknöpfen lässt sich die Reihenfolge der Objekte auch während der Bearbeitungsphase bequem steuern. Liegen mehr als zwei Objekte übereinander, und Sie wollen ein markiertes Objekt nur um eine Ebene nach vorn oder hinten bringen, wenden Sie die Optionen *Schrittweise vorwärts* oder *Schrittweise rückwärts* im Menü *Anordnen* an.

In unserem Beispiel sehen Sie, welchen gestalterischen Unterschied es macht, ob der Pfeil vor oder hinter dem Textfeld liegt.

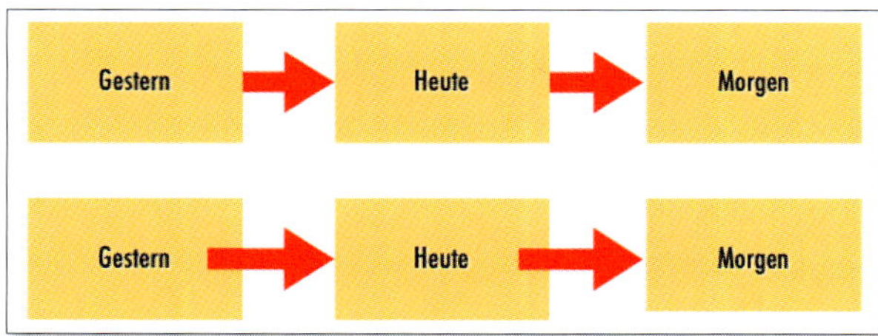

Der Pfeil liegt im oberen Beispiel hinter und im unteren Beispiel vor dem Objekt.

Objekte gruppieren

Wir möchten Ihnen an dieser Stelle den guten Tipp geben, reichlich Gebrauch von der Funktion Gruppieren zu machen. Damit vereinen Sie, was zusammengehört und was sich anschließend bequem gemeinsam formatieren oder verschieben lässt. Besonders sinnvoll und rationell ist die Gruppierung, wenn Sie mehrere Elemente gleichzeitig in ihrer Größe ändern wollen.

AUFGEPASST

Beim Skalieren von gruppierten Elementen wird die eingefügte Schrift nicht vergrößert. Hier ist manuelle Nacharbeit nötig.

Zunächst gilt es, die Objekte, die einen Verbund bilden sollen, zu markieren. Sie klicken dafür entweder mit gedrückter ⌘ – Taste auf die Einzelelemente. Oder Sie fahren mit gedrückter Maus über die Objekte. Diese Methode ist die weitaus schnellere. Klicken Sie anschließend in der Symbolleiste auf *Gruppieren*.

Sie werden sehen, dass die gruppierten Elemente jetzt nur noch von acht Ziehpunkten umgeben sind.

Um Änderungen an einem Einzelobjekt vorzunehmen, lösen Sie den Verbund über den Befehl *Gruppierung aufheben.*

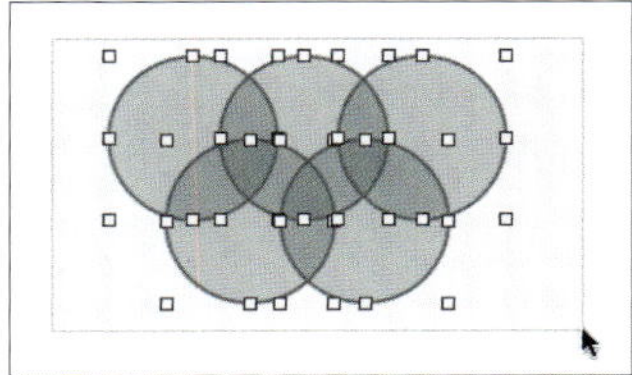

Aus Einzelobjekten …

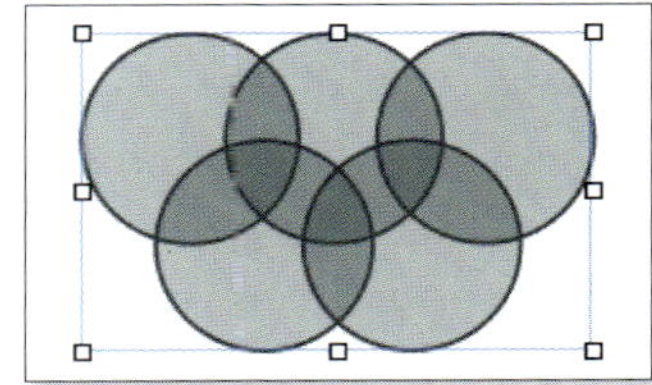

… wird eine Gruppe.

Wenn Sie ein so zusammengeschweißtes Objekt auch auf anderen Folien oder in einem anderen Dokument verwenden möchten, kopieren Sie es mit der Tastenkombination ⌘ – C und fügen es auf der gewünschten Folie oder in einem Pages-Dokument mit der Kombination ⌘ – V ein.

Grafische Elemente als Standard definieren

Die Modifikationen, die Sie an einer Form vorgenommen haben, lassen sich als Standard definieren. Diese Option ist vor allem dann interessant, wenn Sie stets die gleichen Änderungen an einer Form vornehmen – sei es die Stärke der Umrandung, die Linienart, der Fülleffekt oder der Schattenwurf. Hierfür markieren Sie die Form und klicken im Menü *Format* auf den Eintrag *Erweitert…* . Entscheiden Sie nun, ob die Form für alle Vorlagen gelten soll oder lediglich für die, auf der die aktuelle Folie basiert.

Ihre individuell vorgenommen Modifikationen werden automatisch von allen Formen (außer von der Linie) übernommen. Wundern Sie sich also nicht, wenn zum Beispiel die Formen Ihrer Hyperlinks nun eine gepunktete Linie bekommen oder einen Schatten werfen.

GRUNDLAGEN

Änderungen an der Größe der Form, die Sie als Standard definiert haben, werden grundsätzlich nicht übernommen. Für die Linien lässt sich ein eigener Standard definieren.

Hyperlinks erstellen

Hyperlinks sind Sprungstellen. Man kennt sie vor allem aus dem Internet, wo man per Mausklick auf einen Hyperlink zu einer anderen Seite gelangt. Per Mausklick lässt sich zudem eine Datei herunterladen oder das E-Mail-Programm öffnen, um fix eine E-Mail zu verfassen. Das alles funktioniert, ohne dass man sich aus dem Browser herausbewegt. So ähnlich funktionieren auch die Hyperlinks in Keynote. Per Hyperlink navigieren Sie durch die Präsentation, öffnen andere Keynote-Dokumente oder eine Mail mit eingefügter Empfängeradresse. Hyperlinks eignen sich aufgrund dieser Funktionen hervorragend für Präsentationen, die Sie Kunden oder Geschäftspartnern zur Verfügung stellen. Per Mausklick navigiert der Betrachter durch die Präsentation, landet auf Ihrer Firmen-Website und kann Ihnen zum Abschluss eine Mail senden, um sich für die gelungene Darbietung zu bedanken. Neugierig geworden? Dann lesen Sie die folgenden Abschnitte.

Objekte als Hyperlinks

Um einen Überblick über die verschiedenen Hyperlinktypen zu bekommen, öffnen Sie das Informationsfenster *Hyperlink*.

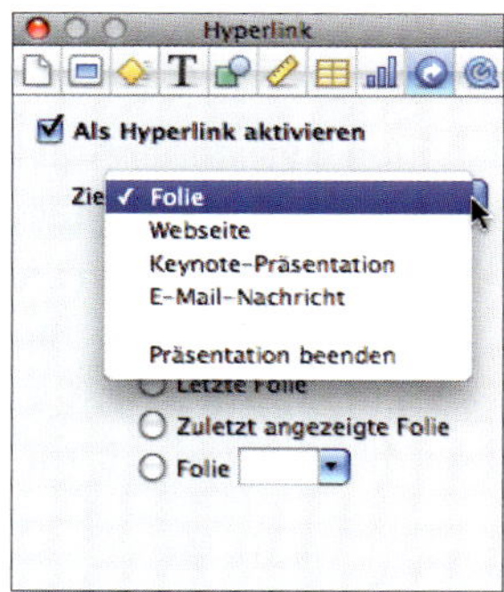

Das Informationsfenster »Hyperlink«

Sie haben die Wahl aus einer Verlinkung zu anderen Folien, zu einer Webseite, einer Keynote-Präsentation und einer E-Mail-Nachricht. Im Informationsfenster werden dann jeweils die zu der gewählten Verknüpfung relevanten Optionen angezeigt. Damit die Verknüpfung klappt und die entsprechenden Aufgaben auch ausgeführt werden, muss zunächst ein Objekt auf der Folie als Hyperlink definiert werden. Was sich kompliziert anhört, ist in der Praxis eine recht simple Angelegenheit. Denn sowohl Text als auch geometrische Formen, Bilder oder gar Filme lassen sich zu einem Hyperlink umwandeln. Beginnen wir mit den Formen: Die wohl bekannteste geometrische Form für einen Hyperlink ist der Pfeil.

TIPP

Das Thema *Schaufenster* beinhaltet standardmäßig Hyperlinks, die aus recht hübsch anzusehenden Pfeilen und einem Häuschen als Symbol für die erste Folie bestehen. Die Symbole lassen sich ohne weiteres kopieren und in anderen Themen verwenden. Öffnen Sie dazu zunächst eine Folienvorlage des Themas *Schaufenster*. Fahren Sie anschließend mit gedrückter Maustaste über die Pfeile, um die Elemente zu markieren. Mit der Tastenkombination ⌘ – C kopieren Sie die Symbole, die Sie anschließend auf der Zielfolie mit der Tastenkombination ⌘ – V einsetzen. Farbe und Größe lassen sich nun an das Design der Zielfolie anpassen.

POWER USER

Wenn Sie auf allen Folien Ihrer Präsentation Objekte als Hyperlinks erstellen wollen, empfehlen wir, dies in den Folienvorlagen zu tun. Damit erscheinen die Hyperlinks auf allen Folien, die Sie von diesen Vorlagen erstellen. Mit diesem Vorgehen sparen Sie enorm viel Zeit.

Markieren Sie nun das Objekt, das Sie als Hyperlink auserkoren haben, und klicken Sie im Fenster *Hyperlink* auf *Als Hyperlink aktivieren*. Der nach rechts weisende Pfeil, der in dem Objekt erscheint, zeigt an, dass es geklappt hat und Sie die Aktion, die der Hyperlink bewirken soll, definieren können.

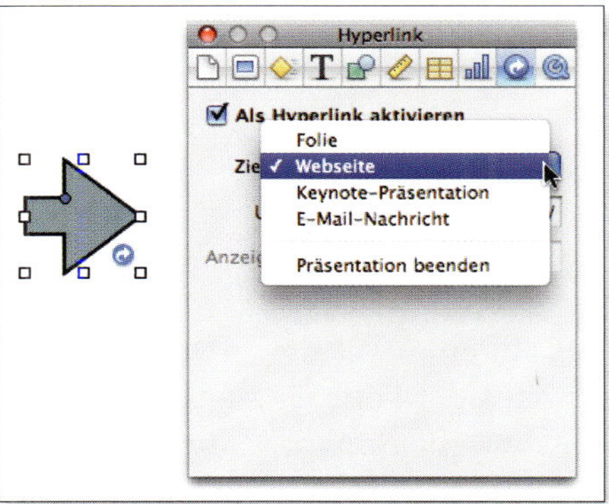

Ein Hyperlink und sein Informationsfenster

Text als Hyperlink

Auch ein ausgewählter Begriff lässt sich als Hyperlink definieren. Dabei wird der Text, analog zu Textlinks, wie Sie sie von Internetseiten kennen, unterstrichen. Nun ist unterstrichener Text kein ästhetisches Juwel, weshalb Sie in den *Einstellungen* ...

(Menü *Keynote*), Register *Automatische Korrektur*, die Gelegenheit haben, die Unterstreichung zu unterdrücken.

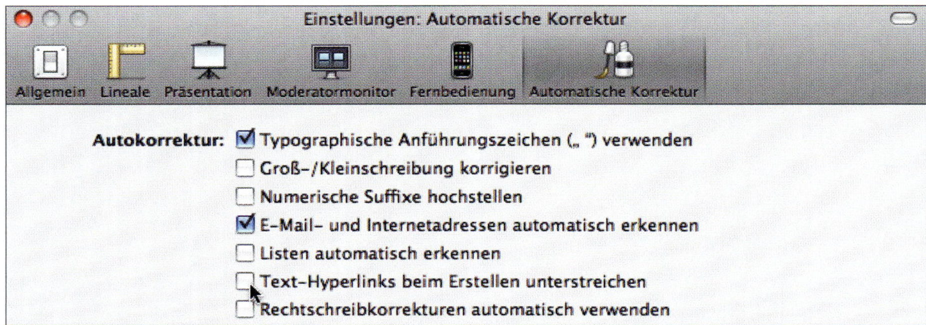

Die Unterstreichung deaktivieren

Deaktivieren Sie die Option, bevor Sie Hyperlinks setzen. Denn mit diesem Eintrag löschen Sie keine bereits bestehenden Unterstreichungen. Hierfür markieren Sie den Begriff und klicken in der Symbolleiste auf U.

POWER USER

Damit Sie sich während der Präsentation erinnern, hinter welchen Wörtern Hyperlinks stecken, machen Sie sich am besten im Notizenfeld (Symbol *Darstellung | Moderatornotizen einblenden*) entsprechende Anmerkungen. Diese Notizen werden bei einer Beamer-Präsentation auf Ihrem Rechner angezeigt, nicht aber auf der Leinwand.

Webseiten als Hyperlink

Der häufigste Weg, innerhalb eines Dokuments auf eine Website zu verlinken, ist wohl der, einfach die URL der Website auf der Seite oder Folie einzugeben oder zu kopieren. Texteingaben, die mit »http« oder »www« beginnen, wandelt Keynote automatisch in einen Hyperlink um.

GRUNDLAGEN

Wer diese automatische Erkennung nicht mag, schaltet die entsprechende Option in den Einstellungen (Menü *Keynote*) aus.

Die Alternative zu dieser Methode ist, einen Begriff zu markieren, ihn in den Informationen als Hyperlink zu aktivieren, im Aufklappmenü *Ziel* den Begriff *Webseite* anzuklicken und die Adresse in das Feld *URL* einzugeben.

Verlinkung mit einer anderen Präsentation

Wenn Sie die Variante *Keynote-Präsentation* im Aufklappmenü *Ziel* (Informationsfenster *Hyperlink*) anklicken, erscheint das Dialogfenster *Öffnen*, in dem Sie die gewünschte Datei auswählen. Mit einem Hyperlink zu einer weiteren Keynote-Datei lässt sich diese während der Präsentation im Vorführmodus starten. Natürlich können Sie auch in der verlinkten Präsentation einen Hyperlink platzieren, der wiederum auf die erste Präsentation verweist. Auf diese Weise haben Sie die Möglichkeit, im Vorführmodus zwischen zwei Präsentationen hin- und herzuwechseln.

AUFGEPASST

Für den Fall, dass Sie die aktuelle Präsentation auf einem anderen Rechner vorführen und Sie einen Hyperlink definiert haben, der auf eine weitere Keynote-Präsentation verweist: Denken Sie auf jeden Fall daran, diese Präsentation mit auf das Speichermedium zu ziehen, damit es zu keiner Panne während Ihres Auftritts kommt.

Verlinkung auf eine E-Mail-Nachricht

Bei dieser Option wird standardmäßig Ihre E-Mail-Adresse in das Feld *An* eingefügt. Die Adresse ist natürlich gegen eine andere austauschbar. Sie haben auch Gelegenheit, einen aussagekräftigen Betreff einzugeben, der automatisch in das Formular der E-Mail eingetragen wird. Im Vorführmodus wird mit einem Klick auf den Hyperlink eine neue E-Mail geöffnet.

Verlinkung mit anderen Folien

Präsentationen mit Hyperlinks zur nächsten oder vorherigen Folie sind zum Beispiel für Infosäulen an Messeständen oder Verkaufsterminals interessant. Der Betrachter navigiert dabei selbstständig durch die Vorführung.

Abgesehen von Präsentationen, durch die Sie komplett mit Hilfe von Hyperlinks navigieren, lassen sich diese interaktiven Schaltflächen natürlich auch auf nur einzelnen Folien platzieren. Dieses Vorgehen ist auch für dramaturgische Zwecke recht

interessant. Denn angenommen, Sie planen, in Ihrer Präsentation einen neuen Aspekt nochmals mit einem bereits vorgestellten in Verbindung zu bringen – Sie wollen zum Beispiel von Folie 17 zurück auf Folie 12 verlinken, um Ihren Zuhörern den Inhalt dieser Folie noch einmal zu vergegenwärtigen: Definieren Sie dafür auf beiden Folien ein Objekt als Hyperlink. Auf Folie »17« geben Sie in das Feld *Folie* 12 ein; auf Folie 12 geben Sie hier »17« ein.

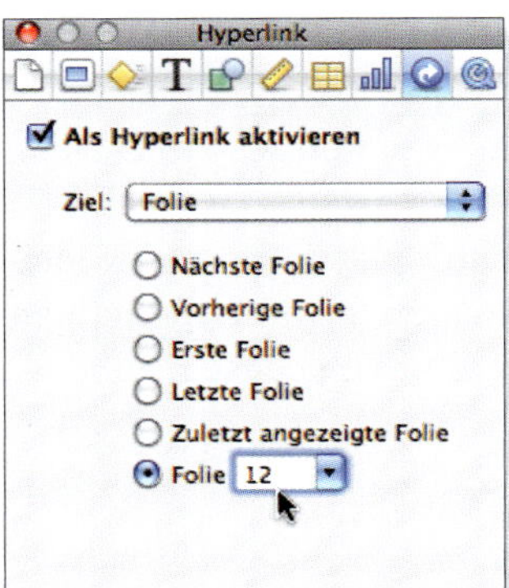

Ein Hyperlink zu einer bestimmten Folie

Audio- und Filmdateien in die Präsentation einbinden

Ihre Präsentation lässt sich mit passenden Musikstücken bereichern und mit Filmdateien ergänzen oder erweitern. Keynote unterstützt die Dateiformate MOV, MP3, MP4, FLASH, AIFF, AAC und MPEG-4. Mit Hilfe des Medienfensters können Sie Audio- und Filmdateien schnell und völlig unkompliziert in eine Präsentation integrieren.

Sie haben die Wahl: Entweder binden Sie ein Musikstück als Untermalung für die gesamte Präsentation ein oder Sie ergänzen ausgewählte Folien um eine passende Hintergrundmusik. Für die zweite Variante ziehen Sie einfach ein Musikstück Ihrer Wahl aus dem Medienfenster auf eine Folie. Das Symbol für eine eingefügte Audiodatei ist ein Lautsprecher. Der Titel der Datei wird im Informationsfenster *Maße* angezeigt.

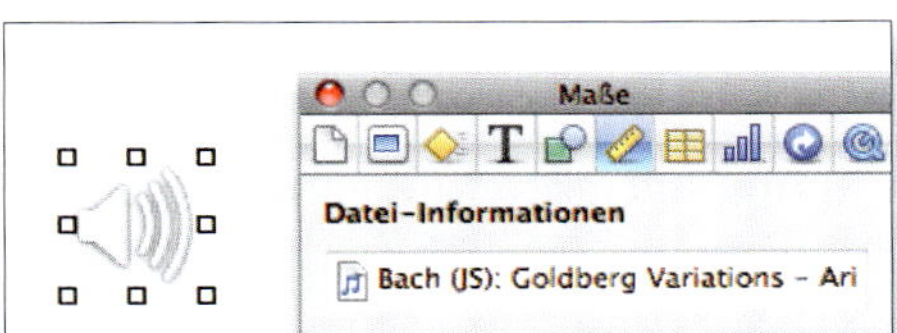

Eine Audiodatei für eine einzelne Folie

GRUNDLAGEN

Für alle, die nicht mit iTunes arbeiten oder die ihre Audiodateien an unterschiedlichen Orten aufbewahren: Ziehen Sie die Dateien entweder aus einem Finder-Fenster per Drag & Drop auf die Folie oder wählen Sie im Menü *Einfügen* den Befehl *Auswählen*.

Ein Musikstück als Untermalung für die gesamte Präsentation

Öffnen Sie für diesen Zweck das Informationsfenster *Dokument | Audio*. Klicken Sie auf den Button *iTunes-Bibliothek* und ziehen Sie die gewünschte Datei aus dem Medienfenster per Drag & Drop in das kleine Fenster *Soundtrack*. Mit dem Schieberegler *Lautstärke* legen Sie fest, wie laut oder leise die Musik während der Vorführung erschallt. Definieren Sie bitte auch, ob das Stück ein Mal wiedergegeben oder als Endlosschleife wiederholt werden soll.

Einstellungen für die musikalische Untermalung

GRUNDLAGEN

Die Einstellung *Endlosschleife* ist bei solchen Präsentationen sinnvoll, die an Messeständen oder Informationsbörsen automatisch und eben auch endlos gezeigt werden.

Wollen Sie während der Präsentation die Musik ausschalten, drücken Sie die Taste »Ton ausschalten« auf der Tastatur. Um zu einem späteren Zeitpunkt herauszubekommen, welches Musikstück Sie der Präsentation hinterlegt haben, fahren Sie mit dem Mauszeiger auf das Vorschaufenster *Soundtrack*. Der Titel des Stückes wird nun eingeblendet.

Das Musikstück wird abgespielt, sobald die Vorführung beginnt. Hierbei ist es völlig gleichgültig, mit welcher Folie Sie Ihren Vortrag eröffnen. Das Stück startet von vorn – egal, ob Sie mit der ersten oder mit einer der letzten Folien beginnen.

Wollen Sie die Musikdatei wieder aus Ihrer Präsentation entfernen, ziehen Sie das Dateisymbol einfach aus dem Fenster heraus.

Filme integrieren

Wie wäre es damit, die Präsentation um einen oder mehrere Filme im QuickTime-Dateityp zu bereichern? Zum Beispiel als Auftakt oder Pauseneinlage? Ziehen Sie die Datei aus dem Medienfenster *Filme* auf eine Folie und positionieren Sie den Film mit gedrückter Maustaste. Löschen Sie gegebenenfalls die Platzhalter oder richten Sie diese neu aus.

Die Filmdatei wird als ein Objekt wie jedes andere angesehen. Deshalb kann sie auch ähnlich wie eine Grafik behandelt, also mit einer Rahmenlinie oder einem Schatten oder gar mit Textfeldern versehen werden. Als Text bietet sich der Filmtitel oder auch der Name Ihres Unternehmens an.

Auf der Filmdatei sind Textfelder integriert

Im Informationsfenster *QuickTime* legen Sie mit Hilfe der Schieberegler *Start/Stopp* fest, mit welchem Bild der Film startet und mit welchem er aufhört. Darüber hinaus haben Sie mit dem Schieberegler *Titelbild* Gelegenheit, ein Bild auszuwählen, das angezeigt wird, bevor der Film startet. Diese Option ist jedoch nur interessant, wenn Sie die Box *Beim Klick Film starten* aktivieren. Ansonsten startet der Film sofort, sobald die Folie während der Präsentation eingeblendet wird. Unter *Wiederholen* definieren Sie die Häufigkeit des Abspielens – einmal oder endlos.

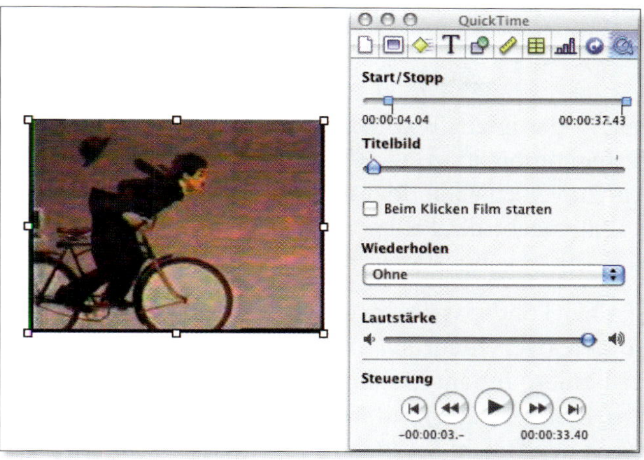

Legen Sie das Startbild Ihres Films fest.

Mit den Steuerungsfunktionen können Sie sich während der Vorbereitung jederzeit den ganzen Film oder Ausschnitte daraus ansehen. Blenden Sie die *Darstellung | Moderatornotizen* ein, wenn Sie zu einzelnen Szenen Stichpunkte notieren möchten.

Die Filmsteuerung während der Präsentation

In dem Moment, in dem Sie während der Filmvorführung die Maus auf den Film bewegen, erscheint am unteren Rand der Filmdatei eine Steuerungsleiste.

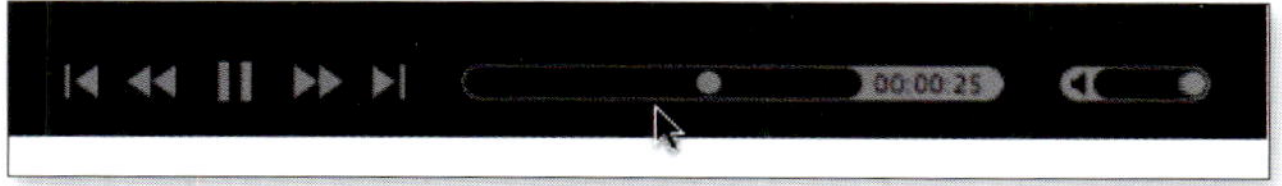

Steuerung während der Filmwiedergabe

Hierüber lässt sich der Film anhalten und wieder starten. Zudem haben Sie die Möglichkeit, mit Hilfe des Knopfes in der Fortschrittleiste schnell von einer Szene zur nächsten zu kommen. Bewegen Sie dazu den Knopf mit gedrückter Maustaste nach links oder rechts.

Tipps, um sich die Arbeit zu erleichtern

Eine Folie lebt von den Objekten, die auf ihr zu sehen sind. Das bedeutet für uns ein ständiges Hin- und Herklicken zwischen den Objekten, was wiederum eine Quelle für Ärgerlichkeiten sein kann. So kann es passieren, dass Platzhalter oder andere Objekte verrutschen, die gefälligst an ihrem Platz verharren sollen. Oder Sie wollen Objekte ineinander verschachteln und gemeinsam verschieben.

Deshalb an dieser Stelle für Sie einige grundsätzliche Tipps für Ihre Arbeit mit Objekten:

- Wenn Sie in einen Platzhalter oder in ein Textfeld Text eingeben, markieren Sie es anschließend mit der Tastenkombination ⌘ – ↵. So schaffen Sie sich bequem die Möglichkeit, das Objekt zu verschieben oder es grafisch zu bearbeiten. Zeitraubender ist es, nach der Texteingabe das Feld per Klick auf eine beliebige Stelle der Folie zu verlassen und es mit einem weiteren Klick wieder zu aktivieren.
- Sind mehrere Objekte auf einer Folie, passiert es schnell, dass beim Bearbeiten des einen Elements ein anderes versehentlich angeklickt wird und dabei verrutscht. Das lässt sich vermeiden, indem Sie die Objekte und Platzhalter, an denen Sie aktuell nicht arbeiten, festsetzen. Markieren Sie diese Objekte und rufen Sie im Menü *Anordnen* den Befehl *Schützen* auf. Mit *Schützen aufheben* geben Sie die Objekte wieder zum Bearbeiten und Verschieben frei.
- Ziehen Sie aus dem horizontalen und vertikalen Lineal weitere Hilfslinien, um die Objekte akkurat zu platzieren. Das Lineal rufen Sie mit der Tastenkombination ⌘ – L auf.
- Gruppieren Sie die Elemente, die eine Einheit bilden. Markieren Sie die Objekte und klicken Sie in der Symbolleiste auf *Gruppieren*. So zusammengefügte Objekte lassen sich duplizieren, verschieben und kopieren. Heben Sie die Gruppierung einfach wieder auf, wenn Sie die Elemente bearbeiten wollen.
- Rufen Sie die Befehle, die im engen und weiten Sinn mit dem Bearbeiten von Objekten zu tun haben, im Kontextmenü (rechte Maustaste oder die ctrl-Taste) auf. Im Kontextmenü bekommen Sie einen Überblick über alle möglichen Optionen im Zusammenhang mit dem markierten Objekt.

Kontextmenü mit allen Optionen für die Bearbeitung von Objekten

Kapitel 14

Keynote

Tabellen & Diagramme

Tabellen und Diagramme eignen sich für die übersichtliche Darstellung von Zahlenmaterial, Prognosen und Gegenüberstellungen. So der Idealfall – unglücklicherweise führen aber gerade diese Formen der Visualisierung den Zuhörer oftmals ins Verständnischaos. Da wird eine Zahlenkolonne nach der nächsten aufgeblendet, die Zahlen sind kaum lesbar und grelle Farbtöne sollen signalisieren, was man doch nicht begreift.

Ob sich eine Tabelle oder ein Diagramm eher zur Präsentation von Daten eignet, hängt im Wesentlichen von der gewünschten Information ab, die man der Präsentation entnehmen will. In Diagrammen lassen sich im Vergleich zur Tabelle vielschichtige Daten vorteilhafter präsentieren.

Was Sie mit Tabellen und Diagrammen alles anstellen können, zeigt das folgende Kapitel.

Tabellen erstellen

Mit Tabellen schafft man es relativ schnell, seine Zuhörer zuerst zu ermüden und dann zu vergraulen. Die Informationsflut ist oftmals schlicht zu groß, um aufgenommen und verarbeitet werden zu können. Wie für die Textblöcke so gilt auch für Tabellen die »7 plus 2 Regel«: Mit mehr als sieben plus maximal zwei weiteren Aussagen oder Fakten in einer Einheit sind wir schlichtweg überfordert.

TIPP

Beim Präsentieren von tabellarisch aufbereiteten Zahlenmaterialien ist der Einsatz von Animationseffekten hilfreich. Die Zuhörer werden damit schrittweise in die Materie eingeweiht, was das Verstehen und Nachvollziehen erleichtert.

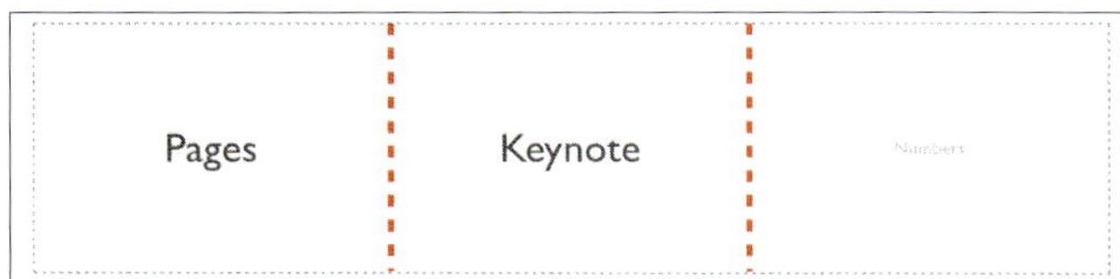

Zelleninhalte animiert einblenden

Keynote bietet Ihnen eine Fülle an Möglichkeiten, eine Tabelle optisch ansprechend zu gestalten. Mit wenigen Klicks ist aus einer standardmäßigen Tabelle ein Objekt mit individueller Note geworden. Probieren Sie aus, welche Akzente Sie mit einer Veränderung der Zellrahmen setzen oder wie Sie mit Hintergründen die Aufmerksamkeit auf Inhalte lenken können.

Eine Tabelle erhalten Sie mit einem Klick auf das Symbol Tabelle in der Symbolleiste. Gleichzeitig erscheint das Informationsfenster *Tabelle*.

Die Standardtabelle umfasst drei Zeilen sowie drei Spalten. Ihre gewünschte Anzahl an Zeilen und Spalten geben Sie entweder manuell in die entsprechenden Felder im Informationsfenster ein oder Sie verringern bzw. vergrößern die Anzahl mit Klicks auf die Dreiecke. Alternativ stehen Ihnen für die Erweiterung der Tabellen um Zeilen und Spalten auch die entsprechenden Funktionen in der Symbolleiste zur Verfügung. Durch Ziehen an den Anfasspunkten lassen sich zudem Breite und Höhe der Tabelle verstellen.

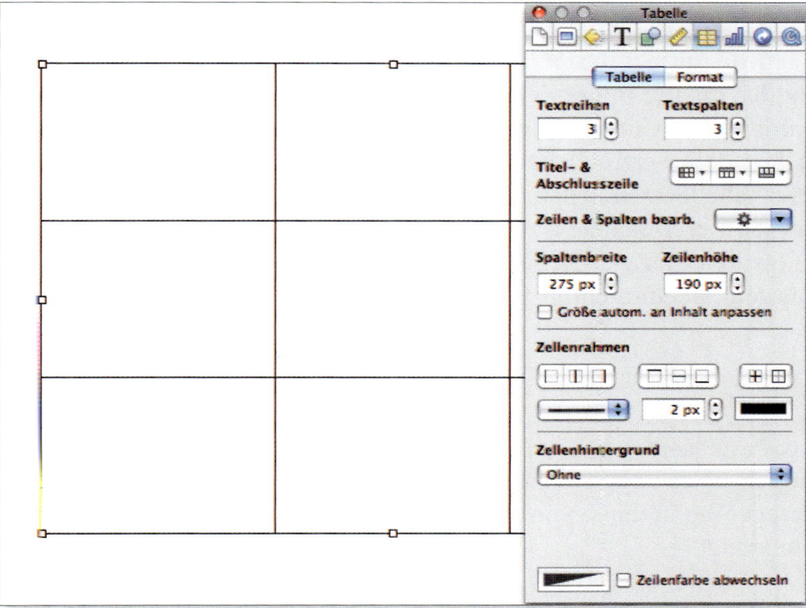

Die Standardtabelle

Halten Sie die Zahl der Spalten und Zeilen so gering wie möglich, damit die Zuhörer die Tabelle sprichwörtlich auf einen Blick erfassen können. Ein eindeutiger Hinweis auf zu viele Zahlenbeispiele ist es, wenn Sie zum Beispiel die Schriftgröße um ein inakzeptables Maß verkleinern müssen.

Haben Sie schon eine Vorstellung von Ihrer Tabelle im Kopf? Dann klicken Sie mit gedrückter ⌥ – Taste in der Symbolleiste auf *Tabelle*. Sobald Sie die Maus zurück auf die Folie bewegen, verwandelt sich der Mauszeiger in ein Kreuz. Ziehen Sie jetzt mit gedrückter Maustaste Ihre individuelle Tabelle auf. Die ⌥ – Taste können Sie dabei loslassen. Mit diesem Verfahren sparen Sie sich das Zurechtschneidern der voreingestellten Tabelle.

Import von Tabellen

Beim Import von Tabellen aus Präsentationen, die Sie mit früheren Programmversionen erstellt haben, kann es vor allem bei der Schriftgröße und dem Zeilenumbruch zu Abweichungen kommen.

Tabellen aus Numbers oder Excel lassen sich zwar nicht direkt importieren, sie können die Tabelleninhalte jedoch per Copy & Paste in die Keynote-Tabelle einfügen.

Kopieren Sie die Daten in der Numbers- oder Excel-Tabelle und setzen Sie sie in die Keynote-Tabelle mit der Tastenkombination ⌘ – V ein. Keynote übernimmt die Verteilung der Inhalte in die Zellen und sorgt dafür, dass die Tabelle mit so vielen Zeilen und Spalten ausgestattet wird, wie für die Excel-Daten benötigt werden. Sie brauchen daher erfreulicherweise nicht erst eine an Zeilen und Spalten identisch große Tabelle zu erstellen. Es reicht, eine Standardtabelle zu öffnen. Je umfangreicher die Excel-Tabelle ist, desto mehr Nacharbeit ist in Keynote nötig. Mehr als fünf Spalten und vier Reihen sind in Keynote zwar möglich. Alles, was darüber hinausgeht, beeinträchtigt freilich die Übersichtlichkeit und die Lesbarkeit.

TIPP

Per Copy & Paste lässt sich eine Tabelle aus PowerPoint nicht importieren. Für diesen Fall ist es besser, die PowerPoint-Datei mit Keynote zu öffnen. Die auf diesem Weg in die Keynote-Präsentation gebrachte Tabelle wird einwandfrei angezeigt.

Daten eingeben

Klicken Sie in eine Zelle und legen Sie mit der Eingabe der Daten oder des Textes los. Mit der Tabulator-Taste ⇥ geht es fix von einer Zelle in die nächste. Denken Sie bei dieser Art der Fortbewegung daran, dass der Tabulator auch immer den Text einer Zelle markiert und Sie den Text mit einer weiteren Eingabe überschreiben. Sollte das mal passieren, machen Sie den Schaden mit der Tastenkombination ⌘ – Z wieder gut.

Sind Sie mit dem Tabulator in der rechten Zelle der untersten Zeile angekommen, erstellt ein weiterer Klick auf die Taste eine neue Zeile. Die Größe der vorangegangenen Zeilen wird dadurch verringert, was häufig zu Platzproblemen für die bereits eingegebenen Daten führt. Denn Breite und Höhe der Zellen wachsen nicht automatisch mit dem eingegebenen Text. Wie in einem Platzhalter wird Ihnen mit einem Pluszeichen am rechten Zellenrand angezeigt, dass der eingegebene Text zu umfangreich für den vorgegebenen Rahmen ist.

Zu viel Text für die Zelle

Sie haben nun die Möglichkeit, den Tabellenrahmen weiter aufzuziehen oder die Einstellung *Größe autom. an Inhalt anpassen* im Informationsfenster *Tabelle* zu aktivieren.

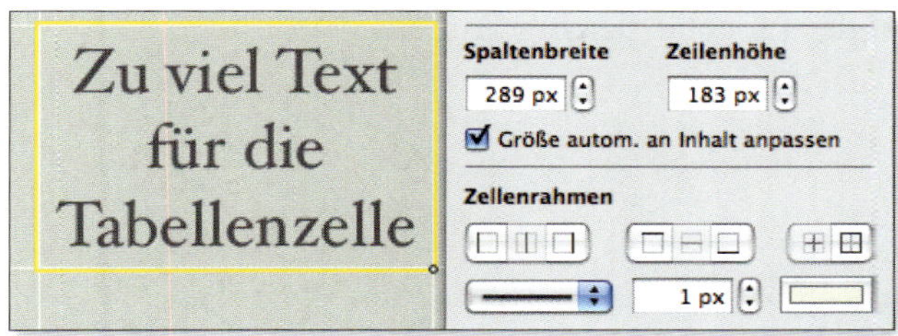

So lässt sich die Zellenhöhe automatisch anpassen.

Der eingegebene Text wird standardmäßig zentriert. Wer eine andere Ausrichtung bevorzugt, klickt in der Formatierungsleiste auf das Symbol der favorisierten Ausrichtung (linksbündig, rechtsbündig oder Blocksatz). Mit den Symbolen rechts neben der Textausrichtung legen Sie fest, ob die Texteingabe oben, mittig (standardmäßige Einstellung) oder unten beginnt.

AUFGEPASST

Falls Sie sich für eine andere Ausrichtung entscheiden, beachten Sie, dass die Einstellung bei jedem Zellenwechsel auf die vom Programm vordefinierte Einstellung zurückspringt. Damit Sie nicht ständig auf das entsprechende Symbol klicken müssen, markieren Sie die gesamte Tabelle am besten, bevor Sie eine andere Ausrichtung wählen.

Markierte Zellinhalte lassen sich mit gedrückter Maustaste verschieben oder austauschen. Um einen Inhalt zu kopieren, halten Sie beim Bewegen die ⌥ – Taste gedrückt. Die Zellumrandung wechselt bei dieser Unternehmung von Gelb auf Blau.

Tabellenzellen automatisch füllen

Wiederkehrende Begriffe brauchen Sie nicht manuell einzugeben oder per Copy & Paste in die benachbarten Zellen zu übertragen. Das Programm merkt sich, was Sie zuletzt eingegeben haben, und vervollständigt den nächsten Eintrag, sofern dieser mit den gleichen Buchstaben beginnt. Die automatische Vervollständigung gilt allerdings nicht für die erste Zeile einer Tabelle. Wahrscheinlich geht das Programm davon aus, dass jede Spalte mit einer anderen Überschrift beginnt, und schaltet die Vervollständigung deshalb aus.

Eine noch pfiffigere Methode, gleiche Begriffe von einer Zelle auf andere zu übertragen, bietet der Aktivpunkt. Sobald Sie auf eine Zelle klicken, sehen Sie am rechten

unten Rand des Zellrahmens einen kleinen Kreis, den sogenannten Aktivpunkt. Setzen Sie den Mauszeiger auf den Punkt und ziehen Sie ihn mit gedrückter Maustaste auf die benachbarten Zellen. Ziehen Sie nach rechts, wird die Reihe gefüllt, ziehen Sie nach unten, werden die einzelnen Zellen der Spalte mit Inhalt versehen. Diese Methode klappt auch bei der Eingabe gleicher Zahlenwerte.

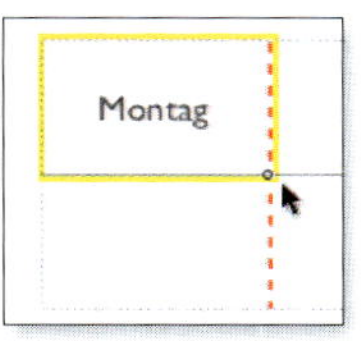

Der Aktivpunkt erspart Ihnen die Eingabe

TIPP

Denken Sie an diese Methode, wenn Sie Wochentage oder Monate eingeben. Ein Tag oder ein Monat reichen – die weiteren Zellen werden automatisch mit den nachfolgenden Tagen oder Monaten ausgefüllt, sobald Sie mit dem Aktivpunkt über die benachbarten Zellen fahren. Sehr praktisch!

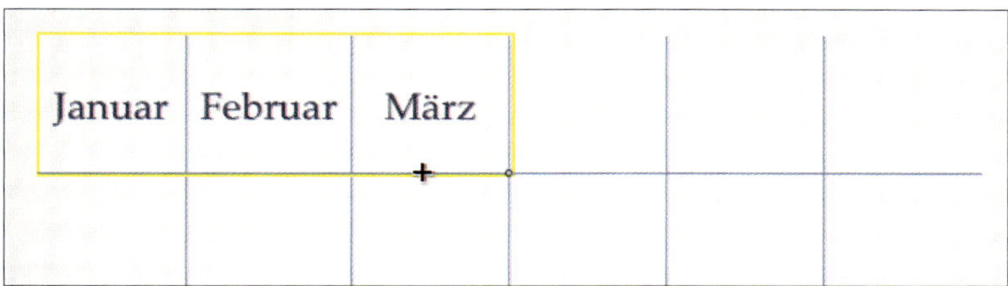

Inhalte mit erkennbarem Muster werden automatisch eingegeben.

Titelzeile und Titelspalte

Als Interpretationshilfe beinhalten Tabellen üblicherweise Überschriften für die Zeilen und Spalten. In unserer Tabelle sehen Sie in der oberen Zeile die Jahreszahlen als Überschriften für die Spalten. Links sind die einzelnen Märkte eingetragen, für die der Umsatz prognostiziert wurde. Dieser Anordnung von Tabellen kommt Keynote mit dem Angebot entgegen, sage und schreibe jeweils fünf Titelzeilen, Titelspalten und Abschlusszeile einfügen zu können. Interesse? Dann klicken Sie in die jeweiligen Symbole in der Formatierungsleiste.

Titelzeile, Titelspalte und Fußzeile werden in Keynote mit einem farbigen Hintergrund hervorgehoben, wobei die Farben mit dem Layout des Themas korrespondieren. In einigen Themen ist zudem die Schrift dieser Zellen größer als in den normalen Zellen.

Prognostizierter Umsatz in Mio.			
	2009	2010	2011
D	56 €	67 €	68 €
RUS	67 €	67 €	69 €
CN	70 €	73 €	76 €

Tabelle mit Titelzeile und Titelspalte

Breite und Höhe lassen sich im Informationsfenster *Tabelle* verändern. Alternativ zu dieser Methode klicken Sie auf die jeweils innere Linie, so dass die Linie durchgehend gelb markiert ist. Anschließend ziehen Sie die Zeile bzw. die Spalte mit gedrückter Maustaste auf die gewünschte Höhe oder Breite auf.

Falls Ihnen der standardmäßige Hintergrund für Titelzeile und Titelspalte nicht zusagt, haben Sie wiederum im Informationsfenster *Tabelle* Gelegenheit, einen eigenen Hintergrund zu definieren. Markieren Sie dazu die entsprechende Zeile oder Spalte und wählen Sie im Auswahlmenü *Zellenhintergrund* aus, woraus Ihr Hintergrund bestehen soll: aus einer anderen Farbe, einem Farbverlauf, einem Bild? Wenn Sie die gesamte Titelzeile oder Titelspalte markiert haben und Ihre Entscheidung auf ein eigenes Bild fällt, so wird dieses in jeder Zelle erscheinen. Deshalb ist es ratsam, die Zellen der Titelzeile bzw. die der Titelspalte zunächst zu verbinden. Dies geht am schnellsten über das Kontextmenü. Legen Sie abschließend mit Hilfe der Optionen im Auswahlmenü fest, wie das Bild angezeigt wird: in Originalgröße, verzerrt, formatfüllend oder gekachelt.

TIPP

Sie können für die gesamte Tabelle, für eine markierte Spalte oder sogar für jede einzelne Zelle einen Hintergrund definieren. Letzteres ist zum Beispiel dann sinnvoll, wenn Sie Muster oder Symbole thematisch zuordnen wollen.

Das Format der Zellinhalte

Um welche Art Inhalt handelt es sich in Ihrer Tabelle? Um Stichpunkte? Um Zahlen mit Prozentangaben? Um Umsätze in Euro oder Dollar? Im Informationsfenster *Tabelle* | *Zahlen* lässt sich das Format für die Zellinhalte genauer spezifizieren.

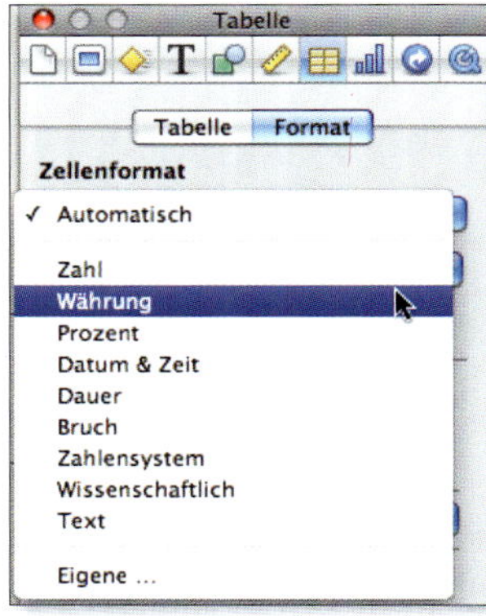

Zellenformate für die genaue Spezifikation der eingegebenen Werte

Sie haben zwei verschiedene Möglichkeiten, ein Format auf den Zelleninhalt zu übertragen:

Sie markieren die Tabelle und legen das Zellenformat fest, bevor Sie Text oder Zahlen eingeben. Sobald Sie in eine nächste Zelle wechseln, wird das Format auf den Wert übertragen.

Sie geben zunächst die Werte ein, markieren dann die gesamte Tabelle oder die Zellen, deren Inhalte formatiert werden sollen, und legen das Format fest.

AUFGEPASST

Währungszeichen, das Prozentzeichen und Brüche lassen sich **nicht** auf einen Zahlenwert übertragen, wenn Sie Zahlen und Text gemischt haben. Wenn Sie beispielsweise »3 Mio.« eingeben, kann dieser Wert nicht mit einem Format versehen werden.

Zahl: Legen Sie die Anzahl an Nachkommastellen (Dezimale) fest sowie die Darstellung von Zahlen, denen ein Minuszeichen vorangeht.

Währung: Sie haben die Wahl aus einer breiten Palette internationaler Währungszeichen. Falls Sie die Währung vor der Zahl angezeigt haben möchten, aktivieren Sie die Option *Buchhaltungsstil*.

Prozent: Fügt das Prozentzeichen ein.

Datum: Wenn Sie ein Datum in eine Tabellezelle eingeben, haben Sie die Wahl aus unterschiedlichen mehr oder weniger umfangreichen Angaben zum Wochentag und Monat. Dabei reicht es, wenn Sie nur »12.5.09« angeben. Keynote erledigt den Rest für Sie. Darüber hinaus lässt sich das Datum auch samt Uhrzeit anzeigen.

Wie ausführlich hätten Sie die Datumsanzeige gern?

Dauer: Mit dieser Option gießen Sie eingegebene Zeitspannen wie Wochen, Tage oder Stunden in ein einheitliches Format. Mit dem Schieberegler definieren Sie, welche Zeitangaben mitberücksichtigt werden sollen.

Bruch: Ermöglicht die Anzeige von Bruchzahlen mit größter Genauigkeit.

Zahlensystem: Format für Zahlen, die einem bestimmten Zahlensystem folgen wie zum Beispiel Dezimalzahlen.

Wissenschaftlich: Stellt Zahlen als Produkt einer Zahl und einer 10er-Potenz dar.

Text: Eignet sich selbstredend für Texteingaben, aber auch für Zahlen, für die keine speziellen Formate vorgesehen sind.

Die Tabelle formatieren

Nun arbeiten Sie womöglich bereits an einer Tabelle und stellen fest, dass die Anzahl an Spalten und Zeilen nicht ausreicht. Im Informationsfenster *Tabelle* oder in der Formatierungsleiste lassen sich über Klicks auf die Pfeile weitere Zeilen und Spalten eingeben:

Zusätzliche Spalten werden bei diesem Verfahren rechts angehängt, zusätzliche Zeilen unten. Sollten Sie bereits genau wissen, wo Sie eine weitere Spalte oder eine zusätzliche Zeile benötigen, ist diese Methode nicht sehr praktisch. Für diese gezielte Platzierung weiterer Spalten und Zeilen ist stattdessen das Auswahlmenü bei

Zeilen & Spalten bearb. brauchbar oder natürlich auch das Kontextmenü. Die Angaben im Auswahlmenü haben den Vorteil, dass die Tastenkürzel mit angezeigt werden, und man sich diese nach mehrmaligem Gebrauch des Menüs eventuell gemerkt hat. Die Erweiterungen *Spalte rechts hinzufügen*, *Spalte links hinzufügen*, *Zeile oberhalb hinzufügen*, *Zeile unterhalb hinzufügen* erfolgen stets von der Zelle aus, in der sich der Cursor aktuell befindet.

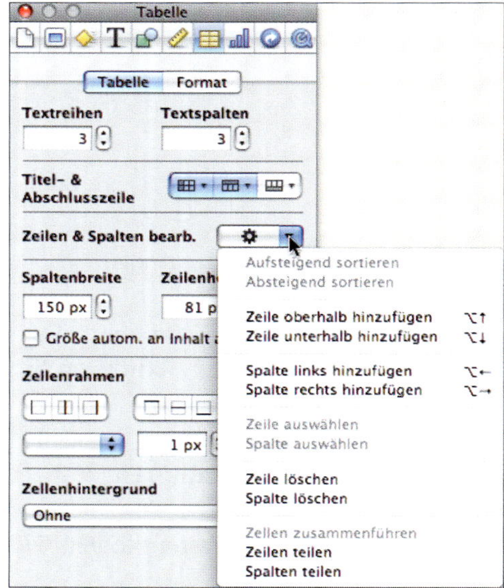

Menü für mehr oder auch weniger Spalten und Zeilen

Sollten Sie sich bereits gefragt haben, wie Sie eine Spalte oder eine Zeile wieder loswerden, finden Sie die entsprechenden Befehle ebenfalls im Auswahl- bzw. im Kontextmenü.

Spalten und Zeilen teilen und verbinden

Der erste Schritt auf dem Weg, Spalten oder Zeilen zu teilen oder zu verbinden, ist das Markieren der entsprechenden Zellen. Sobald Sie in eine Zelle klicken, ist diese gelb umrandet, also markiert. Klicken Sie mit gedrückter ⇧ – Taste auf die nächste Zelle und wählen im Kontextmenü oder im Menü *Zeilen & Spalten bearb.* im Informationsfenster den gewünschten Befehl aus. Mehr zum Markieren von Tabellenzeilen und -spalten lesen Sie im folgenden Abschnitt.

Tabellenzellen oder Tabellenspalten markieren

Spaltenbreite und Zeilenhöhe lassen sich individuell verändern. Hierfür klicken Sie auf eine horizontale oder vertikale Linie und ziehen die Spalte bzw. Zeile mit gedrückter Maustaste weiter auf oder zu.

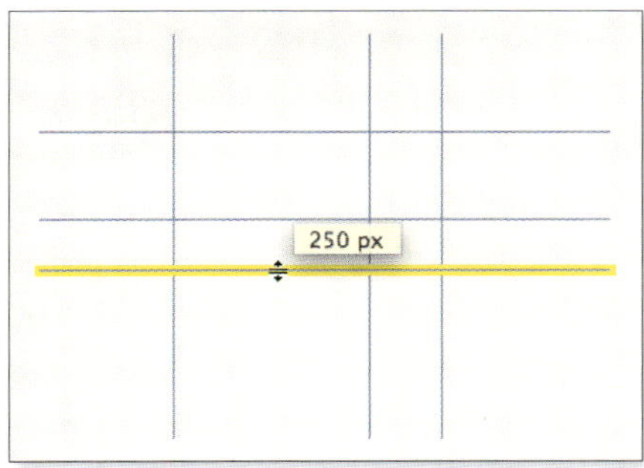

Breite oder Höhe lassen sich auch manuell einstellen.

Mit diesem Verfahren können Sie eine völlig asymmetrische Zellenanordnung erzielen. Doch manchmal ist das, was auf den ersten Blick berückend aussieht, auf den zweiten Blick nicht mehr so prickelnd. Wenn Sie die Symmetrie wieder herstellen wollen, markieren Sie die Tabelle und wählen im Kontextmenü die Befehle *Einheitliche Zeilenhöhe* oder *Einheitliche Spaltenbreite.*

Um Zellen, Spalten oder Reihen zu markieren, stehen Ihnen zwei Techniken zur Verfügung:

Mit gedrückter ⇧ – Taste markieren Sie Zellen, die nebeneinander oder untereinander angeordnet sind. Halten Sie die Umschalttaste gedrückt und klicken Sie in nebeneinander liegende Zellen. Sobald Sie in die nächste Spalte oder Reihe klicken, wird automatisch die Anzahl an bereits markierten Zellen hervorgehoben. Um mehrere nebeneinander liegende Zellen oder eine ganze Reihe oder Spalte zu markieren, klicken Sie in die jeweils erste und letzte Zelle mit gedrückter ⇧ – Taste.

Mit gedrückter ⌘ – Taste markieren Sie Zellen, die nicht unmittelbar neben- oder untereinander liegen.

Für das Markieren einzelner Rahmenlinien klicken Sie mit gedrückter ⌘ – Taste auf die jeweiligen Linien. Zusätzlich zu dieser Methode finden Sie in der Formatierungsleiste und im Informationsfenster *Tabelle* eine ganze Kollektion an Markierungsmöglichkeiten, über die sich die Linien ganz bequem hervorheben lassen.

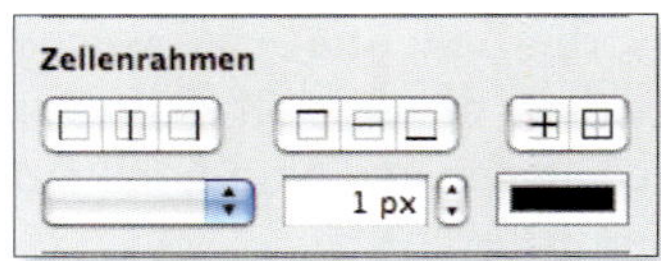

Rahmenlinien im Informationsfenster oder in der Formatierungsleiste auswählen

Die Rahmenlinien modifizieren

Je nachdem, welche Informationen Sie für die Tabelle vorsehen, passen die definierten Rahmenlinien eventuell nicht zu den Inhalten. Im Informationsfenster *Tabelle* finden Sie das notwendige Werkzeug, mit dem Sie markierten Rahmenlinien ein anderes Aussehen verleihen. In der Rubrik *Zellenrahmen* legen Sie die Linienart, die Linienstärke und die Farbe fest. Falls Sie in die markierte Zelle ein Bild setzen wollen, das keinen Rahmen bzw. keine Linien verträgt, entscheiden Sie sich in der Rubrik für die Option *Ohne*.

Überlegen Sie auch, ob Sie auf die äußeren Rahmenlinien verzichten können. Denn Tabellen ohne seitliche Begrenzung wirken weniger aufdringlich. Markieren Sie dafür zunächst die äußeren Seiten der Tabelle und entscheiden Sie sich im Auswahlmenü *Zellenrahmen* für *Ohne*.

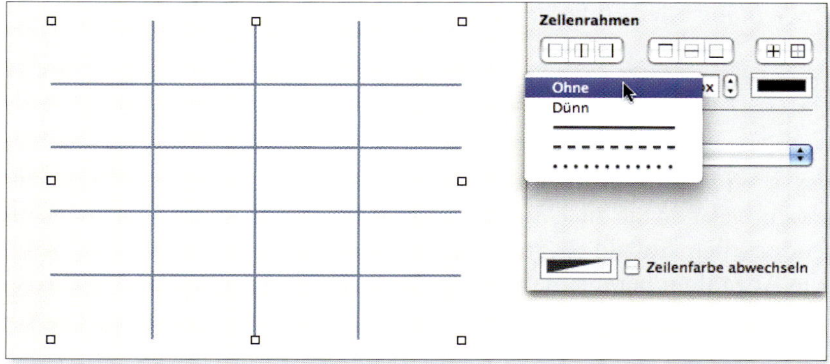

Eine Tabelle ohne Umrandung – voreingestellt im Thema Editorial

Den Zellhintergrund anpassen

Mehr Schwung und Dynamik für das Aussehen einer Standardtabelle erreichen Sie mit unterschiedlichen Füllungen für die Zellen. Wie bei der Titel- oder Spaltenzeile haben Sie auch bei den Zellen die Wahl aus den Optionen *Füllfarbe*, *Verlauf*, *Bild* und *Gefärbtes Bild*. Da die Zellen meistens mit Inhalt gefüllt sind, ist die Variante *Füllfarbe* vermutlich oft die beste. Wenn Sie sich für *Füllfarbe* oder *Verlauf* entscheiden: Wie wäre es, die Zeilenfarbe zu wechseln und eine gestreifte Tabelle anzulegen? Aktivieren Sie dazu die Option *Zeilenfarbe abwechseln* und klicken Sie dann in das dazugehörige Farbfenster. Nun noch eine schicke zweite Farbe auswählen und Ihre Tabelle ist gemustert.

Prognostizierter Umsatz in Mio.			
	2009	2010	2011
D	56 €	67 €	68 €
RUS	67 €	67 €	69 €
CN	70 €	73 €	76 €
USA	66 €	69 €	71 €

Tabelle mit abwechselnder Zeilenfarbe

Formeln verwenden

Um mit den eingegebenen Werten Berechnungen anzustellen, brauchen Sie nicht Ihren Taschenrechner hervorzukramen oder in das Programm Numbers zu wechseln. Klicken Sie einfach im Informationsfenster *Tabelle* auf *Format* und nutzen Sie die vordefinierten Formeln oder aktivieren Sie den *Formel-Editor*.

Die Hauptattraktion ist das Auswahlmenü *Einfache Formel*, mit dessen Hilfe einfache Berechnungen mit Werten von zusammenhängenden Zellen oder mit allen Werten einer Spalte ausgeführt werden.

Die vordefinierten Formeln sind:

Summe: Addiert die Werte einer Tabellenreihe oder -spalte.

Mittelwert: Ermittelt den Mittelwert (arithmetisches Mittel) aus den Werten zusammenhängender Zellen oder einer Tabellenreihe oder -spalte.

Minimum: Ermittelt den kleinsten Wert aus den Werten eines Zellbereichs oder einer Tabellenreihe oder -spalte.

Maximum: Ermittelt den größten Wert aus den Werten eines Zellbereichs oder einer Tabellenreihe oder spalte.

Anzahl: Ermittelt, wie viele Werte eines Zellenbereichs Zahlen sind.

Produkt: Multipliziert die Werte eines Zellbereichs oder einer Tabellenreihe oder -spalte.

GRUNDLAGEN

Ein Zellbereich sind mindestens zwei untereinander oder nebeneinander liegende Tabellenzellen.

			Ergebnis	Rechenoperation
123	246	119	488	Summe
123	246	119	162,667	Durchschnitt
123	246	119	119	Minimum
123	246	119	246	Maximum
123	kn	119	2	Anzahl
123	246	119	3.600.702,00	Produkt

Beispiele für die vordefinierten Formeln

Mit der ausgewählten Formel werden jeweils die Werte markierter Zellen berechnet. Ist eine Zelle in der Titelzeile bzw. in der Titelspalte markiert, gilt die Rechenoperation für die gesamte Zeile bzw. Spalte. Hierbei wird für die Ergebnisanzeige automatisch eine Fußzeile erstellt.

TIPP

Wollen Sie nachträglich wissen, welche Zellbezüge mit welcher Formel berechnet wurden, blenden Sie den Editor mit einem Doppelklick auf das Ergebnis ein. Im Editor sehen Sie die Formel und die Zellbezüge angezeigt. In der Tabelle selbst werden die Zellbezüge farbig hervorgehoben.

Berechnungen mit dem Formel-Editor

Ist der Formel-Editor aktiviert, wird jede Zelle durch eindeutige Spalten-Zeilen-Koordinaten beschrieben. Das ist wie beim Spiel »Schiffe versenken«, bei dem eine Position durch den Schnittpunkt von Spalte und Zeile vergeben wird. Die eingeblendeten Koordinaten verschwinden wieder, sobald Sie den Formel-Editor schließen. Sie öffnen diesen Editor mit einem Klick auf den gleichnamigen Eintrag im Auswahlmenü *Funktion*.

Jede Formel beginnt mit einem Gleichheitszeichen (=). Bevor Sie nun eine eigene Berechnung wie Subtraktion, Division oder Multiplikation starten, klicken Sie zunächst in die Zelle, in der das Ergebnis angezeigt werden soll. Unter Umständen müssen Sie dazu erst eine weitere Zeile oder Spalte anlegen.

Die Eingabe in den Formel-Editor geschieht über Mausklicks auf die Zellen, deren Werte in die Rechenoperation einfließen sollen, und über die manuelle Eingabe des Operators. Klicken Sie dazu auf die Zelle, deren Wert mit einem anderen Wert berechnet werden soll. Geben Sie anschließend den Operator ein und klicken Sie auf die nächste, für die Berechnung wichtige Zelle. Mit einem Klick auf das grüne OK-Zeichen im Formel-Editor wird das Ergebnis in der Tabelle angezeigt.

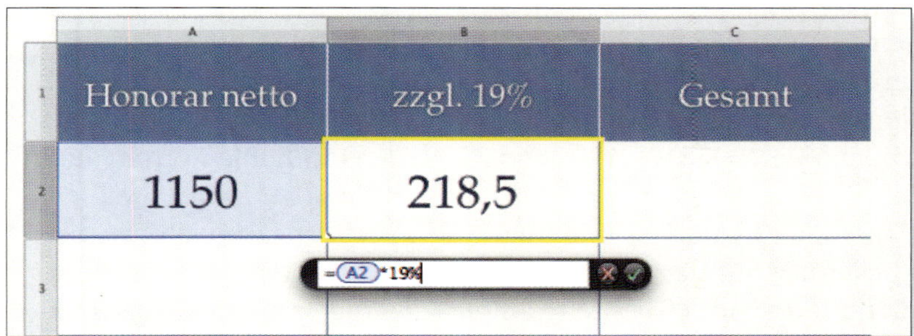

Die Umsatzsteuer mit dem Formel-Editor berechnen

Eine Rechenoperation kann selbstverständlich mehr als zwei Zellbezüge umfassen. Wichtig ist nur, dass zwischen jedem Bezug ein Operator eingefügt ist, damit klar ist, welche Rechenfunktion überhaupt ausgeführt werden soll.

Die Operatoren, die in Keynote verwendet werden, sind die gleichen, die Sie auch vom Zahlenblock Ihrer Tastatur kennen:

Operator	Kurzbeschreibung
+	Addieren
-	Subtrahieren
/	Dividieren
*	Multiplizieren
^	Potenzieren
%	Prozent

Zellen mit Hilfe von Regeln hervorheben

Jede Zelle einer Tabelle lässt sich farbig markieren und damit besonders hervorheben. Das ist zum Beispiel dann interessant, wenn Sie monatlich die Absatzzahlen eines bestimmten Produkts aktualisieren und diese Ihrem Vorgesetzten präsentieren. Um auf einen Blick zu sehen, wie sich die Zahlen im Vergleich zu den vorangegangenen Monaten entwickelt haben, können Sie eine Regel definieren, die automatisch all jene Zellinhalte farbig hervorhebt, die vom Standard abweichen. Eine solche Regel legen Sie im Informationsfenster *Tabelle | Format* fest.

BEISPIEL

Angenommen, Sie erstellen vierteljährlich eine Tabelle über die Umsatzentwicklung von drei Produkten. Alle Zahlenwerte, die unter dem erklärten Ziel von 1,8 Millionen Euro liegen, wollen Sie gesondert hervorheben. Legen Sie die Tabelle an, markieren Sie anschließend alle Zellen mit Zahlenwerten und definieren Sie die Regel: Klicken Sie auf den Button *Regeln anzeigen*, wählen Sie im Aufklappmenü *Kleiner als* und tragen Sie in das Eingabefeld »1,8« ein. Alternativ klicken Sie auf das Symbol am rechten Rand des Eingabefeldes und klicken anschließend in die Zelle, in der 1,8 eingetragen ist. Anschließend formatieren Sie mit einem Klick auf *Bearbeiten* die Textfarbe und die Füllfarbe für die Zellen, auf die die Regel anschließend angewendet wird.

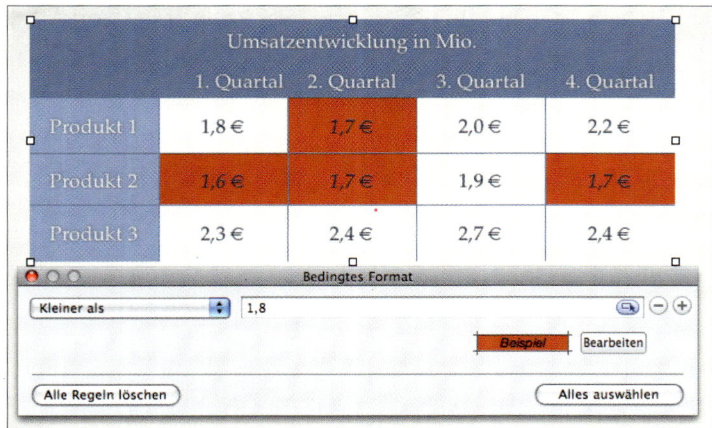

Mit einer definierten Regel lassen sich Zellen automatisch hervorheben.

Für das nächste Quartal brauchen Sie die Tabelle nur zu kopieren und die Daten zu aktualisieren. Die Regel wird dann auf die neuen Zahlen übertragen.

Die eigene Tabelle als Standard definieren

Das Anpassen der Standardtabelle an Ihre individuellen Bedürfnisse hat Sie vermutlich eine Menge Zeit gekostet. Damit Sie diesen Aufwand nicht jedes Mal aufs Neue auf sich nehmen müssen, definieren Sie Ihre Tabelle am besten als Standard.

Wählen Sie dafür im Menü *Format* den Eintrag *Erweitert*. Hier entscheiden Sie, für welche Vorlagen Ihr Tabellen-Layout festgelegt wird: Entweder nur für die aktuelle Vorlage oder für alle Vorlagen, von denen Sie Folien erstellen. Die nächste Tabelle, die Sie öffnen, erscheint in dem von Ihnen gestalteten Design.

AUFGEPASST

Änderungen an der Größe der Tabelle werden nicht als Standard definiert. Jede weitere Tabelle erscheint zwar im definierten Layout sowie mit der festgelegten Anzahl an Spalten und Zeilen, jedoch stets in der ursprünglichen Größe.

Praktische Tipps für das Erstellen und Bearbeiten von Tabellen

- Die wichtigsten Befehle und Optionen, um eine Tabelle anzulegen, finden sich im Informationsfenster *Tabelle*. Für das Modifizieren der Rahmenlinie und den Hintergrund der Tabelle sind in der Formatierungsleiste alle notwendigen Werkzeuge versammelt.
- Die wesentlichen Befehle für das Erweitern Ihrer Tabelle, für das Zusammenfügen von Zellen oder das Sortieren von Zellinhalten stecken im Zahnradmenü im Informationsfenster *Tabelle*.
- Sehr praktisch für das Bearbeiten von Tabellen ist die Arbeit mit dem Kontextmenü. Hier sind alle wesentlichen Optionen für zusätzliche Spalten oder Zeilen versammelt. Sie rufen das Menü für eine markierte Tabelle oder Zelle per ctrl-Klick oder per Klick auf die rechte Maustaste auf.
- Mit der Tabulatortaste springen Sie bequem von einer Zelle in die nächste.
- Zellinhalte lassen sich mit Hilfe des Aktivpunktes schnell auf andere Zellen übertragen.

- Die mitgelieferten Zellenformate erleichtern das Eingeben von Währungszeichen, dem Prozentzeichen, von Zahlen und Brüchen.
- Um Inhalte automatisch hervorzuheben, lassen sich Regeln für unterschiedliche Parameter definieren. Sehr praktisch für Tabellen, die Sie in regelmäßigen Abständen aktualisieren.
- Mit vordefinierten Formeln stellen Sie Berechnungen für ganze Spalten, Zeilen oder ausgewählte Zellen an. Noch mehr Rechenoperationen erlaubt der Formel-Editor.
- Eine individuell erstellte Tabelle kann im Menü *Format | Erweitert* für die aktuelle Vorlage oder für alle Vorlagen als Muster definiert werden. Dies erspart enorm viel Arbeit.

Daten veranschaulichen: Diagramme

Mit grafischen Schaubildern lassen sich Größenverhältnisse und Zahlenmengen in überschaubarer Form darstellen. Diagramme veranschaulichen komplexe Zusammenhänge und machen Informationen für den Betrachter leichter zugänglich als zum Beispiel eine Tabelle.

Diagrammtypen

Keynote stellt sechs unterschiedliche Diagrammtypen zur Verfügung:

- Säulendiagramm
- Balkendiagramm
- Liniendiagramm
- Flächendiagramm
- Kreisdiagramm
- Streudiagramm

Für das Säulen-, Balken- und Flächendiagramm finden sich zusätzlich die Varianten *Gestapelte Säulen* sowie *Gestapelte Balken* und *Gestapelte Flächen* im Angebot. Außerdem bietet das Programm gemischte Diagramme an (*Gemischt, Sekundärachse*), in denen sich das Säulen- und Liniendiagramm in einer Abbildung überlagern.

Die Perle dieser Angebotspalette ist die Möglichkeit, ein Säulen-, Balken- und Flächendiagramm in imposante 3D-Diagramme umzuwandeln. Schon im Bearbeitungsmodus sieht das 3D-Format beeindruckend aus. Noch großartiger wirkt es, wenn es während der Präsentation auf die Leinwand projiziert wird.

Das Säulendiagramm

Das Säulendiagramm eignet sich für die Gegenüberstellung von Werten wie Umsätze, Lagerbestände oder Wahlergebnisse. Mit dieser Visualisierungsform werden Unterschiede und Größenverhältnisse auf einen Blick sichtbar. Das Säulendiagramm kann sowohl für eine Zeitpunkt- als auch für eine Zeitraumbetrachtung sinnvoll sein.

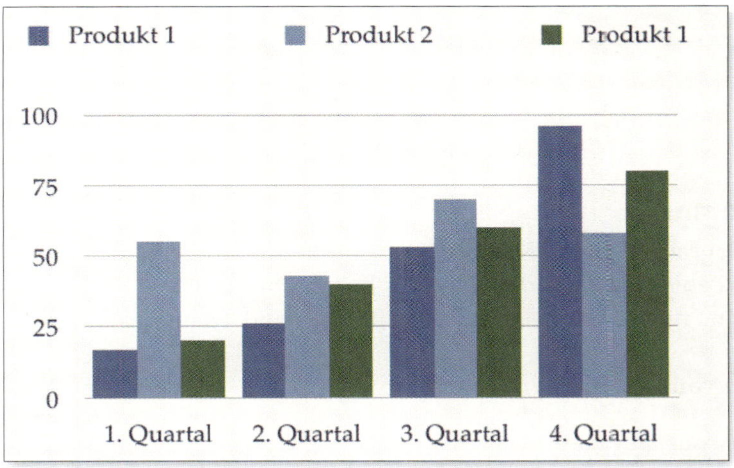

Ein Säulendiagramm im Einsatz

Tipps fürs Erstellen von Säulendiagrammen

- Genügend Abstand zwischen den Blöcken lassen.
- Säulen nicht beschriften.
- Säulen durch unterschiedliche Farben klar voneinander abheben. Dabei auf grelle Farben verzichten.

Das Balkendiagramm

Das Balkendiagramm wird verwendet, um Größenvergleiche zwischen verschiedenen Elementen zum selben Zeitpunkt zu veranschaulichen. Für Darstellungen eines zeitlichen Ablaufs ist es nicht geeignet.

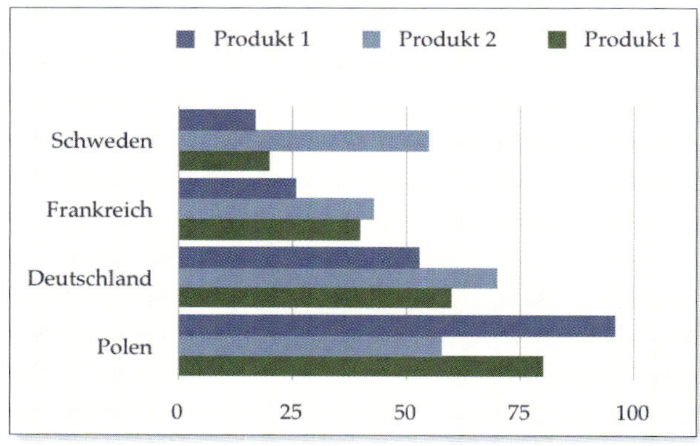

Vergleich von Umsätzen je Region mit einem Balkendiagramm

Das Liniendiagramm

Mit einem Liniendiagramm zeigen Sie, ähnlich wie mit einem Säulendiagramm, Veränderungen von Zahlenwerten innerhalb eines Zeitabschnitts. Diese Diagrammvariante ist auch prima für die Darstellung von Zeitreihen und Trends geeignet.

Tipps fürs Erstellen von Liniendiagrammen

- Maximal drei bis vier Linien
- Linienstärke mindestens 5px
- Datenpunkte ausblenden, falls zu verwirrend

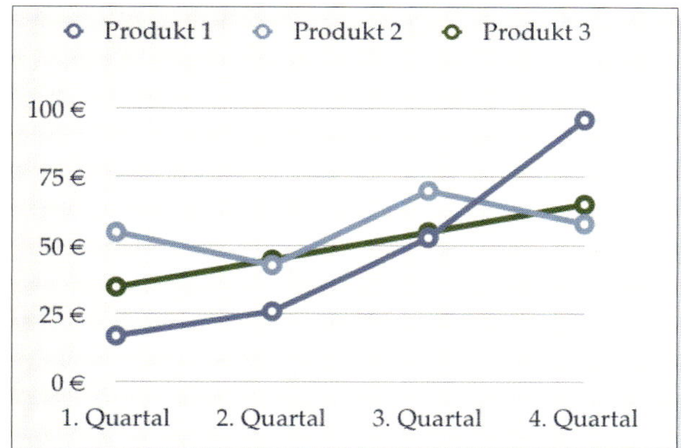

Der erzielte Umsatz unterschiedlicher Produkte für den Zeitraum eines Jahres

Das Kreisdiagramm

Ein Kreisdiagramm veranschaulicht das prozentuale Verhältnis von Teilmengen zur Gesamtmenge. Es gibt einen Gesamtüberblick beispielsweise über Umsatzanteile, Marktanteile, Kostenanteile oder die Sitzverteilung im Parlament. Zeitliche Abläufe bleiben unberücksichtigt.

Tipps fürs Erstellen von Kreisdiagrammen

- Maximal fünf bis sieben Segmente. Dabei darauf achten, dass die Segmente nicht zu klein sind. Minimale Teilmengen eventuell zusammenfassen.
- Wichtige Segmente aus dem Kreis herausziehen.

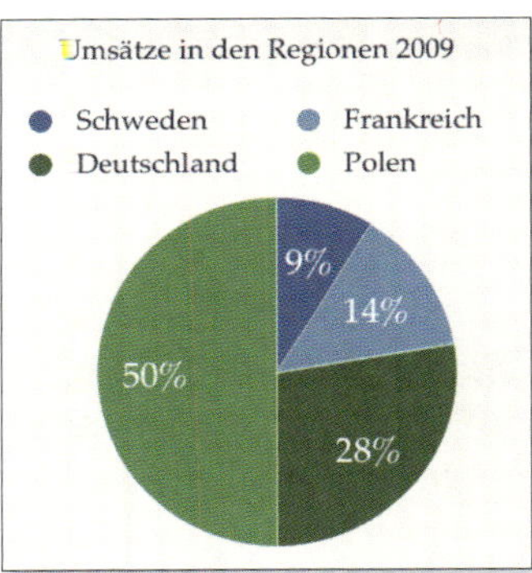

Umsatzanteile pro Region

Das Streudiagramm

In einem Streudiagramm (Korrelationsdiagramm) sind zwei Merkmale gegenübergestellt, zum Beispiel Körpergröße und Körpermaße. Diese beiden Werte werden als Punkt in einem Koordinatensystem dargestellt. Streudiagramme finden sich vor allem in statistischen Betrachtungen. Das folgende Streudiagramm zeigt den Zusammenhang zwischen Jahreseinkommen und den Ausgaben beim Kauf eines neuen oder gebrauchten Autos.

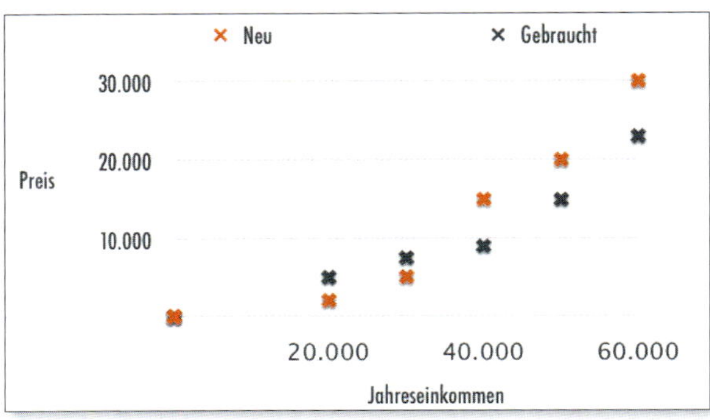

Zusammenhang zwischen Jahreseinkommen und Ausgaben für ein Auto

In den gemischten Diagrammen stellen Sie Zahlen unterschiedlicher Aspekte wie beispielsweise Einnahmen und Investition dar. Geeignet ist diese Diagrammform auch, wenn Datenreihen enorm voneinander abweichen.

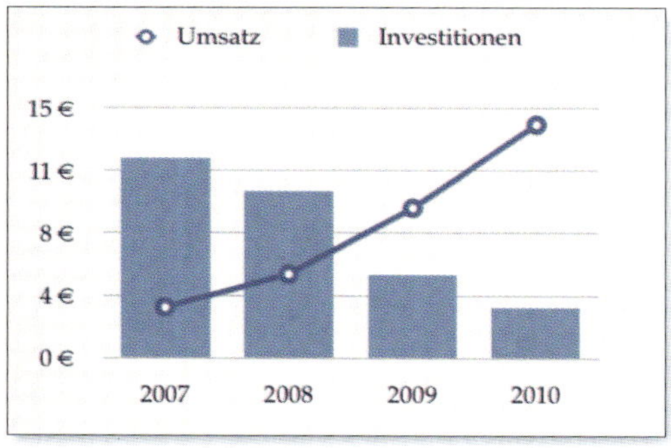

Ein Mischdiagramm für die Visualisierung unterschiedlicher Aspekte

Ein Diagramm erstellen

Klicken Sie in der Symbolleiste auf das Auswahlmenü *Diagramme* und wählen Sie den gewünschten Diagrammtyp aus. Mit dem Diagramm erscheinen automatisch der Daten-Editor sowie das Informationsfenster *Diagramm*.

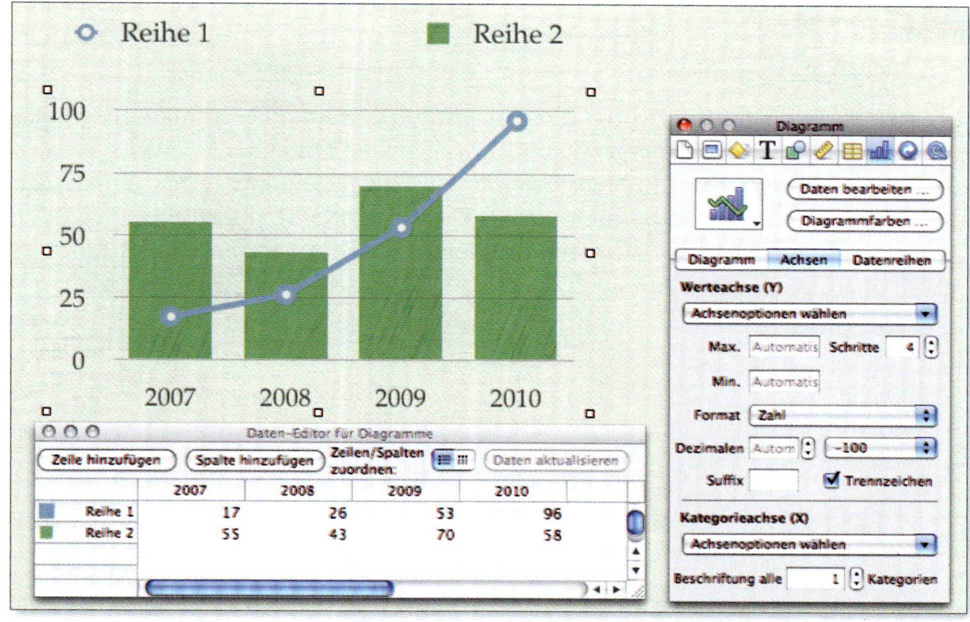

Ein Diagramm und seine Werkzeuge

Bis auf das Streudiagramm und die gemischten Diagrammtypen lassen sich die Diagramme auch im 3D-Format erstellen. Um das bestehende Diagramm gegen einen anderen Diagrammtyp auszutauschen, markieren Sie es und klicken im Auswahlmenü auf das gewünschte Modell.

Auswahl an Diagrammtypen

3D-Diagramme

Wirklich großartig sind die Diagramme im 3D-Format. Für diese Darstellung reicht ein Klick auf das entsprechende 3D-Diagrammsymbol in der Auswahlliste im Informationsfenster *Diagramm*.

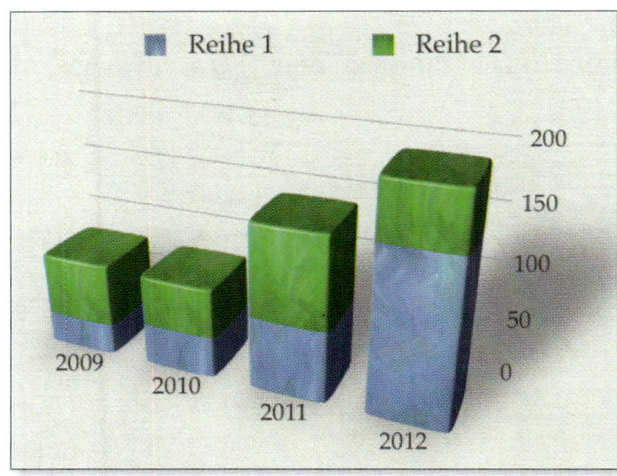

Die 3D-Ansicht

Je nachdem, welches Layout Sie für Ihre Präsentation gewählt haben, erscheinen die Datenreihen in metallisch-glänzenden und changierenden Farben oder mit einer Struktur. Für die Themen *Fotoecken* und *Förmlich* zum Beispiel ist eine Marmorstruktur definiert, für das Thema *Klassisch* eine Holzstruktur.

Im Informationsfenster lässt sich die Ansicht auf das 3D-Diagramm variieren. Mit dem großen Button und seinen in alle Himmelsrichtungen zeigenden Pfeilen stellen Sie den Winkel ein. Um eine breitere Seitenansicht zu bewirken, bewegen Sie mit gedrückter Maustaste die Pfeile nach links oder rechts. Für den Blick von oben bzw. von unten auf das Diagramm bewegen Sie den senkrechten Pfeil.

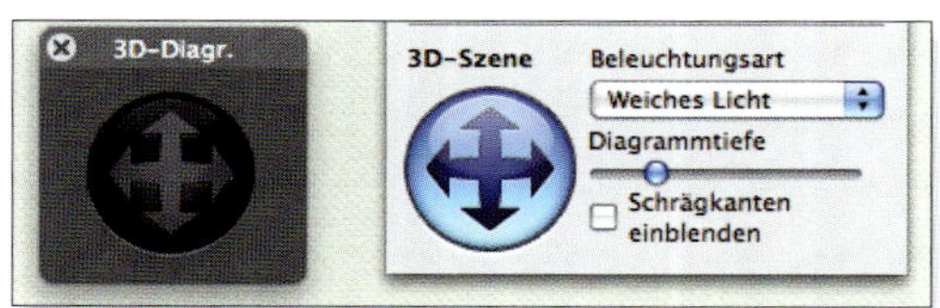

Das Werkzeug für die passende 3D-Darstellung

Mit dem Schieberegler Diagrammtiefe sorgen Sie für noch mehr Plastizität und Tiefenwirkung. Einen kleinen, aber hübschen Effekt für die gestapelten Diagrammtypen bewirkt ein Klick in die Option Schrägkanten einblenden. Damit werden die einzelnen Segmente einer Datenreihe geringfügig voneinander getrennt.

Den Lichteffekt steuern Sie über das Auswahlmenü *Beleuchtungsart*. Probieren Sie die verschiedenen Effekte an einem ausgewählten Diagramm aus. Sehr schön ist die Variante *Glänzend*. Dieser Effekt bringt mehr Leuchtkraft ins Diagramm.

Inhalte einfügen und bearbeiten

Alle Informationen und Werte, die in Ihrem Diagramm zu sehen sein sollen, geben Sie in den Daten-Editor ein.

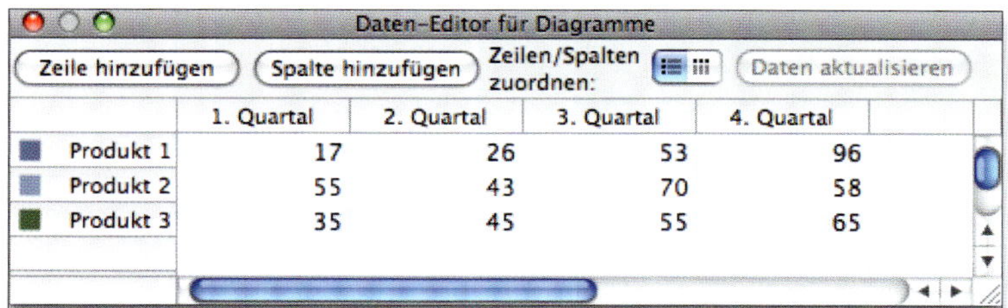

	1. Quartal	2. Quartal	3. Quartal	4. Quartal
Produkt 1	17	26	53	96
Produkt 2	55	43	70	58
Produkt 3	35	45	55	65

Der Daten-Editor

Nichts ist verdrießlicher, als Zahlen abzutippen. Deshalb können Sie selbstverständlich Inhalte aus anderen Dokumenten – wie zum Beispiel aus einer Pages-, Numbers-, Excel- oder AppleWorks-Datei – in den Daten-Editor hineinkopieren. Auch Zahlenwerte, die Sie in eine Tabelle Ihrer Präsentation eingegeben haben, lassen sich zusätzlich für ein Diagramm verwerten. Dazu kopieren Sie zunächst einmal die Tabelle oder die Datenreihen in Numbers und Excel und fügen die Inhalte mit der Tastenkombination ⌘ – V in den Daten-Editor ein. Die Verteilung in die Spalten und Zeilen übernimmt das Programm. Wenn Sie eine Spalte oder Zeile verschieben möchten, klicken Sie im Daten-Editor in die Zeilen- oder Spaltenüberschrift und ziehen diese mit gedrückter Maustaste an die gewünschte Stelle.

Im Daten-Editor aktualisieren oder erweitern Sie die Daten für Ihr Diagramm. Reicht die Anzahl an Spalten und Zeilen nicht aus, fügen Sie weitere über die entsprechenden Schalter hinzu.

Ganze Zeilen oder Spalten löschen Sie mit der Entf-Taste. Markieren Sie dazu die Zeile mit einem Klick auf die Zeilenbezeichnung und die Spalte mit einem Klick auf die Spaltenüberschrift.

TIPP

Wenn der Daten-Editor mal nicht sichtbar sein sollte, rufen Sie ihn mit einem Klick auf den Button *Daten bearbeiten* im Informationsfenster *Diagramm* wieder auf den Bildschirm zurück.

Inhalte einfügen für Streudiagramme

Da in einem Streudiagramm Korrelationen abgebildet werden, bedarf es einer etwas anderen Dateneingabe. In unserem Beispiel ist das Verhältnis von Jahreseinkommen zu den Ausgaben für ein gebrauchtes oder neues Auto dargestellt. Um zu zeigen, dass man bei einem Jahreseinkommen von 20.000 Euro die Summe von 3.000 Euro für einen Gebrauchtwagen zahlt, ist für jeden Datenpunkt ein Eintrag sowohl für die X-Achse als auch für die Y-Achse erforderlich. Im Daten-Editor sehen Sie für diesen Zweck zwei Datenspalten pro Datenreihe.

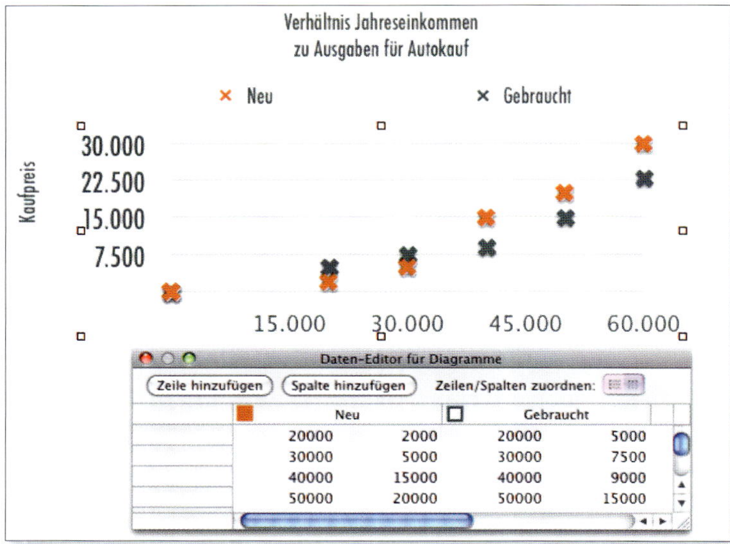

Der Daten-Editor für ein Streudiagramm

Der erste Datenwert in der Zeile steht für die X-Achse des Punkts. Der zweite Datenwert steht für die Y-Achse.

Für weitere Datenreihen klicken Sie auf *Spalte hinzufügen*.

Die Zeilen- oder Spaltendarstellung

In einem Diagramm können Sie entweder die Daten aus den Zeilen oder die aus den Spalten des Daten-Editors anzeigen lassen. Mit einem Klick auf das entsprechende Symbol wechseln Sie zwischen diesen Möglichkeiten. Voreingestellt ist die Visualisierung der Zeilen, die sich immer eignet, wenn es um einen Vergleich über einen bestimmten Zeitraum geht. Die Spaltendarstellung bildet Größenverhältnisse oder zum Beispiel Umfrageergebnisse ohne Berücksichtigung einer zeitlichen Entwicklung ab.

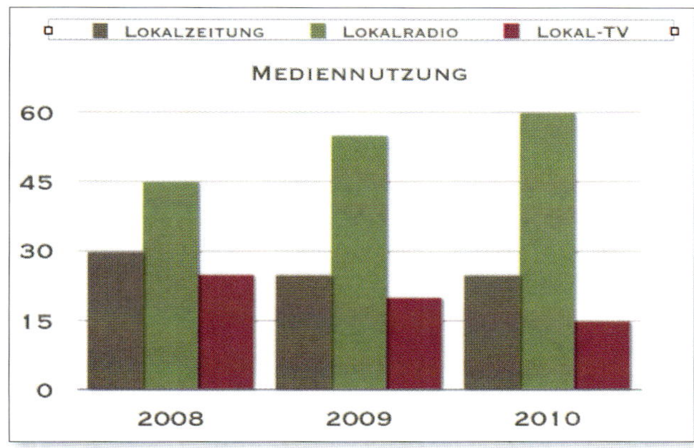

Diagramm mit Zeilendarstellung

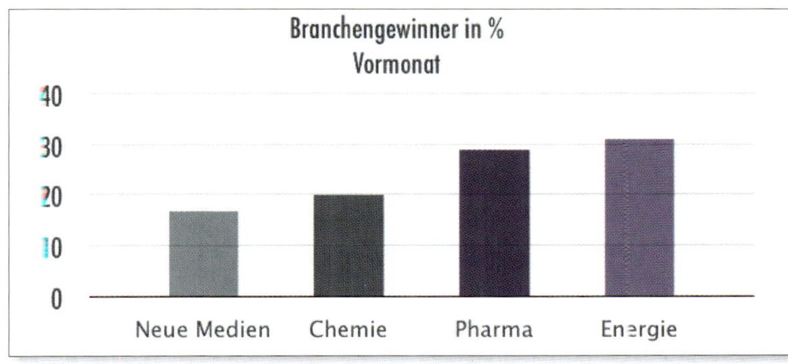

Diagramm mit Spaltendarstellung

Die Diagrammlegende erstellen

Die Inhalte in der oberen Reihe des Daten-Editors sowie die in der linken Spalte sind die übergeordneten Informationen des Diagramms. Diese Daten werden in der Diagrammlegende angezeigt. Die Inhalte ändern Sie, indem Sie im Daten-Editor die Beschriftung mit einem Doppelklick markieren und anschließend überschreiben. Jeder Klick auf die ⇥ – Taste bringt Sie ein Feld weiter, die Tastenkombination Umschalt-Tabulator (⇧ – ⇥) bringt Sie ein Feld zurück. Hierbei wird die Beschriftung automatisch markiert. Auf die gleiche Weise lässt sich auch die linke Spalte überarbeiten.

Alternativ nehmen Sie Änderungen in den Legenden vor. Die Einträge werden dabei automatisch vom Daten-Editor übernommen. Wer das Schriftbild der Legende modifizieren möchte, klickt auf die Legende, so dass sie markiert ist, und nimmt die Änderungen im Schriftenfenster oder in der Formatierungsleiste vor.

Für die Achsenbeschriftung ist indes nur die Modifikation des Schriftbildes möglich. Manuelle Einträge sind nicht erlaubt. Was die Achsenbeschriftung anzeigt, definieren Sie in der Rubrik *Achsen* im Informationsfenster *Diagramm*. Die Legende lässt sich in der Formatierungsleiste im Aufklappmenü *Diagrammoptionen* ein- oder ausblenden.

Einen Diagrammtitel hinzufügen

Oberhalb des Diagramms lässt sich auch ein Diagrammtitel einfügen. Dieser Titel wird stets zentriert ausgerichtet und kann nur ein- oder ausgeblendet, nicht aber umplatziert werden.

Wenn Sie Interesse an einem Diagrammtitel haben, markieren Sie zunächst das Diagramm und klicken anschließend in der Formatierungsleiste im Aufklappmenü *Diagrammoptionen* auf den Eintrag *Titel zeigen*. Mit einem Doppelklick auf das Wort *Titel* können Sie es mit der gewünschten Überschrift überschreiben.

Die Schriftgröße ist mit 24 Punkt relativ klein. In der Formatierungsleiste lassen sich Größe und Schriftfarbe verändern.

TIPP

Der Diagrammtitel ist weder verschiebbar, noch lässt er sich mit der Entf-Taste löschen. Wenn Sie den Titel ausblenden wollen, deaktivieren Sie die Option *Titel zeigen* im Aufklappmenü *Diagrammoptionen*.

Verknüpfung mit Diagrammen aus Numbers

Wie im vorherigen Abschnitt erwähnt, können Sie die Werte, die Sie in die Datenreihen von Numbers eingeben, kopieren und in den Daten-Editor von Keynote kopieren. Bei diesem Verfahren sind die Daten nicht miteinander verknüpft. Nachträgliche Änderungen, die Sie in Numbers eingeben, werden von Keynote nicht übernommen. Ganz anders sieht es aus, wenn Sie in Numbers aus den Daten ein Diagramm erstellen und dieses in Ihr Keynote-Dokument einfügen. Diese zwei Diagramme sind fortan miteinander verknüpft, Änderungen an dem Datenmaterial werden mit einem Klick von Keynote übernommen. Und so geht's:

Speichern Sie zunächst Ihr Numbers-Dokument ab, da die ganze Operation sonst nicht klappt.

Kopieren Sie anschließend das in Numbers erstellte Diagramm und fügen Sie es in Ihr Keynote-Dokument ein. Das Diagramm lässt sich natürlich größer aufziehen und auch gegen einen anderen Diagrammtyp austauschen.

Wenn Sie das Diagramm in Keynote anklicken, sehen Sie einen schwarzen Balken mit einem durchbrochenen Kreis. In diesem Balken, der eine Art Werkzeugkasten für die Verknüpfung ist, sind alle Funktionen integriert, die für das Zusammenspiel mit dem verknüpften Diagramm notwendig sind: Aktualisierung, Zugriff auf die Quelldatei und Aufheben der Verknüpfung. Falls Sie diese Funktionen nicht sehen, ziehen Sie den Balken rechts weiter auf.

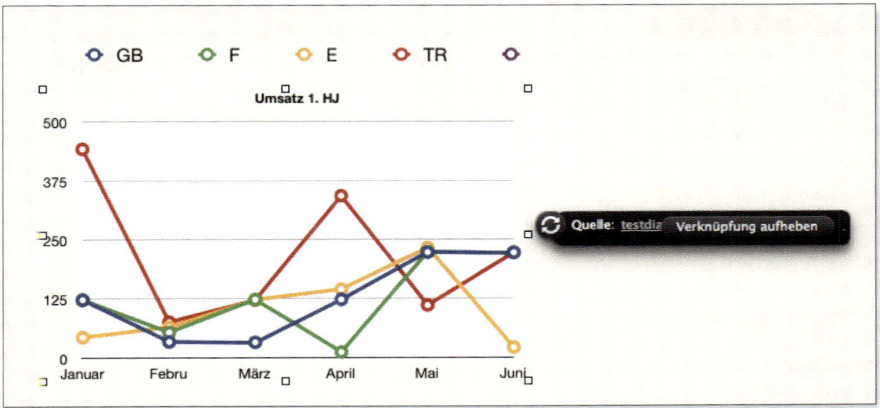

Verknüpfte Datei mit Werkzeugbalken

Mit einem Klick auf *Quelle* wird die entsprechende Datei in Numbers geöffnet, so dass Sie ohne große Umständlichkeiten die Daten ändern oder erweitern können. Sichern Sie das Dokument nach jeder Änderung, da Keynote die Daten ansonsten nicht aktualisiert.

AUFGEPASST

Achten Sie auf jeden Fall darauf, nach der Dateneingabe in Numbers zunächst auf das Diagramm zu klicken und erst dann die Datei zu sichern. Sind nach dem Sicherungsvorgang alle Werte mit Füllfarben für die Datenreihen versehen? Sollten die zuletzt eingegebenen Reihen nicht mit den Farben hinterlegt sein, ziehen Sie die Markierung mit Hilfe des Anfasspunktes am rechten unteren Rand auch auf diese Reihen und sichern die Datei erneut.

Nun brauchen Sie in Keynote nur auf das kreisförmige Symbol in dem Verknüpfungsbalken zu klicken, und schon ist das Diagramm auf dem neuesten Stand. Gleiches erreichen Sie mit einem Klick auf den Button *Daten aktualisieren* im Daten-Editor.

AUFGEPASST

Die Werte eines verknüpften Diagramms lassen sich in Keynote weder aktualisieren noch entfernen oder erweitern. Für diesen Zweck gilt es, die Verknüpfung mit einem Klick auf den entsprechenden Button im Balken aufzuheben. Danach können die Daten wie gewohnt im Daten-Editor bearbeitet werden. Ist die Verknüpfung einmal aufgehoben, lässt sie sich im weiteren Verlauf Ihrer Arbeit nicht wieder herstellen. In diesem Falle müssten Sie das Diagramm erneut in das Keynote-Dokument einfügen.

Das Design eines Diagramms bearbeiten

Die meisten der Optionen, die wir im Folgenden beschreiben, gelten sowohl für die Standard- als auch für die 3D-Diagramm-Typen. Auf Besonderheiten oder abweichende Funktionen weisen wir an den jeweiligen Stellen hin. Da die Brillanz der 3D-Diagramme vor allem in groß angelegten farbigen Darstellungen zum Tragen kommt, wir hier jedoch nur die Möglichkeit der Schwarz-Weiß-Abbildung haben, zeigen wir die Arbeitsschritte an Beispielen der Standard-Diagramme.

X- und Y-Achsen modifizieren

Wenn Sie ein Diagramm in Ihr Dokument eingefügt haben, ist je nach Diagrammtyp die Linie der X- oder Y-Achse eingeblendet. Eine Linie an beiden Achsen ist standardmäßig nicht vorgesehen. Um die Übersichtlichkeit zu erhöhen, können Sie die jeweils fehlende Linie dem Diagramm hinzufügen. Wechseln Sie hierfür in die Rubrik *Achsen*. Im Auswahlmenü *Achsen & Rahmenlinien* finden Sie sowohl für die X- als auch für die Y-Achse separate Aufklappmenüs unter anderem mit der Option *Achse einblenden*. Die Linien sind jeweils nur 1px stark. Falls Ihnen dies zu wenig markant ist, legen Sie im Informationsfenster *Grafiken* eine andere Stärke fest.

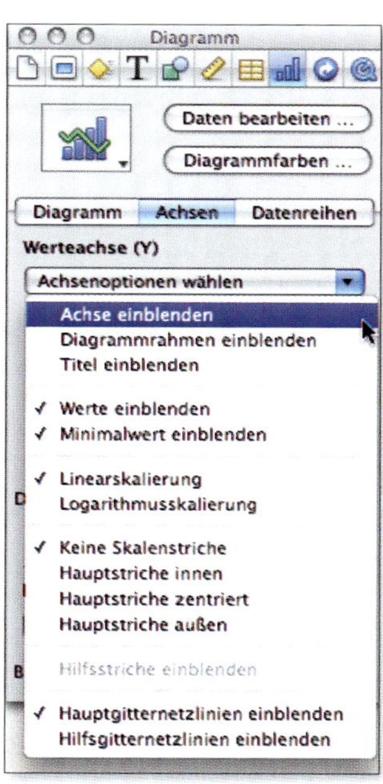

Die Linie für die Y-Achse einblenden

GRUNDLAGEN

Die Funktionen für die Achsen- und Rahmenlinien stehen für 3D-Diagramme nicht zur Verfügung.

Sowohl für die X-Achse als auch für die Y-Achse können Sie sich für die sogenannten »Hauptstriche« entscheiden. Das sind kleine Begrenzungsmarken, die eine Datenreihe andeuten. Mit der voreingestellten Stärke von 1px sind die Striche allerdings kaum sichtbar. Bei Bedarf erhöhen Sie die Linienstärke im Informationsfenster *Grafiken*.

GRUNDLAGEN

Für 3D-Diagramme sind die zarten Hauptstriche nicht sinnvoll, weshalb sie auch gar nicht erst angeboten sind.

In der Rubrik *Achsen* definieren Sie im Feld *Schritte*, wie viele Werte als Orientierung zwischen dem Minimalwert, der voreingestellt bei Null liegt, und dem Maximalwert auf der Y-Achse angezeigt werden. Die Eingaben für Minimal- und Maximalwert können Sie individuell in die entsprechenden Kästchen eingeben. In der Rubrik *Format* entscheiden Sie, ob Sie die Werte mit einem Währungs- oder Prozentzeichen versehen möchten.

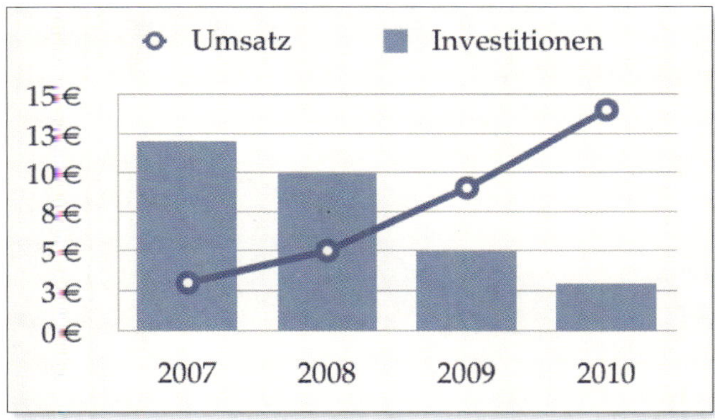

Diagramm mit sechs Schritten zwischen Minimal- und Maximalwert

Datenreihen beschriften

Man könnte fast sagen, dass nur ein Diagramm, das auf Anhieb zu verstehen ist, ein gutes Diagramm ist. Und damit die Betrachter sich zurechtfinden, lassen sich die Datenreihen beschriften. Wechseln Sie dazu in die Rubrik *Datenreihen* des Informationsfensters und setzen Sie ein Häkchen bei *Wertebeschriftungen*. Die Position der Beschriftungen, die standardmäßig aus einer Zahl bestehen, ändern Sie mit einem Klick auf die entsprechenden Symbole. Wer die Zahlen mit einem Währungszeichen oder als Prozentangabe zeigen möchte, wird im Aufklappmenü *Format* fündig.

Im Eingabefeld Dezimalstellen legen Sie die Anzahl an Nachkommastellen fest. Sofern Sie das gesamte Diagramm markiert haben, gelten die Eingaben für alle Datenreihen.

Falls Sie die Farbe oder Schriftgröße ändern wollen, markieren Sie die Werte, indem Sie direkt auf eine der Ziffern klicken. Nun werden alle Werte markiert, die zur selben Datenreihe gehören. Um auch die Werte der anderen Datenreihen zu markieren, klicken Sie mit gedrückter Umschalttaste (⇧) auf eine dieser Ziffern. Danach nehmen Sie die Formatierungen im Schriftenfenster oder in der Formatierungsleiste vor.

Diagonale Beschriftungen der X- und Y-Achsen machen einen viel dynamischeren Eindruck als die standardmäßig geraden Einblendungen. Das wussten auch die Programmierer des Programms und stellen eine stattliche Anzahl an verschiedenen Winkeln für die X- und Y-Beschriftungen zur Verfügung. Markieren Sie die Achsenbeschriftung und wählen Sie aus den unterschiedlichen Alternativen aus.

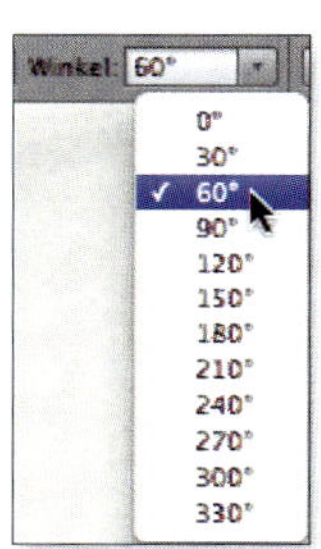

Ein 60-Grad-Winkel für die X-Achse

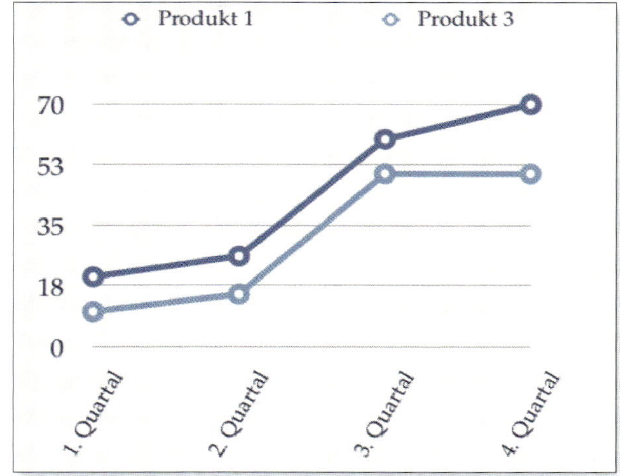

Trendlinien

Sehr schön und funktional sind die Neuerungen in iWork '09, Trendlinien und Fehlerbalken anzuzeigen. Diese beiden Optionen eignen sich hervorragend für eine Animation: Zuerst wird das Diagramm erläutert, dann werden beispielsweise die Trendlinien eingeblendet, um zu verdeutlichen, dass es (hoffentlich) bergauf geht. Die Linien sind recht zart geraten. Im Informationsfenster *Grafik* können sie mit einem erhöhten Pixelwert stärker hervorgehoben werden.

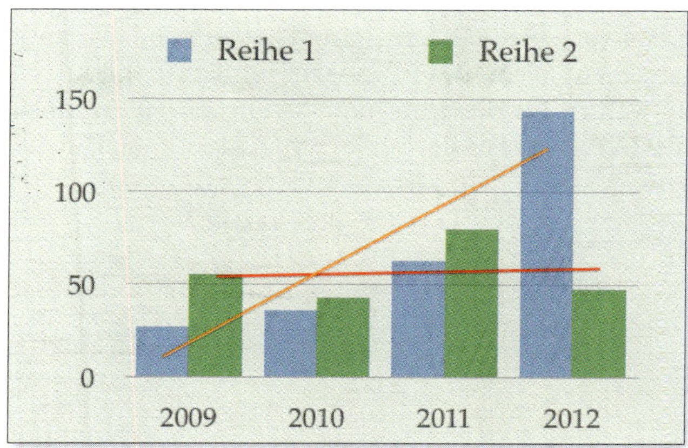

Diagramm mit linearen Trendlinien

In Liniendiagrammen lässt sich mit Hilfe von Datensymbolen (Datenpunkten) die Entwicklung einer Datenreihe verdeutlichen. Liegen die Linien weit auseinander, eignen sich die Symbole sehr gut als Erkennungszeichen für eine Aufwärts- oder Abwärtsbewegung im Betrachtungszeitraum. Im Einblendmenü *Datensymbol* finden Sie eine Auswahl an unterschiedlichen Symbolen für die Datenpunkte. Die Punkte lassen sich gerade (Voreinstellung) oder kurvig miteinander verbinden. Die kurvige Variante kann unter Umständen aussagekräftiger sein als die gerade. Probieren Sie die beiden Alternativen im Aufklappmenü *Punkte verbinden* aus.

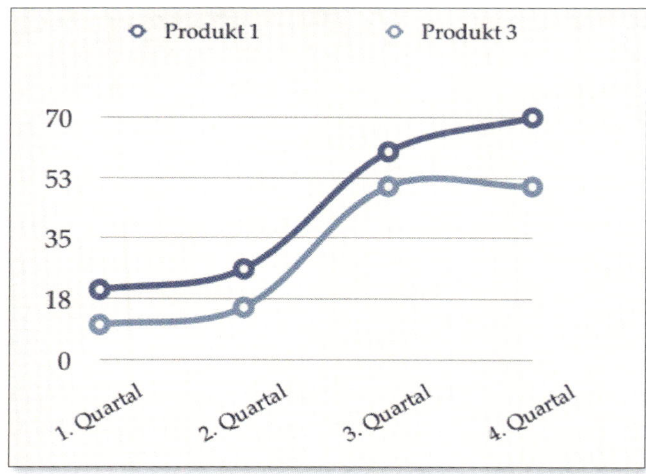

Kurvige Datenreihen

Wie wäre es, für die Datenreihen verschiedene Linienarten zu verwenden, damit sie sich stärker voneinander abheben? Wenn das interessant für Sie ist, markieren Sie jeweils nur eine Linie und wählen für diese im Informationsfenster *Grafiken* einen anderen Linieneffekt aus. In diesem Fenster verringern oder erhöhen Sie übrigens auch die Linienstärke.

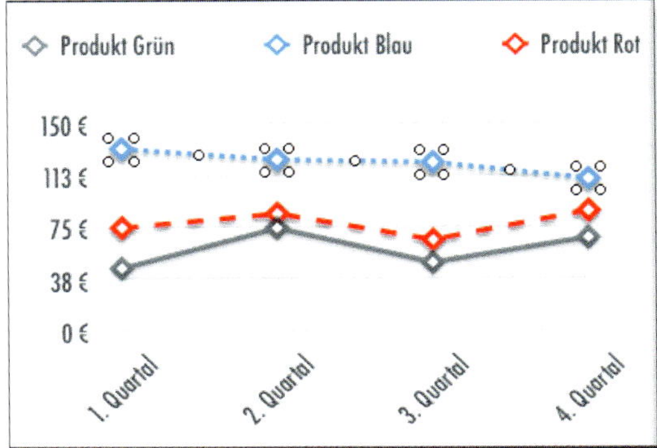

Jedem Produkt sein Linienstil

Gemischte und 2-Achsen-Diagramme

Sowohl bei den gemischten als auch bei den 2-Achsen-Diagrammen werden zwei Datenreihen als unterschiedliche Diagrammtypen dargestellt. Für gewöhnlich liegt dabei ein Liniendiagramm über einem Säulen- oder Flächendiagramm. Diese Art der Darstellung ist besonders geeignet, um zum Beispiel die produzierten Stückzahlen und den Absatz eines Produktes innerhalb eines Diagramms darzustellen. In den 2-Achsen-Diagrammen lassen sich für beide Diagramme separate Werteachsen anzeigen. Die linke Achse ist dabei für die erste Datenreihe reserviert und die rechte Seite für die zweite.

Sobald Sie eine Datenreihe markieren, sehen Sie in der Rubrik *Datenreihen* im Informationsfenster *Diagramm* die Option *Datenreihentyp*. In diesem Aufklappmenü haben Sie Gelegenheit, die markierte Datenreihe gegen einen anderen Typus auszutauschen.

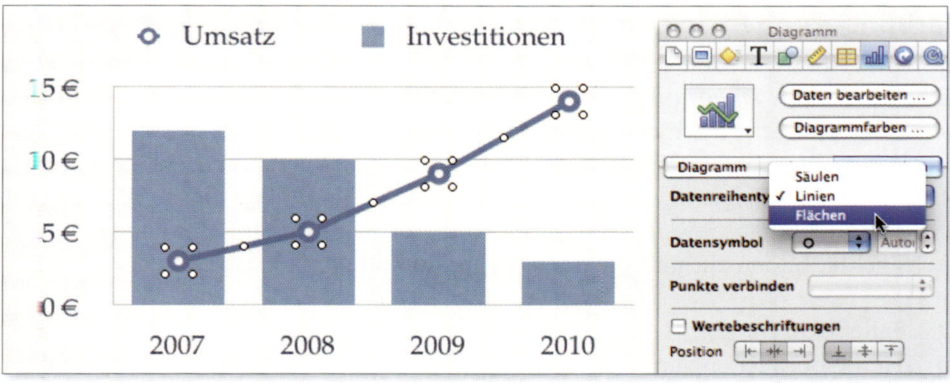

Eine Datenreihe gegen einen anderen Diagrammtyp austauschen

Kreisdiagramme

Für Kreisdiagramme entfallen viele der bereits genannten Funktionen, da die Achsen fehlen. Falls Sie sich fragen, was unter *Etiketten* zu verstehen ist: Bei den Tortendiagrammen wird für die Beschriftung der einzelnen Sektoren der Begriff *Etiketten* statt *Wertebeschriftung* verwendet.

Bei Kreisdiagrammen haben Sie Gelegenheit, einzelne Sektoren prominent hervorzuheben. Klicken Sie hierfür auf eines der Tortenstücke und trennen Sie es mit Hilfe des Schiebereglers vom Kreis. Bei Bedarf können Sie den Sektor im Informationsfenster *Grafiken* mit Rahmen oder stärkerem Schatten versehen.

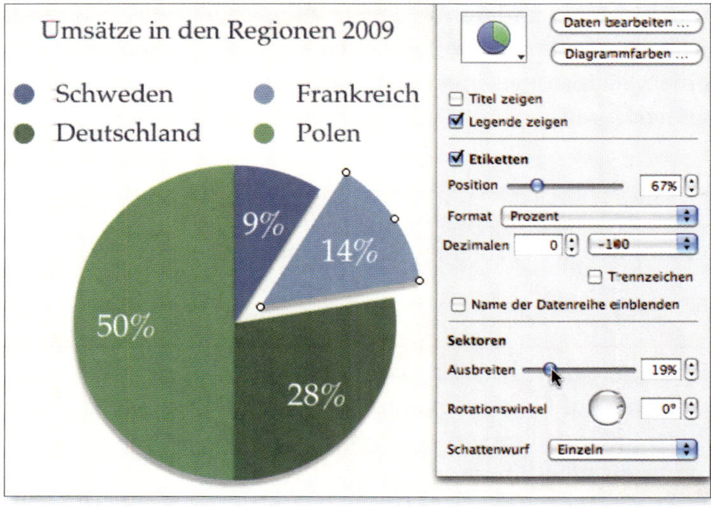

Ein Segment deutlich hervorheben

Farbänderungen an den Datenreihen

Farbänderungen an den Datenreihen eines Diagramms nehmen Sie am schnellsten über das Fenster *Diagrammfarben* vor, das Sie mit einem Klick auf den gleichnamigen Button im Informationsfenster *Diagramm* einblenden. Sie haben die Wahl zwischen 3D-Texturen, 2D-Bildern und 2D-Farben. Für diese Texturen und Farben stehen Ihnen wiederum unterschiedliche Fülleffekte zur Verfügung. Diese Fülleffekte bestehen aus jeweils sechs aufeinander abgestimmten Farbnuancen. Diese sechs Felder bilden zusammen einen sogenannten Fülleffektsatz.

Die Fülleffekte für die *3D-Texturen* sind für 3D-Diagramme geeignet. Die strukturierten Oberflächen verleihen den Diagrammen mehr Plastizität. Die 2D-Bilder zeigen ebenfalls eine Struktur oder wirken transparent wie der Fülleffekt *Seide*.

Eine reichliche Auswahl an Fülleffekten für die Datenreihen

Um nun eine Datenreihe mit einem anderen Fülleffekt zu versehen, ziehen Sie den gewünschten Effekt einfach auf die entsprechende Säule in den Säulen- und Balkendiagrammen, auf einen Sektor oder eine Fläche. Sie brauchen bei diesem Verfahren vorher nichts zu markieren.

Wollen Sie sämtliche Datenreihen eines Diagramms mit einem anderen Effekt versehen, reicht ein Klick auf den Button *Alle anwenden*. Damit wird der definierte Fülleffektsatz in der Reihenfolge der Farbfelder auf die Datenreihen verteilt.

AUFGEPASST

So praktisch die Arbeit mit dem Fenster *Diagrammfarben* auch ist, zwei Dinge funktionieren nicht: Auf Linien- und Streudiagramme lassen sich die Fülleffekte nicht übertragen. Außerdem werden die Fülleffekte bei einem Wechsel des Diagrammtyps nicht übernommen.

Ein Diagramm als Standard definieren

Vielleicht haben Sie einen favorisierten Diagrammtyp und individuelle Layoutvorstellungen? Dann haben Sie die Möglichkeit, Ihr Diagramm als Standard zu definieren. Markieren Sie hierfür das Diagramm, um das es geht, und wählen Sie im Menü *Format* den Eintrag *Erweitert*. Hier lässt sich der Typ Ihres Lieblingsdiagramms festlegen – und zwar als Standard für alle Folienvorlagen oder für jene Vorlage, auf der die aktuelle Folie basiert.

Die weiteren Diagramme, die Sie vom definierten Standard dieses Typus' erstellen, beinhalten alle Modifikationen, die Sie am Layout des Ursprungdiagramms vorgenommen haben. Dazu gehören Farbänderungen an den Datenreihen, der Abstand zwischen den Datensätzen oder auch die Veränderung des Schriftbildes in der Legende bzw. in den Beschriftungen für die X- und Y-Achse.

Die Anzahl an Datenreihen liegt standardmäßig bei 6. Sobald Sie ein Diagramm als Standard definieren, wird ein Fenster eingeblendet, in dem angezeigt ist, dass alle definierten Attribute für sechs Datenreihen gelten. Haben Sie mehr als sechs Datenreihen hinzugefügt, wird die entsprechende Zahl eingeblendet. Wenn Sie diese Einstellungen für weitere Diagramme erhalten möchten, belassen Sie es an der Einstellung. Sollten Sie absehen, dass Sie für zukünftige Diagramme weniger Datenreihen benötigen, verringern Sie die Anzahl entsprechend.

Praktische Tipps für das Erstellen und Bearbeiten von Diagrammen

- Mit gedrückter Shifttaste und Ziehen an einem der Anfasspunkte lässt sich ein Diagramm proportional auf- oder zuziehen.
- In den Daten-Editor lassen sich bequem Tabelleninhalte aus Excel-, AppleWorks- oder Numbers-Dateien einfügen.
- In Numbers erstellte Diagramme können in ein Keynote-Dokument eingefügt werden. Vorteil: Die Diagramme sind miteinander verknüpft. Aktualisierungen, die in Numbers vorgenommen werden, lassen sich bequem auf das Diagramm in Keynote übertragen.
- Die Diagramminhalte werden im Daten-Editor eingegeben, korrigiert und aktualisiert. Das Design der Beschriftung, der Legende und des Titels ändern Sie in der Formatierungsleiste oder im Schriftenfenster.

- Änderungen an den Fülleffekten der Datenreihen (mit Ausnahme der Linien- und Streudiagramme) nehmen Sie am einfachsten im Fenster *Diagrammfarben* vor.
- Der bearbeitete Diagrammtyp lässt sich im Menü *Format* | *Erweitert* als Standard definieren. Hier entscheiden Sie, ob dieses Muster lediglich für die aktuelle Vorlage oder für alle Vorlagen gilt. Außerdem haben Sie die Option, das Diagramm als Standard für das aktuelle Thema zu definieren.

Kapitel 15

Keynote

Animieren und präsentieren

Bringen Sie Bewegung in Ihre Präsentation: Folienübergänge und nacheinander eingeblendete Elemente wecken Neugier und entfachen das Interesse. Mit Animationen synchronisieren Sie das Erscheinen von Textelementen oder Bildern mit Ihrer Rede. Informationen werden nicht mehr vorweggenommen, und Ihr Publikum hält sich nicht mit dem Lesen des gesamten Inhalts der Folie auf, während Sie noch den ersten Punkt erläutern.

Zudem steuern Sie mit Animationen gezielt die Aufmerksamkeit Ihrer Zuhörer. Die Spannung bleibt erhalten.

Doch lassen sich nicht nur die Elemente einer Folie mit einem Effekt versehen. Auch in den Übergang von einer Folie zur nächsten kann Bewegung gebracht werden. Auf den folgenden Seiten bekommen Sie einen Überblick über sinnvolle Animationen und Folienübergänge. Die Tipps und Tricks helfen Ihnen bei der Umsetzung gewünschter Effekte.

Optisch ansprechend von einer Folie zur nächsten

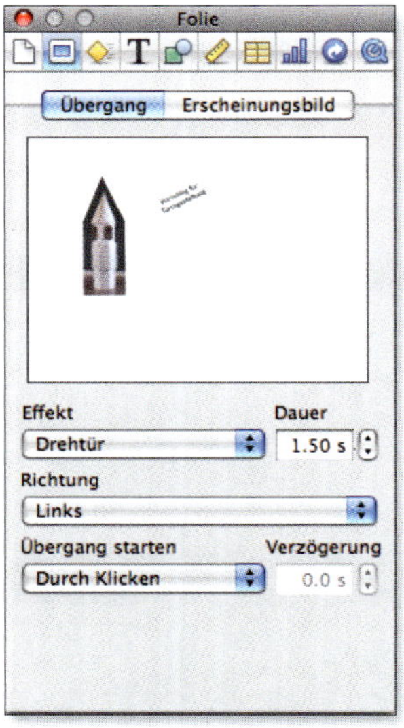

Die Bordmittel, um eine Folie mit einem Folienübergang zu versehen, finden Sie im Informationsfenster *Folie | Übergang*. Hier steht Ihnen im Auswahlmenü *Effekte* eine Kollektion an grandiosen Möglichkeiten zur Verfügung, den Wechsel von einer Folie zur nächsten attraktiv zu gestalten. Die 3D-Effekte wie *Reflexion*, *Türen* und *Würfel* sind wahrhaftig hollywoodesk.

Einer Folie einen Übergang zuweisen

In den Einstellungen (Menü *Keynote*) haben Sie Gelegenheit, die Auswahl an Übergängen zu erhöhen, indem Sie in der Rubrik *Allgemein* im Bereich *Animationen* die Option *Auch veraltete Animationen zur Auswahl anbieten* einschalten. Damit werden Übergänge aus früheren Versionen, wie zum Beispiel die 3D-Effekte *Farbflächen* und *Konfetti* oder der 2D-Effekt *Fallende Kacheln*, mit in die Auswahlliste aufgenommen.

Bei den Übergängen in den Rubriken *Texteffekte* und *Objekteffekte* sowie beim Übergang *Zauberei* werden die Effekte abhängig von Grafiken und Text erzeugt. Die 3D- und 2D-Effekte hingegen lassen sich unabhängig von den Inhalten auf Ihren Folien verwenden. Diese Effekte bringen die eine Folie zum Verschwinden und die nächste zur Anzeige.

Magische Momente: ausgewählte Übergänge

Stellen Sie sich vor, Sie erläutern eine Abbildung oder eine Grafik. Dieses Objekt ist prominent auf der Folie platziert. Auf der nächsten Folie geht es zwar immer noch um die Abbildung oder die Grafik, im Vordergrund stehen nun aber technische Details, die als Text in einem Platzhalter stehen. Damit die Zuhörer das Objekt weiterhin vor Augen haben, platzieren Sie es als verkleinerte Version auf der nächsten Folie. So weit, so langweilig und herkömmlich. Wie wäre es stattdessen damit, diesem Wechsel von einer Folie zur nächsten mehr Magie zu geben, und zwar so, dass das Objekt wie von Zauberhand auf die nächste Folie bewegt und platziert wird.

Wahrscheinlich ahnen Sie es bereits: Es geht um den Übergang *Zauberei*. Natürlich ist auch der umgekehrte Weg möglich: Eine eben noch kleine Grafik wird beim Übergang als große und mächtige Abbildung auf die nächste Folie bewegt.

Mit der *Zauberei* gelangen Sie außerdem zu sprichwörtlich wunderbaren Effekten, wenn mehr als ein Objekt im Spiel ist. Beim Übergang werden die Objekte durcheinandergewirbelt und landen anschließend an den gewünschten Positionen. Denkbar ist dieser Effekt bei Bildcollagen oder Grafiken, um von einer Folie zur anderen ein alternatives Design zu zeigen. In der Abbildung sehen Sie eine Bildcollage, die sich über die gesamte Folie erstreckt. In der zweiten Folie sind die verkleinerten Bilder am rechten Folienrand positioniert. Diese Verschiebung sehen die Zuschauer als animierte Bewegung. Während dieser Bewegung werden die Überschrift und die Aufzählungen eingeblendet. Probieren Sie's aus!

Die Bilder werden per Zauberei von der ersten auf die zweite Folie gebracht.

AUFGEPASST

Dieser Effekt ist hervorragend für Grafik- und Textelemente geeignet, für Tabellen, Diagramme und Filme funktioniert er nicht. Um diese Objekte von der aktuellen auf die nachfolgende Folie zu bewegen, stehen Ihnen die *Objekteffekte* zur Verfügung.

Beim Effekt *Zauberei* werden Grafik- und Textelemente von der aktuellen auf die nachfolgende Folie bewegt. Die zu bewegenden Elemente sind logischerweise identisch. Aus diesem Grund ist es sinnvoll, von der aktuellen Folie ein Duplikat zu erstellen und in diesem die Größe und die Platzierung des zu bewegenden Elements festzulegen. Schrittweise heißt das:

- Erstellen Sie zunächst eine Folie nach Ihren Wünschen. Klicken Sie anschließend auf die Miniaturansicht dieser Folie und duplizieren Sie sie mit der Tastenkombination ⌘ – D.
- Ändern Sie nun die Größe und Position der Elemente, die von der einen zur anderen Folie bewegt werden sollen, und löschen Sie alle anderen, für den Übergang nicht benötigten Objekte. Das Duplikat können Sie dann selbstverständlich mit weiteren Elementen wie Überschrift, Text und zusätzlichen Grafiken bestücken.
- Alternativ markieren Sie die Elemente, die Sie auf die nächste Folie zaubern wollen, kopieren Sie mit ⌘ – C und setzen auf der nächsten Folie ein mit ⌘ – V.

Texteffekte

Für eine wirkungsvolle Präsentation sind Kernbotschaften das A und O. Um diesen Botschaften auch optisch mehr Ausdruck zu verleihen, eignen sich als Übergang die verschiedenen Stile aus der Rubrik *Texteffekte*. Angenommen, Sie stellen auf der aktuellen Folie einige Aussagen dar. Eine dieser Aussagen wollen Sie auf der nachfolgenden Folie noch einmal optisch anspruchsvoll hervorheben und um ein Beispiel ergänzen. Für diesen Fall eignen sich die Effekte *Funken*, *Schimmern* und *Schwingen*.

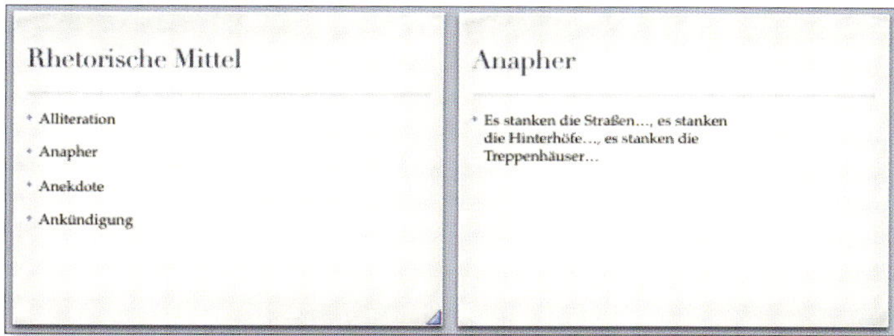

Von einer Folie zur nächsten mit dem Übergang »Funken« …

… neuen Text einblenden.

Der Stil *Anagramm* ist eher geeignet für kurze Statements, die sich von der einen zur anderen Folie nur geringfügig ändern. Wenn beispielsweise auf der aktuellen Folie die Begriffe *Prognostiziertes Wachstum: 10 Prozent* stehen, und Sie diese Aussage noch einmal knackiger wiederholen möchten, schreiben Sie auf die nächste Folie *10 Prozent Wachstum*.

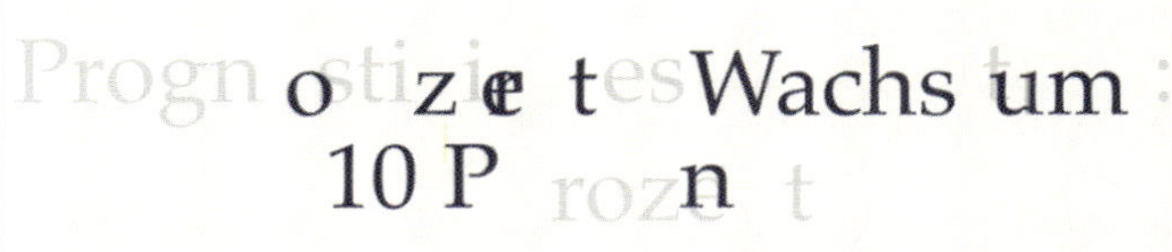

Die Buchstaben werden verschoben: der Texteffekt »Anagramm«

AUFGEPASST

Beachten Sie, dass der Übergang *Anagramm* nicht funktioniert, wenn Sie auf der nachfolgenden Folie die Schriftgröße verändern! Die anderen Texteffekte vertragen Änderungen an der Schriftgröße.

Apple empfiehlt, für die Texteffekte möglichst aufeinander folgende Folien zu verwenden, die beide mit wenig Text auskommen. Das können wir nicht bestätigen oder empfehlen. Natürlich ist es nicht sinnvoll, einen kompletten Platzhalter mit mehreren Aufzählungen von der einen zur anderen Folie zu bewegen. Allerdings erzielen Sie einen Hingucker, wenn Sie aus einem Platzhalter mit mehreren Argumenten nur ein einziges mit einem Texteffekt auf die nächste Folie bewegen. Kopieren Sie für diesen Zweck den Platzhalter oder duplizieren Sie die Folie und löschen Sie alle nicht mehr benötigten Aussagen.

Objekteffekte

Wer ein Objekt wie ein Diagramm, eine Tabelle, ein Bild oder eine Grafik von der aktuellen zur nachfolgenden Folie bewegen möchte, ist bei den Objekteffekten an der richtigen Stelle. Diese Effekte sind hervorragend für Tabellen oder komplexe Grafiken geeignet. So zeigen Sie auf der aktuellen Folie zum Beispiel die gesamte Tabelle oder Grafik und auf der nachfolgenden lediglich einen Ausschnitt. Kopieren Sie dafür das Objekt, setzen Sie es auf der nächsten Folie ein und bearbeiten Sie es. Alternativ duplizieren Sie die aktuelle Folie und schmieden das Objekt in der Kopie zurecht. Auch eignen sich diese Übergänge gut für eine veränderte Größe des Objekts oder für die Positionierung von Objekten.

Ein Auszug aus einer Tabelle wird auf der nächsten Folie besonders hervorgehoben.

Ein ähnliches Objekt bewegt sich auf die nächste Folie mit dem Übergang »Rotieren«.

Dauer, Richtung, Start

Die Folienübergänge legen Sie für jede einzelne Folie fest. Klicken Sie entweder in der Darstellung *Folie* auf die Folie, die Sie mit einem Übergang bereichern wollen. Oder nehmen Sie diese Aktion in der Ansicht *Leuchttisch* vor. Vorteil: Sie haben alle Folien im Blick und sehen so besser, zwischen welchen Folien ein Übergang angebracht ist.

Sie haben jedoch auch die Möglichkeit, mehreren Folien gleichzeitig einen Folienübergang zuzuweisen. Wechseln Sie hierfür in die Ansicht *Leuchttisch* und markieren Sie die Folien mit dem Auswahlrechteck oder mit gedrückter ⌘ – Taste.

Der Effekt Ihres ausgewählten Übergangs lässt sich in dem kleinen Vorschaufenster sofort begutachten. Wem das zu schnell ging oder wer sich den Effekt ein weiteres Mal anschauen möchte, klickt einfach noch einmal auf den Effekt oder in das Fenster. Mit einem Klick auf den Button *Wiedergeben* in der Symbolleiste können Sie sich den Effekt live ansehen.

Im Feld *Dauer* geben Sie manuell oder über die Pfeiltasten das Tempo ein, mit dem der Effekt angezeigt wird. Die maximale Dauer beträgt 60 Sekunden, die ein Zuschauer wahrscheinlich nur dann geduldig über sich ergehen lässt, wenn die nächste Folie der Megaknüller ist.

Das Einblendmenü *Richtung* beinhaltet eine Reihe unterschiedlicher Einträge über das »Woher« und »Wohin« des Übergangs. Die Auswahl variiert ja nach definiertem Übergang.

Im Auswahlmenü *Übergang starten* definieren Sie, zu welchem Zeitpunkt die nächste Folie eingeblendet wird. Bei der Option *Durch klicken* gibt der Präsentator den Takt für die Einblendungen vor. Diese Option ist bestens für Live-Präsentationen geeignet. Sie verhindert, dass das Element eingeblendet wird, obwohl der Vortragende noch gar nicht an diesem Punkt angelangt ist.

Das genaue Gegenteil ist die Option *Automatisch*. Hierbei besteht keinerlei Möglichkeit, die Dauer der Einblendezeiten von Folien während der Bildschirmpräsentation zu beeinflussen. Geben Sie in das Feld *Verzögerung* deshalb ausreichend viel Zeit ein fürs Lesen und Betrachten der Folieninhalte. Der Maximalwert liegt bei *600 Sekunden*. Checken Sie das Resultat am besten direkt im Vorführmodus. Klicken Sie dazu in der Symbolleiste auf den Button *Wiedergeben*. Mit der Esc-Taste kehren Sie in das Dokument zurück und können hier die Eingaben bei Bedarf optimieren.

GRUNDLAGEN

Die Vorführung startet immer von der aktuellen Folie aus. Mit den Pfeiltasten ↑ und ↓ auf Ihrer Tastatur bewegen Sie sich rückwärts und vorwärts durch die Präsentation.

Folien, denen Sie einen Übergang zugewiesen haben, erkennen Sie in der Darstellung *Folien* am blauen Dreieck in der rechten Ecke der Miniaturbilder.

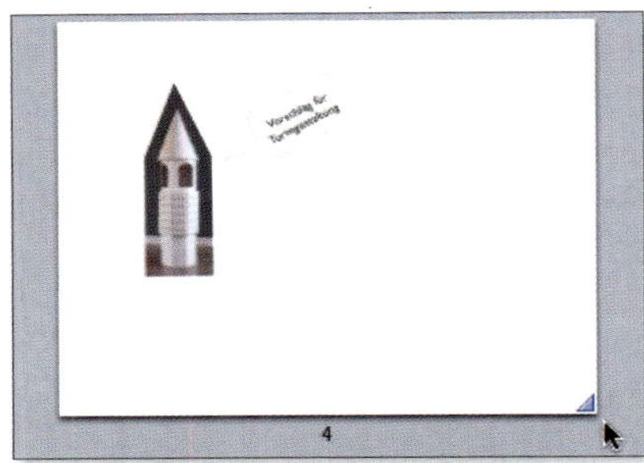

Das blaue Dreieck weist auf einen Übergang hin.

Text und Objekte animieren

Animationen sind spezielle visuelle Effekte, die Sie auf Text oder andere Objekte wie Diagramme oder Bilder anwenden. Mit Animationen werden der Informationsfluss gesteuert und wichtige Stellen hervorgehoben. Animationseffekte lassen sich für jedes Objekt und sogar für einzelne Textpassagen auf einer Folie definieren. Die animierten Objekte werden in einer von Ihnen festgelegten Reihenfolge auf der Folie eingeblendet. So haben Sie zum Beispiel die Möglichkeit, eine Tabelle spalten- oder zeilenweise und ein Diagramm Datenreihe für Datenreihe aufzubauen. Mit sogenannten intelligenten Animationen lässt sich eine Bilderserie animieren, und Text, Tabelleninhalte, Bilder und Grafiken können sogar verschachtelt animiert werden, was dem Aufbau einer Folie Spannung und Überraschungsmomente verleiht.

Um Animationen zu erstellen, öffnen Sie das Informationsfenster *Animation* und wählen *Aufbau* oder *Abbau*. Bei *Aufbau* werden die Elemente schrittweise eingeblendet, bei *Abbau* sind sie zuerst allesamt sichtbar und werden dann nacheinander ausgeblendet. Sowohl beim Aufbau als auch beim Abbau stehen Ihnen die Aktionsanimationen (*Aktion*) zur Verfügung. Mit dieser Form der Animation lassen sich auf der Folie Objekte und Texte von einem Ort an einen anderen bewegen. Die Einstellungsmöglichkeiten sind für die Varianten *Aufbau* und *Abbau* identisch, bei den Effekten werden jeweils nur die angezeigt, die für den Aufbau oder Abbau logisch sind. So ist der Effekt *Diffus*, der ein Objekt aus dem Bild verschwinden lässt, nur in der Liste *Abbau* sinnvoll, der Effekt *Erscheinen* wiederum ist nur für den Aufbau interessant. Testen Sie so spektakuläre Effekte wie *Funken*, *Verwehen* oder *Komet*.

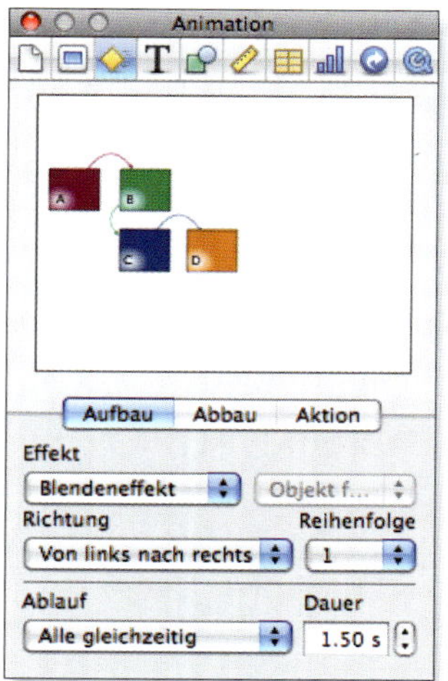

Das Fenster »Animation«

Folien, auf denen Objekte animiert sind, erkennen Sie in der Darstellung *Navigator* und *Leuchttisch* an drei kleinen Kugeln am rechten oberen Rand. Alle Objekte, die nicht animiert sind, erscheinen direkt mit der neuen Folie.

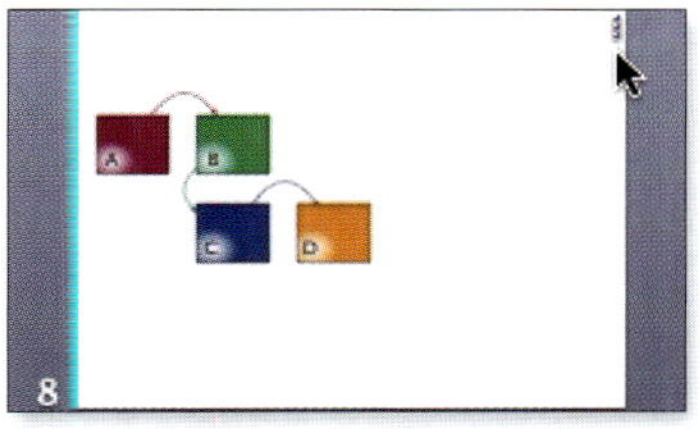

Drei Kugeln machen auf animierte Objekte aufmerksam

So geht's: Markieren Sie ein Objekt auf einer Folie und wählen Sie im Informationsfenster *Animation* im Auswahlmenü *Effekt* eine Animation aus. Das Resultat wird unmittelbar danach im Vorschaufenster angezeigt. Klicken Sie erneut in das Fenster, falls Sie den Effekt ein weiteres Mal begutachten wollen. Es empfiehlt sich, die Folien in Leserichtung von links nach rechts aufzubauen. Um einen bestimmten Präsentationspunkt besonders hervorzuheben, können Sie diesen dann von rechts einblenden. Durch diese Abwechslung wird dem Element mehr Nachdruck verliehen.

POWER USER

Für Platzhalter mit Text oder für Textfelder hält Keynote ein besonderes Bonbon für Sie bereit: Effekte wie *Ausbreiten*, *Herunterfallen*, *Hineinbewegen* oder *Überblenden* sind mit den speziellen Zeichen- und Worteffekten *Zeichen für Zeichen* und *Wort für Wort* ausgestattet, die schicke Texteinblendungen bewirken.

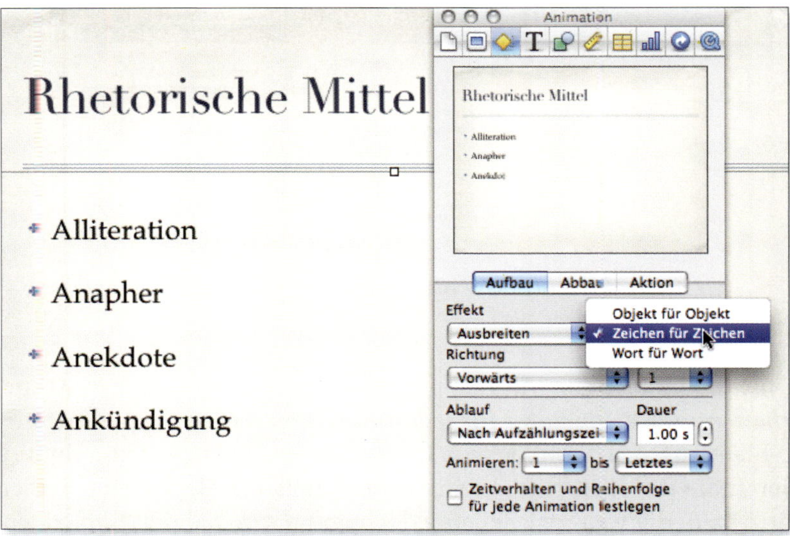

Zeichen- und Worteffekte

Inhalte schrittweise einblenden

Bei Aufzählungen, Tabelleninhalten und den Datenreihen eines Diagramms haben Sie im Aufklappmenü *Ablauf* die Wahl aus Ablaufvarianten, die sich jeweils an den spezifischen inhaltlichen Kennzeichen dieser Elemente orientieren.

So lassen sich Aufzählungen einzeln oder in Gruppen einblenden. Tabellen können schrittweise nach Zeile, Spalte oder Zelle auf die Folie gebracht werden. Und bei Diagrammen haben Sie die Wahl aus einem Aufbau nach Datenreihen oder nach Datensätzen. Sie brauchen dafür nichts weiter zu tun, als das betreffende Objekt zu markieren und Effekt und Ablauf festzulegen. Die maximale Dauer einer Animation beträgt übrigens 60 Sekunden.

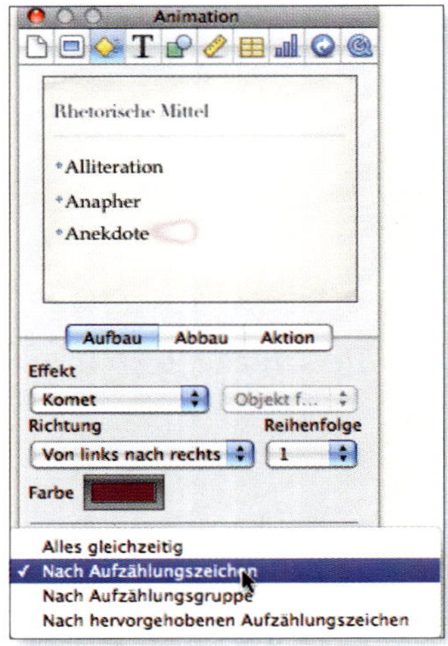

Schrittweiser Aufbau nach Aufzählungen

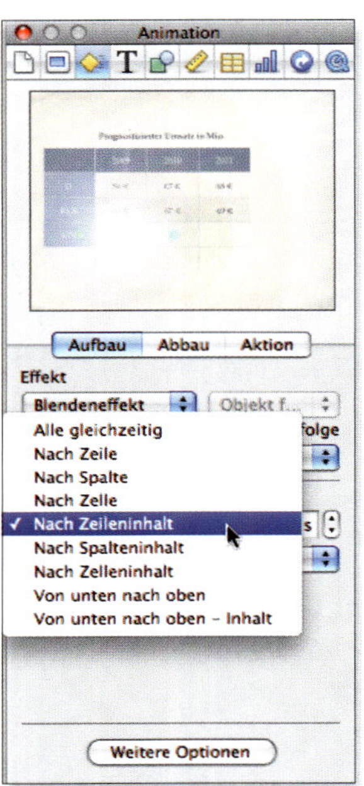

Ablauf nach Zeile, Spalte oder Zelle

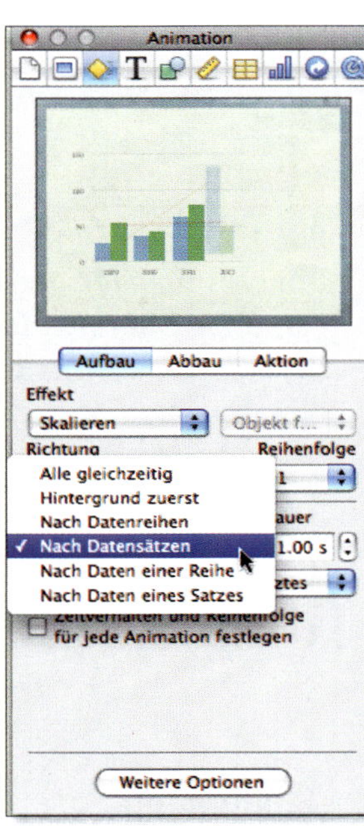

Ablauf nach Datenreihen

Ganz raffiniert für die Einblendung in Etappen und inhaltliche Häppchen ist die Option *Zeitverhalten und Reihenfolge für jede Animation festlegen*. Hier definieren Sie, welche Elemente von Textblöcken, Tabellen oder Diagrammen animiert werden. Aktivieren Sie das Kästchen, wenn Sie zum Beispiel die Titelzeile einer Tabelle schon anzeigen, die weiteren Zeilen jedoch erst nacheinander einblenden wollen. Wählen Sie hierfür im Feld *Animieren* den Eintrag *2*.

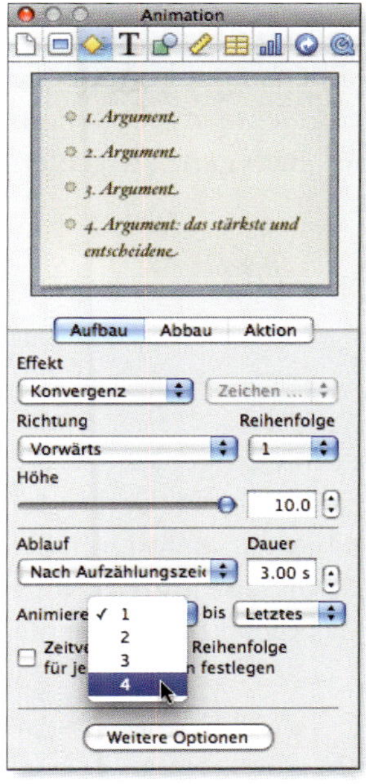

Ein anderes Beispiel: Ihr Textblock umfasst vier Argumente, von denen das letzte das stärkste und entscheidende ist. Im Auswahlmenü *Animieren* wählen Sie *4*. Damit erscheinen die ersten drei Argumente ohne Animation auf der Folie. Lediglich das vierte Argument, Ihr bestes, wird effektvoll auf die Folie gebracht.

Dramaturgisch geschickt – den Fokus auf ein Argument legen

Diese individuelle Einblendung einzelner Objektelemente eignet sich auch fürs Verschachteln von Elementen. Denkbar sind folgende Beispiele: das erste Argument mit der ersten Tabellenzeile; das zweite Argument mit der zweiten Tabellenzeile; das Bild einer Rakete mit der Tabellenzelle, die den Prozentwert des Umsatzsprungs anzeigt usw.

TIPP

Wollen Sie eine ganze Objektgruppe gleichzeitig einblenden, gruppieren Sie diese zunächst auf der Folie.

Animieren mit Aktion

Bei den bisherigen Animationen ging es um das Einblenden oder Ausblenden von Objekten am bereits vorher definierten Platz. Wenn Sie die Tabelle mittig platziert haben, so erscheint sie auch mit dem Animationseffekt in der Mitte der Folie. Mit den Animationseffekten in der Rubrik *Aktion* bringen Sie im wahrsten Sinne Bewegung auf die Folie. Mit den Effekten lassen sich markierte Objekte auf der Folie von einem Ort zum anderen bewegen – und das sogar mit schwungvollen Kurven.

Was bei den herkömmlichen Animationseffekten nicht funktioniert – Objekte oder einzelne Wörter zu verkleinern oder zu vergrößern – ist mit den Aktionen schnell

bewerkstelligt. In der Rubrik *Aktion* lässt sich ein Objekt durch die Möglichkeit des Skalierens stärker von den anderen Objekten abheben. Ebenso gut können Sie Schlüsselbegriffe hervorheben, ohne dafür besondere Schrifteffekte anwenden zu müssen. Ein Wort kann auf 200 Prozent vergrößert oder aber auch ganz ausgeblendet werden.

Das Ganze funktioniert recht einfach: Markieren Sie ein Objekt oder ein Textfeld und wählen Sie eine Aktion im Aufklappmenü *Effekt* aus:

Bewegen

Sobald Sie sich für diesen Effekt entscheiden, wird eine rote Linie eingeblendet, die das markierte Objekt mit einer transparenten Version desselben Objekts verbindet. In welche Richtung sich das Objekt im Präsentationsmodus bewegt, definieren Sie, indem Sie das transparente Objekt mit gedrückter Maustaste an eine andere Stelle auf der Folie ziehen. Die rote Linie zeigt den Weg an, den das Objekt im Präsentationsmodus zurücklegt.

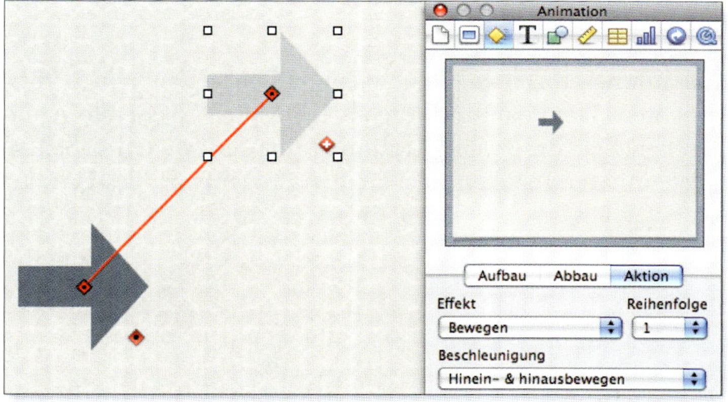

Dem Objekt einen Weg vorgeben

Der Weg muss aber nicht kerzengerade verlaufen. Mit gedrückter ⌥ – Taste auf den roten Pfad lassen sich weitere Aktivpunkte hinzufügen, an denen Sie die Linie in eine andere Richtung ziehen. Über diese Punkte führt dann der Weg des Objekts.

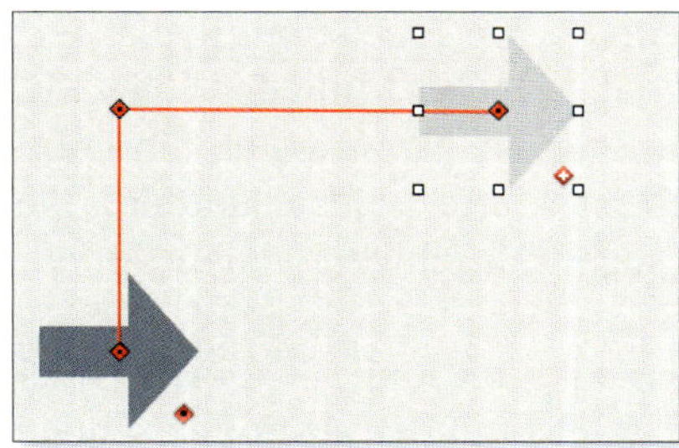

Der Weg kann die Richtung wechseln.

Mit einem Klick auf das rote Symbol rechts neben einem transparenten Objekt (das Symbol, das Ähnlichkeit mit der Schweizer Flagge hat) fügen Sie zusätzliche Aktionen hinzu. Jede weitere Aktion wird wiederum durch ein transparentes Objekt angezeigt. Ein transparentes Element markiert einen Stopp auf dem Pfad, auf dem sich das Objekt bewegt. So lässt sich beispielsweise ein Pfeil auf die Umsatzzahlen der vergangenen Jahre bewegen. Im Präsentationsmodus wird der Pfeil per Mausklick oder durch Drücken der Pfeiltasten weiter vorangetrieben.

Den Fokus auf die Zahlen legen

Voreingestellt ist der gerade Weg. Doch haben Sie Gelegenheit, mehr Schwung in die Bewegung zu bringen. Sie brauchen dafür nur auf das Symbol des geschwungenen Pfades im Informationsfenster *Animation* zu klicken. Das Schöne daran ist, dass der Weg, den Sie für das Objekt definieren, sowohl aus geraden als auch aus geschwungenen Pfaden bestehen kann.

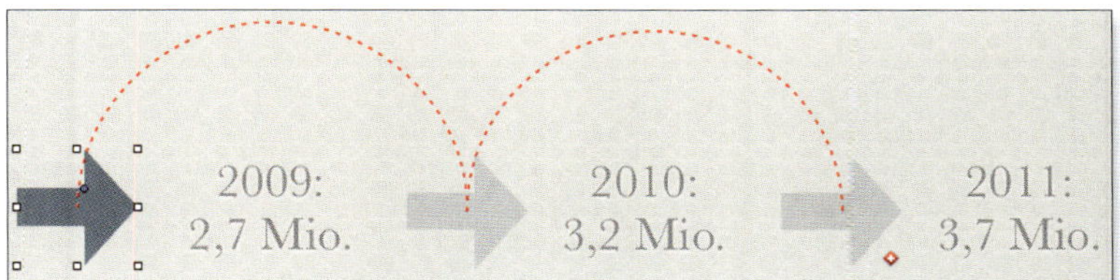

Schwungvolle Bewegungen

Auch bei einem geschwungenen Pfad lassen sich weitere Punkte hinzufügen, indem Sie mit gedrückter ⌥ – Taste auf den roten Pfad klicken. Mit jedem weiteren Punkt kann die Linie noch kurvenreicher oder glockiger gestaltet werden. Setzen Sie dazu den Mauszeiger in einen Knotenpunkt und ziehen Sie die Kurve mit gedrückter Maustaste in die gewünschte Richtung.

TIPP

Wenn Sie ein Objekt so animieren möchten, dass es von der Folie verschwindet, ziehen Sie den transparenten Zwilling aus der sichtbaren Folie heraus. Im Präsentationsmodus wirkt dieser Effekt so, als würde das Element seitlich wegtreten. Sie ziehen das Objekt wieder auf die Folie, indem Sie mit gedrückter Maustaste die rote Linie in Richtung Folie bewegen. Alternativ wählen Sie im Aufklappmenü *Effekt* den Eintrag *Deckkraft* und ziehen den Schieberegler auf Null.

Sollten die transparenten Objekte mal nicht sichtbar sein, so blenden Sie diese mit einem Klick auf das rote Symbol unten rechts am Ursprungsobjekt wieder ein.

Effekte für die bewegten Objekte

Für die »bewegten« Objekte lassen sich zusätzlich unterschiedliche Effekte definieren. Diese Effekte reichen von einer verringerten Deckkraft über das Drehen der Objekte um 180 Grad bis hin zum Skalieren der Elemente.

TIPP

Die Effekte lassen sich auch verwenden, wenn Sie gar keine Aktion für das markierte Objekt definiert haben.

Sie wollen die eingeblendeten Objekte verblassen lassen, damit das neue Element noch stärker hervortritt? Oder die Umsatzzahl aus dem vergangenen Jahr mit ausgeblichenen Farben als Schnee von gestern darstellen, um den prognostizierten Umsatzschub des kommenden Jahres wirkungsvoll hervorzuheben? Dann ist der Effekt *Deckkraft* genau das Richtige. Die Deckkraft können Sie bis auf Null zurückschrauben und das Objekt damit völlig zum Verschwinden bringen.

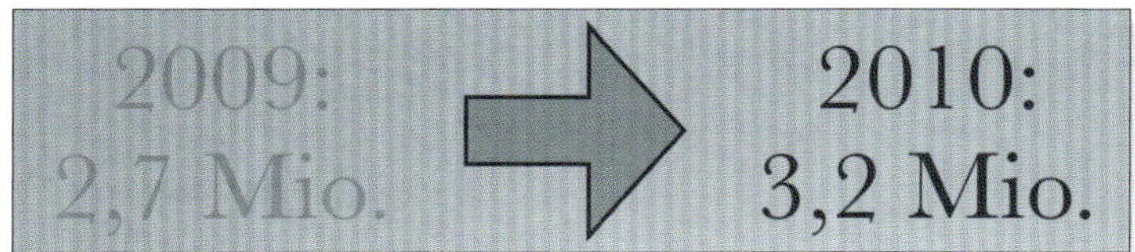

Vergangene Zahlen verblassen durch eine verringerte Deckkraft.

Der Effekt *Drehen* eignet sich für die geometrischen Formen wie den Pfeil. Die voreingestellte Richtung ist eine Drehung im Uhrzeigersinn um 180 Grad.

Der Effekt *Skalieren* ist vergleichbar mit dem Effekt *Verblassen*. Objekte oder Textfelder, die an Aufmerksamkeit verlieren sollen, damit andere noch stärker in den Fokus gelangen, können stark verkleinert oder gänzlich ausradiert werden.

Damit die Objekte nacheinander auf der Folie erscheinen, legen Sie für die Effekte *Deckkraft* und *Skalieren* die Farbintensität bzw. die Größe des Objekts fest und wechseln dann in die Rubrik *Aufbau*, um für das zweite Objekt den Effekt auszuwählen. Die Reihenfolge lässt sich in beiden Rubriken definieren.

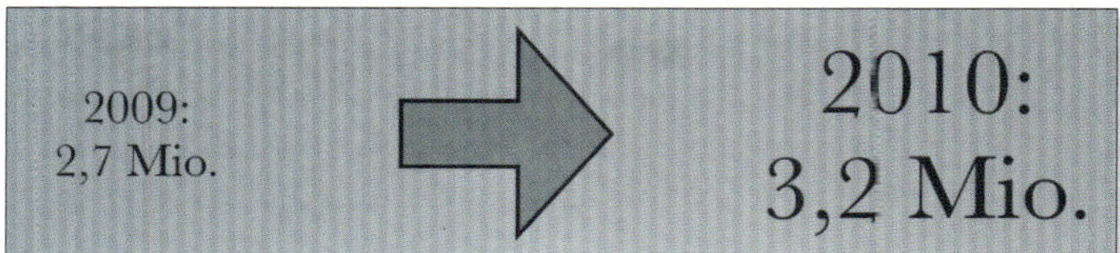

Die eine Zahl wird kleiner, damit die andere deutlicher hervortritt.

TIPP

Der Effekt *Skalieren* bietet auch die interessante und sicherlich für viele Zwecke brauchbare Möglichkeit, ein Objekt auf bis zu 200 Prozent zu vergrößern, um es vor den Augen der Zuschauer förmlich wachsen zu lassen.

Die Dauer der Animation legen Sie über die Pfeiltasten fest oder indem Sie die voreingestellte Ziffer mit einem Doppelklick markieren und anschließend überschreiben.

Bilder intelligent animieren

Die so schön umschriebene Funktion »Intelligente Animation« meint nichts anderes, als dass eine Sammlung von Bildern animiert wird. Mit dieser Funktion lassen sich auf einfache Weise mehrere Bilder auf die gleiche Größe bringen und mit einem gemeinsamen Animationseffekt versehen.

Um eine Bilderserie zu animieren, klicken Sie im Menü *Einfügen* auf *Intelligente Animation* und wählen einen Effekt aus, mit dem die einzelnen Bilder eingeblendet werden.

POWER USER

Für alle, die diese Art der Animation häufig verwenden, empfiehlt es sich, die Symbolleiste des Programms mit dem Icon *Intelligente Animation* auszustatten. Klicken Sie dafür mit der rechten Maustaste auf einen Bereich in der Symbolleiste, wählen Sie den Eintrag *Symbolleiste anpassen* und ziehen Sie das Symbol mit gedrückter Maustaste in die Leiste.

Sobald Sie sich für einen Effekt entschieden haben, markiert ein blauer Rahmen das Feld, in dem die Animation ablaufen wird. Ein eingefügtes Bild passt sich automatisch dieser Umgrenzung an. Über die Anfasspunkte lässt sich die Größe schon gleich zu Beginn oder auch zu einem späteren Zeitpunkt variieren. Nun brauchen

Sie nur noch die Bilder, die in der Animation gezeigt werden sollen, aus dem Fenster *Medien* in die Begrenzungslinie zu ziehen. Natürlich können Sie auch mehr als ein Bild gleichzeitig in den Rahmen ziehen. Markieren Sie dazu die Bilder mit gedrückter ⌘ – Taste und bewegen Sie den Stapel anschließend in die Umrandung.

In dem kleinen Vorschaufenster im Informationsfenster *Animation* lässt sich der ausgewählte Effekt jederzeit in Augenschein nehmen. Im Auswahlmenü *Effekt* ersetzen Sie die gewählte Animation ganz unkompliziert durch eine andere aus.

Um überhaupt zu sehen, welche Bilder zu der Sammlung gehören, und um die Reihenfolge zu verändern, ist das zur intelligenten Animation zugehörige Fotofenster extrem hilfreich. In der oberen Leiste des Fensters wird der Effekt namentlich eingeblendet, mit Hilfe der Pfeiltasten links und rechts blättern Sie bequem durch die Kollektion und mit gedrückter Maustaste lässt sich jedes Bild an eine andere Position bewegen. Auch können Sie einzelne Bilder wieder löschen. Markieren Sie das Bild und drücken Sie die Entf-Taste.

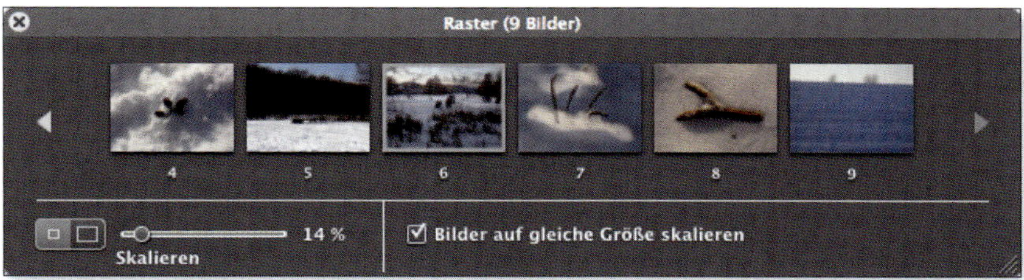

Das Fotofenster, um die Kollektion intelligent zu verwalten

Bei einigen Animationseffekten wie *Plattenteller* und *Raster* variieren Sie die Größe der Bilder, die im Hintergrund angeordnet sind, mit Hilfe des Schiebereglers. Bei Effekten, die diese Möglichkeit nicht anbieten, wird der Schieberegler erst gar nicht angezeigt.

Probieren Sie die einzelnen Effekte aus. Wenn Sie zum Beispiel alle Bilder gleichzeitig eingeblendet haben wollen, um dann ein Bild nach dem anderen nach vorn zu bringen, ist der Effekt *Raster* prima geeignet. Im Informationsfenster *Animation* legen Sie die Anzahl an Zeilen und Spalten fest. Beim Effekt *Plattenteller* rotieren die Bilder im Uhrzeigersinn. Die Richtung sowie die Dauer der Einblendung steuern Sie im Informationsfenster.

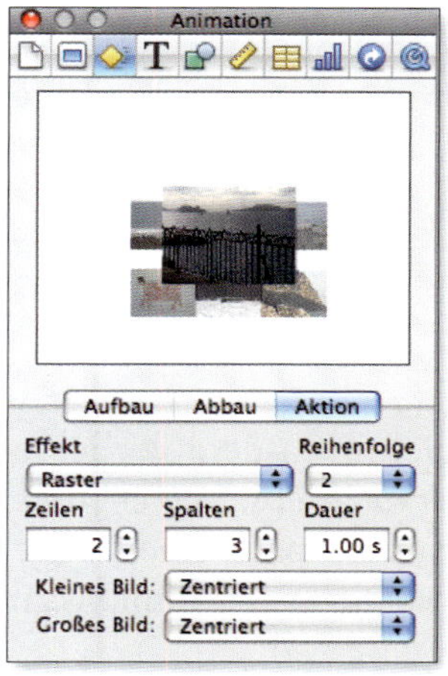

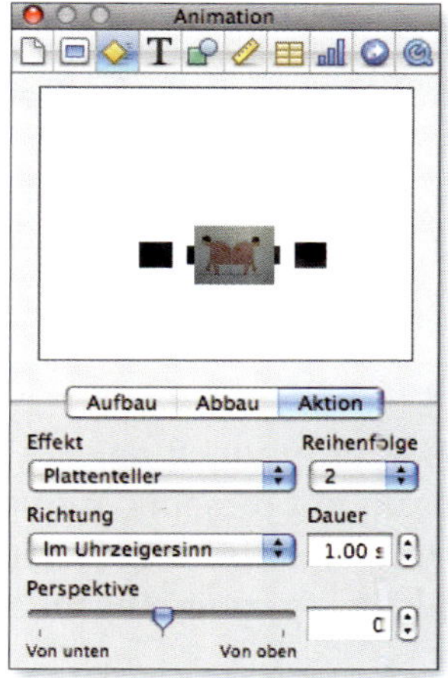

Die Effekte »Raster« und »Plattenteller«

Die Reihenfolge der Animation

Jeder Reihenfolge liegt eine Dramaturgie zugrunde, die sich dank der visuellen Effekte sogar noch verstärken lässt. So kann mit einer geschickt gegliederten Animation die Aufmerksamkeit auf die Quintessenz eines Leitgedankens oder die Schlussfolgerung einer These gelenkt werden. Die Reihenfolge einer Animation definieren Sie am besten, nachdem Sie den Effekt oder die Aktion, den Ablauf und die Dauer festgelegt haben.

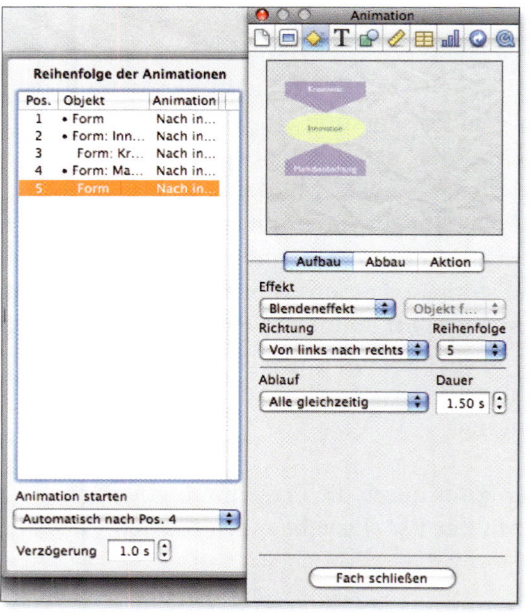

Die Reihenfolge wird in einem speziellen Seitenfach angezeigt und überarbeitet. Dieses Fach öffnen Sie mit einem Klick auf den Button *Weitere Optionen*. Hier sehen Sie die Animationen für die einzelnen Sequenzen übersichtlich in einer Liste mit kurzer Angabe zum Objekt. Sobald Sie auf einen Eintrag klicken, wird die Animation im Vorschaufenster angezeigt. Sie ändern die Reihenfolge, indem Sie das Objekt mit gedrückter Maustaste an die Wunschposition ziehen.

Die Reihenfolge der Animationen ändern

Im unteren Bereich des Fensters legen Sie fest, wie die Animationen gestartet werden: *Durch Klicken* oder *Automatisch*. Falls der Bereich nicht aktiviert sein sollte, klicken Sie zunächst auf einen der Einträge.

Durch Klicken: Die Animationen werden nacheinander eingeblendet. Präsentator oder Betrachter entscheiden selbst, wann das nächste Element auf der Folie erscheint.

Automatisch: Hier warten zwei Optionen auf Sie, nämlich nach dem vorhergehenden Objekt oder gemeinsam mit diesem (*Automatisch nach Pos.* [*Ziffer*] oder *Automatisch mit Pos.* [*Ziffer*]). Das animierte Element erscheint nach einer festgelegten Zeit, die Sie in das Feld *Verzögerung* eingeben. Die Verzögerung kann bis zu 60 Sekunden betragen.

TIPP

Wollen Sie mehrere Objekte gleichzeitig animieren, denken Sie an den Befehl *Gruppieren*. Markieren Sie die Objekte auf der Folie und klicken Sie dann auf das Symbol *Gruppieren* in der Symbolleiste. Nur über diesen Umweg können mehrere Elemente gleichzeitig durch eine Animation die Bühne betreten.

Die Präsentation starten

Wie Ihre Präsentation in natura wirkt, sehen Sie, sobald Sie in der Symbolleiste auf das Symbol *Wiedergeben* klicken. Die Präsentation startet von der aktuellen Folie aus. Wenn Sie die Generalprobe mit der ersten Folie beginnen wollen, drücken Sie beim Klicken auf das Symbol die ⌥ – Taste. Mit dem Abwärtspfeil wird das nächste Objekt oder die nächste Folie eingeblendet, mit dem Linkspfeil geht es zurück. Alternativ können Sie die Präsentation mit Keynote Remote, der iPhone-Fernsteuerung, starten, steuern und stoppen. Diese Fernbedienung bietet sogar eine Vorschau an, was perfekt ist, um sich frei im Raum zu bewegen, ohne ständig zum Bildschirm zurückzukehren und nachzuschauen, welche Folie oder welcher Animationsschritt als Nächstes eingeblendet wird. Mehr dazu im Abschnitt »Die Präsentation mit Keynote Remote steuern«.

Natürlich können Sie sich auch mit der Maus durch die Präsentation bewegen – allerdings nur vorwärts, nicht zurück. Mit der Esc-Taste beenden Sie den Präsentationsmodus.

Die Generalprobe

Nichts kostet den Präsentator so viele Sympathien wie die maßlose Überschreitung der Zeit. Proben Sie deshalb den zeitlichen Ablauf Ihrer Präsentation. Dies geht am besten in einer Testumgebung. Diese Umgebung starten Sie im Menü *Vorführen | Präsentation testen*.

TIPP

Da Sie vermutlich häufig Gebrauch machen von diesem Vorführmodus mit Timer und eingeblendeten Moderatornotizen, ist es sinnvoll, das Icon für diese Funktion in die Symbolleiste zu integrieren. Klicken Sie dazu mit rechter Maustaste auf einen Bereich in der Leiste, wählen Sie *Symbolleiste anpassen…* und ziehen Sie das Icon *Testen* mit gedrückter Maustaste an die gewünschte Stelle.

In diesem Modus sind jeweils zwei aufeinander folgende Folien eingeblendet, so dass Sie vertraut werden mit dem Ablauf der Präsentation. Sind Objekte animiert, sehen Sie im rechten Fenster die jeweils nächste Animation, die per Mausklick nach links rückt. Außerdem sind in diesem Fall links oberhalb der Uhrzeit so viele blaue Kugeln sichtbar, wie Animationsschritte definiert sind. Mit jedem Klick durch die Animation wird aus einem blauen ein grauer Punkt als Zeichen für *Eingeblendet*. Diese sogenannten Animations-Marker sind sehr hilfreich, wie wir finden. Synchronisieren Sie Ihre Rede mit den eingeblendeten Animationen. Klappt das? Oder sind die Animationen eventuell zu kleinschrittig?

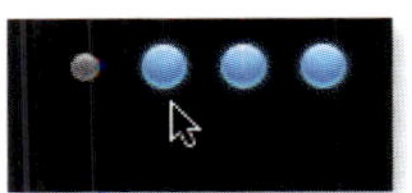

Hinweis auf die Anzahl an animierten Objekten

Der Vorführmodus bietet aber noch viel mehr: So können Sie zum Beispiel alternativ zum Timer für die verstrichene Zeit einen Timer einblenden, in dem Sie die für Ihre Präsentation zur Verfügung stehende Zeit eingeben. Sehr raffiniert, denn meistens bekommt man für die Präsentation eine Zeitvorgabe, die es tunlichst gilt einzuhalten. Fahren Sie mit dem Mauszeiger an den oberen Rand des Monitors. Klicken Sie auf *Optionen* und anschließend auf *Moderatormonitor anpassen*. Aktivieren Sie die Funktion *Verbleibende Zeit* und geben Sie die Zeit ein, die man Ihnen für Ihre Rede eingeräumt hat. Beachten Sie bitte, dass die Zeit mit der Stundenangabe beginnt.

Mit der Option *Hinweis, wenn bereit zum Fortfahren* werden rote bzw. grüne Balken am oberen Bildschirmrand sichtbar. Wenn Sie bei Animationen und Übergängen eine Dauer definiert haben, markiert der grüne Balken den Ablauf dieser Zeit.

Haben Sie Moderatornotizen erstellt, können Sie in diesem Modus checken, ob die Notizen ausreichen oder gar zu umfangreich sind und deshalb eher irritieren. Bei sehr umfangreichen Notizen blättern Sie mit der Taste D (Down) von oben nach unten durch die Anmerkungen und mit der Taste U (Up) von unten nach oben.

Und die wichtigste Frage zum Schluss: Ist der Zeitrahmen eingehalten? Sind Kürzungen notwendig?

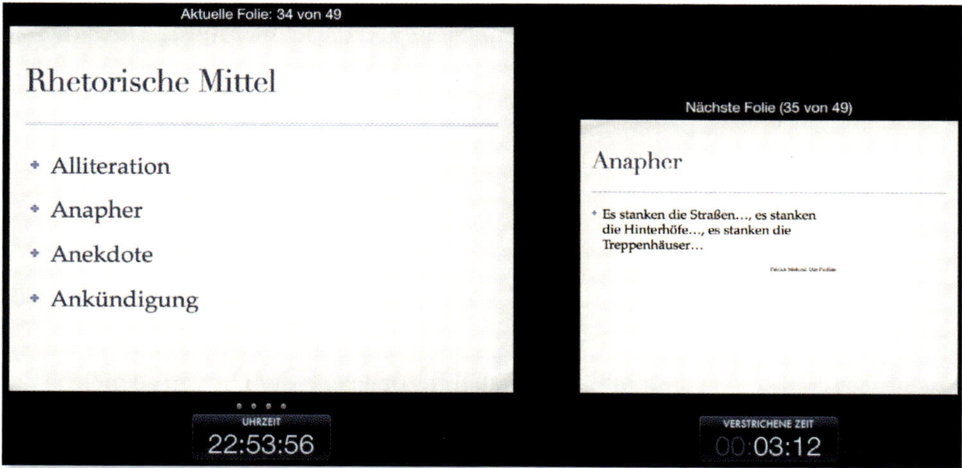

Die Generalprobe

TIPP

Die Einstellungen, die Sie in den Optionen vornehmen, gelten nur für die aktuelle Präsentation. Wer künftig auch in allen anderen Präsentationen zum Beispiel den Timer für die verbleibende Zeit angezeigt haben möchte, öffnet die *Einstellungen ...* (Menü *Keynote*) und aktiviert die entsprechende Funktion.

POWER USER

Übrigens können Sie sich im Testmodus mit der Front Row-Fernbedienung oder der iPhone-Fernsteuerung durch die Präsentation bewegen.

Von Folie 23 auf Folie 5: der Folienwechsler

Stellen Sie sich vor, Sie sind auf Folie 23 angelangt und ein Zuhörer möchte unbedingt noch einmal erklärt bekommen, was diese Ausführungen mit den Informationen auf Folie 5 zu tun haben. Kein Grund, ins Schwitzen zu geraten. Werfen Sie einfach den

Folienwechsler an, indem Sie die Nummer der Folie eingeben. Schon wird am oberen Bildschirmrand eine Leiste mit Miniaturen Ihrer Folien angezeigt, wobei Ihre gewünschte Folie gelb umrandet ist und die Seite im kleinen Auswahlfeld angezeigt wird. Die Seitenzahl können Sie auch jederzeit manuell überschreiben. Mit einem Klick auf die Return-Taste erscheint die ausgewählte Folie in voller Größe auf dem Bildschirm.

GRUNDLAGEN

Haben Sie einen zweiten Moderatormonitor angeschlossen, wird der Folienwechsler nur auf diesem Monitor angezeigt. Auch wer die Präsentation mit Keynote Remote steuert, kann den Folienwechsler nur über die Tastatur starten, da Keynote Remote diese Funktion nicht bereitstellt.

Mit dem Folienwechsler schnell zur gewünschten Folie

Der Folienwechsler sorgt für mehr Flexibilität während einer Präsentation. Wollen Sie zu einer bestimmten Folie zurückkehren oder auf den Inhalt einer anderen Folie früher als geplant zugreifen, brauchen Sie nur die Nummer einzugeben. Und falls Sie mal eine bestimmte Folie suchen, blättern Sie bequem mit den Pfeiltasten vor oder zurück.

TIPP

Der Folienwechsler eignet sich natürlich auch hervorragend, um zu einer bestimmten Folie zu hüpfen, wenn Sie Ihre Präsentation im Vorführmodus checken.

Die Wiedergabearten

Bei größeren Veranstaltungen wird die Präsentation meistens mit einem Beamer auf die Leinwand projiziert. Der Weg von einer Folie zur nächsten wird dann entweder mit Hilfe einer Fernbedienung oder über die Tastatur beschritten.

Die Folien auf dem Monitor oder per Beamer als Großbildprojektion abzuspielen, ist die wohl gängigste Art einer Präsentation. Keynote bietet Ihnen weitere

Vorführmöglichkeiten: Die selbstablaufende Präsentation, die automatisch wie ein Film abgespielt wird, sowie die Präsentation nur über Hyperlinks.

Im Informationsfenster *Dokument | Dokument* legen Sie zum einen grundsätzliche Einstellungen für die Präsentation fest. So entscheiden Sie, ob die Präsentation beim Öffnen automatisch starten soll. Bei Präsentationen, die in öffentlichen Räumen gezeigt werden, schützt diese Einstellung, kombiniert mit der Option *Kennwort für das Beenden der Präsentation erforderlich*, vor Manipulationen durch die Zuschauer. Das Kennwort ist das Administratorkennwort des Computers, auf dem die Präsentation wiedergegeben wird.

Zum anderen definieren Sie in diesem Fenster die Art der Wiedergabe. Sie haben die Wahl aus *Normal* (für Ihre Bildschirmpräsentation), *Nur Hyperlinks* (der Betrachter navigiert durch die Präsentation mit Hilfe von Schaltflächen), *Aufgezeichnet* für eine gesprochene Präsentation und *Selbstablaufend* (wenn Sie die Präsentation verschicken oder an öffentlichen Plätzen zeigen).

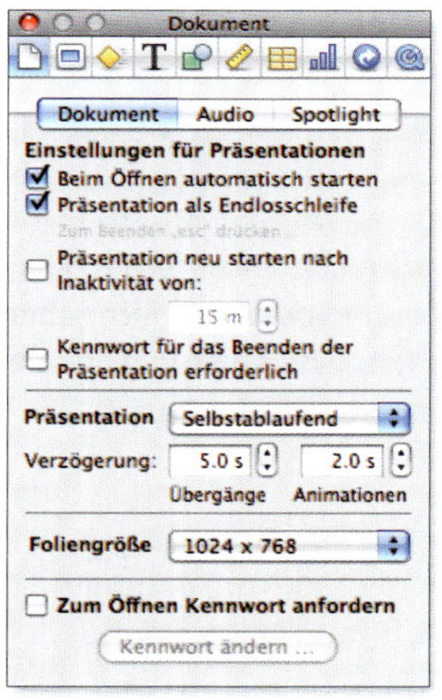

Alle Einstellungen lassen sich zu jedem Zeitpunkt während Ihrer Arbeit an den Folien ändern.

Hier definieren Sie die Art der Wiedergabe.

Präsentation über Projektor oder zweiten Bildschirm

Die Standardeinstellung für die Wiedergabeart ist *Normal*. Für eine Präsentation vor Publikum wird meistens ein Beamer verwendet, der an den Rechner angeschlossen wird, auf dem die Präsentation liegt. Alternativ zum Projektor kann ein zweiter Monitor angeschlossen werden. Bei beiden Varianten lässt sich Ihr Bildschirm als Moderatormonitor einrichten, auf dem Notizen und weitere Informationen wie Ablaufzeit oder verbleibende Zeit angezeigt werden. Der Monitor erhält dadurch die Funktion eines überdimensionalen Redemanuskripts. Alles, was auf dem Moderatormonitor eingeblendet wird, bleibt für die Zuschauer unsichtbar.

GRUNDLAGEN

Ein Beamer wird von dem Rechner, an den Sie den Projektor anschließen, als Monitor interpretiert.

AUFGEPASST

Einige Notebook-Rechner akzeptieren keinen zweiten Monitor. Prüfen Sie dies rechtzeitig, um etwa die Moderatornotizen für den Fall der Fälle ausgedruckt zur Verfügung zu haben.

Je nachdem, für welche Foliengröße Sie sich im Informationsfenster *Dokument* entschieden haben, kann es passieren, dass die Auflösung der Präsentation zu klein für den angeschlossenen Bildschirm ist. In diesem Fall spielt Keynote die Folien umgeben von einem schwarzen Rand ab. Ist die Präsentation zu groß, werden die Folien automatisch verkleinert und an die Bildschirmgröße angepasst.

In den *Einstellungen …* , Rubrik *Präsentation* (Menü *Keynote*) ist für die Situation, dass die Präsentation eventuell zu klein ist, vorgesorgt, indem die Option *Folien bildschirmfüllend vergrößern* standardmäßig eingeschaltet ist. Sollten Sie mal einen schwarzen Rahmen während Ihrer Präsentation sehen, ist die Option nicht aktiviert, was Sie natürlich jederzeit nachholen können.

Ebenso ist das Feld *Übergänge mit Spiegelungen verkleinern, um abgeschnittene Elemente zu vermeiden* standardmäßig eingeschaltet, um zu vermeiden, dass Teile dieser Übergänge nicht angezeigt werden.

Die folgenden Konfigurationen können Sie erst ausführen, wenn der Beamer oder der zweite Bildschirm angeschlossen ist.

- Öffnen Sie die *Systemeinstellungen | Monitor* und klicken Sie hier auf den Reiter *Anordnen*.
- Die weiße Linie oberhalb des Monitorsymbols markiert die Menüleiste. Falls Sie diese auf dem anderen Monitor brauchen, ziehen Sie sie mit gedrückter Maustaste auf die obere Kante des zweiten Bildschirmsymbols.

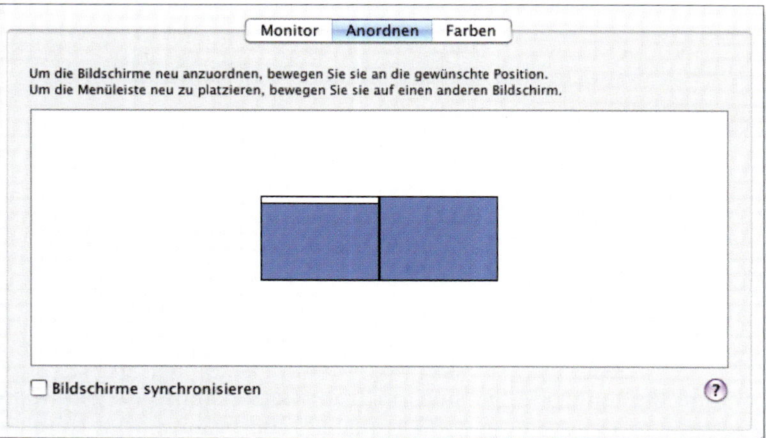

Ein zweiter Bildschirm steht zur Verfügung.

- Nun wechseln Sie in die Einstellungen von Keynote (Menü *Keynote* | *Einstellungen …*), und zwar in das Register *Präsentation*.
- Wählen Sie im unteren Bereich des Fensters aus, auf welchem Bildschirm die Präsentation gezeigt werden soll.
- Alles, was Sie während der Präsentation auf dem zweiten Monitor sehen möchten, legen Sie anschließend in der Rubrik *Moderatormonitor* fest. Schauen Sie sich das Ergebnis an und klicken Sie auf *Moderatormonitor anpassen…* .
- Ist alles zu Ihrer Zufriedenheit platziert und ausgewählt, drücken Sie die Esc-Taste.

Bildschirme synchronisieren

Sie präsentieren vor einem großen Publikum und wollen die Präsentation mit zwei Beamern auf zwei Leinwänden projizieren? Oder Sie sitzen in einer kleinen Runde zusammen und möchten die Folien auf zwei Rechnern zeigen? Für solche Zwecke empfiehlt sich die Funktion, die Bildschirme zu synchronisieren. Öffnen Sie dazu die Systemeinstellungen *Monitor* und aktivieren Sie im Register *Anordnen* die Option *Bildschirme synchronisieren*. Bei einer Bildschirmsynchronisation ist auf beiden Monitoren exakt dasselbe zu sehen. Moderatornotizen und Timer werden nicht eingeblendet.

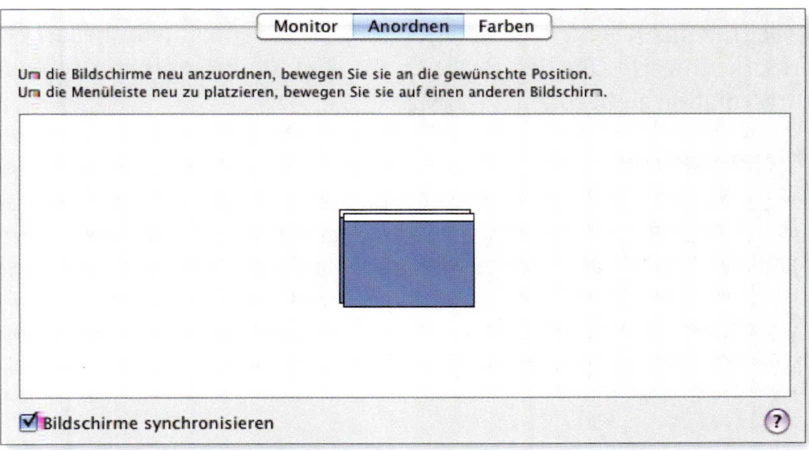

Synchronisierte Anordnung: auf beiden Bildschirmen exakt das Gleiche anzeigen lassen

Eigenständige Präsentationen

Selbstablaufende Präsentationen eignen sich zum Beispiel für Messestände, an denen eine Unternehmenspräsentation im Hintergrund als Endlospräsentation abläuft, oder für Infosäulen, an denen man sich schlau macht zu Reisezielen oder neuen Produkten.

In einer eigenständig ablaufenden Präsentation hat der Betrachter keinen Einfluss darauf, wann die nächste Folie sowie die nächsten animierten Elemente eingeblendet werden. Eine Interaktion ist ausgeschlossen. Deshalb geben Sie im Informationsfenster *Dokument | Dokument* bei *Verzögerung* Werte ein, nach denen Übergänge und animierte Objekte automatisch gestartet werden.

AUFGEPASST

Wenn Sie sich in den Informationsfenstern *Übergang* und *Animation* für die Option *Automatisch* mit definierten Verzögerungen entschieden haben, belassen Sie es bei der Wiedergabeart am besten bei *Normal*. Denn mit der Wiedergabeart *Selbstablaufend* und den eingegebenen Verzögerungen werden Ihre Einstellungen für die Übergänge und Animationen überschrieben.

Aktivieren Sie in der Rubrik *Einstellungen für Präsentation* die Einstellung *Präsentation als Endlosschleife*, wenn Sie möchten, dass die Folien wieder und wieder gezeigt werden.

Normalerweise wird eine Präsentation mit der Esc-Taste gestoppt. Um dies bei einer eigenständig ablaufenden Präsentation zu verhindern, aktivieren Sie die

Option *Kennwort für das Beenden der Präsentation erforderlich*. Nun bedarf es des Administratorkennwortes für den Rechner, auf dem die Präsentation gezeigt wird, um die Präsentation zu beenden.

Hyperlink-Präsentation

Bei der Wiedergabeart *Nur Hyperlinks* navigiert der Betrachter durch die Präsentation mit Hilfe der Symbole, die Sie als Steuerelemente definiert haben. Freilich ist diese Wiedergabe nur dann sinnvoll, wenn auf jeder Folie Hyperlinks eingefügt sind.

Weitere Informationen über das Erstellen von Hyperlinks lesen Sie im Kapitel »Bilder und Objekte«, Abschnitt »Hyperlinks«.

Die Präsentation mit Keynote Remote steuern

Wer nicht wie ein Zinnsoldat neben dem Rechner stehen und über die Pfeiltasten von einer Folie zur nächsten schalten möchte, greift zu einer Fernbedienung. Und wer ein iPhone oder einen iPod Touch besitzt, der braucht nicht mal mehr an eine Funkmaus oder ein anderes separates Gerät zu denken, sondern steuert mit seinem Handy bzw. MP3-Player durch die Präsentation. Voraussetzungen dafür sind

- Keynote in iWork '09
- ein iPhone mit Betriebssystem 2.0 oder höher oder ein iPod Touch
- das Programm Keynote Remote
- eine funktionierende Wi-Fi-Verbindung zwischen dem Mac-Rechner und dem iPhone bzw. iPod Touch

Präsentationen, die mit einer früheren Programmversion erstellt wurden, lassen sich mit Keynote Remote nicht steuern. Auch PowerPoint-Präsentationen können mit Keynote Remote nicht vorgeführt werden.

Das Programm Keynote Remote gibt es im iTunes Store für 79 Cent. Das ist schon alles, was an grundsätzlicher Vorarbeit für das Zusammenspiel zwischen Rechner und Fernbedienung via iPhone und iPod Touch notwendig ist.

Die nun folgenden Arbeitsschritte sind vor einer Präsentation notwendig, zum Beispiel dann, wenn Sie die Präsentation von einem fremden Rechner starten:

- Öffnen Sie die Einstellungen von Keynote (Menü *Keynote*) und klicken Sie in die Rubrik *Fernbedienung*.

- Aktivieren Sie die Option *iPhone und iPod touch Remotes aktivieren*. Danach erscheint der Name des Geräts in der Liste. Sollten mehrere Geräte angezeigt werden, wählen Sie das aus, mit dem Sie die Präsentation steuern wollen.

Das iPhone als Fernbedienung nutzen

- Voraussetzung für das reibungslose Zusammenspiel zwischen Rechner und Keynote Remote ist ein WiFi-Netzwerk.

Keynote Remote bietet Ihnen noch ein paar interessante Einstellungen, die das Präsentieren vereinfachen bzw. angenehmer machen. Da wäre zum einen die Möglichkeit, die Moderatornotizen ein- oder auszublenden. Zum anderen haben Sie die Wahl zwischen Quer- und Hochformat. Im Hochformat werden die Moderatornotizen mit eingeblendet. Das Querformat ist vergleichbar mit dem Moderatormonitor. Sie sehen die aktuelle Folie und erhalten zudem eine Vorschau auf die nächste Folie bzw. Animation, was enorm viel wert und dem professionellen Auftreten des Redners dienlich ist.

GRUNDLAGEN

Der Wechsel zwischen Hoch- und Querformat ist glücklicherweise nicht von der Rotation des Geräts abhängig wie zum Beispiel beim Surfen auf Webseiten. Denn sonst wäre man auf der Bühne bei unbedachten (Hand)Bewegungen heillos verraten und verkauft. Das Format lässt sich nur in den Einstellungen von *Keynote Remote* ändern.

Am Anfang mag es irritieren, dass man sich sozusagen wischend durch die Präsentation bewegt. Wenn Sie mit dem Finger nach links über das Touchscreen wischen, bewegen Sie sich vorwärts durch die Foliensammlung, mit einem Wisch nach rechts geht es zurück.

Um die Präsentation via Keynote Remote noch einmal von vorn zu starten oder um sie zu beenden, klicken Sie auf dem Touchscreen auf *Optionen* und wählen die gewünschte Funktion.

POWER USER

Bei Keynote Remote beschränkt sich der Funktionsumfang auf das Wesentliche. Weitaus mehr Funktionen, wie zum Beispiel die Anzeige eines Timers, diejenige, schnell zu einer bestimmten Folie zu springen oder das Aufrufen einer Indexseite mit allen Folien einer Präsentation, bietet die Applikation Stage Hand von dem Softwareanbieter Wooji Juice. Mit Stage Hand lässt sich ein iPhone oder ein iPod Touch sogar in einen Laserpointer verwandeln. Stage Hand kann im iTunes Store für Euro 5,99 heruntergeladen werden. Um die Fernbedienung zum Laufen zu bringen, wird zusätzlich das Programm Stage Manager benötigt, das auf der Website von Wooji Juice kostenlos erhältlich ist.

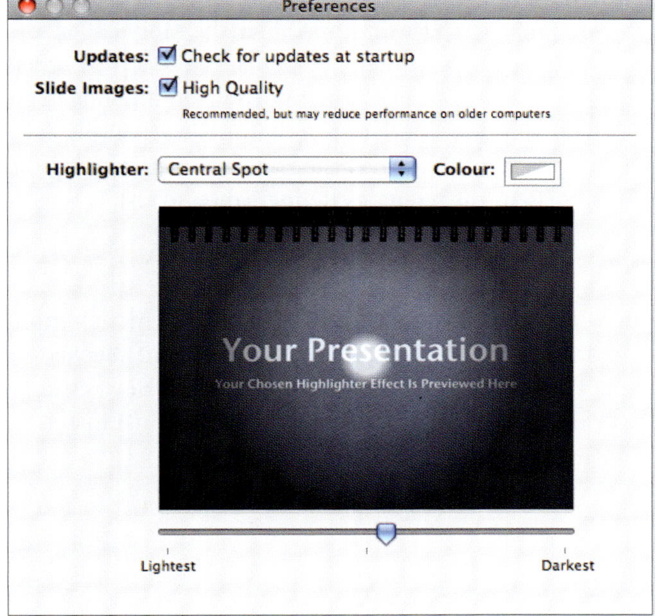

Die Fernbedienung Stage Hand mit der Funktion Laserpointer

Mit Tastenkürzeln durch die Präsentation

Mit folgenden Tastenkürzeln steuern Sie durch die Präsentation:

Tasten	Funktion
↓	Zur nächsten Folie oder Animation
↑	Zur vorherigen Folie oder Animation
⇧ + ↓	Zur nächsten Folie, Animationen dabei umgehen.
⇧ + ↑	Zur vorherigen Folie, Animationen dabei umgehen.
↖	Zur ersten Folie.
↘	Zur letzten Folie.
B	Präsentation anhalten und schwarzes Bild einblenden.
W	Präsentation anhalten und weißes Bild einblenden.
H	Präsentation anhalten und Programm ausblenden.
Esc	Präsentation beenden.

Während der Präsentation haben Sie Gelegenheit, auf dem Moderatormonitor die Kurzbefehle für die Steuerung einzublenden. Drücken Sie hierfür auf die Hilfe-Taste oder das Fragezeichen auf Ihrer Tastatur.

Tastaturkurzbefehle für den Moderator

Navigation	
Leertaste, →, ↓, Umschalt-→	Weiter zur nächsten Animation *
[, Umschalt-Seite auf, Umschalt-←	Zurück zur vorherigen Animation *
], Umschalt-Seite ab, Umschalt-↓	Weiter zur nächsten Folie *
←, ↑, Umschalt-↑	Zurück zur vorherigen Folie *
Anfang	Gehe zur ersten Folie
Ende	Gehe zur letzten Folie
Z	Über die zuvor angezeigten Folien zurückgehen
esc, Q, Befehl-.	Präsentations-Modus beenden

*Tipp: Aktivieren Sie die Feststelltaste und verwenden Sie dann die Pfeiltasten ohne die Umschalttaste

Folienwechsler-Schwebefenster	
Foliennummer	Zu dieser Folie im Folienwechsler gehen
+, =	Zur nächsten Folie im Folienwechsler gehen
-	Zur vorherigen Folie im Folienwechsler gehen
Zeilenschalter, Eingabetaste	Zur aktuellen Folie gehen und Wechsler schließen
esc	Folienwechsler schließen

Filme	
J	Film zurückspulen (Bild für Bild, falls angehalten)
K	Film anhalten/wiedergeben
L	Film vorspulen (Bild für Bild, falls angehalten)
I	Zum Filmanfang gehen
O	Zum Filmende gehen

Moderatormonitor	
R	Timer zurücksetzen
U	In Notizen nach oben blättern
D	In Notizen nach unten blättern

Andere	
H	Präsentation ausblenden und zum zuletzt verwendeten Programm wechseln
?, /, Hilfe	Dieses Fenster ein- oder ausblenden
F	Präsentation anhalten, beliebige Taste zum Fortfahren drücken
B	Präsentation anhalten und schwarzen Bildschirm anzeigen
W	Präsentation anhalten und weißen Bildschirm anzeigen
C	Zeiger (Cursor) ein- oder ausblenden
X	Haupt- und Moderatormonitor wechseln

Kurzbefehle auf dem Moderatormonitor

Wenn Sie während der Präsentation etwas erklären oder erzählen und dabei die Aufmerksamkeit der Zuhörer von der Folie weg und hin zu Ihnen lenken wollen, sollten Sie die Folie ausblenden. Für diesen Zweck bietet Ihnen Keynote ein schwarzes bzw. weißes Bild an, das quasi wie ein Vorhang fungiert. Sie blenden diese Bilder ein, indem Sie die Taste B (*Black*) oder W (*White*) drücken. Sie setzen die Präsentation anschließend mit einer beliebigen Taste fort.

Um die Präsentation anzuhalten und das Programm auszublenden, drücken Sie die Taste H (wohl für *Hold* & *Hide*). Das Programmsymbol im Dock wird nun mit einer grünen Starttaste angezeigt. Klicken Sie auf das Symbol, wenn Sie mit der Präsentation fortsetzen wollen.

Kapitel 16

Keynote

Eigene Vorlagen und Themen

Sie möchten die Auswahl an Vorlagen erweitern? Das Corporate Design Ihres Unternehmens verlangt ein spezielles Layout für Präsentationen? Nur zu. In diesem Kapitel machen wir Sie zum einen damit vertraut, eigene Entwurfsvorlagen zu erstellen. Zum anderen zeigen wir, wie Sie ein gänzlich neues Thema nach Ihren individuellen Erfordernissen entwerfen.

Vorlagen-Layouts erstellen

Eigene Folienlayouts und -designs erstellen Sie mit Hilfe einer Vorlage. Eine Vorlage ist so etwas wie ein Master. Eine Masterfolie sorgt dafür, dass alle Folien, die auf diesem Master beruhen, das gleiche Design erhalten. Sie wollen zum Beispiel allen Folien einen Hintergrund zuweisen? Dann brauchen Sie nur die Vorlage zu ändern.

Keynote-Anwender haben es gut. Denn jedes der gestalterisch ausgetüftelten Themen enthält bereits eine hinreichende Anzahl an Vorlagen. Diesen bis zu 19 Varianten pro Thema sind sämtliche Layout-Informationen zugewiesen wie Hintergrund-Design, Schriftformate und Platzhalter-Positionen. Im Grunde bräuchte man sich um diese Vorlagen gar nicht weiter zu kümmern. Doch schon beim Wunsch, das Firmenlogo auf den Folien zu platzieren oder jede Folie mit Datum anzuzeigen, wird die Arbeit an den Vorlagen unerlässlich.

Die Folien-Vorlagen sind alles andere als ein für alle Mal festgezurrte Layouts und gegen jede Änderung erhaben. Im Gegenteil, jede Vorlage lässt sich Ihren Anforderungen gemäß modifizieren oder sogar gänzlich neu gestalten: Die Schriftformate ändern, andere Aufzählungszeichen wählen und den Hintergrund anpassen – fertig ist eine von Ihnen gestaltete Vorlage. Kurzum, der Flexibilität im Umgang mit den Vorlagen sind keine Grenzen gesetzt.

Bedürfnisse und Anlässe, eine Vorlage zu verändern, können ganz unterschiedlich sein. So benötigen Sie zum Beispiel für Zwischentitel Vorlagen mit einem anderen Hintergrund. Oder Ihnen gefällt zwar das Design eines Themas, doch die Schrift behagt Ihnen nicht. Dann tauschen Sie auf den Vorlagen lediglich die Standardschrift gegen eine andere aus, während alles andere unverändert bleibt. Und schließlich gibt es auch noch den Fall, dass Sie ein gänzlich neues Thema mit eigenen Vorlagen erstellen wollen.

Hier ein Überblick über die Attribute, die sich für ausgewählte oder für alle Vorlagen eines Themas bearbeiten lassen:

- Hintergrund
- Positionen von Platzhaltern für Text oder Objekte
- Schriftart, Schriftgröße, Farbe
- Aufzählungszeichen
- Fülleffekte für Objekte und Linien
- Tabellen- und Diagrammstile
- Folienübergang

Vorlagen können natürlich auch um weitere Elemente ergänzt werden, wie

- Logo
- Datum
- Fußzeile mit allgemeinen Informationen wie Name und Thema der Präsentation
- Foliennummer

Das Werkzeug für die Arbeit an Vorlagen

Um Vorlagen zu bearbeiten, brauchen Sie zwei Dinge: die Darstellung *Folienvorlagen* sowie das Informationsfenster *Folienvorlage | Erscheinungsbild*. Um die Folienvorlagen zu sehen, klicken Sie bitte in der Symbolleiste im Auswahlmenü *Darstellung* auf *Folienvorlagen einblenden*. Oder Sie ziehen die Miniaturleiste an den kleinen, waagerechten Linien nach unten auf, um das Spektrum an Vorlagen für das ausgewählte Thema sichtbar zu machen.

Auf den Vorlagen sehen Sie die Platzhalter mit teilweise vordefinierten Ebenen, Hilfs- und Gitternetzlinien für die genaue Ausrichtung der Objekte sowie Rahmen mit Platzhalterbildern.

GRUNDLAGEN

Das Informationsfenster *Folie* springt automatisch auf *Folienvorlage* um, sobald Sie auf eine Vorlage klicken.

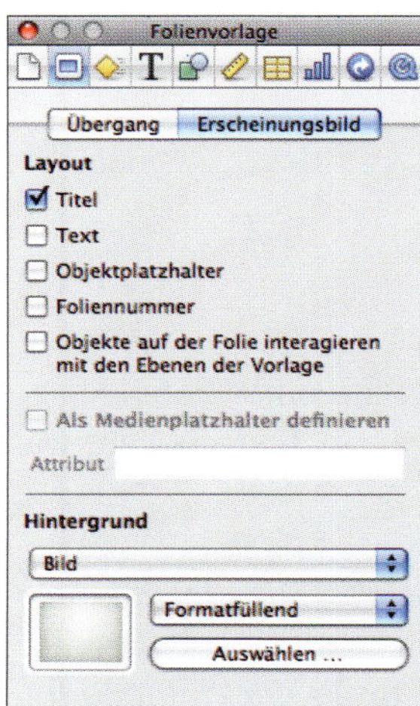

Die Werkzeugkiste fürs Erstellen von Vorlagen

Sie haben nun zwei Möglichkeiten, mit der Arbeit zu beginnen: Sie bearbeiten entweder die Originalvorlage oder Sie erstellen eine Kopie des Originals.

TIPP

Wir empfehlen, auf einer Kopie zu arbeiten. Denn auf Vorlagen kann der Befehl *Auswahl wieder an die Vorlage anpassen* nicht ausgeführt werden. Mit einer Kopie sind Sie flexibler: Gefallen Ihnen Ihre Änderungen nicht, löschen Sie die Kopie einfach, erstellen eine neue und starten einen weiteren Versuch.

Am besten kopieren Sie genau die Vorlage, die Ihrer Vorstellung an die neue Vorlage am ehesten entspricht. Klicken Sie hierfür in der Symbolleiste auf das Icon *Neu* oder drücken Sie ↵. Die neue Vorlage erscheint mit einem Namen wie Vorlage #2. Diese nichtssagende Bezeichnung ändern Sie, indem Sie den Namen mit einem Doppelklick markieren und überschreiben.

Der Vorlage einen Namen geben

Wenn Sie, was Ihre Änderungen angeht, unschlüssig sind oder gern herumexperimentieren, erstellen Sie während des Arbeitsprozesses Kopien von Ihren Entwürfen. So geht Ihnen kein Konzept verloren und am Schluss können Sie wählen, welches Design Ihnen am besten gefällt. Die dann überflüssigen Kopien löschen Sie ganz einfach mit der Entf-Taste.

Platzhalter modifizieren

Platzhalter sind wichtige und vor allem praktische Elemente auf einer Folie. Sie gewährleisten die einheitliche Ausrichtung und Formatierung von Textblöcken, was sehr entlastend für uns Anwender ist.

Welche Platzhalter es gibt, sehen Sie im Informationsfenster *Folienvorlage | Erscheinungsbild*. Es mag Sie überraschen, dass hier nicht mehr als drei Platzhalter für Texte und Objekte aufgelistet sind, nämlich *Titel*, *Text* und *Objektplatzhalter*.

Denn wenn man sich die Miniaturbilder der Vorlagen anschaut, sieht man für beträchtlich mehr als drei Zwecke Platzhalter definiert. Die Platzhalter lassen sich jedoch für mehrere unterschiedliche Funktionen nutzen. Der Platzhalter *Text* zum Beispiel enthält – je nachdem, von welcher Originalvorlage Sie eine Kopie gemacht haben – Text mit oder ohne Aufzählungszeichen.

Aufzählungszeichen lassen sich jederzeit einem Platzhalter zuweisen oder von einem Platzhalter entfernen. Wenden Sie dafür folgenden Trick an: Markieren Sie den Platzhalter und wechseln Sie ins Informationsfenster *Text | Aufzählungen*. Im Auswahlmenü *Aufzählung & Nummerierung* klicken Sie auf *Ohne Aufzählungszeichen*. In der Folie, die Sie von dieser Vorlage erstellen, erscheint die bereits bekannte Aufforderung *Zum Bearbeiten doppelklicken* – und zwar ohne Aufzählungszeichen. Mit diesem Verfahren machen Sie zum Beispiel aus einem Platzhalter mit Aufzählungszeichen einen Platzhalter für einen Untertitel.

GRUNDLAGEN

Jeder Platzhalter kann auf einer Vorlage nur ein einziges Mal vergeben werden. Platzhalter lassen sich auch nicht kopieren. Das heißt, dass Vorlagen mit mehreren Platzhaltern für unterschiedliche Objekte nicht möglich sind.

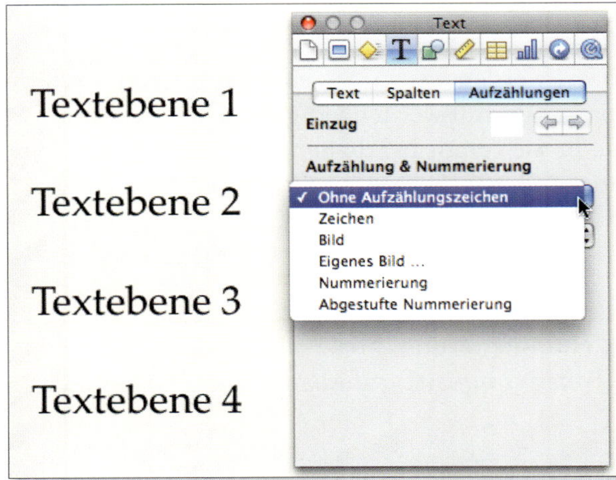

Für einen Platzhalter die Aufzählungszeichen entfernen

Im Informationsfenster *Text | Spalten* legen Sie die Anzahl an Spalten fest. Definieren Sie neben der Anzahl auch die Stegbreite.

Den Platzhalter *Objekt* brauchen Sie, wenn Elemente wie Bilder, Tabellen oder Diagramme an einen festen Platz und in vorgegebener Größe eingefügt werden sollen. Ziehen Sie den Platzhalter an den Markierungspunkten gegebenenfalls breiter auf oder zu.

Größe und Position von Platzhaltern

Die Größe eines Platzhalters passen Sie einfach und bequem über die Anfasspunkte an. Beachten Sie hierbei, dass die Größe der Platzhalter auf den Vorlagen entscheidend ist für die Menge an Text, die auf den Folien eingegeben werden kann. Sind die Platzhalter zu klein, erscheint recht bald nach der Texteingabe ein Kreuz in der unteren Rahmenlinie. Wie Sie bereits wissen, heißt dies, dass die Textmenge zu umfangreich für den Platzhalter ist. Definieren Sie auf den Vorlagen deshalb lieber ausreichend große Platzhalter, damit Sie die Rahmen oder die Schriftgröße später nicht auf jeder Folie anpassen müssen.

Blenden Sie mit der Tastenkombination ⌘ – R das Lineal ein und ziehen Sie vertikal wie horizontal weitere Hilfslinien aus den Linealen, um die Platzhalter exakt zu positionieren.

GRUNDLAGEN

In den *Einstellungen ...* (Menü *Keynote*) lassen sich horizontale wie vertikale Gitternetzlinien einblenden, die das Positionieren von Platzhaltern und anderen Objekten zusätzlich erleichtern. Die Abstände können großzügig, aber auch sehr gering eingestellt werden – je nach Bedürfnis.

Foliennummern hinzufügen

Sollen Ihre Folien durchnummeriert werden, setzen Sie einen Haken an den Eintrag *Foliennummer*. Doch aufgepasst, hiermit werden lediglich die Folien nummeriert, die auf der Vorlage basieren, die Sie gerade bearbeiten. Für den Fall, dass Ihre Folien auf unterschiedlichen Vorlagen basieren, achten Sie darauf, dass das Kästchen für jede Vorlage aktiviert ist.

TIPP

Einfacher ist die durchgängige Nummerierung Ihrer Folien, wenn Sie in der Menüleiste *Folie* die Option *Foliennummern auf allen Folien einblenden* einschalten.

Elemente auf der Vorlage mit Objekten auf der Folie verschachteln

Normalerweise lassen sich die Elemente auf einer Vorlage nicht mit Objekten, die Sie einer Folie hinzufügen, verschachteln. Machen wir uns dies an einem Beispiel deutlich: Angenommen, Sie fügen eine Grafik in die Vorlage ein. Auf der Folie, die Sie von dieser Vorlage erstellen, besteht nun keine Chance, andere Objekte vor oder hinter dem Vorlagenelement anzuordnen. Die Ebenen der einzelnen Elemente lassen sich nicht verschachteln. Es gibt jedoch einen Weg, dies zu ermöglichen:

Markieren Sie das Vorlagenobjekt und schalten Sie im Informationsfenster *Folienvorlage* die Option *Objekte auf der Folie interagieren mit den Ebenen der Vorlage* ein. So bleiben Sie bei der Verschachtelung von Objekten flexibel.

Einen Medienplatzhalter definieren

Sie kennen die Folien, auf denen Fotos zu sehen sind, die als Platzhalter für Ihre Bilder dienen. Bilder, die Sie auf diese Platzhalter ziehen, passen sich automatisch dem Format des Platzhalters an. Im Informationsfenster *Folienvorlage* lassen sich solche Medienplatzhalter definieren. Dafür müssen Sie zunächst ein Medium wie ein Foto oder einen Film aus dem Fenster *Medien* auf die Vorlage ziehen. Falls Sie nicht mit iPhoto arbeiten und das Fenster *Medien* deshalb unter Fotos keine Bilder anzeigt, ziehen Sie einfach ein Foto aus dem Finder auf die Vorlage.

Legen Sie die Größe des Bildes über die Anfasspunkte fest und platzieren Sie es an die gewünschte Stelle. Aktivieren Sie anschließend die Option *Als Medienplatzhalter definieren*. Wenn Sie nun mit der Maus über das Bild fahren, wird die bekannte Info eingeblendet »*Dieses Bild ist ein Platzhalter. ...*« . Genau diese Info wird auch angezeigt, wenn Sie von der Vorlage eine Folie erstellen und wiederum mit der Maus über den Medienplatzhalter fahren. Das Bild, das Sie auf diesen Platzhalter bewegen, ersetzt das Platzhalterbild.

Dieses Verfahren ist durchaus praktisch, wenn Sie viel mit Fotos arbeiten. So ersparen Sie es sich, die Größe des Bildes auf jeder Folie separat anzupassen.

Einen Medienplatzhalter definieren

Ein Bild als Medienplatzhalter lässt sich im Informationsfenster *Grafik* mit Rahmen versehen. Dieser Rahmen gilt als Bestandteil des Platzhalters, so dass Bilder, die Sie künftig auf den Platzhalter ziehen, automatisch mit dem ausgewählten Rahmen erscheinen. Im Informationsfenster *Grafik* haben Sie die Wahl aus einer einfachen Rahmenlinie oder aus einem bereits gestalteten Bilderrahmen.

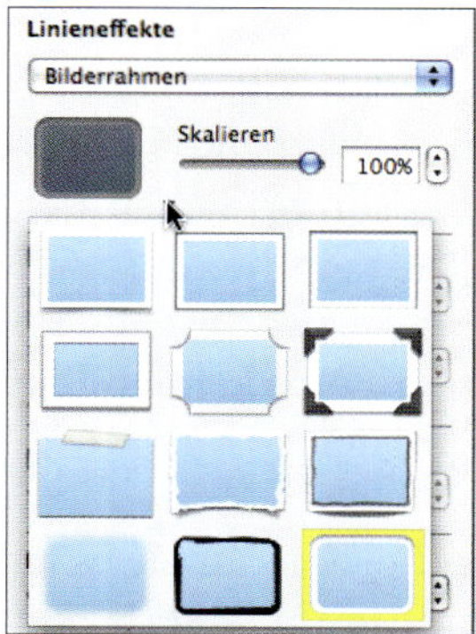

Dem Medienplatzhalter einen Rahmen geben

Einen Hintergrund auswählen

Entscheiden Sie sich am besten schon frühzeitig für die Hintergrundkulisse Ihrer Vorlagen. Denn vom Design des Hintergrunds hängen weitere gestalterische Maßnahmen und Entscheidungen ab, wie zum Beispiel die Schriftfarbe oder die Füllfarben für die geometrischen Formen.

Im Auswahlmenü *Hintergrund* (Informationsfenster *Folienvorlage | Erscheinungsbild*) stehen Ihnen fünf Alternativen zur Verfügung. Sollten Sie sich auf eine Farbe oder einen Verlauf festlegen, klicken Sie in die kleinen Farbfenster und probieren Sie mit Hilfe der Farbpalette unterschiedliche Variationen aus. Ziehen Sie den gewählten Farbton in ein Rechteck am unteren Rand der Farbpalette. So können Sie den Farbton bequem allen weiteren Vorlagen zuweisen.

Fällt Ihre Entscheidung auf die Option *Bild*, wählen Sie das Bild über den Auswahlbutton und das Dialogfenster *Öffnen* aus. Alternativ ziehen Sie ein Bild aus dem Fenster *Medien* in das kleine Vorschaufenster.

AUFGEPASST

Ein Bild, das Sie per Drag & Drop aus dem Fenster *Medien* oder aus dem Finder direkt auf die Vorlage ziehen, wird **nicht** als Hintergrund interpretiert.

Schmuckelemente hinzufügen

In Themen wie *Retro*, *Editorial*, *Bastelarbeit*, *Schlagzeilen* oder *Seidenpapier* sehen Sie neben farbigen Hintergründen unterschiedliche Schmuckelemente wie Linien und farbige Balken. Die zettelähnlichen Grafiken im Thema *Bastelarbeit* oder die massiven roten Rechtecke im Thema *Seidenpapier* sind Bilder, wie im Informationsfenster *Maße* zu sehen ist.

Bilder für abwechslungsreiche Designs

Diese Bilder können Sie natürlich für Ihre eigenen Designs verwenden. Heben Sie für diesen Zweck den Schutz auf (Menü *Anordnen* | *Schutz aufheben*). Da es sich bei diesen Elementen um Bilder handelt, lässt sich die Farbe nicht gegen eine andere austauschen. Aber vielleicht bekommen Sie ja Anregungen für die Kreation eigener Vorlagenelemente. Oder stöbern Sie in den vielfältigen Angeboten der Themen. Im Thema *Bastelarbeit* findet sich beispielsweise ein hübscher Rahmen, auf dem drei Fotos platziert sind. Sobald Sie den Schutz dieses Rahmens aufheben, lässt sich die Abbildung vergrößern und gegebenenfalls für eigene Bildergalerien verwenden.

Ein Bild aufziehen und als Rahmen für eigene Fotos verwenden

Das Thema *Schlagzeilen* bietet hübsche Anregungen für die Verwendung von Linien als Strukturelemente. Auch diese Linien lassen sich, sobald Sie den Schutz aufgehoben haben, kopieren und modifizieren.

Schrift und Schriftgröße

Für Ihre Arbeit am Schriftbild benötigen Sie gleich drei Fenster: das Informationsfenster *Text*, das Schriftenfenster sowie die Farbpalette.

GRUNDLAGEN

Die Texte in den Platzhaltern der Vorlagen sind Funktionsbeschreibungen und können nicht überschrieben oder gelöscht werden. Alles, was Sie jedoch selbst in die Platzhalter schreiben, wird auf den Folien, die Sie von dieser Vorlage erstellen, angezeigt.

Wählen Sie im Schriftenfenster eine Schrift aus und passen Sie gegebenenfalls die Schriftgröße an. Für Bildschirmpräsentationen eignen sich vor allem serifenlose Schriften wie »Gill Sans«, »Futura« oder »Helvetica Neue«. Serifenlose Schriften lassen sich auf dem Bildschirm bzw. bei einer Präsentation leichter lesen als Serifenschriften wie »Baskerville«, »Cochin«, »Bodoni« oder die bewährte »Times«. Diese sogenannten Antiquaschriften werden gern für Überschriften verwendet. In der Abbildung sehen Sie die Serifenschrift »Palatino« für die Überschrift und die serifenlose Schrift »Helvetica Neue« für den Textblock.

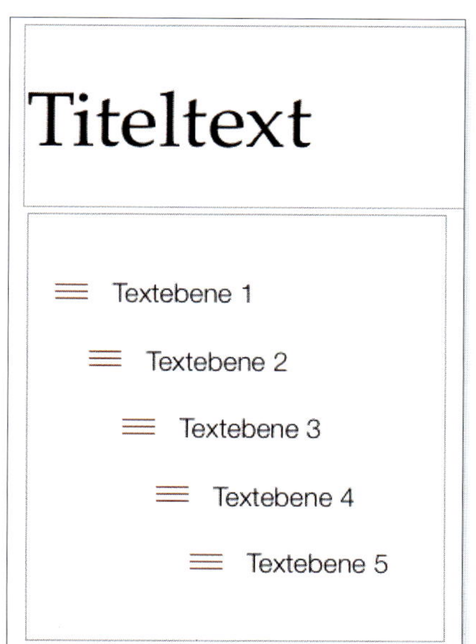

»Palatino« für die Überschrift und »Helvetica Neue« für den Text

Entscheidend für die Lesbarkeit indes ist die Schriftgröße. Denn nichts ist beim Betrachten einer Präsentation enervierender als eine Schrift, die erst noch entziffert werden muss. Gönnen Sie sich und Ihrem Publikum hier eine hohe Punktzahl: Für Überschriften mindestens 48 Punkt und für die Texte mindestens 28 Punkt. Als Anregung für Ihre Schriftauswahl zeigen wir in der folgenden Abbildung einige Schriften, die in Keynote für die Themen und Vorlagen definiert sind.

Dies ist die Schrift Futura Condensed Medium.

Dies ist die Schrift Baskerville Regular.

Dies ist die Schrift Helvetica Neue Light.

DIES IST DIE SCHRIFT COPPERPLATE REGULAR.

Dies ist die Schrift Gill Sans Regular.

Dies ist die Schrift Cochin Regular.

Dies ist die Schrift Palatino Regular.

Schriftenauswahl

Die Gliederungsebenen im Platzhalter *Text* sind durchgehend in derselben Schriftgröße definiert. Die Hierarchie wird lediglich über den Einzug markiert, nicht jedoch über die Schriftgröße. Selbstverständlich können Sie diese Vorgabe ändern und für jede Textebene eine immer kleinere Schriftgröße definieren. Kleiner als 28 pt. sollte aber auch die unterste Ebene nicht sein. In einer Präsentation vor großem Publikum und in einem entsprechend großen Raum ist diese Textzeile womöglich kaum noch lesbar. Die fünfte Textebene mit gerade mal 24 pt. ist völlig indiskutabel.

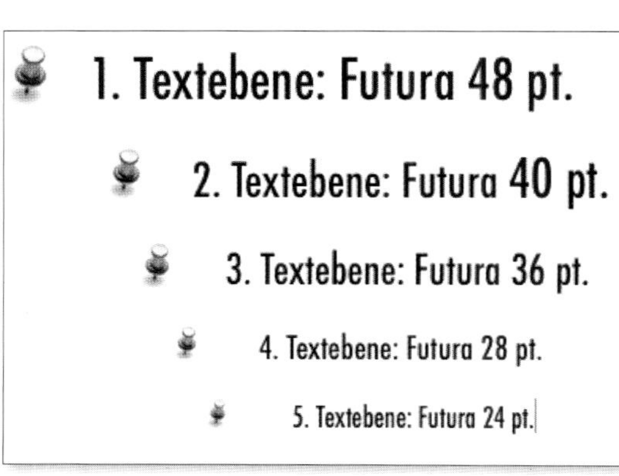

Wenn schon unterschiedliche Schriftgrößen für die Ebenen – dann ausreichend große

Die Farbgestaltung

Was die Farbgestaltung angeht, erreichen Sie eine optimale Lesbarkeit mit einem Hell/Dunkel-Kontrast. Vermeiden Sie die Vermengung von Komplementärfarben. Die Kontraste (beispielsweise rote Schrift auf blauem Hintergrund) sind anstrengend für die Augen, und die Schrift ist kaum lesbar, weil sie einen flirrenden Eindruck hinterlässt. Die Farbgestaltung sollte zudem ein bestimmtes System erkennen lassen, so dass sich der Betrachter an ein Erscheinungsbild gewöhnen kann.

Attraktive Farbeffekte für die einzelnen Ebenen erzielen Sie mit einer etwas verringerten Deckkraft. Markieren Sie dafür eine Textebene und klicken Sie im Schriftenfenster in das Kästchen für die Textfarbe. In der nun geöffneten Farbpalette verringern Sie die Deckkraft mit Hilfe des Schiebereglers.

Der Klick in das Kästchen *Textfarbe* im Schriftenfenster ist bei dieser Aktion der entscheidende. Denn mit diesem Klick signalisieren Sie dem Programm, dass sich alles, was Sie im Farbfenster anstellen, auf die Schrift bezieht. Es reicht also nicht, den Text zu markieren und unter Auslassung des Schriftenfensters die Deckkraft verringern zu wollen. Dies funktioniert schlichtweg nicht.

Farbeffekte durch verringerte Deckkraft

POWER USER

Noch ein Tipp für die Arbeit mit den Schriften: Ziehen Sie Ihre ausgewählte und mittlerweile formatierte Schrift am besten in den Ordner *Favoriten* im Schriftenfenster. So haben Sie die Schrift samt allen Formatierungen für jede weitere Aktion griffbereit.

Textausrichtung und Zeilenabstände

Überschrift und Untertitel sind in den meisten Vorlagen zentriert ausgerichtet. Wenn Sie eine andere Ausrichtung befürworten – wie beispielsweise linksbündig – klicken Sie im Informationsfenster *Text | Ausrichtung* auf den entsprechenden Button. Die Abstände zwischen den Aufzählungen lassen sich mit den Schiebereglern *Vor dem Absatz* und *Nach dem Absatz* variieren.

Die Aufzählungszeichen modifizieren

Aufzählungszeichen lassen sich in ihrer Größe ändern oder gänzlich gegen andere Symbole austauschen. Markieren Sie hierfür den entsprechenden Platzhalter und wechseln Sie in das Informationsfenster *Text | Aufzählungen*.

GRUNDLAGEN

Ob Sie einen Platzhalter für einen Untertitel oder für Text mit Aufzählungszeichen generieren, hängt davon ab, von welcher Vorlage Sie eine Kopie erstellt haben. Im Informationsfenster *Folienvorlage* wird namentlich nicht zwischen diesen beiden Platzhalter unterschieden.

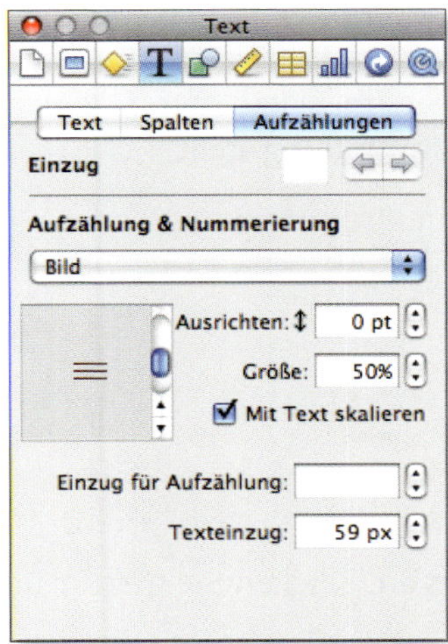

Werkzeugkoffer für die Auswahl und das Ausrichten von Aufzählungszeichen

Im Informationsfenster haben Sie die Wahl aus den mitgelieferten Zeichen und Bildern, aus eigenen Bildern und Nummerierungen. Bei dieser Gelegenheit erinnern wir gern an die Palette *Sonderzeichen…*, die Sie im Menü *Bearbeiten* aufrufen. Hier haben Sie eine große Auswahl an Zeichen, die sich wunderbar als Aufzählungszeichen eignen. Wollen Sie ein vorhandenes Zeichen gegen eines aus

der Zeichenpalette austauschen, markieren Sie dieses Zeichen und wählen in der Zeichenpalette Ihr favorisiertes Zeichen mit einem Doppelklick aus. Sobald Sie diese Aktion mit ↩ bestätigen, fügt sich das Zeichen in das Eingabefeld ein und schmückt bereits im selben Moment die Aufzählung.

Im Feld *Ausrichten* bestimmen Sie den Wert für die vertikale Position des Aufzählungszeichens. Der Abstand zwischen Aufzählungszeichen und Text wird im Feld *Texteinzug* festgelegt. Bleibt schließlich noch der Abstand zwischen dem Aufzählungszeichen und dem Rahmen des Platzhalters. Für diesen Zweck finden Sie im Informationsfenster das Eingabefeld *Einzug für Aufzählung*.

AUFGEPASST

Haben Sie den Platzhalter markiert, wirken sich die Einträge im Feld *Einzug für Aufzählung* auf alle Textebenen aus. Wollen Sie, dass der Einzug mit jeder Ebene weiter zunimmt, klicken Sie die Zeilen separat an und nehmen die Einstellungen vor.

Erster Test

Wie wirken Ihre Arrangements auf einer Folie? Erstellen Sie von der Vorlage eine Folie und nehmen Sie die Resultate kritisch unter die Lupe:

- Sind die Platzhalter ausreichend groß? Probieren Sie im Platzhalter *Titeltext* aus, ob eine zweizeilige Überschrift innerhalb der Umrandung steht.
- Ist der Abstand zwischen den Aufzählungszeichen in Ordnung?
- Wie wirken die Aufzählungszeichen?
- Wie harmonisch wirkt der Hintergrund?
- Passt die Schriftfarbe zum Hintergrund?
- Ist die Schrift gut lesbar?

Schauen Sie sich die Ergebnisse auch im Vorführmodus an. Klicken Sie hierfür in der Symbolleiste auf den Button *Wiedergeben*.

TIPP

Denken Sie daran, eventuelle Ausbesserungen auf der Vorlage vorzunehmen. Jede Korrektur, die Sie auf der Vorlage vornehmen, ist sofort auf der Folie sichtbar.

Textfelder formatieren

Ähnlich wie die Schrift in den Platzhaltern lässt sich auch die Schrift für ein Textfeld umgestalten. Erstellen Sie dafür ein Textfeld mit einem Klick auf das Symbol in der Symbolleiste und legen Sie mit dem Schriftdesign los. Alle Angaben, die wir in den vorherigen Abschnitten zu den Schriftattributen gemacht haben, gelten selbstverständlich auch für das Formieren eines Textfeldes. Tippen Sie ein paar Wörter in das Textfeld ein, so dass Sie die Zeilenabstände überprüfen können.

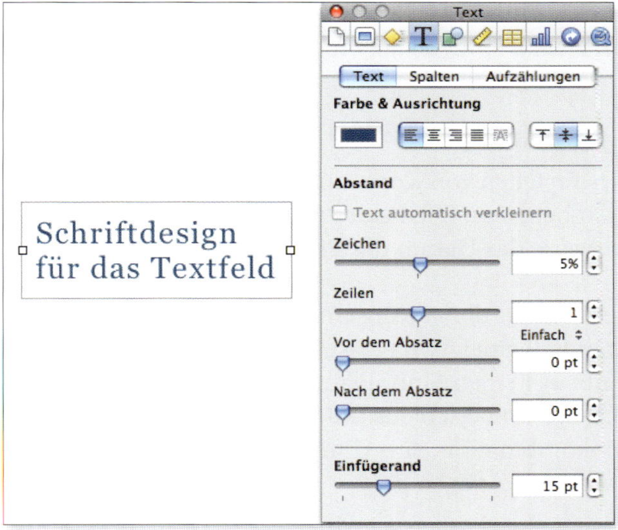

Denken Sie beim Bearbeiten der Vorlage auch an das Textfeld.

Ein Textfeld lässt sich natürlich auch mit einem Rahmen versehen (Informationsfenster *Grafiken*). Kommt Ihnen der Abstand zwischen Text und Rahmen zu gering vor, sorgen Sie für mehr Raum, indem Sie den Schieberegler *Einfügerand* (Informationsfenster *Text*) weiter nach rechts ziehen.

Wenn Sie die Arbeit am Textfeld abgeschlossen haben, klicken Sie im Menü *Format* auf den Eintrag *Erweitert…* . Hier entscheiden Sie, ob Sie das veränderte Design des Textfeldes für die aktuelle Vorlage oder für alle Vorlagen festlegen wollen.

TIPP

Die Option *Für alle Vorlagen* ist die zeitsparende Variante. Denn sämtliche Änderungen, die Sie am Layout des Textfeldes vorgenommen haben, gelten ab sofort für alle Textfelder, egal von welcher Vorlage Sie eine Folie erstellen.

AUFGEPASST

Ein Textfeld, das Sie einer Vorlage hinzufügen, wird von Keynote wie ein Bild-Element interpretiert. Bild-Elemente sind stets feste Bestandteile einer Vorlage. Aus genau diesem Grund erscheinen sie auf jeder Folie, die von der Vorlage erstellt wird. Für das Hintergrundbild oder das Logo ist das gewollt, für ein Textfeld wohl eher nicht. Löschen Sie deshalb nach der Sicherung Ihrer individuellen Einstellungen das Textfeld von der Vorlage, damit es nicht auf allen Folien erscheint, die auf eben dieser Vorlage basieren.

In welchem Fall ein Textfeld sehr wohl sinnvoll auf einer Vorlage sein kann, sehen wir im nächsten Abschnitt.

Textfelder als Kopf- oder Fußzeile

Da Keynote keine Funktion fürs Erstellen von Kopf- und Fußzeilen bereithält, können Sie sich mit den Textfeldern behelfen. Die Felder sind hervorragend geeignet für Informationen wie beispielsweise das Datum der Präsentation.

Positionieren Sie dafür das Textfeld an die gewünschte Stelle und geben Sie den Text ein. Ein Textfeld, das Bestandteil einer Vorlage ist, ist auf einer Folie nicht editierbar. Aus diesem Grund ergibt es keinen Sinn, Platzhaltertexte einzugeben wie *Datum* oder *Ort*. Deshalb geben Sie am besten das Datum oder den Ort ein, kopieren das Textfeld mit der Tastenkombination ⌘ – C und geben es mit der Tastenkombination ⌘ – V auf den weiteren Vorlagen ein.

AUFGEPASST

Anders als in Pages gibt es in Keynote keine Funktion, mit der das Datum automatisch aktualisiert werden kann.

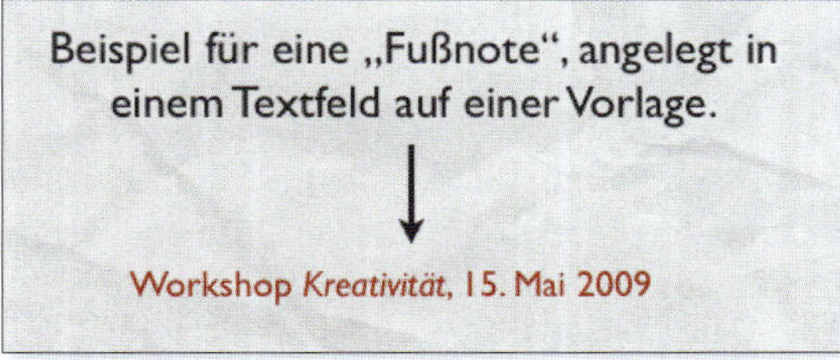

Ein Textfeld – zu einer Fußzeile umfunktioniert

Standards für Formen, Tabellen und Diagramme definieren

Auch das Design von geometrischen Formen, Tabellen oder Diagrammen lässt sich an das Layout Ihrer Vorlagen anpassen. Dazu definieren Sie die eigenen Stile als Standards.

Bei den Formen ist es egal, an welchem geometrischen Element Sie die Anpassungen vornehmen. Sämtliche Änderungen, bis auf die Größe, werden von den anderen Formen automatisch übernommen. Sie gestalten das Design einer Form im Informationsfenster *Grafiken*.

Den Prototyp Ihrer selbst gestalteten Tabelle zimmern Sie sich in den Informationsfenstern *Tabelle* und *Text* (für die Ausrichtung und den Zeilenabstand) zurecht. Sie können die Anzahl an Spalten und Zeilen definieren, Zeilenhöhe und Spaltenbreite einstellen, den Rahmen farblich verändern und Zeilen, Spalten oder einzelne Zellen farbig hinterlegen.

Bei den Diagrammen ist es ein wenig aufwendiger, Standards zu definieren, da sich die Änderungen jeweils nur auf den Diagrammtyp beziehen, den Sie aktuell bearbeiten. Sie gestalten das Aussehen im Informationsfenster *Diagramm*. Das Erscheinungsbild der Legende ändern Sie mit Hilfe des Schriftenfensters.

TIPP

Denken Sie bei Tabellen und Diagrammen an den *Objektplatzhalter*, den Sie im Informationsfenster *Folienvorlage | Erscheinungsbild* auf die Vorlage zaubern. Verändern Sie die Größe des Platzhalters mit Hilfe der Anfasspunkte und positionieren Sie ihn an die gewünschte Stelle auf der Folie. Eine Tabelle oder ein Diagramm passt sich nun der Größe dieses Platzhalters an.

Die Vorgehensweise für das Definieren von Standards ist bei allen Objekten gleich:

- Klicken Sie in der Symbolleiste des Programms auf die entsprechenden Symbole, um die Objekte auf die Vorlage zu bringen.

GRUNDLAGEN

Es ist übrigens egal, ob Sie die Änderungen an einem Element auf einer Vorlage oder einer Folie vornehmen. Auf einer Vorlage wird es allerdings zu einem festen Bestandteil, das anschließend auf jeder Folie, die auf der Vorlage basiert, zu sehen ist. Löschen Sie daher das Objekt von der Vorlage, nachdem Sie die Standards festgelegt haben.

- Nun variieren Sie das Design, passen die Farben an, legen eventuell eine andere Schrift fest und entscheiden sich für oder gegen Linien und Schatteneffekte.
- Wenn Sie mit der Gestaltung eines Objekts fertig sind, speichern Sie Ihr Design im Menü *Format | Erweitert* ab. Im Auswahlfeld, das sich nun öffnet, entsprechen die Einträge dem Objekt, das Sie aktuell bearbeiten. Sie finden also Formulierungen wie *Tabelle für aktuelle Vorlage festlegen* oder *Form für aktuelle Vorlage festlegen*.
- Der Eintrag *(Objekt) für aktuelle Vorlage festlegen* kann arbeitsintensive Folgen haben. Denn je nachdem, wie viele Vorlagen Sie kreieren, müssen Sie das Design dieses Objekts für alle Vorlagen einzeln definieren.
- Der Eintrag *(Objekt) für alle Vorlagen festlegen* bedeutet, dass die definierten Standards für die gesamte Kollektion Ihrer Vorlagen gelten.
- Klicken Sie nun auf die von Ihnen favorisierte Variante. Das war's. Damit haben Sie Ihr Muster als Standard definiert.

Bildelemente und Hyperlinks einfügen

Nachdem die Basiselemente ausgewählt, positioniert und eingestellt sind, folgen Bildelemente wie zum Beispiel das Logo Ihres Unternehmens oder Auftraggebers. Ziehen Sie das Bildelement per Drag & Drop auf die Vorlage und positionieren Sie es.

POWER USER

Damit das Objekt auf allen Vorlagen an der gleichen Stelle platziert ist, empfiehlt es sich, das Element auf einer Vorlage zunächst perfekt auszurichten, es dann zu kopieren und es anschließend auf alle weiteren Vorlagen einzusetzen. Mit diesem Verfahren rückt das Objekt automatisch an die Position, die Sie auf der ersten Vorlage definiert haben.

Auf einer Vorlage lassen sich auch Schmuckelemente wie waagerechte Linien, die die Überschrift von den Aufzählungen abheben, einfügen. Wählen Sie dazu eine

Linie aus dem Menü *Formen* und gestalten Sie diese im Informationsfenster *Grafik*. Dabei können die brüchig und wie gezeichnet wirkenden Designs im Auswahlmenü *Linieneffekte* ein bisschen Bewegung ins ansonsten strenge Layout bringen.

Eine Linie als Schmuckelement

Damit die Linie nicht ständig verrutscht, können Sie diese auf der Vorlage fest verankern. Rufen Sie dazu im Menü *Anordnen* den Befehl *Schützen* auf (⌘ – L).

Objekte wie Bilder oder die mitgelieferten geometrischen Formen lassen sich in einen Hyperlink umwandeln. Ziehen Sie auch hierfür ein Bild auf die Vorlage oder wählen Sie eine Form über das Auswahlmenü in der Symbolleiste aus. Markieren Sie das Objekt und verkleinern Sie es gegebenenfalls. Im Informationsfenster *Hyperlink* klicken Sie anschließend auf *Als Hyperlink aktivieren*.

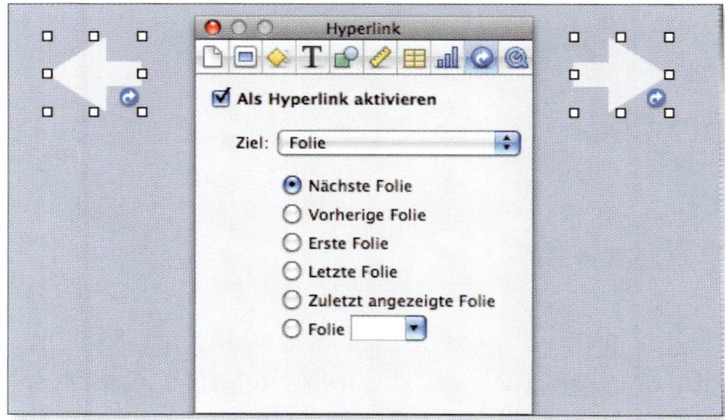

Auf einer Vorlage Hyperlinks setzen

TIPP

Das Thema *Schaufenster* beinhaltet bereits Hyperlink-Schaltflächen zur nächsten bzw. vorherigen Folie. Sie können die Objekte kopieren und auf Ihrer Vorlage einsetzen.

Vorlagen und Themen weiter verwenden und sichern

Sie können eine selbst gestaltete Folienvorlage inklusive selbst definierter Objekte natürlich nicht nur für die aktuelle Präsentation nutzen, sondern erfreulicherweise auch für andere Präsentationsdateien. Dazu ziehen Sie das Miniaturbild der Vorlage mit gedrückter Maustaste einfach in die Darstellung *Folienvorlagen* einer anderen Präsentation. Bei diesem Vorgang wird automatisch eine Folienvorlage erstellt, die im Auswahlmenü *Vorlagen* fortan zur Verfügung steht.

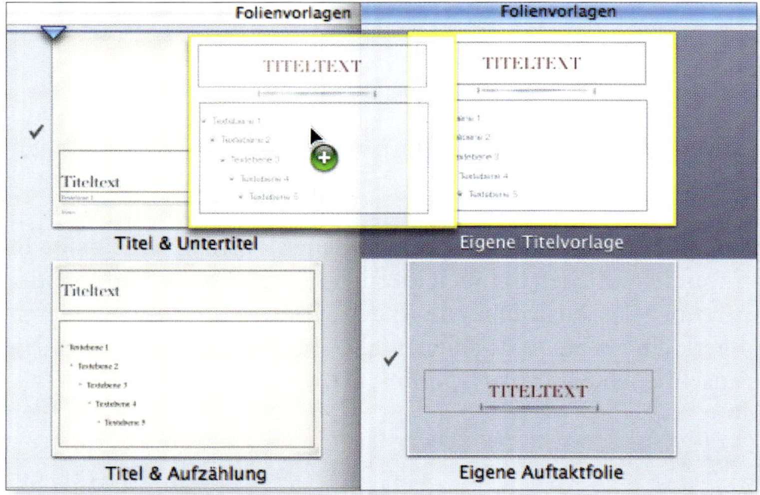

Eine Vorlage in ein anderes Dokument kopieren

Eine Vorlage wieder löschen

Ihre individuell gestalteten Vorlagen können Sie jederzeit und völlig unproblematisch wieder löschen. Dies gilt im Übrigen auch für die mitgelieferten Vorlagen – mit einem entscheidenden Unterschied: Sind Ihre Vorlagen nach dem Löschen ein für alle Mal futsch, sind die mitgelieferten in einer neuen Datei wieder vorhanden.

Sollten Sie eine Vorlage löschen, von der Sie bereits eine Folie erstellt haben, macht ein Infofenster Sie auf diesen Umstand aufmerksam. Sie werden aufgefordert, einen Ersatz für die nicht mehr gewollte Vorlage auszuwählen. Das Programm schlägt Ihnen dabei eine Alternative vor, die an einer gelben Umrandung erkennbar ist.

Sofern Sie diese Alternative für wenig geglückt halten, treffen Sie Ihre Entscheidung mit einem Doppelklick auf Ihre favorisierte Vorlage.

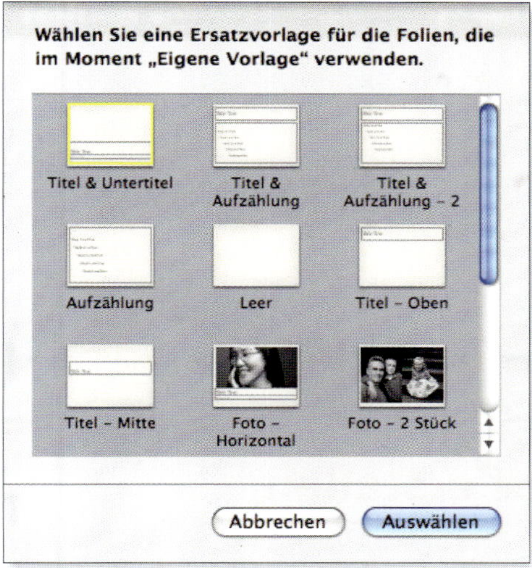

Eine Ersatz-Vorlage für die gelöschte wählen

Vorlagen als neues Thema sichern

Sobald Sie eine Vorlage kopieren und gestalten, wird diese Vorlage mit in das Auswahlmenü *Vorlagen* aufgenommen. Damit Ihre Vorlagen darüber hinaus ein Thema werden, auf das Sie über das Fenster *Themenauswahl* Zugriff haben, muss das Dokument als Thema gespeichert werden. Dazu wählen Sie im Menü *Ablage | Thema sichern…* . Geben Sie einen Namen ein und klicken Sie auf *Sichern*. Ihre Datei bekommt die Endung ».kth« (*keynote themes*) und wird im Ordner *Themes* abgelegt.

Haben Sie die Vorlagen lediglich für eine bestimmte Präsentation modifiziert, reicht der normale Speichervorgang über *Ablage |Sichern* oder *Ablage |Sichern unter…* . Ihre Vorlagen werden für dieses Dokument in das Auswahlmenü *Vorlagen* integriert.

Sollten Sie Ihr selbst erstelltes Thema jemals wieder löschen wollen, so finden Sie dieses in Ihrem Verzeichnis *Privat* unter *Library/Application Support/iWork/Keynote/Themes*.

Das eigene Thema im Auswahlfenster

Ein Thema von Grund auf erstellen

Wenn Sie quasi bei Null mit dem Erstellen eines eigenen Themas beginnen wollen, öffnen Sie ein Thema, löschen alle Vorlagen bis auf die Vorlage *Leer* und lassen Ihrer Kreativität freien Lauf. Erstellen Sie für jede weitere Vorlage eine Kopie der zuletzt bearbeiteten. In diese Vorlage werden automatisch die bereits definierten Attribute wie Hintergrund, Schriftbild, Platzierung des Logos übernommen.

Für die Detailarbeit am Schriftbild, an den Anführungszeichen, den Textfeldern und eventuellen Fußnoten gelten die Erläuterungen aus den vorangegangenen Abschnitten.

Falls Sie das Design von Tabellen, Formen oder Diagrammen an die farbliche Gestaltung Ihres Themas anpassen wollen, definieren Sie eigene Stile als Standards. Dies ist sowohl auf einer Vorlage als auch auf einer Folie möglich. Auf einer Vorlage machen Sie es jedoch zu einem ihrer Bestandteile. Löschen Sie daher das Objekt von der Vorlage, nachdem Sie die Standards festgelegt haben.

Die Standards speichern Sie im Menü *Format* | *Erweitert*. Der Eintrag *(Objekt) für aktuelle Vorlage definieren* bedeutet unter Umständen einen enormen Arbeitsaufwand. Denn je nachdem, wie viele Vorlagen Sie erstellen, müssen Sie die Designs der Objekte für alle Vorlagen einzeln designen. Der Eintrag *(Objekt) für alle Vorlagen definieren* bedeutet, dass die definierten Standards für die gesamte Kollektion Ihrer Vorlagen gelten.

Speichern Sie Ihr Thema im Menü *Ablage* | *Thema sichern…* . Das Thema wird in das Auswahlfenster mit aufgenommen.

Kapitel 17

Keynote

Exportschlager: Präsentationen weitergeben

Eine Präsentation ist eine Kommunikation mit dem Publikum. Da Publikum und Redner aber nicht immer gleichzeitig an einem Ort sind, der Redner seine Thesen, Ergebnisse oder Produktideen dennoch unters Volk bringen möchte, können Präsentationen exportiert werden. Das heißt nichts anderes, als die Präsentation nicht im Keynote-Format, sondern zum Beispiel im PDF-Format abzuspeichern. Auf den folgenden Seiten lernen Sie die Vor- und Nachteile der unterschiedlichen Exportvarianten kennen.

Vielleicht wollen Sie aber zunächst nur die Inhalte mit Kollegen oder Geschäftspartnern diskutieren. Damit Sie für diesen Zweck die Präsentation nicht mühselig ständig per E-Mail hin- und hersenden müssen, können Sie die Datei auf iWork.com bereitstellen. Mehr zu dieser Alternative lesen Sie im Kapitel »Das Handwerkszeug für die Programme«.

Sechs Formate für den Export

Damit auch Personen, die nicht über Keynote verfügen, in den Genuss Ihrer Präsentation kommen, bietet das Programm sechs Formate an, in die Sie die Präsentation exportieren können: *QuickTime*, *PowerPoint*, *PDF*, *Bilder*, *HTML* und *iPod*. Sie finden diese Auswahl im Menü *Ablage | Exportieren…* . Sobald Sie sich für ein Format entscheiden, wird das Fenster um die zur ausgewählten Exportmöglichkeit passenden Optionen erweitert.

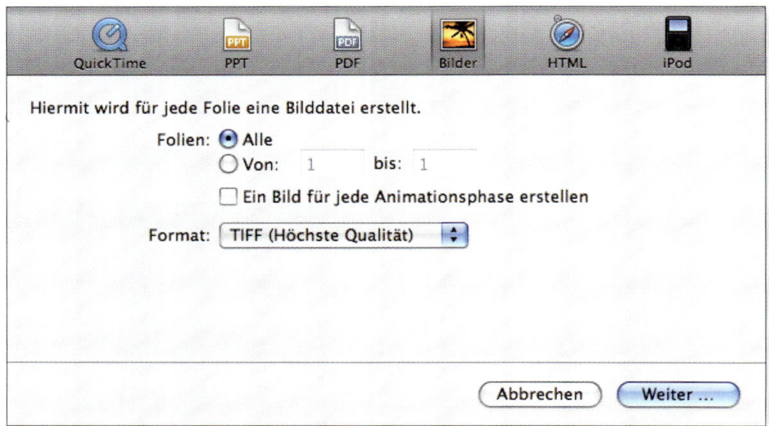

Breite Auswahl an Formaten für den Export

TIPP

Die Exportvarianten QuickTime und PDF bieten sich auch an, wenn Sie die Präsentation auf einem Ihnen unbekannten Rechner halten. Natürlich ist auf fast allen Windows-Rechnern PowerPoint installiert, doch wenn Sie möchten, dass Bilder, Schrift und grafische Elemente genau so dargestellt werden, wie mit Keynote, sind Sie mit diesen Formaten auf der sicheren Seite.

QuickTime

Der Vorteil dieser Exportvariante: Folienübergange und Animationseffekte werden nahtlos übernommen und angezeigt. Gerade mit den 3D-Übergängen schaffen Sie eindrucksvolle Filmbilder.

Nachteil: Sind viele Übergänge und Effekte definiert, dauert der Export für höchste Qualität eine gute Weile. Doch es lohnt sich!

Entscheiden Sie zunächst im Dialogfenster *Wiedergabe mit*, wie der Film angeschaut werden kann:

- Im Tempo des Betrachters (Stichwort »Manuelle Vorführung«). Der Zuschauer steuert die Wiedergabe mit Mausklicks. Alternativ bewegt er sich mit Hilfe der Pfeiltasten durch die Präsentation.
- Der Zuschauer blättert durch die Präsentation, indem er auf Schaltflächen klickt, die als Hyperlink dienen (»Nur Hyperlinks«).
- Haben Sie Ihre Präsentation verbal aufgezeichnet, ist die Wiedergabeform *Aufgezeichnetes Zeitverhalten* die passende Alternative. Das Tempo der Wiedergabe richtet sich nach der Dauer der Kommentare.
- Bei der Option *Festes Zeitverhalten* werden die Folien wie Filmbilder nacheinander eingeblendet.

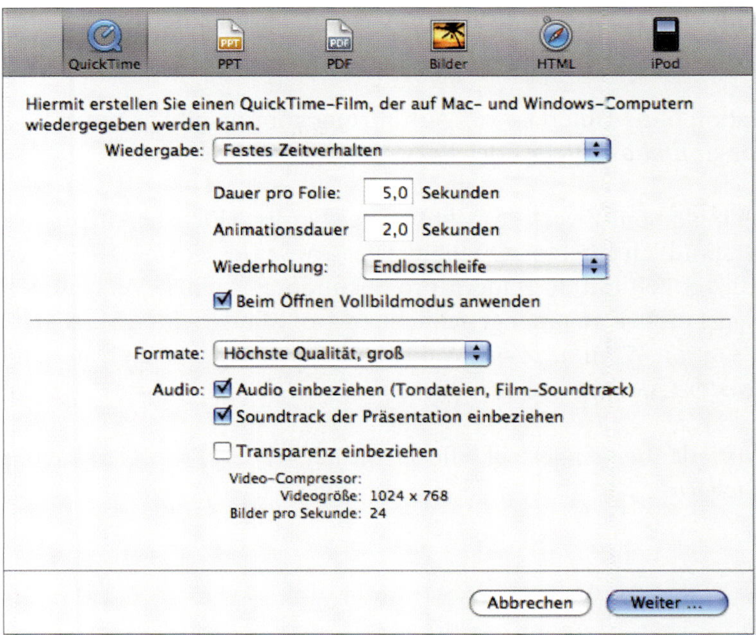

Sie sind der Regisseur.

Bei allen vier Wiedergabearten werden Animationen und Übergänge einwandfrei unterstützt. Ein Ruckeln bei den Animationen oder andere Qualitätsverluste gegenüber einer normalen Vorführung mit Keynote haben wir nicht feststellen können.

AUFGEPASST

Allerdings strapazieren auf einzelne Folien eingebundene Tondateien die Geduld der Zuhörer, da die Stücke komplett abgespielt werden, bevor sie zur nächsten Folie schreiten können. Deshalb an dieser Stelle der Tipp, auf Musikdateien (weitestgehend) zu verzichten. Die Tondateien werden in einer separaten Datei abgespeichert. Wenn Sie den Film auf einem anderen Rechner abspielen, denken Sie bitte daran, die Soundtrackdatei mit auf diesen Rechner zu ziehen.

Wenn die Präsentation zum Beispiel an einem Messestand ohne Beteiligung eines Redners gezeigt wird, bietet sich die Wiedergabeart mit festem Zeitverhalten an. Räumen Sie dem Betrachter unter *Foliendauer* ausreichend Zeit für die einzelnen Folien ein. Falls Sie unsicher sind, ob der Zeitraum zu knapp oder zu gut gemeint ist, machen Sie einen Testlauf. Auch bei dieser Wiedergabeart werden auf einzelne Folien eingebundene Musikdateien vollständig abgespielt, bis die nächste Folie erscheint – trotz festen Zeitverhaltens pro Folie.

Damit die Präsentation ohne Unterlass zur Aufführung kommt, gibt es unter *Wiederholen* die Optionen *Endlosschleife* oder *Vorwärts und Rückwärts*.

Das Format ist abhängig vom Zweck respektive Speicherort. Höchste Ansprüche erfordern selbstverständlich höchste Qualität. Die Größe des Formats *Höchste Qualität* beträgt 1024 x 768 mit 24 Bildern pro Sekunde. Für einen Versandweg per E-Mail-Anhang ist diese Datenmenge schlicht zu groß. Entscheiden Sie sich in diesem Fall für die Option *Webfilm, klein*. Wählen Sie ansonsten je nach Datenumfang zwischen *Höchster Qualität* und *CD-Rom Film, mittel*.

Ist alles zu Ihrer Zufriedenheit eingestellt, klicken Sie auf *Weiter*. Damit landen Sie im Dialogfenster *Sichern*.

PowerPoint

Um es gleich vorweg zu sagen: Für Präsentationen mit intelligenten Animationen, schicken Bildeffekten, maskierten Fotos oder Übergängen ist diese Exportmöglichkeit nicht sonderlich empfehlenswert. Beim Export einer Keynote-Präsentation in das PowerPoint-Format gehen viele Besonderheiten des Programms verloren. Zwar werden Texte und Tabellen nahezu identisch umgewandelt. Doch alles, was mit Bildern zu tun hat, wie beispielsweise maskierte Bildausschnitte, bleibt auf der Strecke, da PowerPoint die Maskierungen nicht unterstützt. Mehrspaltiger Satz wird in PowerPoint umformatiert und ohne Umbruch in einem Platzhalter angezeigt.

Nachdem Keynote die Datei in das PowerPoint-Format exportiert hat, wird ein Infofenster eingeblendet, das detailliert alle Features auflistet, die beim Export entfernt oder konvertiert wurden.

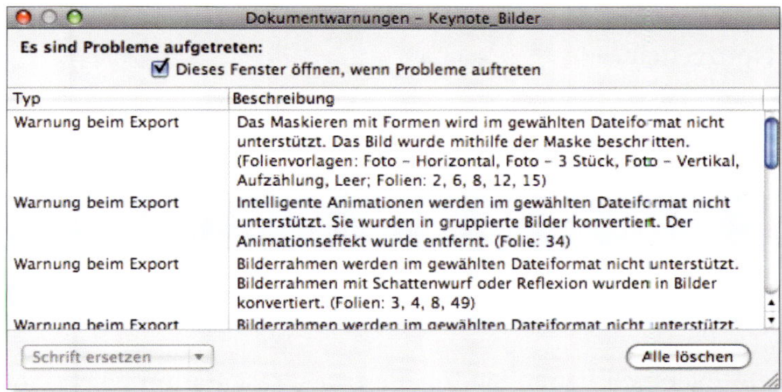

Nicht alle Merkmale lassen sich exportieren.

Als Fazit lässt sich sagen, dass der Export der unterschiedlichen Designs und Textblöcke gute Ergebnisse hervorbringt – vorausgesetzt, man betrachtet den Export unter rein funktionalen Gesichtspunkten. In ästhetischer Hinsicht ist er ein Verlust an Attraktivität und visueller Brillanz.

Auf zwei Dinge möchten wir Sie bei einem Export in ein PowerPoint-Dokument hinweisen:

- Achten Sie im Dialogfenster *Sichern* darauf, dass die Option *Suffix ausblenden* deaktiviert ist. So stellen Sie sicher, dass die Dateiendung .ppt hinzugefügt wird und die Datei von Windows-Benutzern geöffnet werden kann.
- Sollten Sie Audio- und Filmdateien in Ihre Präsentation eingebunden haben, wird beim Exportieren ein Ordner angelegt, der eben diese Dateien enthält. Denken Sie bei der Weitergabe der Präsentation deshalb auch an diesen Ordner! Übrigens werden die Musikdateien beim Exportieren in das QuickTime-Format umgewandelt. Damit ist sichergestellt, dass die Dateien auf einem Windows-Rechner abgespielt werden können.

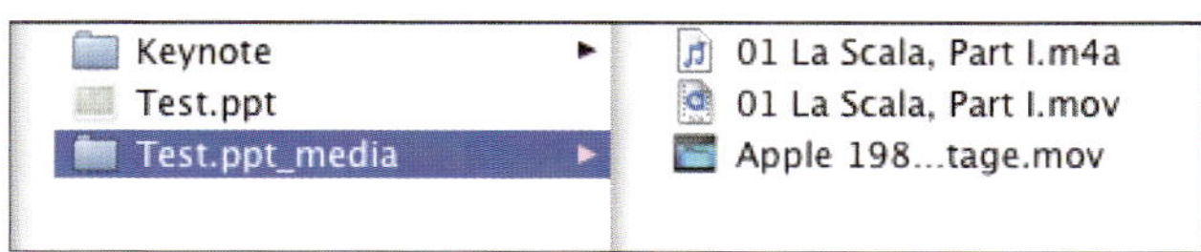

Ein zusätzlicher Ordner für Multimedia-Dateien

PDF

Mit einer PDF-Datei sind Sie immer auf der sicheren Seite. Bilder, Grafiken und 3D-Diagramme sehen auch in einer PDF-Datei bestechend gut aus. Der Export *Folien mit Notizen* integriert sowohl die Moderatornotizen als auch die Anmerkungen auf den farbigen Notizzetteln.

Legen Sie im Dialogfenster die Optionen für den Export fest:

Jede Animationsphase drucken: Die einzelnen Effekte werden beim Blättern durch die Datei nacheinander eingeblendet. Dies kann für den Empfänger der Präsentation schnell lästig werden. Hyperlinks auf andere Folien oder zu einer Website werden anstandslos unterstützt.

Übersprungene Folien: Eventuell haben Sie für die Live-Präsentation einige Folien mit dem Befehl *Folie überspringen* ausgelassen. Sollen diese Folien im PDF-Dokument mitberücksichtigt werden, schalten Sie die Option mit einem Klick in das Kästchen ein.

Folien mit Rahmen versehen: Im PDF-Dokument erscheint jede Folie mit einer feinen Umrandung. Diese Option ist standardmäßig eingeschaltet. Wer es lieber rahmenlos mag, deaktiviert die Option.

Foliennummerierung mit einbeziehen: Auch wenn auf den Ursprungsfolien keine Nummerierung zu sehen ist, lässt sich diese in einem PDF-Dokument hinzufügen. Sollte die Präsentation ausgedruckt werden, erleichtert die Nummerierung das Sortieren der Folien.

Datum einbeziehen: Ein weiterer Service für die Leser Ihrer Präsentation. Das Datum wird unten links wie in einer Fußzeile eingefügt.

AUFGEPASST

Folienübergänge bleiben beim Export in ein PDF-Dokument außen vor. Das Gleiche gilt für Audio-Dateien. Filme können nicht abgespielt werden.

Wer die Präsentation als PDF-Datei mit Kennwortschutz versehen möchte, klickt auf *Sicherheitsoptionen*. Jetzt haben Sie die Wahl aus drei Varianten für den Kennwortschutz:

Zum Öffnen des Dokuments: Geeignet für Präsentationen mit vertraulichen Daten. Damit die Datei überhaupt geöffnet werden kann, müssen Sie den potentiellen Lesern das Kennwort mitteilen. Diese Alternative bietet den umfassendsten Schutz.

Zum Drucken des Dokuments: Geeignet für Dokumente, die nicht mittels ausgedruckter Kopien weitergereicht werden sollen.

Zum Kopieren von Texten und Inhalten: Geeignet für Präsentationen, die Sie über das Internet veröffentlichen oder an Geschäftspartner weitergeben. Damit schieben Sie der Möglichkeit, Passagen zu kopieren und / oder weiterzuverwenden, den Riegel vor. Gerade wenn es um Geschäftsdaten geht, sollten Sie von dieser Option Gebrauch machen.

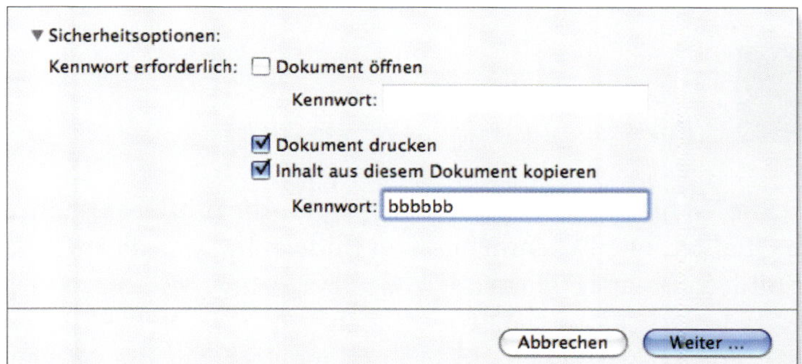

Die Präsentation schützen

Bilder

Sollten Sie sich für die Exportmöglichkeit *Bilder* entscheiden, erstellt Keynote von jeder Folie Ihrer Präsentation eine separate Bilddatei. Sie haben dabei die Wahl aus den Formaten JPEG, PNG und TIFF. Die Bildauflösung ist im JPEG-Format von mittlerer, im PNG-Format von hoher und im TIFF-Format von höchster Qualität.

GRUNDLAGEN

JPEG (Joint Photographic Expert Group) ist das Standardformat für Bilder im Internet, da es wenig Speicherplatz benötigt. PNG (Portable Network Graphics) lässt sich für Webseiten und in vielen Programmen verwenden. Im Format TIFF (Tagged Image File Format) werden sämtliche Daten gespeichert, die eine Bilddatei beinhaltet. Das macht TIFF-Dateien so umfangreich und groß.

Entscheiden Sie, ob Sie von allen oder nur von ausgewählten Folien ein Bild erstellen wollen. Haben Sie die Absicht, von Ihrer Präsentation eine Art Daumenkino zu erstellen, eignet sich die Option *Ein Bild für jede Animationsphase erstellen.*

HTML

Auch in einem Internet-Browser wie beispielsweise Safari oder Firefox lässt sich Ihre Präsentation veröffentlichen. Im Dialogfenster für die Exportmöglichkeit *HTML* legen Sie fest, ob alle oder nur ausgewählte Folien dargestellt werden. Sehr zu empfehlen ist die Option *Navigationselemente mit einbeziehen.* Ansonsten kann der Betrachter sich nur vorwärts durch die Präsentation bewegen.

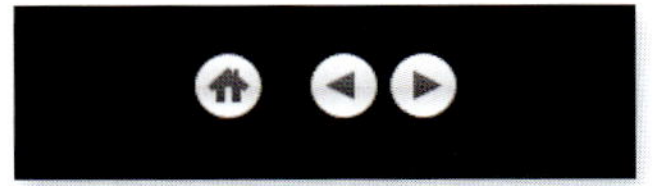

Navigationsleiste für das Vor und Zurück

Für die Bilder haben Sie die Wahl aus zwei Formaten: .jpeg für die mittlere Qualität oder .png für die hohe Qualität. Die Datenmenge von Bildern im .png-Format ist weitaus größer als von Bildern im .jpeg-Format.

Mit der Datei im HTML-Format wird auch ein Ordner angelegt, der die verwendeten Bilder beinhaltet. Der Ordner trägt den Namen der Datei und die Endung ».html_files«. Damit die Vorführung nicht bilderlos bleibt, denken Sie bei der Weitergabe der HTML-Datei auf jeden Fall auch an diesen Ordner.

Haben Sie Audio- oder Filmdateien in die Präsentation integriert, können diese Dateien im HTML-Format nicht abgespielt werden. Eingefügte Hyperlinks funktionieren in diesem Format.

iPod

Wenn Sie einen iPod haben und sich die Präsentation auf Ihrem iPod anschauen wollen, wählen Sie selbstverständlich diese Exportvariante. Damit wird ein Film im QuickTime-Format erstellt, der automatisch an iTunes geschickt und bei der nächsten Synchronisation auf Ihren iPod gespielt wird. So haben Sie Gelegenheit, sich die Präsentation vor dem Auftritt immer und immer wieder anzusehen.

Im Grunde ist diese Möglichkeit, Ihre Präsentation in ein anderes Format zu exportieren, identisch mit der Option *QuickTime.* Da es auf einem iPod aber keine Steuerungselemente gibt, haben Sie für die Exportvariante *iPod* anders als im

Fenster *QuickTime* nur die Möglichkeit, feste Zeiten für die jeweiligen Folien zu definieren. Aus diesem Grund akzeptiert der iPod keine Dateien, die Sie in das Format *QuickTime* exportieren.

Bei textlastigen Folien sind die voreingestellten 5 Sekunden eventuell zu kurz. Die Ziffer lässt sich mit der von Ihnen favorisierten Dauer überschreiben.

Präsentationen an andere Programme senden

Alternativ zu den Exportmöglichkeiten haben Sie die Möglichkeit, die Präsentation an die Programme iDVD, iPhoto, iTunes, iWeb und GarageBand zu senden. Haben Sie einen Account für die Website YouTube, können Sie die Präsentation sogar direkt aus Keynote auf YouTube veröffentlichen.

iDVD

Ihre Präsentation lässt sich in iDVD weiter bearbeiten, um sie anschließend auf einem DVD-Player wie einen Film abzuspielen.

Bei *Videogröße* stehen Ihnen zwei Optionen zur Auswahl: *Standard* für die Darstellung auf einem Standard-Monitor. *Breitbild* für die Darstellung auf einem Breitbild-Monitor. Definieren Sie anschließend die Qualität für Ihren Videofilm sowie die Dauer pro Folie und Animation.

Bei der manuellen Vorführung steuert der Zuschauer die Wiedergabe des Films in seinem eigenen Tempo, indem er die Leertaste auf der Tastatur oder die Maustaste drückt. Mit der Option *Festes Zeitverhalten* definieren Sie die Zeitvorgaben. Der Zuschauer hat keine Möglichkeit, die Wiedergabegeschwindigkeit zu steuern. Haben Sie die Präsentation aufgezeichnet, richtet sich die Wiedergabegeschwindigkeit nach der Zeit, die Sie für die gesprochenen Kommentare benötigt haben.

iPhoto

Bei dieser Variante wird in iPhoto automatisch ein Album angelegt mit dem großen Vorteil, es als Diashow abspielen zu können. Audiodateien werden jedoch nicht mitgeschickt. Haben Sie die Präsentation mit einem Musikstück unterlegt, müssen Sie dieses, wenn gewünscht, in iPhoto wieder hinzufügen.

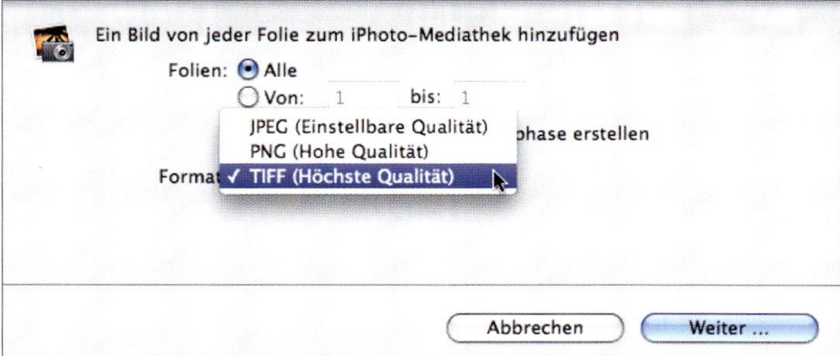

Aus der Präsentation ein Album machen: die Präsentation an iPhoto senden

Legen Sie fest, ob Sie alle oder nur ausgewählte Folien an iPhoto senden wollen. Die Option *Ein Bild für jede Animationsphase erstellen* macht aus jeder einzelnen Animation ein separates Bild. Abhängig davon, welchen Übergang Sie in iPhoto für die Diashow wählen, kann das durchaus sinnvoll sein. Ansonsten bläht es das Album je nach Anzahl an Animationen enorm auf.

Die Bilder lassen sich im JPEG-, PNG- oder TIFF-Format speichern. Für höchste Brillanz steht das TIFF-Format. Entscheiden Sie sich für JPEG, haben Sie Gelegenheit, eine niedrige oder hohe Qualität zu wählen. Je höher die Qualität ist, desto brillanter werden die Fotos natürlich angezeigt.

iTunes

Diese Option ist identisch mit der Exportmöglichkeit *iPod*. Näheres dazu lesen Sie im Abschnitt »iPod«.

iWeb

Sollten Sie mit Hilfe von iWeb eine Website erstellt haben, lässt sich die Präsentation mit einem Klick auf *Senden* auf Ihrer Website veröffentlichen.

Die Präsentation für Blogs oder Podcasts

Für die Publikation Ihrer Präsentation im Internet haben Sie die Wahl aus drei Dateitypen:

PDF: Die Besucher der Website können die Präsentation als PDF-Datei herunterladen.

Keynote-Dokument: Diese Alternative ist nur interessant, wenn die Besucher der Website über Keynote verfügen.

Video-Podcast: Erstellt einen eigenständigen Film.

GarageBand

Beim Senden der Präsentation an GarageBand wird aus der Datei ein Video-Podcast erstellt. Der Film wird mit den Zeitvorgaben abgespielt, die Sie festlegen.

Die Präsentation drucken

Folien lassen sich einzeln oder als Übersicht ausdrucken, mit Hintergrund oder ohne, als Inhalt oder komplett mit allen Grafiken und Bildern. Für alle, die die Folien als Handout verteilen wollen, ist die Option *Mit Linierung* interessant. In einer Folienübersicht mit mindestens zwei Folien pro Blatt werden Schreiblinien für Notizen und Kommentare mitgedruckt.

Ausdruck mit Linierung für Notizen

All diese Druckoptionen finden Sie im Druck-Dialogfenster, das sofort erscheint, sobald Sie den Druckbefehl mit der Tastenkombination ⌘ – P aufrufen.

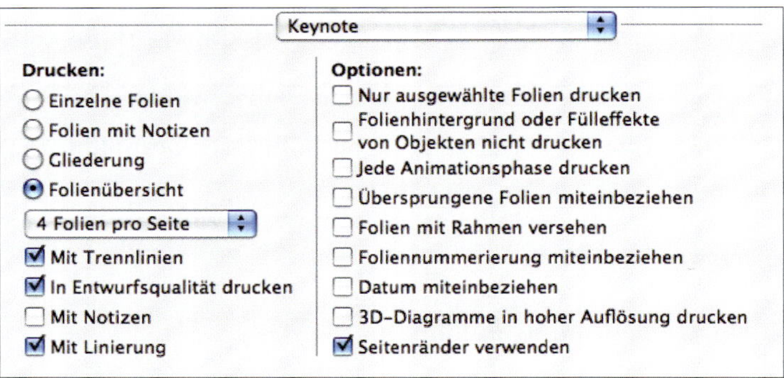

Drucken, wie es Ihnen gefällt

In den Rubriken *Drucken* und *Optionen* sind sämtliche Einstellungen übersichtlich aufgelistet. Schauen wir uns die Einträge genauer an:

Folien mit Notizen heißt, dass sowohl die Moderatornotizen als auch die Notizzettel mit ausgedruckt werden.

Gliederung: Sofern Sie eine sehr inhaltsreiche Präsentation erstellt haben, empfiehlt es sich, nur die Texte auszudrucken. Beachten Sie jedoch, dass nur Text in den vordefinierten Platzhaltern ausgedruckt wird. Tabellen, Diagramme, Grafiken und Bilder bleiben außen vor.

Folienübersicht: Druckt mehrere Folien in verkleinerter Version auf einer Seite aus. Im Auswahlmenü lässt sich die Zahl der Folien pro Seite festlegen. Sobald diese Funktion angeklickt ist, stehen weitere Möglichkeiten zur Verfügung wie zum Beispiel *In Entwurfsqualität drucken*.

Je üppiger der Hintergrund, desto kostspieliger der Ausdruck. In der Rubrik *Optionen* haben Sie die Chance, den Hintergrund sowie die Fülleffekte beim Drucken unberücksichtigt zu lassen.

Falls Sie die Folien als Handout austeilen wollen, vergessen Sie bitte nicht, die Option *Foliennummerierung mit einbeziehen* und gegebenenfalls *Datum mit einbeziehen* zu aktivieren. Foliennummer und Datum werden unterhalb der Folie angezeigt.

Schauen Sie sich Ihre Einstellungen in der Vorschau an. Wenn alles zu Ihrer Zufriedenheit ist, klicken Sie im Vorschaufenster auf *Drucken*.

TIPP

Fürs abschließende Checken der Druckoptionen ist das kleine Vorschaufenster im Druckdialog völlig ausreichend. Wer vor dem Ausdruck aber die Folien noch einmal in Augenschein nehmen möchte, um sicher zu gehen, dass das Dokument den Anforderungen entspricht und perfekt ist, klickt im Auswahlmenü *PDF* auf *PDF in Vorschau öffnen*. Die Folien werden nun in Windeseile in ein PDF-Dokument konvertiert, das Sie im Programm Vorschau in Ruhe inspizieren können. Die Druckoptionen, die Sie vorab definiert haben, werden beim Umwandeln übernommen.

Kapitel 18

Numbers

Numbers - der Einstieg

Die zweite Ausgabe von Numbers kommt an vielen Punkten verbessert und erweitert an den Start. Aus dem kleinen Nachwuchs, der erstmals in der Version iWork '08 dabei war, ist eine passable Anwendung geworden, die sich sehen lassen kann.

Grundlagen der Tabellenkalkulation

Vergleiche mit dem großen Konkurrenten Excel sind zwar immer noch nicht angebracht, aber es ist deutlich, dass Numbers einen etwas anderen Weg geht. Gestandene Excel-Anwender werden sicher neugierig nach Unterschieden zu der gewohnten Tabellenanwendung, bisher unbelastete Kalkulationsneulinge nach einer Einstiegsmöglichkeit in die bisher ungewohnte Anwendung suchen. Um beiden Gruppen gerecht zu werden (und all denen, die sich zwischen diesen beiden Polen verteilen), gibt es in den nächsten Abschnitten zunächst eine kurze Einführung dazu, was eine Tabellenkalkulation eigentlich ist, und anschließend einen Überblick über das Leistungsspektrum von Numbers.

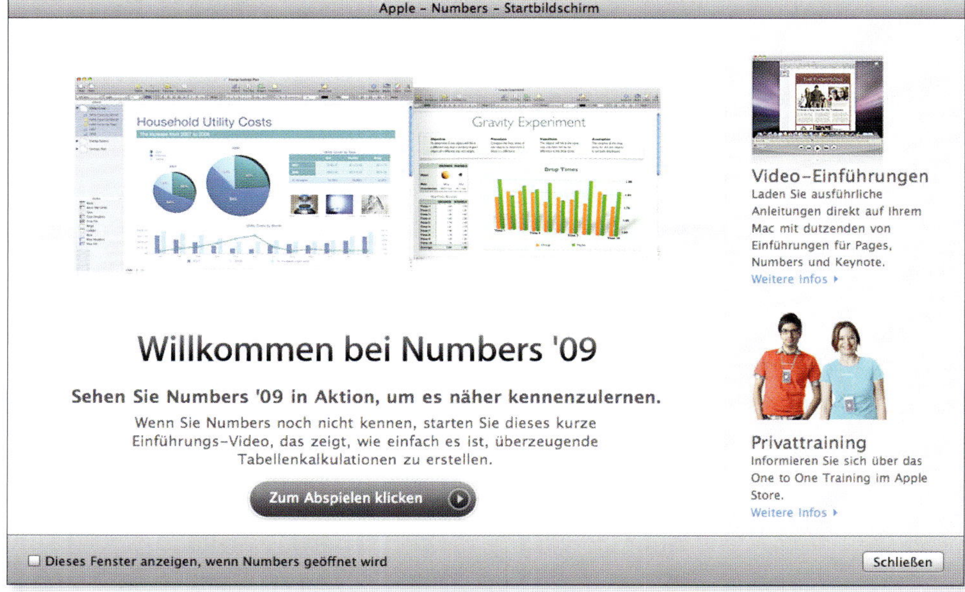

Der Startbildschirm fordert dazu auf, Numbers über Videos näher kennenzulernen.

Wenn Sie etwas Zeit haben, können Sie sich auch die Videos anschauen, die beim Start von Numbers angeboten werden. Leider sind die einführenden Video-Tutorials nur in einer englischen Fassung vorhanden.

Tabellen und Äpfel - oder wie alles begann

Dass die Tabellenkalkulation auf einem Apple-Computer erfunden wurde, ist den allermeisten nicht bekannt. Grund genug, diese Geschichte hier an den Anfang zu setzen.

Die Erfindung der Tabelle auf dem Computer

Dan Bricklin wurde 1951 in Philadelphia geboren. Er studierte von 1969 - 1973 am Massachusetts Institut of Technology (MIT). Nach seinem Abschluss arbeitete er für Digital Equipment Corporation (DEC). 1976 verließ er das Unternehmen und kehrte nach einem kurzen Abstecher in einem anderen Unternehmen an die Hochschule zurück. An der Harvard Business School studierte er für einen Wirtschaftsabschluss.

Während dieser Studienzeit entwickelte er zusammen mit Bob Frankston für den Apple II das erste Tabellenkalkulationsprogramm überhaupt: VisiCalc. Es wurde von Bricklin konzipiert und von Frankston programmiert. 1979 erlangte Bricklin seinen Abschluss und gleichzeitig war auch VisiCalc fertig. Es wurde für 100 $ angeboten. Ein Baustein des enormen Erfolgs, den der Apple II hatte, war genau dieses Programm. Viele Kunden kauften sich keinen Computer mit einem Programm, sondern VisiCalc (das Programm) mit einem Computer dazu.

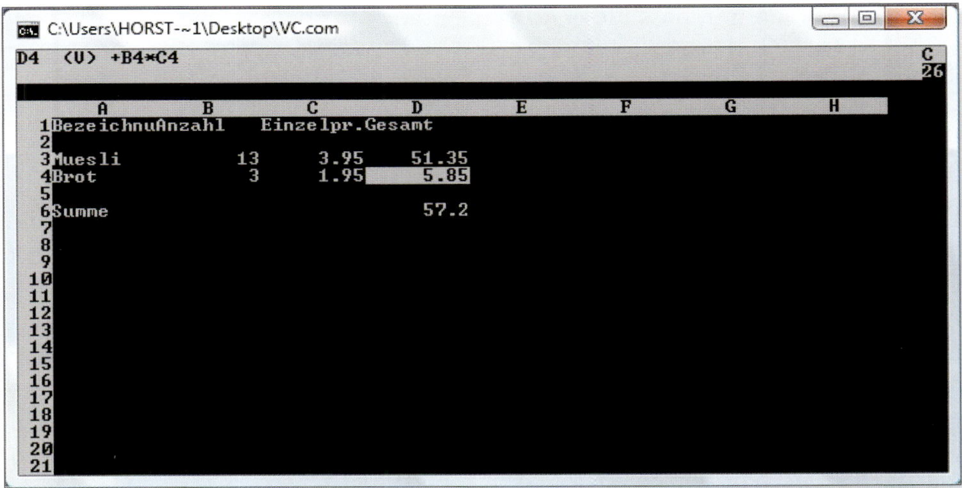

Die Oberfläche von VisiCalc war noch sehr karg und die Bedienung nicht unbedingt intuitiv.

TIPP

Wer sich für diese Ur-Tabellenkalkulation interessiert, findet dazu einen Eintrag in der Wikipedia, der auch Links zu den Homepages der beiden Erfinder enthält. Eine Version zum Ausprobieren lässt sich herunterladen, leider nur für den Einsatz unter MS-DOS oder Windows. Besitzer eines Macs mit Intel-Prozessor sind hier klar im Vorteil.

Bricklin und Frankston passten das Programm auch für andere Plattformen an, u. a. 1981 für den IBM PC. Erfolg hatte auf dem PC aber zunächst ein anderes Programm: Lotus 1-2-3. Dies führte zu einem Rechtsstreit mit Bricklin und seiner Firma Software Arts. Bricklin gewann den Prozess, musste aber sein Unternehmen schließlich an Lotus verkaufen. Lotus war mit seinem Programm derart erfolgreich, dass es von 1984 bis 1986 als das weltweit erfolgreichste Software-Unternehmen galt. Ab 1987 begann Microsoft an dieser Position zu kratzen.

Anfang der 90er Jahre geriet Lotus in finanzielle Schwierigkeiten - nicht zuletzt dadurch, dass Microsoft mit Excel und Borland mit Quattro Pro die Vormachtstellung von Lotus 1-2-3 brachen. Durch eine an Windows orientierte Entwicklungspolitik konnten die Schwierigkeiten noch einmal überwunden werden. Die Übernahme des Unternehmens durch IBM im Jahre 1995 für ca. 3,5 Milliarden US-$ war aber nicht mehr zu verhindern. Quattro Pro wanderte über WordPerfect-Office zu Corel, von dem es heute noch vertrieben wird.

Die Geschichte von Microsofts Excel muss hier nicht weiter verfolgt werden. Interessant ist eben nur, dass die erste Version auch für den Macintosh entwickelt wurde.

Was ist eine Tabellenkalkulation denn genau?

Das Prinzip ist eigentlich einfach: Es wird eine Tabelle erzeugt, die aus Zeilen und Spalten besteht. Eigentlich ist das nichts anderes als ein Block mit kariertem Papier. Die Schnittstelle einer Zeile und Spalte ist die Zelle. In diese kann man alles Mögliche hineinschreiben: Texte, Zahlen, Datums- und Zeitangaben, Symbole usw. - natürlich immer nur eins davon in eine Zelle. Alles, was irgendwie nach Zahlen aussieht (also auch ein Datum oder eine Uhrzeit) kann für weitere Berechnungen genutzt werden. Dazu stehen zunächst die einfachen Grundrechenarten zur Verfügung. Außerdem sind sogenannte Funktionen eingebaut, die komplizierte Berechnungen vereinfachen. So muss beispielsweise nicht eine ganze Zahlenkolonne Zahl für Zahl addiert werden. Es genügt die Funktion »Summe« und die Angabe der Zahlenreihe. Das Ergebnis wird ohne weitere Umstände errechnet und ausgegeben. Die Zahl der Funktionen, die in Tabellenkalkulationen eingebaut sind, nimmt immer mehr zu. Auch Numbers hat da einiges zu bieten.

Moderne Tabellenkalkulationen können aber noch mehr. So lassen sich auch grafische Objekte, Bilder, ja sogar Videos integrieren, und die Formatierung grenzt bereits an die Fähigkeiten von Layoutprogrammen. Seit Lotus 1-2-3 lassen sich diese Programme auch programmieren, meist über eine integrierte Skriptsprache. Microsoft bietet mit Visual Basic for Applications (VBA) sogar eine anwendungsübergreifende Programmierumgebung.

Numbers hat im Bereich Layout viel zu bieten, das werden Sie im weiteren Verlauf der folgenden Kapitel noch sehen. Programmierung ist aber nicht drin. Selbst eine Anbindung an AppleScript, die betriebssysteminterne Scriptsprache von Mac OS X, wurde nicht eingebaut - Pages und Keynote haben diese Schnittstelle sehr wohl. Automator enthält inzwischen Aktionen für Keynote, nicht aber für Numbers. Möglicherweise ist das etwas für künftige Versionen - vorläufig muss aber darauf verzichtet werden, und zumindest diejenigen, die in die Tabellenkalkulation einsteigen, werden es auch nicht vermissen. Wer stolz auf seine umfangreichen und mit zahlreichen Makros versehenen Excel-Anwendungen ist, wird aber kaum einen Grund sehen, auf Numbers umzusteigen. Oder vielleicht doch?

Ich habe schnell festgestellt, dass die intuitive Bedienung von Numbers meiner Kreativität sehr entgegenkommt. Manche kleine Berechnung und einige kleinere Anwendungen, die ich auch schön zu Papier gebracht (d.h. gedruckt) haben möchte, sind mit Numbers schneller erstellt, als Excel überhaupt angeworfen und eingerichtet ist. So arbeite ich inzwischen mit beiden Programmen parallel und weiß gut, wann ich zu welcher greife. Der in der zweiten Version von Numbers erweiterte Funktionsumfang kommt gut an, insbesondere weil zusätzlich auch der Einsatz der Funktionen in Richtung Bedienerfreundlichkeit verbessert wurde.

Was Numbers kann - ein Überblick

Selbst wenn Sie unvorbereitet (und unvorbelastet) Numbers das erste Mal starten, werden Sie die Besonderheiten schnell erkennen können.

Vorlagen und Layout

Gleich nach dem Start bietet Numbers 29 Vorlagen zur Auswahl an. Die Bandbreite reicht vom leeren Blatt bis zum wissenschaftlichen Projekt. Wer Numbers kennenlernen will, sollte sich einige dieser Vorlagen einmal näher ansehen. Viele zeigen sehr eindrucksvoll die Möglichkeiten, die dieses Programm bietet. Wir werden später einen Blick auf jede Vorlage werfen, und kurze Hinweise werden auf Besonderheiten aufmerksam machen.

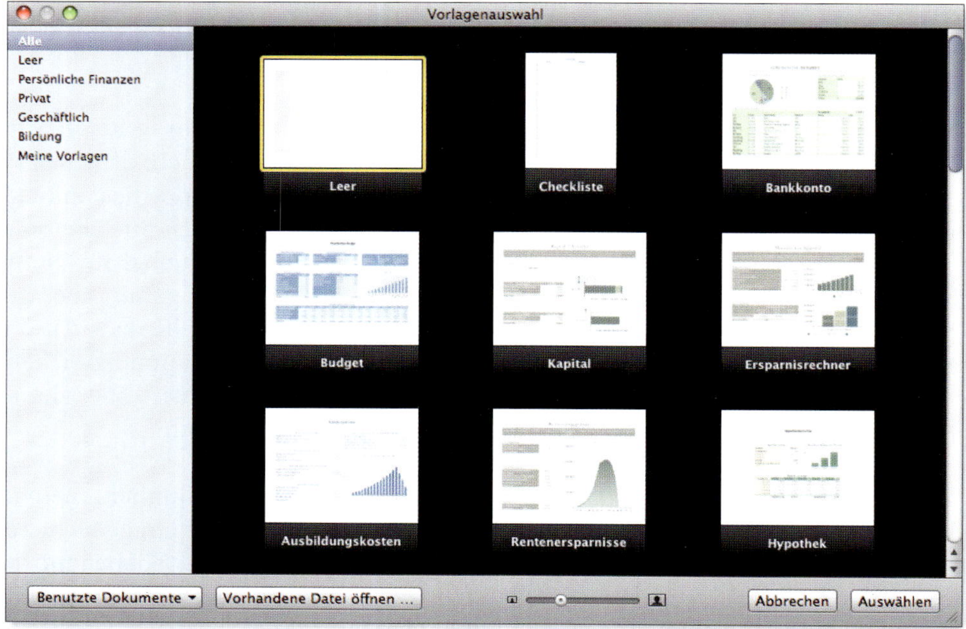

Numbers bietet beim Start bereits mehr als zwei Handvoll Vorlagen an.

Wer Excel und das Arbeitsmappenkonzept kennt (das übrigens erstmalig in der Form mit den Registern nicht von Microsoft, sondern von Lotus realisiert wurde), wird hier schnell einen Unterschied erkennen: In Numbers lassen sich mehrere Tabellen auf einem Blatt unterbringen und fast beliebig platzieren. Die Tabelle ist nicht mehr fest über ein Register in der Arbeitsmappe verankert, sondern auf ein Blatt gelegt und dort als Objekt zu bearbeiten. Hier kann auch noch mit anderen Objekten gemischt werden, so lassen sich etwa Fotos aus iPhoto per Drag&Drop herüber ziehen. Alle Objekte (Tabellen, Diagramme, Fotos etc.) können beliebig und unabhängig voneinander skaliert werden (d.h. in der Größe angepasst werden). Über Stilvorlagen, auf die man am linken Rand Zugriff hat, lassen sich trotzdem alle Objekte einen einheitlichen Anstrich geben.

Formeln und Funktionen

Eine andere Besonderheit von Numbers sind die Formeln. Sie können, wie z.B. bei Excel, über direkte Zellbezüge angegeben werden, etwa: *=A2*B2*. Gibt es Zeilen- und Spaltenüberschriften, übersetzt Numbers aber sofort. Dann wird aus dieser nichtssagenden Formel plötzlich ein *=Menge Schrauben * Einzelpreis Schrauben*. Plötzlich wird eine Tabelle mit vielen Formeln und Inhalten wirklich auf einen Blick transparent. An fest eingebauten Funktionen bringt Numbers mehr als 250 für Bereiche wie Statistik, Datum & Zeit, Finanzen, Trigonometrie u.v.m. mit. Wie leicht diese einzusetzen und zeitsparend zu nutzen sind, werden Sie in konkreten Anwendungen in diesen Kapiteln noch lernen. Wer sich schon ein wenig auskennt, wird erfreut feststellen, dass viele Funktionen eine identische Bedeutung haben wie in anderen Tabellenkalkulationsprogrammen.

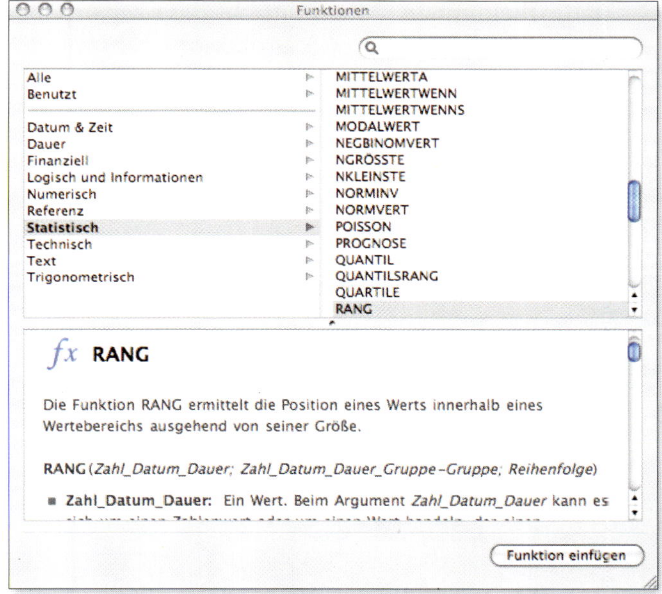

Funktionen für zahlreiche Bereiche sind bereits fest in Numbers eingebaut.

Neu ist, dass im Dialog *Funktionen* die Kurzerklärung weggefallen ist und dafür ein Zugriff auf den kompletten Hilfetext für die jeweils markierte Version gegeben wird. So lässt sich schon bei der Auswahl schnell prüfen, welche Funktion wirklich angemessen für die aktuelle Aufgabe eingesetzt werden kann.

Eine weitere Neuerung ist die Schaltfläche *Formelliste*, die sich in der Symbolleiste neben der Schaltfläche *Funktionen* befindet. Damit lassen sich in einem speziell eingeblendeten Tabellenbereich sämtlich in der Tabelle enthaltenen Formeln anzeigen.

Diagramme

Zahlen sind nicht immer leicht zu interpretieren. Wenige Zahlen nebeneinander ergeben vielleicht noch ohne Umwege einen Zusammenhang. Wenn aber eine Matrix – eine Gruppe von Zahlen – zur Interpretation einlädt, dann ist deren Einordnung in einen Sinnzusammenhang nicht immer gleich und leicht herzustellen. Das Umwandeln in ein Diagramm schafft oft schneller Klarheit als die Analyse des reinen Zahlenblocks.

Selbstverständlich kann auch Numbers aus Zahlenblöcken Diagramme erzeugen. Über 19 Typen lassen sich Diagramme in 2D- und 3-D-Ansicht erzeugen. Diagramme können ganz oder in Teilen (z.B. in Kreissegmenten) bearbeitet werden. Eine Besonderheit ist hier die absolute Livevorschau. Während Sie noch Veränderungen an den Werten und Einstellungen vornehmen, werden diese bereits im Diagramm sichtbar. Das kann selbst Excel nicht, sondern zeigt die Änderungen immer erst nach Abschluss der Bearbeitung an. Allerdings hat die Livevorschau auch ihren Preis: Ältere Rechner - selbst mit einem G5-Prozessor - setzen diese Vorschau nur mit Verzögerung um.

Eine erste Tabelle

Um diese theoretischen Ausführungen wenigstens etwas mit Leben zu füllen, gehen Sie einmal folgendermaßen vor:

1. Starten Sie Numbers oder falls es schon gestartet ist, wählen Sie *Ablage | Neu*.
2. Wählen Sie die Vorlage *Leer* aus und klicken Sie auf den Schalter *Auswählen*.

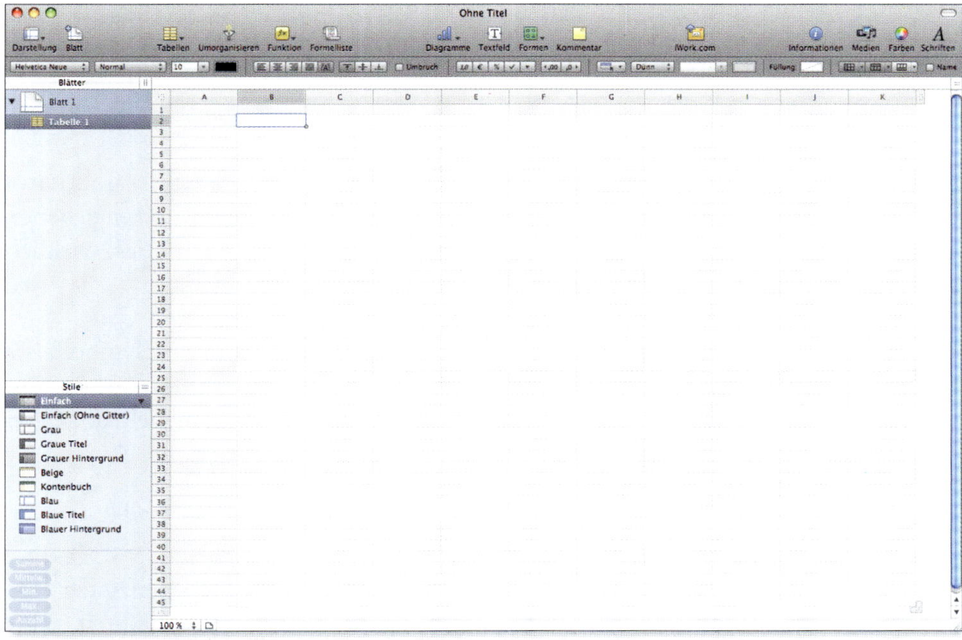

Auf den ersten Blick unterscheidet sich Numbers nicht von anderen Tabellenkalkulationen.

Der Anblick des Tabellenfeldes ist zumindest für diejenigen vertraut, die schon mal mit einer Tabellenkalkulation gearbeitet haben. Wer schon mit früheren iWork-Versionen bzw. mit den anderen Anwendungen Pages oder Keynote gearbeitet hat, wird sich über Menüleiste und Symbolleiste nicht wundern müssen. Etwas ungewohnt ist eher der linke Rand und dass die erste Zeile und Spalte grau unterlegt sind. Der Zellcursor (das ist der deutliche Rahmen um die markierte Zelle) wartet in der Zelle B2 auf eine Eingabe.

3. Geben Sie die Zahl »300« ein und drücken Sie die ↵ – Taste.
4. Geben Sie die Zahl »400« ein und drücken Sie die ↵ – Taste.
5. Geben Sie die Zahl »500« ein und drücken Sie die ↵ – Taste.

Jedes Mal, wenn die ↵ – Taste gedrückt wurde, ist der Zellcursor eine Zeile tiefer gerutscht. Sie können so ganze Zahlenkolonnen eingeben, ohne den Zellcursor von Hand versetzen zu müssen. Wie Sie das Verhalten des Zellcursors noch individuell anpassen können, sehen wir uns an geeigneter Stelle noch an.

6. Öffnen Sie in der Symbolleiste die Liste bei der Schaltfläche mit dem Summensymbol.
7. Wählen Sie die Funktion *Summe* aus.

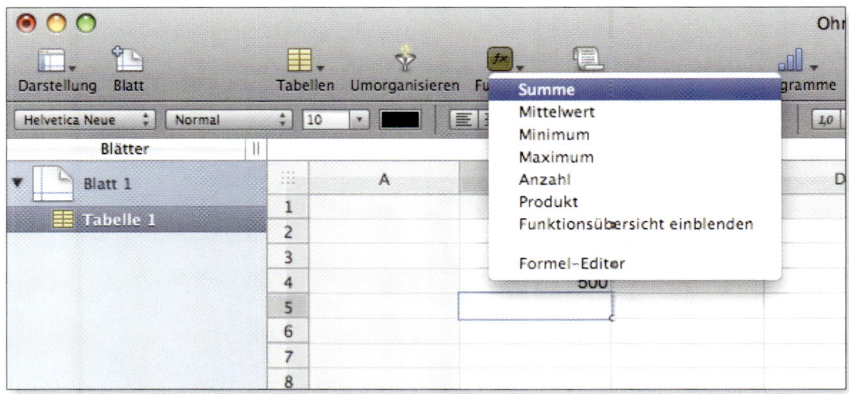

Die Funktion »Summe« ist über die Symbolleiste schnell aufgespürt.

Sie sehen: Numbers hat die Funktion eingefügt und sofort erkannt, dass die drei darüber stehenden Zellen addiert werden müssen. Zur Verdeutlichung, was summiert wird, hat das Programm diese Zellen auch noch eingefärbt. Keine Angst! Die Farbe ist nicht von Dauer. Sobald Sie den Zellcursor in eine andere Zelle bewegen, verschwindet auch die Einfärbung. Gedruckt wird diese Färbung jedenfalls nicht.

8. Markieren Sie jetzt die drei Zellen (B2 bis B4), indem Sie bei gedrückter linker Maustaste den Mauscursor über diese drei Zellen ziehen.

9. Lassen Sie anschließend die Maustaste los.

Wenn Sie nun auf den linken Rand in das untere Drittel schauen, sehen Sie, dass Numbers bereits einige Werte errechnet hat: Die *Summe*, den *Mittelwert*, *Minimum* und *Maximum* und die *Anzahl* der markierten Zellen. Auf diese Weise lassen sich Zahlengruppen schnell und bequem und ohne umständlichen Formeleinsatz schnell auswerten. Die Ergebnisse sind zwar nicht von Dauer, helfen aber in vielen Situationen, wo es auf eine schnelle Einschätzung ankommt. Auch zum Überprüfen von Formel und zur Auswertung von Teilbereichen lässt sich das nutzen. Das gab's zwar immer auch schon bei Excel (über die Statuszeile) - nicht aber in dieser übersichtlichen Form.

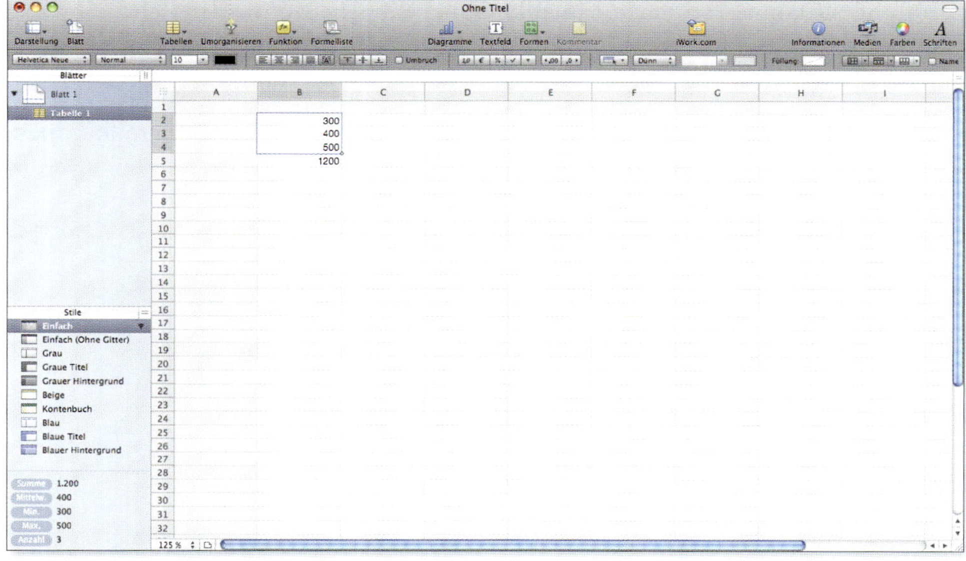

Numbers rechnet alles Markierte sofort aus.

POWER USER

Möchten Sie einen dieser Werte nicht nur dann sehen, wenn die entsprechenden Zellen in der Tabelle markiert sind, dann fassen sie ihn einfach mit der Maus und ziehen ihn in die Tabelle. Soll zur *Summe* der *Mittelwert* ständig berechnet werden, dann fassen Sie das Oval mit der Bezeichnung *Mittelw.* und ziehen es in die Zelle, die diesen Wert künftig anzeigen soll. Sobald Sie die Maustaste loslassen, wird die Formel in der Zelle verankert.

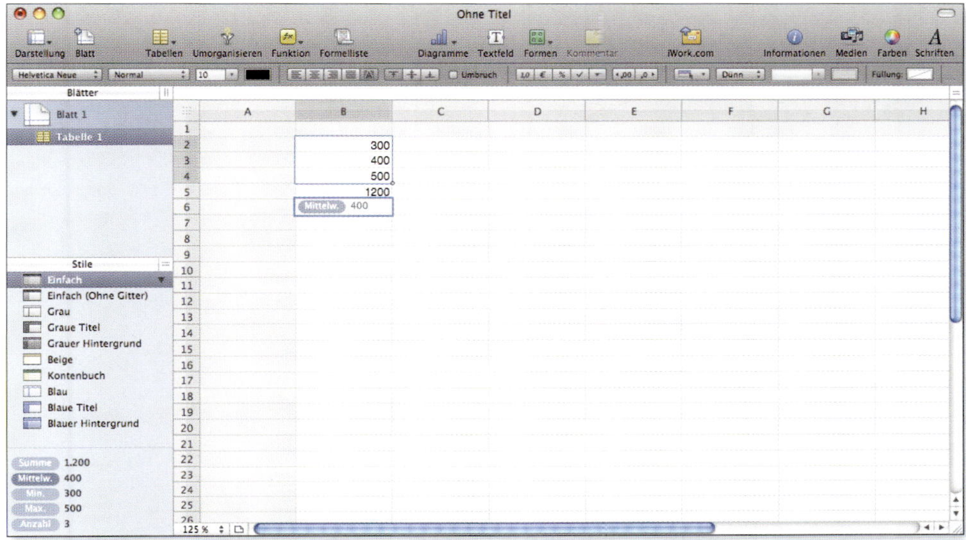

Numbers Berechnungen lassen sich problemlos in eine Zelle ziehen.

10. Schreiben Sie in die Zelle B1 »Umsatz«.
11. Schreiben Sie in die Zellen A2, A3 und A4 die Jahreszahlen: 2007, 2008 und 2009.
12. Markieren Sie die Zellen von A1 bis B5.
13. Klicken Sie auf die Schaltfläche Diagramme in der Symbolleiste und wählen Sie im Katalog gleich das erste Säulendiagramm.

Schon hat Numbers ein Diagramm in das Blatt eingefügt, dass die markierten Werte grafisch darstellt. Wie solche Diagramme passend eingefügt und sinnvoll nachbearbeitet werden, lesen Sie im Kapitel »Numbers-Diagramme«.

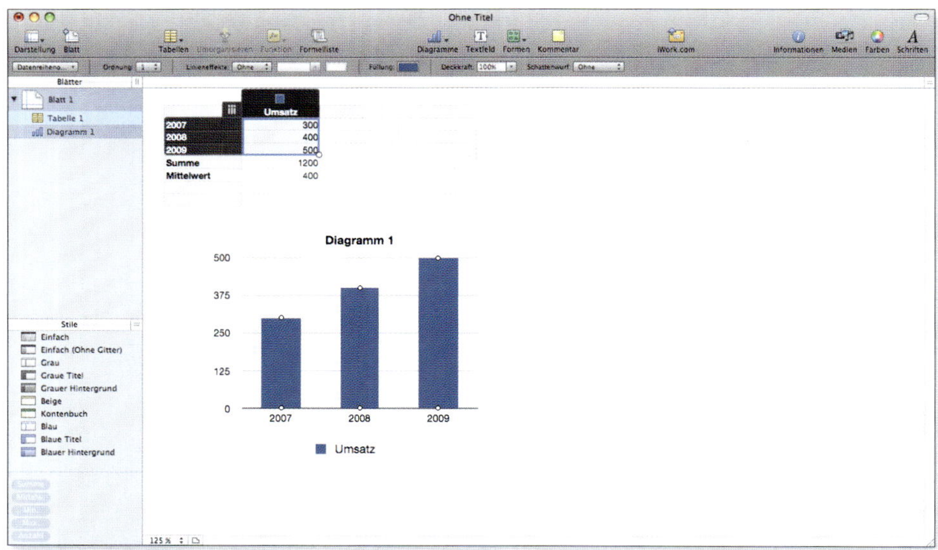

Numbers erstellt sozusagen per Mausklick ein Diagramm, dass den markierten Zellenbereich grafisch darstellt.

Das ist an Einführung in die praktische Arbeit mit Tabellen wenig genug, aber sicherlich ausreichend, um zu zeigen, wie eine Tabellenkalkulation funktioniert. Dass damit das Programm noch nicht ansatzweise ausgereizt ist, sollte nach den vorherigen Ausführungen klar sein. Dieses »Ausreizen« nehmen wir uns in den folgenden Kapiteln deshalb gründlich vor.

Kapitel 19

Numbers

Numbers - der Überblick

Manchmal ist es hilfreich, wenn man das »Pferd von hinten aufzäumt«. Nachdem Sie im vorangegangenen Kapitel gesehen haben, wie eine Tabellenkalkulation allgemein und Numbers im Besonderen (wenn auch nur rudimentär) funktioniert, schauen wir uns in diesem Kapitel die Möglichkeiten an, die mit Numbers zur Verfügung stehen. Dazu nutzen wir die vorhandenen Vorlagen, die nicht nur schönes Anschauungsmaterial sind, sondern durchaus auch konkret eingesetzt werden können. Im Vergleich zur ersten Version (iWorks '08) hat Apple zur neuen einige weitere Vorlagen zugegeben.

Mit Vorlagen arbeiten

Es kann ganz schön aufwendig sein, eine Tabellenkalkulationsanwendung zu erstellen. Vor allem der Layoutaufwand hat es manchmal in sich. Auch wenn in Numbers alles etwas einfacher und intuitiver ist, wird es Ihnen nicht unbedingt erstrebenswert vorkommen, wenn Sie gleiche oder ähnliche Tabellen (oder Tabellenlayouts) immer wieder von vorn erfinden müssen. Numbers bringt bereits 29 konkrete Vorlagen mit, die Ihnen einiges an Arbeit abnehmen können. Die Vorlage *Leer* kennen Sie bereits, sie bleibt deshalb hier unberücksichtigt. (Warum *Leer* eine Vorlage ist, werden Sie an anderer Stelle noch sehen).

Einteilung der Vorlagen

Die Vorlagen sind in sechs Gruppen eingeteilt: *Leer*, *Persönliche Finanzen, Privat*, *Geschäftlich, Bildung* sowie *Meine Vorlagen*. Die meisten Vorlagen (nämlich zehn) finden Sie in der Gruppe *Privat*, woraus man gut erkennen kann, welche Anwendergruppe Apple hauptsächlich im Visier hat.

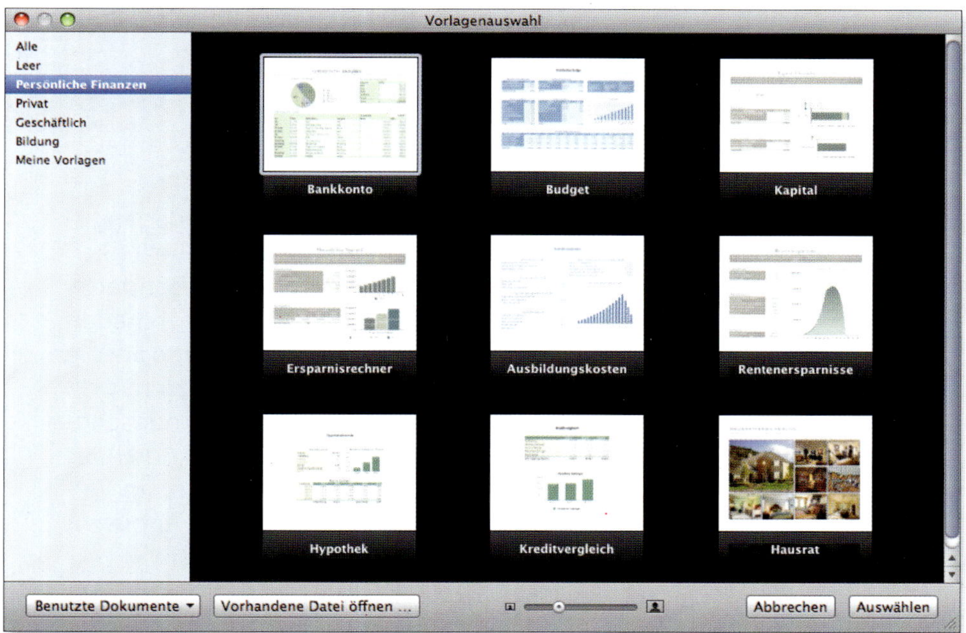

Die größte Anzahl Vorlagen stellt die Gruppe Privat.

Die Gruppe *Leer* enthält zwei, die Gruppe *Persönliche Finanzen* neun, *Geschäftlich* und *Bildung* jeweils vier Vorlagen.

AUFGEPASST

Sollten sich in der Gruppe *Meine Vorlagen* Einträge finden, dann haben Sie bereits die Vorgängerversion von Numbers benutzt. Bei der Installation von iWork '09 wurden die selbst erstellten Vorlagen mit übernommen.

Die Auswahl einer Vorlage ist denkbar einfach:

1. Sie markieren die gewünschte Gruppe im linken Teil des Auswahlfensters.
2. Sie markieren die gewünschte Vorlage im rechten Teil des Auswahlfensters.
3. Sie klicken abschließend auf die Schaltfläche *Auswählen*.

Klicken Sie auf die Schaltfläche *Vorhandene Datei öffnen*, so kommen Sie in den Dateibrowser und können ein bereits angelegtes Tabellenlayout laden und weiter bearbeiten. Über *Benutzte Dokumente* können Sie die Numbers-Dokumente aufrufen, die Sie zuletzt bearbeitet haben.

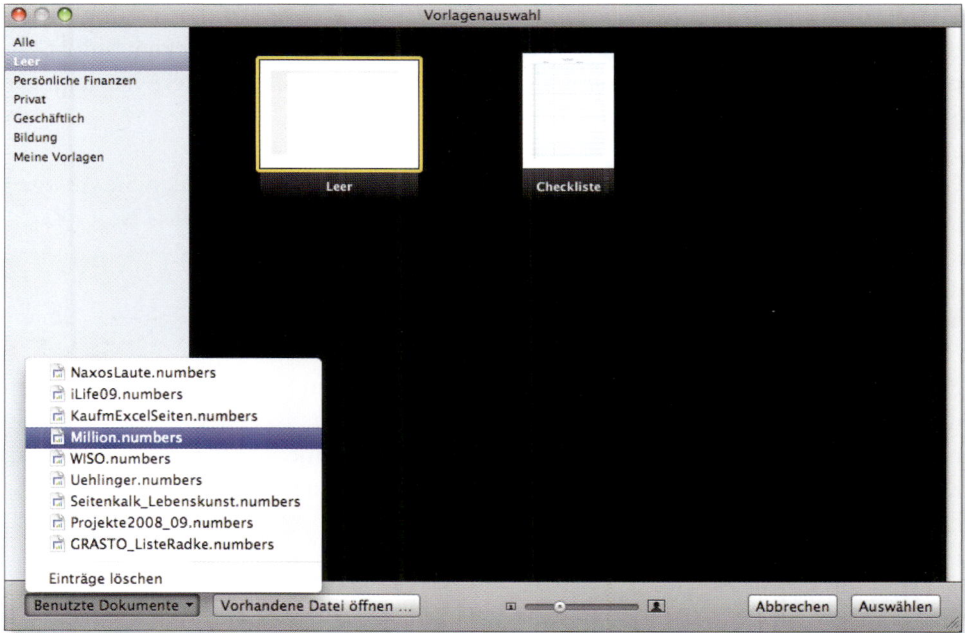

Zuletzt benutzte Numbers-Dokumente lassen sich bequem aus einer Liste auswählen.

GRUNDLAGEN

Möchten Sie diesen Auswahldialog künftig umgehen, so aktivieren Sie das Kontrollkästchen vor *Diesen Dialog nicht erneut anzeigen*. Beim nächsten Start von Numbers unterbleibt die Anzeige. Über *Numbers | Einstellungen* lässt sich der Dialog auch wieder für den Start aktivieren.

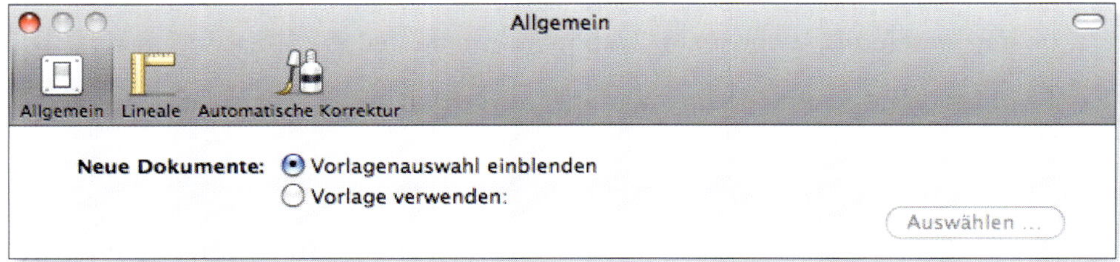

Wird der Dialog zum Auswählen einer Vorlage unterdrückt, kommt standardmäßig die Vorlage Leer beim Start von Numbers.

Standardmäßig ist die Vorlage *Leer* voreingestellt, wenn man den Dialog unterdrückt. Das können Sie aber ändern, indem Sie auf *Auswählen* klicken. Sofort öffnet sich der gewohnte Vorlagendialog, und Sie können eine andere Vorlage als Standard vorgeben.

Um den Vorlagendialog aus Numbers heraus direkt aufzurufen, wählen Sie *Ablage | Neu aus Vorlage...* aus oder drücken die Tastenkombination ⇧ – ⌘ – N.

Vorlagen: Leer

Betrachten Sie die Vorlage *Leer* oberflächlich, so könnten Sie den Eindruck bekommen, dass die Tabelle das eigentliche Objekt des Layouts ist. Links und oben sind nur die Zeilen- und Spaltenbeschriftungen zu sehen und sonst nichts als Zellen. Klicken Sie aber links *Blatt 1* an, so können Sie neben der Tabelle (und oberhalb) einen schmalen weißen Rand sehen.

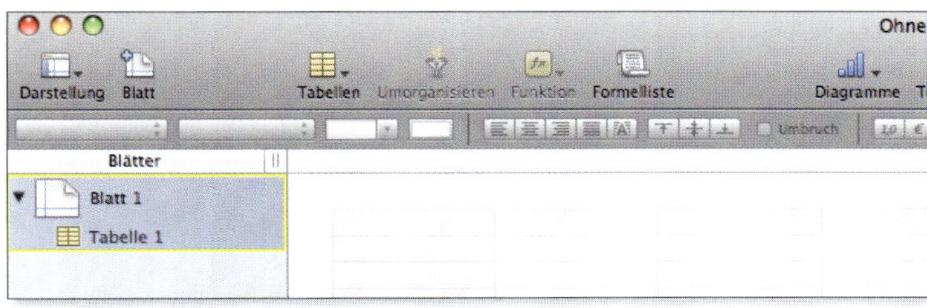

Vielleicht ist die Tabelle ja doch nicht alles?

Machen Sie einmal folgenden Versuch:

1. Markieren Sie erneut *Tabelle 1*. Nun sollte die Tabelle im rechten Teil durch Anfasspunkte an den Ecken und Rändern markiert sein.
2. Drücken Sie die ← – Taste.

Sie sehen jetzt ein »leeres Blatt«. Damit ist deutlich, dass Tabellen nur Objekte sind, die auf einem Layout angeordnet werden.

Die Vorlage *Leer* sticht auch dadurch hervor, dass die erste Zeile und die erste Spalte grau hinterlegt sind. Wie Sie Tabellen ohne solche Vor-Formatierungen erzeugen, lernen Sie im folgenden Kapitel.

Die zweite Vorlage der Gruppe *Leer* heißt *Checkliste*. Sie besteht einfach aus einer Tabelle mit drei Spalten und zwei Überschriftzeilen. Die erste Spalte enthält ein Objekt, das das Auswählen durch Anklicken (und Anzeige eines Häkchens) ermöglicht. Die zweite Spalte nimmt ein Datum und die dritte einen beliebigen Text auf. Zur besseren Übersicht sind die Zeilen abwechselnd farbig formatiert.

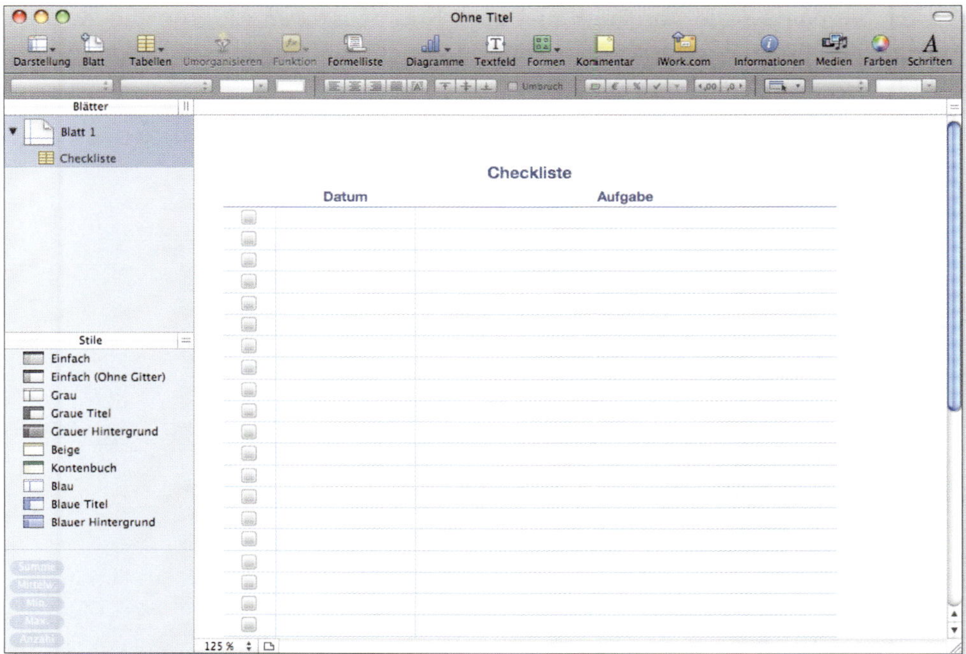

Checklisten lassen sich in einer Tabellenkalkulation mindestens so gut erstellen und nutzen wie in einer Textverarbeitung.

AUFGEPASST

Haben Sie eine solche Checkliste für persönliche Zwecke aus der Vorlage heraus angelegt, dann vergessen Sie nicht das Abspeichern über *Ablage | Sichern unter …* oder der Tastenkombination ⇧ – ⌘ – S.

Vorlagen: Persönliche Finanzen

Diese Gruppe ist neu. Hier finden Sie einige Beispielanwendungen, die Ihnen beim persönlichen Finanzmanagement hilfreich sein können.

Vorlage: Bankkonto

Die Vorlage *Bankkonto* besteht aus zwei Tabellen und einem Diagramm. Die Haupttabelle (*Transaktionen*) nimmt alle Vorgänge auf, die auf dem Bankkonto stattfinden. Die zweite Tabelle (*Kontokategorien*) wertet die Vorgangstabelle aus, indem sie die Beträge den jeweiligen Kategorien zuordnet. Das Diagramm stellt diese Kategoriesummen in einem Tortendiagramm dar. Wenn Sie schon immer wissen wollten, wofür Ihr Geld auf dem Bankkonto immer verschwindet, dann sollten Sie penibel die Vorgänge aus Ihren Kontoauszügen in diese Tabelle übertragen. Sie werden überrascht sein, wie transparent die Vorgänge auf Ihrem Konto schon nach kurzer Zeit werden.

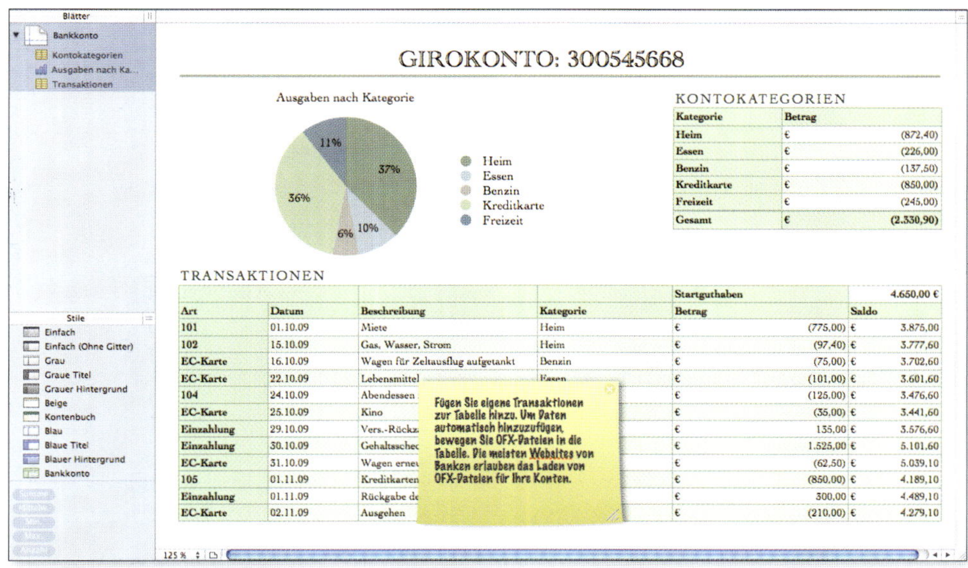

Listet auf, wofür das Geld auf dem Bankkonto verschwindet

Ein kleines Manko hat diese Anwendung jedoch: Einnahmen sind zwar vorgesehen (bei *Kategorie* kann *Einzahlung* ausgewählt werden), diese werden aber nicht ausgewertet. Sie sehen also nicht die Summe der Einnahmen. Eine Lösung könnte sein, eine weitere Tabelle zur Auswertung der Einnahmen hinzuzufügen. (Wie vorhandene Vorlagen angepasst werden können, erfahren Sie am Ende dieses Kapitels.)

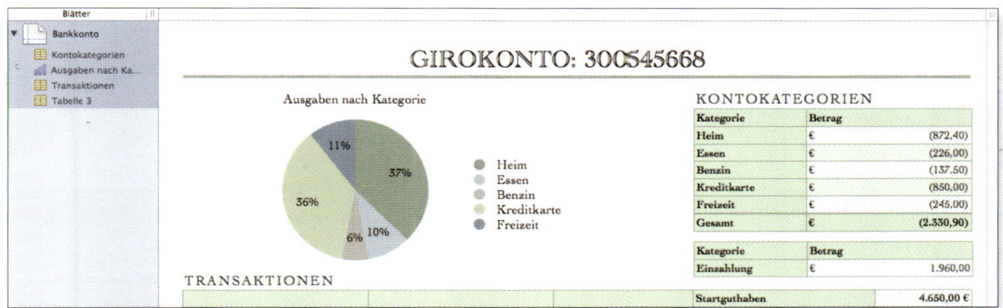

Eine Auswertung der Einzahlung ist schnell hinzugefügt.

TIPP

Wie der gelbe Notizzettel in der Vorlage schon verrät, können Sie Bankdaten einfach in die Tabelle ziehen, wenn Ihnen diese als OFX-Datei zur Verfügung stehen. *Open Financial Exchange* (OFX) ist eine Spezifikation eines Datenformats (auf Basis von XML) von Microsoft, das den Austausch von Finanzdaten regeln soll. In den deutschsprachigen Ländern ist dieses Format bisher wenig verbreitet. Üblich sind die Formate *csv* und *txt*, um Kontoauszugsdaten von den Onlineportalen der Banken herunterzuladen.

Vorlage: Budget

Die Vorlage *Budget* enthält ein Tabellenlayout, mit dem die privaten Ein- und Ausgaben verwaltet und geplant (budgetiert) werden können. Das Layout besteht aus einem Blatt, auf dem fünf Tabellen und ein Diagramm angeordnet sind. Außerdem gibt es Textelemente wie die Überschrift und einen Kasten, der den Umgang mit diesem Tabellenlayout erläutert. Verändern Sie die Zahlen, indem Sie eigene Werte eintragen, so wird auch gleichzeitig das Diagramm angepasst, ohne dass Sie dazu zusätzlich eingreifen müssen.

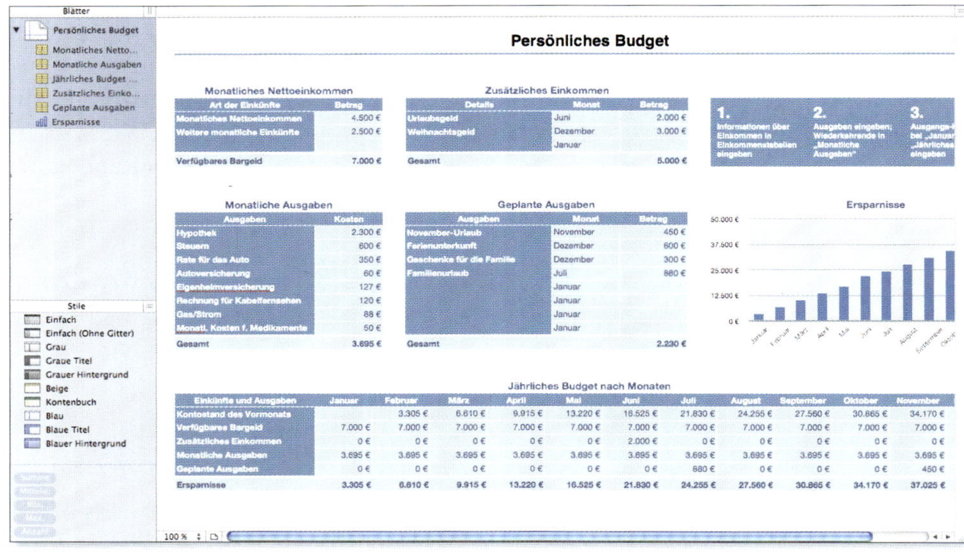

Die Vorlage »Persönliches Budget«

Vorlage: Kapitel

Mit der Vorlage *Kapitel* führen Sie eine private Vermögens- und Schuldenübersicht. Drei Numbers-Dokumente mit jeweils 2-3 Tabellen und Diagrammen geben eine gute Übersicht über die privaten Kapitalverhältnisse.

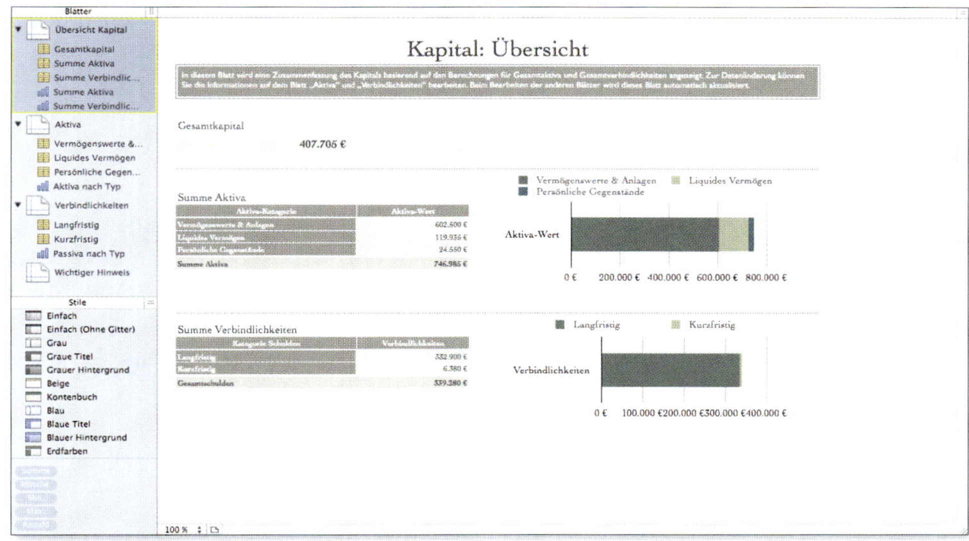

Die private Vermögens- und Schuldenübersicht kann dank der Vorlage »Kapital« sehr übersichtlich geführt werden.

Vorlage: Sparziel

Die Vorlage *Ersparnisrechner* hilft Ihnen beim Sparen. Auf zwei Blättern werden monatliches und Gesamtsparziel ermittelt und dargestellt. Eine grafische Auswertung ist ebenfalls immer mit dabei. Schaut man sich die Formeln in dieser Tabelle an, so ist man überrascht, dass von den finanzmathematischen Funktionen, die ausreichend zur Verfügung stehen, kein Gebrauch gemacht wurde. Im Kapitel über Funktionen werde ich Ihnen zeigen, wie manches mit Finanzfunktionen einfacher gelöst werden kann.

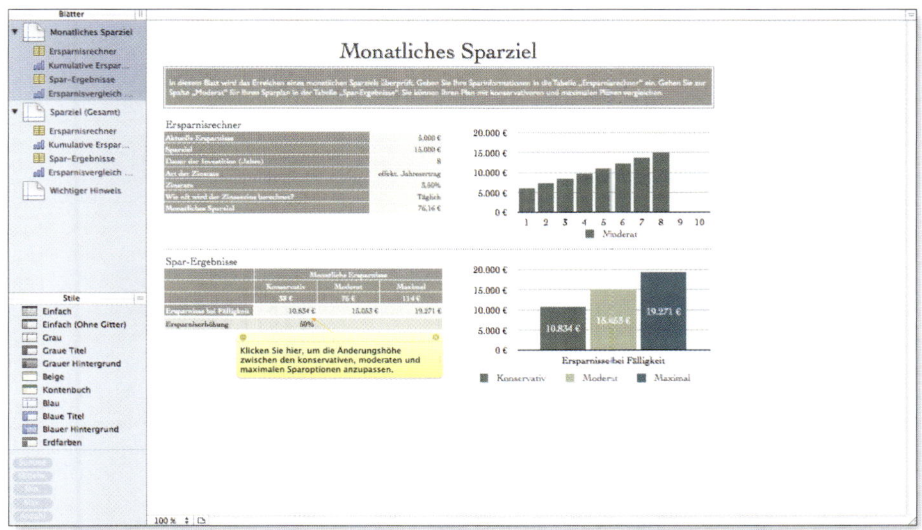

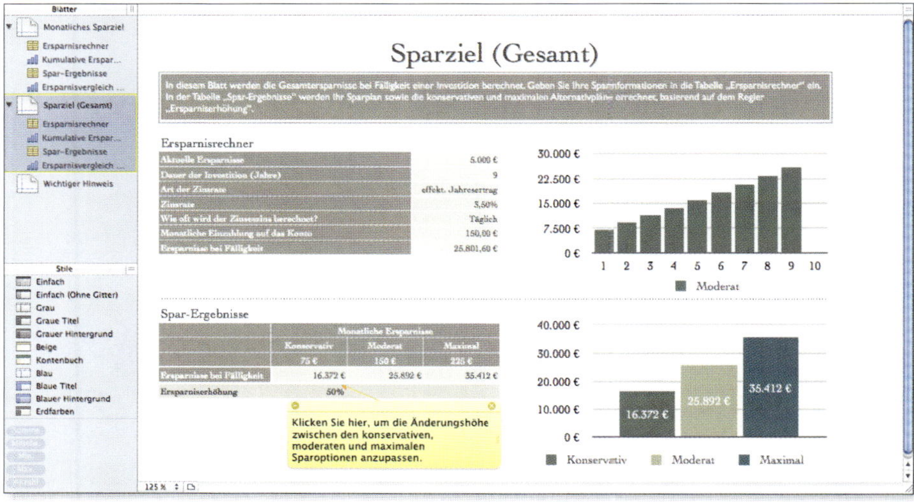

Die Vorlage »Monatliches Sparziel« hilft bei der Vermögensplanung.

Vorlage: Ausbildungskosten

Die Vorlage »*Ausbildungskosten*« mag auf den ersten Blick verwirren: Fast 200.000 Euro Studiengebühren muss hier vorläufig noch niemand aufbringen, der an einer staatlichen Hochschule studiert. Andererseits ist es auch nicht verkehrt, für die zukünftige Ausbildung der Kinder Vorsorge zu treffen. Um realistische Werte ergänzt hilft diese Tabelle, vorausschauend dafür zu sorgen, dass die Ausbildung der Kinder künftig auch finanziert werden kann.

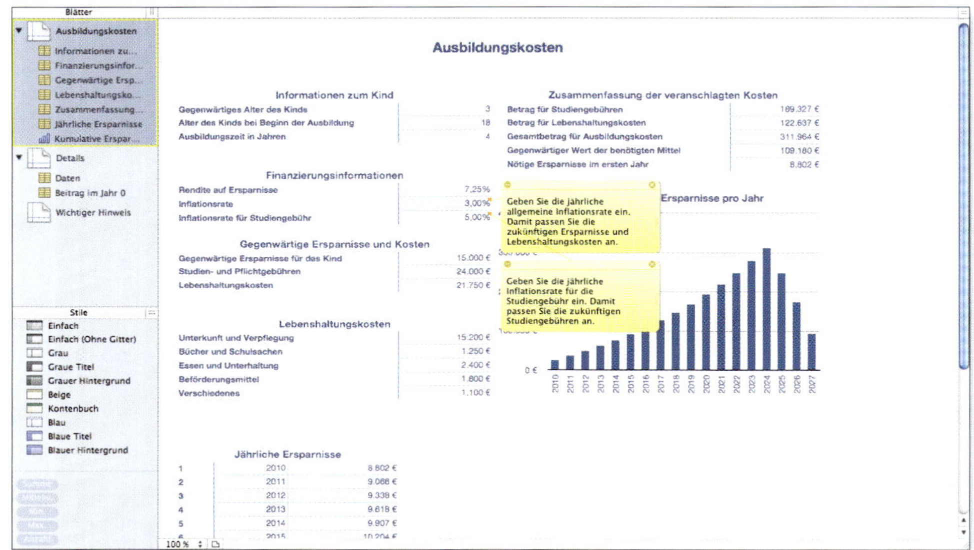

Realer Beitrag im Jahr 0 | 8.546 €

Zeitraum	Jahr	Studiengebühren	Lebenshaltung	Gesamtkosten	Jährliche Ersparnisse	Kumulative Ersparnisse	Cash-Flow
1	2010	25.200 €	22.403 €	47.603 €	8.802 €	24.889 €	8.802 €
2	2011	26.460 €	23.075 €	49.535 €	9.066 €	35.760 €	9.066 €
3	2012	27.783 €	23.767 €	51.550 €	9.338 €	47.691 €	9.338 €
4	2013	29.172 €	24.480 €	53.652 €	9.618 €	60.766 €	9.618 €
5	2014	30.631 €	25.214 €	55.845 €	9.907 €	75.079 €	9.907 €
6	2015	32.162 €	25.971 €	58.133 €	10.204 €	90.726 €	10.204 €
7	2016	33.770 €	26.750 €	60.520 €	10.510 €	107.813 €	10.510 €
8	2017	35.459 €	27.552 €	63.011 €	10.825 €	126.455 €	10.825 €
9	2018	37.232 €	28.379 €	65.611 €	11.150 €	146.773 €	11.150 €
10	2019	39.093 €	29.230 €	68.324 €	11.485 €	168.899 €	11.485 €
11	2020	41.048 €	30.107 €	71.155 €	11.829 €	192.973 €	11.829 €
12	2021	43.101 €	31.010 €	74.111 €	12.184 €	219.148 €	12.184 €
13	2022	45.256 €	31.941 €	77.196 €	12.550 €	247.586 €	12.550 €
14	2023	47.518 €	32.899 €	80.417 €	12.926 €	278.462 €	12.926 €
15	2024	49.894 €	33.886 €	83.780 €	13.314 €	311.964 €	-83.780 €
16	2025	52.389 €	34.902 €	87.291 €	0 €	247.290 €	-87.291 €
17	2026	55.008 €	35.949 €	90.958 €	0 €	174.261 €	-90.958 €
18	2027	57.759 €	37.028 €	94.787 €	0 €	92.108 €	-94.787 €
19	2028	60.647 €	38.139 €	98.786 €	0 €	0 €	0 €
20	2029	63.679 €	39.283 €	102.962 €	0 €	0 €	0 €
21	2030	66.863 €	40.461 €	107.325 €	0 €	0 €	0 €
22	2031	70.206 €	41.675 €	111.882 €	0 €	0 €	0 €

Die Vorlage »Ausbildungskosten« hilft beim Sparen für die künftige Ausbildung der Kinder.

Vorlage: Rentenersparnisse

Die Vorlage *Rentenersparnisse* ist schon etwas realistischer. Nutzen Sie diese Tabelle, um Altersvorsorge zu betreiben. Interessant sind die Formeln in der Tabelle *Finanzinformationen* und Daten. Beachten Sie auch, dass in der Tabelle Finanzinformationen über Schieberegler die Eingaben angepasst werden können. Die Grafik wird dabei sozusagen live korrigiert.

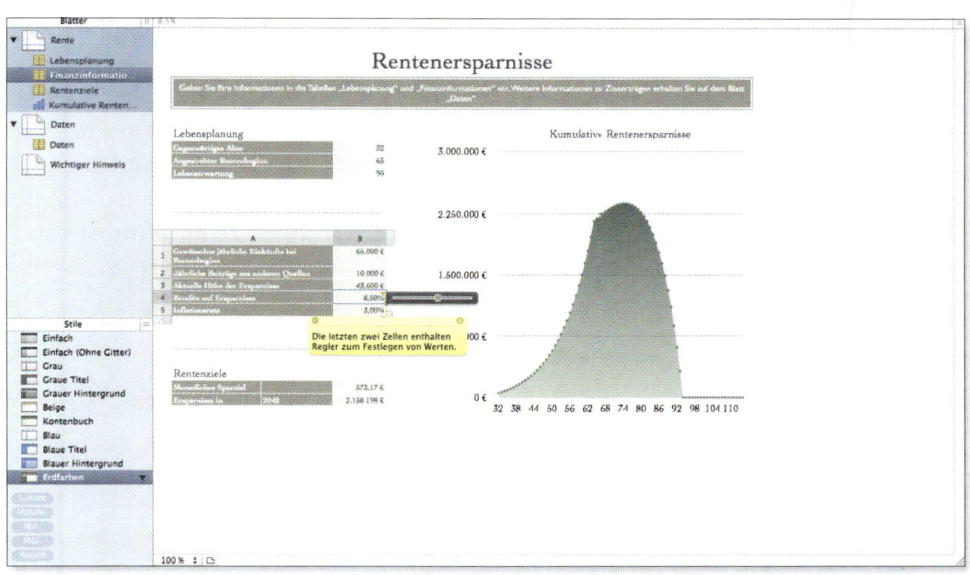

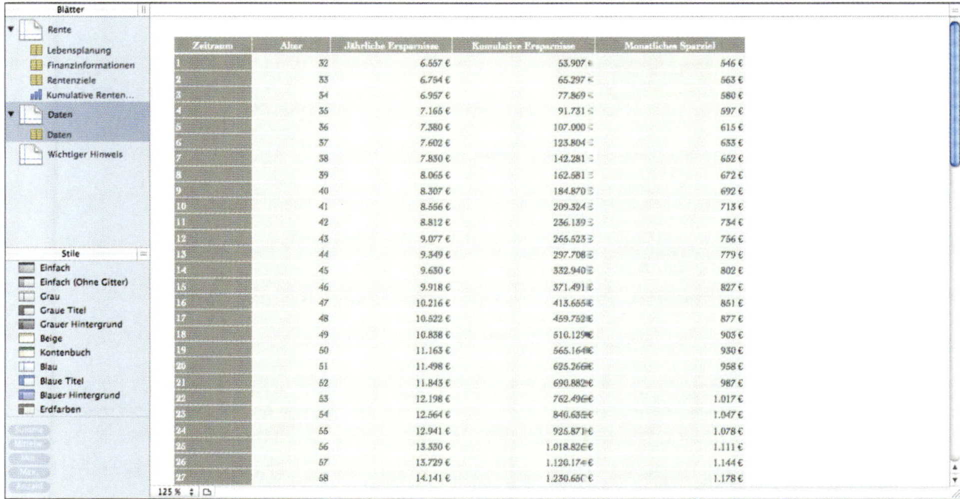

Zeitraum	Alter	Jährliche Ersparnisse	Kumulative Ersparnisse	Monatliches Sparziel
1	32	6.557 €	53.907 €	546 €
2	33	6.754 €	65.297 €	563 €
3	34	6.957 €	77.869 €	580 €
4	35	7.165 €	91.731 €	597 €
5	36	7.380 €	107.000 €	615 €
6	37	7.602 €	123.804 €	633 €
7	38	7.830 €	142.281 €	652 €
8	39	8.065 €	162.581 €	672 €
9	40	8.307 €	184.870 €	692 €
10	41	8.556 €	209.324 €	713 €
11	42	8.812 €	236.139 €	734 €
12	43	9.077 €	265.523 €	756 €
13	44	9.349 €	297.708 €	779 €
14	45	9.630 €	332.940 €	802 €
15	46	9.918 €	371.491 €	827 €
16	47	10.216 €	413.655 €	851 €
17	48	10.522 €	459.752 €	877 €
18	49	10.838 €	510.129 €	903 €
19	50	11.163 €	565.164 €	930 €
20	51	11.498 €	625.266 €	958 €
21	52	11.843 €	690.882 €	987 €
22	53	12.198 €	762.496 €	1.017 €
23	54	12.564 €	840.635 €	1.047 €
24	55	12.941 €	925.871 €	1.078 €
25	56	13.330 €	1.018.826 €	1.111 €
26	57	13.729 €	1.120.17[illegible] €	1.144 €
27	58	14.141 €	1.230.65[illegible] €	1.178 €

Eine Anwendung zur Planung der eigenen Altersvorsorge

Vorlage: Hypothekenrechner

Wer größere Finanzierungen z.B. für die Hausfinanzierung benötigt, dem wird die zuvor vorgestellte Vorlage nicht weiterhelfen können. Interessanter ist hier der *Hypothekenrechner*, mit dem die finanziellen Belastungen eines Hypothekendarlehns überprüft werden können. Auf dem ersten Blatt werden die Hypothekendetails eingegeben. Die Auswertungen werden darunter in der Tabelle *Mögliche Zahlungen* angezeigt, auch für ähnliche Zinssätze und ähnliche Kreditbeträge. So kann man leicht feststellen, was man sich wirklich leisten kann. Auch die Veränderung der monatlichen Belastungen durch Zinserhöhungen kann hier simuliert werden. Auf dem zweiten Blatt können auch die steuerlichen Auswirkungen berücksichtigt werden, wobei gesagt werden muss, dass die Eingabe eines Steuersatzes nur bedingt die tatsächlichen steuerlichen Belastungen wiedergibt, da in Deutschland auch bei Erreichen eines höheren Einkommens nie „nur ein" Steuersatz zum Tragen kommt. Das macht die Tabelle mit den genauen Angaben für die einzelnen Monate aber nicht unbrauchbar.

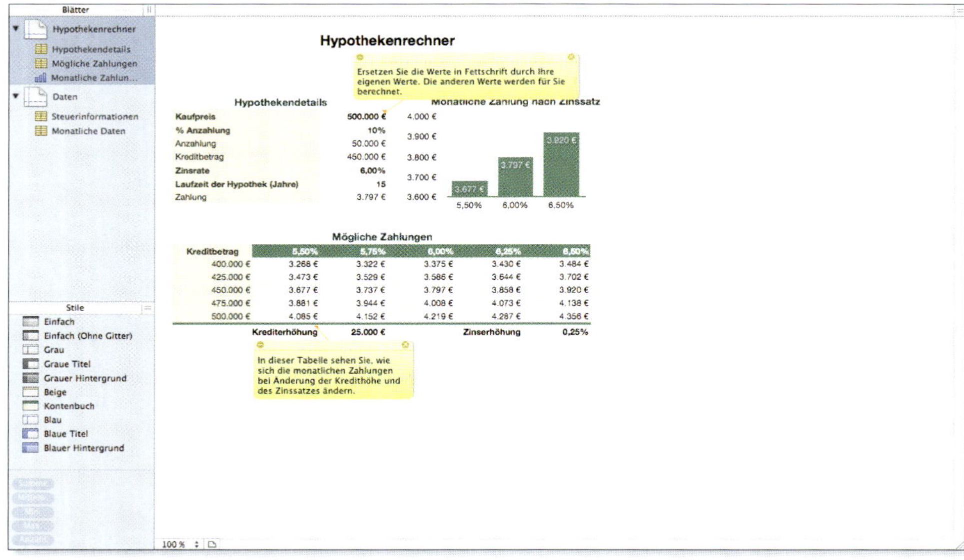

Wie hoch darf die Hypothek sein, damit man sich diese wirklich leisten kann?

TIPP

Beginnen Sie immer mit einer Zinserhöhung von 0 Prozent. Danach prüfen Sie die Auswirkungen verschiedener (möglicher) Erhöhungen. Das hilft Ihnen u. U. bei der Entscheidung, ob die (meist etwas teurere) Festlegung auf einen Zinssatz für eine bestimmte Laufzeit wirklich sinnvoll ist.

Vorlage: Kreditvergleich

Wer einen Kredit aufnehmen will, sollte besser nicht den ersten besten nehmen, den die Hausbank bietet, sondern mindestens ein (besser zwei) Angebote anderer Kreditinstitute einholen. Im Vergleich zeigt sich, wie günstig Ihre Hausbank wirklich ist. Selbst wenn Sie von vornherein nicht vorhaben, woanders als bei Ihrer Bank abzuschließen, hilft solch ein Vergleich bei den Verhandlungen vor Abschluss des Vertrages. Selbstverständlich haben die Banken Spielraum bei den Konditionen Ihrer Verträge. Selbstverständlich lässt sich auch diese Vorlage nicht nur privat einsetzen, sondern hilft bei Freiberuflern und kleineren Unternehmen schnell bei einer Entscheidung vor einer Kreditaufnahme. Die Vorlage besteht aus zwei Blättern, wobei das zweite Blatt eine Tabelle enthält, das die Zinsen pro Zahlungsperiode (in diesem Fall pro Monat) für einen Zeitraum bis maximal 30 Jahre angibt. Es ist ein schönes Beispiel für eine Tabelle, die nicht nur auf einer Bildschirmseite angezeigt wird. Auf dem ersten Blatt werden die monatlichen Zahlungsbeträge zusätzlich noch einmal in einem Diagramm angezeigt.

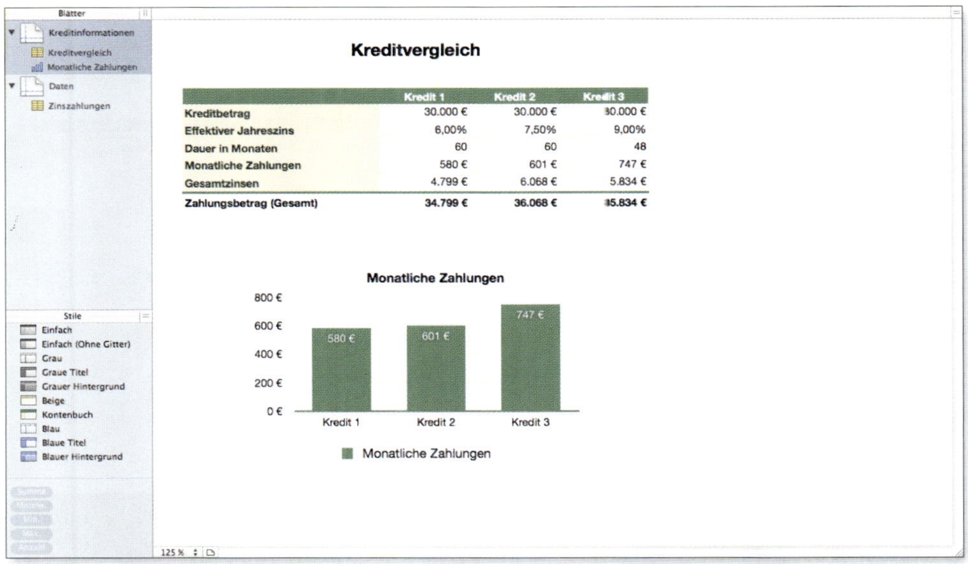

Wie günstig ein Kredit wirklich ist, zeigt sich erst im Vergleich mehrerer Angebote.

Vorlage: Hausrat

Die Vorlage *Hausrat* hilft bei der Ermittlung des tatsächlichen Wertes, den man in all den Krempel gesteckt hat, der die Zimmer füllt und überflüssige Leerräume im Haus vermeiden hilft. Interessant ist das für den Abschluss einer Hausratsversicherung, um Über- oder Unterdeckung zu vermeiden. Die Anwendung enthält eine erste Seite, auf der Fotos untergebracht werden können, und ein zweites Blatt, auf dem die eigentlichen Tabellen zur Dateneingabe und Berechnung zu finden sind.

Vermögenszusammenstellung für den Abschluss einer Hausratsversicherung.

Vorlagen: Privat

Wie schon geschrieben, enthält die Gruppe *Privat* die meisten Vorlagen. Sicher finden Sie darunter auch die eine oder andere, die Sie (direkt oder etwas angepasst) für eigene Zwecke übernehmen können.

Vorlage: Trainingsprotokoll

Sie möchten nicht nur gelegentlich etwas für die Kondition und die Gesundheit tun, sondern regelmäßig und dabei auch den Überblick behalten? Dann hilft Ihnen die Vorlage *Trainingsprotokoll*, alle Ihre Trainingseinheiten zu erfassen und auszuwerten.

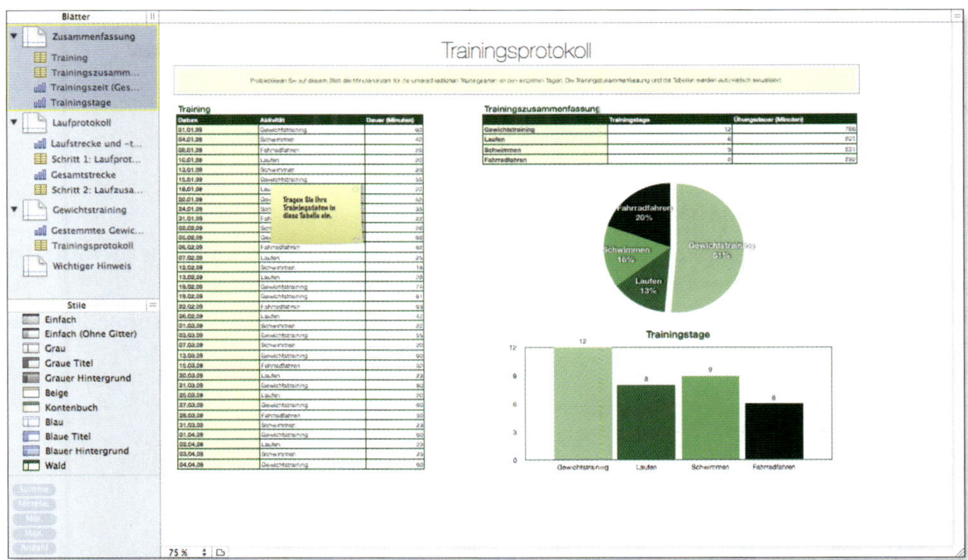

Die Vorlage »Trainingsprotokoll« wertet die täglichen Trainingseinheiten aus.

Vorlage: Gewichtsprotokoll

Nicht nur bei Frauen ist das Körpergewicht eine problematische Angelegenheit, auch bei Männern (oder sollte es zumindest sein). Übergewicht ist weder der Gesundheit förderlich noch dem optischen Aussehen. Die Vorlage »Gewichtsprotokoll« hilft bei der Kontrolle und gibt Auskunft, ob die Maßnahmen zur Gewichtsreduktion ausreichend sind, um das Körpergewicht auf ein normales Level zu bekommen.

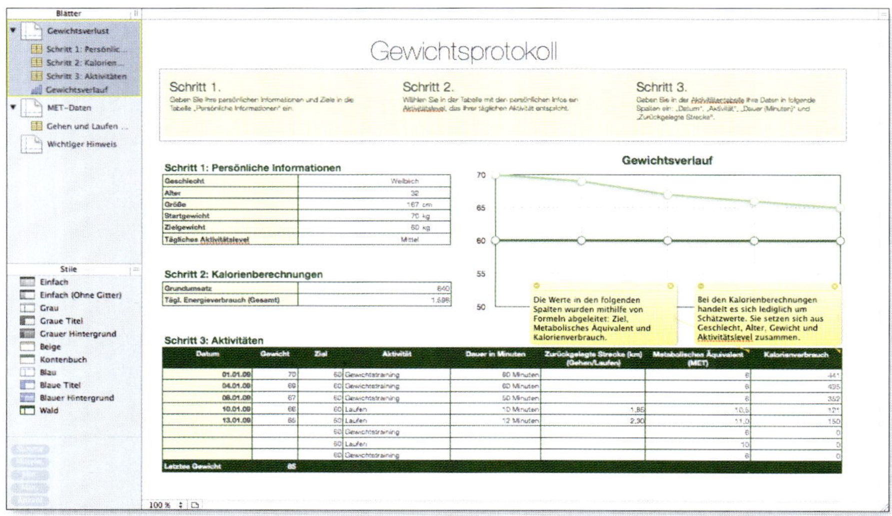

Das Körpergewicht kann über diese Vorlage kontrolliert und die Entwicklung beobachtet werden.

Vorlage: Babyprotokoll

Die Vorlage *Babyprotokoll* dient der Aufzeichnung der Entwicklung des Kindes in den ersten Wochen und Monaten. Es ist sicher gut, auf dem ersten Blatt die Wachstumsdaten zu erfassen. Ob man es so genau nimmt, wie auf dem zweiten Blatt gezeigt, ist eine andere Sache.

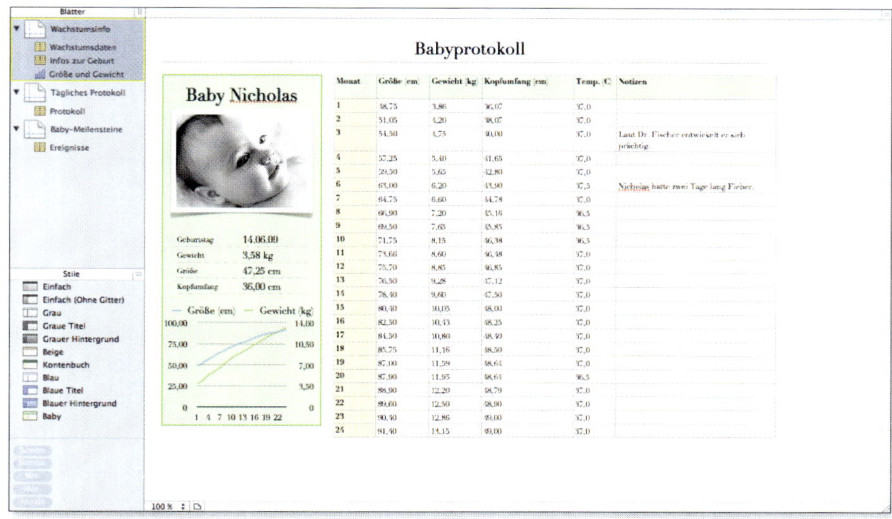

Kaum ist es da, wächst es unaufhörlich vor sich hin. Diese Tabelle zeigt die Fortschritte dabei an – vorausgesetzt, sie werden penibel gemessen und erfasst.

Vorlage: Eventplanung

Die Vorlage *Eventplanung* ist im Beispiel zwar als Hochzeitsplanung ausgelegt, kann aber mit wenig Aufwand auch für geschäftliche Events eingesetzt werden, weil sie neben einer Budgetplanung auch eine Aufgabenliste enthält. Interessant an dieser Vorlage sind die vielen Hinweise auf die Möglichkeiten, die Numbers-Layouts bieten. So lassen sich z.B. Visitenkarten aus dem Adressbuch einfach in eine Tabelle ziehen. Sehr schön ist in der letzten Spalte der Tabelle *Budgets* nachzuvollziehen, auf welche anderen Zellen und Tabellen sich die Formel bezieht. Klicken Sie einfach eine der Zellen an und folgen Sie den Beschreibungen in der Formel. Die Farben helfen Ihnen dabei noch zusätzlich.

Die Eventplanung kann auch geschäftlich eingesetzt werden.

GRUNDLAGEN

Wenn Sie sich durch die gelben Kommentarkästchen gestört fühlen, so stehen Ihnen zwei Möglichkeiten zur Verfügung: Der Kreis mit dem Minus (ganz links oben im Kommentar) sorgt dafür, dass der Kommentar ausgeblendet wird. Der Kreis mit dem »x« dagegen löscht den Kommentar. Haben Sie die Kommentare alle ausgeblendet, so können Sie über *Darstellung | Kommentare einblenden* diese wieder sichtbar machen. Wurden nicht alle Kommentare so ausgeblendet, so müssen über *Darstellung | Kommentare ausblenden* erst alle Kommentare unsichtbar gemacht werden, bis der Befehl zum Einblenden wieder zur Verfügung steht.

Vorlage: Dinner-Party

Sie lieben es, zu allen denkbaren Gelegenheiten viele Gäste einzuladen und zu bewirten? Dann hilft Ihnen diese Vorlage, alles gut vorzubereiten und den Überblick zu bewahren. Interessant ist, dass die richtigen Mengen für die Einkaufsliste aufgrund der Gästeanzahl errechnet werden. Die Anwendung besteht aus drei Blättern, und auch hier können die Adressen wieder einfach aus dem Adressbuch in die entsprechende Tabelle *Gästeliste* gezogen werden.

Die Einkaufsliste liefert schon die richtigen Mengen für die Anzahl der Gäste.

Vorlage: Gartenplanung

Sie haben einen kleinen oder großen Garten und planen gerne dessen Nutzung und Pflege? Dann hilft Ihnen die Vorlage *Gartenplanung*, im kalten Winter alles für die warme Jahreszeit vorzuplanen und die Umsetzung zu kontrollieren. Sogar Wetterinformationen können Sie erfassen. Schicken Sie Ihren Frosch aber noch nicht in Rente. Zumindest zum Fangen von Mücken und Fliegen ist er noch zu gebrauchen.

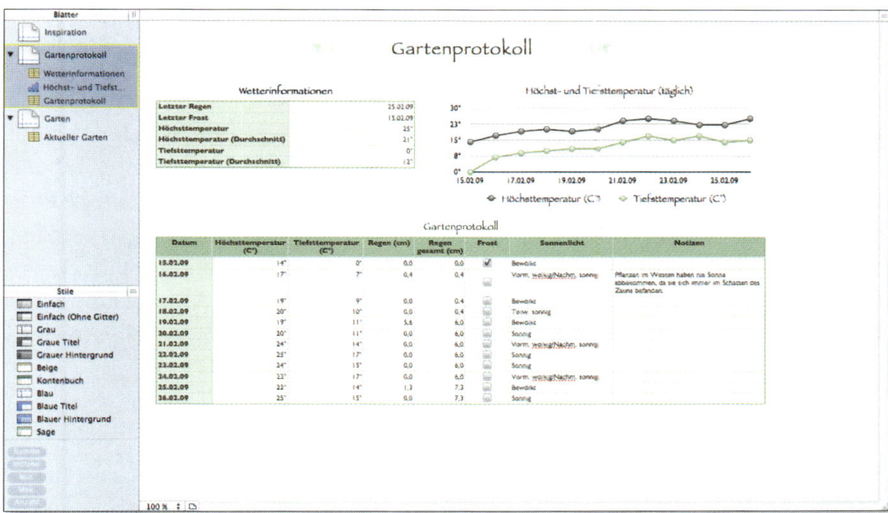

Protokoll und Planung des Gartens können Sie mit dieser Vorlage vornehmen.

Vorlage: Einrichtung

Die Vorlage *Einrichtung* dient dazu, die Einrichtung einer Wohnung zu kalkulieren (oder nachträglich deren Wert festzustellen, z.B. für eine Hausratsversicherung). Interessant an dieser Vorlage ist, dass sie aus mehreren Blättern (Layouts) besteht. Jedes Layout enthält unterschiedliche Objekte, das Start-Layout als einziges allerdings keine Tabelle.

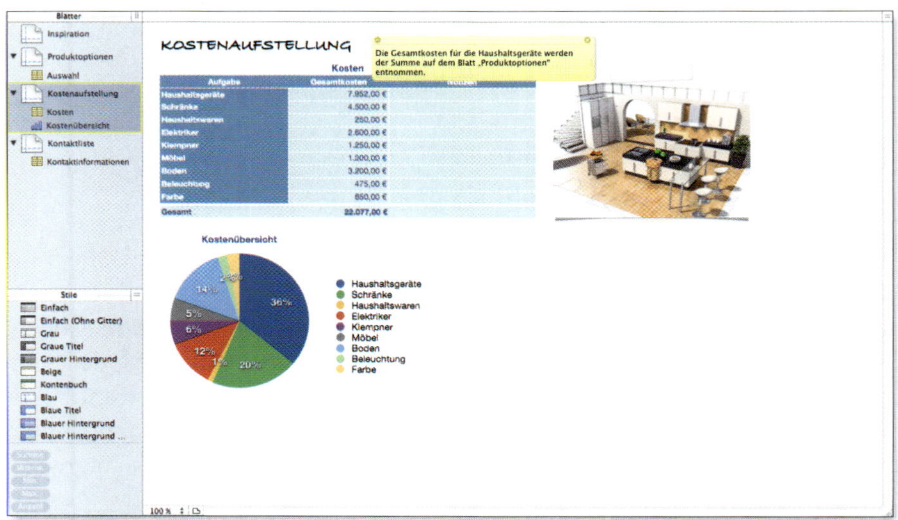

Wohnungseinrichtungen zu planen oder deren Wert festzustellen, ist mit dieser Numbers-Anwendung ein Kinderspiel.

Vorlage: Reiseplanung

Die Vorlage für eine *Reiseplanung* ist bereits für eine Gruppe angelegt (siehe Tabelle *Reiseteilnehmer* auf Blatt *Reservierungen)*. So gesehen kann diese Vorlage auch für geschäftliche Reiseplanungen ergänzt und eingesetzt werden. Wieder besteht die Vorlage aus mehreren Blättern. Auch das erste Blatt enthält bereits eine Tabelle, die Aktivitäten für den Urlaub (die Reise) aufnimmt. Ich persönlich vermisse eine Liste, in der die Aktivitäten, die für die Planung der Reise nötig sind, erfasst werden können. Die Erweiterung dieser Vorlage um ein weiteres Blatt mit einer Checkliste zur Vorbereitung dürfte aber nach Durcharbeitung der nächsten Kapitel keine Probleme bereiten. Bitte schauen Sie sich an, wie mit Hilfe kleiner Symbole auf dem Blatt *Reservierungen* für eine schnelle Orientierung gesorgt wird.

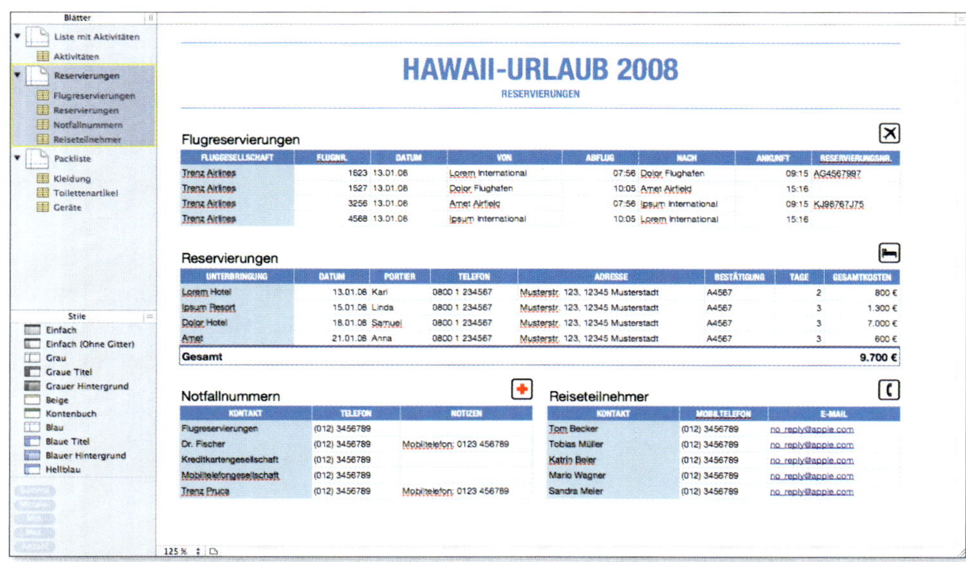

Alles Wichtige für die Reise ist auf einem Blatt übersichtlich zusammengefasst.

Vorlage: Vergleich

Sie möchten sich ein Auto kaufen? Selten genug ist klar, welche Marke und Modell es sein soll. Tragen Sie in diese Tabelle für die drei für Sie interessanten Modelle die wichtigsten Daten ein. Etwas ungünstig ist, dass im unteren Bereich sowohl Kraftstoffkosten, Kreditrechner als auch die Ermittlung der jährlichen Kosten immer nur für ein Modell erfasst und berechnet werden können. Das ist aber kein großes Problem. Gehen Sie einfach folgendermaßen vor:

1. Markieren Sie durch Anklicken im linken Bereich unter *Blätter* das Blatt *Autovergleich* mit der rechten Maustaste.

2. Wählen Sie aus dem Kontextmenü *Kopieren.*
3. Klicken Sie erneut mit der rechten Maustaste und wählen Sie *Einfügen.*

Nun steht Ihnen ein identisches Blattlayout zur Verfügung. Tragen Sie die Daten für das zweite Auto ein und wiederholen den Vorgang gegebenenfalls noch einmal für ein drittes Modell.

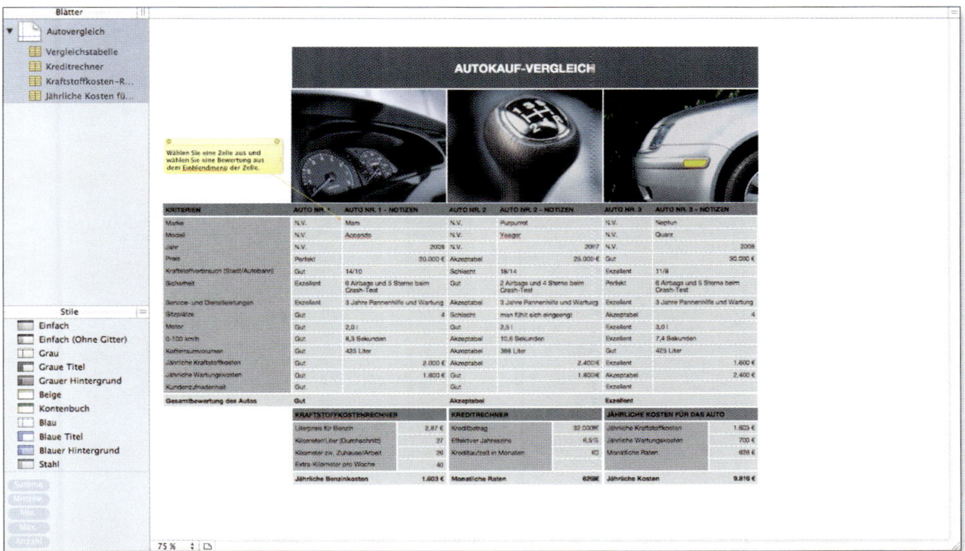

Was kostet das Auto wirklich?

Interessant ist diese Vorlage unter anderem deswegen, weil einige Auswahlfelder enthalten sind. Probieren Sie beispielsweise die Bewertungsspalte der Autonotizen (die jeweils linke Spalte) durch Anklicken aus. Es öffnet sich ein Menü, aus dem Sie eine Bewertung auswählen können. Sie müssen in diese Felder nichts direkt eintippen. Der (gelbe) Kommentar weist auch darauf hin.

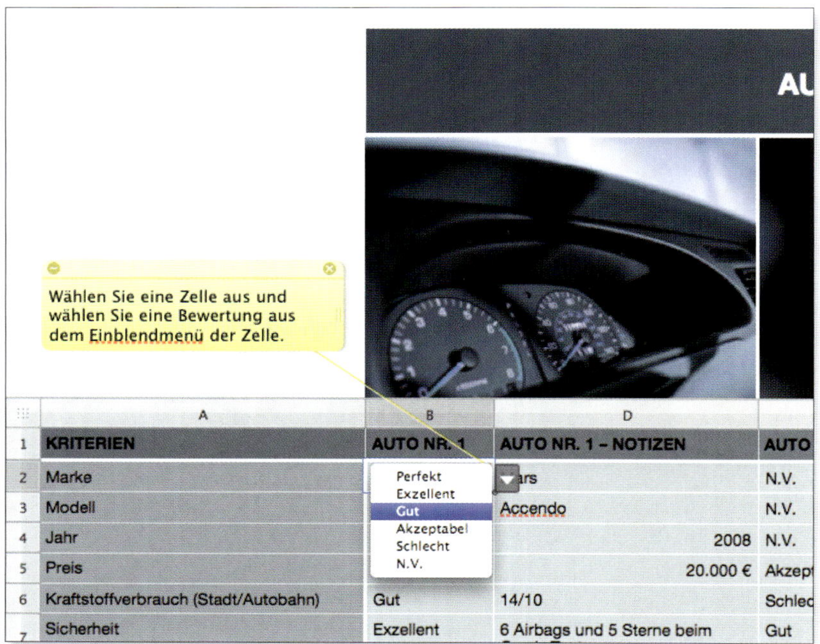

Nicht in jedes Feld muss etwas eingetippt werden. Manchmal hilft auch einfach ein Mausklick.

Vorlage: Team-Organisation

Hinter der Vorlage *Team-Organisation* verbirgt sich eine Anwendung für Fußballvereine (anpassbar sicher auch leicht für Handballvereine). Ob für Jugend- oder Erwachsenenmannschaften, das ist unwesentlich, da an der Struktur kaum etwas verändert werden muss. Die Anwendung besteht aus sechs Blättern, wobei zwei nur grafische Elemente enthalten. Die Tabellen sind unspektakulär und enthalten keine besonderen Formeln.

Mannschaftsmitglieder

VORNAME	NACHNAME	TELEFON	E-MAIL	ELTERN	NOTIZEN
Thorsten	Schmidt	(012) 3456789	no_reply@apple.com	Justin	
Johann			@apple.com	Georg & Marianne	Georg - Trainer
Timo			@apple.com	Timo & Patrizia	Patrizia – Co-Trainer
Paul			@apple.com	Paul	
Thomas	Mohrmann	(012) 3456789	no_reply@apple.com	Bruno & Julia	
Christopher	Weber	(012) 3456789	no_reply@apple.com	Robert & Anna	
Sven	Reinhardt	(012) 3456789	no_reply@apple.com	Mark & Laura	
Manfred	Lindner	(012) 3456789	no_reply@apple.com	Markus	
Jonathan	Jäger	(012) 3456789	no_reply@apple.com	Meike	
Peter	Wagner	(012) 3456789	no_reply@apple.com	Walter & Klara	
Peter	Lindner	(012) 3456789	no_reply@apple.com	Patrick & Meike	
Florian	Weiler	(012) 3456789	no_reply@apple.com	Ruben & Jessica	

Infos zur Verwaltung

VORNAME	NACHNAME	TELEFON	E-MAIL	POSITION	NOTIZEN
Georg	Müller	(012) 3456789	no_reply@apple.com	Trainer	
Patrizia	Wecker	(012) 3456789	no_reply@apple.com	Co-Trainer	
Georg	Müller	(012) 3456789	no_reply@apple.com	Schatzmeister	
Johann	Lindner	(012) 3456789	no_reply@apple.com	Fahrer	

Eine Anwendung für Fußballvereine

Interessant ist das Blatt *Spielfeld und Positionen*. Die Kreise für die Spieler können mit der Maus verschoben werden. Mit dem Spielfeld ist das aber nicht möglich, weil es geschützt ist. Sie erkennen es daran, dass nach dem Anklicken des Spielfeldes nicht die üblichen Markierungspunkte erscheinen, sondern in den Ecken nur »x« sichtbar werden. Möchten Sie das Spielfeld bearbeiten (z.B. um es für Handball zu modifizieren), so müssen Sie zunächst den Schutz aufheben. Das geht folgendermaßen:

1. Klicken Sie das Spielfeld an, so dass in den Ecken die Markierungen für geschützte Objekte erscheinen.
2. Wählen Sie *Anordnen | Schutz aufheben* oder drücken Sie die Tastenkombination ⌘ – ⌥ – L.
3. Um den Schutz nach der Bearbeitung wieder hinzuzufügen, wählen Sie *Anordnen | Schützen* oder drücken die Tastenkombination ⌘ – L.

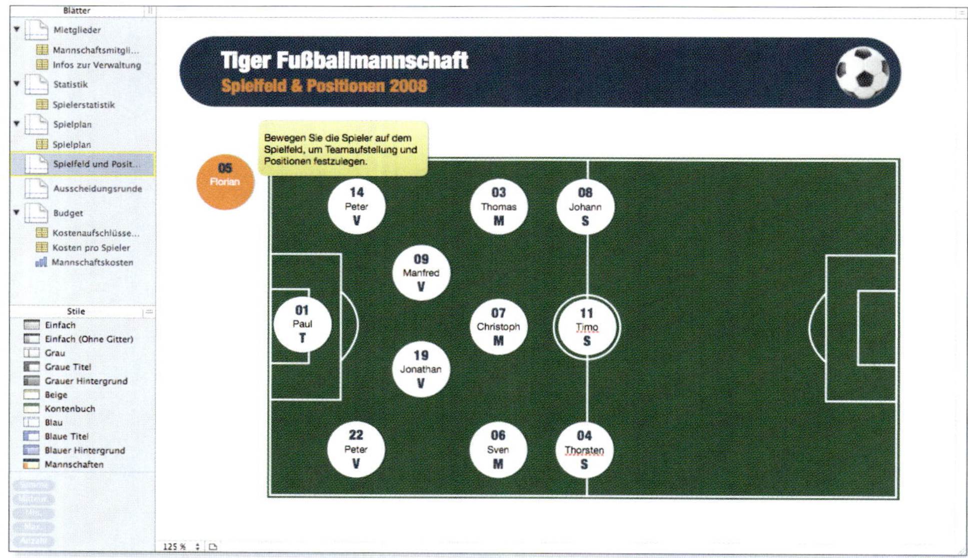

Auch grafische Elemente passen gut in ein Tabellenanwendungs-Layout.

Vorlagen: Geschäftlich

Ich hatte schon erwähnt, dass einige der privaten Vorlagen durchaus auch geschäftlich eingesetzt werden können. Gerade jedoch für diesen Bereich bringt Numbers auch etwas mit, wobei man die erste Vorlage aber eigentlich nicht mitzählen sollte.

Vorlage: Mitarbeiterplan

Auf den ersten Blick mutet die Vorlage *Mitarbeiterplan* merkwürdig an. Angestellte, die über Stundenlohn beschäftigt werden, sind in unseren Breiten selten. Insgesamt aber ist die Tabelle ein gutes Beispiel dafür, wie mit Stunden und Minuten gerechnet werden kann. Hier lässt sich auch gut feststellen, dass in diesem Bereich im Gegensatz zur ersten Version von Numbers einige Verbesserungen vorgenommen wurden.

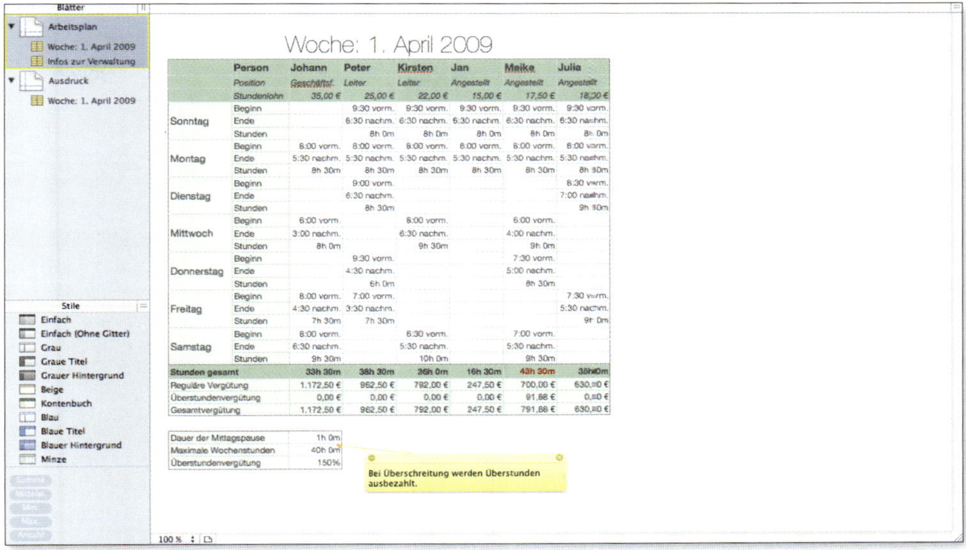

Die Vorlage »Mitarbeiterplan« ist ein gutes Beispiel für das Rechnen mit Zeiten.

Vorlage: Rechnung (USA)

Völlig unverständlich ist es, dass Apple diese Vorlage in der lokalisierten deutschen Version mitliefert Auch das halbherzige Anhängen von (USA) an den Titel und die Übersetzung der Worte helfen kein bisschen weiter. Diese Tabellenanwendung ist völlig unbrauchbar. Kein Finanzamt würde solch eine Rechnung anerkennen. Sie lässt sich noch nicht einmal vernünftig in Fensterbriefumschlägen verschicken. Das eigene Anpassen ist so aufwendig, dass es besser ist, gleich von vornherein eine eigene, neue Rechnungsvorlage zu erstellen. Leider hat Apple auch in der neuen Version kein Einsehen gehabt und liefert diese Vorlage unverändert mit.

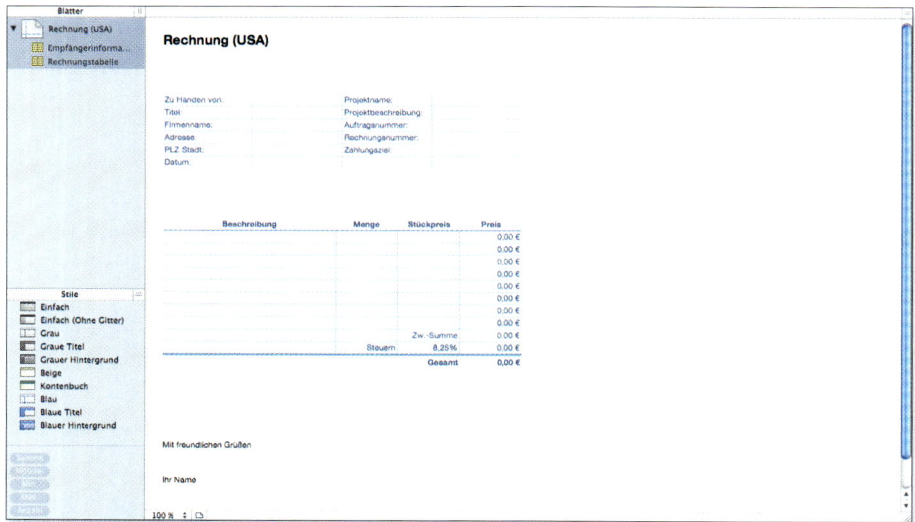

Völlig unbrauchbar für deutsche Verhältnisse: die Vorlage »Rechnung«

Vorlage: Spesenabrechnung

Anders ist das mit der nächsten Vorlage, der *Spesenabrechnung*. Wird diese intern (also innerhalb eines Unternehmens) benutzt, kann sie ganz brauchbar eingesetzt werden. Für die Abrechnung von Spesen an externe Auftraggeber (z.B. bei Freiberuflern) taugt diese Tabelle allerdings auch nicht.

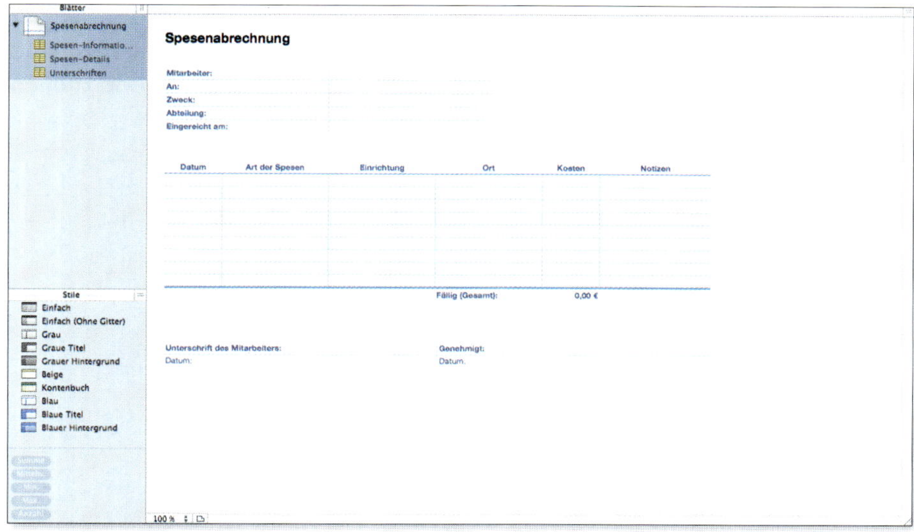

Als interner Abrechnungsbeleg ist diese Spesenabrechnung zu gebrauchen.

Vorlage: Rentabilitätsanalyse

Die Vorlage *Rentabilitätsanalyse* ist aber auf jeden Fall der Beachtung wert, zumindest wenn man als Buchhalter, Kostenrechner oder Controller arbeitet. Hier ist nicht nur eine rudimentär brauchbare Tabellenanwendung vorhanden (für den betrieblichen Einsatz muss sie wahrscheinlich in den meisten Fällen noch etwas erweitert werden), sondern auch noch gutes Anschauungsmaterial für den Einsatz von Funktionen. Vielleicht nichts für den Einstieg, aber spätestens dann, wenn Sie beginnen, mit Formeln und Funktionen zu arbeiten, sollten Sie sich deren Einsatz hier einmal näher ansehen.

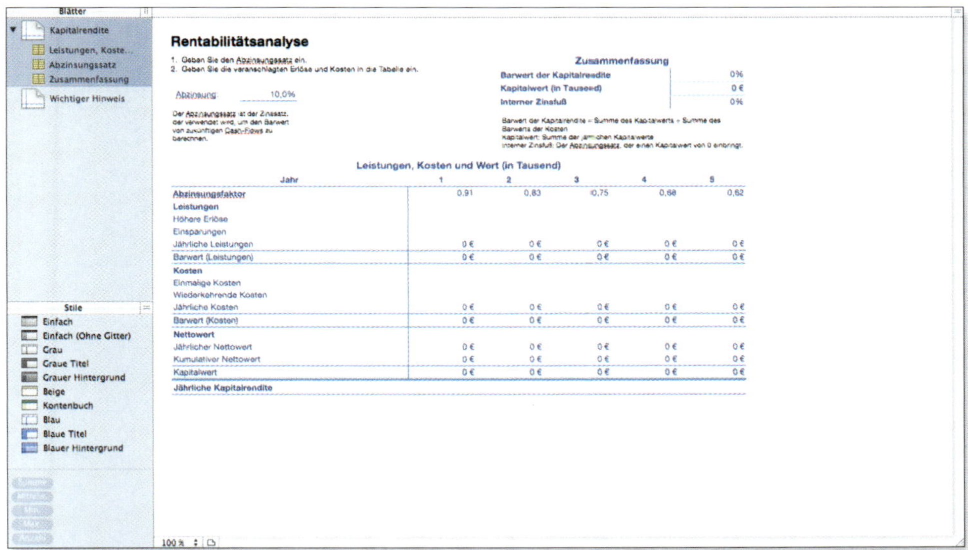

Die »Rentabilitätsanalyse« bietet gutes Anschauungsmaterial für den Einsatz von Funktionen.

Die paar und zudem noch bedingt (oder gar nicht) für betriebliche Zwecke brauchbaren Tabellenanwendungen zeigen deutlich, dass Apple Numbers nicht für den geschäftlichen Einsatz vorgesehen hat. Schade eigentlich, denn auch im Büro kann man froh sein, manche Aufgaben schnell und ohne große Umstände erledigt zu bekommen. Vielleicht bessert Apple ja bei den folgenden Versionen nach.

Vorlagen: Bildung

Ein Bereich, auf den Apple schon immer spekuliert hat, ist der Bildungsbereich. Vermutlich ist Apple im Heimatland damit erfolgreicher als in Europa, was aber weniger an den Produkten als an den Strukturen im Bildungssektor (zumindest in Deutschland) liegt. Schade, dass auch hier nur vier Vorlagen vorgesehen wurden.

Vorlage: Schulnotenverwaltung

Auch bei der *Schulnotenverwaltung* scheint Apple sich noch nicht so recht auf die deutschen Verhältnisse eingestellt zu haben, aber immerhin ist die Anwendung in der Zusammenstellung interessant genug, um sie sich anzusehen und entsprechend anzupassen. Die Anwendung besteht aus zwei Tabellen, wobei die zweite als Bericht für einzelne Schüler angelegt ist. Um eine entsprechende Anzeige zu bekommen, muss nur der Name des Schülers eingegeben werden. Die Daten werden aus dem ersten Blatt geholt. Auf exakte Schreibweise ist allerdings zu achten.

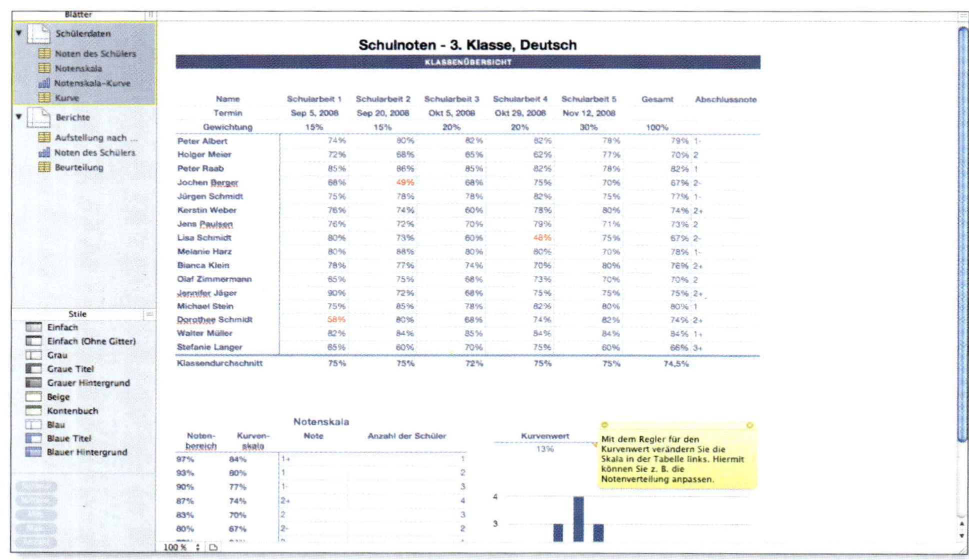

Name	Schularbeit 1	Schularbeit 2	Schularbeit 3	Schularbeit 4	Schularbeit 5	Gesamt	Abschlussnote
Termin	Sep 5, 2008	Sep 20, 2008	Okt 5, 2008	Okt 29, 2008	Nov 12, 2008		
Gewichtung	15%	15%	20%	20%	30%	100%	
Peter Albert	74%	80%	82%	82%	78%	79%	1-
Holger Meier	72%	68%	65%	62%	77%	70%	2
Peter Raab	85%	86%	85%	82%	78%	82%	1
Jochen Berger	68%	49%	68%	75%	70%	67%	2-
Jürgen Schmidt	75%	78%	78%	82%	75%	77%	1-
Kerstin Weber	76%	74%	60%	78%	80%	74%	2+
Jens Paulsen	76%	72%	70%	79%	71%	73%	2
Lisa Schmidt	80%	73%	60%	48%	75%	67%	2-
Melanie Harz	80%	88%	80%	80%	70%	78%	1-
Bianca Klein	78%	77%	74%	70%	80%	76%	2+
Olaf Zimmermann	65%	75%	68%	73%	70%	70%	2
Jennifer Jäger	90%	72%	68%	75%	75%	75%	2+
Michael Stein	75%	85%	78%	82%	80%	80%	1
Dorothee Schmidt	58%	80%	68%	74%	82%	74%	2+
Walter Müller	82%	84%	85%	84%	84%	84%	1+
Stefanie Langer	65%	60%	70%	75%	60%	66%	3+
Klassendurchschnitt	75%	75%	72%	75%	75%	74,5%	

Notenskala

Notenbereich	Kurvenskala	Note	Anzahl der Schüler
97%	84%	1+	1
93%	80%	1	2
90%	77%	1-	3
87%	74%	2+	4
83%	70%	2	3
80%	67%	2-	2

Schulnoten je Klasse lassen sich mit Numbers gut verwalten.

Vorlage: Wissenschaftsprojekt

Die Vorlage *Wissenschaftsprojekt* zeigt, wie man ein solches Projekt samt statistischer Auswertung in Numbers anlegen kann. Die Anwendung besteht aus zwei Arbeitsblättern, von denen das zweite als Projekt Arbeitsblatt die Daten der Untersuchungen aufnimmt und das erste Blatt eine Zusammenfassung bietet. Ob immer die Zeit ist, so etwas so hervorstechend grafisch aufzubereiten, mag dahingestellt sein. Tatsächlich ist das aber, vorausgesetzt man hat sich in Numbers (und iWorks '08 insgesamt) etwas eingearbeitet, gar nicht so zeitaufwendig. Auf dem zweiten Blatt kann auch der Einsatz statistischer Funktionen angeschaut werden (Standardabweichung).

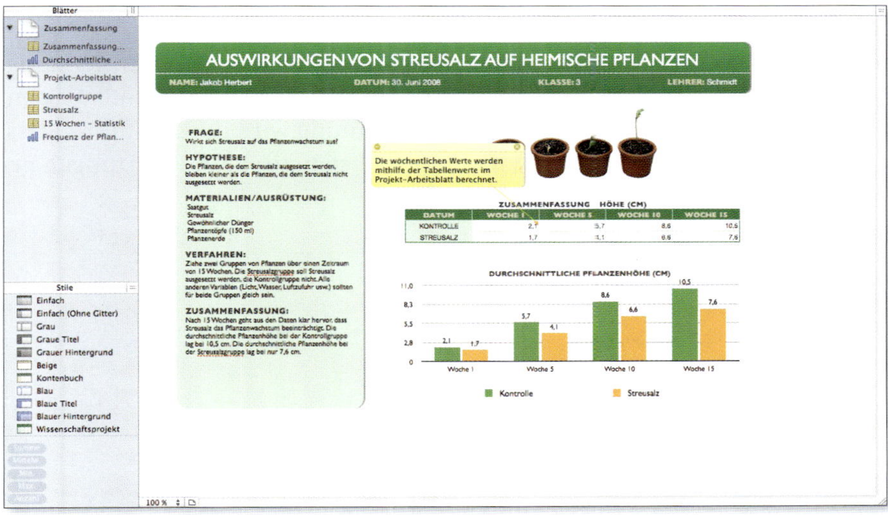

Die Anwendung statistischer Funktionen demonstriert die Anwendung »Wissenschaftsprojekt«.

Vorlage: Mathequiz

Die Vorlage *Mathequiz* bringt Übungsblätter für die vier Grundrechenarten, wobei die Lösungen für den Lehrer (falls der selbst nicht rechnen kann) gleich mitgegeben werden. Diese Anwendung ist interessant und sollte näher untersucht werden. Dazu müssen Sie allerdings über *Anordnen | Schutz aufheben* dafür sorgen, dass Sie überhaupt die Zellen anwählen und die Formeln einsehen können.

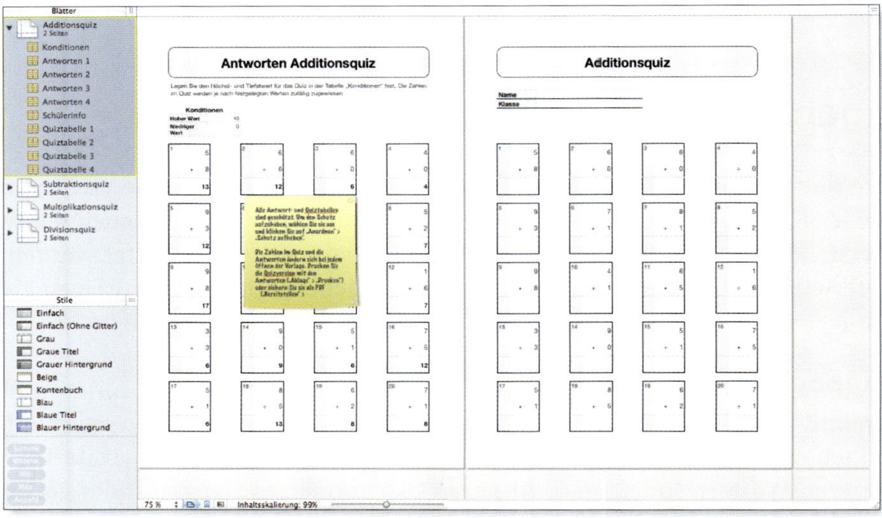

Auch Übungsblätter für den Schulunterricht können mit Numbers leicht erstellt werden.

Vorlage: Schwerkraftexperiment

Die Vorlage *Schwerkraftexperiment* ist eine fachübergreifende Übungsanwendung für den Physik- und Mathematikunterricht. Verschiedene Fallexperimente werden aufgezeichnet und ausgewertet. Eine Hypothesenprüfung wird durchgeführt. Dass Numbers inzwischen auch für (nicht zu komplexe) statistische Auswertungen geeignet ist, zeigt diese Vorlage.

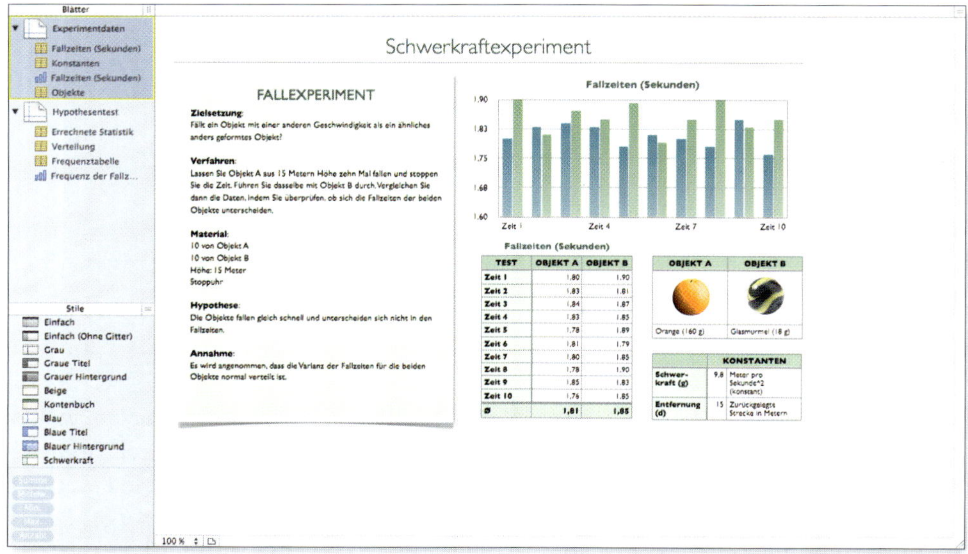

Eine Übungsanwendung für den Mathe- und Physikunterricht

Vorlagen anpassen

Wenn Sie diese Kapitel zu Numbers durchgearbeitet haben, werden Sie nicht nur wissen, wie Sie Vorlagen genau an Ihre Bedürfnisse anpassen, sondern auch selbst welche erstellen können. Damit Sie aber nicht nur auf später vertröstet werden, folgen hier ein paar Hinweise, die es Ihnen ermöglichen, sofort mit Vorlagen zu arbeiten.

Texte anpassen

Textelemente wählen Sie einfach durch Doppelklick aus. Damit sind sie markiert und können ohne weiteres überschrieben werden. Besteht der zu ändernde Text aus mehreren Wörtern (oder sogar Absätzen), so können Sie auch mit der Maus alles markieren, was weg und überschrieben werden soll.

HAWAII-URLAUB 2008

LISTE MIT AKTIVITÄTEN

Markieren und Schreiben - mehr ist bei Text nicht zu machen, um ihn anzupassen.

AUFGEPASST

Markieren Sie immer nur Text einer bestimmten Formatierung. Liegen im markierten Bereich verschiedene Formatierungen (z.B. unterschiedliche Schriftgrößen), so übernimmt Numbers nur eine und »vergisst« alle anderen. Passen Sie also besser Text immer nur Abschnitt für Abschnitt an und nicht in einem großen Rundumschlag.

Tabellen anpassen

Um Tabellen zu erweitern, setzen Sie den Zellcursor einfach in die letzte Zelle (rechts unten) und drücken die ↩ – Taste. Sofort wird eine neue Zeile angehängt. Ist Ihnen das zu umständlich, markieren Sie die Tabelle durch Anklicken. Es sollten oben und links die Spalten- und Zeilenüberschriften zu sehen sein. Jetzt können Sie die rechte untere Ecke fassen und die Tabelle nach unten (und/oder rechts) aufziehen. Das war's auch schon.

Tabellen erweitern Sie bequem mit der Maus.

Bilder austauschen

Viele Vorlagen enthalten Bilder und grafische Objekte. Um diese durch andere zu ersetzen, ziehen Sie einfach eines (z.B. eine Foto aus iPhoto) mit der Maus darauf und lassen los. Sofort wird das vorgegebene Bild durch das neue ersetzt. Verstehen Sie die Bilder und Grafiken in den Vorlagen einfach als Platzhalter.

Eigene Vorlagen speichern

Eine an persönliche Bedürfnisse angepasste Vorlage kann leicht als »neue eigene Vorlage« gespeichert werden. Sie können sich diese Anpassungen der Standard-Vorlage künftig sparen und immer wieder darauf zurückgreifen. Sie sollten das Abspeichern allerdings schon vornehmen, bevor Sie mit dem Eintragen der Daten beginnen, denn die ändern sich ja künftig immer wieder.

Gehen Sie dazu folgendermaßen vor, wenn Sie mit den Änderungen der Vorlage fertig sind:

1. Wählen Sie *Ablage | Als Vorlage sichern...*
2. Geben Sie einen Namen für die Vorlage ein.
3. Aktivieren Sie das Kontrollkästchen vor *Vorschau in das Dokument integrieren*, damit Sie die Vorlage künftig auch optisch bei der Auswahl erkennen können.
4. Bestätigen Sie mit Klick auf die Schaltfläche *Sichern*.

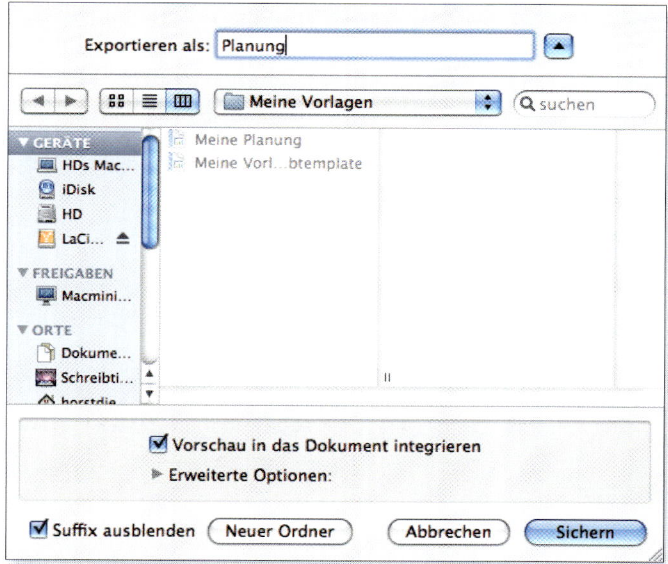

Das Abspeichern als eigene Vorlage ist so einfach wie das Abspeichern anderer Dateien.

Künftig finden Sie die derart abgespeicherten Vorlagen im Dialog für neue Vorlagen unter *Meine Vorlagen* wieder.

Jetzt haben Sie einen Überblick über die Anwendungen, die Numbers Ihnen bereits mitbringt. Ohne dass wir schon allzu sehr ins Detail gegangen sind, können Sie aber schon mit der Tabellenkalkulation arbeiten – sogar sehr professionell, wenn eine der Vorlagen auf Ihre Bedürfnisse passt.

Kapitel

20

Numbers

Numbers - Arbeiten mit Tabellen

Im Mittelpunkt einer Tabellenkalkulation steht die Tabelle. Deshalb beschäftigen wir uns in diesem Kapitel ausschließlich damit. Wie Tabellen erzeugt werden, wie in diese etwas eingegeben wird, welche Möglichkeiten der Gestaltung zur Verfügung stehen und noch einiges andere werden Sie auf den folgenden Seiten erfahren. Als Beispiel entwickeln wir nach und nach ein einfaches Kassenbuch, das bei Bedarf und Interesse noch weiter ausgebaut werden kann.

Tabellen erzeugen

Anders als im vorangegangenen Kapitel lassen wir die Vorlagen links liegen und erzeugen eine Tabelle ohne irgendwelche Vorgaben. Dazu erstellen Sie zunächst ein Blatt mit der Vorlage *Leer* und löschen dann die darin enthaltene Tabelle, wie im Kapitel »Numbers - ein Überblick« beschrieben. Dieses nun wirklich leere Blatt ist Ausgangspunkt für das weitere Vorgehen.

Eine leere Tabelle anlegen

Sie fügen in das Blatt eine wirklich leere Tabelle über *Einfügen | Tabelle | Normal* ein. Numbers fügt diese Tabelle links oben in das Blatt ein. Diese Tabelle besteht zunächst aus vier Spalten und neun Zeilen und kann, wie schon beschrieben, leicht vergrößert oder verkleinert werden: Fassen Sie einfach die untere rechte Ecke an und ziehen Sie diese weiter auf (zum Vergrößern) oder schieben Sie die Ecke in die Tabelle hinein (um zu verkleinern). Die Größe der Tabelle ist jetzt jedoch noch unerheblich. Wenn Sie ein wenig herumprobiert haben, lassen Sie alles, wie es ist. Sie passen diese später exakt an.

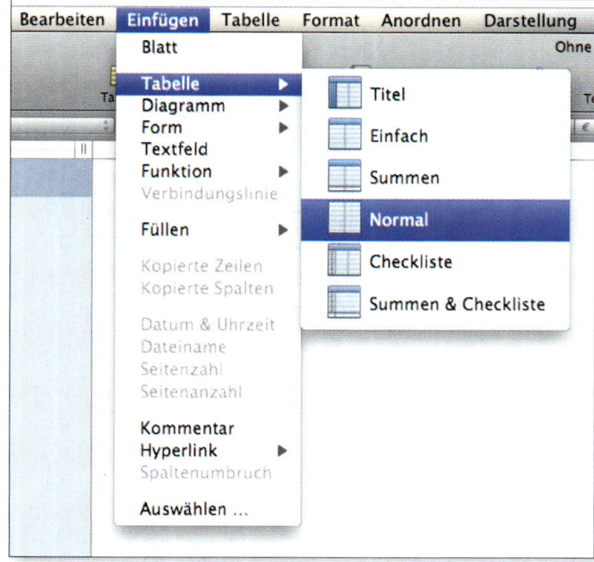

Eine wirklich leere Tabelle heißt in Numbers »Normal«.

Die Tabelle umbenennen

Numbers hat, wie Sie links sehen können, der Tabelle den Namen *Tabelle 2* gegeben, was korrekt ist, da wir die erste, automatisch angelegte Tabelle ja gelöscht haben. Durch doppeltes Anklicken der Bezeichnung *Tabelle 2* markieren Sie diese

Tabelle. Sie können nun sofort einen neuen Namen darüber schreiben. Wählen Sie dafür »Buchungen«. Am besten sichern Sie auch gleich die Tabellenanwendung über *Ablage | Sichern unter …* . Geben Sie ihr den Namen »Kassenbuch«.

Anschließend fassen Sie die Tabelle in der linken oberen Ecke zwischen den Spalten- und Zeilenüberschriften mit der Maus und ziehen diese von der oberen Ecke weg, so dass links und oben auf dem Blatt etwas Platz entsteht. Die genaue Positionierung nehmen Sie später vor, nämlich dann, wenn in den oberen Bereich die noch benötigten Objekte eingetragen wurden.

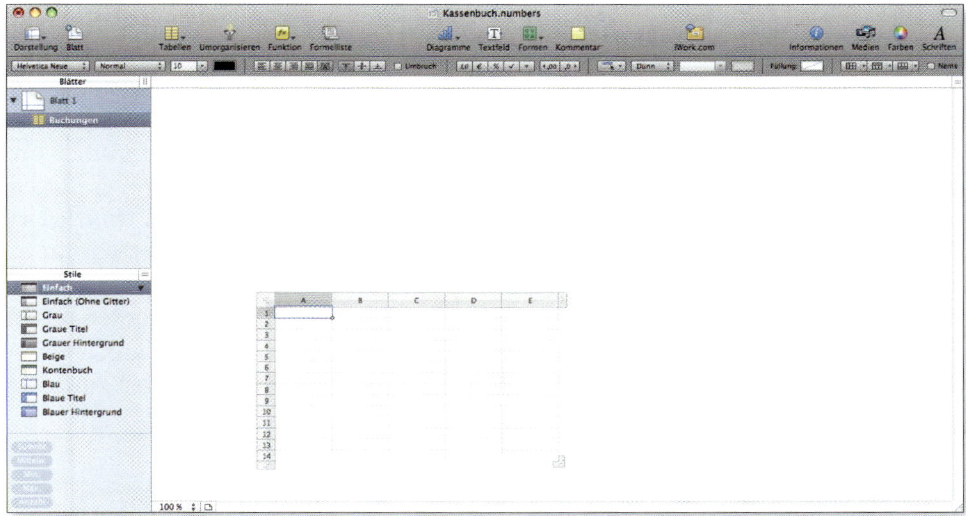

Eine neue, leere Tabelle ist in das Blatt eingefügt und frei positioniert worden.

TIPP

Die Tabelle in 100-Prozent-Darstellung wirkt relativ klein, natürlich abhängig vom Monitor, aber auch beim Ausdruck. Wenn, wie in diesem Beispiel, nicht zu viele Informationen in einer Zeile dargestellt werden müssen, ist eine leichte Vergrößerung angemessen. Für dieses Beispiel wurde auf 125 Prozent umgestellt (über die Statuszeile). Wenn Sie grundsätzlich eine andere Darstellungsgröße haben möchten, wählen Sie das Menü *Numbers | Einstellungen …* und passen die *Anzeigegröße* an.

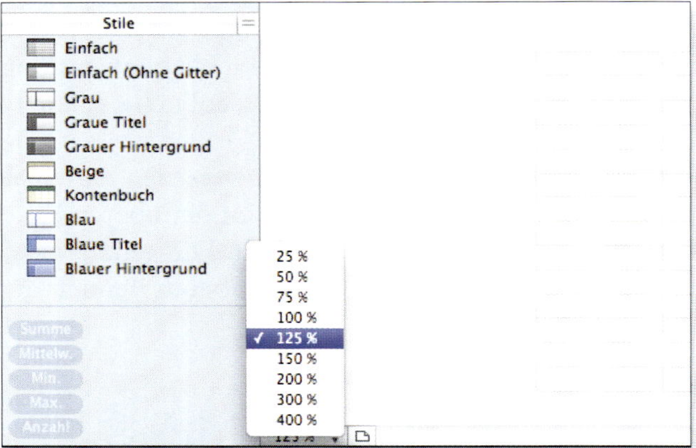

Die Tabelle wird auf 125 Prozent Anzeigegröße gezoomt.

Eine zweite Tabelle einfügen

Legen Sie nun eine zweite Tabelle mit zwei Spalten und drei Zeilen an (*Einfügen | Tabelle | Normal*) und positionieren Sie diese rechtsbündig über der vorhin erzeugten Tabelle. Sie werden dabei sehen, dass Ihnen Numbers Markierungslinien zur Verfügung stellt, die das exakte Ausrichten zu einem Kinderspiel werden lassen. Geben Sie der Tabelle den Namen »Auswertung«. Kümmern Sie sich dann aber zunächst nicht weiter um diese Tabelle, wir beschäftigen uns im Folgenden zunächst mit der Buchungstabelle.

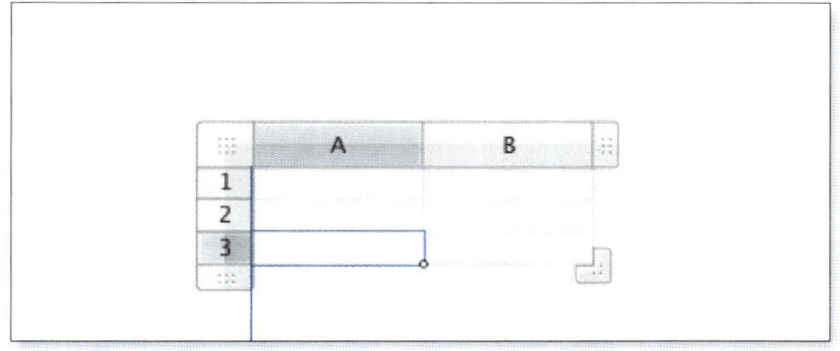

Hilfslinien helfen beim Positionieren und Ausrichten von Objekten in einem Layout.

Die Tabelle gestalten

Eine leere Tabelle ist in der Regel nicht besonders hilfreich. Sie muss strukturiert und gestaltet werden, damit klar ist, welche Informationen wie aufgenommen und ausgewertet werden. Numbers hilft bereits bei der Dateneingabe mit, indem es zu erkennen versucht, um welche Informationen es sich jeweils handelt. Trotzdem wird eine ergänzende Anpassung in manchen Fällen nötig sein.

Texte in Zellen eingeben

Die Ausgangssituation ist, dass der Zellcursor in der ersten Zelle steht, die Zelle A1 ist stärker umrandet als die anderen:

1. Schreiben Sie Nr.
2. Drücken Sie die ⇥ – Taste.

GRUNDLAGEN

Jedes Mal, wenn Sie die ⇥ – Taste drücken, springt der Zellcursor in die nächste, rechts liegende Zelle. Mit ⇧ – ⇥ springt der Zellcursor in die vorhergehende Zelle (links), wenn das möglich ist. Drücken Sie die ↩ – Taste, springt der Zellcursor in die darunter liegende Zelle. Gibt es da keine Zelle mehr, legt Numbers automatisch eine neue Zeile an.

In die anderen Zellen tragen Sie der Reihe nach »Datum«, »Vorgang«, »Einnahme« und »Ausgabe« ein. Damit ist die Beschriftung der Überschriften schon mal erledigt.

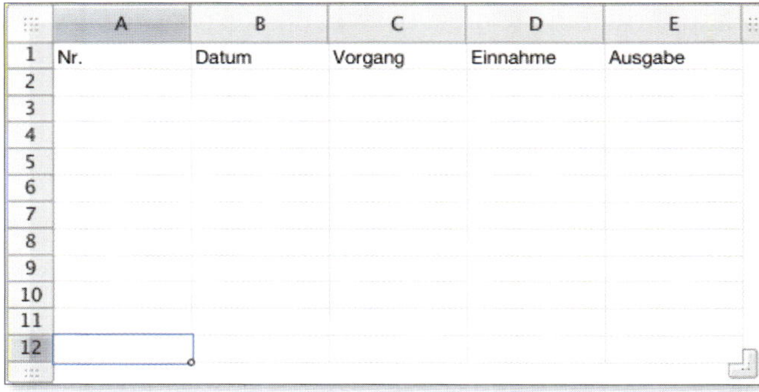

Überschriften für Spalten sind schnell eingegeben.

Die Spalten sind alle standardmäßig gleich breit. Das ist für die geplante Tabelle ungeschickt. Die erste Spalte braucht nicht so viel Platz, weil die Nummern voraussichtlich nicht so lang werden. Für die dritte Spalte benötigen wir mehr Platz, um den Buchungsvorgang etwas detaillierter beschreiben zu können. Um die Spaltenbreite anzupassen, fahren Sie im Spaltenkopf zwischen zwei Buchstaben. Der Mauscursor wird sich in einen nach zwei Seiten weisenden Doppelpfeil verwandeln. Bei gedrückter linker Maustaste kann jetzt die erste Spalte vergrößert oder verringert werden. Über der Spalte wird dabei die Breite in cm angezeigt. Es ist auch möglich, die Spaltenbreite durch direkte Eingabe einer Maßangabe zu verändern (über den Info-Dialog). Dazu später an anderer Stelle mehr.

Tabellen formatieren

Damit die Tabelle besser aussieht und leichter zu lesen ist, nehmen wir nun ein paar einfache Formatierungen vor.

Arbeiten mit der Formatierungsleiste

Erste Adresse dafür ist die Formatierungsleiste, die direkt unter der Symbolleiste angeordnet ist.

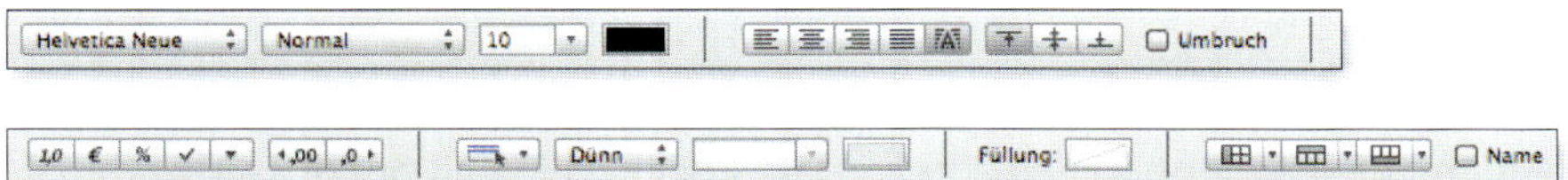

Die Formatierungsleiste

Markieren Sie die fünf Zellen mit den Überschriften.

3. Wählen Sie bei *Stil auswählen* die Option *Fett* aus.

Damit heben sich die Überschriften schon mal deutlich von den laufenden Einträgen ab. Es geht aber noch besser. Die Markierung sollte für die folgende Übung noch erhalten sein, wenn nicht, markieren Sie die Überschriften erneut.

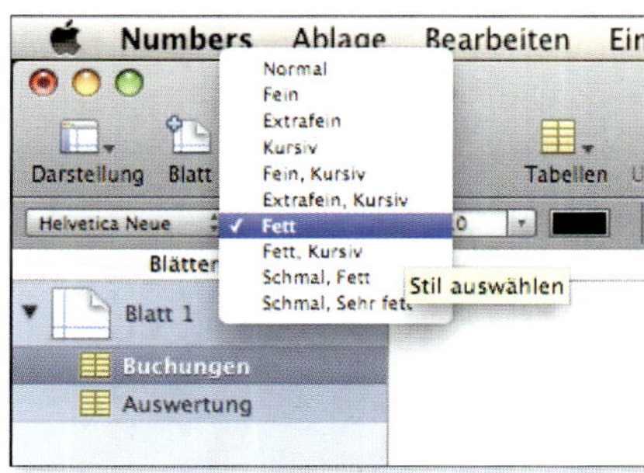

Die Formatierungsleiste hält alle Werkzeuge zur Zellenformatierung bereit.

Klicken Sie in der Symbolleiste auf die Schaltfläche *Informationen*.

4. In der Symbolleiste dieses Dialogs klicken Sie auf das dritte Symbol *Informationen von Tabellen*.
5. Wählen Sie in der Gruppe *Zellenhintergrund* als Füllfarbe ein dunkles Blau aus. Dies nehmen Sie in dem sich öffnenden Dialog *Farben* vor.
6. Anschließend stellen Sie die Textfarbe (das sechste Symbol mit dem T anklicken!) von Schwarz auf Weiß um.

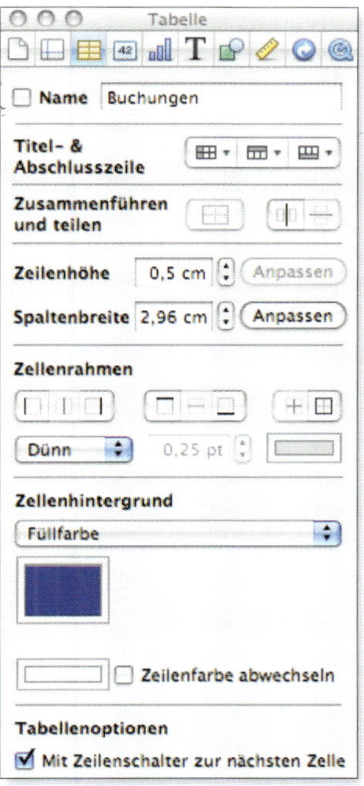

Über den Informationsdialog können zahlreiche Einstellungen und Anpassungen in den Tabellen vorgenommen werden.

Jetzt sieht zumindest die Überschrift schon mal nach etwas anderem aus als einer trockenen Zahlentabelle. Tatsächlich hätten wir das auch noch etwas einfacher haben können, aber als »kleiner Umweg«, um diese Zellformatierung zu demonstrieren, kann sich diese Methode dieses eine Mal sicher darstellen lassen.

AUFGEPASST

Kritischer ist allerdings, dass wir mit dieser Art der Titelformatierung auf eine wichtige Fähigkeit von Numbers verzichten. Nach dem Motto »gebranntes Kind scheut Feuer« machen wir es also hier bewusst einmal falsch, um dann noch im gleichen Kapitel zu lernen, warum wir es künftig besser nicht so, sondern anders machen. Eigentlich soll man ja nichts Falsches zeigen, aber für diesen Fall erlaube ich mir einmal diesen didaktischen Fauxpas, zumal ja immerhin hängenbleibt, wie Zellen formatiert werden können.

Stile einsetzen

Bis jetzt nutzen Sie die Stile lediglich, um die Zeilen der Buchungstabelle lesbarer zu machen. Insbesondere bei langen Buchungslisten ist es für die Augen hilfreich, wenn sich eine von der nächsten Zeile unterscheidet, die Zeilen also abwechselnd farbig formatiert sind. Keine Sorge, Sie müssen sich nicht jede Zeile einzeln vornehmen. Das realisieren Sie folgendermaßen:

1. Prüfen Sie, ob die Tabelle mit Spalten- und Zeilenköpfen zu sehen ist. Wenn nicht, klicken Sie in die Tabelle, um diese sichtbar zu machen.
2. Klicken Sie links unter *Stile* auf *Blau*.

Die Tabelle zeigt nun abwechselnd eine blaue und eine weiße Zeile. Das wird sich auch fortsetzen, wenn die Tabelle (manuell oder durch neue Einträge) erweitert wird.

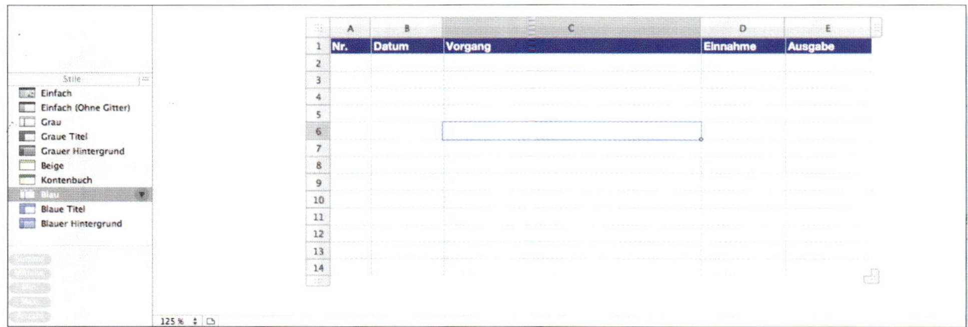

Stile formatieren Tabellen im Handumdrehen.

Eingaben in die Tabelle

Dass die Texteingabe in die Tabelle recht einfach vorgenommen werden kann, haben Sie bereits gesehen. Numbers versucht zu erkennen, um welche Informationen es sich handelt, und passt das Zellenformat entsprechend an. Versuchen Sie das jetzt einmal auch mit anderen Informationen. Geben Sie mindestens eine Ausgabe- und eine Einnahmebuchung ein, um das Verhalten von Numbers bei der Eingabe zu prüfen. Die Eingabe schließen Sie jeweils mit der ⇥ – Taste ab, in der letzten Zelle (Einnahme oder Ausgabe) mit der ↵ – Taste.

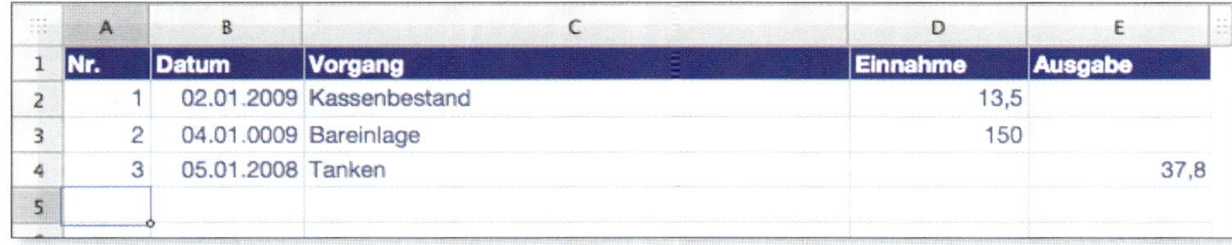

	A	B	C	D	E
1	Nr.	Datum	Vorgang	Einnahme	Ausgabe
2	1	02.01.2009	Kassenbestand	13,5	
3	2	04.01.0009	Bareinlage	150	
4	3	05.01.2008	Tanken		37,8
5					

Die Art der Information wird zumindest von Numbers richtig erkannt.

Sie sehen, es klappt eigentlich schon ganz gut. Ganz zufriedenstellend ist das Ergebnis aber nicht. Die Art der Information (Zahl, Datum, Text etc.) wird zwar einigermaßen sicher erkannt, die richtige Darstellung aber nicht immer gewählt. Das richtige Format für die Spalten Einnahme und Ausgabe müssen Sie noch festlegen.

1. Klicken Sie mit der Maus auf den Spaltenkopf »D« und ziehen Sie mit gedrückter linker Maustaste herüber bis zum Spaltenkopf »E«. Beide Spalten sind jetzt komplett markiert.
2. Klicken Sie in der Formatierungsleiste auf das Eurozeichen (€).

Beide Spalten zeigen nun die eingegebenen Werte mit zwei festen Nachkommastellen und einem angehängten Eurozeichen.

	A	B	C	D	E
1	Nr.	Datum	Vorgang	Einnahme	Ausgabe
2	1	02.01.2009	Kassenbestand	13,50 €	
3	2	04.01.0009	Bareinlage	150,00 €	
4	3	05.01.2008	Tanken		37,80 €
5					

Nun ist auf Anhieb zu sehen, wo es sich um Währungseingaben handelt.

Layout gestalten

Sie haben zwei Tabellen in ein Blatt (oder: Layout) eingefügt und eine davon gestaltet und bereits etwas genutzt. Beide Tabellen sind so in das Blatt integriert, dass noch freier Raum vorhanden ist. Wir werden jetzt mit Formen den freien Platz im Blatt füllen und die zweite Tabelle so gestalten, dass sie zusammengefasste Informationen aus der Buchungstabelle anzeigt.

Formen einfügen und bearbeiten

Formelemente sind Ihnen sicher schon in den mitgelieferten Vorlagen aufgefallen. Sie werden nun selbst solch eine Form einfügen und gestalten.

Form auswählen und anpassen

Das Einfügen und Anpassen von Formen ist ein Kinderspiel:

1. Klicken Sie auf die Schaltfläche *Formen* in der Symbolleiste.
2. Wählen Sie das Rechteck mit abgerundeten Kanten durch Anklicken aus. Irgendwo im Blatt (möglicherweise mitten in die Tabelle) wird nun eine Form gesetzt.

3. Ziehen Sie die Form nun an die Stelle (oben im Blatt), an der sie positioniert werden soll. Auch hier helfen Linien zum Ausrichten wieder bei der exakten Positionierung.

4. Ziehen Sie die Form an den Anfasspunkten so in die Breite und die Höhe, bis sie die gewünschten Ausmaße erreicht hat (siehe Abbildung).

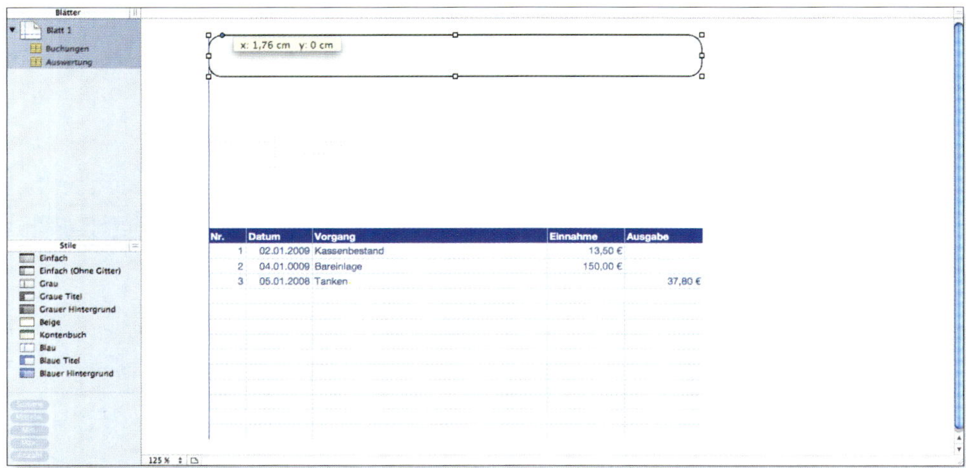

Formen in Layouts einfügen und anpassen, ist keine große Sache.

Form füllen und beschriften

Die voreingestellte Farbe (wahrscheinlich grau) wird nicht besonders gut wirken.

5. Öffnen Sie also wieder das Informationsfenster.

6. Aktivieren Sie die Schaltfläche *Informationen zu Grafiken*.

7. Wählen Sie durch Anklicken der Fläche unter Füllfarbe eine zum Layout passende Farbe aus.

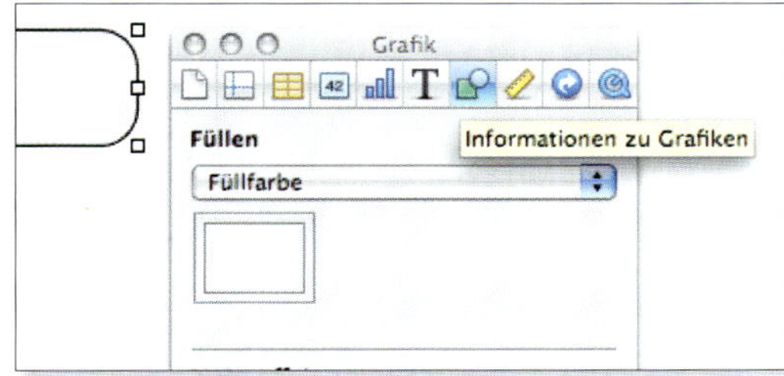

Formen können mit Farben gefüllt werden.

8. Klicken Sie anschließend in die Form, bis in der Mitte der Schreibcursor blinkt.

9. Schreiben Sie »Kassenbuch«.
10. Markieren Sie das Wort und wählen Sie einen passenden Schrifttyp und eine ausreichend große Schriftgröße.

Nun ist unmissverständlich klar, um was für eine Tabellenanwendung es sich hier handeln soll. Es fehlt nur noch die Auswertungstabelle, der wir uns im nächsten Abschnitt widmen werden.

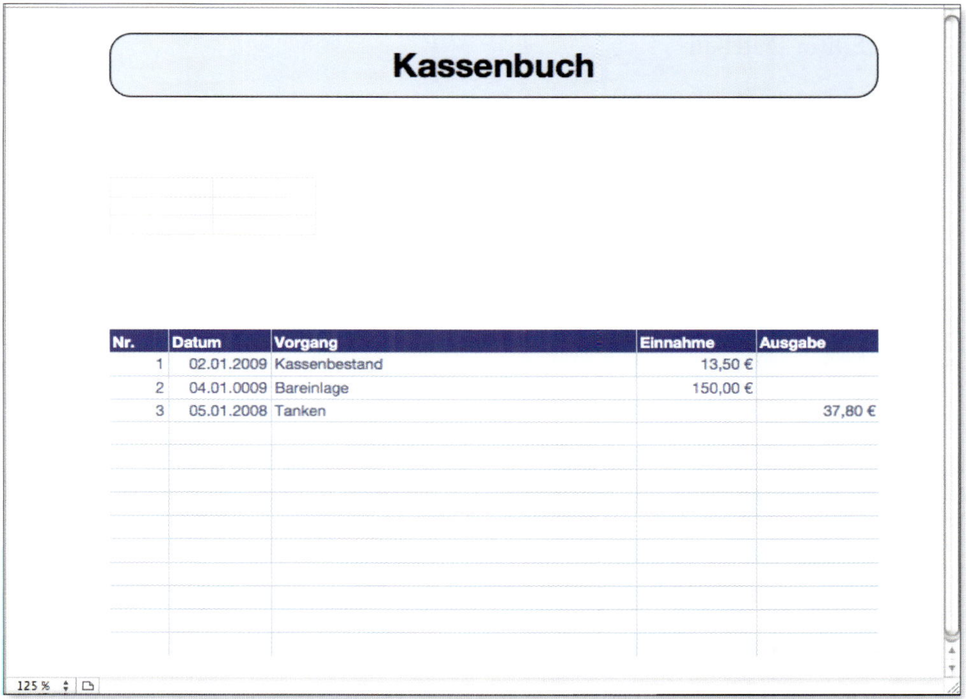

Das Layout hat einen Titel bekommen.

Auswertungstabelle fertigstellen

Jetzt fehlt nur noch die Auswertungstabelle, um das Kassenbuch fertigzustellen. Zuvor können Sie, wenn Sie möchten, diese Tabelle noch ansprechend formatieren. Gelernt haben Sie ja, wie das geht.

1. Zunächst einmal benennen Sie die Tabelle um: links auf den Tabellennamen doppelklicken und den markierten Begriff überschreiben mit »Auswertungen«.

2. Setzen Sie dann den Zellcursor in die Zelle A1 der Tabelle *Auswertungen*.
3. Schreiben Sie »Einnahmen«.
4. In die Zelle A2 kommt »Ausgaben« und in die Zelle A3 »Saldo«.

Formel einfügen

Numbers muss nun die jeweiligen Spalten der Tabelle Buchungen addieren und anschließend in der Zelle B3 die Beträge subtrahieren, um jeweils den aktuellen Kassensaldo anzuzeigen. Dazu benötigen wir eine Formel, die Sie am besten mit dem Formel-Editor erstellen.

5. Setzen Sie den Zellcursor in die Zelle B1.
6. Geben Sie das Gleichheitszeichen ein.

Sofort öffnet sich ein kleines Fenster, in dem sich die Formel editieren lässt.

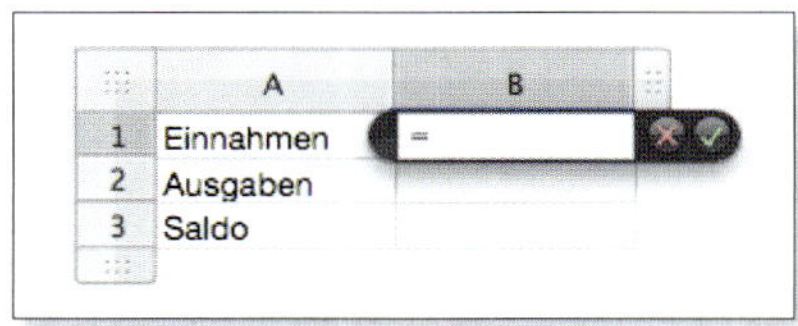

Der Formel-Editor lässt die Eingabe und Bearbeitung von Formeln zu.

7. Schreiben Sie »Summe« und geben Sie die zu öffnende Klammer »(« an.
8. Markieren Sie in der Tabelle *Buchungen* den Bereich von D2:D13 (oder so weit, wie Sie die Tabelle aufgezogen haben).
9. Schließen Sie die Formeleingabe mit der ↩ – Taste oder einem Klick auf das grüne Häkchen im Formel-Editor ab.

Die Zusammenstellung der Formel scheint geklappt zu haben. Die Zelle neben *Einnahmen* weist den Betrag aus, der in der Einnahmenspalte der Tabelle *Buchungen* enthalten ist. Wenn Sie jetzt testweise noch eine Einnahmebuchung hinzufügen, passt sich auch der Wert in der Tabelle *Auswertungen* an. Die Formel ist außerdem in der Formelleiste (oberhalb der Tabelle) zu sehen, und der Bereich, auf den die Formel Bezug nimmt, ist außerdem in der Tabelle farbig markiert. So lässt sich schnell überprüfen, ob eine Formel richtig rechnet oder nicht.

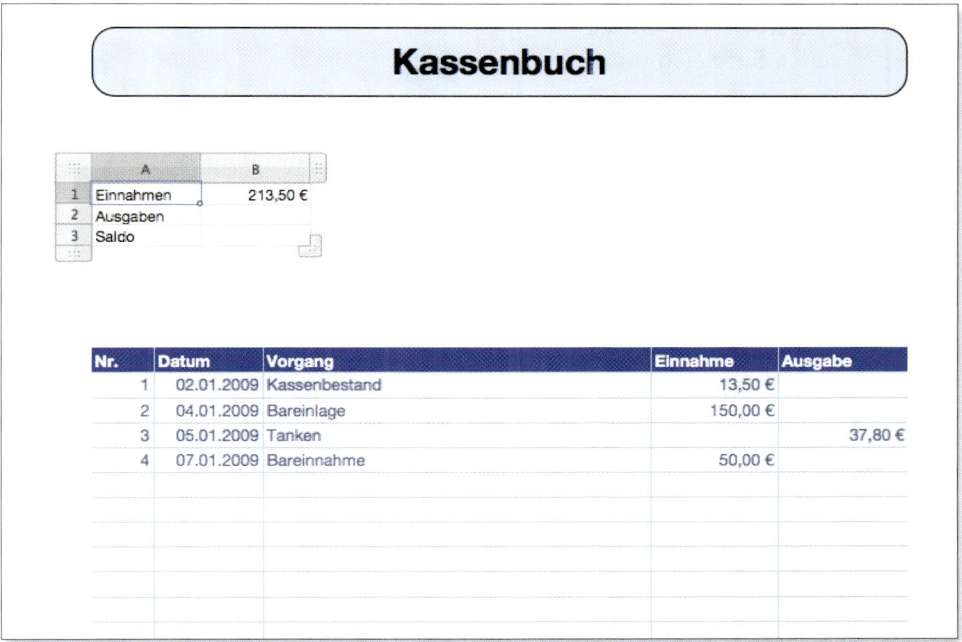

Die Formel der markierten Zelle wird in der Formelleiste angezeigt, und gleichzeitig wird in der Tabelle der Bereich farbig markiert, auf den die Formel Bezug nimmt.

Diese Vorgehensweise ist nicht unkritisch. Wenn die Buchungstabelle erweitert wird, stimmt die Formel nicht mehr, weil sie sich nicht automatisch an die veränderte Tabellengröße anpasst. Numbers hat aber die Fähigkeit, sich nicht nur auf einen fest definierten Bereich zu beziehen, sondern auch auf eine komplette Spalte oder Zeile. Das funktioniert allerdings nur, wenn wir Titelspalten und -zeilen definiert haben, und da sind wir auch schon bei dem Fehler, den ich ein paar Seiten zuvor erwähnt habe. Das wird nun aber nachgebessert:

Titelzeile einfügen

Titelzeilen und -spalten haben übrigens auch noch den Vorteil, dass sie bei Einsatz von Stilvorlagen extra berücksichtigt und angepasst werden.

1. Klicken Sie mit der rechten Maustaste links auf die 1 in der Tabelle »Buchungen«.

2. Wählen Sie aus dem Kontextmenü *In Titelzeile konvertieren.*

Jetzt haben Sie die »Ungeschicklichkeit«, eine eigene Titelzeile per Hand zu formatieren, wieder bereinigt. Die Formatierung der »alten« Titelzeile blieb erhalten.

Sie wurde außerdem mit der Funktionalität einer echten Titelzeile belegt. Was das bedeutet, sehen Sie gleich im nächsten Abschnitt.

Formel dynamisch festlegen

Jetzt können Sie die Formel so eingeben, dass sie dynamisch auch auf veränderte Tabellengrößen reagiert.

3. Schreiben Sie »Summe« und geben Sie die zu öffnende Klammer »(« an.
4. Klicken Sie in der Tabelle *Buchungen* auf den Spaltentitel *Einnahmen*.
5. Schließen Sie die Formel mit der schließenden Klammer »)« ab.

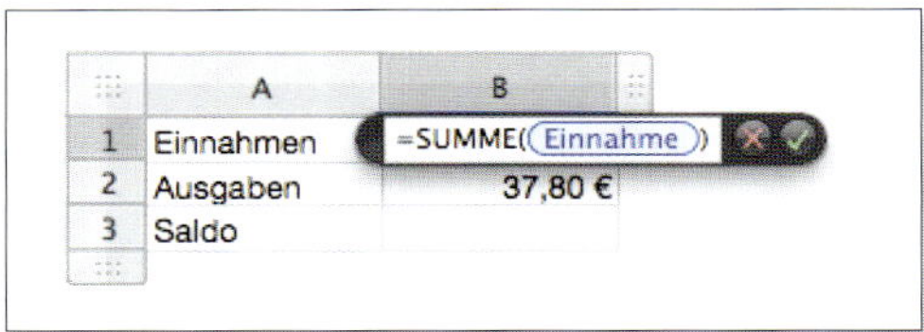

Numbers berücksichtigt in Formeln auch dynamische Bereiche.

6. Wiederholen Sie die Formeleingabe auch für die Zelle B2, berücksichtigen Sie dabei aber die Spalte *Ausgaben*.

Bei der dritten Auswertungszelle gehen Sie etwas anders vor:

7. Setzen Sie den Zellcursor in die Zelle B3.
8. Geben Sie ein Gleichheitszeichen »=« ein.
9. Klicken Sie in die Zelle B1.
10. Geben Sie ein Minuszeichen »-« ein.
11. Klicken Sie in die Zelle B2.
12. Schließen Sie mit der ↩ – Taste oder einem Klick auf das grüne Häkchen im Formel-Editor ab.

Nun ist das Kassenbuch fertig. Sie können die Buchungstabelle beliebig verlängern. Sie sehen in der Tabelle *Auswertung* immer den aktuellen Betrag, der sich noch in der Kasse befinden sollte.

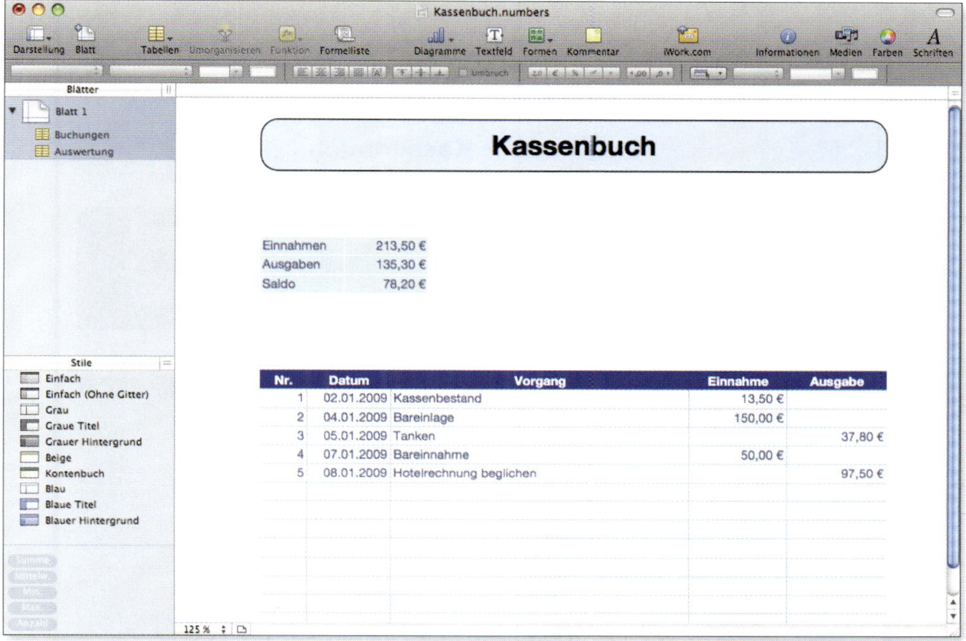

Das Kassenbuch - eine Tabellenanwendung mit einem Blatt (Layout) und zwei Tabellen ist fertig.

Foto einfügen

Nun kann das Kassenbuch noch etwas verschönert werden, etwa indem eine Grafik oder ein Foto hinzugefügt wird. Das kann über den Mediendialog durchgeführt werden (wie das für die beiden anderen Anwendungen Pages und Keynote bereits beschrieben wurde) oder indem Sie das Bild einfach in das Numbers-Layout ziehen und dort anpassen.

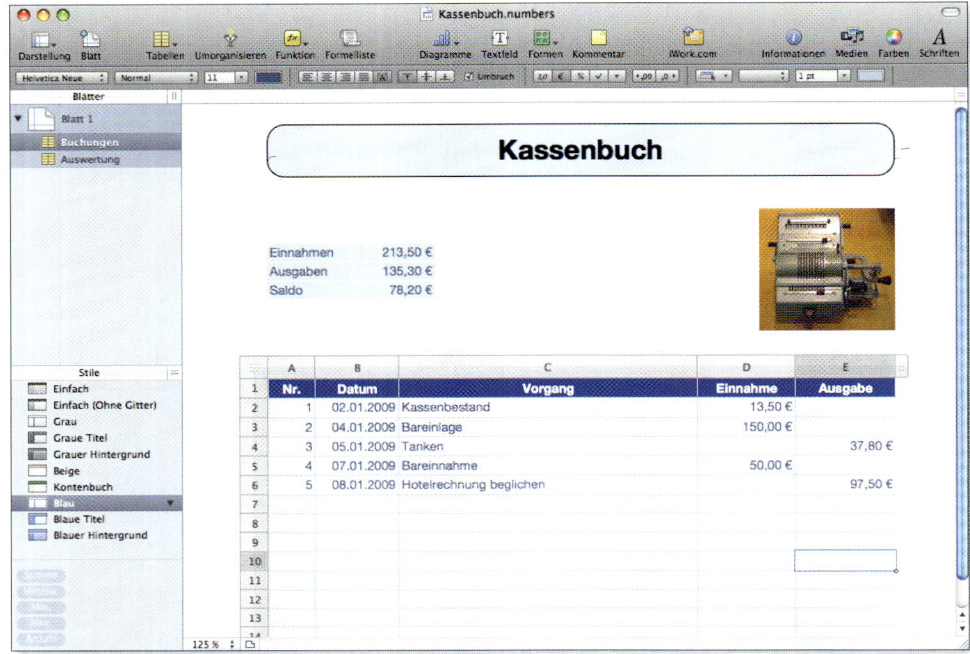

Grafikobjekte lassen sich in Numbers-Layouts hervorragend positionieren und bearbeiten.

Kapitel 21

Numbers

Tipps und Tricks zur Arbeit mit Tabellen

Im vorangegangenen Kapitel haben Sie gelernt, Tabellen zu erstellen, diese zu bearbeiten und zu formatieren, Formeln einzugeben und mit Titel- und Spaltenzeilen zu arbeiten. Die Grundlagen des Umgangs mit Numbers beherrschen Sie nun also. In den folgenden Abschnitten dieses Kapitels lernen Sie noch weitere Details der Numbers-Tabellen kennen.

Tabellen gemeinsam bearbeiten

Halten Sie die ⇧ – Taste gedrückt, wenn Sie die Tabellen in einem Layout nacheinander anklicken, so werden alle markiert. Sie können nun Formatierungsoptionen – zum Beispiel Stile – auf die Tabellen anwenden und dabei alle markierten Tabellen gleichzeitig formatieren.

Ziehen Sie eine Tabelle ganz dicht an eine andere, so dockt diese dort an. Beide Tabellen zusammen sehen wie eine Tabelle aus, was aber nur optisch so ist. Nach wie vor sind zwei Tabellen im Layout vorhanden, was sehr gut links im Bereich Blätter zu sehen ist.

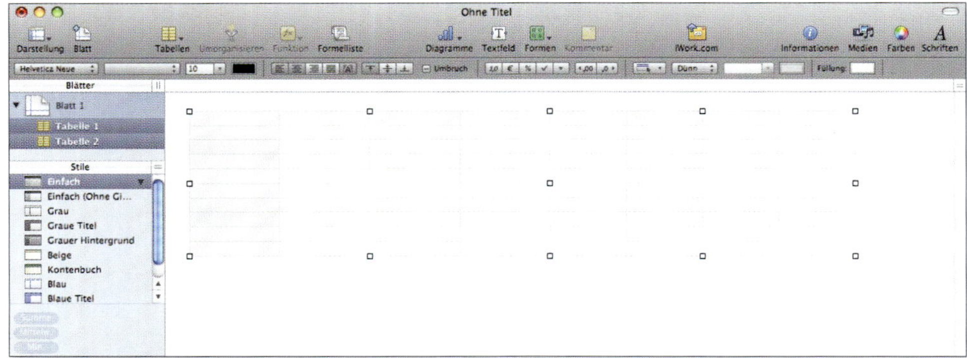

Aus zwei Tabellen eine machen - zumindest können Sie es so aussehen lassen.

Listen und Reihen erzeugen

Sie müssen sich nicht die Finger wund tippen, um lange Reihen zu erzeugen. Geübte Excel-Anwender wissen, was ich meine: Sie geben beispielsweise in eine Zelle »Januar« ein, fassen mit dem Mauszeiger die rechte untere Ecke und ziehen über die nächsten elf Zellen (nach unten oder nach rechts), und schon präsentiert Ihnen Numbers alle zwölf Monatsnamen. Das funktioniert auch mit Wochentagen, mit Zahlen, Datumswerten usw. Geben Sie zwei Werte ein und markieren diese, so erkennt Numbers das Intervall und setzt die Reihe mit diesem Intervall fort.

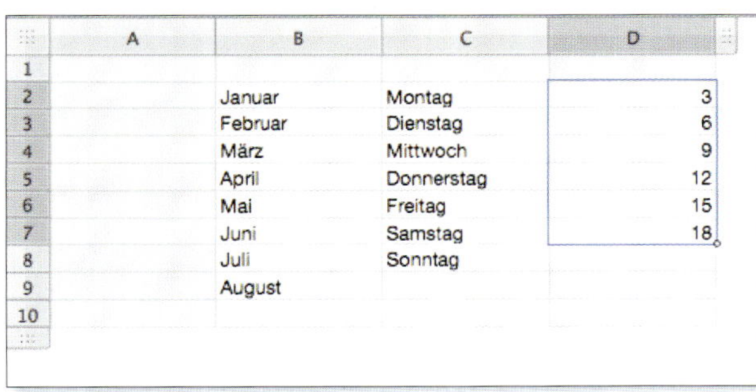

	A	B	C	D
1				
2		Januar	Montag	3
3		Februar	Dienstag	6
4		März	Mittwoch	9
5		April	Donnerstag	12
6		Mai	Freitag	15
7		Juni	Samstag	18
8		Juli	Sonntag	
9		August		
10				

Reihen werden in Numbers-Tabellen bequem mit der Maus erzeugt.

Bei Zellinhalten, die sich nicht verändern lassen, ergänzt Numbers natürlich die Reihe nur mit immer den gleichen Inhalten. Hierzu ein Beispiel:

1. Öffnen Sie das Informationsfenster und aktivieren Sie das Icon *Informationen zu Zellen* (die Schaltfläche mit der 42).
2. Wählen Sie bei *Zellenformat* aus der Liste *Markierungsfeld* aus.
3. Fassen Sie nun den Zellcursor an der rechten unteren Ecke und ziehen Sie mit der Maus über den Zellbereich, der gefüllt werden soll.

Die Zellen enthalten nun Markierungsfelder, die »an«- oder »ausgeklickt« werden sollen.

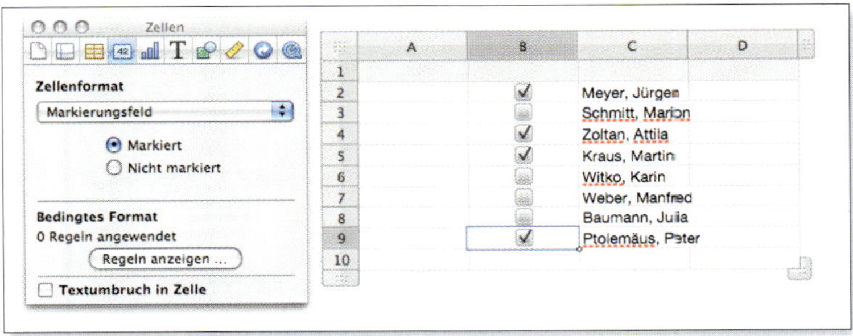

Markierungsfelder eignen sich hervorragend für die selektive Auswahl von Informationen.

Werte mit der Maus anpassen

Angenommen, Sie haben Zellen, in denen nur bestimmte Werte eingegeben werden dürfen, sagen wir mal von 100 bis 300 in 5er-Schritten. Um Fehleingaben zu vermeiden, können Sie entsprechende Vorgaben machen:

1. Markieren Sie die Zellen, die die eingeschränkten Werte aufnehmen sollen.
2. Öffnen Sie das Informationsfenster und klicken Sie auf die Schaltfläche *Informationen zu Zellen*.
3. Stellen Sie bei *Zellenformat* den Listeneintrag *Werteregler* ein.
4. Tragen Sie bei *Minimum*, *Maximum* und *Intervall* die benötigten Werte ein.

Neben der Zelle erscheint ein Schalter mit zwei Pfeilen (nach unten und nach oben). Damit können jetzt die Eingaben in die Zellen gemacht werden. Direkteingaben

sind zwar noch möglich, aber wenn Sie einen Wert eingeben, der nicht erlaubt ist, rundet Numbers auf oder ab. Aus 97 wird 100, aus 310 wird 300, steht bei Intervall 5, wird aus der Direkteingabe 116 eine 115 usw.

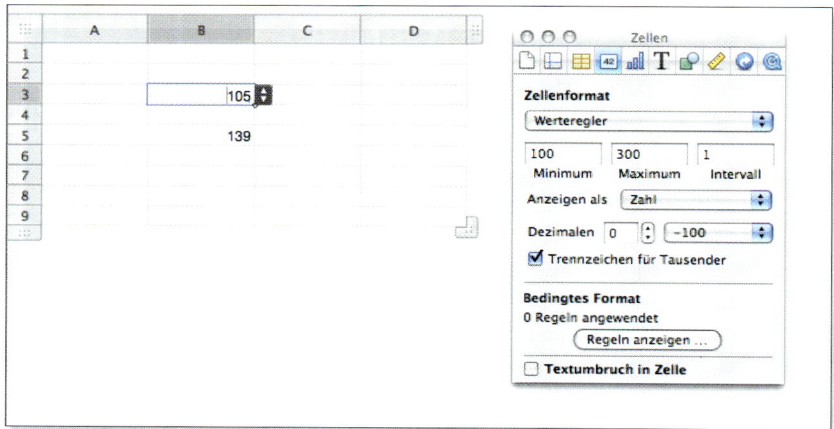

Jetzt wird die richtige Eingabe zurechtgeklickt …

TIPP

Wählen Sie statt *Werteregler* den Eintrag *Schieberegler*, erscheint neben der Zelle ein Regler, den Sie mit der Maus nach links und rechts ziehen und so den Zelleintrag festlegen können.

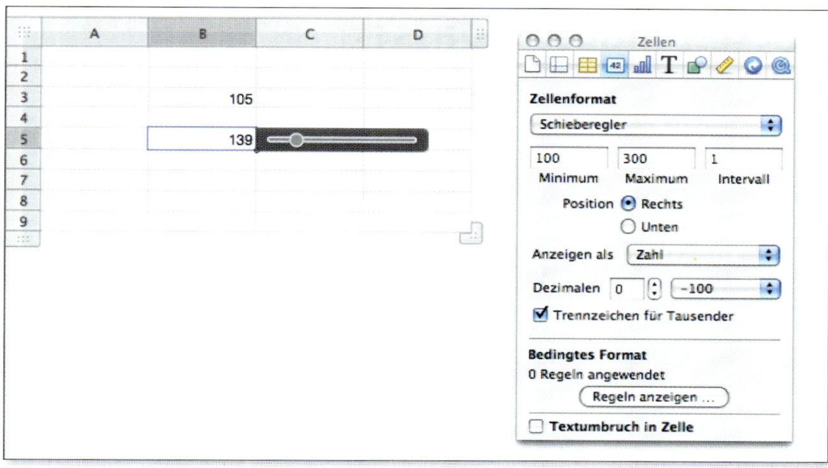

… oder zurechtgeschoben.

Sortieren und filtern

Sind Informationen in Tabellen in Listenform abgelegt, so lassen sich diese hervorragend sortieren und filtern. Nichts muss so bleiben, wie einmal eingegeben, und doch können Sie jeden Zustand wieder herstellen, wenn nötig.

Ausgangssituation für die folgenden Beispiele ist eine einfache Tabelle mit Datum und Namen. Wenn Sie das Beispiel an Ihrem eigenen Computer nachvollziehen wollen, ist die kleine Tabelle schnell abgetippt.

AUFGEPASST

Beachten Sie, dass Sie eine Titelzeile benötigen, wenn alles so klappen soll wie beschrieben. Der Zellcursor sollte irgendwo in der Liste (nicht daneben) stehen.

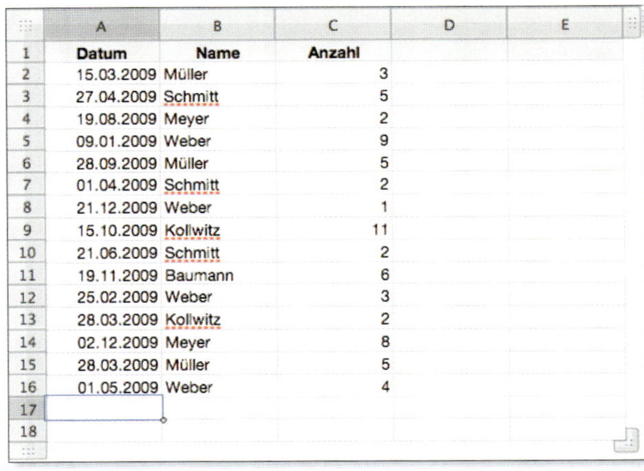

	A	B	C	D	E
1	Datum	Name	Anzahl		
2	15.03.2009	Müller	3		
3	27.04.2009	Schmitt	5		
4	19.08.2009	Meyer	2		
5	09.01.2009	Weber	9		
6	28.09.2009	Müller	5		
7	01.04.2009	Schmitt	2		
8	21.12.2009	Weber	1		
9	15.10.2009	Kollwitz	11		
10	21.06.2009	Schmitt	2		
11	19.11.2009	Baumann	6		
12	25.02.2009	Weber	3		
13	28.03.2009	Kollwitz	2		
14	02.12.2009	Meyer	8		
15	28.03.2009	Müller	5		
16	01.05.2009	Weber	4		
17					
18					

Eine unsortierte Liste ist die Ausgangssituation für die folgenden Übungen.

Um die Liste zu sortieren, gehen Sie folgendermaßen vor:

1. Klicken Sie in der Symbolleiste auf die Schaltfläche *Umorganisieren*.
2. Stellen Sie bei *Sortieren* aus der Liste *Name* ein und legen Sie *aufsteigend* fest, damit von A nach Z sortiert wird.
3. Klicken Sie auf das Plus ganz rechts. Es erscheint eine neue zusätzliche Auswahl.
4. Stellen Sie *Datum* ein, damit innerhalb der Namen auch noch nach Datum sortiert wird.

5. Auch hier legen Sie *aufsteigend* als Sortierkriterium fest.

Sofort erscheint die soeben noch ungeordnete Liste in sortierter Form. Numbers vollzieht die im Dialogfenster *Tabelle umorganisieren* eingestellten Regeln sofort in der Tabelle. Sie können live verfolgen, welche Auswirkungen Ihre Einstellungen haben. In iWork '08 mussten Sie noch einen Schalter *Aktualisieren* anklicken. Das entfällt hier jetzt. Es gibt zwar noch den Schalter *Jetzt sortieren*, ich konnte aber keinen Fall erzeugen, wo das nötig gewesen wäre.

Wollen Sie zur Ausgangslage zurückkehren, so klicken Sie auf *Zurücksetzen*.

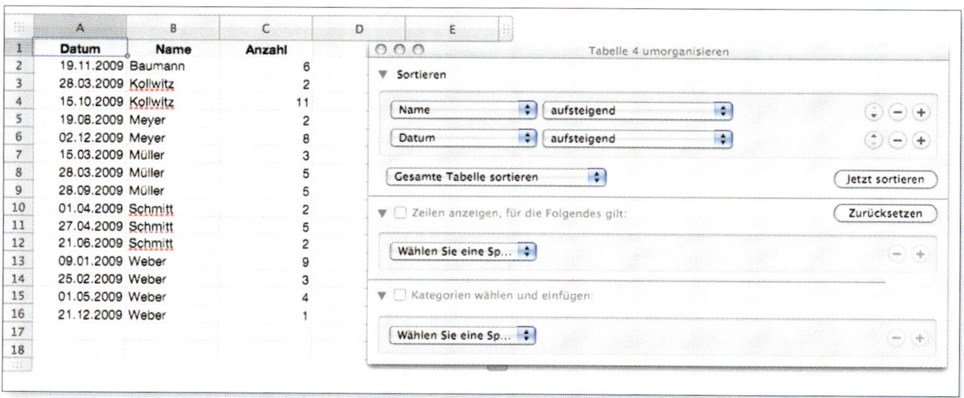

Sortiert werden kann auch nach mehreren Kriterien.

Mit dem gleichen Dialog können Sie auch gezielt Werte ausblenden bzw. ausgewählte Werte anzeigen lassen.

6. Aktivieren Sie das Kontrollkästchen vor *Zellen anzeigen, für die Folgendes gilt:*
7. Aus den beiden Listen setzen Sie die Bedingungen zusammen und …
8. … ergänzen diese durch den gewünschten Wert im leeren Eingabefeld.
9. Verlassen Sie das letzte Feld mit der ⇥ – Taste.

Im Beispiel wurden die Listeneinträge angezeigt, auf die der Name »Schmitt« zutrifft. Probieren Sie aber auch einmal aus, nur die Datensätze zu einem bestimmten Tag oder besser noch: die Datensätze, die zwischen zwei Terminen liegen, anzeigen zu lassen. Sie werden durch ein wenig Probieren schnell feststellen, wie flexibel mit Numbers Listen ausgewertet werden können.

GRUNDLAGEN

Keinesfalls sind die Zeilen, die plötzlich verschwunden sind, unwiederbringlich verloren. Es genügt ein Klick auf den Schalter *Zurücksetzen*, um sie wieder hervorzuholen.

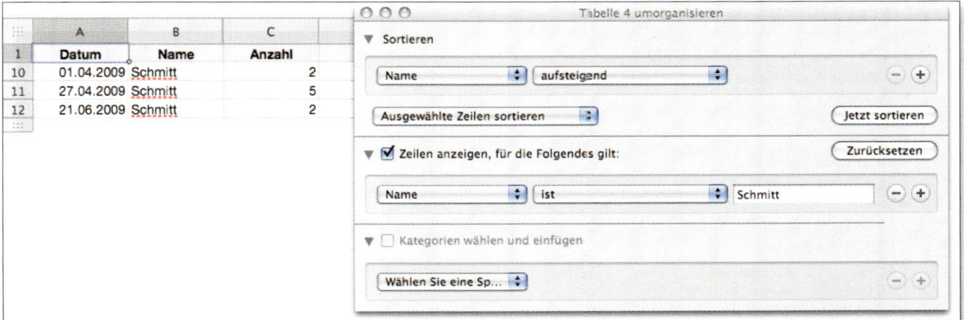

Eine Auswahl ist schnell herausgefiltert.

Neu in Numbers 2 (iWork '09) ist übrigens auch, dass in Tabellen Kategorien gebildet werden können. Im dritten Teil des *Umorganisieren*-Dialogs stellen Sie einfach die Spalte ein, nach der Kategorien gebildet werden sollen, und schon organisiert Numbers die Tabelle nach den Kategorien.

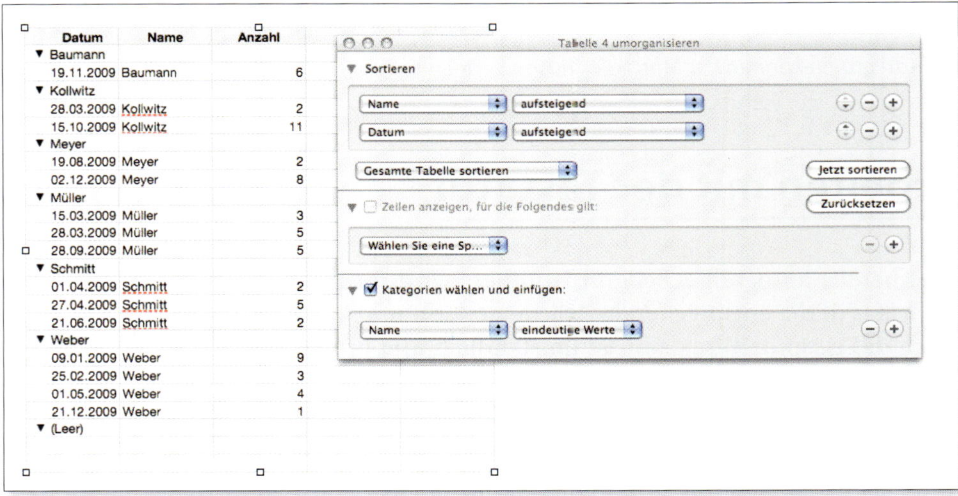

Numbers sortiert die Tabelle nach zuvor eingestellten Kategorien.

Damit aber noch nicht genug. Klicken Sie in die Zellen der grauen Zwischenzeilen, so können Sie aus einer Liste wählen, wie die Kategorien ausgewertet werden sollen. Dabei genügt es, dies in einer Zwischenzeile zu machen. Numbers organisiert dass dann in allen weiteren ebenso. Ausgewertet wird übrigens immer die jeweilige Spalte. Bei mehreren Spalten können auch unterschiedliche Auswertungen gewählt werden.

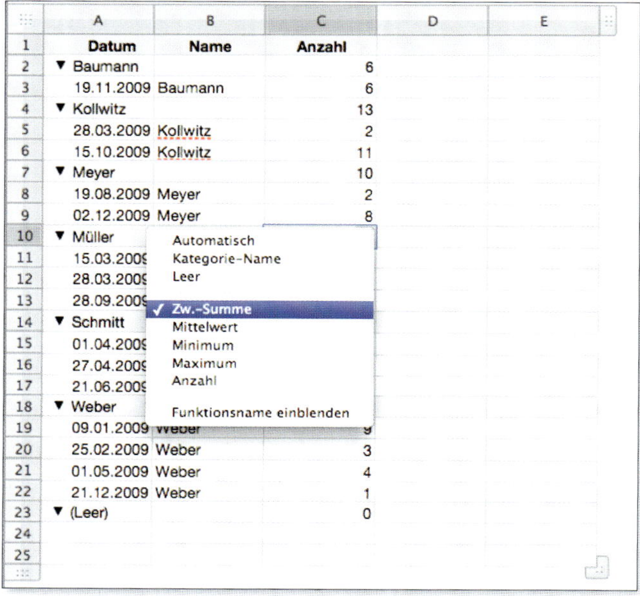

Die Kategorien können per Mausklick ausgewertet werden.

Arbeiten mit der Tastatur

Eine bereits ausgefüllte Zelle in Numbers wird meistens durch einen Klick mit der Maus in die entsprechende Zelle angewählt und kann dann bearbeitet werden. Doch das ist in der Praxis meist umständlich und bremst den Arbeitsfluss. Besser geht es bei der Arbeit an einer Tabelle, wenn Sie die Zelle mit den Pfeiltasten ansteuern und anschließend mit der Tastenkombination ⌘ – ↩ in den Bearbeiten-Modus wechseln.

Im Anhang dieses Buches finden Sie Übersichten der wichtigsten Tastenkombinationen (nicht nur) für Numbers.

Rahmen in Tabellen

Eine Tabelle besteht aus vielen Zellen, von der jede einen dünnen, grauen Rahmen trägt. Oft ist es gewünscht, einzelne Zellen oder Zellbereiche deutlich zu rahmen. Das ist an sich ganz einfach, für ungeübte Numbers-Anwender aber nicht ohne Überraschungseffekt. Der erste Versuch, einen Rahmen zu setzen, könnte nämlich ohne Ergebnis ausgehen.

Die Werkzeuge für Rahmen finden sich in der Formatierungsleiste.

Die Werkzeuge für Rahmen in Tabellen

Um einen Rahmen zu setzen, muss eine Zelle oder ein Bereich aus mehreren zusammenhängenden Zellen markiert sein. Dann kann mit der ersten Schaltfläche ein Rahmen ausgewählt werden. So kann ein Bereich außen umrahmt werden, aber auch innen können die Zellen einen Rahmen erhalten. Auch das Hinzufügen bestimmter Linien (z.B. nur am unteren Zellenrand) ist möglich. Damit ist es aber noch nicht getan. Wenn man jetzt die Markierung von den Zellen wegnehmen würde, wäre nichts zu sehen. Der Rahmen wäre da – aber kein Mensch sieht ihn. Mit der zweiten Schaltfläche muss noch die Linienstärke ausgewählt werden, und mit der vierten Schaltfläche ist die Rahmenfarbe festzulegen. Danach ist der Rahmen wie gewünscht in der Tabelle zu sehen, nachdem die Markierung aufgelöst wurde.

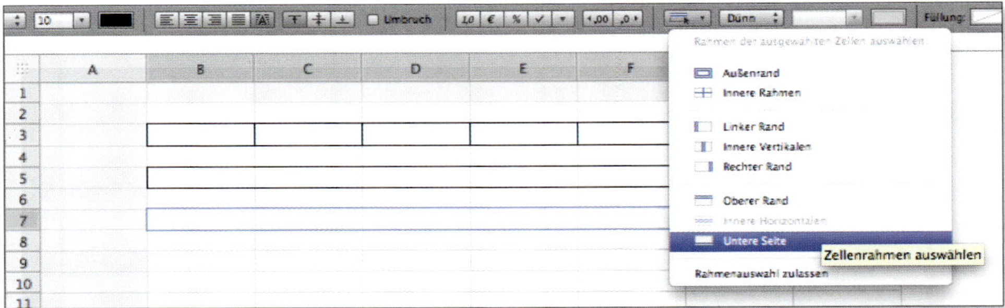

Rahmen um Zellen und Zellbereiche zu legen, ist in Numbers keine große Sache.

Anders als in Excel können die Gitternetzlinien (also die feinen Rahmen, die standardmäßig um die Zellen laufen) in Numbers nicht ausgeblendet werden. Mit einem kleinen Trick geht es aber trotzdem:

1. Zunächst die ganze Tabelle markieren über *Bearbeiten | Alles Auswählen* oder über die Tastenkombination ⌘ – A.
2. Anschließend als Linienfarbe Weiß auswählen.
3. Für Titelzeilen und –spalten als Linienfarbe Grau wählen.

Schon sind die Gitternetzlinien in der Tabelle nicht mehr zu sehen.

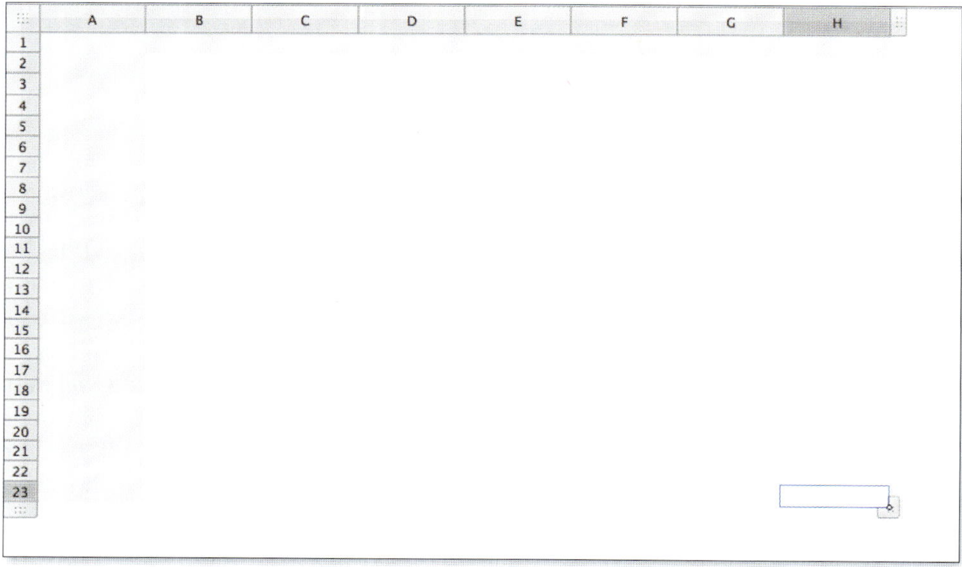

Gitternetzlinien lassen sich auch in Numbers ausblenden.

Kapitel 22

Numbers

Numbers - Diagramme

Es ist heute fast schon selbstverständlich, dass eine Tabellenkalkulation aus Zahlen auch Diagramme erzeugen kann. Numbers steht dabei natürlich nicht zurück, und so beschäftigen wir uns in diesem Kapitel ausführlich mit dieser Option. Im Vergleich zur ersten Version, in der diese Funktionalität nur in den Grundlagen enthalten war, hat die neue Version ordentlich zugelegt. Es sind neue Diagrammtypen hinzugekommen und es ist auch eine Live-Vorschau bei der Diagrammerstellung integriert.

Diagramme erzeugen

Basis für ein Diagramm sind vorhandene Werte. Damit die folgenden Beispiele ausprobiert und nachvollzogen werden können, sollten Sie eine einfache Tabelle aufbauen oder die den folgenden Beispielen zugrunde liegende Tabelle abtippen. Wollen Sie eine eigene Tabelle entwerfen, sollte diese im Interesse der Vergleichbarkeit ähnlich sein.

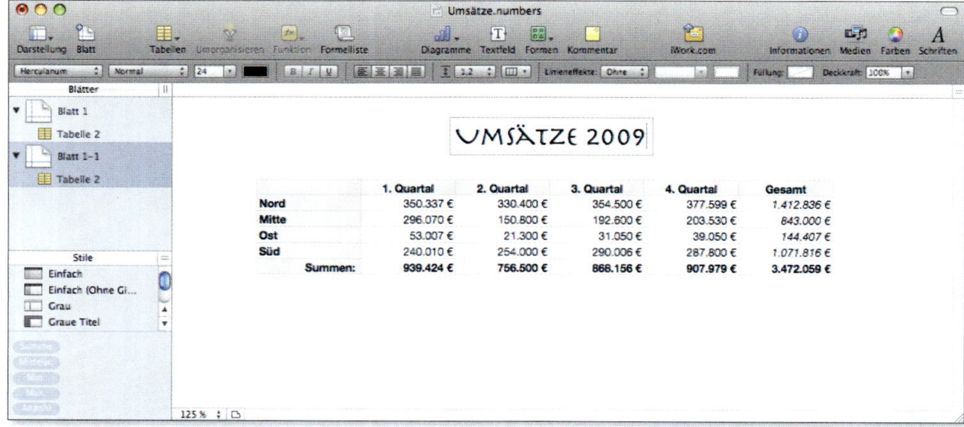

UMSÄTZE 2009

	1. Quartal	2. Quartal	3. Quartal	4. Quartal	Gesamt
Nord	350.337 €	330.400 €	354.500 €	377.599 €	*1.412.836 €*
Mitte	296.070 €	150.800 €	192.600 €	203.530 €	*843.000 €*
Ost	53.007 €	21.300 €	31.050 €	39.050 €	*144.407 €*
Süd	240.010 €	254.000 €	290.006 €	287.800 €	*1.071.816 €*
Summen:	**939.424 €**	**756.500 €**	**868.156 €**	**907.979 €**	**3.472.059 €**

Ausgangsbasis für ein Diagramm sind vorhandene Werte.

Ein Diagramm schnell erzeugen

Ein Diagramm ist schnell und mit wenigen Mausklicks erstellt.

1. Klicken Sie mit der Maus links oben in den Tabellenrahmen (zwischen Spalten und Zeilentitel), um die Tabelle komplett auszuwählen. Ist das bereits der Fall, können Sie auf diesen Schritt verzichten.
2. Öffnen Sie in der Symbolleiste den Katalog der Diagrammtypen bei der Schaltfläche *Diagramme*.
3. Wählen Sie durch Anklicken gleich den ersten Diagrammtyp (links oben *Säulendiagramm*) aus.

Ehe Sie sich versehen, hat Numbers ein Diagramm in das Blatt integriert. Aber ob Sie damit zufrieden sind?

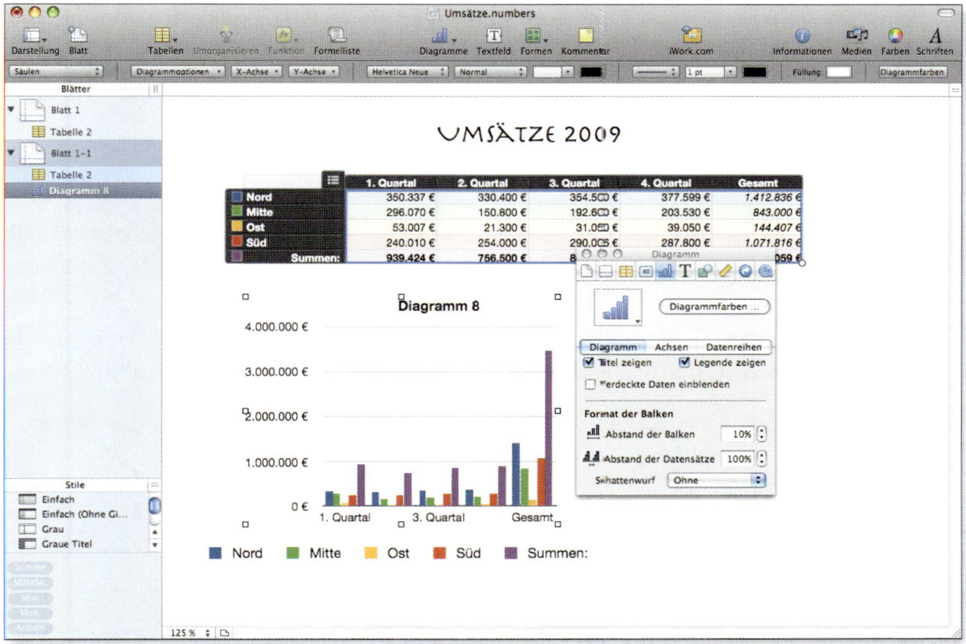

Ein Diagramm ist zwar schnell erstellt - das Ergebnis dann aber selten optimal.

Numbers hat das Diagramm aus allen Werten erstellt (auch aus den Summenspalten und -zeilen). Außerdem überlagert das Diagramm teilweise die Tabelle. Zudem sieht die Tabelle plötzlich sehr bunt aus, und ein Titel mit dem Namen »Diagramm« ist mitten zwischen die Tabellenwerte geschrieben. Kann das richtig sein?

- Wenn Sie Numbers keine genauen Angaben machen, welche Informationen in einem Diagramm umgesetzt werden sollen, wird eben alles umgesetzt.
- Dass das Diagramm so ungünstig positioniert ist, mag nicht schön sein, aber es ist leicht zu beheben. Mit der Maus können Sie es sowohl an eine andere Stelle ziehen, als auch an den Anfasspunkten vergrößern oder verkleinern.
- Die Farben in der Tabelle sind nur Hinweise auf die gleichfarbigen Balken im Diagramm. Wenn Sie die Tabellenmarkierung aufheben, sind auch die Farben in der Tabelle verschwunden (im Diagramm nicht!).
- Verschieben Sie das Diagramm, verschiebt sich auch der Diagrammtitel mit. Außerdem kann er komplett ausgeblendet werden.

Sie sehen, es ist alles halb so schlimm. Ehe wir aber nun an diesem Diagramm herumdoktern, gehen Sie einfach noch einmal zurück in die Ausgangssituation.

4. Wählen Sie *Bearbeiten | Diagramm einfügen widerrufen* oder drücken Sie die Tastenkombination ⌘ – Z.

Diagramm aus markierten Daten erzeugen

Angenommen, es soll nur aus den Werten der Gesamtspalte ein Diagramm erstellt werden, dann gehen Sie folgendermaßen vor:

1. Klicken Sie in die Zelle F2.
2. Markieren Sie mit der Maus den Bereich bis F5 mit der Maus oder über ⇧ – ↓.
3. Öffnen Sie den Katalog der Diagrammtypen bei *Diagramme* (in der Symbolleiste).
4. Wählen Sie das 3D-Tortendiagramm (vorletzter Diagrammtyp) aus.

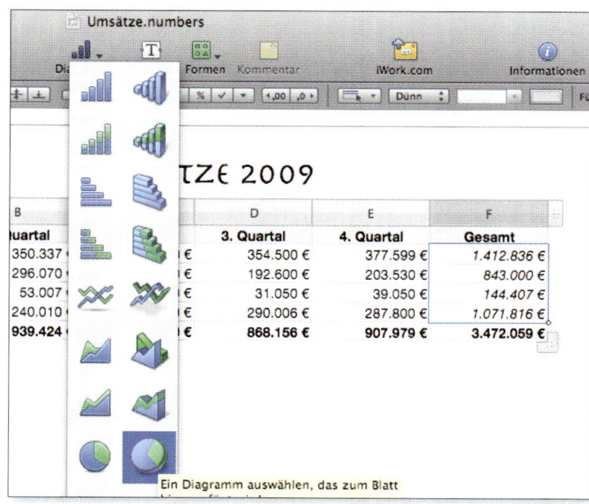

Auch Teilbereiche einer Tabelle können für ein Diagramm genutzt werden.

Wieder knallt uns Numbers das Diagramm halbfertig in das Blatt und überlagert möglicherweise auch die Tabelle. Aber diesmal nehmen wir das Ergebnis an und bearbeiten es ein wenig weiter.

Diagramm bearbeiten

Die Ausgangssituation ist noch nicht so optimal, aber da Numbers ja in Sachen Layout für Sie kein »unbeschriebenes Blatt« mehr ist, wissen Sie auch damit umzugehen. Als Erstes ziehen Sie also das Diagramm etwas von der Tabelle weg.

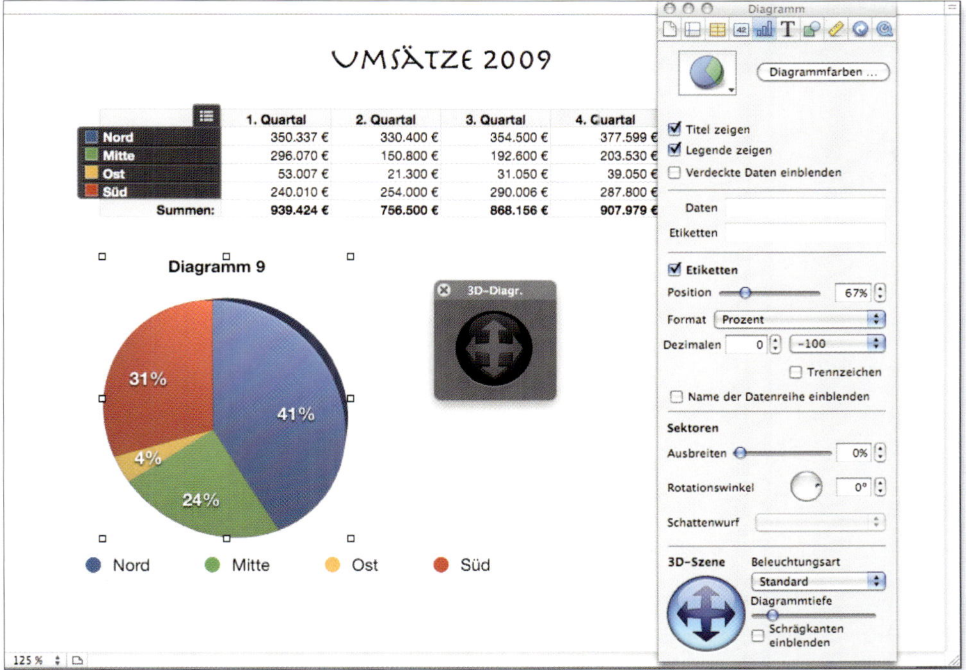

Die Ausgangssituation ist alles andere als optimal.

Die *Legende* wurde beispielsweise nicht mit verschoben. Sie können diese auch ausblenden, indem Sie im Informationsfenster das Häkchen im Kontrollkästchen vor *Legende zeigen* entfernen. Das sollten Sie in diesem Fall aber nicht machen. Stattdessen ziehen Sie die Legende etwas nach links unten und stauchen sie dort etwas zusammen, indem Sie am rechten Anfasspunkt des markierten Legendenobjekts mit dem Mauszeiger anfassen und bei gedrückter rechter Maustaste nach links schieben, so weit, bis jeweils zwei Legendenpunkte untereinander stehen. Dann kann die Legende endgültig links unten platziert werden. Numbers hilft mit, indem es die Ausrichtlinien einblendet.

Nun markieren Sie den Diagrammtitel und überschreiben ihn mit »Gesamtumsätze nach Regionen«. Mit der runden Schaltfläche mit den nach vier Richtungen weisenden Pfeilen können Sie die Ausrichtung des 3D-Diagrammobjekts verändern. Kleine Korrekturen bringen hier mehr als große Veränderungen. Daneben können Sie über eine Liste noch die *Beleuchtungsart* der Objekte verändern. Über Etiketten regeln Sie, wo und wie die Beschriftungen (im Beispiel »%«) auf den Tortenstücken erscheinen. Probieren Sie einfach aus, was wie wirkt. Der Schalter *Diagrammtiefe* regelt die »Dicke« des Objekts.

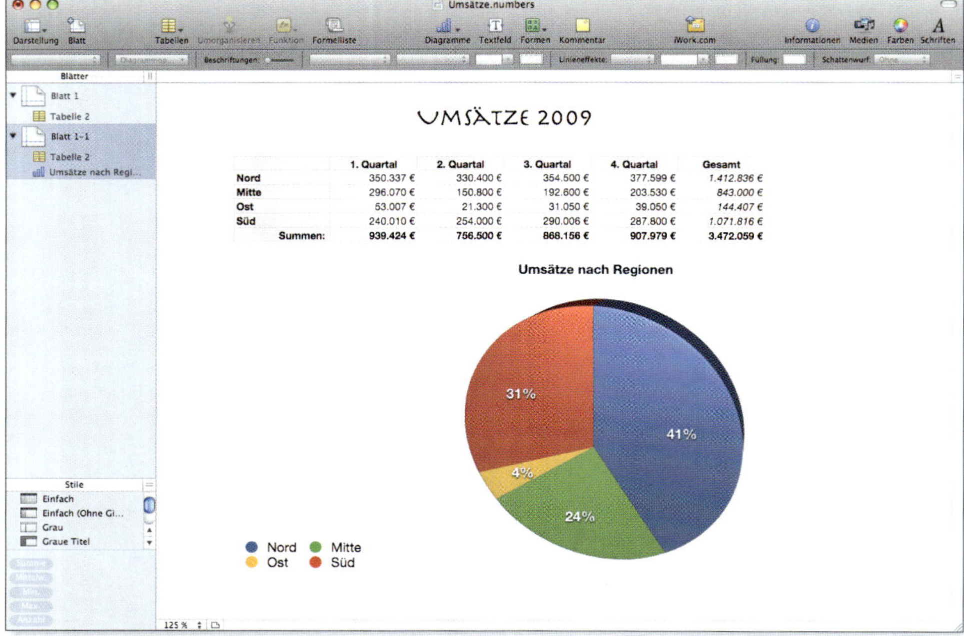

Das Diagramm wurde bearbeitet und ins Layout eingepasst.

TIPP

Ziehen Sie den Regler bei *Sektoren | Ausbreiten* nach rechts, so gehen im Diagramm die Tortenstücke auseinander.

Sie haben gesehen, dass Sie nur die eigentlichen Werte markieren müssen, die Numbers in Zahlen umsetzen soll. Die passenden Spalten- und Zeilenüberschriften holt Numbers sich schon selbst.

Einzelne Diagrammelemente bearbeiten

Das Kreissegment für den Bereich Ost verschwindet fast und wird von den anderen Bereichen auch im Diagramm unterdrückt.

1. Um es etwas hervorzuheben (ohne den Gesamtanteil zu verfälschen), klicken Sie dieses Element ein Mal an, um es zu markieren.

AUFGEPASST

Nicht auf den Wert (in diesem Fall die Prozentzahl) klicken, sonst wird diese markiert und nicht das Kreissegment. Dieses muss an der Spitze und an den Schnittpunkten zu den daneben liegenden Segmenten Punkte zeigen.

2. Fassen Sie das Segment und ziehen es etwas nach außen.

Es wird sich dabei von den anderen Segmenten lösen und ist plötzlich, ohne dass am anteiligen Wert etwas verändert wurde, besser wahrzunehmen. Um es noch genauer anzupassen, greifen Sie wieder auf das Informationsfenster zurück (falls nicht mehr geöffnet, bitte über die Schaltfläche *Informationen* in der Symbolleiste einblenden).

3. Klicken Sie auf das Register *Datenreihen*.
4. Mit dem Schieberegler bei *Ausbreiten* können Sie das Segment aus dem Diagramm heraus- oder in das Diagramm hereinbewegen.
5. Mit dem Kreis bei *Rotationswinkel* können Sie das Diagramm drehen (mit der Maus fassen und den Kreis drehen). So bekommen Sie das herausgeschobene Segment z.B. nach rechts oben.

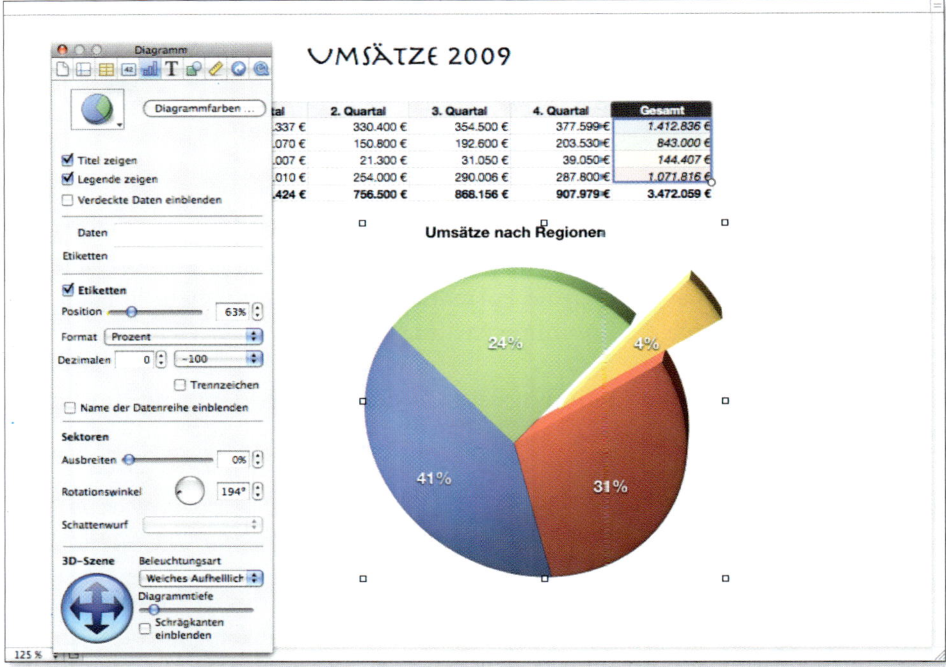

Torten kann man in »Stücke schneiden«.

An diesem einfachen Beispiel haben Sie schon gesehen, wie man mit Diagrammen in Numbers arbeitet. Im folgenden Kapitelabschnitt erfahren Sie noch einige Details mehr, um in Kürze zum Numbers-Diagrammexperten zu avancieren.

Diagrammbearbeitung im Detail

Numbers stellt einiges an Werkzeugen zur Verfügung, um Diagramme ansprechend zu bearbeiten und zu aussagekräftiger Gestalt zu führen. Manches ist auf den ersten Blick aber nicht ersichtlich.

Werkzeuge in der Formatierungsleiste

Neben dem Informationsfenster stehen Ihnen auch in der Formatierungsleiste noch Werkzeuge zur Diagrammbearbeitung zur Verfügung. In der linken Hälfte finden Sie alle Einstellungen zu Diagrammtypen, Diagrammoptionen und Beschriftungen.

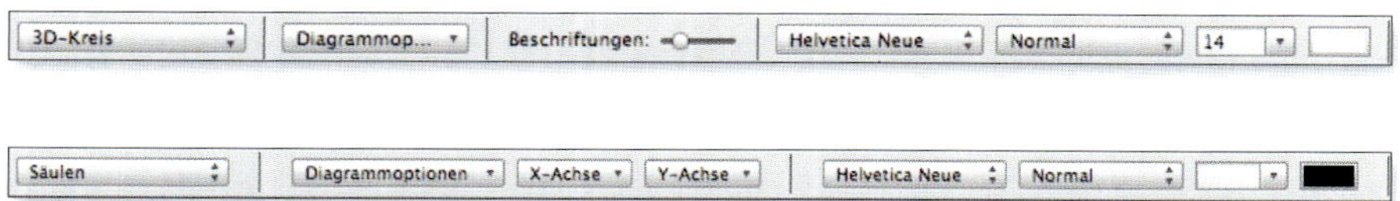

Diagrammeinstellungen in der Formatierungsleiste

Das ist besonders dann nützlich, wenn das Informationsfenster ausgeschaltet wird, weil es durch Überlagerung der Tabellen im Weg ist. Die meisten dort enthaltenen Werkzeuge lassen sich auch über die Formatierungsleiste erreichen. Je nach Diagrammtyp verändert sich die Zusammenstellung der Werkzeuge leicht.

In der rechten Hälfte der Formatierungsleiste finden sich die Werkzeuge für Linien und Flächen.

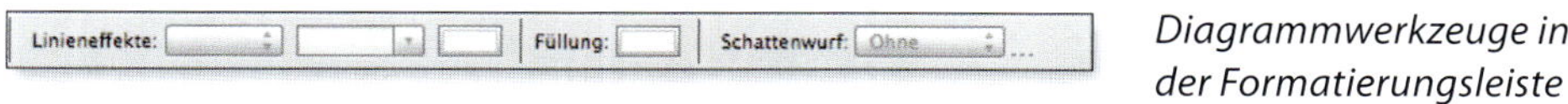

Diagrammwerkzeuge in der Formatierungsleiste

Linieneffekte werden auf markierte Diagramme bzw. Diagrammelemente angewendet. Neben der *Linienart* können auch die *Linienstärke* und die *Linienfarbe* bestimmt werden. Dieses Werkzeug steht Ihnen aber nicht bei jedem Diagrammtyp zur Verfügung. So lässt es sich beim Tortendiagramm beispielsweise nicht anwählen.

Bei *Füllung* kann die Farbe geändert werden. Wählen Sie »keine Füllung« (Kästchen mit rotem Querstrich), verschwindet das Element. Das kann z.B. dann genutzt werden, wenn nur einige Elemente gezeigt und andere ausgeblendet werden sollen. *Schattenwurf* ist wiederum abhängig vom gewählten Diagrammtyp. Auch dieser lässt sich bei den Tortenformen nicht auswählen.

TIPP

Anwender von Numbers 1 werden die Möglichkeit, die Deckkraft (Transparenz) des Diagramms zu beeinflussen, vermissen. Das Werkzeug ist in der Formatierungsleiste nicht mehr zu finden und auch im Informationsfenster scheint es nicht mehr vorhanden zu sein. Das gilt dort aber nur für die Werkzeuge zu *Diagrammen*. Klicken Sie auf das Symbol für *Grafiken*, so scheint dieses Werkzeug wieder auf.

Linien- und Deckkraftwerkzeuge finden sich bei den Werkzeugen für Grafiken.

Diagrammtypen

Numbers kennt neunzehn Diagrammtypen. Näher betrachtet handelt es sich um

- Säulendiagrammtypen
- Balkendiagrammtypen
- Flächendiagrammtypen
- Liniendiagrammtypen
- einen Tortendiagrammtyp
- einen Streudiagrammtyp.

Alle, außer dem Streudiagramm, gibt es in einer 2D- und einer3D-Variante. Neu in Numbers 2 (iWork '09) sind sechs verschiedene Trennlinien-Funktionen und Fehlerbalken. Verglichen mit anderen Tabellenkalkulationen ist das nicht viel, aber es ist ausreichend für die meisten Fälle.

Bei den Typen, die zweimal vorhanden sind (Säule, Balken, Fläche), handelt es sich bei der zweiten um eine gestapelte Variante, d.h., die Elemente werden aneinander gehängt. Das ist oft dann sinnvoll, wenn zu viele einzelne Elemente in einem Diagramm vorkommen. Schauen Sie sich einmal das allererste Beispiel ein paar Seiten zuvor an, das im Schnellverfahren erstellt wurde. Da hat die einzelne Säule kaum noch eine Aussagekraft. In vielen Fällen, wenn zwei Merkmale dargestellt werden sollen (im Beispiel Gebiet und Quartal), hilft die gestapelte Form.

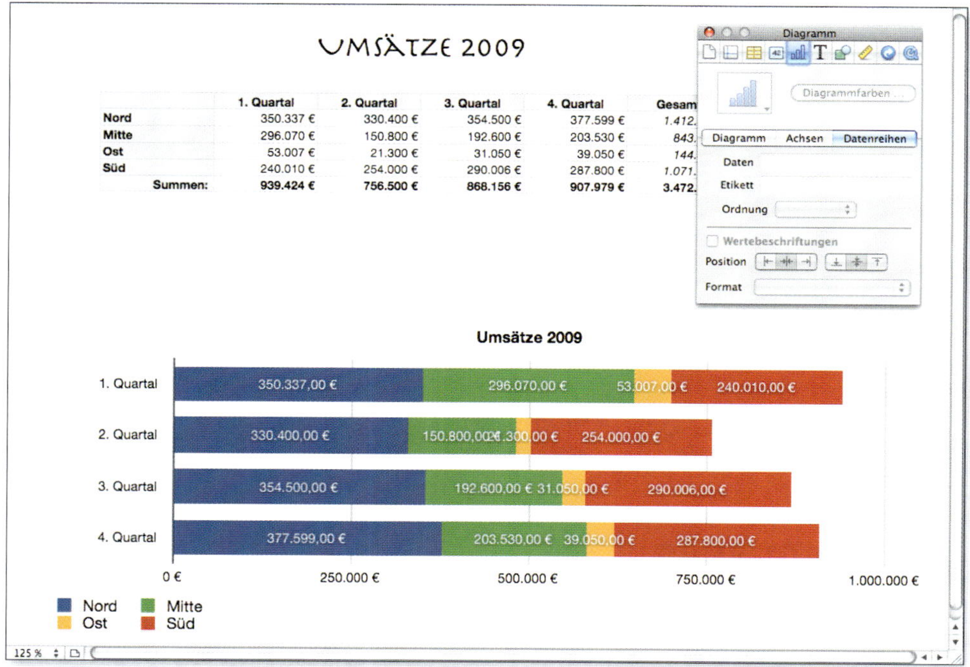

UMSÄTZE 2009

	1. Quartal	2. Quartal	3. Quartal	4. Quartal	Gesam
Nord	350.337 €	330.400 €	354.500 €	377.599 €	1.412.
Mitte	296.070 €	150.800 €	192.600 €	203.530 €	843.
Ost	53.007 €	21.300 €	31.050 €	39.050 €	144.
Süd	240.010 €	254.000 €	290.006 €	287.800 €	1.071.
Summen:	939.424 €	756.500 €	868.156 €	907.979 €	3.472.

Gestapelte Diagramme sorgen bei zwei Merkmalen für Übersichtlichkeit.

GRUNDLAGEN

Beachten Sie, dass je nach Diagrammtyp unterschiedliche Bearbeitungsoptionen im Informationsfenster zur Verfügung stehen.

Bei Säulen oder Balken lassen sich Elemente nicht von den anderen ablösen wie beim Tortendiagramm. Es lassen sich aber die Elemente einzeln (oder in Gruppen, bei den Stapeln) bearbeiten und z.B. Werte hinzufügen. Dazu wählen Sie das Register *Datenreihen* und stellen bei der Beschriftung *Datenpunkte* ein.

Außerdem können die Abstände der Säulen und Balken voneinander (und indirekt dadurch auch deren Breite/Dicke) verändert werden, indem Sie beim Format der *Balken* den *Abstand der Balken* anpassen.

Diagrammachsen bearbeiten

Diagramme werden innerhalb eines Koordinatensystems, das aus zwei Achsen besteht, definiert. Über jede dieser Achsen kann das Diagramm bearbeitet und angepasst werden. Hier lassen sich Werte ein- oder ausblenden und auch die Achsenbeschriftung lässt sich neben der üblichen horizontalen auch in die diagonale oder vertikale Ausrichtung bringen. Für die X-Achse (Wertachse) stehen mehr Bearbeitungsoptionen zur Verfügung als für die Y-Achse (Kategorienachse). Beim Tortendiagramm lassen sich die Achsen nicht bearbeiten, weil hier das beschriebene Koordinatenmodell nicht zutrifft.

TIPP

Sind Sie trotz Nachbearbeitung mit Ihrem Diagramm nicht zufrieden, so schauen Sie sich die Bearbeitungsoptionen der Achsen an. Meist findet sich dort das fehlende »Tüpfelchen für das i«.

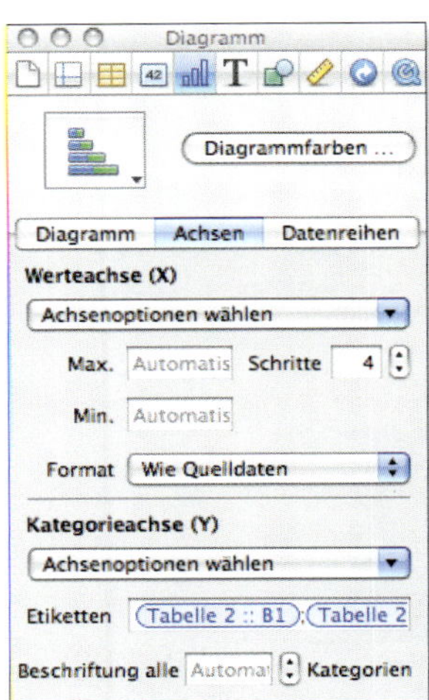

Die meisten Bearbeitungsoptionen gibt es für die X-Achse.

Diagramme mit den Mitteln von Numbers zu erstellen, dürfte für Sie nun kein Problem mehr darstellen.

Trendlinie und Fehlerbalken

Neu in Numbers 2 sind Trendlinien und Fehlerbalken, die in ein bestehendes Diagramm integriert werden können. Damit sind wissenschaftliche und statistische Auswertungen mit Numbers (zumindest innerhalb eines begrenzten Rahmens) möglich geworden. Um das einmal auszuprobieren, gehen Sie folgendermaßen vor:

1. Erstellen Sie ein Säulendiagramm aus den »Umsätzen Ost«.
2. Ziehen Sie das Diagramm ausreichend breit.
3. Öffnen Sie das Informationsfenster, falls es nicht geöffnet ist.
4. Aktivieren Sie das Register *Erweitert.*
5. Wählen Sie aus der Liste eine Trendvariante (z.B. *Ganzrational*).
6. Aktivieren Sie das Kontrollkästchen vor *Gleichung einblenden.*

Numbers hat über das Säulendiagramm eine Linie gezogen, die den Trend – nach einer vorgegebenen Methode errechnet – anzeigt. Die Gleichung zeigt, wie der Trend berechnet wurde. In der Regel stört solch eine Gleichung im Diagramm und wird besser wieder ausgeblendet.

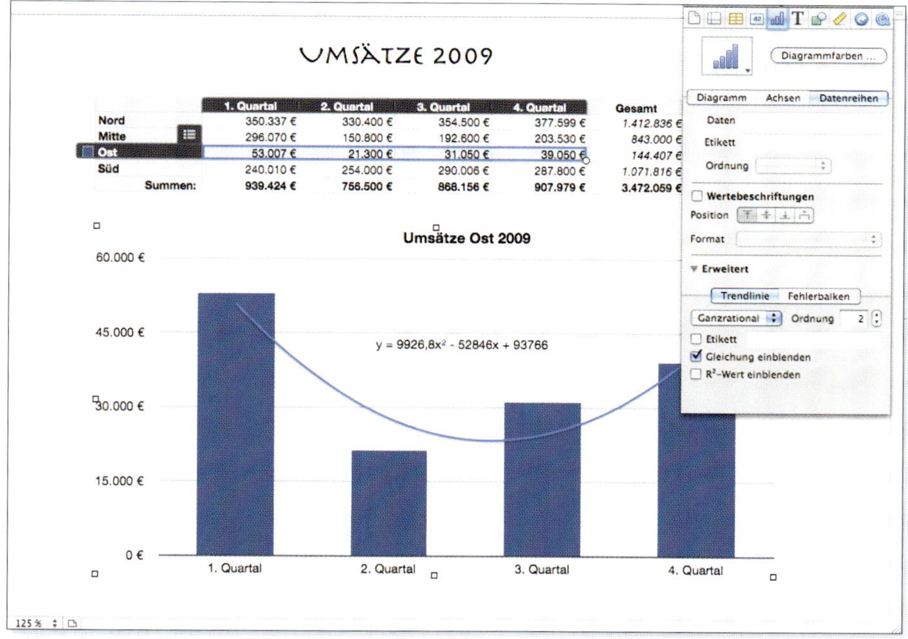

Trendlinien in Diagramme zu legen, ist nur eine Sache von wenigen Mausklicks.

Aktivieren Sie das Register *Fehlerbalken*, so können Sie der Trendlinie und/oder dem Diagramm noch grafische *Fehlerwerte* (z.B. *Standardabweichung* oder *Standardfehler*) hinzufügen. Da die Anpassung nicht weiter möglich ist, ist die Nützlichkeit natürlich begrenzt. Hoffen wir, dass diese Möglichkeiten in der kommenden Version noch weiter ausgebaut werden.

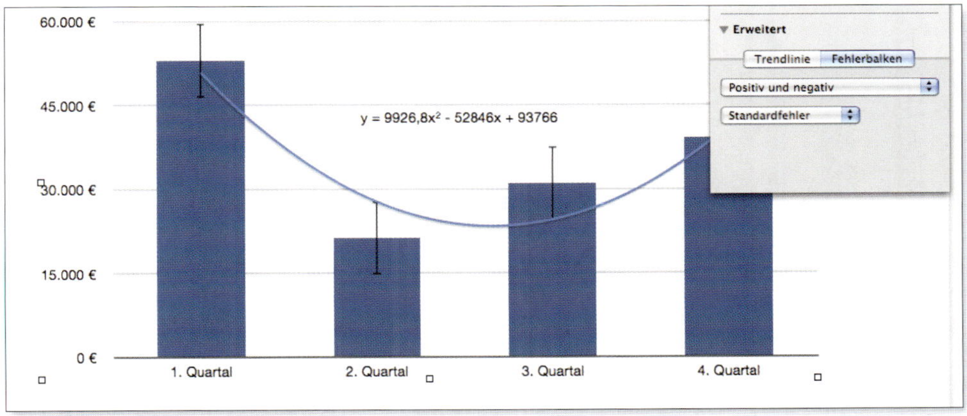

Der »Standardfehler« kann dem Diagramm hinzugefügt werden.

Diagrammfarben anpassen

Voraussetzung ist, dass das Diagramm markiert ist. Im Info-Dialog kann nun über die Schaltfläche *Diagrammfarben* ein Fenster geöffnet werden, das aus einer Liste die Auswahl verschiedener Texturen zulässt. Für jede Textur gibt es dazu noch unterschiedliche Farbvarianten.

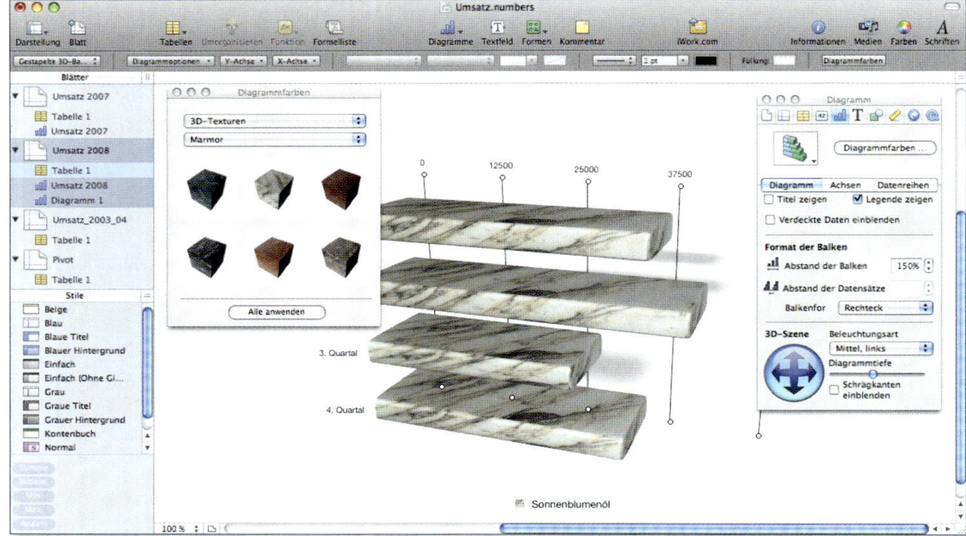

Textur und Farbe der Diagrammsymbole können individuelle angepasst werden.

Sie können nun auf *Alle anwenden* klicken und so sämtliche Texturen ins Diagramm übertragen. Die sehen Sie allerdings nur, wenn es mehrere Reihen gibt. Ist nur eine Reihe ausgewählt, wird auch nur eine Texturfarbe übertragen. Alternativ fassen Sie eine Textur mit dem Mauszeiger und ziehen diese auf das Diagramm. Die Textur wird sofort auf die Diagrammobjekte (Säulen, Balken, Linien, Tortenelemente) übertragen.

POWER USER

In der Gruppe *Format der Balken* können Sie unter *Balkenform* von *Rechteck* auf *Zylinder* umschalten. Das funktioniert natürlich nur bei Balken- und Säulendiagrammen. Torten- und Liniendiagramme verfügen über diese Option nicht.

Kapitel 23

Numbers

Numbers - Formeln und Funktionen

Einen Überblick über die eingebauten Funktionen von Numbers erhält man zunächst nicht, weil diese sozusagen im Hintergrund vorhanden sind. Erst wenn Sie den Funktionsassistenten öffnen, haben Sie einen Blick auf alle Funktionen. Es sind in Numbers mehr als 250. Was sie bedeuten und wie sie eingesetzt werden, zeigt das folgende Kapitel.

Formeln in Numbers

Bereits im ersten Kapitel haben Sie die Formeln und Funktionen kennengelernt. In einfachster Form – über die Symbolleiste und am linken Rand von Numbers, wenn Zellen markiert sind, die Zahlen enthalten. Das hat aber nicht ansatzweise ausgelotet, was Numbers hier »auf dem Kasten« hat. Deswegen beschäftigt sich dieses Kapitel intensiv mit diesem Thema.

Formeln erstellen

Wenn gerechnet werden soll in einer Zelle, muss eine Formel her. Von den einfachen Grundrechenarten bis hin zu komplexen Berechnungen ist alles in einer Numbers-Zelle möglich.

Arbeiten mit dem Formel-Editor

Haben Sie sich früher in der Schule mit Formeln geplagt? Das ist jetzt mit Numbers ganz einfach: Ein Gleichheitszeichen (=) eingeben, und schon öffnet sich der Formel-Editor.

Klein, aber fein: der Formel-Editor von Numbers

Nun kann auf zweierlei Art mit diesem Formel-Editor gearbeitet werden:

- durch Direkteingaben
- durch Markierungen in der Tabelle mit der Maus.

Es genügt, ein Mal in eine Zelle zu klicken, und schon wird diese Zelle als Bezug in den Formel-Editor übernommen. Oder Sie markieren einen Zellbereich – z.B. B3 bis B5. Im Editor finden Sie an der Cursorposition den Eintrag: B3:B5 (der Doppelpunkt hat die Bedeutung von »bis«).

Ein Klick auf die Schaltfläche mit dem roten »x« – und schon sind alle Eingaben im Editor gelöscht. Ein Klick auf die Schaltfläche mit dem grünen Häkchen – die Formel aus dem Editor wird in die Zelle übernommen.

Alternative Formeleingabe

Eine Formel kann auch im Eingabebereich der Formelleiste eingegeben und bearbeitet werden. Die beiden Schaltflächen zum Löschen (rotes Kreuz) und Übernehmen (grünes Häkchen) befinden sich links neben der Formeleingabe.

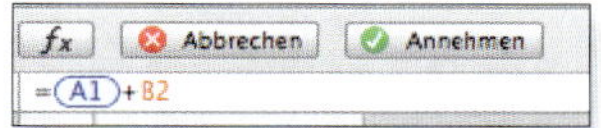

Auch ohne Formel-Editor lassen sich Formeln eingeben und bearbeiten.

Absolute und relative Bezüge

Ein Bezug ist eines der flexibelsten Instrumente in der Tabellenkalkulation. Er verweist auf eine bestimmte Zelle (oder einen bestimmten Bereich) und nicht auf einen fixen Wert. Ändert sich der Wert in der Zelle, auf die Bezug genommen wird, so ändert sich auch das Ergebnis, das die Formel (die diesen Bezug enthält) zurückgibt.

Ein **absoluter Bezug** verweist immer auf die gleiche Zelle. Ein **relativer Bezug** verweist auf eine Zellenposition, die sich ändern kann, wenn die Formel bewegt wird. Das hört sich etwas mysteriös an, ist aber eigentlich ganz einfach.

Mit relativen Bezügen arbeiten

GRUNDLAGEN

Bei Eingabe eines Bezuges ist zunächst immer ein relativer Bezug von Numbers vorgesehen.

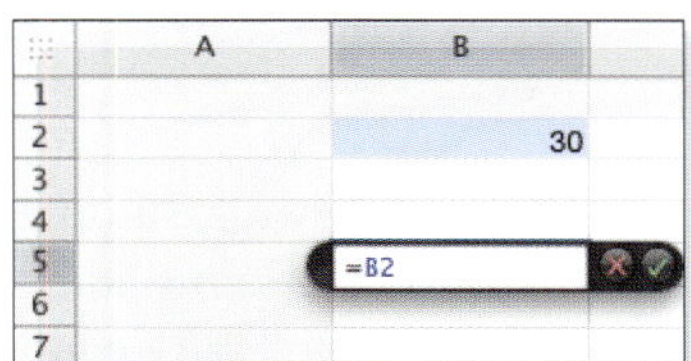

Bezüge sind zunächst immer relativ.

1. Geben Sie in Zelle B2 einen beliebigen Wert ein.
2. Setzen Sie den Zellcursor in die Zelle B5.
3. Tippen Sie ein Gleichheitszeichen; der Formel-Editor erscheint.
4. Klicken Sie mit der Maus in die Zelle B2.
5. Bestätigen Sie mit einem Klick auf die Schaltfläche mit dem grünen Häkchen.

Die Zelle B5 zeigt nun auch den Wert der Zelle B2 an. Ändern Sie den Wert in Zelle B2, ändert sich dieser (über die Formel mit dem Bezug) auch in Zelle B5.

AUFGEPASST

Schreiben Sie einen Wert in eine Zelle, die eine Formel enthält, so wird diese überschrieben. Die Formel ist anschließend verschwunden. Sie können das noch kurz über *Bearbeiten | Rückgängig* korrigieren. Vergessen Sie das, wird nach dem nächsten Start die Formel unwiederbringlich verloren sein und muss neu eingegeben werden.

6. Fassen Sie den Kreis an der linken unteren Ecke des Zellcursors und ziehen Sie bis zur Zelle E5.

=E2

	A	B	C	D	E	F
1						
2		35				
3						
4						
5		35	0	0	0	
6						
7						

Alles ist relativ - auch eine Formel.

Wie Sie sehen, hat sich die Formel angepasst. Aus dem Bezug B2 wurde in Zelle C5 der Bezug C2, in Zelle D5 zu D2 und in Zelle E5 zu E2. Der Bezug ist relativ, weil er sich relativ zu seiner Position anpasst. Numbers merkt sich nämlich gar nicht B2. Das Programm merkt sich »drei Zellen darüber«. Das ist oft ganz praktisch, wenn man Tabellenanwendungen erstellt. Man erspart sich viel Tipperei, und bei den Formeln »denkt Numbers mit«.

Mit absoluten Bezügen arbeiten

Absolute Bezüge merken sich tatsächlich eine bestimmte Stelle und vergessen die auch nicht, wenn sie woanders hin kopiert werden. Damit Numbers erkennt, dass es sich um einen absoluten Bezug handelt, werden Dollarzeichen ($) vor die Zeilen- und Spaltenbeschriftungen gesetzt.

1. Setzen Sie den Zellcursor in Zelle B7.
2. Geben Sie in den Formel-Editor =$B$2 ein.
3. Bestätigen Sie mit einem Klick auf das grüne Häkchen.
4. Ziehen Sie die Formel wieder bis zur Zelle E7.

=$B$2

A	B	C	D	E	F
	35				
	35	0	0	0	
	35	35	35	35	

Numbers versteht es auch, wenn man absolut eine bestimmte Zelle will.

Sie sehen, dass diesmal der Bezug in der Formel nicht geändert wurde. Es wird immer auf die Zelle B2 Bezug genommen, egal wohin Sie die Formel auch kopieren.

Es sind drei Formen des absoluten Bezugs möglich:

- $B2: Die Spalte »B« bleibt absolut, der Zeilenverweis ist relativ und kann sich beim Kopieren ändern.
- B$2: Die Zeile »2« bleibt absolut, der Spaltenverweis ist relativ und kann sich beim Kopieren ändern.
- $B$2: Sowohl Zeile »2« als auch die Spalte »B« sind absolut und verändern sich auch beim Kopieren nicht.

Überblick über Formeln behalten

Wird die Numbers-Anwendung umfangreicher, kommen weitere Blätter und Tabellen hinzu, so hat man irgendwann keinen Überblick mehr über die Formeln, die darin enthalten sind. Es genügt ein Mausklick auf das Symbol *Formelliste*, und in einem Fensterbereich unterhalb der Blattanzeige wird eine Liste aller Formeln eingeblendet.

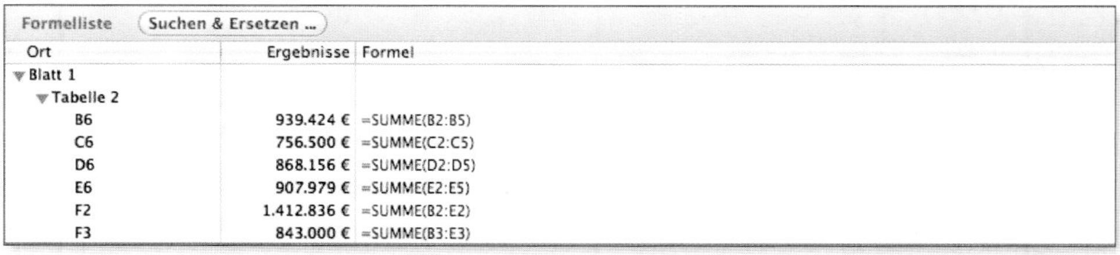

Formelliste (Suchen & Ersetzen ...)

Ort	Ergebnisse	Formel
▼ Blatt 1		
▼ Tabelle 2		
B6	939.424 €	=SUMME(B2:B5)
C6	756.500 €	=SUMME(C2:C5)
D6	868.156 €	=SUMME(D2:D5)
E6	907.979 €	=SUMME(E2:E5)
F2	1.412.836 €	=SUMME(B2:E2)
F3	843.000 €	=SUMME(B3:E3)

Eine Übersicht aller in der Anwendung enthaltenen Formeln lässt sich ein- und ausblenden.

Hilfreich ist die *Suchen & Ersetzen*-Schaltfläche oberhalb des Fensterabschnitts mit der Formelliste. Damit lassen sich im Handumdrehen Elemente der Formel ersetzen. Soll beispielsweise ein Bezug in einer ganzen Tabelle ausgetauscht werden, dann genügt hier ein Befehl.

Arbeiten mit Funktionen

Formeln können sehr komplex werden. Schon die Zinseszinsformel würde ziemlich lang werden. In vielen Fällen können Sie sich aber die Eingabe langer Formeln sparen, wenn Sie auf die eingebauten Funktionen zurückgreifen. Mehr als 250 Funktionen, aufgeteilt auf verschieden Kategorien, bringt Numbers mit. Eine vollständige Auflistung dieser Funktionen ist hier ziemlich unsinnig, weil die Liste bereits in Numbers zu sehen ist und auch eine kurze Erklärung bereits im Funktionenkatalog einzusehen ist. Stattdessen schauen wir uns in den folgenden Abschnitten aus jeder Kategorie einige Anwendungsmöglichkeit an.

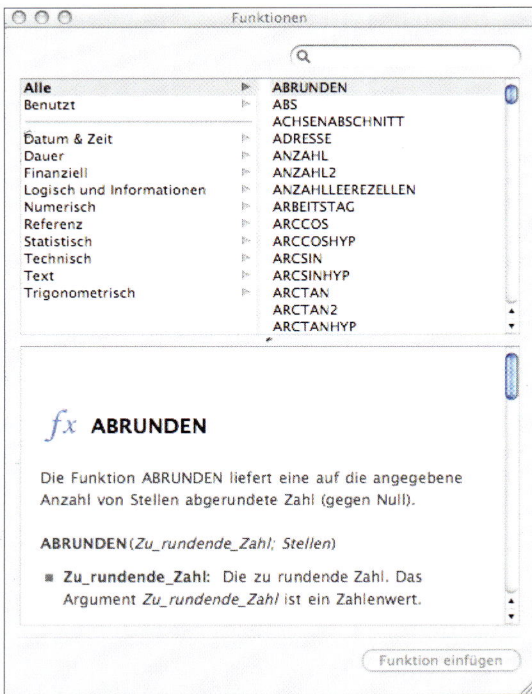

Numbers bietet die Funktionen nicht nur übersichtlich in einer Auswahl an, sondern liefert auch gleich noch eine ausführliche Hilfe mit.

Funktionen für Datum & Zeit

Das man mit dem Datum rechnen kann, ist eigentlich eine Selbstverständlichkeit. Dass das eine Tabellenkalkulation auch kann, sollte man erwarten können. Numbers kann das und stellt dazu auch einige Funktionen bereit.

Funktionen einfügen

1. Geben Sie in Zelle B3 das Datum des ersten Tages des aktuellen Monats ein (im Beispiel 1.2.2009).

2. Klicken Sie auf die Schaltfläche für den Funktionenkatalog (fx).

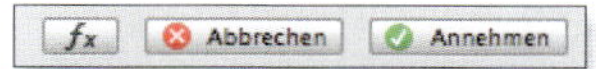

3. Markieren Sie links die Kategorie *Datum & Zeit* und …
4. … rechts die Funktion HEUTE.
5. Bestätigen Sie mit einem Klick auf die Schaltflächen *Einfügen* …
6. … und im Formel-Editor auf die Schaltfläche mit dem grünen Häkchen.

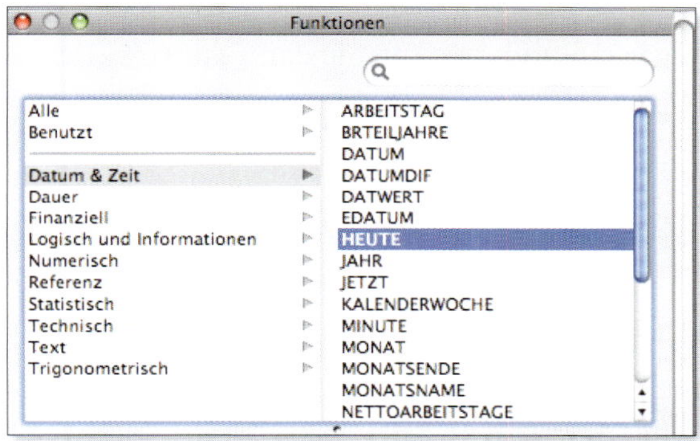

Es gibt in Numbers sogar eine Funktion für das »Hier und Jetzt«.

Mit Datumsfunktionen rechnen

Die Funktion HEUTE gibt das aktuelle Tagesdatum aus. Morgen wird es nicht mehr das Datum von heute, sondern das Datum von morgen sein, das dann allerdings das Datum von heute ist. Das Datum wechselt also mit dieser Funktion täglich.

1. Setzen Sie den Zellcursor in die Zelle B5.
2. Geben Sie das Gleichheitszeichen ein.
3. Klicken Sie in die Zelle B3 und drücken Sie ein Mal die Taste mit dem Minus-Zeichen.
4. Klicken Sie in die Zelle B2 und beenden Sie die Formeleingabe.

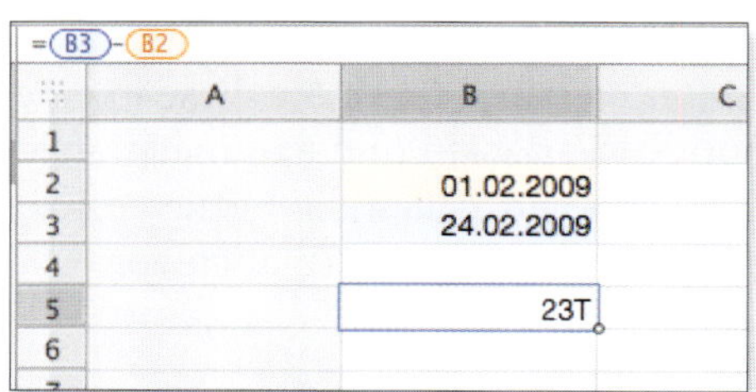

Numbers errechnet die Differenz zwischen zwei Datumswerten.

Zellenformate anpassen

Numbers zeigt die Zahl der Tage an, die zwischen den beiden Terminen liegen. Gleichzeitig wird ein »T« an die Zahl angehängt, um deutlich zu machen, dass es sich um Tage handelt. Dies müssen Sie so nicht hinnehmen:

1. Öffnen Sie den Dialog *Informationen*.
2. Wählen Sie das Register mit der 42: *Informationen zu Zellen*.
3. Bei *Format* können Sie auswählen, ob Sie ohne Zusatz, mit dem Zusatz »T« (Standardvorgabe) oder dem Zusatz »Tage« arbeiten möchten.
4. Stellen Sie für diese Übung »0 Tage« ein und drücken Sie dann die ↵ – Taste.

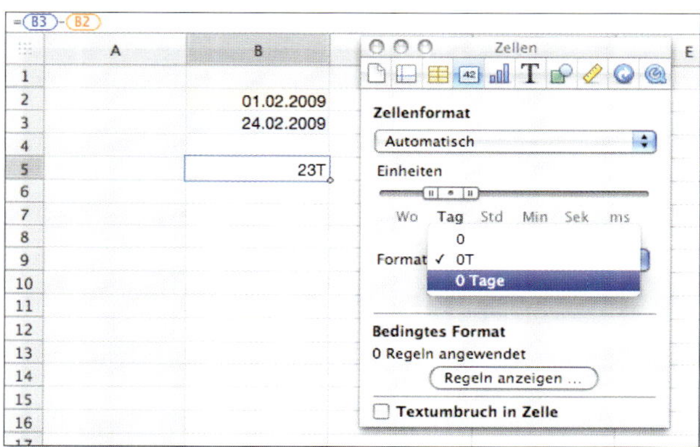

Das Zellenformat kann über Einstellungen beeinflusst werden.

TIPP

Die Differenz zwischen zwei Terminen lässt sich auch mit der Funktion DATUMDIF errechnen. Dabei können Sie außerdem noch einstellen, ob das Ergebnis in Tagen, in Monaten oder in Jahren ausgegeben werden soll. Um sich die Funktion genau erklären zu lassen, müssen Sie nur im Funktionenkatalog die zugehörige Hilfe lesen.

Vereinfachte Formelerstellung

Wählen Sie eine Funktion aus dem Dialog *Funktionen* und fügen Sie diese in eine Zelle ein, so werden im Formel-Editor alle nötigen Variablen und Parameter angezeigt. Sie können nun durch Mausklick in die jeweiligen Zellen die Bezüge direkt zuweisen. Im Falle der DATUMDIF-Funktion gehen Sie folgendermaßen vor:

1. Markieren Sie die Zelle B7 durch Anklicken.
2. Öffnen Sie über *Funktionen | Funktionsübersicht einblenden* den Funktionenkatalog.

3. Suchen Sie die Funktion DATUMDIF und über tragen Sie diese mit *Funktion einfügen* in die Zelle.
4. Klicken Sie zuerst auf *Start-Datum* und dann in die Zelle B2.
5. Klicken Sie auf *Enddatum* und anschließend in die Zelle B3.
6. Öffnen Sie die Liste bei *Kalk.-Methode* und wählen Sie »T« (für Tag).
7. Schließen Sie den Formel-Editor.

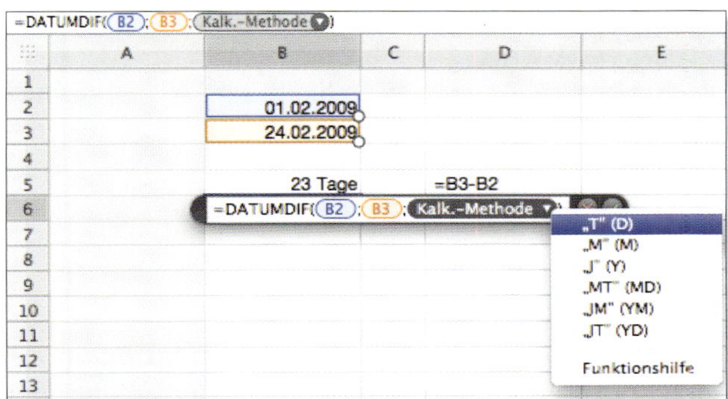

Parameter können Sie einfach aus einer Liste auswählen.

Haben Sie einen Bezug übernommen, können Sie über eine Liste zu jedem Bezug einstellen, ob er relativ, absolut oder gemischt (realtiv/absolut) gewünscht ist.

Ob relativ oder absolut, das wählen Sie aus einer Liste.

Auf diese Weise ist es fast nicht mehr möglich, Funktionen falsch einzusetzen.

TIPP

Um die Formelerstellung abzubrechen und den Formel-Editor zu schließen, können Sie auch die ESC-Taste drücken.

Weitere Datumsfunktionen

Die Funktionen JAHR, MONAT und TAG extrahieren aus einem Datum den Wert, der sich aus dem Funktionsnamen selbst erklärt. Die Funktion WOCHENTAG ermittelt aus einem Datum den Wochentag (als Zahl). Damit sind nicht alle, aber doch die wesentlichen Funktionen dieser Gruppe erklärt. Aus der folgenden Abbildung können Sie Wirkungsweise der Datumsfunktionen exemplarisch entnehmen.

	A	B	C	D	E	F
1						
2		01.02.2009				
3		24.02.2009				
4						
5		23 Tage		=B3-B2		
6		23		=DATUMDIF(B2;B3;"D")		
7		2009		=JAHR(B2)		
8		01.02.2010		=EDATUM(B2;12)		
9		2		=MONAT(B3)		
10		31.05.2009		=MONATSENDE(B2;3)		
11		Februar		=MONATSNAME(B9)		
12		17T		=NETTOARBEITSTAGE(B2;B3;)		
13		24		=TAG(B3)		
14		23T		=TAGE360(B2;B3;WAHR)		
15		Sonntag		=TAGNAME(B2)		
16		3		=WOCHENTAG(B3;1)		
17						

Datumsfunktionen werten Datumswerte aus oder berechnen diese.

Zeitfunktionen

Neben Datumsfunktionen enthält Numbers eine Reihe von Zeitfunktionen. Zunächst kann mit Zeitwerten gerechnet werden wie mit Datumswerten. Zieht man von einem größeren Zeitwert einen kleineren ab, so erhält man die Differenz. Auf einige Besonderheiten gehe ich noch separat ein.

JETZT ist die korrespondierende Funktion zu HEUTE. Ausgegeben wird die augenblickliche Uhrzeit. STUNDE, MINUTE und SEKUNDE werten einen Zeitwert entsprechend aus, indem sie den Wert zurückgeben, der ihrem Namen entspricht. Die Auswirkungen einiger Zeitfunktionen können Sie wieder der folgenden Abbildung entnehmen.

AUFGEPASST

Die Funktionen JETZT und HEUTE behalten nicht ihren Wert, sondern passen sich den Systemeinstellungen an. Wird HEUTE am 24.2.2009 eingefügt, so gibt die Funktion einen Tag später den 25.2.2009 aus. Ähnlich verhält sich JETZT. Benötigen Sie einen fixen Wert, so müssen Sie den Zelleninhalt kopieren (*Bearbeiten* | *Kopieren*) und anschließend wieder einfügen (*Bearbeiten* | *Werte einfügen*).

	A	B	C	D
1				
2		09:03		
3		11:58		
4				
5		2h 55m		=B3-B2
6		24.02.2009 22:36		=JETZT()
7		3		=MINUTE(B2)
8		0		=SEKUNDE(B3)
9		11		=STUNDE(B3)
10		03:17		=ZEIT(3;17;22)
11		0,3770833333333		=ZEITWERT(B2)
12				
13				

Zeitfunktionen in Numbers

Mit Zeitfunktionen rechnen

In der ersten Version von Numbers war das Rechnen mit Zeitwerten über 24 Stunden problematisch. Ohne Umwege und Tricks ging da nichts. In der aktuellen Version wurde das verbessert, so dass auch Berechnungen über einen Tag hinaus nun einwandfrei funktionieren. Es wird auch automatisch eine passende Formatierung angezeigt, die allerdings über das Informationsfenster *Zellen* angepasst werden kann.

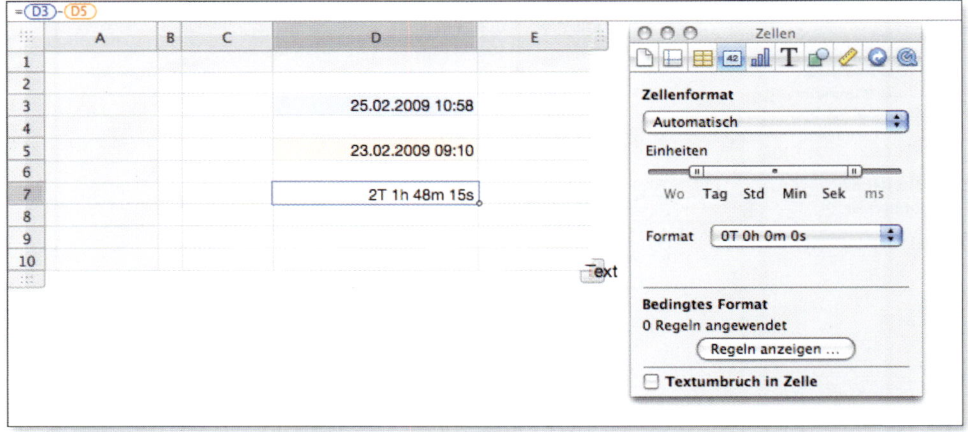

Numbers rechnet nun auch mit Zeitwerten über 24 Stunden.

Funktionen zur Dauer

Neu in Numbers 2 sind Funktionen der Gruppe DAUER. Auf den ersten Blick erschließt sich nicht, wozu diese Funktionen gut sein sollen, zumal die Hilfetexte nicht wirklich deutlich zum Ausdruck bringen, was man damit machen kann. Aber ein wenig Probieren zeigt schon, dass man damit recht flexibel arbeiten kann.

	A	B	C	D	E
1					
2					
3		25.02.2009			
4		3W 2T		=DAUER(3;2;;;;)	
5		20.03.2009		=B3+B4	
6					
7		11:49			
8		3h 10m		=DAUER(;;3;10;;)	
9		14:59		=B7+B8	
10		=DAUER(Wochen;Tagen;Stunden;Minuten;Sekunden;Millisekunden)			

Die Dauer eines Zeitraums lässt sich bis auf die Millisekunde genau angeben.

Insbesondere wenn man Planungsaufgaben zu erledigen hat, lassen sich diese Funktionen gut nutzen. Angenommen, Sie haben Aussagen über Fertigstellungstermine zu machen und müssen Arbeitsstunden und Tage kalkulieren, dann kann mit Numbers eine kleine Tabelle erstellt werden, die schnell Aussagen über Endtermine zulässt.

=DAUER(Wochen;B6;C6;D6;Sekunden;Millisekunden)

	A	B	C	D	E	F
1		**Tage**	**Stunden**	**Minuten**		
2	**Analyse**	1	4			
3	**Projektplanung**		6	30		
4	**Projektdurchführung**	7	4			
5	**Abschlussbericht**		2	20		
6		8	16	50		
7						
8	**Starttermin**	18.05.2009				
9	**Endtermin**	=DAUER(Wochen;B6;C6;D6;Sekunden;Millisekunden)				
10						
11						
12						
13						
14						
15						
16						
17						

Die Dauer wird einfach aus der Projektkalkulation übernommen.

Allerdings sind einige Umstände zu berücksichtigen. Die Funktion DAUER ignoriert z.B. Wochenenden und Feiertage. Wenn die nicht durchgearbeitet werden sollen, müssen sie berücksichtigt werden. Dabei hilft dann die Funktion NETTOARBEITSTAGE. Aus der Differenz zwischen Start- und Endtermin lassen sich die gut herausrechnen. Dann kann man die Differenz der Nettoarbeitstage zu der Dauer ermitteln. Aus letzteren holt man über die Funktion DAUERINTAGEN den Dezimalwert dieser Differenz, die dann über die Funktion ABRUNDEN noch um die Stunden und Minuten reduziert wird. Die so ermittelten Fehltage addiert man zum Endtermin und hat dann den korrigierten Endtermin als Ergebnis. Das mag jetzt etwas umständlich aussehen, aber man muss diese Berechnung ja nur ein Mal erstellen. Später funktioniert die mit jeder neuen Terminplanung ohne zusätzlichen Aufwand.

	A	B	C	D	E	F	G	H
1		**Tage**	**Stunden**	**Minuten**				
2	**Analyse**	1	4					
3	**Projektplanung**		6	30				
4	**Projektdurchführung**	7	4					
5	**Abschlussbericht**		2	20				
6		8	16	50				
7								
8	**Starttermin**	18.05.2009						
9	**Dauer**	8T 16h 50m		=DAUER(;B6;C6;D6;;)				
10	**Endtermin**	26.05.2009		=Tage Starttermin+Tage Dauer				
11	**Netto Arbeitstage**	7T		=NETTOARBEITSTAGE(Tage Starttermin;Tage Endtermin;)				
12	**Fehltage**	1		=ABRUNDEN(DAUERINTAGEN(Tage Dauer);0)-Tage Netto Arbeitstage				
13	**Korrigierter Endtermin**	27.05.2009		=(Tage Endtermin+Tage Fehltage)				
14								
15								
16								
17								

Es ist zwar etwas umständlich einzurichten – aber anschließend lassen sich Terminzusagen ziemlich exakt machen.

Finanzmathematische Funktionen

Die Gruppe derjenigen, die eine Tabellenkalkulation für Finanzberechnungen benötigt, ist sicherlich nicht klein. Entsprechend enthält Numbers (wie die meisten Tabellenkalkulationen) eine ordentliche Anzahl von finanzmathematischen Funktionen, gesammelt in der Gruppe *Finanziell*. Deren Einsatz sehen wir uns hier an einem Beispiel einmal an.

Die Funktion BW berechnet den Barwert einer Investition. Interessant ist diese Funktion vor allem dann, wenn berechnet werden soll, ob eine Anlage eines bestimmten Betrags mit Blick auf die Zukunft rentabel ist. Diese Funktion lässt sich für verschiedene Fragestellungen einsetzen. Als Beispiel wählen wir folgende Fragestellungen:

- In 5 Jahren sollen 10.000 Euro zurückgezahlt werden. Welcher Betrag muss zu 5 Prozent Zinsen heute dafür angelegt werden?
- In den nächsten 5 Jahren sollen jährlich 2.000 Euro aus einer Anlage zurückgezahlt werden. Der Zinssatz ist für diesen Zeitraum 5 Prozent fest. Was muss heute für den Betrag angelegt werden?

Die Funktion samt Parameter, wie sie Numbers vorgibt, lautet:

```
=BW(Zinssatz; Perioden; [Einzahlung]; [zukünftiger Wert]; [Fälligkeit])
```

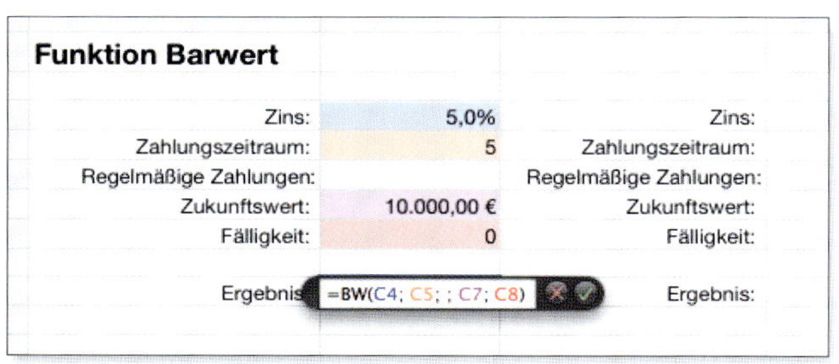

Die Platzhalter der Funktion werden durch Bezüge ersetzt.

Alle Parameter in eckigen Klammern sind optional und müssen nicht gesetzt werden. Um die Funktion einsetzen zu können, bauen Sie die Anwendung aus der Abbildung nach. Es reicht, wenn Sie zwei Spalten entsprechend nachbilden, die Doppelung erlaubt aber einen Vergleich beider Lösungsansätze. Die Funktion selbst setzen Sie folgendermaßen ein:

1. Zunächst tragen Sie Testwerte in die Zellen ein. Orientieren Sie sich am Beispiel in der Abbildung, um das Ergebnis vergleichen zu können. Die Zelle neben *Regelmäßige Zahlungen* bleibt frei.
2. Setzen Sie den Zellcursor in die Zelle neben *Ergebnis*.
3. Öffnen Sie die Funktionsliste durch einen Klick auf die Schaltfläche *fx*.
4. Wählen Sie die Kategorie *Finanzielles* und die Funktion BW.
5. Klicken Sie auf die Schaltfläche *Einfügen*.

Jetzt können Sie die Platzhalter (Parameter) der Funktion durch direkte Eingaben oder Bezüge ersetzen. In diesem Beispiel arbeiten Sie ausschließlich mit Bezügen. Markieren Sie den jeweiligen Platzhalter in der Klammer und klicken Sie anschließend in die Zelle, auf die Sie in der Formel Bezug nehmen wollen.

AUFGEPASST

Numbers reagiert empfindlich auf Ungenauigkeiten. Jeder Platzhalter ist vom nächsten durch ein Semikolon getrennt. Dort, wo ein Platzhalter optional ist und nicht durch Eingabe oder Bezug ersetzt wird, wird die Vorgabe lediglich gelöscht – aber nicht das Semikolon! Sie können auch den Platzhalter stehen lassen, Numbers ignoriert ihn dann bei der Berechnung. Außerdem kann es leicht passieren, dass eine eckige Klammer erhalten bleibt. Auch das akzeptiert Numbers nicht.

=BW(E4;E5; E6; ;E8)

	A	B	C	D	E
1					
2		**Funktion Barwert**			
3					
4		Zins:	5,0%	Zins:	0,05
5		Zahlungszeitraum:	5	Zahlungszeitraum:	5
6		Regelmäßige Zahlungen:		Regelmäßige Zahlungen:	2000
7		Zukunftswert:	10.000,00 €	Zukunftswert:	
8		Fälligkeit:	0	Fälligkeit:	0
9					
10		Ergebnis:	-7.835,26 €	Ergebnis:	-8.658,95 €
11					
12					

Welche Vorleistung ist heute nötig, für ein künftiges Ziel?

GRUNDLAGEN

Lassen Sie sich durch die negativen Zahlen nicht irritieren. Tatsächlich handelt es sich ja auch um eine Zahlungsverpflichtung, die Sie heute leisten müssen, damit die beschriebenen Zahlungen an Sie in der Zukunft realisiert werden können.

Numbers stellt 37 verschiedene finanzmathematische Funktionen bereit, darunter DIA (berechnet die degressive Abschreibung), KAPZ (ermittelt die Kapitalrückzahlung), KURS (berechnet den Kurs eines Wertpapiers), LIA (ermittelt die lineare Abschreibung), NBW (ermittelt den Nettobarwert einer Investition), RMZ (berechnet die konstanten periodischen Zahlungen bei konstantem Zinssatz), ZINS (berechnet den Zinswert) und ZINSZ (berechnet die Zinseszinsen eines Betrages).

Informations-Funktionen

Gerade einmal vier Funktionen sind in dieser Gruppe zu finden. Alle beginnen mit IST und liefern einen Wahrheitswert über einen Bezug. Richtig sinnvoll werden diese Funktionen in der Zusammenarbeit mit den Logikfunktionen, die diese Information auswerten können.

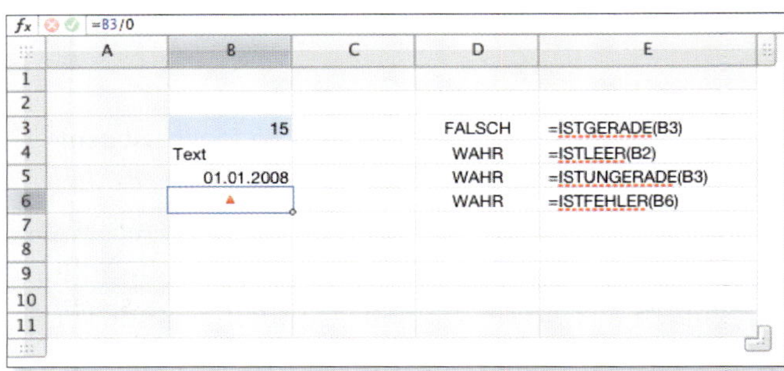

Informationsfunktionen geben als Information über eine Zelle nur WAHR und FALSCH zurück.

Logik-Funktionen

Die »logischen Funktionen« werten eine Information aus. Die bekannteste und häufigste ist die WENN-Funktion, mit der, abhängig vom auszuwertenden Material, Ergebnisse beeinflusst werden können. Der Aufbau der WENN-Funktion ist folgender:

```
=WENN(Bedingung; [wenn wahr]; [wenn falsch])
```

Der erste Parameter nimmt eine Bedingung auf. Das Ergebnis dieser Bedingung ist entweder »wahr« oder »falsch». Je nach dem Rückgabewert wird der zweite oder der dritte Parameter ausgeführt.

Als Beispiel nehmen wir eine Liste, in der ausgehend vom Geburtsdatum ermittelt wird, ob es sich um eine »Mitgliedschaft« oder um eine »Jugendmitgliedschaft« (bis 18 Jahre) handelt. Dabei werden insgesamt drei Funktionen benutzt:

- Die HEUTE-Funktion, um das aktuelle Datum zu ermitteln
- Die DATUMDIF-Funktion, in der das Geburtsdatum vom aktuellen Datum abgezogen wird und über den Parameter »Y« als Differenz das Jahr zurückgegeben wird
- Die WENN-Funktion, die abhängig vom Ergebnis das DATUMDIF liefert und den Mitgliedsstatus ausgibt (wenn das Ergebnis kleiner als 19 ist – also 18 Jahre – führe den zweiten Parameter aus)

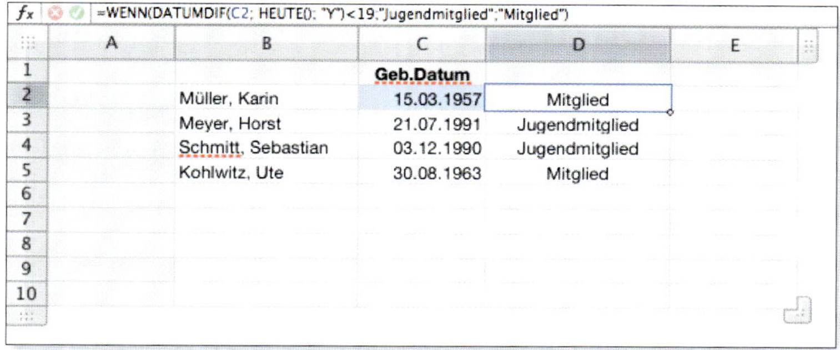
fx =WENN(DATUMDIF(C2; HEUTE(); "Y")<19;"Jugendmitglied";"Mitglied")

	A	B	C	D	E
1			Geb.Datum		
2		Müller, Karin	15.03.1957	Mitglied	
3		Meyer, Horst	21.07.1991	Jugendmitglied	
4		Schmitt, Sebastian	03.12.1990	Jugendmitglied	
5		Kohlwitz, Ute	30.08.1963	Mitglied	
6					
7					
8					
9					
10					

Der Mitgliederstatus wird vom Geburtsdatum aus errechnet und kann sich täglich ändern.

Die anderen logischen Funktionen, insbesondere UND und ODER, sind besonders in der Zusammenarbeit mit der WENN-Funktion sehr hilfreich. Die Funktionen FALSCH und WAHR gibt es lediglich aus Kompatibilitätsgründen zu anderen Tabellenkalkulationen (siehe dazu auch das folgende Kapitel »Import und Export«).

Ein Beispiel für die Anwendung von WENNFEHLER finden Sie in der folgenden Abbildung. Es wird geprüft, ob eine Division durch Null vorliegt. Wenn ja, wird eine Meldung ausgegeben, da dies einen Fehler erzeugt. Wenn nein, wird die Division durchgeführt.

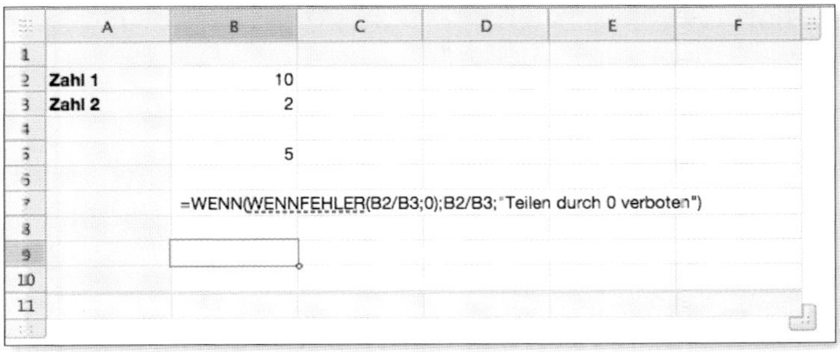

	A	B	C	D	E	F
1						
2	**Zahl 1**	10				
3	**Zahl 2**	2				
4						
5		5				
6						
7		=WENN(WENNFEHLER(B2/B3;0);B2/B3;"Teilen durch 0 verboten")				
8						
9						
10						
11						

»Wenn Fehler« – dann sag was.

Numerische Funktionen

Nicht nur für Mathematiker stehen 40 numerische (mathematische) Funktionen zur Verfügung. Manche sind selbsterklärend – zumindest bei ausreichendem mathematischem Vorwissen – etwa WURZEL oder EXP.

Interessanter sind weit häufiger Funktionen zum Beeinflussen der Dezimalstellen. In der folgenden Abbildung sehen Sie die Auswirkungen einiger Funktionen auf eine Zahl mit drei Nachkommastellen. Sämtliche Funktionen nehmen auf andere Weise ein Runden der Zahl vor. GANZZAHL schneidet einfach Nachkommastellen ab. REST ermittelt den Rest nach einer Division, die in der Funktion im zweiten Parameter vorgegeben wird. KÜRZEN reduziert die Nachkommastellen auf die angegebene Zahl Stellen, ohne zu runden. ABRUNDEN, AUFRUNDEN, VRUNDEN runden nach unterschiedlichen Regeln.

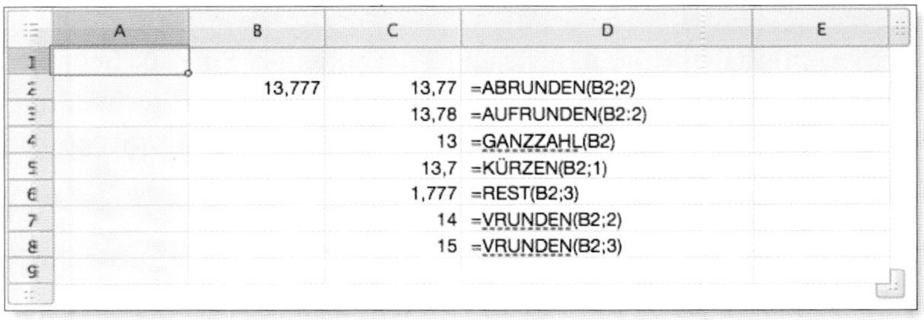

	A	B	C	D	E
1					
2		13,777	13,77	=ABRUNDEN(B2;2)	
3			13,78	=AUFRUNDEN(B2:2)	
4			13	=GANZZAHL(B2)	
5			13,7	=KÜRZEN(B2;1)	
6			1,777	=REST(B2;3)	
7			14	=VRUNDEN(B2;2)	
8			15	=VRUNDEN(B2;3)	
9					

Was man mit einer Zahl alles anfangen kann, zeigen diese fünf Funktionen.

Die Funktion SUMME dürfte inzwischen hinreichend bekannt sein. Eine interessante Variante ist die Funktion SUMMEWENN. Abhängig von einer Bedingung wird aus einem Bereich summiert – oder eben nicht. Im folgenden Beispiel wird aus einer Liste nur dann die Menge addiert, wenn das zugehörige Datum zum Jahr 2008 (»>31.12.2007«) gehört.

fx =SUMMEWENN(B2:C9; ">31.12.2007" ;C2:C9)

	A	B	C	D	E
1		**Datum**	**Menge**		
2		01.01.2008	13	Summe 2008:	70
3		31.12.2007	7		
4		15.10.2007	21		
5		05.02.2007	19		
6		18.01.2008	33		
7		27.01.2008	15		
8		02.11.2007	3		
9		12.02.2009	14		
10					
11			125		
12					

Summiert wird nur, wenn die Bedingung erfüllt ist.

Referenz-Funktionen

Referenz-Funktionen helfen bei der Auswertung von Listen und Bereichen. Numbers bringt überraschend viele dieser Funktionen mit; insgesamt 16. Damit lässt sich manche Tabelle sehr flexibel auswerten. Wie man die SVERWEIS-Funktion zur Auswertung einer Telefonliste heranziehen kann, sehen Sie im folgenden Beispiel.

Der Aufbau der SVERWEIS-Funktion lautet:

```
=SVERWEIS(Suchwert; Zellbereich; Spalte; [exakte Übereinstimmung])
```

Der letzte Parameter ist optional und kann in vielen Fällen entfallen. Eine »0« bedeutet hier, es wird nach exakter Übereinstimmung gefragt und notfalls eine Fehlermeldung ausgegeben, eine »1« legt keinen Wert auf hundertprozentige Übereinstimmung.

=SVERWEIS(F4; A2:C12; 3;)

	A	B	C	D	E	F	G	H	I
1	Name	Vorname	Telefon						
2	Heinzel	Josefine	0123-4567890						
3	Pan	Peter	023-4566666			Name	Vorname	Telefon	
4	Mauseloch	Karl-Heinz	031-998710			Weber	Susanne	0123-489898	
5	Müller	Marianne	098-1212121						
6	Samson	Siegrun	0791-222222						
7	Mager	Pauline	0404-554321						
8	Haberstolz	Moritz	0333-2456787						
9	Conradt	Claus	020-5432222						
10	Johanson	Josef	0783-10001						
11	Weber	Susanne	0123-489898						
12	Toller	Thomas	041-999001						

Es reicht die Eingabe des Namens, um die anderen Informationen aus der Tabelle herauszusuchen.

Die SVERWEIS-Funktion wird zweimal eingesetzt. Einmal um den Vornamen herauszusuchen (als Referenzspalte wird beim dritten Parameter 2 für die zweite Spalte angegeben), und einmal um die zugehörige Telefonnummer zu ermitteln (Referenzspalte im dritten Parameter ist 3). Auf diese Weise holen Sie aus langen Listen immer die gerade benötigte Information, ohne lange blättern zu müssen.

Mit der WVERWEIS-Funktion suchen Sie statt in Spalten in Zeilen. Mit der Funktion HYPERLINK erstellen Sie einen Link, der auf eine Webseite verzweigt. Die Funktion VERGLEICH ermittelt die exakte Position eines gesuchten Werts innerhalb eines definierten Bereichs. Dies nur als kleine Auswahl aus den verschiedenen Referenzfunktionen.

Statistische Funktionen

Statistiker werden sich über die 69 Funktionen zu diesem Thema freuen. Im Vergleich zur ersten Version (33 Funktionen) hat sich die Anzahl der Funktionen in der Gruppe *Statistisch* mehr als verdoppelt. Mittelwerte, Standardabweichung, Varianzen, Trendanalyse u.a. sind möglich und damit einfach zu berechnen. Numbers wertet iWorks dadurch nicht unerheblich auf, denn wissenschaftliche Arbeiten lassen sich nun in einem bestimmten Rahmen ohne Umwege erstellen. Seminar- oder Abschlussarbeiten lassen sich nun entsprechende Auswertungen direkt hinzufügen. Wie Mittelwerte und Streuungsmaße mit Numbers berechnet werden können, soll im Folgenden gezeigt werden.

Mittelwerte berechnen

Numbers kennt einige Funktionen zur Berechnung der wichtigsten statistischen Mittewerte. Ein sehr einfach zu bestimmender Mittelwert ist der häufigste Wert, auch »Modus« oder »Modalwert« genannt. Eine gleichnamige Funktion (MO-

DALWERT) steht zur Verfügung. Der häufigste Wert innerhalb einer Datenmenge verändert sich nicht, auch wenn die Reihenfolge der Daten verändert wird.

Ein weiterer merkmalsspezifischer Mittelwert ist der »Zentralwert« oder »Median«. Dieser trennt eine Häufigkeitsverteilung in zwei gleich große Teile. Man nennt den Median auch das »50. Quantil« (Hundertstel) und meint damit, dass links vom Median 50 Prozent der Fälle aus der Häufigkeitsverteilung liegen. Die Funktion heißt MEDIAN.

Der Mittelwert, der umgangssprachlich mit diesem Namen bezeichnet wird, ist der »arithmetische Mittelwert«. Er wird ermittelt, indem man die Summe aller Werte durch die Anzahl dieser Werte dividiert. Auch hier ist der Name der Funktion mit seiner Bedeutung identisch: MITTELWERT. Neu hinzugekommen sind GEOMITTEL, mit dem der geometrische Mittelwert und HARMITTEL, mit dem der harmonische Mittelwert errechnet werden.

Es ist noch eine Varianten enthalten: MITTELWERTA berechnet ebenfalls den Mittelwert, bezieht aber Zellen mit logischen Inhalten und Texten in die Berechnung mit ein.

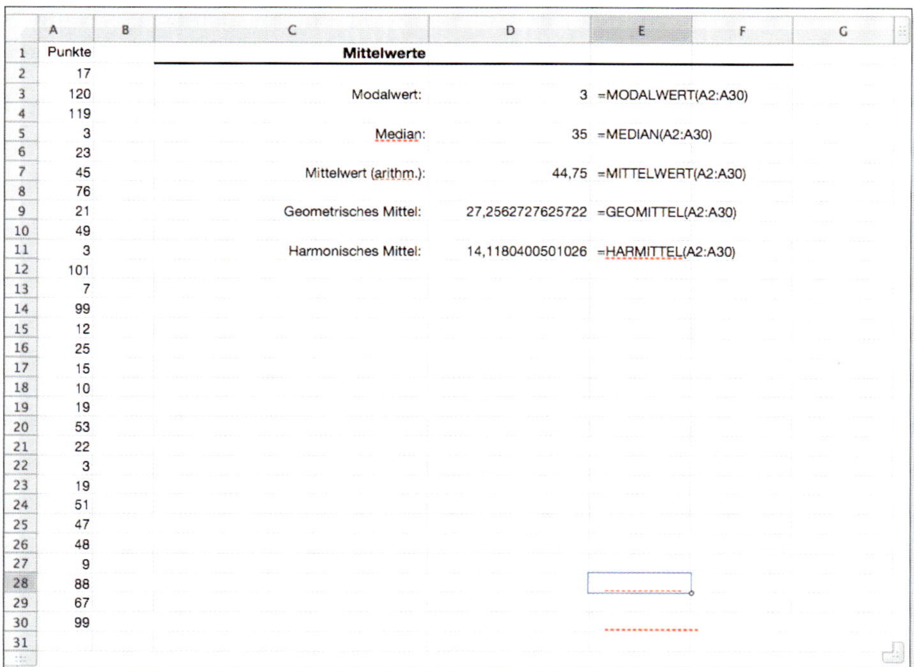

	A	B	C	D	E	F	G
1	Punkte		**Mittelwerte**				
2	17						
3	120		Modalwert:	3	=MODALWERT(A2:A30)		
4	119						
5	3		Median:	35	=MEDIAN(A2:A30)		
6	23						
7	45		Mittelwert (arithm.):	44,75	=MITTELWERT(A2:A30)		
8	76						
9	21		Geometrisches Mittel:	27,2562727625722	=GEOMITTEL(A2:A30)		
10	49						
11	3		Harmonisches Mittel:	14,1180400501026	=HARMITTEL(A2:A30)		
12	101						
13	7						
14	99						
15	12						
16	25						
17	15						
18	10						
19	19						
20	53						
21	22						
22	3						
23	19						
24	51						
25	47						
26	48						
27	9						
28	88						
29	67						
30	99						
31							

Mittelwerte aus einer Grundgesamtheit oder Stichprobe sind leicht zu realisieren.

Streuungsmaße

Ein Mittelwert sagt nichts darüber aus, wie weit die Merkmalswerte vom Mittelwert abweichen. Zur Beurteilung von Häufigkeitsverteilungen ist die Verteilung der Häufigkeiten, die Streuung, mit hinzuzuziehen. Sind die Merkmale stark um den Mittelwert konzentriert, liegt eine kleine Streuung vor, und der Mittelwert kann als repräsentativ angesehen werden. Auch für den Vergleich von Häufigkeitsverteilungen ist die Angabe der Streuung wichtig. Zwei gleiche Mittelwerte sagen noch nichts über die Verteilungsbreite der Merkmale aus.

Das einfachste Maß der Streuung ist die Spannweite. Sie gibt die Differenz zwischen dem größten und dem kleinsten Merkmalswert wider. Eine direkte Funktion gibt es dafür nicht, allerdings lässt sich die Spannweite leicht mit den Funktionen MIN und MAX ermitteln.

MIN gibt den kleinsten, MAX den größten Wert zurück. Beide Funktionen kombiniert in der Form

=MAX(A2:A30)-MIN(A2:A30)

ermitteln die Spannweite der auszuwertenden Grundgesamtheit oder Stichprobe.

Ein weiteres Streuungsmaß ist der »Quartilsabstand«. Damit ist der Abstand zwischen dem 25. und dem 75. Quantil (Quartil = Viertel; Quantil = Hundertstel) gemeint. Numbers kennt die Funktion QUARTILE, mit der nicht nur die beiden angegebenen Quantile ermittelt werden können. Quartile können z.B. bei Verkaufs- oder Umfragedaten verwendet werden, um die Grundgesamtheiten in Gruppen einzuteilen. Beispielsweise kann mit QUARTILE für eine Stichprobe erhobener Einkommen derjenige Wert ermittelt werden, ab dessen Höhe ein Einkommen zu den oberen 25 Prozent der Einkommen gehört.

Für die Funktion QUARTILE werden zwei Parameter benötigt:

- **Zahlengruppe:** Es muss ein Zellenbereich festgelegt sein, der die numerischen Werte enthält, deren Quartile bestimmt werden sollen.
- **Quartilzahl:** Diese Zahl gibt an, welcher Wert ausgegeben werden soll. Dabei bedeutet:
- 0 = der kleinste Wert
  1 = das untere Quartil (0,25 – Quantil, 25tes Quantil)
  2 = der Median (0,5 – Quantil, 50tes Quantil)
  3 = das obere Quartil (0,75 – Quantil, 75tes Quantil)
  4 = der größte Wert.

Die Formel für den Quartilsabstand lautet im Beispiel (siehe Abbildung):

=QUARTILE(A2:A30;3)-QUARTILE(A2:A30;1)

Weitere Streuungsmaße sind die durchschnittliche Abweichung und Standardabweichung – und in diesem Zusammenhang auch die Varianz. Die durchschnittliche Abweichung ist nichts anderes als der arithmetische Mittelwert aus den einzelnen unterschiedlichen Abweichungen. Die Numbers-Funktion für die durchschnittliche Abweichung heißt MITTELABW. Sie errechnet die mittlere Abweichung vom Durchschnitt (arithmetisches Mittel) einer Gruppe von Werten.

Die Summe der Abweichungsquadrate dividiert durch die Zahl der Messwerte ergibt die sogenannte Varianz. Die Varianz als Streuungsmaßzahl ist in der Statistik nicht direkt brauchbar. Als Brücke zur Standardabweichung – oder auch »mittlere quadratische Abweichung« genannt – besitzt sie trotzdem eine nicht unerhebliche Bedeutung.

GRUNDLAGEN

Numbers kennt mehrere Funktionen zur Berechnung der Varianz: VARIANZ und VARIANZA werden benutzt, um die Varianz aus einer Stichprobe zu berechnen. VARIANZEN und VARIANZENA beziehen sich auf eine Grundgesamtheit. VARIANZA und VARIANZENA werden immer dann eingesetzt, wenn auf Texte und leere Zellen Rücksicht genommen werden muss.

Wie schon gesagt, bildet die Varianz die Ausgangssituation zur Berechnung der Standardabweichung. Sie lässt sich zwar auch ohne vorherige Berechnung der Varianz ermitteln, doch ist diese eigentlich ein nötiger Zwischenschritt. In Numbers muss aber eigentlich kein Zwischenschritt gemacht werden. Für die Standardabweichung gibt es – ähnlich wie bei der Varianz – vier Funktionen: STABW und STABWA für die Standardabweichung aus einer Stichprobe und STABWN und STABWNA für die Standardabweichung aus einer Grundgesamtheit.

Weitere Auswertungsfunktion aus der Gruppe Statistisch sind: ANZAHL liefert die Anzahl der Werte, die in dem markierten Bereich liegen. Mit ZÄHLENWENN können Zellen abhängig von einer Bedingung gezählt werden. Im Beispiel (siehe Abbildung) werden alle Zellen gezählt, deren Inhalt kleiner als 100 ist.

	A				
13	7				
14	99	**Streuungsmaße**			
15	12				
16	25		Kleinster Wert:	3	=MIN(A2:A30)
17	15				
18	10		Größter Wert:	120	=MAX(A2:A30)
19	19				
20	53		Spannweite:	117	=D18-D16
21	22				
22	3		Quartilsabstand:	52	=QUARTILE(A2:A30;3)-QUARTILE(A2:A30;1)
23	19				
24	51		Mittlere Abweichung:	30,9583828775268	=MITTELABW(A2:A30)
25	47				
26	48		Varianz:	1402,57471264368	=VARIANZ(A2:A30;)
27	9				
28	88		Standardabweichung:	36,821491309047	=STABWN(A2:A30;)
29	67				
30	99				
31					
32			Zellen zählen abhängig von einer Bedingung:	26	=ZÄHLENWENN(A2:A30;"<100")
33					
34			Anzahl Werte:	29	=ANZAHL(A2:A30)
35					

Streuungsmaße sind nun für Numbers auch kein Problem mehr.

Technische Funktionen

Neu ist in Numbers 2 die Gruppe der Funktionen *Technisch*. Hier finden sich vor allem Funktionen zum Umrechnen.

Die Funktion BININDEZ wandelt eine binäre Zeichenfolge in Dezimalzahlen um, die Funktion BININHEX in Hexadezimalzahlen. Die Funktion DEZINBIN wandelt eine Dezimalzahl in eine binäre Zahlenfolge um, die Funktion DEZINHEX in eine hexadezimale. Die Funktion HEXINBIN wandelt eine Hexadezimalzahl in eine binäre Zahlenfolge um, die Funktion HEXINDEZ in eine dezimale. Die Funktion UMWANDELN ist ganz besonders praktisch. Mit ihr kann man verschiedene Maßsysteme umrechnen. Im Beispiel ist das Umrechnen von Meilen in Kilometer demonstriert.

HILFE

Welche Maßsysteme umgerechnet werden können, ist der Hilfe zu entnehmen. Öffnen Sie den Link *Für Umwandlung unterstützte Maßsysteme* in der Hilfe der Funktionenübersicht oder der iWork-Hilfe und Sie können sich die Maßsysteme, zwischen denen umgewandelt werden kann, anzeigen lassen. Es sind nicht wenige!

	A	B	C	D	E
1					
2					
3		1011	11	=BININDEZ(B3;2)	
4			0B	=BININHEX(B3;2)	
5		43	00101011	=DEZINBIN(B5;8)	
6			02B	=DEZINHEX(B5;3)	
7		02B	00101011	=HEXINBIN(B7;8)	
8			043	=HEXINDEZ(B7;3)	
9					
10		Meilen:	64,5		
11		km:	103,802688	=UMWANDELN(C10;"mi";"km")	
12					
13					

Die Umwandlungsfunktionen sind nicht nur für Techniker interessant.

Text-Funktionen

Numbers liefert auch eine Reihe von Text-Funktionen – insgesamt 22. Auf den ersten Blick klingt es unlogisch: Mit Text soll gerechnet werden? Das ist tatsächlich möglich, aber anders, als vielleicht vordergründig gedacht. Nehmen wir einmal unsere Telefonliste (siehe Referenz-Funktionen) wieder vor. Da wurden Name und Vorname getrennt in Felder eingegeben. Wenn nun für einen bestimmten Zweck aber der komplette Name in einer Zelle benötigt wird, dann kann dies beispielsweise über die Funktion VERKETTEN realisiert werden. Diese Funktion hängt mehrere Textelemente aneinander. Da dies in diesem Fall nicht übergangslos erwünscht ist, wird ein weiteres Textelement, ein Leerzeichen (» «), dazwischen gesetzt.

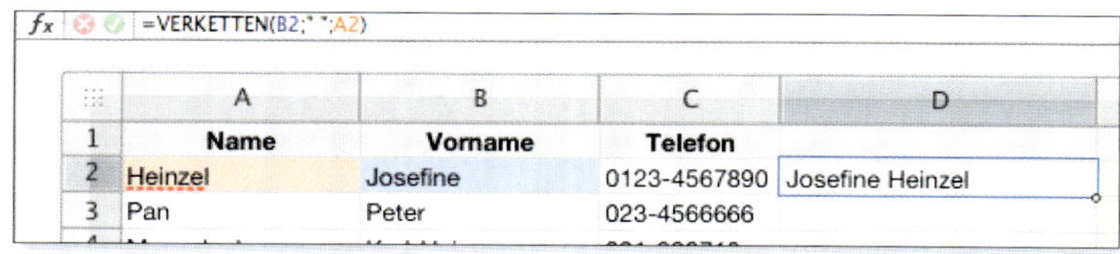

fx =VERKETTEN(B2;" ";A2)

	A	B	C	D
1	Name	Vorname	Telefon	
2	Heinzel	Josefine	0123-4567890	Josefine Heinzel
3	Pan	Peter	023-4566666	

Zwei Textelemente werden zu einem verkettet.

Umgekehrt geht es übrigens auch. Soll eine Zeichenkette getrennt werden, gibt es dafür verschiedene Funktionen, z.B. LINKS und RECHTS. Am Beispiel des zusammengefügten Namens probieren wir das mit den Funktionen LINKS und FINDEN einmal aus. Soll der Vorname herausgelöst werden, so muss von links an die Zeichenkette gezählt werden. Da die Namen unterschiedlich lang sind, kann nicht einfach eine Zahl vorgegeben werden, sonst gibt die Funktion LINKS (z.B. bei Vorgabe einer 3) einmal »Max« und einmal »Mor« (statt »Moritz«) zurück. Hier hilft die

FINDEN-Funktion weiter. Sie kann nach einem Merkmal suchen und die Position zurückgeben. Das Merkmal, das Vor- und Nachname trennt, ist das Leerzeichen. Beide Funktionen in Zusammenarbeit lösen sauber jeden Vornamen ungeachtet seiner Länge (oder Kürze) aus dem Namen heraus.

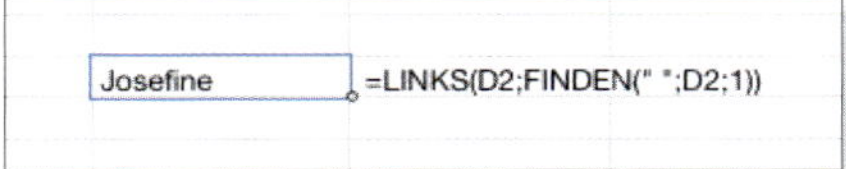

Was einmal zusammengefügt wurde, kann auch wieder getrennt werden.

Mit der Funktion ERSETZEN können Sie eine Zeichenkette komplett oder teilweise tauschen. Mit FEST wandeln Sie eine Zahl in einen Text um. GLÄTTEN entfernt Leerzeichen aus einem Text. Mit der Funktion IDENTISCH können Sie zwei Zeichenketten vergleichen, mit LÄNGE ermitteln Sie die Zeichenzahl einer Zeichenkette. SÄUBERN entfernt nichtdruckbare Zeichen aus einem Text, und SUCHEN findet die Startposition einer Zeichenkette innerhalb einer anderen. Dies ist eine kleine Auswahl derjenigen Textfunktionen, die häufiger genutzt werden (können).

Trigonometrische Funktionen

Ebenso wie bei den numerischen (mathematischen) Funktionen kommen bei einigen sicher ungute Erinnerungen an den Mathematikunterricht hoch, wenn von Trigonometrie gesprochen wird. Diese Funktionen spielen in der Geometrie (nicht zu vergessen auch in der Physik und auf anderen technischen Gebieten) keine untergeordnete Rolle. 15 dieser Funktionen bietet Numbers Ihnen an, und wenn Sie entsprechende Berechnungen vornehmen müssen (oder wollen), dann sind sie eine große Hilfe. Auch bei den Schulaufgaben können sie nützlich sein.

Als Beispiel nehmen wir die Funktionen ARCTAN, ARCSIN und ARCCOS. In einem rechtwinkligen Dreieck ist die Länge der Katheten 3 und 4 m, die Länge der Hypotenuse 5 m. Der Winkel zwischen der kürzeren Kathete und der Hypotenuse wird mit ARCTAN (3/4) berechnet.

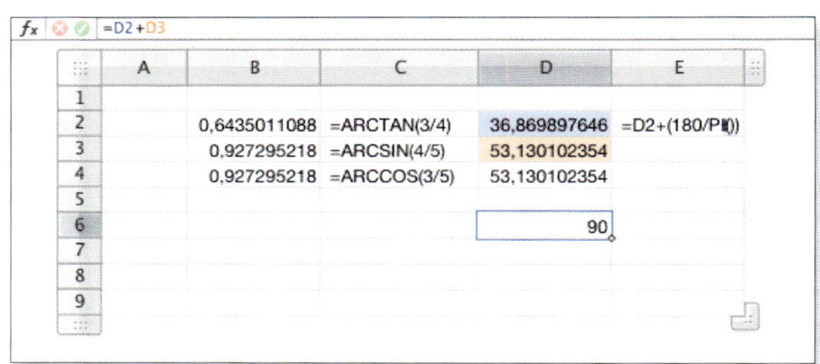

So leicht waren trigonometrische Berechnungen noch nie zu realisieren.

Multipliziert man nun die Ergebnisse mit 180/PI() (PI ist eine Funktion, die den Wert 3,14159265358979 zurückgibt), so erhält man die Gradzahl. Die errechnete Gradzahl von ARCTAN und ARCSIN oder ARCCOS addiert, ergeben in der Summe 90 Grad.

Damit sind alle Kategorien der Funktion vorgestellt worden und zu jeder Kategorie exemplarisch einige Funktionen in der Anwendung. Es sollte Ihnen nun nicht mehr schwer fallen, die Fähigkeiten auch der anderen Funktionen für Ihre Zwecke zu nutzen.

Kapitel 24

Numbers

Numbers - Import und Export

Das Nutzen vorhandener Informationen ist immer dann sinnvoll, wenn es sich um mehr als ein paar »Tastenanschläge« handelt. Vorhandenes neu einzutippen ist etwas, dass durch den Computer vermieden oder doch weitgehend reduziert werden sollte. Was in dieser Hinsicht mit Numbers möglich ist, zeigt das folgende Kapitel.

Import und Export

Das Übernehmen vorhandener Daten in Numbers-Tabellen und das Weitergeben von Daten aus Numbers an andere Anwendungen sollte möglich sein – und ist es auch. Leider ist Numbers noch nicht so flexibel in dieser Hinsicht, wie es wünschenswert wäre. Was möglich ist, zeigt dieses Kapitel.

Import

Import bedeutet, Daten aus anderen Programmen und/oder Dateien in eine Numbers-Tabelle zu holen. Wer schon länger mit dem Computer arbeitet, hat sicher schon einige Daten gesammelt im Laufe der Jahre. Die sollen ja nicht verloren sein, nur weil sich Hard- und Software ändern.

Datenimport aus Apple-Anwendungen

Am einfachsten geht es mit dem Adressbuch und iCal. Sie ziehen einfach eine Adresse in eine Tabelle, und Numbers übernimmt diese ordentlich mit je einem Eintrag in eine Zelle. Auch eine ganze Gruppe können Sie so in ein Numbers-Blatt integrieren. Es wird eine neue Tabelle angelegt und pro Adresse gibt es eine eigene Zeile. Weitere Adressen lassen sich solch einer Tabelle einzeln oder in Gruppen hinzufügen.

Nicht ganz so schön funktioniert das mit iCal. Wenn Sie einen Termin einfach auf das Blatt ziehen, wird dort ein Objekt angelegt. Sie müssen den Termin in eine vorbereitete Tabelle ziehen, damit er dort eingetragen wird. Dabei werden zwei Zellen belegt: eine für die Terminbeschreibung und eine für die Termindaten.

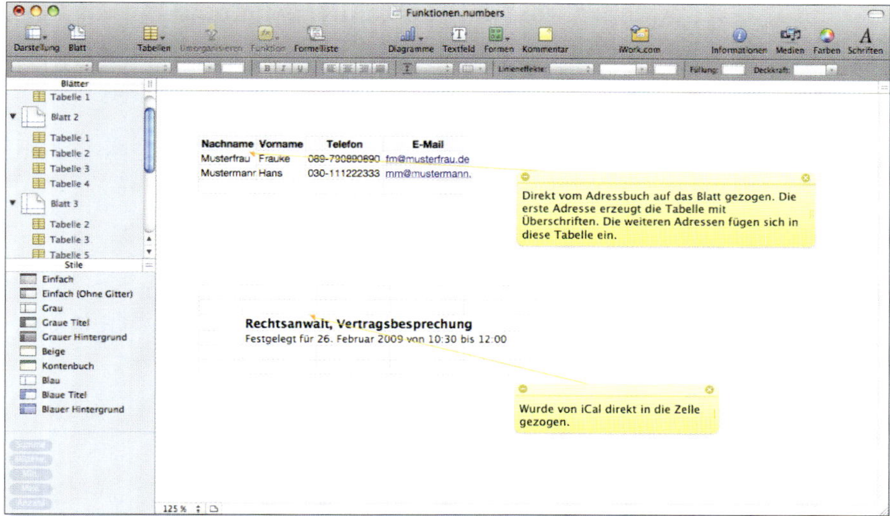

Adressbuch- und iCal-Daten lassen sich per Drag&Drop in ein Numbers-Blatt integrieren.

Haben Sie mit AppleWorks 6 gearbeitet? Dann sind Sie fein raus. Die damit erstellten Tabellen lassen sich in Numbers öffnen und weiter bearbeiten. Das funktioniert über den *Öffnen*-Dialog oder indem Sie die AppleWorks-Tabelle direkt auf das Numbers-Programmsymbol im Dock ziehen.

Numbers kann auch Dateien im CSV-Format (mit Kommas als Trennzeichen), Textdateien mit Tabulatoren als Trennzeichen (Tab-Delimited) sowie OFX-Dateien (OFX steht für Open Financial Exchange, das hier in Deutschland aber bisher kaum verbreitet ist) importieren – nicht aber, wie schon erwähnt, Dateien mit Semikolon als Trennzeichen.

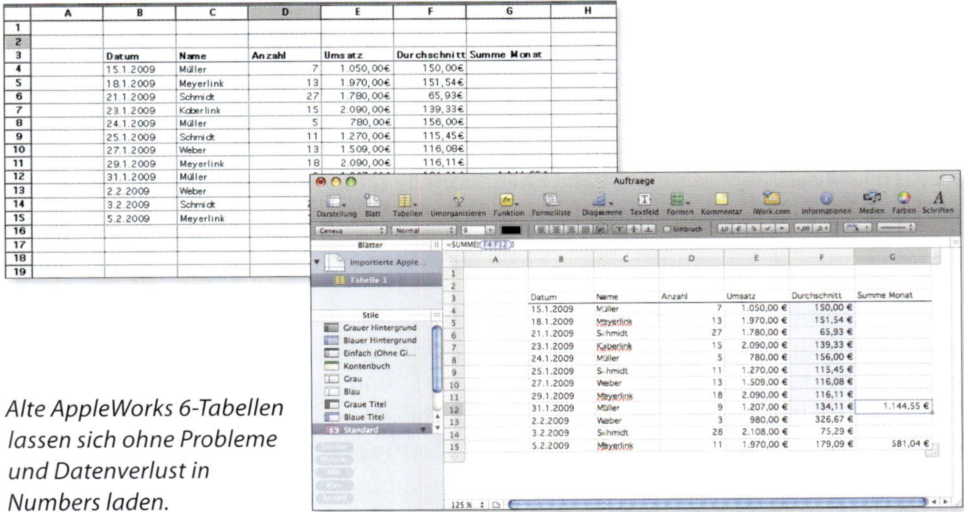

Alte AppleWorks 6-Tabellen lassen sich ohne Probleme und Datenverlust in Numbers laden.

Datenimport aus Dateien

Eine spezielle Importfunktion gibt es in Numbers nicht. Es existiert nur der Befehl *Ablage | Öffnen …*, mit dem Sie nicht nur Numbers-Dateien, sondern auch andere (z.B. txt-Dateien, xls-Dateien) auswählen und öffnen können. Bei Textdateien ist ein Gelingen nicht unbedingt garantiert. Liegen die Daten darin z.B. mit Semikola getrennt vor, wird alles in eine Zelle geschrieben. Excel-Dateien werden in der Regel erkannt und konvertiert, es gibt aber nicht unerhebliche Einschränkungen.

Einfacher als über den *Öffnen …*-Befehl geht es, wenn Sie eine Excel-Datei direkt auf das Numbers-Symbol im Dock oder in ein Numbers-Blatt ziehen. Numbers erkennt das Excel-Format und konvertiert zunächst fleißig vor sich hin. Dann finden Sie die Excel-Arbeitsmappe plötzlich in einem Numbers-Layout wieder, von einem kleinen, grauen Fenster überlagert.

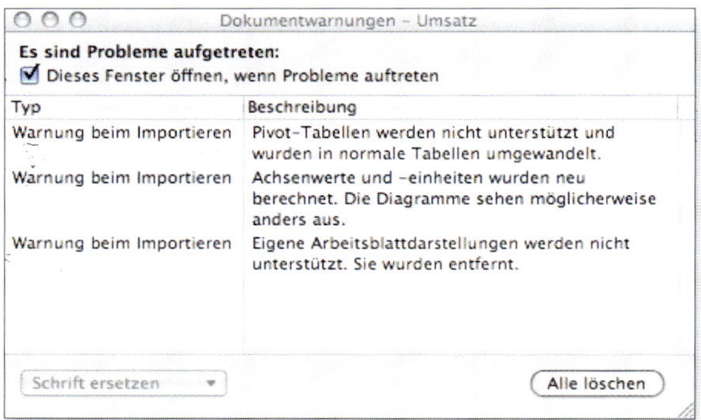

Numbers kennt Excel – aber nicht alles davon!

Darin finden Sie entsprechende Hinweise. *Warnung beim Importieren* hört sich meist schlimmer an, als es ist. Oft sind nur bestimmte Formate von Numbers nicht erkannt worden. Alles andere ist enthalten. Schauen Sie lieber auf die Beschreibung. Wenn dort steht, dass etwas entfernt wurde, dann ist es schon kritischer. Sortierungskriterien sind noch verschmerzbar, weil die unter Numbers neu angelegt werden können. Wenn aber ganze Datenbereiche fehlen, dann ist die Excel-Tabelle in Numbers nicht mehr vollständig und funktioniert nicht so, wie sie sollte.

Importiert wird die gesamte Arbeitsmappe. Für jedes Excel-Arbeitsblatt wird auch eines in Numbers angelegt. Sind Diagrammobjekte enthalten, so überträgt Numbers die ins eigene Diagrammformat, es sei denn, in Excel gab es ein Format, das Numbers nicht kennt (z.B. das Ringdiagramm). Sind Makros in der Excel-Arbeitsmappe enthalten, dann werden die auch nicht übernommen. Numbers versteht VBA (=Visual Basic for Application) nicht, allerdings ist VBA in der aktuellen Version von Microsoft Office 2008 für den Mac nicht mehr enthalten.

Numbers ist in der Lage, einfache Excel-Anwendungen und Tabellen zu übernehmen und zu konvertieren. Für komplexe Excel-Anwendungen ist Numbers ungeeignet. Die Funktionen sind weitgehend Excel-kompatibel, gemessen am Funktionsumfang von Excel sind die Numbers-Funktionen aber immer noch nur eine kleine Teilmenge, auch wenn in der zweiten Version von Numbers inzwischen gut zugelegt wurde. Wer vorher mit Excel gearbeitet hat, wird nicht mit seinen ganzen Anwendungen umsteigen können. Wer Excel nur gelegentlich genutzt und dabei überschaubare Tabellen erstellt hat, bekommt jetzt eine gute Gelegenheit, diese zu übertragen und in Numbers bequemer zu gestalten.

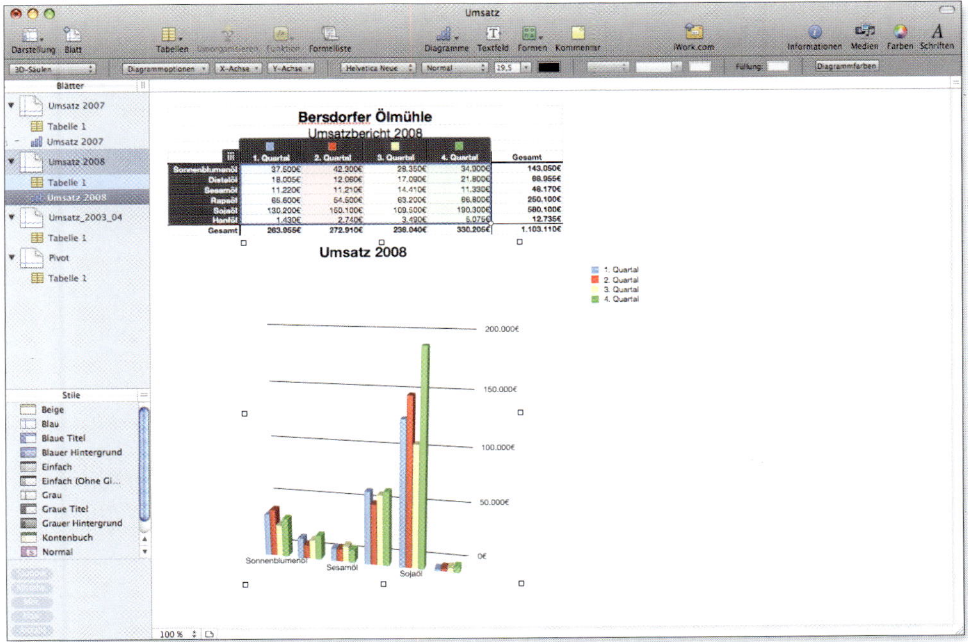

Diagramme werden korrekt konvertiert und können in Numbers weiterbearbeitet werden.

Datenexport

Der umgekehrte Weg mag interessanter erscheinen. Eine Numbers-Tabellenanwendung soll exportiert werden, damit sie in anderen Anwendungen (u.a. auch auf Windows PCs, auf denen Numbers nicht verfügbar ist) geöffnet werden kann.

Excel und iWork '08

Um eine Numbers-Datei als Excel-Arbeitsmappe oder im iWork '08-Format abzuspeichern, wählen Sie den *Sichern unter …*-Dialog

1. Wählen Sie *Ablage | Sichern unter …* .
2. Aktivieren Sie das Kontrollkästchen vor *Kopie sichern als:*

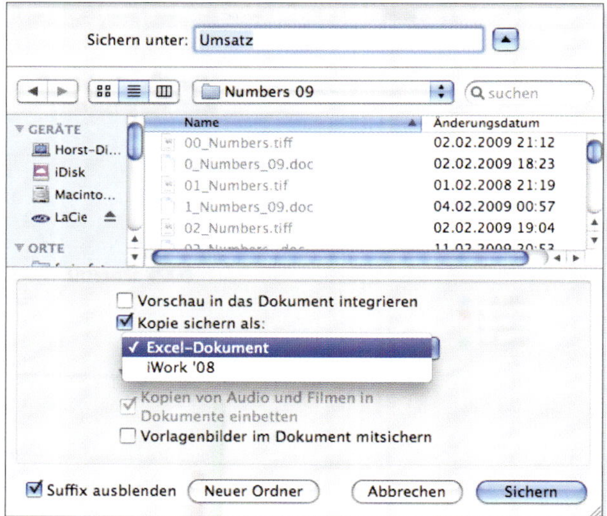

Numbers stellt zwei Formate für den Export zur Verfügung.

3. Wählen Sie ein Format für den Export aus.
4. Bestätigen Sie mit *Sichern*.

Die Konvertierung in eine Excel-Arbeitsmappe ist dann angeraten, wenn die Tabellenanwendung weiterbearbeitet werden soll. Die solcherart konvertierten Dateien können mit Microsoft Excel auf einem Mac OS X-Computer oder einem Windows-Computer geöffnet und bearbeitet werden. Jede Tabelle wird dabei in ein Excel-Arbeitsblatt konvertiert. Alle anderen Objekte werden gemäß der Numbers-Hilfe auf separaten Arbeitsblättern platziert. Tatsächlich konnte ich beim Ausprobieren aber feststellen, dass die Diagramme auf dem Tabellenarbeitsblatt blieben. Einige der Formelberechnungen können in Excel anders funktionieren. Sie sollten deshalb nach dem Export die Funktion aller Formeln überprüfen. Numbers hilft dabei, indem es nach dem Export einen Bericht ausgibt.

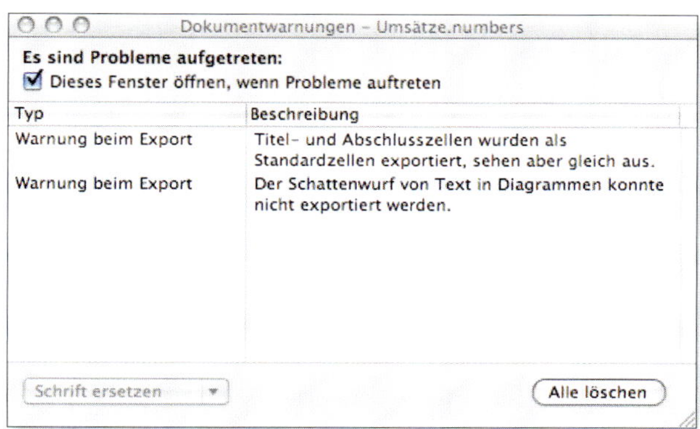

Nach dem Konvertieren in eine Excel-Datei weist Numbers auf Probleme hin, die dabei entstanden sind.

Die meisten Probleme, die noch auf diesem Weg entstehen, sind solche, die grafische Effekte oder Layoutoptionen betreffen. Sonst machen sich Numbers-Tabellen und -Diagramme in Excel eigentlich nicht schlecht.

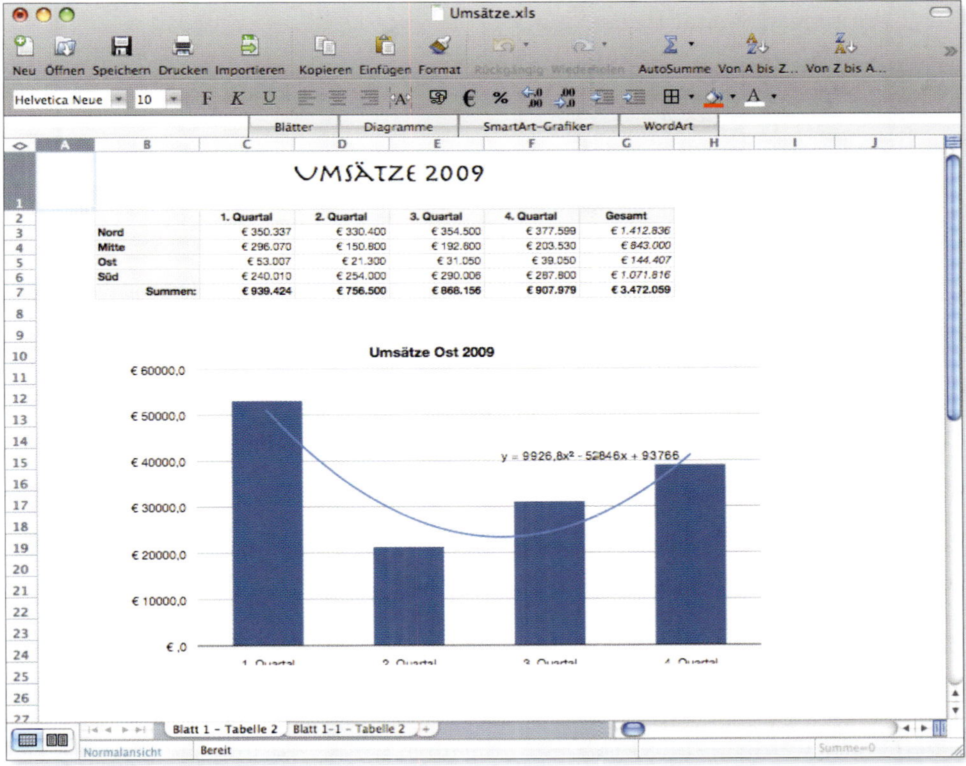

	1. Quartal	2. Quartal	3. Quartal	4. Quartal	Gesamt
Nord	€ 350.337	€ 330.400	€ 354.500	€ 377.599	€ 1.412.836
Mitte	€ 296.070	€ 150.800	€ 192.600	€ 203.530	€ 843.000
Ost	€ 53.007	€ 21.300	€ 31.050	€ 39.050	€ 144.407
Süd	€ 240.010	€ 254.000	€ 290.006	€ 287.800	€ 1.071.816
Summen:	€ 939.424	€ 756.500	€ 868.156	€ 907.979	€ 3.472.059

Die Numbers-Tabelle und das Numbers-Diagramm haben in Excel kaum etwas eingebüßt.

Das ältere iWork '08-Format ist nur dann interessant, wenn Dateien an jemand weitergegeben werden sollen, der noch mit einer älteren Version arbeitet. Zu beachten ist, dass dabei die Funktionalität leiden kann, nämlich dann, wenn in der Tabelle Funktionen benutzt werden, die Numbers in der ersten Version noch nicht kannte.

Das CSV-Format

Das CSV-Format, das in der ersten Version von Numbers noch über das Menü *Ablage* zu erreichen war, ist über diesen Weg nicht mehr zu realisieren. Gehen Sie folgendermaßen vor:

Wählen Sie *Bereitstellen | Exportieren …* .

5. Klicken Sie auf den *CSV-Button*.
6. Wählen Sie eine *Textcodierung* und …
7. … bestätigen Sie mit *Weiter …* .

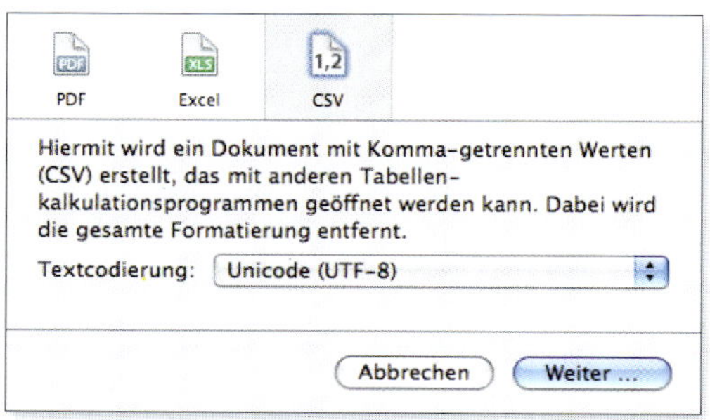

Das CSV-Format ist das ideale Austauschformat zwischen unterschiedlichen Tabellenkalkulationen.

8. Geben Sie der Tabelle einen Namen (oder akzeptieren Sie die Vorgabe).
9. Schließen Sie den Vorgang mit einem Klick auf *Exportieren* ab.

Die meisten Tabellenkalkulationsprogramme (und auch einige Datenbankanwendungen) können Dateien im CSV-Format öffnen. In einer CSV-Datei werden die Zellenwerte in jeder Zeile durch ein Komma getrennt. Die einzelnen Zeilen werden mit einem Zeichen für das Zeilenende getrennt. Jede Tabelle wird in eine eigene CSV-Datei geschrieben und alle Dateien zusammen in einem Ordner abgelegt. Grafiken werden nicht exportiert. Formeln gehen verloren, aber die zuletzt berechneten Werte werden exportiert. Das ist die ungünstigste Lösung. Sie erfordert viel Nacharbeit und lohnt nur, wenn viel Datenmaterial vorhanden ist, dass sonst mühevoll neu eingegeben werden müsste.

PDF-Dokumente erstellen

PDF-Dokumente eignen sich dann für die Weitergabe, wenn sie systemunabhängig von vielen gelesen werden sollen und Bearbeitung und Veränderung der Daten nicht gewünscht ist. Für PDF-Dateien kann im folgenden Dialog (über *Bereitstellen | Exportieren …*) eine gute, bessere oder optimale Bildqualität ausgewählt werden. Sie haben dann zwei Möglichkeiten:

- Wählen Sie *Seitenansicht* aus dem Einblendmenü *Layout*, so wird das Dokument als PDF erstellt, wie Sie es auch auf dem Drucker ausgegeben würden. Beachten Sie, dass Layouteinstellungen, die Sie vorgenommen haben (z.B. Quer- oder Hochformat) angewandt werden, dies also bei unterschiedlichen Einstellungen der Blätter auch so im PDF-Dokument erscheint.

- Wählen Sie *Blattanischt* aus dem Einblendmenü *Layout*, wird von jedem Blatt ein PDF-Dokument als einzelne Seite erstellt. Auch hierbei spielen Layouteinstellungen (Hoch/Quer) eine Rolle, allerdings wird jedes Blatt für eine Seite passend gemacht. Sie können so verhindern, dass Blätter aufgeteilt werden, was oft – aber nicht immer – wünschenswert ist.

Öffnen Sie über *Sicherheitsoptionen* den Bereich für erweiterte Einstellungen. Sie können dann festlegen, ob für das Öffnen oder das Kopieren des Inhalts Ihres PDF-Dokuments ein Kennwort nötig ist.

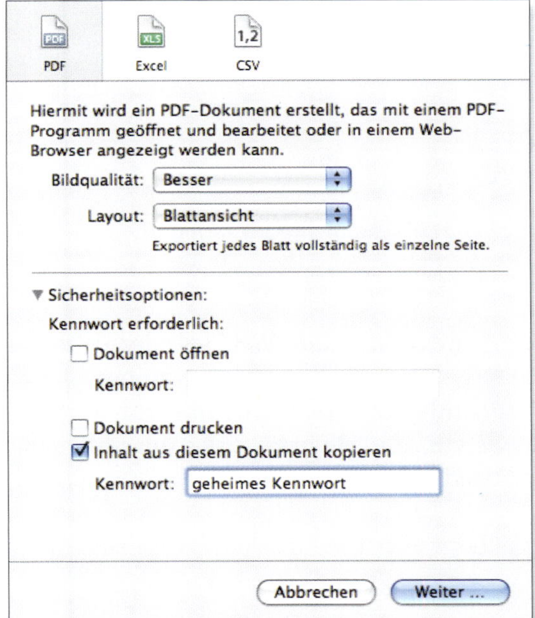

PDF-Dokumente können in Numbers mit Sicherheitsoptionen erstellt werden.

GRUNDLAGEN

Nach wie vor können Sie auch über den üblichen Weg – über das *Drucken*-Menü – ein PDF-Dokument erzeugen. Allerdings stehen Ihnen dann nicht die Optionen zur Qualitätseinstellung und zu den Sicherheitsoptionen zur Verfügung.

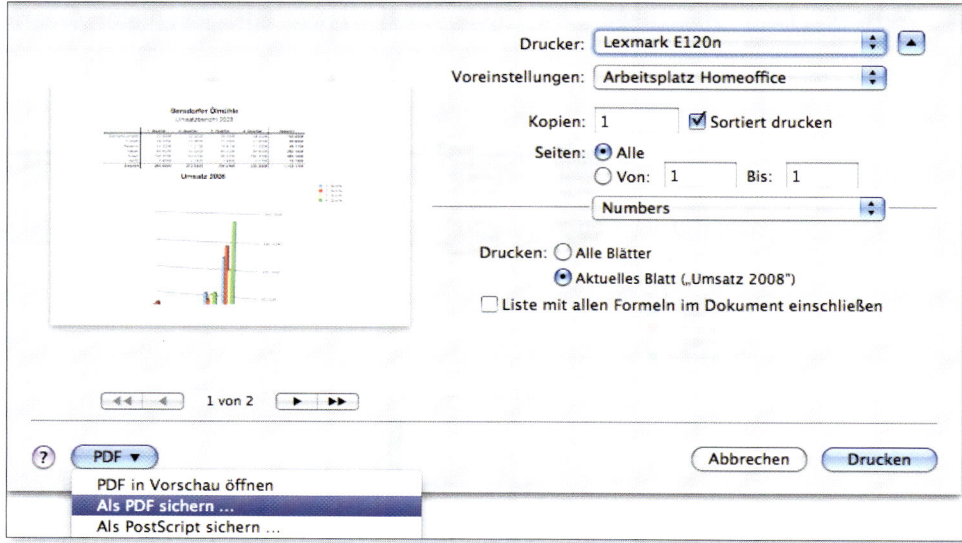

Auch der Drucken-Dialog stellt die Erzeugung von PDF-Dokumente zur Verfügung.

Mit iWeb veröffentlichen

Eine weitere Möglichkeit bietet sich den Anwendern, die iWeb '08 oder iWeb '09 (aus dem jeweiligen iLife-Paket) installiert haben. Dann können Numbers-Tabellenanwendungen auch im Internet veröffentlicht werden. Alle mit früheren Versionen von iWeb bleiben allerdings außen vor. Das Menü lässt sich anwählen, die Einträge sind aber grau hinterlegt und lassen sich nicht aufrufen.

Um eine Numbers-Tabelle nach iWeb zu übertragen, gehen Sie folgendermaßen vor:

1. Wählen Sie *Bereitstellen | An iWeb senden | PDF* oder wählen Sie *Ablage | An iWeb senden | Numbers-Dokument.*

HILFE

Mit der Option *PDF* wird eine PDF-Version Ihrer Tabellenkalkulation erzeugt.

Mit der Option *Numbers-Dokument* wird eine Archivversion Ihrer Tabellenkalkulation erstellt.

iWeb wird geöffnet oder in den Vordergrund geholt, und Sie können ein neues oder vorhandenes Blog bzw. einen neuen oder vorhandenen Podcast auswählen. Da wird die Tabellenkalkulation angefügt. Ist nur ein Blog oder Podcast vorhanden, wird die Tabellenkalkulation ohne weitere Rückfragen daran angehängt. PDF-Dokumente werden bei Abonnenten automatisch an ihre iTunes-Mediathek gesendet.

AUFGEPASST

Über diesen Weg werden Numbers-Tabellen nicht etwa als Webseite veröffentlicht; lediglich das Zurverfügungstellen als Anhang zu einem Blog oder Podcast ist möglich. Erwarten Sie also nicht, die Tabelle auf Ihrer Homepage mit Zeilen und Spalten zu sehen.

E-Mail

Numbers-Blätter können über *Bereitstellen | Per E-Mail senden* sowohl im Originalformat wie auch als Excel-Arbeitsmappe oder PDF-Dokument verschickt werden. Nach der Auswahl dieser Option wird das E-Mail-Programm geöffnet und das Dokument im jeweiligen Format angehängt. Sie müssen nur noch den Empfänger und einen Betreff eintragen, und schon kann es auf die digitale Reise gehen.

iWork.com

Eine neue Möglichkeit, bei Auslieferung von iWork '09 auch nur in der Betaphase verfügbar, ist *Über iWork.com bereitstellen …* . Apple bereitet einen Dienst vor, in dem es möglich sein wird, iWork-Dokumente online zur Verfügung zu stellen.

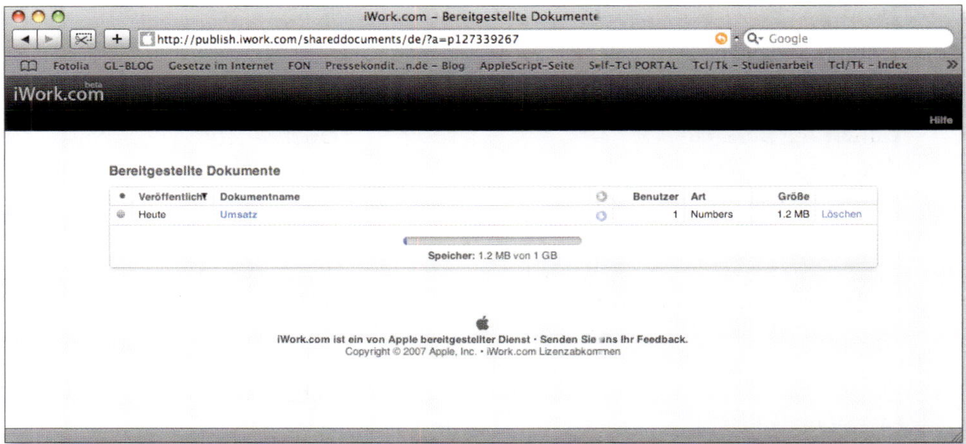

Numbers-Dokumente lassen sich künftig online mit anderen teilen.

Leistungs- und Bedienungsumfang sind letztendlich noch nicht geklärt, auch nicht, ob ein me.com-Account für den dort einstellenden Anwender zwingend nötig sein

wird oder nicht. Immerhin sollen die dort bereitgestellten Dateien über den Browser abgerufen werden können, egal, ob von einem Mac oder einem Windows-PC. Eine direkte Bearbeitung über den Browser ist zumindest derzeit nicht in Sicht. Dafür können Kommentare abgegeben und verwaltet werden.

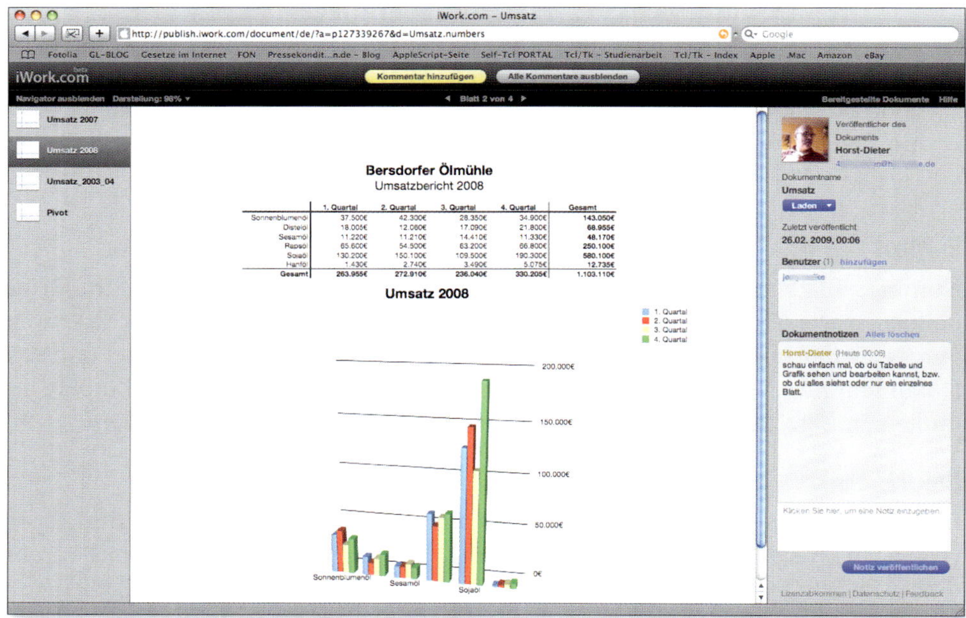

Numbers-Dokumente lassen sich über iWork.com im Browser betrachten und mit Kommentaren versehen.

Tastenkombinationen

Tastenkombinationen

Bei der Arbeit mit den Programmen und Dokumenten sind Tastenkürzel häufig die schnellere Variante zu den Befehlen in den Menü- oder Symbolleisten. Sie finden in den folgenden Tabellen nützliche Kombinationen für Ihre Arbeit mit Pages, Numbers und Keynote.

Tastenkürzel für die Arbeit mit »Pages«, »Numbers« und »Keynote«

Tastenkombination	Funktion
⌘ – ⌥ – I	Fenster »Informationen« einblenden / ausblenden.
⌘ – T	Schriftenfenster öffnen.
⌘ – ⇧ – C	Farbpalette einblenden / ausblenden.
⌘ – R	Lineale einblenden / ausblenden.
⌘ – ⌥ – +	Ansicht vergrößern.
⌘ – ⌥ – -	Ansicht verkleinern.
⌘ – F	Fenster »Suchen & ersetzen« öffnen.
⌘ – + (Pluszeichen)	Schrift vergrößern.
⌘ – - (Minuszeichen)	Schrift verkleinern.
⌘ – A	Markiert das gesamte Dokument.
⌘ – C	Kopiert ein markiertes Objekt.
⌘ – V	Fügt kopierte Textstelle oder Grafik an einen anderen Ort ein.
⌘ – X	Schneidet ein markiertes Objekt aus.
⌘ – D	Ein ausgewähltes Objekt duplizieren.
⌘ – ⌥ – C	Absatzstil kopieren.
⌘ – ⌥ – V	Absatzstil einsetzen.
⌘ – ⌥ – ⇧ – V	Kopierten Text einsetzen und an Stil des Zieltextes anpassen.
⌥ – ↑	Zeile oberhalb in Tabelle einfügen.
⌥ – ↓	Zeile unterhalb in Tabelle einfügen.
⌥ – ←	Spalte links in Tabelle hinzufügen.
⌥ – →	Spalte rechts in Tabelle hinzufügen.

Tastenkombination	Funktion
⌘ – S	Speichert das Dokument.
⌘ – P	Löst den Druckbefehl aus.
⌘ – Z	Macht den letzten Schritt rückgängig.
⌘ – Y	Wiederholt den letzten Schritt.
⌘ – ,	Die Einstellungen öffnen.
⌘ – N	Öffnet eine neue Datei bzw. das Auswahlfenster.
⌘ – <	Durch die geöffneten Fenster eines Programms blättern.
⌘ – M	Legt das Anwendungsfenster im Dock ab.
⌘ – W	Schließt das Anwendungsfenster.
⌘ – H	Blendet das Programm aus.
⌘ – Q	Beendet das Programm.

Objekte bewegen, markieren, maskieren

Tastenkombination	Funktion
Objekt markieren + ← → ↑ ↓	Bewegen des ausgewählten Objekts um einen Pixel.
Objekt markieren + ⇧ – ← → ↑ ↓	Bewegen des ausgewählten Objekts um zehn Pixel.
⌘ – ⌥ – G	Markierte Objekte gruppieren.
⌘ – ⌥ – ⇧ – G	Gruppierung aufheben.
⌘ – L	Markierte Objekte schützen.
⌘ – ⌥ – L	Schutz aufheben.
⇧ – ↑	Markiert Zeilen aufwärts.
⇧ – ↓	Markiert Zeilen abwärts.
⇧ – ←	Markiert Zeichen links vom Cursor.
⇧ – →	Markiert Zeichen rechts vom Cursor.
⌘ – ⇧ – ←	Markiert das Wort links vom Cursor.
⌘ – ⇧ – →	Markiert das Wort rechts vom Cursor.
⌘ – ⇧ – M	Ein Bild maskieren oder Maske entfernen.

Tastenkombination	Funktion
Doppelklicken auf maskiertes Objekt	Maskierungsmodus beenden.
⌘ – R	Den Textbearbeitungsmodus beenden und das Objekt auswählen.
⌘ – ⌥ – ⇧ – F	Ein Objekt schrittweise nach vorn bewegen.
⌘ – ⇧ – F	Ein Objekt ganz nach vorn bewegen.
⌘ – ⌥ – ⇧ – B	Ein Objekt schrittweise nach hinten bewegen.
⌘ – ⇧ – B	Ein Objekt ganz nach hinten bewegen.

Tastenkürzel für »Pages«

Tastenkombination	Funktion
⌘ – ⇧ – T	Stile einblenden / ausblenden.
⌘ – ⇧ – P	Miniaturseiten einblenden / ausblenden.
⌘ – ⇧ – F	Suchfeld einblenden / ausblenden.
⌘ – ⇧ – L	Layout einblenden / ausblenden.
⌘ – ⇧ – I	Steuerzeichen einblenden / ausblenden.
F1 bis F8, falls diese Tasten im Fach »Stile« zugewiesen sind	Einen Absatzstil, Listenstil oder Zeichenstil anwenden.

Tastenkürzel für das Vorführen einer Präsentation

Tastenkombination	Funktion
⌘ – ⌥ – P	Vorführung starten.
⌥ – Klick in das Symbol Vorführen	Die Präsentation von der ersten Folie aus starten.
Leertaste, Return-Taste, Abwärtspfeil oder Mausklick	Zur nächsten Animation.
⇧ – ←	Zurück zur letzten Animation.
⇧ – ↓	Zur nächsten Folie.
↑ oder P	Zurück zur vorherigen Folie.

Tastenkombination	Funktion
↖	Zur ersten Folie.
↘	Zur letzten Folie.
Z	Schrittweise rückwärts durch zuletzt angezeigte Folien.
H	Präsentation ausblenden; das zuletzt verwendete Programm einblenden.
B	Präsentation anhalten und schwarzen Bildschirm zeigen.
W	Präsentation anhalten und weißen Bildschirm zeigen.
Foliennummer eingeben	Wechsel zu einer bestimmten Folie mit Hilfe des Folienwechslers.
esc	Folienwechsler schließen.
U	Aufwärtsblättern in den Notizen auf Moderator-Monitor.
D	Abwärtsblättern in den Notizen auf Moderator-Monitor.
esc oder Punkt (.)	Präsentation beenden.

Tastenkürzel für »Numbers«

Tastenkombination	Funktion
⌘ – N	Öffnet die Vorlagenübersicht, bzw. die in den Numbers-Einstellungen festgelegte Vorlage.
⌘ – ⇧ – N	Öffnen der Vorlagenübersicht.
⌘ – O	Öffnet eine vorhandene Tabelle.
⌘ – ⇧ – S	Den Dialog Sichern unter öffnen.
⌘ – ⌥ – I	Informationsfenster einblenden.
⌘ – R	Dokumentlineale anzeigen.
⌘ – ⇧ – L	Anzeigen des Layouts.
⌘ – ⇧ – C	Anzeigen des Fensters »Farben«.
⌘ – H	Das Programm »Numbers« ausblenden.
⌘ – Q	Das Programm »Numbers« beenden.

Tastenkürzel für das Bewegen in der Tabellenkalkulation

Tastenkombination	Funktion
⇞	Eine Anzeigenseite nach oben blättern.
⇟	Eine Anzeigenseite nach unten blättern.
⌥ – ⇞	Eine Anzeigenseite nach links blättern (gilt auch in der Druckansicht)
⌥ – ⇟	Eine Anzeigenseite nach rechts blättern (gilt auch für die Druckansicht)
↖ oder home	An den Anfang des Blattes springen.
↘ oder end	An das Ende des Blattes springen.
⌘ – ⇞	Zum vorherigen Blatt wechseln
⌘ – ⇟	Zum nächsten Blatt wechseln

Tastenkürzel für das Arbeiten mit Tabellen

Tastenkombination	Funktion
Auf eine Zelle klicken.	Auswählen (markieren) einer Zelle.
Eine Zelle auswählen und die Tastenkombination ⌘ – A drücken.	Auswählen des gesamten Zelleninhalts in einer Tabelle.
Ein Rahmensegment auswählen und die Tastenkombination ⌘ – A drücken.	Auswählen aller Zellenrahmen in einer Tabelle.
←	Löschen der ausgewählten Tabellen, des ausgewählten Rahmensegments oder des Inhalts der ausgewählten Zellen.
Tabelle bei gedrückter ⇧-Taste bewegen	Die Bewegung der Tabelle wird eingeschränkt. Sie rastet an den Hilfslinien ein.
Rahmen der ausgewählten Zelle per Drag&Drop über die Zielzelle bewegen; Maustaste loslassen, wenn Zielzelle ausgewählt ist.	Der Inhalt der ausgewählten Zelle wird in eine andere Zelle geschoben und der in der Zielzelle enthaltene Inhalt überschrieben.
Ausgewählte Zelle bei gedrückter ⌥ -Taste zu einer anderen Zelle bewegen.	Der Inhalt der ausgewählten Zelle wird in die Zielzelle kopiert.
Bei gedrückter ⇧-Taste auf die andere Zelle klicken (oder ⇧- und Pfeiltasten verwenden)	Die Auswahl wird um die zusätzlich angewählte(n) Zelle(n) erweitert.

Tastenkombination	Funktion
Bei gedrückter ⌘-Taste auf die ausgewählte bzw. nicht ausgewählte Zelle klicken.	Eine Zelle wird zur Auswahl hinzugefügt, bzw. entfernt.
Zelle auswählen und ein Mmal, zweimal oder dreimal klicken	Bearbeiten des Zellinhalts.
Bei gedrückter Befehlstaste auf eine ausgewählte Zelle klicken.	Auswählen einer Tabelle.
⇥	Auswählen der nächsten Zelle
⇧ – ⇥	Auswählen der vorherigen Zelle
In der letzten Zelle der Tabelle die ⇥-Taste drücken.	Hinzufügen einer neuen Zeile am Ende der Tabelle, wenn die letzte Zelle ausgewählt ist (die Option »Mit Zeilenschalter zur nächsten Zelle« darf nicht aktiviert sein).

Arbeiten mit bearbeitbaren Formen

Tastenkombination	Funktion
Einmal auf die Form klicken und dann erneut klicken.	Umwandeln einer eigenen Form in ein bearbeitbares Objekt
Auf den Punkt klicken und an eine andere Position bewegen.	Bewegen eines Punkts einer bearbeitbaren Form.
Auf den Punkt klicken und die Rückschritt-Taste drücken	Löschen eines Punkts einer bearbeitbaren Form.
Bei gedrückter ⌥-Taste an der Stelle auf den Rahmen der Form klicken, an der der Punkt hinzugefügt werden soll.	Hinzufügen eines Punkts zu einer bearbeitbaren Form.
Spitze Ecke durch Doppelklicken auswählen.	Ändern einer spitzen Ecke einer bearbeitbaren Form in eine abgerundete Ecke.
Auf Punkt der Kurve klicken und Aktivpunkte bewegen.	Umformen der Kurve einer bearbeitbaren Form.

Index

Index

Symbole

A

E

F

G

N

O

P

T

DATA QUEST

The World of Macintosh

Beratung und Verkauf
Kompetente Verkäufer und ein grosses Macintosh-Sortiment finden Sie in unseren sechs Filialen.

Online Shop www.dataquest.ch – täglich aktuell
Sie finden über 2'000 Artikel mit Produktebeschrieb und Bild im Shop.

Schulen und Institute
Edukative Institutionen, Lehrer und Studenten erhalten Spezialrabatte auf Apple Rechner und diverse Software.

24 Stunden Lieferservice
Alle Bestellungen, die bis 15.30 Uhr bei uns eingehen, werden am gleichen Tag (sofern ab Lager lieferbar) per Post «Priority» versandt.

Service und Support
Für Notfälle wählen Sie unsere Hotline 0900 57 62 92 (SFr. 3.13 pro Min.).

Vermietung
Mieten Sie Apple Rechner und Peripherie zu günstigen Preisen für Hardware-Engpässe, Messen und Präsentationen, Tel. 044 745 77 19.

Data Quest AG
Theaterplatz 8
3000 **Bern 7**
Tel. 031-310 29 39
Fax 031-310 29 31

Data Quest AG
Pilatusstrasse 18
6003 **Luzern**
Tel. 041-248 50 70
Fax 041-248 50 71

Data Quest AG
Baarerstrasse 11
6300 **Zug**
Tel. 041-725 40 80
Fax 041-725 40 81

Data Quest AG
Bahnhofplatz 1
8001 **Zürich**
Tel. 044-265 10 10
Fax 044-265 10 11

Data Quest AG
Riedstrasse 10
8953 **Dietikon**
Tel. 044-745 77 99
Fax 044-745 77 88

Data Quest AG
Weinbergstr. 71
8006 **Zürich**
Tel. 044-360 39 14
Fax 044-360 39 10

iLife '09
Das Praxisbuch

Das neue iLife '09 mit zahlreichen innovativen Features ist beeindruckend. Dieses Buch hilft Ihnen dabei, die Bestandteile der iLife '09-Suite kennenzulernen, und macht Sie mit den vielen neuen Funktionen vertraut.

Cronenberg, Radke, Vieser, Weber, Wölfel
Paperback | 480 Seiten
vierfarbig
EUR 29,70 | CHF 49,70
ISBN 978-3-908497-93-6

Microsoft Office:mac 2008

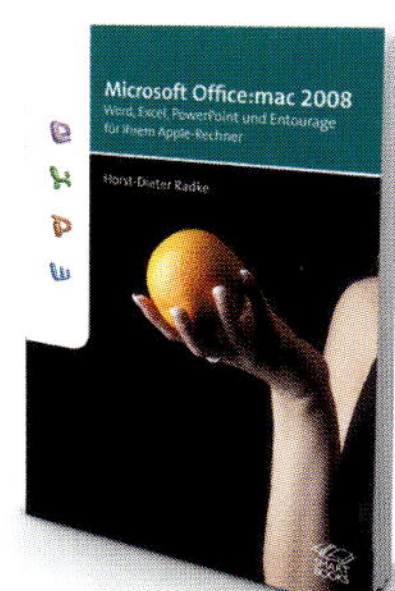

Word, Excel, Power-Point und Entourage für Ihren Apple-Rechner – Microsoft präsentiert mit Office: mac 2008 eine Version, die nicht eine «sklavische Umsetzung» der Windows-Version darstellt, sondern ganz eigenständige Merkmale aufweist.

Horst-Dieter Radke
Paperback | ca. 480 Seiten
EUR 29,95 (D) | CHF 52,30
ISBN 978-3-908497-60-8

Aktuelle Bücher von SmartBooks.

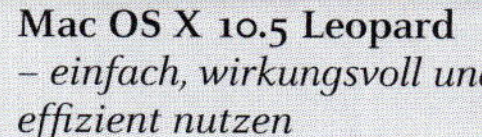

Mac OS X 10.5 Leopard
– einfach, wirkungsvoll und effizient nutzen

Machen Sie sich mit Apples neuem Betriebssystem vertraut: Dieses Buch zeigt die Neuerungen der Version 10.5 und den Umgang mit den wichtigsten Systembestandteilen.

Gabi Brede
Taschenbuch / 574 Seiten
EUR 14,95 | CHF 26,90
ISBN 978-3-908497-51-6

Mac OS X 10.5 Leopard
Für Einsteiger und Windows-Umsteiger

Apples neues Betriebssystems, Mac OS X 10.5 Leopard, bringt spektakuläre Neuerungen mit, die dem Anwender noch komfortableres und effektiveres Arbeiten mit dem Mac ermöglichen.

Antoni Nadir Cherif
Paperback | 448 Seiten
4. überarbeitete Auflage
EUR 29,95 | CHF 52,30
ISBN 978-3-908497-81-3

Objective-C und Cocoa
Band 1: Grundlagen

Der Leser erhält in diesem ersten Band zur Programmierung unter Mac OSX eine Einführung in die Arbeit mit den Apple Developer-Tools Objective-C und Cocoa.

Amin Negm-Awad
Paperback | 750 Seiten
EUR 49,95 | CHF 85,50
ISBN 978-3-908497-82-0

AppleScript
Der automatische Mac

Anfänger finden hier einen systematischen Einstieg in Apple Script. Fortgeschrittene Anwender werden von den Kapiteln über Standarderweiterungen, GUI-Scripting, Anbindung an die Unix-Shell u.v.m. profitieren.

Detlef Schulz
Paperback | 840 Seiten
EUR 39,95 | CHF 69,50
ISBN 978-3-908497-78-3

SmartBooks Publishing AG

Sonnenhof 3
CH-8808 Pfäffikon SZ

www.smartbooks.ch
info@smartbooks.ch

Bestellungen
Fon:
+41 (0)55 420 11 29
Fax:
+41 (0)55 420 11 31

Bildnachweis: **Fotolia.com:** Seite 21+ 29: Yuri Arcurs

istockphoto.com: Coverfoto 000003260731 –
Seite 23: Liliboas – Seite 61 Abschnitt Pages: nyul – Seite 287 Abschnitt Keynote: nyul – Seite 491 Abschnitt Numbers: narvikk – Seite 613: joshblake – Seite 621: demarco-media